EXPLORING THE SECRETS OF PERSONAL SNAPSHOTS AND FAMILY ALBUMS

PhotoTherapy Techniques

사진치료기법

Judy Weiser 저 / 심영섭 · 이명신 · 김준형 공역

학지사

이 책에서 주디 와이저는 정신건강 전문가들이 개인의 사진과 가족 앨범을 상담자와 내담자의 의사소통을 촉진하는 매체로 활용하는 방법을 소개하고 있다. 그녀는 언어적인 탐색으로 접근했을 때 저항적일 수 있는 감정들이 개인적이고 상징적이면서도 미적인 표현 매체인 사진을 통해 어떻게 드러나는지 보여 준다. 그리고 이러한 대화가 잊히고 차단되고 부인된 정보와 기억의 회상을 어떻게 촉진시키는지, 그리고 이런 통찰들을 효과적인 치료 계획안에 어떻게 적용하는지 알려 주고 있다.

사진치료의 종합적 안내서인 이 책은 이론적 원리, 세부적 기법, 사례 일화, 실제적 연습을 제공하여 정신건강 전문가들이 실제로 사진을 치료에 활용하는 데 도움을 줄 수 있다. 모든 종류의 사진에 대해－내담자들이 반응하거나, 골랐거나, 잠시 머물렀거나, 직접 만든 사진들－와이저는 사진적 심상과 내담자들을 연결시키는 다양한 방법을 설명하고 있다. 또한 그녀는 사진에 대한 내담자들의 반응이 어떻게 치료적 과정에 통합될 수 있는지 다양한 실례를 보여 줌으로써, 전문가들이 각자의 이론적 배경에 상관없이 활용할 수 있는 강력한 치료 도구를 제공하고 있다.

Facebook Group for
"PhotoTherapy, Therapeutic Photography, Photo Art Therapy, and VideoTherapy" , at:
https://www.facebook.com/groups/PhotoTherapy.and.Therapeutic.Photography

역자 서문

영화치료 워크숍을 주말마다 강행하며 영화치료 보급에 온 힘을 다했던 2008년 무렵, 고려대 이상민 교수를 통해서 사진치료가 있다는 것을 알게 되었다. 평소 해외출장 때마다 2만 장이 넘는 사진을 찍어 왔던 나는 불과 몇 개월 사이에 사진치료의 매력에 푹 빠져들어 핀란드와 캐나다 등을 드나들며 주디 와이저(Judy Weiser), 조엘 워커(Joel Walker), 데이비드 크라우스(David Krauss), 로지 마틴(Rosy Martin), 크리스티나 누녜즈(Cristina Nuñez) 같은 유수한 사진치료사들로부터 사진치료기법을 배우기 시작했다.

사진치료는 영화치료와 달리 사진에 이미 자기 자신의 이미지가 들어가 있는바, 자기 직면을 하기 쉽고 내담자나 상담자가 매체에 접근하기 용이하다는 특별한 장점이 있다. 그리하여 상담 현장에서 간접적인 방식으로 자아를 다루고 집단 작업이 용이한 영화치료와 좀 더 표현이 직접적이고 개인 작업이 용이한 사진치료를 함께 쓸 경우 그 효과가 배가된다는 확신을 온몸으로 느끼게 되었다.

사진치료의 발견은 영화치료 및 미술치료와 완벽히 상호 협력적이고 비언어적인 예술치료의 시작이자, 다매체 시대의 상담에서 가장 중요한 기법이 될 것이라는 것을 믿어 의심치 않게 된 것이다. 영화치료와 마찬가지로 국내의 경우에 아쉽게도 사진치료의 교과서라고 불릴 만한 한글 서적이 전무한 상태여서, 일단은 전 세계적으로 널리 알려진 주디 와이저의 *PhotoTherapy Techniques*를 번역하기로 마음먹었다.

번역자를 모아 스터디를 시작했지만, 주디 와이저의 책은 갈피마다 미로를 담고 있는 듯 번역자의 접근을 쉽게 허락하지 않았다. 한 문장이 다섯 줄을 넘는 경우가 비일비재했고, 계속되는 괄호와 따옴표, 관계 대명사의 행렬이 번역자들을 기다리고 있었다. 마침내 문장이 끝나는 지점에서 마침표를 어렵사리 만나게 되면, 지금 번역이 어디로 가고 있는 건지 마음이 어둑해 왔다. 그리하여 공역자인 진주에 있는 이명신 교수와 서울에 있는 나는 방학 때마다 직접 만나서 서로의 번역을 한 줄 한 줄 재검토하기에 이르렀다.

게다가 아름다운 완벽주의자이자, 치약 짜듯 마지막 한 방울까지 자신의 에너지를 다 쓰겠다고 호언장담하는 원저자 주디와의 협업도 결코 녹록치 않은 작업의 연속이었다. 수많은 이메일의 행렬과 만남을 거듭하면서 이명신 교수는 연구년을 아예 주디 와이저가 살고 있는 밴쿠버로 정하고 그녀를 만나러 캐나다로 직행하기도 했다. 나 역시 인터넷 전화를 통해 주디에게 미진한 번역상의 문제를 의논하고 코칭을 받았다. 그녀는 사진의 위치와 표지의 한글 글씨체조차 자신과 상의하기를 원했고, 이 책은 그러한 주디의 뜻을 충분히 반영한 결과다.

그렇다. 나는 이 기회를 빌려 독자들에게 하소연하고 싶은 것이다. 3년간의 번역 과정, 그것은 번역에 따른 인세나 번역에 따른 어떤 명예 등등과는 하등 상관없는, 오직 이 땅에 사진치료가 뿌리내리기를 바라는 번역자들의 오롯한 소망과 고통이 담긴 땀의 결실이라 감히 말하고 싶다. 다시는 아이를 낳지 않겠다고 맹세한 후 얼마간 아이 키우기에 진력하다, 문득 다시 새끼를 제 몸에 배태하는 어미처럼 다시는 번역을 하지 않겠다고 결심했지만 이렇게 다시 번역서를 내는 내 마음의 심간이 이 책에는 분명 들어가 있다.

부디 번역자들의 노고를 발판으로 사진치료라는 아름답고 튼튼한 나무가 이 땅에 굳건히 정착하길 바라며, 사진치료라는 미지의 신세계에 발을 내딛을 때 이 책이 하나의 이정표이자 등대로 당신에게 힘이 될 수 있다면……

끝으로 다음의 분들에게 감사의 인사를 보낸다. 먼저 온갖 번역상의 어려움을 묵묵히 감내해 주신 두 공역자 이명신 선생님과 김준형 선생님께 감사하다. 두 분이 없었다면 이 책은 감히 세상의 빛을 보지 못했을 것이다. 또한 바쁜 와중에도 원고 정리를 도와준 박준형 선생, 번역을 허락해 주시고 에너지를 쏟아 부어 준 주디 와이저와 원저자와 번역자 사이에서 꼼꼼히 원고를 정리하고 의견을 취합한 학지사의 이지혜 선생에게도 큰 빚을 졌다. 무엇보다도 캐나다까지 함께 가서 주디를 만나는 일을 도와주고, 미진한 번역상의 의문을 함께 풀어 준 남편 남완석에게도 마음에서 우러나오는 진심 어린 고마움을 전한다. 이 책은 앞에 언급한 '그들 모두'의 것이다.

끝으로 향후 이 책을 통해 사진치료에 접근할 미래의 독자분들께 당부하고 싶은 말이 있다. 혹여 책을 사용하시면서 번역상의 매끄럽지 못한 점을 발견하신다면, 그것은 온통 이 역자의 탓임을 미리 알려 드리는 바다.

2012년
암사동 연구실에서
역자 대표 심영섭

저자 서문 -2판-

삶이 가히 기하급수적인 속도로 앞을 향해 달려온 것처럼 보인다. 1993년, 이 책이 처음 출간되었을 때, 나는 사진이 디지털화될 수만 있다면 사진의 전자적 활용 및 의사교류는 가정용 컴퓨터를 사용하는 '평범한' 사람들도 쉽게 수용할 수 있을 거라는, 그래서 (이 책이) 사진치료기법의 시발점이 될 수도 있겠다는 약간 흥미로운 가능성만을 제시했었다.

불과 6년이 지난 지금, 내가 했던 추측들의 대부분은 이미 현실로 나타났다. 그리고 사진치료는 이제 숨 고르기를 하고 있다! 최근에 센터를 더 좋은 곳으로 옮겼으며, 이메일 주소가 하나 더 늘어났다(JWeiser@phototherapy-centre.com).

우리는 인터뷰와 '생동감 있는' 기법 시연을 하나로 묶어 주는 교육용 동영상을 제작해낼 뿐 아니라 우리 자체의 홈페이지(www.phototherapy-centre.com)도 개설했는데, 사진치료 분야의 개론뿐만 아니라 수많은 관련 링크와 화상 네트워킹 기회도 제공해 준다.

(그간) 수백 회의 워크숍이 진행되었으며, 그 이상의 워크숍을 기획 중에 있다. '사진치료의 이론과 실제' 교육과정은 현재 미술치료 트레이닝 프로그램을 통해 제공되고 있다. 수십 개의 보고서와 학위논문이 심리학, 미술치료, 사회복지, 기타 분야에 있어서의 (사진의 디지털적 적용을 포함하여) 사진치료기법의 적용에 특히 초점을 두고 있다. 현재 www.affectplus.com이라는 한 교육 프로그램 회사에서는 졸업 후 자격증 취득이 필요한 상담사와 치료사를 위한 '장기' 교육 과정 중 하나에 이 책

(및 부록 테스트)을 사용하고 있다.

물론, 앞으로 6년 동안 무슨 일이 일어날지 예측할 길은 없지만, 이 한 가지는 확신할 수 있다. 여태껏 상상하지도 못한 일들이 벌어질 수도 있다는 것…….

미래가 우리에게 무엇을 가져다줄지 확실히 알 순 없지만, 사진치료기법들이 자신의 사진과 다른 사람의 사진, 그리고 사진과 비슷한 이미지들과의 상호작용을 통해 내담자가 본인의 감정 및 기억과 교감하도록 돕는 데 효과적이라는 것만큼은 잘 알고 있다(그러한 이미지들이 '디지털'로 창조, 변화, 저장되는 경우에도 역시 마찬가지다.). 그러한 상호작용적인 개방적 시스템을 활용하는 것의 묘미는 그러한 기법들이 (새 천년의 시각적 이야기를 전자적으로(디지털적으로) 구성하는 것을 포함하여) 어떤 종류의 스냅 샷 또는 가족 사진 모음으로도 변모될 수 있는, 즉 앞으로도 '융통성 있는' 기법으로 남아 있을 것이라는 것이다.

디지털 기법이 사진 이미지의 전자적 저장과 활용 및 의사소통을 위한 새로운 가능성과 더불어 우리를 미래로 이끌어 줌에 따라, 사진치료기법들 또한 전반적으로 새로운 가능성의 세계로 확장된다. 개인 사진 및 가족 사진과 즉각적으로 공유하며 생동감 있게 상호작용하는 능력은 가상 앨범, (사이버 치료 시간 동안) 화상 상호작용 이미지의 활용, (사진을 스캔 떠서 온라인 미술치료 세션 동안 창조될 미술 작품으로 저장하는 것처럼) 기타 흥미롭고도 새로운 기법을 통해 사진치료기법의 적용을 엄청나게 확대시킨다.

그러나 모든 것이 그렇듯 발전을 위해서는 구습으로부터의 탈피 과정이 있어야 한다. 우리는 새로움에 대한 저항 속에 갇혀 주저하기보다는 새로운 변화를 환영하는 법을 배워야 하는 것이다. 그렇지 않으면 우리는 빠른 속도로 역사의 뒤안길로 사라지게 될지도 모른다.

관건은 사진치료기법이 사진 및 사진의 성과(그것은 해낼 수 있다!)에 영향을 미칠 미래의 변화 속도를 따라갈 수 있느냐가 아니라, 사진을 활용하는 우리 치료사들이 그토록 끊임없이 진화하는 기법에 위협감을 느끼지 않고 개방된 마음가짐을 가질 수 있느냐, 그리고 사진의 잠재력을 부단히 내담자의 장점과 조화시킬 수 있느냐 하는 것이다!

나는 원제 *PhotoTherapy Techniques: Exploring the Secrets of Personal Snapshots and Family Albums*(사진치료기법–개인 사진 및 가족 앨범의 비밀 탐구)』라는 이 책 속으로 여러분을 초대한다. 그리고 한 페이지 한 페이지가 여러분을 새로운 경험으로 이끌어 줄 놀라운 가능성에 대해 여러분의 내담자뿐 아니라 본인 자신도 나의 감흥(excitement)을 공유하기를 희망한다. 더 많은 정보가 필요하거나 여러분이 발견한 것을 공유하고자 한다면 나에게 거리낌 없이 연락을 주기 바란다.

주디 와이저

머리말

"만약 여러분이 내 사진을 아직도 보관하고 있다면, 나는 여전히 여러분의 마음속 어딘가에 살아 있다는 뜻이다."

그녀는 자신이 원하는 바를 정확히 알고 있었다. "저기 저쪽, 나무 옆에, 바다를 배경으로 하고." 그녀는 마음속에서(그리고 카메라 뷰파인더 속에서) 구도를 잡기 위해 주변 풍경을 바라보았다. 그러고 나서, 친구가 카메라 위치를 잡을 수 있도록 정확한 위치를 표시하려고 발끝으로 땅바닥에 X축을 그렸다. "나무 옆에서 팔짱을 끼고 포즈를 취할 때까지 날 기다리다가 내가 '김치.' 하면 그때 셔터를 눌러. 다른 사람이 들어오면 안 돼." 그녀는 촬영을 지휘했다. 그리고 그녀의 남자 친구는 그녀가 주문한 것을 최고로 담아 내기 위해 노력했다.

호텔 발코니에서 이 모든 광경을 바라보면서, 이전에도 여러 번 그러했듯, 나는 다시금 '특별한 순간을 사진으로 남기려는 보통 사람들의 열정'에 깊은 인상을 받았다. 한편, 나는 그들이 만끽했던 휴가의 증거물로 완벽한 사진을 만들어 내려는 그녀의 남자 친구에게 오히려 더 관심이 갔다.

나는 그 사진, 바로 그 한 장의 사진이 앞으로 어떻게 될지 궁금했다. 집안의 비밀 장소 어딘가, 바닷가에서 보낸 휴가의 추억으로 고이 모셔질 것인가? 아니면 (그녀가 생각하기에) 도덕적으로 '이건 아니.' 라고 생각되어 바로 쓰레기통으로 직행할 것인가? 사진 속 자신의 모습을 마음에 들어는 할 것인가? 아니면 반대로 사진 속에서 (아마도 좋지 않은 기억으로 남아 있는–역자 주) 어머니의 모습을 발견하게 되는 것은 아닌가? (우웩!) 이 사진은 다른 장소, 다른 사람들, 인생의 다른 순간들을, 그와 연관된 경험과 더불어 생각나게 할 것인가? 아니면 불행한 훗날 단 하나의 행복했던 순간의 상징으로서 존재가치를 발휘할 것인가? 그녀는 자신이 선택한 카메라 셔터를 누르는 '정지(time-stopping)의 순간' 이 갖는 그러한 잠재적인 의미(significance)에 대해 분명히 의식하고 있었던 것일까? 그녀는 사진 속 현실이 감광지 위에서보다 자신의 마음속에서 더욱 중요하다는 것을 이해하고 있을까? 아니면 사진에 대한 자기 나름의 해석이 가능한 수많은 다른 해석들 중 하나에 불과하다는 것을 이미 인식하고 있을까? 그녀는 누군가가 자신을 관찰하고 있다는 것을 알까? 그리고 그러한 인식이 사진을 찍는 데 영향을 주었을까?

그건 바로, 평범한 한 사진 속에 감춰져 있는 여러 가지 구성요소이기도 하다. 이는 사진의 안쪽에 어떤 의미를 부여하기도 하지만, 사진을 찍는 사람 또는 관찰하는 사람의 의식적인 영역 바깥에 남아 있는 사진의 '감춰진' 측면을 이루기도 한다. 나는 오래전부터 어떻게 내담자와 개인적인 사진앨범에 대해 이야기를 나누는 것이 직접적인 질문을 통해서는 알아낼 수 없었던 사실적이면서 정서적인 정보들을 산출하는지에 주목하기 시작했다. 게다가 다른 사람들이 사무실이나 화랑 벽에 걸려 있는 나의 사진들을 볼 때도 똑같은 상황이 발생하곤 했다. 때론 그들 눈앞에 펼쳐진 사진의 의미에 대해, 사진사는 처음에 어떤 동기에서 그 사진을 찍었는지, 또는 왜 전시회에 그 사진을 포함시켰는지에 대한 상반된 의견을 제시하며 서로 논쟁하는 것이었다.

사진에 관한 일상적인 대화로 사람들을 끌어들이는 것은 대부분의 경우 가능한 일이다. 그리고 나는 한 명의 예술가로서, 내 스스로 너무나 잘 알고 있지만, 그들은 분명 매우 다르게 인식하고 있는(특히 그 사진을 내가 찍은 것인지 그들이 모르는 경우 더더욱 그렇다) 사진에 대한 느낌들, 즉 그들이 사진을 통해 보고 듣고 느끼는 반응의 다양함에 매료되어 있었다. 나는 다른 사람들이 내 사진으로부터 얻을 수 있는 것에 대해, 또는 그들이 내 사진과 상호작용할 때에 어떤 정서가 촉발되는지에 대해 명확하게 예측하는 방법은 불가능하다는 것을 알기 시작했다. (예술가가 아닌) 치료사로서 나는 사진의 시각적인 디테일에 '우연히' 내재되어 있는 이와 같은 모든 무언의 의사소통에 강한 호기심을 느끼게 되었다.

'예술작품으로서의 사진'에 대한 이러한 경험은 사진 속에 담겨 있을 수 있는 잠재적인 미학적 장점과는 별개로, 사진이 비언어적인 의사소통의 도구가 될 수 있다는 것을 깨닫게 해 준다. 그리고 지금 이 책은, 다양한 종류의 평범한 사진들이 치료사나 상담사의 손에 쥐어지는 순간, 강력한 치료 도구로 활용되는 그 기제에 대해 독자들에게 보다 나은 통찰을 제공할 것이다. 각 사진이 어떻게 사람들의 인식과 사진 찍기와 포즈 취하기와 사진 보관하기와 심지어 사진을 기억하는 데 영향을 미치는지, 그 숨겨진 의미를 탐구하는 순간에 사진의 '예술적인 구성요소'는 심리치료와는 관계없는 것이 되어 버린다.

간단한 연혁

내담자의 평범한 개인 사진과 가족 앨범을 심리치료의 자극제로 활용하기로 결정하고 나서, 나는 사진에 대한 내담자의 반응이 언어적인 질문 그 자체만으론 도달할 수 없었던 내담자의 내면 깊숙이 묻혀 있는 무의식적인 기억 · 생각 · 감정들을 연상시킴을 발견했다. 내담자가 포즈를 취하고, 창조하며, 수집한 사진 속에 자연스럽게 녹아들어 있는 상징적인 의사소통을 활용함으로써, 나는 '동시다발적으로 인식하지는 못하지만 전체적으론 친숙한 방식'으로 내담자의 감정과 정보에 접촉할 수 있다는 것을 깨달았다. 이미 내담자의 일상생활의 일부가 된 평범한 사진 및 앨범에 관한 대화를 통해. 이러한 깨달음으로 나는 '사람들이 자신의 개인 사진에 대해 일상적인 논의를 하는 동안 종종 일어나는 자발적이고 비공식적인 사진 탐사에 바탕을 둔' 보다 공식화되고 상호연관된 기술들을 개발하기 시작했다.

우선, 마음에 상처를 입은 캐나다 원주민(First Nations) 어린이 몇 명에게 상담 서비스를 제공할 때 이러한 기법들을 시도해 보기로 했다. 결과는 매우 흥미로웠다. 이러한 작업에 대한 논문을 써달라는 요청이 들어왔고(Weiser, 1975), 나는 이 치료 과정에 붙일 만한 제목을 요청받았다. 나는 두 요소—'사진'과 '치료'—의 동등한 균형을 강조하려고 노력하면서, 두 개의 알파벳 대문자(P와 T)를 사용하여 '사진치료(PhotoTherapy)' 라는 용어를 고안해 냈고, 이러한 결과로 내가 곧 유명해지리라고 생각했다. 나는 오로지 내 스스로의 힘으로 새로운 분야를 창시했다고 생각한 것이다.

약 6개월 후, 나는 일리노이에서 있었던 최초의 국제 사진치료 심포지엄에 초청을 받았다. 명성에 대한 생각은 금세 사라졌지만, 나는 최초의 콘퍼런스에서 내가 행했던 (사진치료) 작업에 대해 설명했다. 그리고 사진과 상담의 결합이라고 불릴 만한, 자기 나름대로의 비슷한 버전들을 발표한 수십 명의 치료사들과 만나게 되었다. 한 가지 분명한 것은 (그러한 버전들이) 하나의 사상으로 통합될 때가 왔다는 것이었다. 계간 저널의 출판이 시작되었고, 국제학회가 형성되었다. 그리고 1983년, 크라우스와 프라이리어(Krauss and Fryrear)가 편집을 맡은 『정신건강에 있어서의 사진치료'(*PhotoTherapy in Mental Health*)』라는 제목의 책이 출간됨으로써 우리 중 상당수가 자신이 해 온 작업을 글로 표현할 기회를 얻게 되었다.

10년 후, 전문적인 활동, 미디어의 관심, 학문적 출판, 협력적인 네트워크 형성 모두가 증가했다. 몇몇 치료사들은 사진에 바탕을 둔 치료기법의 활용에 관하여 더욱 많은 것을 배우기 원하는 다른 치료사들에게 트레이닝을 제공하기 시작했다. 그리고 1982년에는 사진치료 분야의 자료 · 트레이닝 · 네트워크 기지인 캐나다 밴쿠버에서 '사진치료센터' 가 개관했다. 사진치료센터에는 학생 및 현장 전문가들이 활용할 수 있도록 보관 중인 수백 권의 아티클과 책, 그리고 '생동감 있는(live)' 치료 사례를 담은 수많은 비디오테이프를 보유한 열린 도서관이 되었다.

이 책의 독자층

매우 다양한 분야의 사람들이 사진치료와 관련된 치료적 실천이나 사진치료의 보다 일반적인 적용을 위해서 공개 발표회 또는 전문가 발표회에 참여해 왔다. 이러한 참여자들은 전형적으로 심리치료 또는 심리치료와 관련된 상담 활동(심리학자, 가족치료사, 정신과 의사, 예술치료사, 사회복지사 등등)을 포괄하는 정신건강 전문가뿐만 아니라, 특수교육 교사, 영어 강사, 여름 캠프 지도사, 성직자 등과 같은 부차적으로 심리치료 관련 배경을 가진 사람들까지 포함되어 있었다. 또한 시각 정보가 암호화·상징화되어 맥락 속에 배열되는 방식을 연구하는 인류학자 및 사회학자뿐 아니라, 사진예술을 하는 다수의 일반인, 시각적 독해·다문화 연구·비언어적 의사소통을 사회 학습이나 학교 상황에 적용하는 이론가들도 많은 관심을 표명해 왔다. 그리고 마침내, 심리적인 문제를 갖고 있지는 않지만 자기 지식 및 개인적 성장을 향상시키는 방안으로서 사진을 통해 자기 자신을 돌아봄으로써, 자신의 삶을 탐구하고자 하는 일반 대중까지도 많은 호기심을 보이게 되었다.

이 책은 위의 독자층 중에서 주로 첫 번째 집단을 위해 쓰이긴 했지만, 그 외의 모든 부류의 사람들에게도 확실히 흥미 있는 책이 될 것이다. 한편으로 이 책은 미술치료사 및 표현예술치료사들에게 특히 유용한 책이 될 것이다. 또한 이 책은 진지한 치료적 과정을 증명하는 책이 될 것이다. 그러한 치료 과정은 심리치료 트레이닝을 적절하게 받은 사람들에 의해 최고로 유용하게 사용될 수 있다. 그러나 나는 시각적인 의사소통이나 자기 탐색, 그리고 개인 사진 안에 내재되어 있는 비밀을 공유하는 방식에 관심을 두고 있는 사람들 또한 책 안에서 (그것이 자기 자신을 위한 것이지 전문적인 상담 현장에 적용하는 것은 아닐지라도) 흥미로우면서도 개인적인 유용함을 발견하게 될 것이라고 확신한다.

이 책에서 소개하는 사진치료 기술은 이미 숙련된 치료사들이 자신들의 전문적인 상담 기술 목록에 추가할 수 있는 일단의 기법들이 대부분이다. 책은 각 장마다 이러이러해야 한다는 치료 방법을 가르치기 위해 쓰인 것이 아니며, 오히려 이미 숙련된 전문가들이 상담 작업을 조금이라도 더 잘 수행하도록 추가적인 치료 도구를 어떻게 사용해야 하는지, 그리고 왜 사용하는지를 가르치기 위해 쓰인 것이다. 각각의 치료 모델과 내담자의 문제에 맞게, 그리고 치료사가 선호하는 상담 환경, 인종별 특색에 맞게 사진치료기법을 재창조하는 것은 독자의 몫이다. 이 책은 아직은 상담 기술이 부족한 독자들에게도 유용할 테지만, 만약 여러분 자신이 아닌 다른 누군가에게 사진치료기법을 활용코자 한다면, 그에 앞서 먼저 심리치료에 관한 전문적인 훈련을 반드시 받아야 한다는 것을 유념하기 바란다.

사진치료에 대해 종종 제기되는 대표적인 질문은 "훌륭한 사진치료 작업을 수행하기 위해서는 프로급 사진 기사가 되어야 하는가?" 란 것이다. 대답은 "아니요." 다. 사진 예술 분야에 있어서의 전문적인 훈련은 많은 경우 이점보다는 핸디캡 그 이상으로 작용한다. 이미지의 구성, 색감, 존 시스템(Zone System; 1939년 안셀 애덤스가 체계화한 사진치료 미학 기법. 자연의 빛을 인화지 위의 빛으로 옮길 때 사용되는 10단계의 척도-역자 주), 해체 공식 등 미학적인 관심사는 '의사소통 및 정서적 자극제로서의 사진' 에 대한 '자발적이면서 치료에 초점이 맞춰진 내담자의 반응' 을 오히려 방해하기 때문이다.

심리치료의 실제에 있어서, 나는 사진을 반추의 대상(object to reflect on)일 뿐만 아니라 변화를 위한 역동적 요인으로서, 예술 매체일 뿐만 아니라 매우 직접적인 정서적 의사소통 수단으로서, 그리고 명사일 뿐만 아니라 동사로서 취급한다. 그렇기 때문에 흐릿하고, 구겨져 있고, 구성이 '조잡한' 평범한 사진조차도 예술적인 목적을 위해 창조된 사진만큼이나 유용한 것이다. 따라서 취미로 사진을 찍는 아마추어 사진사인 치료사나, 아니면 사진을 한 번도 찍어 본 적이 없는 치료사조차도 사진치료 기법을 자기 나름의 상담 기법 레퍼토리로 통합하는 데 있어서 사진 예술 분야에서 트레이닝을 받은 치료사만큼 능숙할 수 있다.

치료사가 되기 전에도 이미 나는 한편으로 한 명의 예술가, 사진이 화랑에 전시되고 팔리기도 하는 충분히 인정받는 사진 예술가였다. 그래서 종종, 나는 내 사진 작품을 '내 나름의 내면화 과정에 관한 통찰력' 을 제공해 줄 수 있는 존재로 생각해 왔다. 나는 내 나름의 최고의 '예술' (즉, 나의 창조적인 열정에 추진력을 달아 주고 내면의 강점에 형태를 부여하는 주요 분출구)이 성공적인 치료의 창출 및 수행에 있어서 더욱 확고하게 뿌리내릴 것이라고 분명히 말하고 싶다. 치료를 하는 것(doing), 그리고 그것을 잘 수행해 내는 것(doing) 그 자체가 또 하나의 예술이다. 나의 전문분야는 사람들을 돕는 것이고, 이 가운데 사진은 잠재의식과의 의사소통을 가능케 해 주는 또 다른 언어 중 하나가 된다. 이것은 그 자체로서 하나의 예술이기 때문에 독자들은 사진치료기법을 활용한 치료 작업을 잘 수행해 내기 위해서 어떤 경우에 있어서도 공식적인 '예술가' 가 될 필요는 없다.

이 책의 목적

지난 10년 동안, 많은 정신건강 전문가들이 사진치료기법을 활용함에 있어 보다 진일보한 트레이닝 방법을 추구해 왔다. 또한 그에 대한 관심이 증가함에 따라 트레이너 한 사람(또는 동료 트레이너와 팀제로 운영하더라도)이 그 분야에 관심 있는 모든 사람을 개인적으로 훈련시킨다는 것은 불가능한 것으로 드러났다. 특히 사진치료기법의 유용함을 이해하기 위해서는 먼저 여러분 자신이 사진치료를 경험해야 한다.

사진치료에 관한 1983년판 책이 탁월한 개념적 개론을 포함하고 있긴 하지만, 그것은 단지 다양한 치료사들이 그들 특유의 상담 현장 내지, 환경에서 사진치료기법을 활용하여 개별적으로 수행한 작업들을 세분화한 것에 불과하다. 때문에 독자들이 실제로 사진치료를 몸소 시작하는 방법에 관한 실질적인 정보는 제공해 주지 못해 온 것도 사실이다. 이것이 바로 이 책이 나오게 된 이유다. 독자들에게 신선한 생각(그러한 생각을 지지하는 근거와 더불어)을 제공하고, 여러분의 내담자는 물론 여러분 스스로도 시도(최고의 학습은 개인적인 체험을 통해 내면화된다고 믿기 때문)해 볼 수 있는 활동들을 제공해 주는 것(즉, 실천적 가이드를 유용한 것으로 만들어 주기 위한 것). 이 책은 상당량의 실천적 제안, 여러분 자신이 먼저 사진치료를 시도해 보고 나서 추후 여러분의 내담자에게 활용해 볼 실습 예제('지금 바로 시작하는 길잡이' 와 함께), 이론적 기반을 통합해 주는 구조화된 준거틀, 삽화가 곁들여진 풍부한 기법들을 제공해 준다.

여기서 잠깐, 이 책의 정체성에 대해 밝히고자 한다. 독자들은 잠시 주목해 주기 바란다. 어떤 이론가—저자들(특히, Akeret, 1973; Lesy, 1976, 1980)—는 그들의 상담 실천 전반의 기반을 '사진이 의미하는 바가 무엇인지 자신들은 이미 알고 있으며, 한 장의 사진이 의미하는 바를 해독하는 방법(한 권의 책만큼이나 많은 해독방법)을 독자들에게 가르쳐 줄 수 있다는 가정' 에 두고 있다.

이와 비슷하게, 상당수의 포스트모던 예술 이론가와 비평가들도 사진의 시각적 '텍스트' 를 기존의 확립된 해석 규칙에 따라 해독하고, 정신적으로 분해할 수 있다고 제안한다(예를 들어, Burgin, 1982; Roskill, 1989; Roskill & Carrier, 1983).

나는 사진에 내재된 의미를 이러한 방식으로 탐색하는 것이 적어도 부분적으로는 가능할 수도 있다고 진정 동감하는 바다. 그러나 여러분이 (사회 권력 · 문화 · 성 · 인종 등등의 특색에 대한 구체적인 인식을 포함하여) 보다 진보된 가이드라인을 갖고 있다면, 여러분의 '진실' 이라는 것도 각각의 인류통계학적 특성을 지닌 사람들의 진실과 비교해 볼 때 상대적일 뿐임을 알게 될 것이다. 그리고 한 사람의 가치체계와 전혀 다른 가치체계를 가진 사람의 사진일 경우에는 그러한 해석 규칙이나 해독 방법이라는 것도 전혀 관련성이 없는 무의미한 것이 될 수 있다. 그래서 이 책은 독자들에게 누군가의 사진에 담긴 의미를 읽어 나가는 방법론을 제공하지는 않을 것이다. 오히려, 사진 속으로의 여행을 위한 '치료자-내담자 간의 협력적 관계' 를 통해 사진과 관련된 과거의 무의식적인 연상 작용, 그리고 내담자의 감정을 알아나가는 것이 어떤 식으로 가능하게 되는지 제시해 줄 것이다.

여러분이 이 책을 다 읽을 때쯤이면 사진치료기법의 '근거(why)' '내용(what)' '방법(how)' 에 대하여 깨닫게 될 것이며, 또한 바라건대, 자연스럽게 각자 나름대로의 개인적인 기법을 깨우치게 될 수도 있다. 여러분이 이러한 기법을 활용하여 상담 작업을 시작하고자 하는 치료사라면, 내담자의 삶을 조금이라도 더 이해하기 위해 단지 하루 정도 내담자의 입장에 서 보는 것보다는, 내담자가 보는 것(그리고 내담자는 보는 방식)을 보기 위해, 내담자가 자신의 자화상을 어떻게 찾아나가야 할지 내담자의 지시에 따라 내담자의 포즈를 잡아주기 위해, 내담자와 함께 사진 이미지에 의해 자극된 의미 · 감정 · 기억 · 생각들을 반추해 보기 위해, 내담자가 특정 방식으로(예를 들어, 사진 속에 있었어야 했는데 빠져 있는 무언가) 사진을 찍은 이유를 설명하는 순간 내담자와 더불어 앨범 또는 사진 촬영 과제물을 탐색해 나가기 위해 내담자의 카메라 렌즈 뒤편에 은유적(metaphorically)으로 서게 될 수도 있다는 사실을 배우게 되기를 희망한다. 여러분은 또한 내담자와 더불어 그의 가족 앨범을 살펴봄으로써, 그리고 내담자와 더불어 내담자의 비언어적 행동의 미묘한 뉘앙스를 탐구해 봄으로써, 뜻하지 않게 내담자의 가족 및 그의 가치관에 관한 값진 통찰력과 마주하게 될 것이다. 마지막으로, 여러분 스스로 찍은 사진에 대하여 내담자의 반응이 어떠한지 물어본다면, 각각의 사람의 마음이 정말 얼마나 특이하게 다르고 독특한지 새롭게 알게 될 수도 있을 것이다.

이 책에서는 '한 사람이 카메라에 대해 취할 수 있는 각각의 관점에 대응하는 기법들' 의 준거틀을 사용했다. 예를 들어, 1. 사진의 소재(subject)로서 (포착할 순간을 선택하거나 좌우했던) 다른 누군가에 의해 찍힌 사진을 갖게 되는, 2. (다른 사람 · 풍경 · 물체, 또는 눈에 들어오는 그 밖의 무엇이든) 사진 촬영을 직접 수행하는 사진기사로서, 3. 사진 연출자로서 여러분 자신의 사진을 위해 포즈를 취하면서, 그러나 촬영과 관련된 모든 선택권을 행사하면서(셔터를 누르는 순간에 대한 결정권을 포함하여), 4. 앨범 속, 컴퓨터 모니터 또는 벽 위에서 발견되는 사진과 같은, 특별한 의미를 가지는 자기 나름의 개인 컬렉션 속 사진의 큐레이터로서, 5. 마지막으로, 여러분에게 제시되는 또는 잡지 · 갤러리 전시회 · 연하장 등에서 발견되는, 여러분 스스로 찍은 사진을 관조하는 반영적 관찰자로서(reflective viewer).

목차별 개관

이 책의 주요 장들은 다양한 사진치료기법들을 제시하고 있는데, 이것들은 사실 거의 동일한 관점에서 나온 것이나 마찬가지다. 주요한 사진치료기법들은 다음과 같다. 1. 투사적 사진: 사람들이 사진을 볼 때 사진 속에서 일어나는 사건들과 관련된 사진들, 2. 자화상 작업: 사진 창조에 대해 전적인 통제력을 갖고 있는 경우 여러분과 사진과의 상호작용에 대한 결과물인 사진들, 3. 다른 사람이 찍은 내담자의 사진: 사진에 대한 결정권을 모두 가지고 있는 타인이 찍은 여러분의 사진들(포즈를 잡고 찍었든 그렇지 않았든 간에), 4. 본인이 찍거나 수집한 사진: 여러분이 스스로 찍은 사진과 스스로 찍은 사진과 다름없는 특별한 의미를 지닌 수집 사진들, 5. 앨범 그리고 일대기적 사진: 그동안 겪어 왔던 인생 및 가족 상황, 기타 다양한 상황에 대한 개인적 이야기를 일대기화할 목적으로 취합한 사진들. 각 기법을 소개하는 각 장은 다양한 내담자의 경험을 생생하게 보여 주는 많은 일화를 포함하고 있으며, 각 장의 말미에는 추천할 만한 실습 예제 또는 활동의 예가 나와 있다.

위와 같은 세부적인 기법을 보여 주는 장에 앞서, 제1장은 각 기법의 근거를 뒷받침하는 이론적 배경 및 맥락을 제공하고, 제2장에서는 각 기법에 관한 짤막한 개론을 제시할 뿐 아니라, 각 기법들이 어떻게 상호 연관되어 있으며, 상호의존적인 체계를 이루고 있는지 그 개요를 제공한다. 나는 이 책에서 사진치료의 완벽한 발달사를 제시하려 하지도 않았고, (정말로 중요하다고 생각되는 사항에 대해 이따금 특별히 관련된 자료들을 언급하는 것 외에는) 포괄적인 문헌 고찰을 제공하려 들지도 않았다. 다른 사람들의 연구결과를 문서화하는 매우 두꺼운 철학 책을 만드는 것은 나의 목적이 아니다.

'심리치료에 관한 책 한 권을 읽는 것' 과 '실제 내담자와 더불어 치료 기법들을 시도해 보는 것' 은 전혀 별개의 문제이며, 분명히 말하건대 이 책은 후자를 지향하고 있다.

이와 비슷하게, 내가 앞에서 이 책이 미술치료사를 위해서 매우 유용한 책이라고 강조했을지라도, 이 책은 미술치료에 관한 것은 아니다. 미술치료 자체에 대해서는 유용한 책들이 이미 수도 없이 존재하며, 그들 중 일부는 추천 도서에도 나와 있기 때문에 독자들은 이러한 도서를 통해 더욱 많은 것을 배우면 될 것이다.

첫 두 개 장에서 일반적인 개론을 다룬 후에, 나머지 부분에서는 실제적인 정보, 실제 사례, 그리고 관련된 기법에 관한 제안들을 중점적으로 다룬다.

제3장에 나오는 투사적 사진 기법은 평범한 사진 한 장을 볼 때에 눈으로 보이는 것 이상의 것들이 존재한다는 사실을 빠르게 확인시키면서, '시각적 자극을 의식적 · 무의식적 의미와 연결시키는 자발적인 연상 과정' 을 활용한다. 기초적인 수준으로 말하자면, 보는 것이 믿는 것(seeing is believing)이다. 은유적으로든 문자 그대로든 우리는 우리가 믿는 것을 보게 되며, 우리가 보는 것을 믿게 된다. 이 두 가지는 근본적으로 분리될 수 없다. 보는 것(seeing)은 종종 이해하는 것(understanding)이라는 단어와 동의어로 사용된다. 제3장 투사적 사진 기법은 현존하는 모든 사진치료기법의 토대를 이루는데, 사진과의 투사적 상호작용은 또한 모든 다른 기법의 활용 시에 있어서도 일어나게 마련이다.

내담자를 사진 이미지와 연결시키는 방법, 그리고 연결 과정 동안 제시되는 질문 목록에 바탕을 두고 치료를 구조화시키는 방법들이 제시될 것이다. 사람들(내담자)의 반응, 그리고 그러한 반응들이 전체적인 치료 과정 속으로 어떻게 통합되는지를 보여 주는 서너 가지 사례들이 제시된다. 제3장은 여러 달 이상 진행되면서 여러 회기에 걸쳐 일어난, 한 내담자와 한 장의 사진의 만남에 관한 장문의 글로 끝을 맺는다. 이 사례가 이 책에 나오는 일화 중 가장 긴 것인데, 내가 왜 그러한 특별한 질문들을 했는가에 대하여 그 이유를 설명해 주는 각주들이 달려 있다.

자화상 기법에 관한 제4장은 자존감 · 자기 확신 · 자기 수용 · 자아 반성 통찰과 같은 자기 지향적 이슈가 치료적으로 매우 우수하고 중요한 문제이기 때문에 두 번째 챕터로 나와 있게 되었다. 자화상 사진치료기법은 주변의 가족이나 사회적 상황으로부터 벗어난, 그것들과는 구별되는 개별적 존재(identity)로서 인식되는 내담자에게 초점을 맞춘다. 여기서 자아는, 바라건대 보다 바람직한 객관적인 자아 인식 감각을 얻도록 자아 그 자체로서 직접 인식되는 존재로 다뤄진다. 그리고 그다음 두 개장에서는 자아를 타인에 의해 인식되는, 그리고 타인을 인식하는 분리된 개별 존재로서 다룬다.

자화상 기법을 다루고 있는 제4장은 내담자들이 자발적으로 또는 치료사의 과제에 대한 응답으로서 만들게 되는 다양한 종류의 자화상 사진을 세분화하여 제시한다. 자화상을 창조하는 과정, 그리고 자화상을 창조한 후 (원한다면 다양한 미술 재료 · 글귀 · 콜라주 또는 3차원 작업으로 공을 들인 후) 활발한 논의를 하면서 내담자와 함께할 수 있는 활동과 제안 모두를 제공하고 있다.

자화상 형식(format)에 관한 질문 목록들은 매우 핵심적이다. 특히 개인적으로 좋아하는 실습 중에서도 나는 세부 발표 실습 과제(detailed presentation one)를 선택했는데, 그 실습의 질문 양식은 사진 과제 결과물을 손에 들고 있는 내담자에게 내가 어떤 식으로 질문을 해나가는지 예를 들어가면서 설명해 준다. 이 장의 마지막 예제에 활용된 글은 사실 완전히 동일한 질문 양식 모델을 따른 것이다. 따라서 독자들은 하나의 실습이 내담자의 욕구 및 치료사의 목적에 따라 얼마나 다채롭게 행해지고 해석될 수 있는지뿐만 아니라, 자화상 작업의 '살아 있는' 과정이 실제 경험 속에서 어떻게 진행되어 가는지를 관찰할 수 있다.

제5장은 다른 사람이 찍은 내담자의 사진에 관한 것이다. 어떤 치료사(colleagues)는 다른 사람이 찍은 내담자의 사진을 자화상 작업의 일부로 포함하기도 한다. 그러

나 나는 촬영 과정이 내담자의 독립적인 통제력하에 있지 못한 상황 속에서 내담자를 소재로 하여 만들어지는 사진(즉, 다른 사람이 찍어 주는 내담자의 사진–역자 주)으로부터 나오는 차별화된 힘 때문에 '다른 사람이 찍은 내담자의 사진'을 '자화상'과는 분명히 구별되고 별개인 것으로 가르치고 싶다(또한 나는 다음에 논의될 기법인, 내담자가 찍은 사진에 대해서도 비슷한 유형의 차별화를 둘 것이다.).

제5장은 독자들에게 내담자의 사진을 검토하는 법을 가르치지는 않으며, 내담자의 얼굴 · 포즈 · 신체 또는 사진 속 기타 요소(details)의 의미에 대하여 외부의 관점에서 의견을 제시하는 법을 가르치지도 않는다. 그 대신, 내담자들이 자기 자신 및 타인과의 비언어적 의사소통을 어떤 식으로 지각하는지에 관한 보다 고차원의 발견, 그리고 내담자의 사진을 그들의 인생과 감정에 대해 더욱 많은 것을 이해하기 위한 출발점으로 활용하는 방법이 독자들에게 제시될 것이다. 제5장은 내담자의 이미지를 따라 사진 속에 우연히 배어 있는 부가적인 정보뿐만 아니라, 내담자가 등장하는 사진의 시각적인 내용에도 관심을 둔다. 또한 사진의 존재에 대해 책임 있는 사람인 사진사의 적절성에 관한 논의가 존재하는데, 사진사가 내담자에게 특정 포즈를 주문해야 하는지, 아니면 카메라 프레임 속에 들어온 내담자의 모습을 자연스럽게 순간 포착해야 하는지에 관한 논의가 그것이다.

이 장과 그다음 장은 '사진적인 자기 진술'과 밀접하게 관련되어 있다. 그렇기 때문에 장문의 글이나 사례 연구를 포함시키지 않았다. 오히려 이 장에서는 다른 사람이 찍은 내담자의 사진이 제공해 주는 다양한 사진치료적인 기제와 그 기제를 증명해 줄 보다 짧은 일화들을 활용했다.

제6장은 내담자가 직접 찍거나 수집한 사진에 관한 것이다. 상기했듯이, 나는 이 기법을 별개의 기법으로 다룰 것이다. 모든 사진은 어떤 방식으로든 '주의를 집중'하고 '초점을 잡는다.'는 측면에서 개인적인 선택의 문제가 들어가 있고, 이 가운데 은유적인 자화상의 속성을 가지는 것이 사실이다. 하지만 내담자는 (사진을 찍는 순간) 이러한 사실을 거의 의식하지 않고 셔터를 누른다. 따라서 이러한 '사진 선택'의 문제는 그들이 어떤 종류의 사진을 주목할 만하거나 간직할 만한 사진이라고 느끼는지 암시해 준다. 그리고 때때로 프레임 속의 실제 내용보다 더 강력히 사진 이미지에

정서적 의미를 부여해 준다. 사진 선택의 문제는 '사진 찍는 순간'을 둘러싸고 있는 하나의 사건이다. 그리고 이것은 다른 사람이 찍어 주긴 했지만 내담자가 (종종 그 사진이 그저 마음에 들었기 때문에) 수집한 사진 이미지에도 똑같이 적용될 수 있다. 이러한 속성의 사진은, 셔터를 누르는 행위가 아닌 선택적 축적에 의해 '촬영(taken)' 되는 것이다. 따라서 내담자는 이러한 사진들을 나중에 최종 프린트로 대면하게 될 때까지는 자기 반영적인 시각적 진술로 인식하지 못할 수도 있다.

이 장에서는 내담자가 찍거나 수집한 사진, 치료사가 부여한 과제에 대한 응답으로서 창조해 낸 사진뿐 아니라, 치료현장에 가져온 이미 존재하는 사진 모두의 활용에 관한 논의가 이루어진다. 그리고 그것은 이러한 시각적인 결과물이 나중에 목표의 세분화나 우선순위 결정, 가치관의 명확화, 기타 여러 가지 사진 활동에 집중하는 실제 방법도 제공한다. 제6장은 내담자의 실제 사례로 끝을 맺지 않는다. 오히려, 자신의 사진을 갖고서 심도 있는 실습 작업(plus one invisible one)을 직접 경험하였고, 여러 단계로의 사진 여행이 어떻게 느껴졌는지에 대한 느낌을 공유하고 싶어 하는 한 사람의 회고로써 끝을 맺는다.

'가족 앨범 그리고 일대기적 사진'은 제7장에서 다뤄진다. '자아(self)'라는 개념은 이전의 세 장에서는 독립적인 단독 개념으로 다루어진 바가 있다. 그러나 이 장에서는 '가족이라는 자아(self)'를 출생이나 가입, 입양에 의해 형성된 개인의 단순한 합 이상의 동질체로 간주함으로써, 사진치료의 전체적인 윤곽(picture)을 완성시킨다. 외부화된 그리고 객관화된 자아 존재는 독립 개념으로서의 자아이건, 맥락 속의 자아이건 간에, 진정 자기 나름의 신화(myth)이자 자기 나름의 구성체(construction)인 것이다. 독자들은, 앨범 제작자가 창조해 낸 가족 이야기와 같은 사진에 관한 '사진 속 다른 가족원 혹은 빠진 가족원이 만들어 낼 다양한 버전의 이야기들'과 비교하면서, 가족치료에 있어서 그 두 가지를 모두 활용하는 이점에 대해 배울 것이다. 또한 앨범 제작자가 창조해 낸 가족 이야기뿐 아니라 앨범 그 자체에 대해서도 같은 논리가 적용될 수 있다는 사실에 주목해야 할 것이다.

이 장에서는 '특정 과제에 따라 가족 사진을 재구성하는 활동'뿐 아니라, '기존 가족 사진이나 없어진 사진에 대해 회고하는 활동' 모두를 다룬다. 이들은 가족 체계

이론으로부터 도출된 준거 틀과 혼합될 것이다. 또한 가족 체계 이론을 입증하는 몇 가지 일화를 통해 앨범 제작자의 역할을 탐구할 것이다. 또한 인생 막바지의 문제에 직면한 내담자와의 작업, 학대에서 살아남은 사람들과의 상담 작업, 기타 특별한 사례들을 통해 개인적인 지지망을 요하는 상황에서 사진이 어떻게 활용될 수 있는지에 대해서도 논의가 이루어질 것이다.

이 장에서는 가족 사진 검토를 통해 가족 체계 전반에 흐르는 비밀스러운 기류가 어떻게 은폐되고 드러나는지에 대한 논의가 이루어질 것이다. 나는 체계 이론으로 훈련받은 치료자들에 의한 철저한 가족 앨범 리뷰가 이 장에 나오는 일화들의 실증을 위해 필요하다고 생각했다. 사실은 바로 나 자신이 이 경우에 해당한다! 따라서 독자들은 이 장에 나오는 주요한 실증적 사례들이 가족 패턴의 반복, 세대 간 역동 및 삼각관계, 성역할 기대, 분리/융합, 기타 주요한 구조적 요소와 같은 체계 이론 개념에 의해 조직화되고 분화된 나의 가족 앨범의 회고적인 반영임을 발견하게 될 것이다.

제8장은 모든 독자와 치료사에게 중요한, 사진치료와 관련된 기타 측면에 관한 짤막한 논의로 끝을 맺는다. 그리고 모두에게 유용한 적용 방법의 포괄적인 구성을 통해 이 책을 하나로 묶는다.

그다음 마지막에서 독자 여러분이 직접 접근할 수 있거나 오프라인으로 나와 연락이 가능한 참고도서 목록 및 추천도서 목록(원서에만 있음)을 발견할 수 있을 것이다. 두 가지 목록 모두 실제 치료에 적용되는 폭넓은 범위의 다양한 기법들을 안내해 줄 것이다.

나의 목적은 이 책이 독자들에게 사진치료의 가이드를 제공해 줄 수 있는 사진치료에 관한 실천적이고 기능적인 정보의 정수(distillation)가 되는 것이다.

여러분의 연구 결과나 생각에 대해 알려 주고 싶은 것을 포함하여 참고문헌 목록, 저자들의 주소나 연락망, 기타 정보나 피드백에 대한 보다 많은 정보를 원한다면 나에게 편지를 쓰는 것도 대환영이다. 주소는 다음과 같다. PhotoTherapy Centre, 1027 Davie Street, #607, Vancouver, B.C. Canada

감사의 말

이 책이 나오기까지 도움을 주신 분들께 무한한 감사를 드린다. 치료사는 누구였으며(who), 그들이 어떤 기법을 사용했는가(how)에 대해 질문함으로써 나로 하여금 이 책을 써야겠다는 결단을 내리도록 해 준 모든 학생들; 도움이 될 만한 수많은 비평적 주해뿐 아니라, 교정과 비디오테이프 녹취로 지루한 시간들을 보내면서도 인내심으로 일관해 주었던 나의 좋은 친구 테리 구드윈; 역시 비디오테이프 녹취 작업을 조력해 준 로라 모리슨; 사진 속 주제(subject)에 대한 생각이 나와 너무나 비슷해서 가르칠 때나 글을 쓸 때나 종종 '같은 하늘 아래에서 호흡하고' 있는 듯 느껴졌던 나의 사진치료 동료이자 진실한 친구 데이비드 크라우스와 조엘 워커; 사진치료에 대한 아이디어들을 현실화시키려는 나의 초기 시도들을 인내심 있게 다 받아 준 수잔 로빈슨(나의 초기 저작에서 '데비 F'로 알려져 있던 인물); 한 페이지 한 페이지를 장식할 사진 관련 개인 일화들을 진심으로 토로해 주셨던 모든 분들; (나의 유년기와 사진에 대해 사적인 세부사항까지도 다 까발렸음에도 불구하고) 여전히 나를 사랑해 주시는 부모님(부모님께서 말씀하시길 "얘가 독자분들께 말한 대부분은 진짜 사실은 아니에요!"); 편집장을 맡아 주었던 레베카 맥가번과 지니아 리자네비치, 캐나다 예술위원회, 그리고 여전히 익명으로 남기를 원하는 두 분의 재정적 후원자(재정적 지원만 있으면 나의 노력으로 사진치료 분야를 개척할 수 있다고 믿었던 그분들의 신념, 그래서 말 그대로 이 책을 완성할 수 있도록 시간과 자신감을 불어넣어 주신 분들).

그리고 매우 특별한 우정을 보여 준 빌리 로다에게도 깊은 감사의 마음을 전하고 싶다. 로다의 내면의 힘, 애정 어린 지원 그리고 온전한 신뢰는 나의 인생 여정을 통해 겪었던 사진치료 경험들을 놀라우면서도 확신할 수 있는 것으로 만들어 주었다. 그리고 마지막으로, 남편 로버트 오스티가이의 특별한 헌신에 대해 감사의 말을 전해 주고 싶다. (나의 인생 전반에 걸쳐서뿐만 아니라) 이 책의 원고를 쓰는 동안 그가 보여 주었던 무한한 인내와 관용 그리고 무조건적인 사랑은 이 세상의 언어로는 표현할 수 없을 만큼(심지어 사진으로조차도 표현할 수 없을 만큼) 감사받을 만하다.

차 례

PhotoTherapy

CHAPTER

01

치료적 도구로서의 사진

Techniques

Photographs as Therapeutic Tools

사진은 우리 마음의 발자국이고, 우리 삶의 거울이며, 우리 영혼의 반영이고, 적막한 한순간 우리 손 안에 쥘 수 있는 응고된 기억이다. 사진은 우리가 어디에 있었는지를 기록할 뿐 아니라, 알든지 모르든지 간에 우리가 어디로 가려는지 그 방향을 가르쳐 준다. 우리는 종종 사진과 말을 나누고 사진 속에 담긴 인생의 비밀에 귀를 기울여야 한다.

마음은 다만 시각, 청각, 후각, 미각과 촉각의 신체기관을 통해 정보를 흡수할 수 있을 뿐이다. 감각 자극의 약 80% 정도가 우리의 눈을 통해 들어오며(Hall, 1973), 시각을 바탕으로 한 이러한 정보는 우리가 만나는 모든 것을 이해하게 하는 데 아주 중요하다. 그리하여 우리의 경험과 기억 속에는 시각적 요소가 강력히 존재한다. 더구나 의미는 우리로부터 떨어진 '저 밖'에 존재하는 것이 아니라, 도리어 자극이 되는 대상(stimulus object)과 지각자(perceiver) 사이에 존재한다. 그것은 단지 '제 눈에 안경(in the eye of the beholder)' 식의 아름다움이 아니다. 현실(reality) 자체에 대한 우리의 생각은 우리가 지각하는 것에 토대를 두고 있다. 우리가 무엇인가에 주목한다면, 그것은 우리에게 어떤 의미를 지니고 있기 때문이다. 우리가 무엇을 알아채지 못했다면, 그것은 별개로 존재하는 것이 아니라 어떤 면에서는 전혀 존재하지 않는 것일 수도 있다. 우리가 맨 처음 대상을 지각할 때는 이미 어떤 개인적 의미가 각인되어 있다. 그 의미는 제거가 불가능하며 우리 기억 속에 영원히 고정된다.

사람들은 같은 감각 자극에 대해 서로 다른 방식으로 해석할 것이다. 그가 어떤 사람인지에 따라, 그리고 그가 그것을 알아차리거나 못 알아차리는 데 영향을 주는 배경 요인에 따라 사람들은 각기 다른 해석을 할 것이다. 대부분의 사람들은 시각을 비롯한 다른 데이터들을 거의 동일하게 지각한다. 사진을 보고 있는 대부분의 사람들은 빨간 셔츠와 청바지를 입은 검은 곱슬머리의 여성을 볼 것이다. 그러나 이 사진이 의미하는 바는 그것을 지각자들 각자가 무엇을 보는가에 달려 있다.

우리가 주목하지 않는 물체나 사람은 우리에게 중요하지 않은 것일 수 있다. 중요한 것은 우리 마음에 차이를 만들어 내는 차이점에 대해 사람들이 관심을 기울이는 것이다. (앞 페이지에 사진이 있었나? 이 책의 표지가 무슨 색이지? 이 책을 읽을 때 주위에서 잡음이 났던가?) 이처럼 지각이라고 불리는 행위를 하는 동안 우리는 나중에 '현실' 이라는 것을 받아들이게 된다. (우리가 사람을 보면서, 사진을 보면서) 시각적 자극에서 얻은 의미는 주로 그것을 지각하는 과정에서 우리 자신에 의해 창조된 것이다. 그러한 현실을 어떻게 창조하는지는 지각적 필터, 개인적 상징, 논리적 사고를 위한 내면의 지도나 틀 같은 개인적인 장치들에 따라 달라진다. 이러한 요인들의 영향을 받아서, 사람들은 어떤 사진을 찍을 것인가를 비롯하여 몇 년이 지난 후 어떤 사진을 좋아하고 기억할 것인가를 결정하게 된다.

포스트모더니즘 예술운동은 모든 관찰자(spectator)에 의해 '객관적으로 관찰될 수 있는 단 하나의 보편적 실체는 없다.' 는 개념을 바탕으로 한다. 포스트모더니즘은 오히려 현실을 전적으로 상대적이고 인간의 지각에 따라 달라지는 잠정적인 것으로 가정한다. 사람들의 실질적인 경험은 그 의미를 구성하게 되고, 그것에 대한 최종적인 정의는 결국에는 그 의미를 해체하는 토대가 된다.

구성주의(constructivism)는 어떠한 중립적인 지식도 없다고 주장한다. 모든 지각은 지각자에 의해 가치와 맥락이 주어진다. 지식은 사실이 아니라 인생에 대한 가정과 관련이 있다. 우리는 대상을 선택적으로 지각하기 때문에 대상의 실재에 대해 우리가 알 수 있는 것이라고는 그것의 표면적인 모습뿐이다. 그러므로 의미는 우리가 스스로를 납득시키기 위해 말로 표현하거나 예술적으로 재현하는 과정에서 개인적 · 사회적 · 문화적으로 구성된다. 이와 유사하게, 묘사할 순간을 선택하고 눈 앞에 보이는 '전체 그림' 에서 우리가 선택한 단편을 연속적으로 프레임화하기 때문에 사진은 현실에 대한 객관적 기록이라기보다는 현실의 구성으로 생각할 수 있다.

해체주의(deconstructivism)는 보는 사람에 의해 대상이 어떻게 해석되는지를 다룬다. 구성주의가 단 하나의 고정된 현실(실체)이 없다고 가정하는 것과 마찬가지로, 해체주의는 주어진 이미지 또는 대상으로부터 단 하나의 객관적 의미를 해독하는 것은 불가능하다고 본다. 이런 관점 중 하나(구성주의 또는 해체주의)로부터 예술 또는 인생을 살펴보게 되면 우리의 무의식이 어떻게 의미 형성에 기여하는지, 언어적 · 비언어적 언어 모두가 어떻게 의미를 중재하는지 더 잘 알 수 있게 된다.

치료 상황에서 사람들이 친밀한 다른 사람들의 일상적 행동 또는 대화 이면에 깔려 있는 의미를 읽어내려고 시도할 때, 그들은 감정이 어떻게 생각이나 말과 무의식적으로 연결되어 있는지, 어떻게 일단의 사람들이 시각적 또는 언어적 메시지를 전달하기 위해 '교묘한(loaded)' 이미지나 말을 이용하여 다른 사람의 정서 반응을 조종하게 되는지를 깨닫게 된다. 이런 점에서 포스트모더니즘은 실존적 이론, 현상적 이론에서 나온 것으로 볼 수 있다. 이 세 가지는 모두 사람들이 사진으로부터 어떻게 의미를 얻게 되는지를 이해할 수 있는 이론적 틀(framework)을 제공한다.

포스트모더니스트는 모든 사람들이 자신의 필터를 통해 의미를 선택하게 되고, 외부의 현실과 상호작용하는 가운데 진실이라고 여기는 하나의 이미지로부터 각기 다른 의미가 나온다고 본다. 이런 생각은 치료를 하는 데 매우 중요한데, 치료는 사람이 인생과 정체성에 대해 이해하는 것을 다루기 때문이다.

우리 대부분은 말을 통해서가 아니라 아이콘화된 이미지(iconic imagery)를 통해서, 때때로 내적이면서 암묵적인 심상(thought picture)과 시각적 부호와 개념들을 통해서 생각하고 느끼고 회상한다. 이런 모든 것들은 말로 표현되든 예술적으로 표현되든 간에 나중에 사물에 대해 이성적으로 소통하고자 할 때 사용할 수 있는 정신적 지도(mental map)를 만든다.

내게 스냅사진은 사람의 사고와 감정의 영역을 동시에 재현하는 것이라서, 나는 그 자연 발생적인 원천에서 객관적 관찰이나 직접적인 의미를 뽑아내는 것은 애초에 매우 힘들다고 본다. 카메라가 행동적 또는 정서적 표현을 잡아내지 않는다면 감정은 순식간에 사라져 버린다. 필름에 나타나는 것은 단지 그 시각적 흔적일 뿐이다. 책을 읽듯이 사진을 '읽으려고' 하는 것은 양자물리학의 파동입자이론(waveparticle theory)의 문제와 유사한 것이다. 관찰하는 행동은 관찰되는 것을 자동적으로 변화시킨다. 카메라는 기록만이 아니라 중재를 하는 매체다. 관찰하거나 의미를 부여하는 사람에게서 그들의 문화적 · 인종적 · 사회적 필터나 성별 등의 필터를 제거할 수는 없다. 그래서 어떤 사진에서 이끌어 낸 의미는 개인적이고 독특하다. 그리고 때로는 처음에 사진을 찍은 사람이 의도한 것을 온전히 전달하기도 어렵다. 사진을 보는 사람의 반응은 독특한 개인적 지각에서 비롯되었기 때문에, 사진의 의미는 이미지와 사람 사이의 상호작용에서만 일어나는 관찰될 수 없는 가능성 속에 존재한다.

사람이 사진에 반응하는 방식 HOW PEOPLE RESPOND TO PHOTOGRAPHS

잠시 멈춰서 사진에 대해 생각해 보면, 사진은 정말로 호기심거리다. 마치 살아 있는 듯, 마치 현재 여기에 존재하는 듯, 하지만 우리가 3차원적으로 지각하는 아주 얇은 종이 조각에 불과하다. 그러나 사진의 테두리 안쪽을 들여다보는 순간은 '현재'다. 우리는 마치 우리 자신이 물리적으로 거기에 있는 것처럼 그 이미지의 시간과 공간 속에 존재한다. 우리의 마음은 사진의 시각적 내용(visual contents)을 보는 것과 사진의 시각적 사실(visual facts) 자체를 보는 것을 구별하지 않는다. 그것은 우리가 깨닫지도 못하는 사이에 내용과 사실을 연결해 주는 중간 대상(transitional object)이 된다. 수백 년이 지난 우리 조상의 사진을 보면서, 우리는 마치 그 순간 우리 앞에 그들이 살아 있는 것처럼 느끼고 우리가 그곳에 있는 것처럼 그 이미지를 관념적으로 처리한다. 우리의 마음은 실제 장면 속에 있는 것과 사진 속에서 보는 것을 똑같다고 여기는 인지적 비약을 하게 되는 것이다. 그리하여 우리는 카메라 바로 앞에서 바로 그때, 바로 거기에서 실제로 일어나고 있는 것을 사진으로 찍었기 때문에 카메라가 거짓말을 하거나 거짓말을 할 수 없다고 확신하게 된다. 사실은 카메라가 사진을 찍은 것이 아니라 사람이 사진을 찍은 것인데도 말이다.

어떤 사람이 내게 사진은 '감정을 담은 종이'라고 말한 적이 있다. 부드럽게 표현한 것이지만, 내게는 그것이 약한 표현으로 들린다. 사실 사진은 감정으로 가득 차 있다. 우리는 감정적 동요 없이 결코 우리의 개인 사진을 볼 수는 없다. 사실상 이 조그마한 종잇조각들은 그것의 표면적 가치를 넘는 힘을 부여받는다. 사진의 중요성은 사람으로부터 와서 사람에게로, 과거로부터 와서 미래로 울려 퍼진다. 주제와 연결된 감정은 실제 사람, 장소, 사물의 대용으로 그 주제를 사진적으로 재현한 것으로 바뀐다. 사람이 이런 시각적 가공물을 실제 살아 있는 것으로 반응하는 것은 당연한 일이다.

그래서 사진은 현실적 환각과 환각적 현실, 온전하게 포착되지는 않으나 온전하게 포착되는 순간이 동시에 일어나는 특별한 면을 지니고 있다. 우리는 결코 멈출 수 없는 시간을 멈추게 하기 위해서 필름을 사용한다. 이러한 점은 왜 그리고 어떻게 사진치료(PhotoTherapy: Judy Weiser는 사진과 치료의 중요성이 동등하다는 것을 표현하기 위해 Phototherapy 대신 PhotoTherapy를 사용한다.–역자 주)가 이루어지는지를 이해하는 데 아주 중요한 것이 된다. 이것은 하나의 '사실'로서 필름 위에 응고된 시간의 한 조각을 복합적으로 검토하는 것을 허용한다. 또한 보는 사람마다 각기 다르게 반응하기 때문에 끝없이 다양한 '현실'이 드러나도록 한다. 모든 스냅사진은 할 말, 나눌 비밀, 드러낼 기억을 지니고 있다.

사진을 찍는 사람은 특별한 순간(그 사람이 특별하다고 지각하기 때문에 특별한)에 대한 영원한 기록을 만들고자 한다. 사진이 '제대로' 찍혔다고 여긴다는 것은 그것이 사진 찍는 사람의 기대를 만족시켰기 때문이다. 만일 그렇지 않다면 사진을 찍은 사람은 무언가가 빠져 있거나 '잘못되었다'고 여길 것이다. 사람이 찍은 사진(또는 엽서, 포스터, 잡지와 달력 사진 등)은 그들에 대해 뭔가를 말해 줄 수 있다. 이러한 사진은 중요하기 때문에 찍히거나 수집된 것이다. 수집된 사진은 그것을 수집한 사람을 거울처럼 반영한다. 왜냐하면 우리는 좋아하지 않거나 중요하게 여기지 않는 사진은 간직하지 않기 때문이다. 우리에게 가장 특별한 것들은 우리 자신과 우리 인생에 대해 많은 것을 표현한다. 우리는 단지 적절한 질문이 필요할 뿐이다.

사람들은 포즈를 취할 때, 심지어 자화상 사진을 찍을 때조차 최종적으로 자신이 어떻게 보여야 할지를 생각한다. 이것은 그들이 실제 생활 속에서 어떻게 타인에게 보여야 하는지에 대한 자신의 기대를 반영한다. 자신을 찍은 사진에 대해 질문하는 것은 스스로를 어떻게 평가하는지를 발견할 수 있는 좋은 방법이 될 수 있다.

사진적 이미지 자체의 시각적 내용도 중요하지만, 사진을 만난 사람에게 이 내용이 갖는 의미 또한 중요하다. 사진 한 장은 사진을 찍은 사람, 사진을 찍힌 사람(포즈를 취했던 모르고 찍혔든), 나중에 사진을 보게 될 사람(사진이나 사진 찍은 사람을 아는 것과 상관없이), 그리고 이 사진을 영원히 보관하게 될, 특히 아주 중요한 가족 앨범에 보관할 사람(가족 앨범 안엔 개개인의 사적인 인생들과 존재의 이유가 담겨 있다) 모두에게 '서로 다른 의미'를 지닌다.

사진치료 과정에서 내담자가 그들이 알고 있는 것이 왜, 어떻게 해서 그것이 진실인지 설명하는 것은 사진 자체의 의미에 대한 설명보다 훨씬 더 중요하다. 사진이 시각적으로 드러내는 것뿐 아니라, 사진에 담겨 있는 감정적인 부분을 탐색할 때는 더 많은 것이 드러날 수 있다. 아무리 큰 사진도 시간과 공간이라는 점에서는 인생이라는 더 큰 사진의 일부에 불과하다. 사진의 의미는 그 맥락에 대해 우리가 더 많이 알수록 더 증가하게 된다. 자신의 사진을 종착역이라기보다 출발역으로 간주할 수 있는 내담자, 질문을 시작하고 감정을 탐색하기 위해 사진을 사용할 수 있는 내담자는 그 과정에서 자신에 대해 아주 많은 것을 배울 것이다.

사진치료의 힘 THE POWER OF PHOTOTHERAPY

살아가면서 우리는 말을 사용하지 않아도 나중에 기억해 내기 위해 많은 정보를 저장한다. 또한 우리는 말을 사용하기도 하는데, 그것은 우리 내부에서 '말없이' 우리가 이해한 사고와 감정을 나중에 다른 사람에게 전달하기 위해서다. 그러나 말은 단지 그 내적 의미를 재현하려고 노력한 것일 뿐이지 의미 그 자체는 아니다. 우리는 우리 내면에 접근하기 위해 현실을 범주화하고 경험을 부호화하는 내적 언어를 사용한다. 그러나 원래의 경험을 온전히 말로 다 표현할 수는 없다. 그러나 사진은 친밀하고도 개인화된 은유를 담은 시각적-상징적 형태로 감정과 생각을 포착하고 표현할 수 있는 힘이 있다.

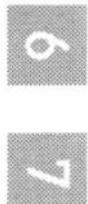

사진에 나타나는 상징과 시각적 재현은 언어임이 분명하지만, 사진을 찍은 사람의 도움 없이는 외부인이 이해하기 어려운 어떤 것이기도 하다. 언어는 현실을 구성한다. 그러나 언어가 항상 말로만 표현되는 것은 아니다. 예술적 표현은 하나의 언어로서 말이 그러하듯, 우리의 생각, 감정 그리고 관계를 전달해 준다. 우리의 비언어적 혹은 시각적 독해력을 깨닫게 되면, 그리고 우리 각자에게 그것이 얼마나 다른지를 이해하게 되면, 우리는 의사결정, 기대, 감정, 사고와 기억이 비언어적 자극과 의미 만들기에 바탕을 두고 있고, 그리하여 그것들이 감각 지각(sensory perception)에 얼마나 직접적으로 연결되는지를 깨닫기 시작한다.

요약하면, 매일의 일상 가운데 우리가 흡수하는 대부분은 뇌에 입력될 때 언어적으로 부호화되지 않는다. 나중에 그것을 언급하려고 할 때 언어적으로 접근할 수도 없다. 우리 마음속에 있는 어떤 것을 다른 사람의 마음에서도 이해할 수 있도록 노력할 때, 정보는 비로소 말이 된다. 그러므로 교사, 치료사와 같이 내면에 초점을 두고 일하는 의사소통자들이 음악, 춤, 시각예술(사진은 물론!)처럼 의미를 나누고 표현하는 비언어적 방법을 활용하려 하는 것은 놀랄 일이 아니다. 다양한 예술치료와 표현주의적 치료는 모두 이러한 개념에 토대를 두고 있다. 사진치료가 예술치료인지 아닌지를 고려하기 전에, 사진치료가 어떻게 치료적 모델과 치료기법의 범주에 들어가는지를 논의하는 것이 유용할 것이다.

치료적 맥락에서 나는 내담자의 문제가 어느 하나의 원인에서 비롯되었다고 보는 것은 불가능하다고 믿는다. 주어진 상황에서 문제를 경험하는 개인은 그 상황의 일부일 뿐만 아니라 문제가 무엇인지 정의하고 무엇이 문제일지 그 가능성을 만드는 사람이기도 하다. 그러므로 그 사람이 '외부인' 의 관점에서 객관적으로 문제를 보리라고 기대할 수 없으며, 치료자 역시 외부의 입장에서 바라본다고 해서 그것을 충분히 이해할 수도 없다. 또한 결과가 원인을 따라다니는 한, 반대로 결과를 바탕으로 원인을 정의하는 것은 불가능하다.

나는 내담자와 작업할 때 원인과 결과를 한 번에 한 방향으로 가는 직선적 관계로 보지 않고, 도리어 인지적 · 논리적으로 유효한 동시다발적인 혹은 직관적인 움직임으로 보기를 좋아한다. 그래서 Rhyne(1990)의 말을 다른 말로 바꾸어 인용하면, 나는 마음이 하나라는 개념을 버리고 '마음은 패턴으로 이루어졌다.' 는 개념을 갖게 되었다.

나는 심리적 문제의 복잡성을 이해하기 위해서는 직선적 인과관계보다는 카오스 이론(chaos theory)이나 체계이론(system theory), 또는 사이버네틱 이론(cybernetic theory)이 훨씬 더 유용한 모델임을 발견했다. 이것은 강의를 하고 치료를 하며 주말 계획을 세우는 일에 이르기까지 나의 모든 활동에 영향을 미쳤다. 이와 유사하게 나는 내담자들이 "한 옥타브 이상의 삶(more than one octave lives)" (Shaun McNiff와의 개인적 교신, 1990년 2월 9일)을 살고 있음을 이해하게 만들려고 노력한다.

나는 내담자를 돕는 데 타당하고 확실한 접근이라고 생각하면 모든 유용한 도구(최면, 꿈 해석, '빈 의자' 기법 혹은 역할극은 물론 예술치료와 사진치료기법 등)를 사용하기 좋아하는 치료자다. 그러나 나는 모든 내담자에게 똑같은 것을 하지는 않는다. 또한 나는 마치 처방전을 따르는 것처럼 각 내담자에게 똑같은 순서로 똑같은 사진치료기법을 선택하여 실시하지도 않는다. 대신 나는 내담자의 특별한 욕구에 맞추어 사진치료를 한다. 만일 어떤 기법이 기대한 것처럼 효과적이지 않다고 판명되면 다른 것을 시도한다. 나는 모든 기법을 언제나 다 사용하지 않는다. 각 내담자의 독특한 욕구와 목적에 따라 다양한 예술치료 또는 다른 적용법을 결합하여 사용한다. 이런 이유 때문에 나는 '사진치료사(PhotoTherapist)' 라는 용어를 꺼린다. 왜냐하면 어떤 훌륭한 치료사도 단 하나의 접근법과 기법을 고수하지 않으며, 어떤 사진사도 단 하나의 렌즈만을 사용하지 않고, 어떤 화가도 팔레트에서 단 하나의 색만 사용하지는 않기 때문이다.

정서적인 문제 또는 타인이나 자신과의 소통에 문제가 있는 사람과 작업할 때, 나는 가족이나 근무 환경과는 별도로 개인으로서 그에 대해 알아야 할 필요가 있다. 또한 나는 내담자의 얽히고설킨 대인관계나 그를 둘러싸고 있는 배경에 대한 정보도 수집해야 한다. 사진치료는 자신과 가족 사진을 가지고 이러한 정보에 접근 가능하게 하는 효과적인 방법이다.

나에게서 사진치료는 적어도 두 단계를 포함한다. 그것은 사진치료라는 적극적인 작업을 통해 내담자에게 일어나는 일, 그리고 치료적으로 더 중요한 과정, 즉 내담자가 치료 과정과 결과를 검토하고 전체 과정에서 일어나는 모든 심리적 결과물을 종합 · 이해 · 흡수 · 반영하고 정서적으로 처리하기 시작할 때 일어나는 일이다.

사진을 찍으러 가기로 결심하거나 예전에 찍은 사진을 다시 본 적이 있는 사람이라면 누구나 사진이라는 매체가 제공하는 자기 탐색과 개인적 성숙이라는 자연스러운 과정과 마주치게 된다. 이것이 치료로서의 사진(photography as therapy)이다. 그리고 많은 아마추어 사진사는 이러한 혜택을 경험한 적이 있을 것이다. 만일 누군가가 도와준다면 그 결과가 더 효과적이긴 하지만, 결국 모든 사진은 치료적일 수 있다. 치료 장면 '안' 에서 사진을 쓸 때, 주요한 강조점은 치료자가 내담자로 하여금 사진에 몰두할 수 있도록 만드는 '치료' 에 있다. 이는 예술치료사가 치료로서의 예술(art-as-therapy. 예술적 행위 자체를 통해 치료적 효과를 얻는 것-역자 주)에 초점을 맞추어야 하느냐 혹은 예술을 활용한 치료(art-in-therapy: 치료적 맥락에서 예술을 차용하는 것-역자 주)에 초점을 맞추어야 하느냐에 관한 논쟁을 연상케 한다. 이때 내 의견은 언제나 혼란스럽지만 단순하다. 즉, '두 가지 모두 다 중요하다.' 는 것이다.

심리치료 분야의 동료 중 몇몇은 "내담자가 경험하고, 기억하고, 적극적으로 표현하고, 뼈 속 깊이 이해하고, 재창조하는 것만으로도 충분하다." 고 말한다. 내 경험으로는, 내담자가 자기 직면과 성찰, 반영을 통해 자신에 대한 타당성을 확보하는 과정에서 굉장한 상담의 효과를 얻는 듯하다. 또한 이는 내담자가 정서적으로 경험한 것을 통합하고 강화하기 위한 인지적 · 언어적 틀을 생성할 수 있도록 돕는다.

나는 치료가 효과적이기 위해서는 현재에도 여전히 영향을 미치고 있는 과거 사건의 역할, 기억, 사고 그리고 감정에 관한 인지적 자각과 정서적 경험 모두가 필요하다는 것을 믿는다. 여기에는 마음과 영혼, 통찰과 구조화 모두가 필요하다. 치료의 성공을 위해 적어도 이 중 하나는 필요하지만, 그렇다고 그것만으로 충분한 것은 아니다. 기억은 마음뿐 아니라 몸의 일부분이다. 사람들이 자신의 감정과 재연결되도록 노력하거나 변화를 위해 무언가 시도할 때, 우리는 머리로만 이러한 작업을 할 수 없다. 우리는 본질적으로 무의식적이고 재현과 소통을 위해 원초적인 상징과 비언어를 사용한다. 따라서 우리 자신과 작업을 할 때는 비언어적으로 그리고 감각에 기반을 둔 기법이 최고의 선택이다. 이런 이유로 뿌리 깊은 근원적인 문제를 지닌 사람들을 돕고자 하는 치료자는 예술치료나 사진치료와 같이 원초적이면서도 시각적인, 무의식적 비언어적인 요소가 들어 있는 도구를 사용할 필요가 있다.

사진치료와 예술치료: 유사점과 차이점

PHOTOTHERAPY AND ART THERAPY: SIMILARITIES AND DIFFERENCES

몇몇 이론가는 사진치료가 정말로 예술인지에 대한 논쟁을 벌였다. 몇몇은 사진을 어떤 창조적인 요소나 개인적인 투자가 없는 단지 기계적인 기록의 산물로만 본다. 사진은 의사소통의 도구라고 볼 수 있지만, "순수한 예술이 아니다."라고 말하는 사람도 있다. 사진이 예술인지 의사소통 도구인지를 결정하려는 것은 이 두 분야에서 사진을 활용하는 일을 미루게 할 뿐이다. 이러한 이분법적 논쟁은 치료적 목적과는 아무런 관련이 없으며, 둘 다는 동시에 공존할 수 있다. 예술 자체가 의사소통이고 모든 의사소통이 예술적 표현의 한 방식이기 때문에, 사진이 예술인지 의사소통인지에 대해 논쟁하는 것은 어리석은 일인 듯하다. 나는 예술치료 실천에 관한 체계이론/사이버네틱스의 입장을 분명히 취하고 있다(Landgarten, 1981, 1987; Lusebrink, 1989; Nucho, 1988; Rhyne, 1984; Riley, 1985, 1988, 1990; Sobol, 1982, 1985).

사진치료가 특정한 예술치료사들에게 인기 있는 연구 주제가 되었다는 점에서 예술치료의 이론적 근거와 사진치료기법에 대한 이해와 적용을 논의하는 것은 중요하다고 생각한다. 나는 이 두 가지가 상호 배타적이라고 생각하지 않으며, 둘 사이에 어떠한 논쟁거리도 발견할 수 없었다.

예술치료가 모든 치료자(심리학자, 가족상담가, 정신과 의사 등)가 배울 수 있는 일련의 기법인지, 또는 분명한 기본 이론의 토대를 지닌 하나의 모델인지에 대해 오랫동안 논쟁이 있었다. 양측의 의견에 대해 논쟁이 이루어질 수 있지만, 이러한 논점을 해결하려고 하는 것은 나의 목적이나 의도가 아니다. 나는 사진치료가 뚜렷한 하나의 모델이 아니라, 오히려 이론적 양식(theoretical modalities)과 상관없이 모든 치료자들에게 유용한, 일련의 상호작용적인 기법이라고 본다. 그것들은 서로 매우 다른 매체를 사용하기 때문에 그 결과물이나 과정에서 때때로 매우 다른 듯 보이기도 하지만, 내게는 상호 연관되어 있고 상호 교환적인 하위 체계를 지닌 것으로 보인다. 그것들은 모두 감정에 시각적 형태를 부여하고, 보이지 않는 것을 보다 잘 보이게 만들며, '무의식이 향상되는 것' (Martin & Spence, 1988)을 지향한다. Krauss(1979, 1983)는 이러한 두 가지를 상세하게 비교 · 대조하였는데, 이후 내가 경험한 것들의 유사점과 차이점을 논할 때 그의 요점이 드러날 것이다. 비록 상징적 표현이 그 묘사과정에서 경험을 중재하고 여과할지라도, 이는 생각, 감정, 기억과 다른 내적인 경험을 표현하고 전달하는 단 하나의 언어다.

모든 예술치료는 감각에 기초한 경험을 시각적–상징적으로 표현하는 쪽이 언어로 전달하는 것보다 소통을 훨씬 덜 방해하고 덜 왜곡한다는 생각을 바탕으로 한다. 그리고 내담자가 타인에 의해 만들어진 상징적 이미지에 단순히 반응하거나 대응할 때, 은유적 의사소통을 통해 내면 깊이 잠겨 있는 무의식적 의미가 투사될 뿐 아니라 예술치료가 무의식적 영역을 건드릴 수 있다는 생각을 바탕으로 한다. Krauss는 비언어적인 개인적 상징이 아주 강력하다는 점을 강조했다. 왜냐하면 그것은 그 존재감을 알리려는 무의식, 즉 우리 의식의 원천인 무의식으로부터 나오기 때문이다. 우리는 자신이 만든 예술작품이나 사진을 보거나 그에 대한 우리의 반응을 살펴보고 떠오르는 주제와 유형을 탐색할 때(합리화, 방어, 핑계 그리고 다른 보호가 가능하도록 하는) 교묘한 말에 휘말리지 않음으로써, 우리 자신의 무의식에 대해 배울 수 있게 될 것이다.

예술치료과정에서 내담자는 보통 자발적으로 이미지를 생성한다. 이러한 상징적 의사소통은 무의식으로부터 직접 나온 것이다. 때때로 이런 이미지에 드러난 다양한 수준의 은유적 의미는 쉽게 이해될 수 있다. 하지만 이것은 하나의 출발점에 불과하다. 예술치료에서의 '예술' 작업은 '진짜' 예술이 아닐 수도 있다. 하지만 그것은 비언어적 방식으로 부호화된 개인적인 표현이다. 이와 유사하게, 사진은 우연하게 발견되는 예술적 감흥과 상관없이 어떤 면에서는 자신에게서 나와 자기 자신으로 가는 사적 의사소통이라고 볼 수 있다.

Krauss(1983)는 이러한 관찰을 다음과 같이 서술했다.

> 예술치료와 사진치료 모두가 심상적 투사(pictorial projection)라는 방법을 활용할지라도, 그것들은 처음부터 매우 다른 방식으로 작동하는 것처럼 보인다. 예술치료는

> 내담자의 자발적인 그림 그리기 과정을 통해 드러나는 무의식적인 내적인 관심에 기초를 두고 있다. 그리고 외부 자극, 빛 또는 어떤 내용이 그림을 그리는 순간에 반드시 필요한 것은 아니다. 한편, 사진은 물리적으로 존재하는 실제 장소에서 찍힐 것이다. 집을 찍은 사진은 집에 관한 물리적 재현물로 사용될 것이다. 예술치료가 외현화된 내면의 피사체(externalized internal subjects)에 의존한다면, 사진치료는 내면화된 외적 피사체(internalized external subjects)에 의존한다. 그러므로 이 두 가지는 개인적 상징의 서로 다른 면을 다루고 있는 것처럼 보인다(p. 53).

CHAPTER

많은 예술치료사들은 내담자가 만드는 상징적 이미지의 중요성이 다른 어떤 것보다 값진 것이라고 강조한다. 이는 이러한 두 가지 접근 방식 간의 핵심적인 차이를 보여 준다. 이미지를 만드는 것은 사진치료의 하나의 측면일 뿐, 핵심일 필요는 없다. 또 다른 차이점은 대다수의 사람들이 사진이라는 매체에 대해 지니는 친근성과 편안함이다. 예술작품을 만들거나 논평하는 데 드러나지 않는 평범함이 스냅사진을 찍고 이야기하는 데 존재한다.

이와 유사하게, 예술작품의 속성은 예술품이 빚어내는 의미의 한 부분을 이룬다. 우리가 예술작품을 볼 때 만든 이의 개인적인 관점이 예술품에 들어가 있다는 것을 깨닫지 않고 보는 경우는 거의 없다. 그러나 사진을 볼 때 우리는 사진을 누군가가 카메라로 기록한 실제의 이미지로 본다. 그러므로 사진치료는 다른 예술 매체에서는 불가능한 방식으로 사진을 탐색하면서 만든 사람의 목적, 욕구 또는 욕망에 대한 추측(speculation)이 가능하다. 사실 누가 사진을 찍었는지에 대한 관심이 적기 때문에, 사진치료는 내담자가 직접 찍지 않은 사진을 치료에 이용할 수도 있다. 이런 것은 예술치료 실천에서는 (콜라주 작업을 제외하고는) 흔히 있는 일이 아니다.

예술치료는 이미지의 이론적 부분이나 이미지의 변천에는 관심을 덜 두면서, 완성된 결과물에 초점을 더 두는 듯 보인다. 사진치료에서 이런 과정은 좀 더 균형을 이룬다. 사진 출력은 종종 가장 덜 중요한 부분인 반면, (언제, 어디서, 누구를, 왜) 사진 찍을 계획을 세우고 사진 찍을 때 무엇을 할 것인지 결정하는 기준들은 치료에 더 중요하고 탐색하기도 좋은 장점이 있다. 치료적으로 마지막 프린트 작업(therapeutically 'working' the finished print)도 중요한 요소이지만, 이는 논의를 이끌어 내기 위한 질문을 하는 데에만 사용될 수도 있다.

Krauss는 개인적 스냅사진이 제공하는 사실적 기록(factual documentation)의 부가적 가치를 지적했다. "개인적 사진과 가족 사진의 활용은 다른 방식으로는 얻을 수 없는, 투사적이면서도 물리적인 데이터를 제공하는 풍부한 원천이 된다. 내담자가 치료 밖의 세계와 어떻게 관계 맺고 있는지(말이 아닌 카메라에 의해 포착된 가족 구성원의 관계)에 대한 배경 정보를 제공한다." (1983, p. 53)

사진을 사용하면 우리가 거울 앞에서 자신을 보는 방식, 즉 좌우가 뒤바뀐 방식보다는 '자기 자신을 다른 사람에게 보여 주는 방식과 비슷한 접근'을 사용한다는 것을 알 수 있다. 또한 우리는 우리의 옆모습 또는 뒷모습, 더 큰 집단인 가족이나 친구들의 일원으로서 우리 자신을 볼 수 있다. 예술치료에서 우리의 초상화는 지극히 개인적이고 주관적인 표상이다. 그러나 사진치료는 기계적 장치에 의해 창조된 덜 주관적이라고 여겨지는 이미지를 제공한다.

마지막으로, 나는 어떤 예술치료사들이 치료의 진전, 향상 또는 결정적인 단계를 측정하는 데에서 핵심적이라고 믿는 예술적 능력의 발전과 비슷한 것이 사진치료에 있어야 한다고 생각하지는 않는다. 기껏해야 조용히 서 있는 것을 배우거나 의식적으로 좀 더 세련되어 지는 것 외에, 사진 찍는 기술이 나이가 든다고 더 느는 것도 아니다. 여덟 살짜리 아이와 자폐 청소년으로부터 아주 진지하고도 은유적인 사진을 통한 의사소통이 가능한 것을 보았고, 반면 전문직 성인으로부터는 아주 혼란스럽고 별 볼 일 없는 의사소통이 이루어지는 것을 보았다. 예술적 능력의 발전 단계는 사진치료 작업에서 그다지 중요한 것이 아니다.

PhotoTherapy

CHAPTER

02

사진치료의 다섯 가지 기법

Techniques

The Five Techniques of PhotoTherapy

사진치료의 기본적 기법은 사람과 카메라, 또는 사람과 사진 사이의 관계와 직접적으로 연관되어 있다. 이는 (1) 내담자를 찍은 사진, (2) 내담자가 찍은 사진, (3) 내담자가 자신을 찍은 사진(자화상, self-portraits), 그리고 (4) 전기적 스냅사진들(biographical snapshots)—종종 파티, 결혼식, 가족 모임 등에서 찍은 가족 또는 친구의 사진으로 내담자가 포함되거나 포함되지 않은 사진—을 말한다. 이러한 네 가지 사진의 각각은 사진치료의 주요 기법에 의해 재현된다. 그러나 그 자체를 따로 떼어 내기보다 사진치료기법의 일부라고 볼 수 있는 다섯 번째 기법이 있다. 이 마지막 기법은 내가 '투사적' 기법이라고 부르는 것인데, 어떤 사람이 어떤 사진으로부터 맨 처음에 의미를 이끌어 내는 방법과 이유를 다룬다.

사진의 의미를 이해하는 데에서 투사적 구성요소(component)는 사람과 스냅사진 사이의 모든 상호작용의 바탕이 된다. 사진에 의미를 투사하는 것(그리고 오감으로 감지하는 그 외의 어떤 것)은 우리가 사진을 볼 때 필수적인 부분이다. 사진은 인생을 부분으로 나눔으로써 단순화하고, 그 속에 담긴 의미를 시간을 지니고 찬찬히 살펴볼 수 있게 한다. 사진에 대해 묘사하고 사진에 반응하는 동안, 사람들은 보통 때에는 부인(denial)과 합리화(rationalization) 같은 지적 장애물로 감추어져 있던 강한 감정 덩어리와 마주치게 된다.

사진치료기법은 내담자가 의식적으로 말을 통제하고 감시하는 것을 지나쳐 무의식적인 은유와 비언어적(상징적)인 언어가 떠오를 수 있게 한다. 사진을 찍는 것은 다른 시각적 예술(visual art)을 시도하기에는 너무 노력이 들거나 너무 위험하다고 생각하는 사람들에게 특히 잘 맞는다.

사진치료를 특별히 적용하는 구체적 방법은 이 책 마지막에 제공한 추천도서 목록을 살펴보면 될 것이다. 몇몇 인용은 사진치료를 개념화하면서 구조화하기 위해 노력한 많은 동료들(예: Cooper, 1984; Fryrear, 1980; Gooblar, 1989; Krauss, 1979; Loellbach, 1978; Nath, 1981; Smith, 1989)의 연구 업적을 참고했다. 그들의 업적을 살펴보면 실제로는 긴밀히 연결되어 있는 사진치료기법을 구분된 하부 구조로 나누려는 시도가 얼마나 어려운지 알게 될 것이다. 게다가 몇몇 치료사들은 매 회기 또는 한 회기에 한 가지 이상의 사진치료기법을 사용하는 단계별 사진치료 프로그램을 운영했다 (Brenneman, 1990; Hogan, 1981; Krauss, 1979; Mann, 1983; Marino & Lambert, 1990; Reid, 1985; Smith, 1989, 1990; Weiser, 1975, 1984c, 1985, 1989; Zabar, 1987 참조).

Krauss(1979)는 치료자를 위해서 '내담자의 최근 사진, 현재 가족의 사진, 어린 시절의 사진, 그리고 내담자를 상징적으로 나타내는 사진' 을 다루는 네 가지 구성요소로 이루어진 프로그램을 제안했다. Stewart(1978)는 내담자를 위해서 내담자 자신과 가족에 대한 실제 이미지와 환상적 이미지를 연결하는 다중기법 워크북(multi-technique workbook)을 만들었다. 다른 치료자들은 한 내담자와 함께 수년 동안 지속된 종단적 치료(longitudinal application)를 하는 동안 내담자의 욕구에 따라 여러 가지 다른 기법들을 사용하였다고 기록했다(예: Weiser, 1983a, 1983b).

많은 논문과 졸업 논문은 모든 다양한 사진치료기법을 사용하여 치료하는 것에 대해 논의하고 있다(Amerikaner, Schauble, & Ziller, 1980; Burckhardt, 1990; Carpenter, 1986; Coblenz, 1964; Cooper, 1984; Cosden & Reynolds, 1982; Craig, 1991; Evans, 1989; Gallagher, 1981; Glass, 1991; Gosciewski, 1975; Graham, 1967; Krauss, 1979; Lambert, 1988; Levinson, 1979; Muhl, 1927; Nath, 1981; Peck, 1990; Reid, 1985; Smith, 1989, 1990; Stewart, 1979a, 1979b; Trusso, 1979; Turner-Hogan, 1980; Tyding, 1973; Wallace, 1979; Weiser, 1983a, 1983b, 1984a, 1984b, 1988a, 1988b; Williams, 1987; Zakem, 1977a, 1983, 1984). 마지막으로, 독자는 라디오, 텔레비전 그리고 인쇄 매체를 통해서 사진치료의 역사와 성과물을 쉽게 이해할 수 있을 것이다(Brody, 1984; Cohen, 1983; Elias, 1982; Fenjues, 1981; Hagarty, 1985; Hathaway, 1984; Lipovenko, 1984; Medina, 1981; Morgan, 1974; Morganstern, 1980; Nierman, 1989; Palmer, 1990; Poli, 1979; Proudfoot, 1984; Robotham, 1982; Sevitt, 1983; Sheehan, 1988; Sherkin, 1989; Tomaszewski, 1981; Weal, 1979; Wilcox, 1990; Zakem, 1977b).

주요한 사진치료기법 이외에도 수많은 연관된 응용법이 있는데, 그중에서도 비디오와 암실 기법(active darkroom techniques: 이 책을 쓸 때 주디 와이저는 디지털 카메라가 없었던 시대에 사진치료를 했다고 한다. 주디는 내담자들이나 어린 아이들에게 암실에 들어

가서 스스로 사진을 인화하게 하면서, 사진을 고르기도 하고 인화하는 과정을 기다리면서 내담자에게 질문도 하면서 상담을 진행했다. 이러한 암실에서 하는 사진 인화 작업 및 상담 작업을 지칭함-역자주)은 치료과정에 도움을 줄 수 있다. 독자는 참고문헌 목록에서 비디오치료에 관한 도서를 찾을 수 있을 것이고, 부차적인 참고문헌을 얻기 위해 저자와 접촉할 수도 있다. 사진과 다른 예술 매체(artistic media)를 혼합하여 사용하는 것은 예술치료 훈련을 받은 사람들에게 유용할 수 있다. 그리고 이는 비교문화 상담(cross-cultural counseling)이나 공간심리학 연구(proxemics: 인간에게 필요한 개인적 · 문화적 공간의 정도 및 인간이 주변 공간에 대해 가지는 관계 등을 연구하는 학문-역자 주) 및 특수교육 분야에서 맞춤식으로 변형될 수 있다. 각기 다른 연령층, 진단별 집단(정신분열증, 청소년 범죄자, 학대 피해자, 사별 경험자), 세팅(기관, 그룹홈, 병원, 주간치료 프로그램)에 따라 수많은 다양한 응용이 가능하다. 문헌은 또한 치료과정(예: 초기면접[intake], 진단/평가, 회기 내 치료, 회기 외의 기간, 종결, 추수치료 등)에서 언제 사진치료를 적용할 것인지 그 적절한 시기에 대해 언급하고 있다. 이 밖의 사진치료 적용에 대한 논의는 이 책의 범위를 넘어서는 것이다. 부가적인 정보를 원하는 독자는 이 책의 참고문헌과 추천도서에 제시된 책을 참고하기 바란다.

투사적 과정THE PROJECTIVE PROCESS

우리가 본다고 생각하는 것의 대부분은 실제로는 우리 자신에게서 나온다. 이것은 우리가 알고 있거나 익숙한 또는 전혀 전에 본 적이 없는 사진, 사물, 사람에 대한 반응에서 일어나는 투사적 과정을 말한다. 투사적 기법은 정서적 반응을 불러일으키도록 사진 이미지를 사용하는 모든 방법을 일컫는다. 내담자 또는 타인의 사진 혹은 잡지, 엽서, 달력, 음반 커버, 카드 등 그 어떤 종류의 사진도 사용될 수 있다. 사진을 볼 때, 우리가 보는 것은 그 사람에게 중요한 무엇을 재현(representation)해 놓은 것이다. 사진을 찍은 사람이 의도하든 그렇지 않든 간에, 우리는 항상 사진으로부터 우리 자신의 의미를 끌어낸다. 사진을 이해하려고 할 때, 우리는 사진을 마음속으로 훑어보고 본능적으로 사진을 해체한다. 사진에서 우리가 의미를 구축할 때 그 사진에 대한 우리의 내적 심상과 개인적 구성들은 우리가 알 수 있는 유일한 실재(reality)가 될 것이다.

그것은 그 무엇 또는 그 누군가를 우리에게 상기시킬 수 있다. 그것은 연관된 감정이 일어나게 하고, 우리로 하여금 생각을 하게 만든다. 우리는 그것을 완성품이 아닌 의미 투사의 시작, 자극 또는 매개물로 사용한다. 그것에 우리 자신을, 우리의 독특한 개인적 해석을 투사한다. 이런 점에서 투사적 사진치료과정은 심리치료와 예술치료에서 사용되는 다른 전통적인 수많은 투사 도구들—친근한 로르샤흐 검사, 주제통각검사(TAT), 인물화 검사(DAP), 집-나무-사람 그림검사(HTP) 등—과 유사하다. 그러나 사진 자극에 대한 투사적 반응을 평가하기 위한 해석 매뉴얼은 없다. 해석은 그 정확도 여부보다는 그 내용을 중심으로 받아들여진다. 이는 치료자의 질문에 답하는 동안 그 답은 내담자로부터 나온다는 점을 치료자가 항상 명심해야 할 필요가 있다는 것을 의미한다. 또한 어떤 반응이 특정한 용어로 자동화되어 한 가지 진단으로 일축될 수 없다는 점을 명심하는 것도 중요하다. 내담자에 관한 어떤 가설을 세우려면 그 전에 내담자에게 반복되고 패턴화된 어떤 반응이 있어야 한다.

그리하여 내담자를 찍거나 내담자가 찍은 사진, 내담자의 앨범, 다른 사람이 찍어준 사진을 볼 때 치료자는 이런 사진에 대해 '무엇' 보다는 '왜' 와 '어떻게' 에 더 많은 관심을 지녀야 한다. 사진을 해석하는 데에서 틀린 방법은 존재하지 않으며 또 사람들이 말하는 답이 모두 옳기 때문에, 투사적 과정은 자기 인식(self-awareness)과 셀프 임파워링을 위한 도구가 될 수 있다. 투사적 사진치료기법은 자신의 삶을 안내하는 무의식과정을 탐구하고 싶어 하는 사람들뿐 아니라, 그들의 반응이 오랫동안 평가절하되었거나 의심받았던 내담자에게 특히 좋은 출발점이 될 수 있다.

사람이 알아채는 것은 항상 내면의 지도를 반영한다. 그리고 사람은 이 내면의 지도를 자신이 감각하고 지각하는 것을 구조화하고 이해하는 데 사용한다. 이처럼 주의를 기울이고 의미를 명백하게 하는 지속적인 과정이 의식적으로 사용된다면, 내담자의 인지구조 밑에 있는 믿음과 가치 체계를 드러나게 할 수 있다. 그러므로 치료를 하는 데에서의 나의 주요한 목적 중 하나는 내담자가 사용하는 준거를 최선을 다해

발견하는 것이다. 이를 통해 나는 내담자로 하여금 무의식적 결정을 하게 만드는 독특한 내적 지도나 인지적인 틀을 보다 잘 이해할 수 있다.

나는 나중에 기억을 되살리기 위해 의미화하고 의미를 저장하기 위해 내담자가 사용하는 개인적 코드를 깨닫기를 원한다. 또한 내담자가 자신의 의식적 생각과 인식을 하지 못하거나 기억하지 못했던 감정과 기억들을 어떤 식으로 연결하는지 좀 더 알기를 원한다. 이러한 인식을 통해 내담자는 관찰이나 의식적 검토를 통해 알 수 없었던 자신의 일부분에 대해 좀 더 배울 수 있는 틀을 갖게 된다. 만일 내담자가 이러한 것을 좀 더 의식하게 된다면 이런 자극과 연결된 감정을 보다 잘 통합하고 인식할 수 있을 것이다(그리고 바람직한 경우 변화될 것이다.).

사진에 대한 스스로의 반응에 초점을 두게 하면 다른 부가적 혜택을 얻을 수 있다. 이는 개인 내적 과정보다는 대인관계적 과정과 더 연관되어 있다. 사진을 인식하고 그에 반응하는 데에서 옳고 그른 방식이 없다는 언급은 사람들이 개인적으로 만날 때 서로 어떻게 반응하는지에 대해서도 비슷하게 적용될 수 있다. 한 사람이 다른 사람을 만날 때, 두 사람의 기대와 개인적인 필터는 서로 충돌하고 적응하려고 노력한다. 만일 두 사람 사이에 의사소통이 가능하려면 그 바탕이 되는 공유된 의미가 있어야만 할 것이다. 만일 한 사람의 이야기가 상대방에게 익숙하거나 기대하던 것이 아닐 경우, 서로에 대한 반응은 사실적 토대가 없어지고 차이점을 위협으로 받아들여 서로에 대해 투사하게 될 수도 있다. 이러한 투사는 공통점이 있다고 가정되는 어떤 점에 대해 의사소통하는 것을 어렵게 만든다.

만일 차이점이 자동적으로 '보다 좋은' 또는 '보다 나쁜' 것을 의미하는 것이 아니라는 점을 인식하게 된다면, '내가 옳다면 너는 틀렸다. 다른 선택의 여지는 없다.' 는 식의 방어적 태도는 더 이상 타당하지 않게 된다. 만일 사람들 사이의 차이점이 더 이상 위협적인 것이 아니라 세상(가족 내)에서 활용 가능한 가능성의 범위를 넓히는 것으로 인식된다면, 서로 다르다는 것은 문제라기보다는 가능성을 보다 풍부하게 만드는 것으로 볼 수 있다.

사람들이 같은 사진을 아주 다르게 보는 상황을 생각해 보라. 사람들은 서로 다른 조그만 차이점 때문에 사진의 주제(subject)를 조금씩 다르게 인식할 것이다. 설사 다른 사람과 전혀 다르더라도, 사진의 주제에 대해 인식하는 것은 그 사람에게는 진실되고 옳은 것일 수 있다. 똑같이 타당하지만 사람에 따라 한 사진이 전혀 다른 진실을 지니고 있다는 것을 인식하게 되면, 사람은 실생활에서 자신과 다른 의견과 외모를 지닌 사람을 만나더라도 위협감을 느낄 필요가 없게 될 것이다.

정치적 권리를 박탈당한 주변화된 내담자와 일할 때, 나는 투사적 사진치료기법이 아주 유용하다는 것을 발견한다. 어떤 사람에게는 아주 중요하지만 다른 사람은 심지어 주목조차 하지 않는 사소한 차이점을 탐색하는 데 특별히 유용하다. 투사적 사진치료기법은 눈에 띄는 차이점 때문에 위협감을 느낄지도 모르는 사람들과 가족 속에서 내담자가 자신의 역할을 유지하면서도 내담자 자신의 독특한 정체성을 지니도록 돕기 위한 중요한 도구가 될 수 있다.

내담자의 문제는 종종 자신과 타인에 대한 내적 기대가 충돌하는 실제 경험에 기반을 두고 있다. 즉, '이러이러하다(are).' 와 '이러이러해야만 한다(should).' 고 생각하는 것이 서로 충돌하는 듯하다. 기대는 우리가 지각하는 것을 측정하는 기준이다. 인생과 사람에 대해 '이러이러해야만 한다.' 고 생각하게 만드는 엄격한 규칙에 의해 지배받을 때, 우리는 우리의 기대감이 충족되지 않기 때문에 실망하게 되는 것이다. 기대에 의해 파생되는 문제를 자신의 것으로 받아들일 수 있을 때, 사람은 지금까지 기대어 살아온 규칙에서 종종 벗어날 수 있게 된다. 투사적 사진치료기법은 사람으로 하여금 자신이 지니고 있는 기대와 가정의 원천을 깨닫도록 도와줄 수 있다.

내담자가 변화를 소망해야만 실제 삶을 거쳐 입증된 이상화된 내적 이미지가 도전을 받거나 변화된다. 인지부조화 이론(cognitive dissonance theory; Festinger, 1957)은 내담자가 변화함으로써 얻을 것이 있고 유용하고 바람직하다고 느낀다면 실제로도 바람직한 변화에 접근할 수 있다는 점을 시사한다. 투사적 사진치료기법은 자신과 타인의 기대를 좌우하는 무의식적 가치 체계를 탐색하는 데 유용하다. 이러한 가치 체계를 의식화한다면, 우리는 변화가 내부로부터 나올 수 있는지의 여부에 영향을 미칠 수 있다.

세상을 바라보는 방식이 타인과 다르다는 점을 인정하지 못하거나 변화를 진실로 원하지 않는다면 옆에서 아무리 다른 사람들이 변해야 된다고 말해도 내담자는 변화

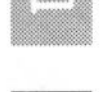

되지 않는다. 투사적 사진치료기법을 사용하면 사람으로 하여금 같은 사진을 보면서도 아주 다른 의미와 감정을 이끌어 내도록 할 수 있다. 투사적 사진치료기법은 대인관계에서 단 하나의 옳은 방식이 있는 것이 아니라 다른 많은 방식이 존재할 수 있다는 것을 비교적 쉽게 인식하게 만든다. 사람들이 저마다 지각하는 데에 차이가 존재하는 이유가 있다. 투사적 인식에 토대를 두고 대화를 한다면 내담자로 하여금 이러한 차이를 인식하도록 도움을 줄 것이다.

사진치료는 타인이 자신을 바라보는 것과 자신이 자신에 대해 느끼는 것이 다르다는 것, 그리고 그들이 자신이라고 믿는 것을 타인에게 투사하고 있다는 것을 이해하도록 하는 데 특히 적합한 도구다. 자화상 치료와 결합된 투사적 기법은 내담자가 자신의 지각과정을 숙고하게 만들고, 자신이 내린 정의(self-definition)와 다른 사람이 내리는 정의(definition-by-others)를 구별하도록 도울 수 있다.

일반적으로 투사적 사진치료기법은 사람이 전에는 무의식적이었던 부분에 초점을 두도록 함으로써 외부의 자극과 타인의 말에서 왜, 어떻게, 어떤 의미를 얻게 되었는지 분석하는 법을 배우도록 할 수 있다. 그리하여 그들은 비언어적인 정서적 실마리(cues)에 좀 더 민감해지게 된다. 말한 사람이 의도한 것과 듣는 사람이 지각한 메시지 간의 차이를 주목하고 명확히 하는 법을 배우게 될 때, 의사소통은 증진되고 불일치는 보다 잘 해결된다.

자화상을 가지고 작업하기 WORKING WITH SELF-PORTRAITS

자화상(self-portrait)은 실제적이든 은유적이든 간에 스스로에 대한 자신의 인식을 다루는 모든 사진을 포함한다. 자화상은 다른 어떤 사람에 의해서도 영향을 받지 않고 진실된 자기 초상을 창조한다는 점에서 자기를 찍은 다른 사진들과 구분된다. 자화상은 우리 자신, 즉 우리의 몸 또는 우리를 대표한다고 느끼는 그 무엇에 대한 사진이다. 우리는 처음 아이디어를 구상할 때부터 이미지를 완성할 때까지, 이미지 만들기의 모든 측면에 대한 통제권을 갖고 있다. 자신에 대한 사진이고 자신이 만든 사진이기에, 자화상은 상당히 자기 직면적이며 부인할 수 없는 것이 된다.

우리가 자신을 타인에게 어떤 식으로 보여 주는지, 또는 자신의 신체적 · 정신적 · 정서적 측면을 어떻게 타인에게 시각적으로 드러내는지를 직접 보는 일은 매우 드물다. 아무도 보지 않고 나중에 판단하지 않을 것이라는 것을 알고 있을 때, 누구의 간섭도 없이 직접 만든 자화상은 우리로 하여금 우리가 누구인지 탐구하게 만든다. 이는 타인이 부여한 기대와 제한 없이 셀프 임파워먼트(self-empowerment, 스스로를 지지하는 힘)로 자유와 연결되어 우리 자신을 창조하고 우리가 어떻게 보이는지를 발견할 수 있도록 한다.

우리는 스스로를 반영할 수 있는 한도까지만 자신에 대해 알 수 있다. 지각과정의 왜곡적인 특성으로 우리는 선택적으로 기억된 것의 요약, 자신이 알고 있고 타인에 의해 내사된 파편적인 허구로 존재할 수박에 없다. 자화상 사진치료기법은 자신을 외적 실체(entity)로, 분리된 다른 사람으로 볼 수 있게 한다. 이런 일이 일어날 때는, 종종 이상화된 자신의 내적 이미지와 외적인 자기 자신을 본능적으로 비교하게 된다. 내적 이미지와 외적인 자신 사이에 존재하는 괴리는 빈번히 내적인 긴장을 불러일으키고, 이러한 내적 불일치를 해결하기 위해 내면에서 무의식적 과정이 진행된다. 자기인식이론(self-awareness theory; Duval & Wicklund, 1972)은 다른 사람의 관점으로 자신을 바라보는 치유적 가치를 강조한다. 자화상 사진을 사용함으로써 실제로 이렇게 하는 것이 가능해졌다. 이러한 이론을 여기서 더 깊이 다루는 것은 이 책의 범위를 벗어나는 것이다. 그러나 그것들은 자아개념과 자기 반영 능력이 심리치료의 실천에서 얼마나 중요한지를 잘 지적하고 있다.

우리 자신의 사진은 자신과 직면하고 계속되는 부정과 맞서고 한계를 탐색하게 하여, 우리로 하여금 이러한 직면과 부정과 한계를 넘어서 안전한 방식으로 자기 결정적이고 스스로를 관리할 수 있게 만든다. 자화상은 스스로에 대해 싫어하는 면을 분리시키기 때문에 자신의 이미지를 강화할 수 있다. 내담자가 사진 속에서 자신의 이미지를 볼 때는 여전히 투사를 통해 자신이 보고 있는 것을 선택적으로 여과시키기 때문에, 종종 자화상 작업과 투사적 기법을 결합하여 사용하는 것이 더 도움이 된다.

때때로 자화상은 자신에 관한 단 한 가지 면만을 재현하게 된다. 사진치료기법을 사용하면, 사람은 자신의 다른 부분들을 파악하고 표현할 수 있다. 이러한 부분들은 서로 대화를 나누거나 자신과 직면하게 할 수도 있다. 만일 언어로 표현하는 것을 위협적이라고 느낀다면 모든 것을 비언어적으로 할 수 있다. 자화상 치료의 큰 이점 중 하나는 그것이 매우 직접적인 정서적 직면을 허용한다는 것이다. 자신에 대한 시각적 정보 안에는 언어적 정보가 행하는 방해, 방어, 합리화, 억압 등이 존재하지 않는다.

치료자는 자화상 과제를 내줌으로써 내담자로 하여금 자신의 정체성에 대한 다양한 가능성을 탐색하게 허용한다. 종종 나는 '내담자의 문제가 해결되었을 때 자신이 어떻게 보일지' 자화상을 찍도록 제안한다. 이런 과제에는 다음과 같은 메시지가 들어 있다. 어딘가에 끝이 있다. 당신은 변화를 성취할 수 있다. 변화된 이미지를 보는 것은 그 가능성을 실제로 만드는 데 도움이 된다. 다른 과제는 '당신 부모도 결코 이해할 수 없는 당신' '당신이 가장 좋아하는(혹은 덜 좋아하는) 당신의 일부분' '만약 사람들이 당신의 매력을 발견한다면 당신은 어떤 모습을 하고 있을지' '당신의 어머니가 항상 원했던 당신' 등에 대해 자화상을 만들도록 하는 것이다. 각각의 과제는 치료적 목적을 지니고 있다. 각각의 사진은 말로는 결코 담을 수 없는 많은 것에 대해 비언어적인 답을 준다. 이러한 이미지에 대해 내담자가 나중에 논의하는 과정에서 사진의 내용, 과정, 메시지와 의미에 대한 설명은 이전에는 결코 의식적으로 깨닫지 못했던 맥락의 세 부분을 제공한다. 자존감, 자기 인식 그리고 자신감 같은 이슈는 대부분의 치료에서 아주 중요하다. 따라서 자화상 사진치료는 자신을 보다 명확하게 보게 만드는 중요한 도구라고 할 수 있다.

내담자가 주도적으로 만든 사진과 마찬가지로, 자화상도(폴라로이드 카메라로 찍은 사진도 포함) '생생한' 사진적 순간을 포착할 수 있다. 또는 자화상은 나의 사무실 밖에서 내담자가 계획하고 완성하고 창조한 자기 주도적 과제로도 만들어질 수 있다. 모든 사진치료기법에서처럼 무의식적 상징을 더 많이 뽑아 올리기 위해, 자화상 작업은 다른 표현적인 매체(미술, 마스크 작업, 복사하여 다시 작업하기, 콜라주, 조각하기, 동작 등)와 결합될 수 있다. 나중에 그 예가 제시될 것이다.

지난 10년 동안 성차(gender: 사회문화적인 성-역자 주)에 대한 다양한 사진뿐 아니라 성차에 기초한 이슈와 사회적 · 정치적 결과를 검토하는 데 엄청난 관심이 쏟아졌었다. 여성에게만 국한된 것은 아니지만, 이에 따라 자화상과 가족 앨범 사진 작업이 폭발적으로 이루어졌고, 많은 여성들이 자신을 알기 위해 치료자의 사무실로 자신의 작업물(사진)을 가져왔다. 자신의 삶에 무의식적인 영향을 미치고 때로는 자신의 삶을 제한하기도 했던 성차에 기초한 역동을 탐색하기 위해, 내담자는 다른 사람, 특히 이성이 찍은 사진(특히 이성인 가족)과 자신이 찍은 자신을 비교하는 것이 매우 유용하다는 것을 발견했다. 변화되기 원했던 자신의 모습이 설사 사진 안에 없더라도, 기대되는 성역할을 하도록 자신의 정체성이 구조화되어 왔다는 것을 내담자가 깨닫는 것은 여전히 중요하다.

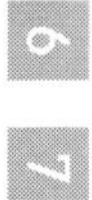

자화상 작업은 여성을 지지하고 자신의 정체성을 드러내도록 돕는 데에 특히 유용하다는 점이 증명되어 왔다. 또한 자화상을 사용하는 몇 가지 중요한 치료가 주변화된 다양한 집단, 타인에 의해 삶이 좌우되거나 조종된 집단의 사람들에게 행해졌다. 분명히 이 작업은 개인과 가족이 내담자에게 어떤 기대를 하고 성역할을 무엇이라고 정의를 내렸는지와 연관이 있다.

성차에 기초한 문제들, 가족의 기대, 여성주의적 접근을 통한 성장 · 발달을 탐색하는 데에서 내담자를 격려하고자, Levey(1987, 1988, 1989, 1991), Martin(1987, 1990, 1991), Newberry(1990), Spence(1978, 1980, 1983, 1986, 1989, 1991), Martin과 Spence(1985, 1986, 1987) 등의 많은 사진사들은 사진을 통한 자기 발견(self-discovery) 기법에 집중해 왔다. 내담자는 반영적-치료적 과정으로 자화상 사진, 가족 앨범, 자신의 내면 이미지를 재구성한 사진을 사용하도록 격려받았다. 더욱 중요한 것은 이런 사진사들이 내담자가 자화상과 가족 재구조화 속에서 스스로 발견한 이미지를 꼼꼼히 탐색할 수 있도록 돕기 위해 내담자의 치료자들과 함께 공동 작업을 했다는 점이다.

타인이 찍은 내담자의 사진을 가지고 작업하기

WORKING WITH PHOTOS OF CLIENTS TAKEN BY OTHER PEOPLE

타인이 찍은 우리의 사진은 우리로 하여금 다른 사람이 우리를 지각하는 수많은 방식을 볼 수 있는 기회를 제공한다. 이런 사진을 통해 우리는 살면서 자신의 어떤 부분이 타인에게 중요한지를 탐색하게 되고, 이를 스스로 생각해 볼 때 타인에게 우리의 어떤 점이 가장 중요한지 혹은 중요해야만 하는지와 비교하게 된다. 사진을 찍을 때, 우리는 사진을 찍는 사람들 앞에서 렌즈를 통해 포즈를 잡는 행동을 보여 주게 된다. 만일 자연스럽게 찍은, 특별히 포즈를 취하지 않은 사진이라면 종종 다른 자신이 포착되기도 한다.

사진은 사진을 찍는 사람과 우리 사이에서 발생하는 권력 역동(power dynamics)을 탐색하는 아주 좋은 수단이 된다. 사진사가 다른 사람의 사진을 찍을 때, '피사체(subject)' 와 '대상(object)' 이라는 용어는 주관적인 해석, 객관적인 해석이라는 추가적인 의미를 얻게 된다. 누가 찍은 사진이 우리 자신의 가장 진실된 면을 말해 주는지 고려하고, 누구의 리얼리티가 진실된 것으로 받아들여지는지에 대해서 알려 주는 사진을 탐구하는 것은 흥미롭다. 다른 사람의 시선에 의해 관찰되지 않거나 구조화되지 않은 내담자를 찍은 사진은 '진실된' 모습을 보여 주는 자화상과 효과적으로 비교되고 대조될 수 있다.

내담자가 찍거나 수집한 사진을 가지고 작업하기

WORKING WITH PHOTOS TAKEN OR COLLECTED BY CLIENTS

과제로 찍은 사진을 포함하여 사람들이 찍은 사진은 자기표현의 한 형태다. 어떤 사람이 개인적으로 의미를 발견하고 간직하거나 모아 놓은 사진은 그 사람에게 중요한 것을 반영한다. 자연스러운 스냅사진을 볼 때는 아주 많은 경우 셔터를 누를 때 생각하고 있던 것보다 훨씬 더 깊이 있는 어떤 것을 발견하게 된다. 이 점에 대해 한 내담자는 내게 '자신이 사진을 찍는 것' 이 아니라 '사진이 자신을 찍는 것' 같이 느껴진다고 말한 적이 있다.

사진을 찍기로 결정할 때 많은 것들, 즉 그들의 목표, 소망, 희망하는 성과, 그리고 독특한 개인의 기준을 맞추기 위해 이것들을 어떻게 시각적으로 표현하는지 등등이 영향을 줄 수 있다. 만일 사진이 제대로 나오지 않았다면, 제대로 찍힌 사진은 어땠을 것이라고 생각하면서 무엇이 잘못되었는지, 이것은 무엇을 의미하는지를 살펴보는 일은 아주 유용하다.

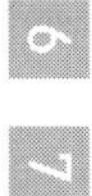

사진을 찍기로 선택한 그 순간을 면밀히 살펴봄으로써 셔터를 누르거나 사진을 선택할 때 충분히 인식하지 못했던 사실적 · 정서적 정보, 지속적인 주제와 흥미, 개인적 은유와 상징을 알 수 있게 된다. 사람들이 찍거나 수집한 사진은 자신에 대한 은유가 되고, 그들이 미처 깨닫지 못한 자신의 지각에 대한 그럴듯한 암시가 된다. 몇 년 전 찍은 사진 속 모습과 현재 눈으로 보는 모습을 단순히 비교만 해도, 두 이미지가 생각과 감정에 대해 뭐라고 말해 주는지 살펴보는 것만으로도, 종종 사람은 뭔가를 깨닫게 된다. 이러한 비언어적 회상(retrospection)을 통해 사람은 자신에 관한 정보를 얻게 된다.

자발적인 사진 찍기는 아주 즐겁고 창조적인 의사소통의 원천이 될 수 있다. 내담자로 하여금 그들이 찍거나 모아 놓은 사진을 가져오게 한 후 사진에 대해 말하게 하는 것은 내담자가 위협을 느끼지 않으면서도 내담자에 대해 알게 되는 아주 좋은 방법이라는 점이 증명되었다. 내담자가 말해 준 모든 것은 의미를 지니고 있을 가능성이 높으며, 그래서 나는 사진의 내용, 사진 찍을 때의 상황, 사진을 간직하고 있는 이유 등을 듣는 데 아주 흥미를 느낀다.

좀 더 직접적인 방법으로, 내담자에게 사진을 찍거나 사진을 수집해 오라는 과제를 내줌으로써 감정적인 질문에 대한 답을 이끌어 낼 수 있다. 이러한 과제를 너무 강조할 필요는 없다. 넓은 그물로 낚시를 할 때 '보다 좋은 것' 이 낚인다. 당신에게 무엇이 영향을 미치는지 사진을 찍으면, 당신이 알지 못하고 기대하지 않았던 것에 대해 보다 많은 통제권을 얻게 된다. 당신이 아닌 것을 찍는 것은 그것을 안전하게 탐색할 수 있는 보다 유리한 관점을 제공할 수 있다. 사진을 찍는 것은 당신으로 하여금 기대하는 것과 실재하는 것을 비교하게 하고, 위험을 무릅쓰고 그것을 시도해 보면 어떤 상황에서는 선택이 가능하다는 것을 알게 한다.

내담자에게 부여하는 과제에는 세상이나 자신 속에서 바꾸고 싶은 것, 남이 모르는 자신(비밀스러운 자신), 가까운 사람, 가족, 낯선 사람, 장애물, 계획이나 소망, 꿈, 자신을 대리하는 은유 등에 관한 사진을 찍도록 요청하는 것을 포함한다. 때때로 나는 내담자에게 '타인에게 이야기하고 싶지 않은 것, 남과 나누기 싫은 비밀, 상담자가 질문하지 않기를 바라는 것'에 관한 사진을 찍게 만드는 데 성공한 적이 있다. 내담자는 종종 기꺼이 이런 정보를 시각적으로 표현하고자 한다.

사진을 찍는 것은 결코 완전히 순수한 행동만은 아니다. 사람은 사진 속에서 객관화·주관화되고, 사진을 찍는 사람의 의도에 종속되거나 기꺼이 협력한다. 그러나 그것들은 어떤 식으로든 자신의 일부분이 투입되고, 만난 사람에 의해서 변화된다. 취미로 사진을 찍는 사람은 대부분 사진을 찍는 단순한 행위에 이처럼 다층적인 면이 있다는 것을 거의 알지 못한다. 그러나 사진의 해부 및 탐사 가능한 다층적 면은 항상 존재한다.

가족 앨범과 다른 자서전적 사진을 가지고 작업하기

WORKING WITH FAMILY ALBUM AND OTHER AUTOBIOGRAPHICAL PHOTOS

가족 앨범 그리고 다른 종류의 자서전적 사진은 자신이 찍거나 찍힌 사진이나 자화상인 경우에도 다른 사진치료기법과 별도로 구분할 필요가 있다. 사실 한 사람의 앨범 속에 들어 있는 자기 사진은 자화상의 일종이라 할 수 있다. 이미지의 선택, 그것을 조직하고 제시하는 방식, 특히 내담자가 갖는 개인적 의미는 내담자의 개인적 탐색을 위해 많은 부가적인 의미와 정보를 제공한다.

가족 사진을 포함하는 기법은 특정한 가족, 뿌리, 배경, 환경, 상호 연관된 체계, 관계 패턴, 그리고 세대를 통해 전수되는 기대에 의해 형성된 내담자 자신(self)을 다룬다. 자서전적 사진들과 전체 앨범은 앞에서 언급한 기법들(사진에 아무도 없을지라도 내담자의 어떤 면을 다루는, 예를 들면 투사적 사진 같은 것들)이 제공할 수 없는 유용한 정보를 제공한다. 이러한 기법을 통해 출생 이후 내담자를 둘러싸고 있는 복잡한 체계 속에서 그들이 담당했던 역할에 대해 좀 더 많이 알 수 있다. 앨범은 수년에 걸쳐 만들어진 패턴을 통해 언어로는 표현될 수 없는 가족 내 관계 역동과 권력 지지를 검토할 수 있게 해 준다.

가족 앨범은 변화무쌍한 시간의 흐름에 대항하는 하나의 부적처럼, 자기 존재와 다른 사람과의 관계가 중요하고 세상에서 무엇인가 차이점을 만든다는 증거로서 주로 기록을 하기 위해 만들어진다. 앨범 속에 간직한 사진 중에 포즈를 취하고 찍은 기념 사진도 몇 개 있겠지만, 대개는 일상의 순간을 신속하게 포착한 사진이 훨씬 더 많을 것이다. 이런 사진들은 앨범에 드러난 매일의 일상적 삶이 어떤 모습이었는지 살펴보도록 해 준다.

그림이 아닌 사진이기 때문에, 보는 사람은 그림에는 없다고 여겨지는 '사실성(factuality)'을 사진에 무의식적으로 부여한다. 우리는 과거의 사진을 그 당시의 실제 삶에 대한 진실된 묘사로서 본다. 우리는 그 사진들이 일상의 삶을 반영하지 않을 수도 있는 가족 정체성의 한 버전일 뿐이라는 사실을 잊는다. 한 가족의 사진 역사는 그 가족에게 매우 의미 있는 것을 기록한다. 앨범을 만든 사람에게 중요하지 않은 사진은 보관되지 않는다.

영원히 간직되는 사진들은 의미가 부여되고 영원히 간직된다는 점에서 다른 사진들과 구분된다. '앨범' 하면 떠오르는 흔한 이미지는 어떤 사람의 인생을 이야기해 주는 사진들이 들어 있는 가죽 표지의 책이지만, 가족의 역사를 보여 주는 사진은 냉장고 문, 지갑, 사무실 컴퓨터 등에도 있을 수 있다.

앨범에 수록된 사진은 주로 영원히 간직할 만큼 중요한 사람이나 애완동물(때로는 장소)의 사진으로 구성된다. 낯선 사람이나 싫어하는 사람은 포함되지 않는다. 싫어하는 사람의 사진을 간직하는 경우는 아주 드물다. 우리는 특정 장소, 사람 또는 강한 감정을 불러일으키는 순간과 연관된 아주 강렬한 개인적 의미를 부여하며 앨범을 간직한다. 이런 사진들은 잃어버렸을 경우 우리의 가슴에 구멍이 생길 것이다. 사실 가족 앨범은 불이 나서 집이 모두 타 버린 사람들이 성경과 함께 가장 그리워하는 것이기도 하다.

이러한 사진을 수집하는 것은 우리가 다른 누군가에게 매우 중요한 존재라는 증거 또한 제공한다. 그 당시 그들이 우리를 아주 많이 좋아하고 있지 않았을지라도 말이다. 그들은 우리의 자연스럽게 형성된 지지 집단, 우리를 사랑하는 사람들이다. 또한 앨범은 적어도 누군가에게 보이기 위해 만들어진다. 진정한 가족관계가 이상화된 이미지로 늘 앨범의 갈피 속에 끼워져 있는 것은 아니다. 누가 가족 앨범에 수록될 사진을 선택할 것인지에 따라 당신 자신의 사진 모음집의 중요도는 매우 달라질 것이다.

사실 내담자에게 다음과 같이 질문하는 것 만한 것은 없다. "오늘 가져온 앨범 속에서 어떤 것이 진실이 아니고 어떤 것이 거짓인가요? 억지로 좋게 보이려고 하지 않고, 있는 그대로의 가족을 보여 주는 것은 어떤 사진입니까? 어느 사진에 대해서 질문하지 않길 바라나요? 과거 기억에 따라 당신 방식으로 다시 사진을 찍을 수 있다면, 진정 변화시키고 싶거나 없애고 싶은 사진은 어떤 것입니까? 지금까지는 이 사람들이 누구인지 말해 주었는데, 그러면 사진 속에 드러난 그들 사이의 관계에 대해서 이야기해 줄 수 있나요?" 가족체계이론(family system theory)으로 훈련한 치료자는 제휴, 삼각관계화, 이중 구속, 분화와 융합 등에 대한 질문을 이끌어 내기 위해 가족 앨범에서 아주 많은 정보를 발견한다. 체계이론으로 접근하지 않는 치료자들은 사진의 시각적 이미지를 보고, 누가 누구와 가까이 있는지, 얼굴에 드러난 감정, 몸짓 언어, 특정인이 사진에 있는지 없는지 등에 대해 질문할 수 있다.

마지막으로 내담자 앨범에서 '명예의 전당(places of honor)' 을 통해 '가족' 에 대한 개념을 탐색하는 것만으로도 내담자의 소속감과 그 장소에 관한 감정과 정보를 얻을 수 있다. 게다가 만일 혈연이 아닌 선택에 의해 가족이 구성될 수 있다면 어떤 사람들로 가족을 이룰 것인지에 대한 내담자의 생각과 정보도 이끌어 낼 수 있다. 원가족 외에 내담자의 맥락을 이해하길 원하는 치료자에게는 동맹가족(family of affiliation), 연합가족(family of association), 선택가족(family of choice) 모두가 의미 있는 용어들이다.

만약 내담자에게 앨범이 없다면 이미지를 발견하고 이미 있는 이미지를 조합함으로써 대체 앨범을 만들도록 지도할 수 있다. 사진 다시 찍기, 재작업된 복사 사진, 콜라주, 그리고 이와 유사한 것들은 모두 자서전적 앨범을 만드는 데 사용될 수 있다.

통합적 적용 COMBINED APPLICATIONS

밀접하게 연결된 다른 체계와 마찬가지로, 사진치료기법들은 분리되어 있다기보다는 서로 연결되어 있다. 많은 치료사들은 기법 이면의 아이디어를 매우 창조적인 특수한 과제와 통합하고 있다. 예를 들면, 자기 방식대로 인생에 관한 각본을 쓰게 하여 '새로운 옛 가족 앨범(new old family album)'을 만들도록 한다. 자화상을 복사하여 다른 사진 속에 콜라주한다. 가족으로 하여금 무엇이 사진에 포함될 것인지, 언제 셔터를 누를 것인지 등에 관해 함께 의논하면서 사진을 찍도록 한다. 그리고 대화를 하는 동안 사진을 마스크로 활용하기도 한다. 항상 이미지(제작을 둘러싼 상황과 더불어)와 그것에 대해 논의하는 과정 모두가 치료적 목적에 연결되어야 하고, 똑같이 치료적 중요성을 지닌다. 내담자와 치료자는 시각적 내용과 그것이 정서적으로 의미하는 것 모두를 함께 탐색할 필요가 있다.

사진 속의 눈에 띄지 않는 공간(negative space)도 탐색될 수 있으며, 이미지를 다른 관점에서 새롭게 볼 수 있도록 사진을 90°, 180°로 돌리면서 볼 수도 있다(이렇게 하면 부분보다 전반적인 형태와 공간을 보는 데 도움이 된다.). 이런 모든 방법은 개개의 사진으로도, 사진을 한데 모아 놓고도 할 수 있다. 이러한 방법은 특히 형태, 패턴, 전경과 배경 역동(figure-ground dynamics) 등에 주의를 기울이도록 훈련받은 융학파(Jungian), 게슈탈트(Gestalt)학파, 체계 지향적(system-oriented) 치료사에게 특히 유용하다.

때로는 사진에서 빠져 있는 것이 사진 속에 있는 것보다 더 중요하다. 때로는 내담자가 이야기하지 않는 것이 이야기한 것보다 훨씬 더 중요하다. 그리고 때로는 선택적 여과를 해서 보는 것이 보지 않는 것이나 마찬가지다. 사진에서 빠져 있는 것이 때로 매우 강력한 현실을 분명히 드러낼 때가 있다. 사진치료를 위한 질문은 사진 속에 존재하는 것뿐 아니라 존재하지 않는 것(또는 처음엔 눈에 띄지 않는 것)도 볼 수 있도록 그 가능성을 열어 놓는 방식으로 이루어질 필요가 있다.

이러한 '부재에 의한 존재(existence-by-absence)'의 예는 다음 사례를 통해 잘 알 수 있다. 내담자는 어린 시절 여러 해 동안 집안일을 거들던 흑인 가정부의 모습을 가족 사진 어디에서도 전혀 찾아볼 수 없다는 것을 갑자기 깨닫게 되었다. 그녀의 가족은 일생 동안 중요한 사건을 기록해 놓은 앨범을 간직해 왔지만, 어린 시절 동안 눈뜨고 있는 시간 내내 집에 있었던 가정부의 존재는 가족 사진 어디에서도 찾아볼 수가 없었다. 사진을 찍었을 때 가정부가 멀리 있었던 것도 아니었다. 가정부는 가족 정체성의 주요한 일부를 형성하는 동등한 현실 속의 사람으로 여겨지지 않았던 것이다.

다양한 매체가 시각예술(visual arts)에 포함되어 있는데, 사진치료와 결합될 때 아주 큰 장점이 있다. 내담자는 유성 펜이나 번지지 않는 미술재료를 사용하여 사진에 자신을 직접적으로 표현할 수 있다. 내담자는 큰 마분지, 종이에 사진을 붙이거나 잡지책, 거울, 심지어 자기 몸과 같은 만질 수 있는 다른 이미지를 사진에 부착할 수도 있다. 그러고 나서 여백에 그림 그리기, 물감 칠하기, 혼합 콜라주 만들기, 또는 리본, 반짝이, 레이스, 단추, 꽃, 나뭇잎, 머리카락이나 잡지에서 오려낸 단어나 다른 이미지 등을 붙임으로써 '장식' 할 수 있다.

사진 속 그림이나 얼굴 또는 그 일부를 오려내서 사물에 붙일 수도 있고, 봉제 동물 인형, 무대 배경이 될 수도 있는 그림에 붙일 수도 있으며, 모래 놀이에 사용되는 물체나 찰흙 또는 점토로 된 물체에도 붙일 수 있고, 손가락 인형처럼 손가락에 직접 붙이거나 손가락 인형 자체에도 붙일 수도 있으며, 이야기책이나 그림이 들어간 시집을 만드는 데도 쓰일 수 있다. 이런 얼굴들로 하여금 말하게 할 수도 있고, 만화책에서처럼 인물의 머리 위에 말풍선을 만들고 그 안에 말을 적어 넣을 수도 있다. 또는 이 얼굴들은 다른 스냅사진이나 잡지에서 오려낸 것들에게 말을 할 수도 있다. 이런 프로젝트는 비디오 및 영화 만들기, 이야기 만들기를 위해서 단독으로 또는 함께 사용될 수 있다.

만일 어떤 사진이 너무나 특별한 것이어서 이처럼 사용하기 곤란하다면 사진을 복사하면 될 것이다. 내담자는 복사한 사진을 자르거나 풀로 붙이고, 확대하거나 축소

함으로써 새로운 사진을 구성하기 위한 재료로 사용할 수 있다. 이런 방식으로 내담자는 이전에는 기록되지 않았던 기억을 재구성할 수 있고, 자신의 가족 앨범, 개인적 이야기, 인생 이야기에 대한 자신만의 각본을 만들 수 있다.

미술치료 또는 다른 표현적 매체 기법과 사진치료를 이와 같이 통합하는 것은 내담자 자신의 사진을 포함할 때 아주 생산적이다. 이는 옷과 같이 자신을 은유적으로 상징해 줄 수 있는 물건, 자전거, 가장 아끼는 컵, 침대, 책, 안경처럼 자신을 대표할 수 있는 물건, 가족 앨범이나 다른 전기적 사진 모음에서 꺼내온 사진 등을 사용할 때 아주 성공적이다.

폴라로이드 카메라(instant camera)로 찍은 사진은 또 다른 사용 방법이 가능하다. 표면에 나타난 사진은 하나의 시각적 현실로 작업할 수 있고, 뒷부분의 필름 막을 조심스럽게 벗겨 제거함으로써 그림자 이미지(shadow image)를 만들 수 있다. 또한 이미지를 오려내어 양화(positive image)와 음화(negative image, 진한 검정)를 만들 수 있다. 이런 방식은 치료자가 내담자의 자아(ego)와 그림자(shadow)를 대비시키는 융의 치료(Jungian therapy)에서 특히 유용하다(여기서 '그림자'란 보이지 않고 알 수 없는 집단 무의식을 말한다.).

CHAPTER

미술치료 또는 사진치료에서 콜라주는 하나의 배경에 수많은 이미지를 함께 붙여서 사용하는 것으로, 각각의 부분이 나름대로 시각적인 내용을 갖고 있지만, 전체 이미지가 하나의 그림 또는 메시지를 구성하도록 만든 것이다. 콜라주는 사진, 그리고 잡지나 복사물과 같은 사진적인 재생물일 뿐만 아니라 만들어진 사진 위에 글을 쓰거나 그림을 그리는 것 모두를 포함한다. 콜라주는 어떤 제한도 없는 자유로운 형태의 창작이 될 수 있고, 특별한 목적에 맞도록 구성될 수 있다. 예를 들어, 신문지 같은 커다란 종이를 가지고 어떤 주제나 자신의 일부분을 표현하기 위해 콜라주를 만들 수 있다. 또는 연대기적 이야기를 보여 주기 위해 벽지나 선반에 까는 종이(shelf paper)를 두루마리처럼 활용하여 기다랗게 펼쳐지는 콜라주로도 만들 수 있다.

내담자는 커다란 종이 위에 눕고 다른 사람이 내담자의 몸의 윤곽을 그린 다음, 미술재료 또는 사진 이미지를 사용하여 그 윤곽선을 채우도록 할 수도 있다. 콜라주로 만든 것을 실제 사람 옆에 들고서 즉석 사진을 찍을 수 있다. 이 사진은 바디 이미지

(body image), 자기 재현, 자신에 대한 주관적 · 객관적 인상 등 관련 주제를 다룰 때 사용된다. 이런 기법은 섭식장애(eating disorder), 자기 타당화(self-validation) 및 객관적 자기 인식(objective self-awareness)을 포함하는 주제를 다룰 때 유용할 것이다.

내담자로 하여금 사진을 찍고 사진이 인화되기를 기다리는 동안, 연필이나 크레용을 사용해서 기억나는 부분이나 방금 찍은 사진의 내용을 스케치하게 하여 기대와 기억의 선택성을 보여 줄 수 있다. 사진이 나오면 내담자는 자신이 그린 이미지와 사진을 비교하게 되는데, 내담자가 그린 그림이 실제 사진에 나타난 모든 것을 다 포함하는 일은 거의 없다.

내담자는 조그만 네모 구멍이 뚫려 있는 커다란 흰 종이를 사용함으로써 복잡한 이미지를 단순화할 수 있다. 이 네모 구멍이 뚫려 있는 종이를 사진 위에 겹쳐서 움직이면 사진을 부분별로 볼 수 있게 되고, 자신이 다룰 수 있을 만한 크기로 나누어진 사진 속 부분들과 상호작용할 수 있다. 이런 식의 부분화 작업은 불필요한 '배경'을 배제하는 방법 중 한 가지다. 아울러 두드러지는 부분을 부각시킬 뿐만 아니라, 때로는 그것들이 실제로 어떤 것인지 발견하게 한다. 이런 기법은 내담자에게 인생 문제가 너무 압도적으로 복잡할 때 어떻게 통제할 수 있는지 유추하도록 가르쳐준다.

만약 당신이 사진 속에서 당신에게 가장 중요한 사진의 본질을 찾고 싶다면 다음처럼 해 보기를 바란다. 당신의 손이나 종이를 이용하여 전체 사진의 크고 작은 부분을 가리면서 다음과 같이 질문한다. "사진의 이 부분을 가려도, 이 사진이 전반적으로 같은 감정과 메시지를 여전히 내게 주는가?" 아주 조그만 디테일이나 넓은 부분을 가리면서 이리저리 옮겨 다니다 보면 어느 시점에서 당신은 폐부를 찌르는 듯한 어떤 감정이 실린 사진의 일부를 가리게 될 것이다. 가려진 '그 무엇인가'는 당신에게 감정적으로 매우 중요한 부분이다. 그리고 그것은 너무나 상징적이고 너무나 간결해서 그 의미가 강력히 농축되고 압축되어 있다는 것을 단번에 알게 된다. 그것 없이는 사진에 대한 특정한 정서적 의미가 사라진다. 당신이 그것을 다시 발견하면 그 감정과 의미가 거기에 다시 나타날 것이다. 이 방법은 내담자로 하여금 결정적으로 중요한 사진의 부분, 아마도 감정이 실려져 있는 부분을 파악할 수 있도록 하는 가장 쉬운 방법 중 하나다. 우리 치료사들도 왠지 이해할 수는 없지만 어떤 이유에서인지 어떤 사진에 강렬하게 끌리는 자신을 발견하게 된다. 그 예를 들면 다음과 같다.

남편과 내가 막 데이트하기 시작했으며 우리 관계가 결혼으로 이어질지 여부를 아직 가늠하기 어려웠던 시기에 남편과 나를 찍은 사진(〈사진 2-1〉 참조)을 볼 때면 뭔가 강하게 끌리는 면이 있었다. 어쨌든 그 사진은 내가 생각한 것보다 우리 사이에 보다 영구적 관계가 확립되고 있다는 것을 보여 주는 듯했다.

이러한 느낌을 주는 사진 속의 어떤 요소를 발견해 내기 위해, 나는 앞에서 언급한 가리기/부분화(cover-up/partializing) 기법을 사용하였다. 신뢰에 가득 찬 어린아이가 그러하듯이, 내가 남편의 손가락 하나를 내 손 전체로 감싸 쥐고 있는 부분에 해결의 실마리가 있었다. 그것은 핵심적인 이미지(key image)였다. 그러나 그 손가락 신호 외에 무엇인가가 더 있다고 말하는 듯한, 내 마음을 편치 않게 만드는 그 어떤 것이 여전히 내 마음에 남아 있었다. 그로부터 일 년 후 우리가 결혼하게 되었을 때, 친정 부모님을 방문한 적이 있었다. 어머니는 내 어린 시절의 모습을 남편에게 보여 주려고 가족 앨범을 꺼내 왔고, 그중 한 페이지에는 낚시여행에서 막 돌아와 자연스러운 분위기에서 장난스럽게 찍은 내 부모님의 스냅사진이 있었다(〈사진 2-2〉 참조). 그 사진 속에서 나는 어머니가 아버지의 손을 나와 똑같은 모습으로 쥐고 있음을 발견했다.

그 사진을 보자 '아하!' 하는 깨달음이 섬광처럼 나의 뇌리를 스쳤다. 남편과 나는 영원히 행복하게 잘 살 것이라고. 사진 속의 그 모습은 이미 내게 무의식적으로 그렇게 말해 준 것이다. 그전에도 나는 그 사진을 여러 번 보았던 것이 분명하며, 그리하여 행복, 안전, 그리고 누군가와 행복할 것이라는 것을 믿고자 하는 의지와 연관된 이미지들이 이미 내 무의식적 창고의 일부가 된 지 오래되었던 것이다. 그러나 나는 그 특별한 존재감을 의식적으로 분명히 알고 있었던 것은 아니다. 누군가가 장래의 남편과 함께 찍은 이 사진에 대해 언급하면서 전에 다른 사람의 사진에서 이런 포즈를 본 적이 있냐고 내게 질문한다면, 나는 분명히 '아니요' 라고 답했을 것이다. 만일 내가 앨범 속에서 수십 년이나 된 그 사진을 다시 발견하지 않았다면, 나는 단지 그를 괜찮은 남자라고 생각해서 그의 손가락을 쥐고 있다고 단순히 생각하는 데 그쳤을 것이다. 치료자는 그러한 연결성을 발견하기 위해 자신의 개인적 의식 저 깊은 곳

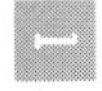

사진 2-1

사진 2-2

CHAPTER

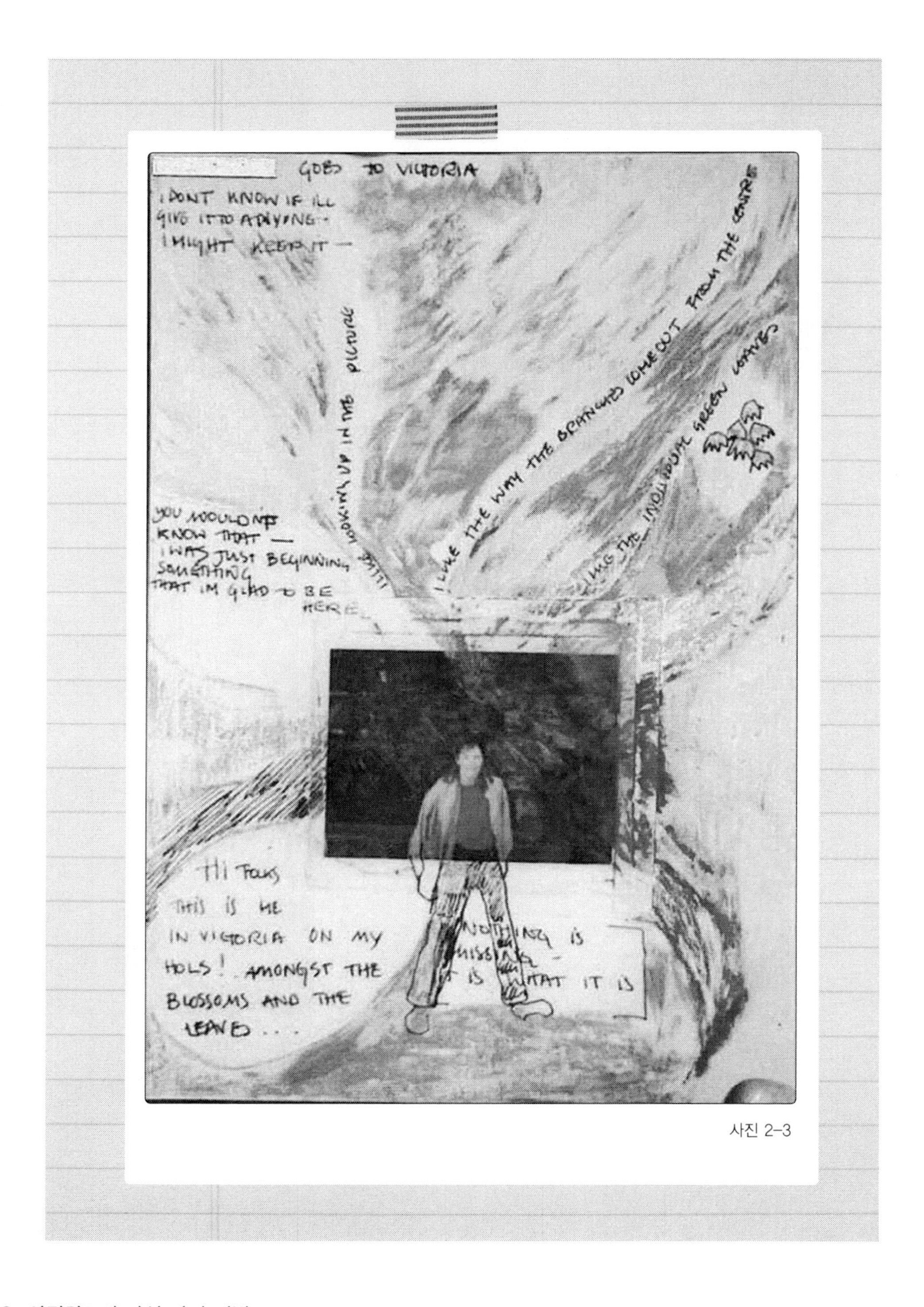

사진 2-3

사진 2-4

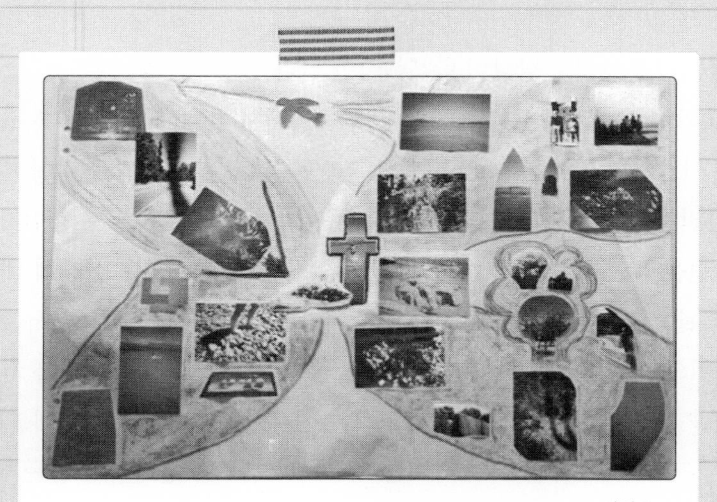

사진 2-5

사진 2-6

CHAPTER
1 2 3 4 5 6 7 8

에 묻혀 있는 부분까지도 샅샅이 탐색해야만 한다.

사진치료와 미술치료를 통합하여 사용하는 데에서 한계란 거의 없다. 유일한 한계가 있다면 치료자의 창조력, 준비를 위한 훈련, 그리고 개인적인 한계에 제한이 있을 것이다. 사진치료와 미술치료를 통합해서 사용하고자 하는 치료자는 먼저 예술치료 과정의 훈련을 끝마쳐야 할 것이다. 그렇게 하지 않으면 부지불식간에 내담자를 속이는 일이 될 것이다. 왜냐하면 상담에는 내담자가 알아채지 못하면서 이야기하는 부가적 차원의 커뮤니케이션이 있는데, 내담자도 무의식적인 이야기를 하고 치료자 또한 이러한 것을 알아채지 못한다면 그러한 커뮤니케이션은 사라지게 되기 때문이다. 〈사진 2-3〉에서 〈사진 2-6〉까지는 내담자와 워크숍 참가자가 만든 예술적으로 표현한 사진들의 예가 실려 있다.

여기에 표현되고 재현된 것들이 사진치료인지 미술치료인지를 결정하고, 내담자를 돕기 위해 어떤 기법을 선택해야 할지를 결정하는 것은 매우 어렵다고 생각한다. 두 치료기법은 보다 큰 치료의 부분을 이루기 때문에, 가장 선호되는 것은 적절할 때마다 그것을 사용할 수 있도록 두 가지 치료의 모든 기법을 충분히 숙지하는 것이다.

주의 사항과 지침 CAUTIONS AND GUIDELINES

사진치료는 기본적으로 치료환경에서 사람과 사진이 함께 소통하고자 할 때 이루어지는 것으로, 드러난 정보와 통찰을 인지적 · 의식적으로 반영하여 주의를 기울이게 하고 이를 유용한 틀에 맞추어 나가는 것이다. 치료자가 그곳에 있건 없건 상관없이, 사진과 사람이 함께할 때는 언제나 이와 유사한 상호작용 과정이 자연 발생적으로 일어난다. 차이점이 있다면, 이러한 '우연한' 사진 탐색이 아무런 지침 없이 일어나거나 일어날 수도 있는 반면, 치료적 촉진은 사람들이 사진에 관해 일상적으로 대화를 나눌 때는 도저히 접할 수 없는 그 어떤 영역에 이르게 하는 것이다. 치료가 없는 사진치료(PhotoTherapy)는 단지 사진술(photography) 그 이상도 이하도 아니다. 효과적인 사진치료를 하려면 능력 있고 전문적인 치료자가 반드시 존재해야 하는데, 그들은 이러한 기법을 적절하게 윤리적으로 사용할 수 있는 지식, 그리고 다른 사람들이 듣는다면 사진에 관한 일상적인 이야기로 들릴 만한 것조차도 어떻게 이용할 수 있는지 이해할 수 있는 경험을 갖추어야만 한다.

사진치료의 '무엇(what)'에 해당하는 것은 조금은 단순하게 보인다. 치료자와 내담자는 치료적 대화와 내담자의 내면적 성찰의 출발점으로서 내담자가 찍었거나 내담자를 찍은 사진, 자화상과 가족 사진에 관심을 집중하고 그것을 검토한다. 이 과정에서 사진을 살펴보고 사진과 상호작용을 하는 동안 투사적 과정이 일어난다. 그러나 사진치료의 '어떻게(how)' (당신이 어떻게 해야 하는가)는 상당히 복잡하다. 사진치료 기술이 내담자와 치료자의 열려 있는 상호작용에 적용되는데다가 개별적인 내담자의 독특한 요구에 맞추어져야 하는 특수한 상황에 놓여 있기 때문이다.

'왜(why)(왜 사진치료가 잘 되는지)'라는 측면은 덜 분명하지만, 그럼에도 불구하고 이 기법의 사용에 아주 본질적인 요소이기는 하다. 치료를 도와주는 도구로서 이러한 기법을 사용하려고 하기 전에, 독자(치료자가 되고자 하는 사람들 포함-역자 주)는 이러한 기법이 촉진시키는 다양한 인지적 · 정서적 과정에 대해 알아야 하고, 아울러 심도 깊은 수준에서 왜 치료가 성공할 수 있는지 이해하는 것이 중요하다. 치료자는 이러한 지식을 통해 내담자의 독특한 상황과 특별한 어려움에 가장 잘 맞는 기법이 무엇인지 결정하고 이를 선별하여 사용할 수 있게 된다.

사진치료는 "학대받은 피해자를 지지하기 위해 앨범을 다시 만들어라."라거나, 이런 내담자에게 " '학대에서 살아남은 자' 로 자기 묘사를 재구성하기 위해 자화상을 이용하라. 그리고 그 결과로 치료상의 변화를 꾀하라." 또는 "초기 외상으로 기억이 막혀 있는 내담자의 경우 말을 배우기 전 단계로 돌아가도록 투사법을 사용하라."라고 말하는 것처럼 단순하지 않다. 이런 아이디어들이 '먹히지 않는다.' 는 게 아니다. 사실 맞는 말이다. 그렇지만 한 가지 기법이 단 하나의 진단 범주 또는 문제와 일대일로 꼭 맞아떨어지도록 선형적으로 이루어지지는 않는다. 사실상 이론과 실천적 적용에서는 대다수가 상호 연결되어 있다.

이 책 전반을 통해 나는 무엇이 사진치료인가에 대해 논의하지만, 또한 어떤 것이 사진치료가 아닌지(또는 어떤 것이 사진치료이어서는 안 되는지)에 대해서도 분명히 언급하고 싶다. 사진치료는 특별한 방식으로 쭉 따라서 해야 하는, 또는 정해진 규칙에 따라 상황을 맞춰야 하는 일련의 절차와 단계로 이루어진 폐쇄적 방법론이 아니다. 내가 설명한 대로만 사용되어야 하거나, 내가 사용한 대로만 정확히 사용해야 하는 그런 구조화된 완제품이 아니다. 오히려 사진치료는 치료자가 이러한 기법들의 선택적 적용과 유연성을 인식하고, 그것을 다양한 상황에 적용할 수 있는 열린 체계 속에서 서로 연결된 부가적 도구들의 시스템으로 사용할 때 가장 성공적일 수 있다. 견습생과 워크숍 참가자를 가르칠 때, 나는 어떻게 해야 좋은 사진치료 질문을 할 수 있는지 설명한다. 그러나 정해진 목록에 따라 '이럴 땐 이런 질문을 하라.' 고 말하지는 않는다.

사진치료기법을 적용할 때는 사진을 외적으로 객관적으로 분석하는 일을 최소화하여야 하며, 그것에 대해 결코(절대적인 것으로) 정의를 내려서는 안 된다. 사진치료는 다른 사람들의 사진을 해석해 주는 일이 아니다. 치료자는 단지 한두 장의 사진을 보고 지나친 일반화를 하거나 과도한 해석을 하려는 유혹에 저항할 필요가 있다. 내담자는 자신에 대해 이야기하는 것보다는 사진에 대해서 이야기할 때 보다 쉽게 말문을 열 수 있기 때문에, 처음에는 초점을 내담자에게 두지 말고 사진에 두어야 한다는 것이다. 당신의 역할은 질문을 하는 것이다. 사진을 통해 무언가를 찾아내고 개인적 진실을 발견해야 할 사람은 바로 내담자다(치료자가 분명히 이것을 알고 있는 경우 자신의 의견을 내담자와 나눌 수는 있지만).

사진치료기법을 사용할 때, 사진과 상호작용을 하는 과정은 적어도 사진의 내용 자체만큼이나 중요하다(때론 더 중요하기도 하지만). 무비판적인 태도를 지니고 경청하고 관찰하면서 사진 자극에 대한 내담자의 반응을 탐색하는 것은 치료자의 주요한 역할이다. 치료자는 내담자의 사진 몇 개만 보고 섣불리 가정하는 일을 삼가야 한다. 초기 질문을 하고 내담자의 반응에 주목하면서 보다 많은 관찰이 이루어질 때까지 가정을 유보해야 한다. 시각적 이미지들의 주제와 패턴은 마치 누군가 알아주기 바라는 것처럼 반복적으로 나타나기 시작할 것이다. 이처럼 반복되는 상징들은 그것들의 연결성을 만들고 자신이 관찰한 것에 대해 좀 더 질문하게 될 만큼 충분히 자주 나타난다.

나는 다음 장에 나오는 모든 개인 사례들이 내가 실시한 심리치료에서 모두 나온 것이 아니라는 점을 분명히 밝힌다. 어떤 것은 다른 치료자들이 참가하고 내가 진행하는 긴 훈련과정에서 일어났던 강렬한 체험에서 따온 것이다. 이런 훈련과정에서 치료자의 개인적인 경험적 훈련은 그 '메타' 수준에 있어서 내담자의 경험과 동일하다. 훈련을 받고 있는 치료자(therapist-trainees)는 내담자와 마찬가지로 자신의 내면과 감정을 탐색하기 위해 자기 자신의 사진을 사용할 것이기 때문이다.

이러한 훈련 상황에서 내가 치료자 역할을 맡고, 다른 참가자 중 한 명이 마치 내 내담자인 것처럼 하면서, 나는 종종 역할극을 통해 치료기법을 보여 준다. 나는 상담시간과 맞먹는 긴 회기 동안 참가자를 두 명씩 조를 이루어 번갈아 치료자와 내담자의 역할을 하게 하는 방법을 자주 사용한다. 이러한 모의 상담시간 동안, 그들은 치료자와 내담자의 역할을 해 보면서 실제 생활과 비슷한 시뮬레이션 속에서 사진치료 기술을 실제로 적용할 수 있도록 연습한다. 즉, 이런 과정을 통해 내담자처럼 참가자 역시 자신의 사진을 가지고 작업을 하게 되고, 그 후에 우리는 함께 어떤 일이 일어났는지 살펴보고 논의한다.

이와 같은 훈련 상황에서 치료자-내담자 역할극을 했던 참가자 중 한두 조의 연습을(참가자 자신이 요청하는 경우) 추후 관찰을 위해 종종 비디오테이프로 녹화한다. 서로 상호작용을 하면서 동시에 자신의 행동을 관찰하는 것은 어렵기 때문이다. 이 책에 사용된 짧은 발췌문보다 더 많은 내용을 살펴보기를 원한다면 사진치료센터(PhotoTherapy Centre)에 이러한 녹화테이프가 전부 비치되어 있으니 언제든지 보러 오는 것이 가능하다. 이 책에는 내담자가 만든 사진 가공물(예술적으로 고양된 자화상, 재구성된 가족 앨범 콜라주, 은유적으로 구성된 사진을 통한 이야기들 등)의 몇 가지 예만이 수록되어 있기 때문에, 사진치료센터에 있는 수백 개의 파일 중 다른 예를 보기 원한다면 저자인 내게 연락하길 바란다.

참가자가 진짜 내담자이건 워크숍 훈련생이건 간에, 앞에서 언급한 실제 작업은 치료적이기 때문에 이 책에서는 이 두 종류의 회기 간의 차이점에 대해 언급하지는 않겠다. 그러나 이 책에서 구체적으로 언급되는 모든 사람에게 그들의 경험을 묘사하고 사용하는 것에 대한 허락을 받았고, 실명을 사용하도록 특별히 부탁한 이들을 제외하고는 신상 보호를 위해 가명을 사용했다.

사진치료를 둘러싼 윤리적 문제는 정규적인 심리치료 및 예술치료의 경우보다 훨씬 더 복잡하다. 비밀보장을 둘러싼 사진적 문제와 치료적 문제(photographic vs. therapeutic issues), 릴리스 폼(release form. 시나리오 작가가 대본이나 계획서 등을 제3자가 읽는 것에 대해 법적인 행동을 취하지 않겠다고 약속한 것을 문서로 만들어 서명한 것으로, 저작권 침해와 같은 법률 소송에 말려들지 않도록 보호해 준다-역자 주), 재확인 보증(reassurance guarantees), 내담자 사진의 소유권 등 윤리적 · 법적 문제는 자신이 현재 하고 있는 심리치료 실천과 사진치료기법 실천을 통합하려고 계획하는 독자가 심각하게 고민해야 하는 관심사가 되어야 할 것이다. 윤리적 · 법적 고려사항에 대한 더 많은 정보는 Weiser(1985, 1986a, 1986b)를 참조하기 바란다. 그리고 사진치료 조사연구(research)와 관련된 점에 대해 알기를 원한다면 내게 직접 연락하면 된다.

앞에서 언급하였듯이, 사진치료는 많은 치료자가 동시다발적으로 생각해 낸 것이다. 각 장에 제시한 연습문제(exercise) 중 대다수는 내가 개인적으로 고안해 낸 것이지만, 몇 가지는 다른 동료들이 처음 만든 것을 빌려와 다소 각색한 것이다. 예를 들어, '우주정거장(Space Station)' 연습(제6장)은 Stewart(1980)에 의해 고안된 '화성탐사(The Mars Trip)' 라는 이전에 만들어진 연습문제를 각색 · 수정한 것이다. 이것은 원래는 Harbut(1975), Anderson과 Malloy(1976)의 작업에서 부분적으로 유래했다. 내가 각색한 연습문제가 임상 도구로 이 책에 수록되어 있다. 그러나 Zakem(1990) 역시 이와 연관된 연습문제를 사용하여서 다양한 객관적인 연구조사-평가 도구를 만들었고, 1980년대 초부터 나와 Krauss는 다양하게 수정 · 각색된 치료적 연습문제를 임상적 훈련 도구로 빈번히 사용했다.

이 분야에서 많은 치료자들이 선구적 역할을 해 왔고, 특수한 교육적 욕구를 충족시키기 위해 몇몇 치료자들은 다른 사람들이 처음 만든 연습문제를 개인적으로 각색하여 자신의 경험과 결합시켜 훈련 도구로 사용해 왔다. 나는 내 제자들이 앞으로 이를 좀 더 가다듬어 좋은 도구로 만들어 나갈 것을 기대한다. 치료자들 대다수는 특수한 종류의 개념을 학습하기 위해 무엇이 가장 좋은지에 대한 생각을 자유롭게 나누었고, 서로에게 학생이 됨으로써 많은 것을 배웠다. 나는 이 책 전반을 통해서 내가 처음으로 고안하지 않은 활동이나 생각들에 대해서는 다른 동료들의 공로를 인정하려고 노력했다. 그러나 때로 특정 연습문제는 진짜 원작자가 누구인지 거슬러 올라가면서 밝혀내는 것이 어려웠다는 점을 밝힌다.

각 장에 제시된 연습문제는 사진치료의 주요한 기법에 맞추어 제시되었다. 그러나 보다 상호 연결된 체계이기 때문에 모든 연습문제는 다른 장에 제시된 기법 몇 가지와 겹치기도 한다. 그리하여 나는 독자에게 특정 장에 제시된 연습문제를 시도하기 전에 책 전체를 통독하기를 강력히 추천한다. 나는 독자가 내담자에게 특히 유용한 연습문제를 복사하는 것을 반대하지는 않지만(복사물의 출처로 내 이름을 명시하는 한), 이 책의 내용은 저작권 보호를 받으며 책 전체를 복사하는 것은 허락되지 않음을 밝힌다. 만일 독자가 저작권과 연관되어 불확실한 부분이 있거나 폭넓은 허락을 원한다면 내게 직접 연락하기 바란다.

심리치료를 하는 데에서 내가 중시하는 가정 중 하나는 치료자 자신이 직접 경험해 보지 않은 치료과정을 내담자에게 경험시키지 말라는 것이다. 나는 치료자가 내담자에게 사진치료기법을 사용하기 전에, 이런 활동이 불러일으킬 수 있는 놀랄 만큼 강렬한 감정을 개인적으로 먼저 경험해야만 한다고 믿는다. '당신의 내담자에게 시도하기' 전에 '당신 자신에게 행하라.'는 주의 사항은 아주 중요하다. 일단 당신이 이것들을 시도해 보면, 당신 자신도 곧 내가 말하려는 것이 뭔지를 깨닫게 될 것이다. 이런 경험적 연습을 실시할 때는 아주 조심해서 해야 하며, 연습을 끝까지 마칠 수 있도록 시간을 충분히 잡아 놓을 것을 부탁한다. 일단 무의식 저 깊은 곳에 묻힌 기억과 감정의 표면이 의식화되면 그 나머지가 다 드러나는 경향이 있기 때문이다. 각 장의 끝에 제시한 이러한 연습문제를 가볍게 다루어서는 안 된다. 이러한 기법은 아주 집중적이고 강력하게 작용하기 때문이다.

비록 내가 이 책을 이해하기 쉽도록 썼지만, 치료자로서 아직 훈련받지 않은 독자는 여기 제시된 지시와 제안한 실천 사항이 격렬한 감정과 강력한 카타르시스를 촉진할 수 있다는 점에 유의해야 할 것이다. 다양한 기법과 추천해 놓은 경험을 가볍게 시도해서는 안 되며, 이런 정서적 과정을 능숙하게 다룰 수 있도록 충분히 훈련받은 사람에 의해 도구로서 신중하게 사용되어야 한다. 물론 나는 독자가 하는 것에 제한을 둘 수는 없지만(그리고 이런 것이 이토록 강력한 힘을 지녔다고 가정하지 않을 수도 있지만), 조심스럽게 경험된다면 이런 연습은 강력한 통찰력과 정서적 의사소통으로 이어질 수 있다. 나는 다만 전문적 치료훈련을 받지 않은 독자가 마음을 스스로 다시 추스르기 힘든 타인의 내면에서 무언가를 끄집어내기 위해 이 책을 사용하지 않기를 희망할 뿐이다.

그러므로 전문적 훈련과 상관없이 내담자에게 연습문제를 사용하기 전에 먼저 자신에게 각각의 연습문제를 여러 차례 시도해 볼 것을 모든 독자에게 강력하게 요구한다. 당신은 아마도 전문가인 동료와 짝을 이루어 번갈아 가며 치료자와 내담자의 역할을 하기를 원할지도 모른다. 만일 파트너가 없다면 각 단계를 읽으면서 녹음기에 녹음한 후, 자신의 속도에 맞추어 그것을 들어 볼 수도 있다. 다음 단계에 대한 준비가 되었을 때 그다음의 질문으로 옮겨가면 된다. 당신 자신의 통찰력을 촉진하는 것이 항상 생각만큼 쉽지는 않을 것이다.

연습문제는 실제 치료의 대치물로 만들어진 것이 아니며, 또 그렇게 사용되어서도 안 된다. 동시에 독자는 그것을 사용함으로써 정서적 문제와 기대하지 않았던 감정을 불러일으킬 수도 있다는 점을 명심해야 한다. 만일 독자가 이런 연습문제를 하는 동안 어떤 중대한 어려움이 야기될 것이라고 예상한다면 이런 결과에 대한 책임을 질 수 없기 때문에 그것을 시도하지 말 것을 강력하게 제안한다.

어떻게 시작할 것인가 HOW TO BEGIN

나는 사무실에 들어서면 사진치료가 내 인생의 일부라는 것을 알 수 있게끔 내 사무실을 꾸며 놓았다. 나는 기관, 클리닉, 병원 또는 다른 장소에서 일하기보다 혼자 일을 하고, 집단이나 환자보다는 주로 개인, 부부, 가족을 대상으로 일한다. 그러나 어떠한 치료 세팅에서도 사진치료 활동을 북돋아 줄 수 있도록, 몇몇 기술들은 변화 가능한 것이라고 제안한다. 나는 내 사무실이 내담자가 집처럼 편안하게 느끼고 긴장을 풀 수 있는 아늑한 장소라는 것을 알려 주기 위해 내 주변에, 책상 위에 한 가득 내게 특별한 사람들의 사진을 올려놓거나, 몇몇 사진은 액자에 끼워 내담자가 앉는 자리 근처의 작은 책상 위에 올려놓았다.

아울러 대기실의 두 벽면에는 액자 없이 검은 마분지 위에 붙인 대략 8×10인치 크기의 사진들을 잇달아 붙여 놓았다. 이러한 사진들은 일상을 찍은 것들이라기보다는 창의적 예술작품 또는 치료적 목적으로 찍은 것들이다. 주로 흑백 사진인데, 내가 흑백 사진을 선호하기 때문이다. 같은 목적을 위해 컬러 사진을 사용하는 것도 가능하다. '벽에 진열된 사진' 은 사람, 장소, 아이들 그리고 사물과 추상적 모양으로 이루어져 있으며, 별 의미 없이 배열되어 있다. 이것은 내담자가 내 사무실에 들어올 때 처음으로 보게 되는 것으로, 내담자가 그 사진들에 대해 말없이 지나치는 일은 아주 드물다. 공식적으로 내담자와 이야기를 시작하기 전에 내담자가 이 사진들을 혼자 볼 수 있도록 하기 위해, 나는 전화를 하거나 노트 정리, 다른 연습문제 준비 등의 다른 일을 하면서 2~3분간 시간을 줄 것을 제안한다.

나는 새로운 내담자가 오면 항상 치료 작업의 일부로 사진치료를 하고 싶다는 말을 한다. 만일 내담자가 동의한다면 5분 정도 이 사진들을 무심코 훑어볼 수 있는 기회를 주는데, 이는 사진치료를 위한 자연스럽고도 위협적이지 않은 도입부가 된다. 그런 다음에 나는 내담자에게 "이 사진에 대해 어떻게 생각하세요?" 또는 "특별히 눈을 사로잡는 것이 있나요?" 등의 일반적 질문을 하면서 투사 작업을 시작한다. 내담자가 어떤 대답을 하더라도 그것을 대화의 출발점으로 받아들인다. 그리고 나는 사람들을 돕는 도구의 일부로 사진을 사용한다는 것, 때로는 내담자에게 가족 앨범이나 자신이 좋아하는 사진을 가져오도록 요청할 수 있다는 것, 이는 내담자의 이야기 속에 나오는 인물의 이름과 얼굴을 함께 보는 것이 더 좋으며, 그들이 내게 말하게 될 과거 내용을 보다 풍부하게 할 사진이 필요하기 때문이라는 것, 또한 내담자들은 내 사무실에서 직접 사진을 찍거나 폴라로이드 카메라로 꾸미지 않은 자화상을 찍을 수도 있는데 이 역시 사진치료의 일부라는 것을 설명한다.

나는 내담자에게 사진치료에 대해 아주 개인적이고 친근한 용어를 사용하면서 다음과 같이 요약해 준다. "당신은 내가 찍은 사진을 보면서 나에 대해 조금 알 수 있을 겁니다. 그리고 나는 당신이 찍은 사진을 통해 당신을 알 수 있습니다. 우리가 진실하게 토의를 하게 될 때, 우리는 사진에 대해 이야기를 하고 또 사진에 대해 나눈 이야기를 생각할 수 있는 것입니다. 내 사진이 무엇을 의미하는지 당신이 나보다 더 잘 말해 줄 수 없는 것처럼, 나 역시 당신 사진이 의미하는 것을 당신보다 더 많이 말해 줄 수는 없어요. 사진에 대해 말해 달라고 당신에게 요청하기 전까지, 다만 나는 흥미로울 수 있지만 증명할 수 없는 나만의 의견을 갖고 있게 되죠. 내가 당신의 사진을 어떻게 보고 있는지, 그것이 내게 암시하는 것이 무엇인지, 내 속에서 어떤 감정이 일어나는지 당신에게 말해 줄 수 있지만, 그 사진에 대해 당신이 나와 똑같은 생각과 의도를 지니고 있을 것이라고 가정할 수는 없어요. 우리는 당신의 사진과 가족 앨범을 보고 각 이미지의 진실이 무엇일지 상상할 수 있지만 확실하게 알 수 있는 것은 아무것도 없죠. 왜냐하면 사진 속 사람이 얼마나 중요한지, 또는 각 장면이 무엇을 의미하는지는 누구를 찍고 누가 찍었으며 또 누가 나중에 그것을 볼 것인지에 달려 있기 때문이지요. 당신의 스냅사진은 당신의 것이지만, 사진이 당신에게 들려줄 새로운 이야기를 갖고 있다고 확신해요." 사진치료기법을 사용할지 여부는 전적으로 내담자에게 달려 있으며, 그들이 이를 거부하고 말로만 상담할 자유가 있다는 점을 나는 강조한다. 내담자가 조금이라도 불편해한다면 더 이상 사진치료를 계속하지 않을 것이라는 조건하에, 내담자에게 우선 사진치료 활동을 조금 시도해 볼 것을 고려하도록 권한다.

나는 내담자와 철저하게 논의를 하면서, 치료하는 동안 내담자를 찍은 또는 내담자가 찍은 사진들은 모두 내담자의 것이며, 내담자가 그것들을 간직하고 그것들로 무엇을 하든 그들의 권한이라는 조항이 들어 있는 계약서를 내담자에게 준다. 그러나 사진치료 작업이 끝날 때까지 때로는 그 사진들을 내 사무실에 두고 가거나, 집에서 찍은 사진이라면 치료를 위해 필요할 때 그것을 가지고 오도록 청할 수 있다는 점을 밝혀 둔다. 이 모든 가능성에 대해 내담자가 편히 느낄 수 있는 수준에서 협상하고, 투사적 기법을 보여 줌으로써 어떻게 사진치료가 이루어지는지 내담자가 깨닫게 해 준다.

나는 사진치료를 시작하기에 '안전' 하다고 보이는 사진을 직접 벽에서 고르거나, 내담자에게 하나를 고르게 하기 위해 다음과 같은 질문들을 할 수 있다. "저기에 당신이 만나고 싶은 사람이 있나요?" "오늘 여기 있는 대신 가길 원하는 장소가 저기 있나요?" "저기 있는 사진 중 집에 가지고 가고 싶은 사진이 있나요?" "저 사진 중 알고 있는 누군가를 떠오르게 하는 사진이 있나요?" 한동안 이야기를 나눈 후 사진 주제가 직접적으로 내담자에 관한 것이 아닐 때, 우리가 얼마나 쉽게 이야기를 시작했는지 보여 주기 위해 잠시 대화를 멈춘다. 그러고 나서 나는 그들과 정보를 나누는 것을 잠시 뒤로 미루고, 단순히 그들이 한 몇 마디 말을 통해 그들에 대해 알게 된 것을 생각해 본다. 나는 내 지각이 항상 옳은 것은 아니라는 것을 알고 있다는 점을 명확히 한다. 그리고 만일 틀린 것이 있다면 내게 알려 달라고 청한다. 내 실수를 교정하는 동안, 내담자는 자신에 관한 더 많은 이야기를 내게 해 준다.

이러한 접근은 실제 치료에서 사용되는 질문을 시범적으로 보여 주고, 개인적으로 상처받는 위험 없이 내담자에게 사진치료기법의 위력에 대해 알려 준다. 이런 기법을 내담자에게 숨길 필요가 없다. 도리어 나는 지금 여기에서 하고 있는 것처럼 내담자가 치료 자체에 대해 기대할지도 모르는 것을 내담자에게 직접 설명해 준다. 나는 종종 내담자들에게 내 사진에 대해 질문하도록 한다. 내가 그 사진을 찍고 그것을 내 사무실의 벽에 붙여 놓기로 한 이유를 알 수 있게 하기 위해서 말이다. 이러한 행동은 일상적인 대화 패턴을 그대로 반영한 것이다. 이렇게 역할을 바꿈으로써 내담자 역시 자신이 수집하거나 창조한 것을 통해 자신의 내면을 다른 사람들과 나누는 것이 얼마나 자연스러운 일인지 볼 수 있게 된다. 또한 이것은 치료과정에서 내담자와 상담자는 권력적으로 동등해야 한다는 내 태도를 보여 주는 것이기도 하다. 내 일을 하는 동안 치료자로서 '권력' 을 유지하면서도, 나는 내담자에게 존중을 표하고 안전감을 줄 수 있다. 그럼에도 불구하고 때때로 그들에게 도전하고 그들의 감정에 조금 압박을 가하기도 하지만 말이다.

그러고 나서 내가 치료적 대화를 시작하기 위해 일반적인 사진을 사용하는 방식을 내담자들이 지금 막 접해 보았다는 것을 설명해 준다. 자화상, 앨범 재검토와 같은 다른 기법을 사용할 것인지, 또는 잡지에서 오려낸 사진을 모아서 가져오도록 할지는 나중에 선택할지라도 질문하는 방식 자체는 근본적으로 동일하다는 것을 설명한다. 다음 회기에서 공식적으로 계약을 맺을 때, 내담자가 사진치료에 대한 동의 여부를 선택할 수 있다는 조건을 포함시킨다. 이렇게 하는 것은 내담자에게 그에 대해 생각할 수 있는 일주일의 시간을 제공하며, 치료자인 나에게도 어디부터 시작할 것인지 생각할 수 있는 일주일을 제공한다.

질문하기(Asking Questions)

실제로 내담자와 작업을 시작할 때 독자가 명심해야 할 몇 가지 중요한 사항이 있다. 이 제안들은 내담자에게 무엇을 질문해야 하는가보다 어떻게 질문해야 하는가와 더 관련이 있다. 대개의 경우 직접적으로 질문을 하면 사람들은 신속 간결하게 대답하기 어려울 것이다. 무엇인가 알고는 있지만 확고하게 대답을 할 수 있을 만큼 충분히 확신하지 못할지도 모른다. 또는 답을 알고 있지만 말할 경우 일어나게 될 결과에 대한 두려움을 지니고 있거나, 알고는 있지만 말로 표현할 수 없을지도 모른다.

질문을 할 때, 우리는 어느 정도 사람들에게서 무엇인가를 알아내려고 한다. 사람들에게 정보를 알아내는 것은, 설사 그것이 그들에게 도움이 될 것이라고 확신한다

하더라도 감정이 복받치거나 위협당하거나 심지어 침범당했다고 느끼게 되는 결과를 초래할 수 있다. 치료자가 예의를 지키는 것과 질문을 할 때 사용하는 언어는 내담자가 편안한 수준과 마음을 열고자 하는 의지에 절대적 영향을 미친다.

내담자가 어떤 내용을 털어놓기 어려워하거나 고통스러워한다는 것을 치료자가 알고 있다고 내담자가 느끼는 것은 치료에 도움이 될 것이다. 그들이 바로 말하고자 하는 것의 주인임을 상기시키고, 사진은 잠시 쉬어 가는 장소, 내면과 말한 것 사이를 이어 주는 다리, 또는 때때로 그들을 대변해 주는 어떤 것이 될 수 있음을 상기시킨다면 내담자는 안심할 것이다.

사진치료 작업에서는 내담자에게 자신의 사진에 대해 이야기하고, 그에 대한 기억을 더듬어 묘사하고, 사진에게 말을 걸고, 심지어 동등한 존재로서 사진과 내담자가 번갈아 나누는 대화를 만들어 보라고 요청할 수 있다. 나는 내담자가 사진에게 질문을 하고, 사진이 내담자에게 질문을 한다고 상상해 보라고 청할 수도 있다. 사진을 내담자의 얼굴 바로 앞에 놓고 사진과 말을 나누라고 하거나, 또는 사진을 가면처럼 얼굴 위에 쓰고 사진이 내담자에게 이야기하게 하도록 요청할 수 있다. 내담자가 양손에 사진을 한 장씩 들고 두 장의 사진이 서로 이야기를 나누게 하거나 그것을 들고 있는 사람에게 이야기를 하게 할 수도 있다. 나는 게슈탈트 치료의 '빈 의자' 기법과 비슷한 방식으로 인물화뿐 아니라 정물화(개인적으로 연못이 오리에게 말을 걸거나, 전등이 골목과 이야기하거나, 의자가 창문에게 이야기하는 광경 등을 관찰한 적이 있다.)에게도 이러한 절차를 적용한다.

사진 자극을 사용하여 내담자에게 질문을 하고, 그에 답하기 위해 내담자가 시각적인, 은유적인 답변이 될 수 있는 다른 사진을 찾게 할지도 모른다. 만일 내담자가 모른다고 답을 한다면 내담자에게 잠시 동안 마치 답을 알고 있는 것처럼 하라고 요청하기도 한다. 그리고 답을 알고 있다면 어떤 내용일 것 같은지를 질문한다. 대답하는 것에 대한 책임감에서 일단 자유로워지면, 대개의 경우 내담자는 치료적으로 유용한 자발적인 답변을 할 수 있게 된다.

내담자를 돕는 데 유용한 정보를 얻고자 질문을 한다. 무엇인가 알고자 할 때, 내담자의 말을 경청하고 의미 있는 언급에 주의를 기울이며 천천히 한 단계 한 단계 앞으로 나가며 간접적으로 정보를 얻는다. 눈앞에 놓인 사진의 주제와 무관하게, 내담자가 그 이미지를 음미해 볼 때 어떤 생각과 감정과 기억이 떠오르는지 질문한다. 그러한 이미지가 무엇을 의미하는지, 그 속에서 가장 중요하거나 분명한 요인은 무엇인지 질문하면, 때로는 내가 전혀 알아채지 못했던 요인이 나타나기도 한다.

내담자에게 사진 테두리를 잡고 그것을 좌우로 더 넓게 늘린다고 상상하게 한다. 이렇게 하면서 사진을 찍은 상황 속에 다른 무엇이 있는지 살펴보라고 한다. 심지어 때로는 사진 속에 '발을 들여 놓고' 거기에서 '이리저리 산책' 해 보라고 제안하기도 한다. 그리고는 그 속에서 내담자가 무엇을 보고 느끼는지 내게 말해 보라고 한다. '찰칵' 하고 셔터를 누르던 순간에 존재했던 360° 반경 내의 물리적 · 사회적 환경의 나머지 부분을 상상해 보거나 또는 상상 속에서 사진사 자신이 되어 자기 뒤에 누가 있는지, 무엇이 있는지 둘러보라고 하기도 한다.

나는 공간을 다룬 것과 똑같은 방식으로 시간을 사용한다. 내담자에게 사진을 찍던 순간 바로 직전 또는 직후(혹은 사진을 찍은 지 몇 주 또는 몇 년 전후) 어떤 일이 일어났는지 상상해 보라고 제안한다. 예를 들어, 사진을 찍었던 때에 비해 지금 그 장면이 어떻게 다를 수 있는지, 사진을 찍은 후 사진 속 사람들은 다 어디로 갔는지, 그 전에 사람들은 무엇을 하고 있었는지, 사진 속 사람들이 그런 식으로 사진에 나오기를 원했는지, 또는 무엇이 달라지길 원했을지 등을 질문한다. 사진을 찍었던 순간 그리고 현재에 그 피사체와 사진사 간에 어떤 대화가 오고 갔을지 상상해 보라고 한다. 사진 속에서 사람들과 물체들이 어떻게 느꼈을 것이라고 생각하는지, 그리고 그것들이 기억하고 생각하고 말하고자 한 것이 무엇인지를 내담자에게 질문한다.

내담자에게 지금 작업하고 있는 사진이 긴 시리즈의 일부가 되도록 다른 사진들을 찾아보거나 사진을 찍는다고 상상해 보라고 한다. 이러한 시리즈에 제목을 붙이고, 내담자 자신이 이 사진을 찍을 것인지 여부를 결정하고(만일 그렇다면 왜?), 이 사진을 누구에게 선물로 주기를 원하는지, 그리고 그것이 비언어적으로 무엇을 의미하는지에 대해 생각해 보라고 한다. 한 장면의 일부분을 확대시킨다고 생각하면서 이렇게 하는 데에 어떤 부분이 가장 중요한지 내담자에게 선택하라고 한다.

그러나 이런 식으로 질문하는 내내, 나는 내담자의 답변은 물론 내담자의 자세, 반응 속도, 근육 긴장, 표정, 안색, 중단, 침묵 등 비언어적으로 소통되는 모든 것에 초점을 맞춘다. 그 목적은 내담자가 말하지는 않지만 독특하게 전달하는 의사소통 패턴을 수집하고, 특정 문제나 논점이 어떻게 비언어적으로 정서적 의사소통을 자극하는지 살펴보기 위함이다. 이러한 실마리는 내담자의 내면에서 일어나고 있는 것을 정서적으로 전달하기 때문에 후에 내가 이러한 신호를 인식하는 데 도움이 된다.

일상에서 '멈춤' 단추를 누르는 것처럼, 나는 멈출 것을 제안함으로써 대화를 중지시킬 수도 있다. 그리고는 내담자가 의미하는 것을 보다 잘 설명할 수 있게 하기 위해 즉석 사진을 찍는 자세를 취하게 한다. 이것은 실제로 폴라로이드 사진을 찍거나 마음속의 '카메라' 에게 무언가를 보여 주는 것을 포함할 수 있다. 말로 질문할 때 제공되는 일상적 보호막 없이 좀 더 탐색해야 할 필요가 있다고 생각하는 주제에 대해서는 내담자에게 밖으로 나가서 사진을 찍어 오라는 숙제를 내줄 수도 있다.

나는 잡지 광고나 삽화와 같은 인쇄 매체에서 이미지를 찾아오라고 하는데, 그것은 내담자가 내게 무엇을 전달하려고 하는지 보는 데 도움이 되기 때문이다. 나는 내담자에게 비디오테이프와 사진들이 상호작용하게 하도록 한다. 그렇게 함으로써 내담자는 마치 타인이 자신을 보듯 스스로를 바라볼 수 있게 되고, 가족 앨범에 대해 이야기하는 동안 자신의 비언어적인 부분을 관찰하며, 감정을 탐색하고 대화를 나누면서 자신의 몸과 말 사이에 어떤 괴리가 있는지 확인할 수 있게 된다. 이렇게 하는 이유는 만약 당신이 당신을 찍고 당신이 찍은 당신의 사진을 본다면, 사진은 너무나 사실적인 것이 되어서 그것과 논쟁하거나 합리화하거나 부인하려고 시도하는 것이 어려워지기 때문이다.

나는 내담자가 단순히 '예' '아니요' 로 답할 수 있는 질문은 피하려고 노력한다. 대답을 좀 더 확장시킬 수 있는 질문을 하는 것이 보다 효과적이다. 예를 들면, "왜 그가 그렇게 말했다고 생각하세요?" "어떻게 해서 그녀가 그곳에 서 있지요?" "이 사진에 대해 조금만 더 이야기해 주시겠어요?" 등이다. 나는 종종 빈칸 채우기처럼 내담자가 완성해야 하는 개방형 문장을 사용하기도 한다. 치료자가 사진에 대해 하고 싶어할 질문을 내담자에게 제안해 보라고 하기도 한다. 심지어 나를 혼돈되게 만들거나 나를 '돕기' 위해 명백한 설명을 덧붙이라고 내담자에게 요청하는 것조차 아주 유용할 수 있다.

나는 어떤 특정한 순간에 내담자에게 진실이었던 것 그 이상의 의미를 찾으라고 절대 강요하지 않는다. 만일 내담자가 무엇인가를 빠뜨린 것 같고, 어떤 중요한 연결점이나 상징적 내용이 가능하다고 생각하면, 내담자에게 그것을 많은 가능성 중 하나인 추가적 대안으로 생각해 보도록 제안한다. 내담자들은 그에 반응하지 않아도 된다. 그러나 그것들 사이에 무의식적 연결점이 있다면 그것은 나중에 또다시 나타날 것이다. 나는 아마도 내담자에게 가족관계에 대한 다른 '사진'을 얻으려고 책상 위에 놓인 몇 장의 가족 사진을 재배열하라고 요청할지도 모른다. 또는 즉시 출력되는 자화상을 얻기 위해 평상시와 다른 자세로 포즈를 취하라고 할 수도 있다. 이런 대안적인 시도는 갑자기 딱 들어맞는 새로운 발견으로 이어질 수 있다.

사진 찍기(Taking Pictures)

사진치료는 회기 중에 즉석으로 자연스럽게 사진을 찍거나 회기 시작 몇 주 전에 사진 찍는 일을 포함한다. 사용되는 카메라의 종류에 따라 사진이 즉시 준비되는지 또는 인화되기를 기다려야 하는지를 결정한다. 두 가지 방식 모두 이점이 있다. 만일 내담자의 주의집중 시간이 짧거나, 내담자의 행동과 감정을 포착하여 인지적으로 통합할 수 있게끔 피드백을 하려면 즉각적인 피드백이 좋다. 당장 이용 가능한 이미지를 사용하여 즉각적인 자기 직면을 하는 것도 좋지만, 나중에 자신의 이미지를 조금 멀리 떨어진 위치에서 보다 '객관적'으로 바라보는 것도 좋다. 즉석 사진이 인화되는 것을 기다리는 동안 욕구를 지연시키는 법을 배울 수 있다. 그러나 좀 더 기다리는 것을 배워야만 하는 혹은 배울 수 있는 사람들에게는 몇 분 대신 몇 시간 또는 며칠을 지연시키는 것도 유용하다.

나는 사진치료 작업을 하는 동안 내담자 혹은 '자아(self)'에 지속적으로 노를 쥐어 주지만, 내 치료 작업의 많은 부분이 체계이론에 기초를 두고 있기 때문에 사진치료 적용에 대해 평가할 때 체계 모델을 선호하는 독자는 또 다른 수준을 고려하고자 할 수 있다. 개별화된 개인에게서 그러하듯, 가족 단위 역시 상호 연관되고 독립적인 실체로 볼 수 있기 때문에 자화상기법의 수준을 한 단계 높여 가족 역시 성공적으로 사진치료를 할 수 있다. 예를 들면, 내담자에게 가족의 초상, 가족의 동의하에 찍은 사진, 가족의 성격을 하나의 정체성으로 표현할 수 있는 전체 가족 사진을 제공하도록 요청한다.

유연해지기(Staying Flexible)

다음 장에 너무도 많은 성공 사례가 실려 있어서 어쩌면 독자는 이러한 도구를 사용하면 항상 성공적으로 통찰력과 카타르시스를 얻을 수 있을 것이라고 생각할 수도 있다. 그러나 다른 심리치료기법과 마찬가지로 사진치료 역시 항상 일관되게 멋진 결과만을 내는 것은 아니라는 점을 명심하기 바란다. 만일 당신의 접근 방법이 제대로 효과를 내지 않는다고 보이면, 다른 것을 시도해야 할 것이다. 그리고 말로 하는 것만으로도 원하는 정보를 얻을 수 있다면, 당신이 사진치료를 좋아한다는 이유만으로 내담자에게 '사진치료' 를 실시해야 할 필요는 없다.

때로 내담자를 위해 할 수 있는 최선의 것은 아무것도 하지 않는 것이다. 때로는 우리가 할 수 있는 최선의 의사소통은 침묵일 수도 있고, 사진치료를 할 때 최선은 단지 내담자를 홀로 자신의 사진과 함께 있도록 하고, 내담자가 자기 사진을 들여다보면서 내면의 대화를 발전시켜 나갈 때 방해하지 않고 그저 옆에 앉아 있는 것뿐일 수도 있다. 이는 내담자를 방에 홀로 남겨 두고 커피를 마시러 나가라는 이야기가 아니다. 그보다 내담자와 사진이 서로 이야기를 나누고 감정을 교환하도록 허용하면서 당신의 존재를 '침묵의 증인' 으로 만들라는 것이다. 그리고 본질적인 것들을 유지하면서 경험을 공유하라. 치료자가 나서서 너무 빨리 치료를 종결해 버리거나 반영적 요약을 해 주게 되면 치료 작업은 성공할 수 없다. 치료자가 너무 지시적이면 내담자는 무조건적으로 자신을 수용하고 치유할 수 있는 자기 본연의 능력에 대해 결코 알 수 없을 것이다. 그러면 내담자는 아주 오랫동안 치료자를 포함한 다른 사람에게 의존적인 채로 남아 있게 된다.

최근 내가 전국 라디오 '생방송' 에서 사진치료에 대해 이야기하는 도중, 가장 힘든 상황에서조차 좋은 결과를 낳는 사진치료의 힘이 명백히 드러나는 일이 있었다.

4,000마일 떨어진 곳에 있는 사회자는 질문 목록과 (내가 알지 못하는) 자기 딸의 사진을 가지고 앉아 있었다. 우리는 이론적 용어를 사용하면서 이 분야에 대해 토론하기 시작했다. 갑자기 그는 자기가 지금 가지고 있는 사진에 대해 코멘트해 주는 것을 통해 내가 어떤 식으로 작업하는지를 보여 줄 수 있는지 질문했다. 나는 내가 볼 수 없는(전혀 본 적이 없는) 이미지를 가지고도 일할 수 있다는 나의 주장을 시험할 수 있는 아주 좋은 도전의 기회라고 생각했기에 동의했다.

나는 그 사진에 대해 질문하기 시작했고, 그로 하여금 사진에 몰입하여 사진에게 이야기하고 사진은 또 그에게 뭐라고 이야기하는지를 전해 주고, 이처럼 하는 동안 그가 느끼는 감정을 내게 말해 달라고 청했다. 그의 목소리는 가벼운 무아지경을 경험하고 있는 듯한 어조로 바뀌었다. 보통 사회자 역할을 할 때보다 좀 더 취약한 인간적 면을 드러내면서, 그는 부드러우면서도 집중하여 자발적으로 이야기했다.

그는 나중에 내게 캐나다 전역의 청중들은 말할 것도 없고 심지어 낯선 이에게도 자신을 드러낼 수 있었다는 점에 놀랐다고 말했다. 그는 자신이 기대했던 것보다 훨씬 더 심도 깊은 의미를 표현했고, 그렇게 할 수 있었던 점이 너무 기뻤다고 말했다. 이 인터뷰가 분명히 보여 주듯이, 라디오에서 생방송을 할 때조차 치료자가 전혀 볼 수 없었던 사진을 가지고도 사진치료가 가능하다는 점이 명백하게 드러났다.

이어지는 각 장에서 나는 내가 할 수 있는 한 다른 사람들과 구분되는 특별한 기법을 제시한다. 나를 포함한 대다수의 치료자들은 한 가지 기법만을 가지고 치료하는 것은 너무 제한적이라는 것을 잘 알고 있고, 그 가운데서 한 기법을 다른 기법에 이어서 함께 사용하도록 만드는 일들이 종종 일어나곤 한다는 것을 발견한다. 이 책의 전반에 걸쳐서 기법들을 통합적으로 사용하는 예를 발견할 수 있을 것이다.

추가적 지침 ADDITIONAL POINTERS

앞에서 이야기한 사진을 통한 소통의 본질에 관한 몇 가지 요점은 사진치료의 방법론에 직접적으로 영향을 미친다. 예를 들어, 사진이 그것을 찍은 사람이나 후일 그것을 보는 사람과 분리될 수 없다는 점을 인식하게 됨에 따라 우리는 사진 속 의미를 '발견' 하는 단 하나의 올바른 방법은 존재하지 않는다는 것을 알게 된다. 그러므로 하나의 사진은 누군가에 의해서, 심지어 치료자에 의해서도 책처럼 읽히거나 그 의미가 해독될 수 있는 것은 아니다. 도리어 우리는 사람과 사진의 상호작용에서 모든 참가자들은 (자신에게는 올바른) 각자의 관점을 가진다는 것을 인식해야만 한다. 치료자인 내게 분명히 드러난다는 이유만으로 그 의미를 자동적으로 올바른 것으로 볼 수는 없다. 마찬가지로 우리는 사진의 내용이 진실로 의미하는 것을 분명히 알 수가 없다. 우리는 단지 사진이 보여 주고, 기억을 불러내고, 우리의 감정 속에서 화학 반응을 일으키는 그 무언가를 가지고 작업할 수 있을 뿐이다. 나는 내담자와 함께 이미지에 초점을 맞추고 무엇인가를 연상시키는 듯한 시각적 상징을 더 많이 깨닫고자 노력한다. 우리는 공동으로 그것을 탐색하고 그것과 상호작용을 한다. 우리는 그것을 가지고 '작업한다'. 그리고 시종일관 많은 수준에서 동시다발적으로 이야기를 나누게 된다.

그것은 실제 순간이나 가다듬어지지 않은 감정에 대한 시각적 은유이기 때문에, 개인 사진과 앨범은 우리로 하여금 기억하고 직면하고 상상하고 우리 자신과 인생의 복잡한 부분을 탐색하도록 도울 수 있다. 우리가 지각하는 것은 그것을 보는 순간 어떻게 느끼고 생각하는지에 따라 결러진다. 그리고 이러한 지각은 어떤 내용이 사진으로 찍히고 주목받게 되는지 여부에 영향을 미친다. 이러한 인지과정이 반대 방향으로도 작용한다는 것을 발견하는 일은 전혀 놀랍지 않다. 사진은 과거의 사고와 감정을 마치 현재 경험하는 것처럼 다시 연결시켜 주는 수단이 되기도 하기 때문이다. 마치 현재인 것처럼 사진 속 현실로 발을 들여 놓음으로써, 사람들은 사진과 상호작용할 수 있고 자연스럽게 일어나는 감정과 사고를 기록할 수 있다.

비언어적인 수단을 통해 감정과 접촉하게 될 때, 갑자기 예기치 않게 이런 감정과 마주치게 된다. 그리하여 감정은 종종 원래 경험했을 때보다 더 생생한 '날' 것으로 지각된다. 그러고 나서 그것들은 인지적 틀에 의해 여과되고 언어화되어서 이런 감정이 다시 떠오를 경우 내담자를 준비하도록 돕는다. 슬픔, 분노 또는 두려움의 감정들은 그 존재 여부를 아는 수준까지는 의식화되어 있다. 그러나 아는 것과 감정을 재경험하는 것은 다르다. 이러한 과정을 살펴보고자 한다면 의식적 통제를 내려놓아야 한다. 대다수의 내담자는 의식적 통제를 자발적으로 내려놓으려 하지 않는다. 그러므로 내담자에게 안전한 치료 회기 중에 감정을 놓아 버릴 필요가 있다는 점을 인식하도록 도와주어야 한다. 이러한 감정을 불어넣기 위해 사진을 다리로 사용하는 것은, 적당한 거리를 두고 강렬한 감정을 다루는 것을 허용하면서도 내담자에게 조금이나마 자신을 지지해 줄 수 있는 추가적인 힘을 갖게 해 준다.

우리 앞에 놓여 있는 사진에 대해 내담자와 이야기를 나누는 동안, 나는 진행되는 모든 신호를 알아차리고 나중에 내담자가 자기 반영(self-reflection)을 하는 동안에도 똑같은 일을 할 수 있도록 격려한다. 회기 내용을 재검토할 수 있기 때문에 이러한 과정을 비디오테이프로 녹화하는 것이 도움이 된다. 그러면 나중에는 기억이 나지 않는 많은 순간을 보다 잘 포착할 수 있게 된다. 비디오테이프 녹화는 대부분의 전통적 일련의 심리치료에서는 거의 이용 불가능하다. 아마도 내담자는 우리가 이야기만 하고 있다고 생각할지도 모르지만, 대화를 나누는 동안 나는 내담자가 보이는 수많은 비언어적인 신체언어—자세, 얼굴의 긴장과 화색, 손의 위치, 몸짓, 불안정한 움직임과 정서 상태를 나타내기 위해 사용하는 신체적 실마리 등—를 마음속으로 기록하려고 노력한다.

어떤 주제가 강렬한 정서적 반응을 불러일으키는지 주의 깊게 살피는 한편, 내면적 문제를 해결하거나 이해하고 카타르시스에 도달하게 하기 위해, 극히 중요한 순간을 자극하는 시각적 부호들을 재차 작업함으로써 나중에 이런 감정을 다시 다루려고 노력한다. 일단 내담자가 자신 앞에 놓인 사진에 몰두하게 되면, 사진에 완전히 주의가 집중된 상태로 전환되어 치료자인 나와 방의 나머지 부분이 모두 다 사라지는 것 같은 자기 최면적인 무아지경에 이르게 된다. 내담자의 의식적 마음은 대화를 계속해 나가는 데 사로잡혀 있는 반면, 내담자의 나머지 부분은 정서적으로 관련된 세부적인 상황들이 계속해서 떠올려지기 때문에 특히 마음 저 깊은 곳 어딘가에서 비언어적으로 자극받고 있다.

이런 최면 상태에 이르게 되면 나는 분명히 알게 된다. 내담자가 문자 그대로 사진 속으로 들어가서 마치 사진이 실제이고 자신이 그 속에서 살고 있는 것처럼 느낀다는 것을. 또한 사진 테두리 안에 있는 모든 것이 그들을 둘러싸고 있는 3차원 속에서 지금 바로 여기에 존재하는 것처럼 사진 속 사람들과 이야기를 나누거나 마음으로 장면들 사이를 돌아다니고 있다는 것을. 이러한 '불신의 자발적 정지(suspension of disbelief)' (TV나 영화, 사진 같은 매체를 볼 때 관객이 그것이 사실이 아니라는 원칙적인 불신을 갖고 있으면서도 그 매체의 환상성에 압도당해 자신이 보는 것을 믿게 되는 현상-역자 주)는 어떤 사진치료기법을 사용하든 일어날 수 있지만, 다른 모든 기법의 토대를 이루는 투사적 기법을 활성화할 때 특히 핵심적이다.

저 깊은 곳에 있는 기억과 감정에 대한 의식적 통제에서 벗어나기 때문에 사진치료 작업을 하는 동안 강렬한 감정이 일어나는 일은 아주 빈번하다. 내담자가 정서를 직접 탐색하고자 의식적인 수준에서 적극적 · 공격적으로 정서와 재접촉하려 노력할 때, 이런 과정 자체에 대한 자동 검열 장치가 어느 정도 남아 있게 된다. 이 지점에서 우리는 Wolf(1990)의 다음 언급을 기억할 필요가 있다. 그는 우리가 우리의 가장 원시적인 부분에 도달하기 위해 특히 언어 전 단계, 우리의 경험이 상징적 형태로 응축되어 있는 단계로 자아가 반드시 퇴행하는 경험을 해야 한다고 언급했다.

아이들은 출생 후 한동안 감각을 통한 의사소통(sensory-coded communication)에 의존한다. 논리적 사고가 가능하기 이전인 이 시기는 때로는 일차 과정(primary process: 현실과 상상을 구별하지 못하고 본능이 원하는 대로 행하려는 시기-역자 주)이라고 하는데, 생물학적 요구만이 지배하는 시기다. 언어 형태라는 것 자체가 의미가 없기 때문에, 그 결과 우리 초기의 기억을 이루는 경험과 반응은 언어로 부호화되지 않는다. 도리어 이것은 감각적으로, 비언어적으로, 무의식적으로 직접 흡수되고, 우리 마음속 일부에 저장된 채 남아 있다. 훗날 치료를 받거나 직접적으로 생각을 탐사하게 될 때 여기에 언어적으로 접근하는 것은 매우 어려운데, 애당초 그것을 저장하는 데 언어 범주가 사용되지 않았기 때문이다.

자신의 현실적인 경험을 범주화하는 언어 개념에 대한 인지적 틀을 갖출 때까지 사람은 의식적인 마음이나 자기 반영적인 의식을 가지지 못하며, 그리하여 반응적 상태에서만 살고 있다고 말할 수 있다. 이러한 점은 학대, 두려움, 분노, 공포 등 유아기에 일어난 외상적 기억을 되살리기 위해 절박하게 노력하고 있지만 언어적인 수단으로는 이러한 기억과 접촉할 수 없는 내담자를 돕는 데 아주 중요하다.

치료자는 이러한 노력 없이는 존재하는지조차 알 수 없는 것을 내담자가 의식에 떠올릴 수 있도록 돕고자 노력한다. 보편적인 집단적 원형 이미지(archetypal imagery)와 정서를 반영하는 깊은 심연을 보다 잘 이해하기 위해, 내담자는 의식적 통제와 방어에서 빠져나와 조금 더 자발적으로 움직일 수 있어야 한다. 우리는 자신이 지각했던 어떤 것도 결코 잊지 않는다. 그러나 어떤 기억은 의식적으로 발견할 수 있는 우리의 능력 밖에 저장된다. 이렇듯 기억은 언제나 선택적이다.

게슈탈트 이론은 '통찰력'을 비선형적 · 비인과론적 추론을 통한 하나의 발견이라고 설명한다. 왜냐하면 전에는 서로 영향을 준다고 생각되지 않았던 것 또는 상관이 있다고 생각되지 않았던 것들 사이에 기대치 못했던 근원적인 연결점이 있기 때문이다. 이는 특히 관객과 동질이형(isomorphic)의 방법을 통해 의미와 정서를 직접적으로 의사소통하는 예술의 방식을 정확히 반영하는 것처럼 보인다. 통찰력(insight)이란 단어가 이제는 심리치료에서 반짝하고 지각이 드러나는 순간이나 갑작스러운 인식 패턴을 묘사하기 위해 통용되고 있는 것은 놀라운 일이 아니다. 이것이 바로 내가 '사고(accident)' '지각의 실수', 설명할 수 없는 연결점으로 보이는 것들을 믿기를 좋아하는 이유다. 이런 것들은 허용하기만 하면 반드시 치료적 가치가 있는 어떤 것이 드러나게 되고 카타르시스를 일으킨다. 게슈탈트와 체계이론가들 모두는 동시발생(synchronicity)으로 알려진 이런 종류의 '아하!' 경험을 매우 신뢰한다. 불확실이 종종 나중에는 명백한 것이 되는 가능성을 믿게 되면, 치료자는 내담자의 '진실'을 귀 기울여 듣는 동안 아는 것과 알지 못하는 것을 동시에 받아들일 수 있게 된다. 치료자가 동시 발생적이고 집단적인 원형 경험에 더욱 개방적일수록 내담자에게 이러한 심오한 가능성이 생겨난다는 것을 더 많이 의식할 수 있게 된다.

예를 들어, 나는 투사적 작업을 할 때 내가 찍은 추상적 사진에 반응하는 내담자들을 여러 번 만난 적이 있는데, 상담 내내 사진에 대한 내담자의 여러 가지 반응에 대해 이야기했다. 나는 그들이 내가 의도했던 방식과 다르게 회기 내내 사진을 거꾸로 들고 있다는 사실을 결코 말해 주지 않았다. 그 순간 내담자가 지각하는 현실은 내가 원래 의도했던 것과는 상관없으며, 이는 내담자의 마음을 끌고 내면의 무언가를 자극하기 시작한, 내 사진에 대한 그들 나름의 해석일 뿐인 것이다. 심지어 내담자가 사진을 똑바로 들고 있었다면 사진과 그들의 내면 간에는 어떠한 접촉도 이루어지지 않았을 가능성도 있다.

무의식적으로 스며든 의미와 감정은, 정의하자면 의식적 수준에서는 모르는 것으로 되어 있다. 그것은 자발적으로 부호화되고, 예기치 않을 때 다시 나타난다. 사실상 이런 것은 때로는 무의식 수준에서 드러난다. 예를 들어, 감정이 비언어적 수준에서 떠오르게 되면, 사람은 왜 그런지 알지 못하면서도 단순히 이러한 감정에 반응한다. 이것은 예측되거나 치료 계획에 의해서 이루어질 수 없는 것이다. 그러나 내담자와 치료자 모두 이와 같은 것이 일어날 수 있다는 가능성을 열어 두면 비언어적인 상징적 의사소통의 바로 그 특성, 그리고 무의식적 감정과 기억의 강력한 연결 때문에 이러한 감정은 반드시 다시 일어나게 되어 있다. 이런 작업의 가장 좋은 예로 내담자가 무의식적으로만 알고 있었던 자신의 인생에 대한 정보를 (재)발견할 때 내담자를 지지해 주는 것이다. 해석을 하지 않게 되면 사진을 사용하여 '내면의 풍경'을 구체화하거나(Doughty, 1988), 검사를 통해 그럴듯한 현실로 이러한 감정이 드러나는 것을 촉진시킬 수 있다.

때때로 이러한 되살아나는 기억은 너무도 외상적인 것이어서 의식적으로는 다루어질 수 없다. 이런 것이 너무 급작스럽게 나타나면 자신을 보호하기 위해 그 기억을 다시 묻어 버리고, 잠시나마 표면 위로 떠올랐다는 의식적인 기억조차 사라진다. 예를 들어, 투사적 연습을 하는 동안 한 내담자는 커다란 의자 위에 앉아 있는, 상처받기 쉬운 모습을 한 어린아이의 이미지(〈사진 2-7〉 참조)에 자신이 강하게 끌리는 것을 발견했다. 그 사진은 내가 이웃집 아이를 찍은 것으로, 나는 귀엽다고 생각하여 그 사진을 내 사무실 벽 위에 붙여 있는 사진 더미에 포함시켰던 것이다.

이 내담자는 그녀가 사진을 찍을 때마다 자신이 얼마나 불편한지, 심지어 승진 서류에 필요한 사진을 찍어야 할 때조차도 카메라 앞에 서면 두려움과 불안으로 온몸이 뻣뻣해진다고 지난 몇 주 동안 내게 이야기했다. 내담자가 그 아이의 사진을 꼼꼼히 들여다보았기 때문에, 나는 그녀에게 그 사진과 한동안 이야기를 나누라고 했다. 그녀는 그 아이가 잘 있는지 관심을 표하고, 아이를 안심시키고 편안하게 해 주는 말

사진 2-7

을 계속했다. 사진 속 아이가 마치 위험에 처한 것처럼 믿는 듯 보였기 때문에, 나는 그녀에게 이미지 속으로 '들어가서' 그 아이가 되어 보라고 청했다. 물론 내담자가 실제로 이런 위험을 감수할 용의가 있는지 먼저 확인하는 것이 필요하다. 그녀는 주저하면서도 이에 동의했고, 이해한 대로 마치 자신이 그 아이가 된 것처럼 했다. 그녀는 무의식적으로 그 아이의 자세를 취했다. 그녀가 지금 들어가 있는 정서적 공간을 느낄 수 있도록 처음에는 그녀를 침묵 속에 가만히 앉아 있도록 했다. 그러고 나서는 지금 그녀가 마치 그 아이인 것처럼 그녀에게 질문했다.

"몇 살이니?" 하고 물었다. 그녀는 즉시 "두 살."이라고 대답하였다. "지금 무슨 일이 일어났니?" 나는 계속 질문을 했다. "누군가 내 사진을 찍고 있어요."라고 떨리는 목소리로 그녀가 대답했다. "그것에 대해 좀 더 이야기해 줄래?"라고 청했다. "그는 몸집이 크고 키도 커요. 지금 그의 카메라가 똑바로 나를 향하고 있는데, 나를 해칠 것만 같아요." 그 아이가 된 채 이러한 과정을 계속하면서, 그녀는 자신의 사진을 찍었던 '그 남자'가 너무 무서워서 피하고 싶다는 것을 표현했다. 그 사실을 좀 더 탐색한 다음, 지금 막 일어난 대화에 대한 기억을 현실 속으로 의식적으로 가져올 수 있는지 확인하면서 그녀를 다시 현실로 돌아오게 했다.

같은 팀으로서 우리는 함께 사진이 제시하는 것과 감정 사이에 어떤 연상(association)이 이루어져 있는지를 발견하려고 애썼다. 나는 그녀에게 잠시 동안 그 아이의 감정과 재접촉해 보라고 했고, 그러고 나서 그러한 감정을 느꼈던 적이 그녀의 일생 중 어느 시기인지 기억할 수 있냐고 질문했다. 갑자기 그녀는 어린 시절 그녀가 너무도 귀여워서 달력 모델로 선정된 적이 있었다고 어머니가 이야기해 준 것을 기억해냈다. 그 달력은 우스꽝스러운 표정을 짓고 있는 아이들의 사진으로 채워져 있었고, 각각의 사진마다 어린아이의 얼굴과 함께 익살스러운 자막까지 꾸며져 있었다. 하루는 이런 이상한 표정을 만들어 내기 위해서 사진사들(모두 남성)이 상처가 눈에 띄지 않을 정도로 기저귀나 겨드랑이 근처를 핀으로 찌르고 장난감이나 사탕을 들고 어린아이들의 손이 닿지 않는 거리에서 약 올림으로써 아이들을 신체적 · 정서적으로 학대했다는 사실을 내담자의 어머니가 알게 되었다. 그리하여 그녀는 모델 일을 더 이상 하지 않게 되었다.

따라서 내담자의 초기 기억 속에서 그녀가 말로 표현할 수 있기 훨씬 전부터 아주 부정적인 정서가 카메라라는 시각적 이미지와 연결되어 있었다. 이러한 기억은 너무도 강렬하고 너무도 고통스러워서 서른이 넘어서도 여전히 의식화되지 않았던 것이다. 그녀는 자신 안에 오랫동안 감추어져 있던 정보를 발견하게 되어 아주 좋아했다. 그리고 이제는 아무런 어려움 없이 사진을 찍을 수 있을 것 같다고 내게 말했다. 그녀가 곧 이사를 가야 했기 때문에 우리는 단 한 번의 상담을 더 했을 뿐이다. 그래서 이것이 정말 실제로 가능해졌는지(그녀가 정말 편한 마음으로 사진을 찍을 수 있는지)는 확인할 수 없었다.

2년 후에 그녀와 다시 이야기할 기회가 있어 이 사건에 대해 기억하는지 묻자, 홍미롭게도 그녀는 이전의 사건이나 의자에 앉아 있는 아이의 사진을 가지고 작업했던 일에 대해 아무 기억도 나지 않는다고 했다. 그녀는 몇 년 전보다는 훨씬 좋아졌지만 실제로는 사진 찍는 일이 아직도 편치 않다는 것이다. 우리가 이전의 사진 작업을 했던 일을 내가 자세히 이야기하자 그녀는 깜짝 놀라는 것 같았다. 그녀는 이런 일이 의식적으로 떠오르는 것을 다시 한 번 억압하고 있는 것처럼 보였다. 그녀가 왜 그러한 행동을 하는지 알려면 몇 회기 상담이 더 필요한 것 같았다. 그리고 그렇게 할 기회가 없었기 때문에 이 일화는 미완성인 채 남겨져 있다. 그러나 이 사례는 어떤 지지 없이 의식의 표면에 떠오르게 되면 너무나도 혼란스러울 어떤 일로부터 우리를 보호하는 무의식의 힘을 잘 보여 준다.

PhotoTherapy

CHAPTER

03

투사적 과정

내담자의 지각, 가치관, 기대를
살펴보기 위한 이미지의 활용

Techniques

The Projective Process

어떤 사진이든 선별적으로 구성된 정보를 보여 준다. 사람들은 사진을 보았을 때 사진에 담겨 있는 드러난 메시지와 암시적인 메시지 모두에 반응한다. 또한 명백하거나 함축적인 의미, 의도, 감정 모두에 반응한다. 이미 밝혔듯이, 사진 속 상징을 풀이하는 데 필요한 단서는 결코 간단하지 않다. 만일 누군가가 주어진 사진에서 의미를 찾았다면 그 사람이 찾은 의미와 다른 사람이 찾은 의미는 절대로 동일하지 않다. 이러한 제한 때문에 사진은 무의식적인 감정과 생각, 기억, 개인적 가치, 깊게 자리 잡은 믿음 등에 접근할 수 있는 치료적인 도구가 된다.

사진을 볼 때, 보는 사람들은 연상을 하게 되고 감정을 느끼게 된다. 그리고 각각의 사람은 사진 안에 있는 고유한 현실을 보게 된다. 따라서 어떤 사진이라도 수많은 의미를 동시에 담고 있을 수 있다. 각각의 사진은 사진으로 초대하는 문과 보는 사람의 마음의 문 모두를 가지고 있다. 투사와 상상을 통해 내담자는 그들이 지금 보고 있는 것을 만들어 낸다. 이를 통해 내담자는 자신이 주의를 기울인 이미지를 외재화할 수 있게 된다. 즉, 자신의 내적 이미지를 실제로 보고 만질 수 있게 되는 것이다.

실질적 경험이 이러한 개념을 이해하는 데 가장 좋은 방법이 될 것이다. 따라서 〈사진 3-1〉부터 〈사진 3-4〉까지를 지금 보길 바란다. 그러고 나서 후속 질문을 통해 자신의 관찰과 반응을 살펴보라. 이들 질문은 내가 치료 상황에서 잘 사용했던 질문들이다. 이 장의 후반부에서 당신은 이 질문들이 어떤 치료 상황에서 뽑아낸 것인지 알 수 있게 될 것이다. 당신은 자신의 지각이 타인의 지각과 어떻게 다른지 비교할 수 있을 것이고, 사진을 보는 사람의 배경과 선택적인 시각에 따라 어떻게 의미가 변하는지 알게 될 것이다.

이 네 장의 사진들을 볼 때, 당신은 아마도 사진들을 이해하고 그것들이 어떤 것에 관한 것인지, 내가 왜 그 사진들을 선택했는지 알아내고자 노력했을 것이다. 또는 당신의 마음이 본능적으로 자유연상과정을 거침에 따라 사진에 대해 어떤 감정을 느꼈을지도 모른다. 사진들을 가려 보라. 그리고 각각의 사진을 당신의 머릿속에서 재구성해 보라. 사진을 다시 보지 말고, 각각의 사진을 다른 사람에게 묘사하기 위해 어

CHAPTER

사진 3-1

사진 3-2

사진 3-3

사진 3-4

떤 말을 할 것인지 혹은 어떤 행동을 할 것인지 곰곰이 생각해 보라. 그리고 나서 실제 사진을 다시 보고 당신의 기억과 진짜 사진의 내용을 비교해 보라. 사진의 실제 내용과 당신이 기억하는 구체적인 사항들 사이에는 어떤 차이가 있는가?

당신이 찾아낸 의미와 당신이 느낀 감정은 단지 당신만의 지각일 수도 있다. 그리고 당신의 의미와 감정은 사진을 찍은 나의 의도(당신으로서는 알아낼 방법이 없었던)와도 다를지 모른다. 당신이 찾아낸 의미는 당신이 사진에 반응할 때 당신의 내면에서 기인한 것이다. 사진이나 일상생활의 어떤 부분에 반응할 때, 우리는 정보의 모든 구성요소를 동시에 받아들인다. 그리고 무의식적으로 어떤 것에 주의를 두고 기억할지 선택한다. 이러한 선택들은 우리에게 중요한 것에 대해서 살펴보고 우선순위를 매기는 내부의 가치 구조를 드러낸다. 그 결과, 선택은 우리가 우리 스스로와 타자를 측정하고 평가하는 데 사용하는 행동, 기대, 삶의 규칙 등에 영향을 미친다.

네 장의 사진 중 특별히 끌렸던 한 장이 있는가? 당신 집 벽에 걸고 싶은 사진이 있는가? 당신이 가장 좋아하는 장소라든가 당신이 알고 있는 누군가를 생각나게 한 사진이 있는가? 각각의 사진이 더 깊이 있고 더 큰 맥락을 구성할 수 있도록 사진에 대해서 더 구체적인 것들을 생각해 낼 수 있는가? 네 장의 사진 모두를 연결하는 이야기를 생각해 낼 수 있는가? 혹은 이 사진과 함께 둘 수 있는 다른 이미지를 상상해 볼 수 있는가?

당신은 당신이 본 사진들이 모두 백인 여성이었다는 것을 알아챘는가? 만약 당신이 백인 여성이라면 아마 이 사실을 모르고 지나쳤을 것이다. 그러나 당신이 타 민족 또는 타 인종에 속한다면 아마 이 사진에 백인들만 있다는 것을 알아챘을 것이다. 당신은 사진에 성인 남자와 소년들이 없다는 것도 알았을지 모른다. 이와 같은 부재에 의해 드러나는 의미(significance-by-absence)는 전통적으로 남성 중심 사회에서 자란 여성들에게 종종 나타난다.

최근 변화가 일어나고 있는데, 그전까지 여성이란 일반적으로 개인으로서 인정받지 못하는 존재로 취급되었다. 여성들은 남성 대명사에 속해 있었고(예를 들면, 여성을 포함한 모든 인간을 man이라 하는 것 등—역자 주) 대중매체에 의해 조정당하는 존재로 등장하였다. 다른 소수의 사람들도 주류사회의 변두리에서(그리고 주류의 사진에서) 위와 유사한 배제를 경험하였을 것이다. 상담자들은 반드시 이러한 배제(혹은 부재)에 대해 알아채고 있어야 한다.

이 기법은 어떻게 작동하는가 HOW THIS TECHNIQUE WORKS

투사적 사진치료(projective PhotoTherapy)기법은 사진에 원래부터 담겨져 있다고 믿는 의미와 정서를 연상해 보고 그 구성을 탐색하면서 이미지로부터 감정적인 내용을 투사(projecting)하고 풀이(de-coding)하며 해체(de-constructing)하는 과정에서 발생하는 모든 능동적이고 수동적인 면을 포함한다. 이는 내담자가 자신의 사진이든 앨범이든, 혹은 자화상, 치료사의 사진, 매체에서 가져온 사진이든 무엇을 보든지 일어나는 진실이다.

CHAPTER

사진 속에서 현실을 보는 것(Looking for the Realities in a Photo)

내담자가 스스로의 삶에서 중요하다고 여기거나 관계있다고 여기는 이야기에 주의를 기울이는 일은 분명 치료에 유용하다. 그러나 나는 내담자들이 왜 그러한 것들에 대해 이야기하고, 왜 그러한 것을 나에게 보여 주는지에 대해서도 똑같이 흥미롭다. 왜 이것을, 왜 이 장소에서, 왜 이 순간에 이야기하는 것일까? 왜 그들은 이러한 연관성을 만드는 것일까? 그들은 어떻게 한 가지 특별한 이야기에서 다음의 특별한 이야기로 넘어가게 되고, 왜 그렇게 하는 것일까? 이러한 탐색이 의식화될 만큼 깊게 되었을 때, 어떻게 해서 그것에 대해 알게 되었는지 모르지만 그럼에도 그것이 진실이라는 것을 확신하는 그 지점에 내담자가 이르게 되면, 이 흔들리지 않는 확신은 그들 자신을 있게 한 부모의 양육과 문화의 일부분으로 존재하는, 비언어적으로 흡수된 내면 가치의 핵심에 도달했음을 의미한다. 이 내적이고 무의식적인 가치체계는 내담자 자신과 타인에 대한 모든 일상적인 결정, 의견, 판단의 기초가 된다. 이러한 것들은 내담자들의 삶에 있어서 '해야만 하는 것' '하는 것이 당연한 것' 으로, 내담자가 자신과 외부 세계 간의 일상적인 소통을 하는 데 거름망 역할을 한다.

이미 설명했듯이, 내가 치료 시 사진을 이용하는 일은 내 사진에 대한 타인들의 반응과 내 사진에 대해 나 자신이 반응했던(혹은 타인이 반응하기를 기대했던) 방식이 아주 다르다는 것을 깨달으면서 시작되었다. 나는 사무실에 걸어 놓은 일상적인 사진들 속에서 (내담자와의 질의응답만으로는 발견할 수 없었던) 내담자의 깊은 무의식이나 감정을 공유하는 단서를 발견하기 시작했다. 대기실 벽에 몇 십 장의 사진을 거는 일이 당연하게 되었다. 그리고 적극적으로 그 사진들을 내담자가 호소하는 생각과 감정을 탐색하고 토론하는 소재로 사용했다.

예를 들면, 나는 한 가정의 가장인 아버지와 그의 십대 딸들을 다루는 어려움을 이야기하고 있었다. 그는 〈사진 3-1〉에서 문신을 새긴 소녀를 보고는 "저것 좀 봐!"라고 말했고, 부인은 "뭐요?"라며 대화가 이어졌다.

"저 나이의 처녀가 사람들 앞에서 저렇게 바지를 내리고 있잖소. 저 여자는 창피한 줄 알아야 해." "맙소사. 여자는 단지 문신을 보여 주고 있는 거예요." "문신은 그 자체로 점잖지 못한 거요. 우리 딸들은 저렇게 못하도록 해야지." "여보, 저 여자는 수영복 입었을 때보다도 덜 벗었어요. 내가 수영복 입은 것보다 덜 벗었고, 당신이 수영복 입은 것보다 덜 벗은 거예요!" "그건 그렇지만, 그나저나 그건 다른 거요!"

이제 우리는 우리가 사진 속 여자에 대해 이야기하고 있지 않다는 점이 명백해졌다. 대신에 여자로 태어난 것의 취약성, 부모의 기대, 특히 아버지가 생각하는 딸의 성 정체성에 대한 태도 등 더 깊은 문제들을 다룰 수 있게 되었다. '사진 속 여자가 당신의 딸이라면 어떤 점이 바뀌어야 할지'를 질문하거나 '사진 속 여자의 아버지가 자신의 딸에게 무엇을 말할지' 질문해 보는 것을 통해 이 가족의 가치관과 비언어적인 의사소통의 체계를 탐색하는 치료가 이미 시작된 것이나 다름없었다.

만일 사진 속 여자가 진짜 내담자의 실제 딸 중 한 명이었다면, 우리는 그녀와 함께 역할극을 해 봄으로써 아버지의 비난을 듣는 데만 익숙해진 딸로 하여금 얼마나 아버지가 딸을 걱정하는지, 아버지에 대해 탐색하고 연습하고 시연했을지도 모른다. 만일 아버지가 십대 시절의 사진을 가져왔다면 그 사진들을 통해 자신의 십대 시절 부모가 얼마나 구식으로 보였는지 기억해 내는 데 도움을 줄 수도 있다. 이러한 모든 치료적 가능성이 종종 벽에 걸린 사진에 대해 '단지 수다를 떠는 것'에서 시작된다.

나는 내담자들이 삶에서 겪는 정서적 어려움뿐 아니라 어떻게 서로 다른 상황이 서로 다른 결과를 낳는지 배우는 것에도 흥미가 있다. 탐색에서 드러나는 개인적인 반응들은 대부분 언어를 뛰어넘는 수준의 인식과 변화를 수반한다. 그리고 사진은 잠재적 현실을 재현하는 매우 유용한 도구다. 무엇을 바꿀지 개념화하는 것—지금보다 더 낫게 혹은 더 나쁘게 만들거나 정서적으로 덜 얽매일 수 있도록—은 내담자로 하여금 삶에는 여러 대안이 가능하다는 것과 진리는 그것이 발화된 맥락과 지각자에 따라 상대적이라는 사실을 은유적으로 깨닫도록 만든다. 또한 내담자로 하여금 그들이 실질적으로 변화하기 전에 마음으로 변화를 시작하고, 그 결과를 안전하게 탐색할 자유를 가지고 있다는 사실을 깨닫도록 만든다.

사람들은 마음속 깊이 무엇을 바꾸어야 하는지 알고 있다. 그러나 그 생각을 말로 표현하는 것은 매우 어렵다. 일단 마음속에 있는 생각이 말로 표현되면, 마음에 있던 것들을 의식적으로 생각해 보고 다룰 수 있게 된다. 그러나 그것은 변화의 의지에 직접적으로 영향을 미쳤던 생생한 힘이 사라짐을 의미한다.

일단 무언가가 의식적인 관점으로 '나오게' 되면, 그것은 더 이상 안전하게 보호될 수 없다(따라서 피할 수 없다). 이에 대해 아무것도 할 수 없는 무기력한 상태에 놓이게 되는 것은 더욱 어려운 일이다. 바로 이러한 이유 때문에 가장 정서적인 문제는 보통 내담자의 무의식에 깊이 뿌리박힌 채 보호된다. 때로 그러한 정서는 너무 막강해서 그것에 휩쓸려 보지 않고는 그 문제를 다룰 수 없는 경우도 있다. 다른 경우에는 무의식적 정서가 그냥 남아 있기도 하는데, 이는 아예 다루지 않는 것이 더 편안하기 때문이다. 두 경우 모두 내담자는 '바꿀 수 있는 일이 없다.'며 변명을 고수한다.

만일 인생이 내부의 불일치 때문에 갈등을 겪는다면 문제는 저절로 드러나게 될 것이다. 이는 치료 시 의식적으로 문제가 '드러나는' 것과는 대조적이다. 만일 무의식적으로 억압되고 있었던 무언가가 나오게 된다면, 그것은 의식화될 때까지 정서적으로나 언어를 뛰어넘어서 반복적으로 나타나게 된다. 2장에서 등장한 학대당한 여인(그녀를 찍어 주었던 사람에 의해)의 묻혀 있던 기억이 그 예에 속한다. 내면으로부터 나오는 정서적인 메시지는 상징적인 형태를 지니고 있다. 마치 당신이 자신의 삶이나 예술품에 반복되는 패턴이 있다는 것을 인식하게 되는 것처럼 말이다. 그러나 이것은 내면을 드러내고 싶다는 욕구들에 의해 그 시각적 패턴이 명백하게 드러날 때에만 가능한 일이다.

그 예로 이 장 처음에 제시한 하얀 얼굴의 마임배우의 사진(〈사진 3-2〉)에 대해 부정적인 반응을 강하게 나타냈던 내담자를 들 수 있다. 그는 몇 주 전 아들을 서커스에 데리고 갔는데 하얀 얼굴의 광대가 나왔을 때 어떤 이유에서인지 그 자리를 떠나야만 했다. 그는 이 현상을 단지 폐소 공포증 때문이라고 생각했다. 그러나 서커스 관람을 못한 그의 아들이 크게 실망하자 큰 아픔을 느꼈다. 우리는 그 사건에 대해 탐색해 보았다. 그는 벽에 있는 '새로운' 사진 역시 그에게 같은 작용을 일으킨다고 밝혔다. 그는 두려움을 느꼈고, 도망가고 싶은 감정을 느꼈다. 나는 그 사진이 그가 전에 두 번이나 '슬프고' '무서운' 이라고 이야기했던 바로 그 사진임을 깨달았다. 그러나 그는 그 사진을 이미 본 적이 있다는 것을 기억하지 못했고 새로운 것으로 받아들였다.

그는 계속해서 말을 이어 나갔다. "이 사진은 정말 내 눈을 사로잡아요. 내가 베트남에 있던 때로 되돌아가게 만들어요. 나는 슬픔과 너덜너덜해지는 감정의 파도를 이겨냈지요. 그녀는 짙게 화장한 매춘부로, 상처에 의해 찢겨지고 피로 얼룩진 절망을 끝없이 이겨내고 참는 여자예요. 더 이상 그녀에게는 눈물이 남아 있지 않아요. 아무도 그녀를 원하지 않아서 눈물이 다 말라 버렸어요. 그녀가 들고 있는 담배가 특히 내 시선을 끄네요. 그것은 군인들 사이에서 통용되는 것이죠. 저 담배를 보니 울 것 같아요." 이러한 생각들이 더욱 의식화되자, 그는 갑자기 두 달 전에 그의 아이들이 할로윈 복장을 고르려 했을 때 그가 '비이성적으로' 아이들 얼굴에 그림을 그리지 못하게 했던 일을 기억해 냈다. 그러고 나서 그는 갑자기 그것을 석회가루로 뒤범벅이 된 아이들의 시체와 연결시켰다. 그는 그 베트남 마을을 파괴하는 데 일조를 했다. 수많은 시도 끝에 마침내 그 의미가 완전히 드러났다. 반복된 노력 끝에 그때까지 미처 발견하지 못했던 패턴들이 명백히 드러나게 되었다.

때때로 어떤 문제가 의식화되면 내담자는 이미 개인 사진 속에서는 너무 분명히도 드러나 있었지만 전에는 결코 그 중요성을 알아채지 못했던 어려움의 신호를 발견하게 된다. 나는 “어떤 이야기가 저 사람들에게 있다는 것을 알아요.”라든지 “저 나무에는 내게 의미 있는 무언가가 있어요. 그리고 저 사진이 왜 그토록 나를 끌어당기는지 궁금해요.”라는 등의 이야기를 듣는다. 다음의 예도 그러하다. 내담자는 ‘인물 사진’을 찍기 좋아하는 아마추어 사진작가였다. 이혼을 결정하고 난 몇 달 후, 그녀는 2년 전부터 자신이 찍은 사진 중에 커플 사진이 없다는 것을 깨달았다. 이러한 종류의 발견은 카메라와 사진과 사람들의 소통 간의 투사적 성질을 반영한다.

아이가 고양이를 안고 있는 사진(〈사진 3-3〉)에 대한 젊은 커플의 반응은 어떻게 사진을 통해 유년기 삶이 자신들의 결혼생활에 영향을 미쳤는지 의식화함으로써 문제를 해결한 또 다른 예에 속한다.

막 결혼한 젊은 부부가 ‘일이 제대로 돌아가지 않는’ 문제를 상담하기 위해 나를 찾아왔다. 부인은 불행해했고 실망을 느끼고 있었다. 그리고 그녀의 슬픔을 남편에게 들키지 않기 위해 노력했음에도 불구하고 그것이 그들의 모든 의사소통에 영향을 끼치고 있었다. 남편은 스트레스를 더 많이 받는 직업으로 이제 막 승진했고, 밤늦게 지쳐서 들어왔다. 그럼에도 부인은 그런 남편에게 기대하는 것이 있었고, 그가 해 주었으면 하는 일들이 있었다. 사실 남편은 회사와 아내의 요구에 매우 지쳐 있었다. 그리고 감정을 잘 드러내지 않는 집안의 외아들인 남편은 아내와 겪는 문제가 어디부터 시작되었는지 도통 그 근본을 찾을 수가 없었다. 개인적으로 그 문제에 대해 얼마나 오랫동안 고민했는가와 상관없이 말이다. 부인이 늘 하던 버릇대로 친정어머니와 함께 이야기해 볼 것을 제안했고, 그는 어떻게 개인적인 일을 부모와 이야기 할 수 있냐며 그 의견을 무시했다. 그 결과, 부인은 더욱 소외감을 느끼게 되었다.

첫 번째 회기 전 로비에서 기다리며 이런저런 이야기를 나누는 동안, 부인은 아이가 고양이를 안고 있는 사진을 발견하고는 매우 좋아하며 말했다. “얼마나 사랑스럽고 다정한 포옹인지. 정말 가정적이고 따뜻하고 편안하네요. 아이와 고양이 모두 행복해 보여요. 마치 만족감을 표현하고 있는 것처럼.” 남편은 다소 흥분하며 대답했다. “맙소사, 저 여자 아이는 저 불쌍한 고양이를 질식하게 만들고 있어! 숨도 못 쉴 것 같군. 어떻게 당신은 저걸 사랑이라고 표현할 수 있지? 저건 완벽한 질식이야! 만약 저 아이가 놔준다면 고양이는 재빨리 도망갈걸. 만일 저 아이가 고양이가 올 때마다 저렇게 한다면 고양이는 절대 가까이에 오지 않을 거야. 고양이를 가까이 두고 싶다면 저 아이는 지금처럼 잡고 있지 말고 고양이가 다가올 때까지 인내심을 가지고 기다려야 할걸!"

부인은 사진에 대한 남편의 반응에 깜짝 놀라 쳐다보았다. 그리고 우리는 재빨리 이 사건을 그들의 문제에 대한 비유로 사용하기 시작했다. 그 결과 남편이 집에 돌아왔을 때 매일 밤 혼자 있을 시간이 필요하며, 일에서 가정으로 모드를 전환할 필요가 있다는 것이 드러났다. 대조적으로 부인은 하루 종일 집에 혼자 있으면서 남편의 귀가를 애타게 기다렸다. 남편이 문을 열고 들어오는 순간부터 부인은 그에게 '사랑한다' 며 매달렸고, 그가 가는 곳마다 쫓아다니며 그를 혼자 두지 않았다. 남편과 함께 있다는 사실만으로도 너무나 기뻤기 때문이었다. 부인은 남편이 일에 너무 관심을 쏟는 것에 질투를 느끼고 있다는 점을 인정했다. 집을 떠난 후 10년 동안 누군가와 살아 본 적이 없는 남편은 질식할 것 같다고 느꼈지만 아내를 사랑하지 않는 건 아니었다. 그는 단지 혼자 있을 규칙적인 시간이 필요하다고 해명했다. 부인에게는 비록 낯선 일이지만, 그녀는 그 후 일주일 동안 남편이 집에 돌아온 후 30분 동안 혼자 있을 시간을 주도록 노력하겠다고 말했다('집착을 덜 하고' '숨 쉴 수 있는 공간' 을 주기 위해서). 부인으로서는 이것이 매우 이상하다고 느끼면서도 말이다. 이 일은 매우 잘 되었고, 그들은 마침내 이를 문제 상황에서 서로가 다르게 지각하는 감정을 공유하는 기회로 삼기 시작했다.

따라서 사진을 촉매제로 사용하는 것은 단지 상상이나 사색만으로는 충분하지 않았던 다른 방법으로 내담자를 도와준다. 사진의 사용은 상담자와 내담자 모두로 하여금 상대적으로 내담자의 방어의 밖에 존재하는 이미지에 집중하도록 한다. 그 결과 사진 탐색은 직접적인 질문이나 도전에 비해 훨씬 더 많은 질문을 허용하게 된다. 그러나 내가 이 부부와 함께 고양이와 아이의 사진을 보지 않았다면, 나는 정서적인 메시지가 인식되고 해결될 때까지 계속해서 그들의 문제가 어떤 식으로든 반복적으로 나타났을 것이라고 믿는다(예를 들면, 앨범 속 사진을 다시 본다거나 다른 누군가의 카메라 앞에서 함께 포즈를 취하고 있을 때).

투사적 사진치료는 다양한 단계의 은유적 과정을 거친다. 투사기법으로서의 자유연상은 비록 의식적으로 느낄 필요까지는 없지만 그 근본적인 연결성이 있다는 것을 지각하고 있기 때문에 작동되는 것이다. 얼마나 자주 이전의 의식되지 않은 패턴을 통해 중요한 것들이 드러나는지는 이미 언급하였다. 다른 사람이 찍은 사진을 신중하게 탐색하는 것 역시 그 같은 패턴을 종종 드러나게 해 주는데, 그 예는 다음과 같다.

어머니와 딸(성인이 된)이 한 여인이 호스를 들고 울타리에 기대 있는 사진(102쪽 〈사진 3-4〉 참조)을 보았다. 그들은 자신들이 보고 있는 여성의 직업에 대한 인식, 성 역할, 일반적인 기대들에 대해서 서로 다른 의견을 가지고 있음을 알게 되었다. 사진 속의 여인이 어떻게 느끼고 있는지에 대해 이야기했을 때, 어머니는 "사진 속 여자는 매우 편안하고 평화로워 보이는군요. 아이들은 학교에 가 있고, 남편은 직장에 있고, 집안일은 끝났고, 사진 속 여인은 다른 가족들이 돌아오기를 기다리는 동안 자신만의 시간을 마침내 얻게 된 거예요."라고 대답했다.

딸은 "사진 속 여자는 정말이지 따분해 보이는 인간이에요! 저 자세를 좀 봐요. 그리고 푹 숙인 고개도. 담배 피고 아마 마약도 할 거예요. 진정제 때문에 흐릿한 상태에서 살고 있겠죠. 아무것도 하지 않고 아무것도 기대하지 않는 공허하고 무기력한 존재. 단지 똑같은 일상의 나날이 거듭되겠죠. 그녀가 심하게 우울하다고 해도 놀랄 게 없어요."라고 대답했다. 그들의 대화는 이 사진이 그들 내부의 가치체계와 기대에 대해 무엇을 의미하는지 거듭 생각하게 하면서 계속 이어졌다. 대화는 더 나아가 모성의 역할에까지 이르렀다. 어머니의 역할을 하는 것은 지금 딸에게 중요한 문제로, 딸은 이제 막 유치원에 입학한 아이의 어머니이며 최근에 직장에 복귀하면서 어머니의 반대에 부딪혔기 때문이었다.

자신에 대한 표상으로서의 사진
(Photos as Representations of Ourselves to Ourselves)

사진과 소통할 때마다(혼자 보든지, 다른 사람에게 사진에 대해 말해 주든지, 다른 사람과 함께 이야기하든지 간에) 우리는 그 과정 자체에서 만들어지는 의미를 찾게 된다. 이것은 오래된 건물 벽의 깨진 창문이 찍힌 사진(〈사진 3-5〉)을 본 어느 여성의 반응에서도 잘 드러난다.

사진 3-5

여성은 그 창문을 자신의 자화상과 동등한 것으로 여기면서 "이건 정말 저예요. 제 외부는 갈가리 찢어졌고 제 장식은 다 벗겨졌죠. 제 창문 중의 일부는 부서졌어요. 그래서 저는 바람이나 비로부터 더 이상 보호받지를 못해요. 저를 볼 때 당신이 보는 것은 제 외면, 합판, 유리로, 그것들은 제 겉면이나 다름없지요. 당신이 저에 대해서 더 잘 알기 위해서 들여다보는 창문도 단지 누가 보고 있는지를 알려 주는 것일 뿐이지요. 저 안에 있는 진짜 저는 유리가 부서진 후에 더 깊고 어두운 그림자 안에 있어 더 이상 보이지 않아요. 저를 오랫동안 보호해 주던 유리가 산산조각 난 건 정말 고통스러워요. 이제 그 유리는 장애물일 뿐이죠. 사람들이 다가올 수 없게 해요. 난 이제 정말 나가고 싶어요."라고 말했다.

나는 그 사진을 인화하여 그녀에게 주었다. 그리고 사진의 네 개의 창 유리를 잘라내서 실제로 사진에 구멍을 냈다. 내가 그녀에게 내준 과제는 스스로 사진을 찍어 구멍 난 것들을 채우는 것이었다. 그리고 그 사진들은 그녀가 이 상태를 벗어날 수 있다고 느끼는 것이어야 했다. 그녀는 내 사무실에서 즉시 인화할 수 있는 필름을 이용해 한 장의 사진을 찍었다. 그러고는 집으로 돌아가 남은 세 장의 사진을 찍었다. 계획을 세우고 이전에 찍었던 사진을 인화할 필요가 있었기 때문이었다.

그녀는 자신이 완성한 콜라주 작품을 찍어 달라고 부탁했고 그 사진을 포스터 크기로 확대하였다. 그녀는 그 사진을 매일 아침 볼 수 있도록 침실 방에 걸어 두었다. 그 사진은 그녀 자신의 성장을 위한 일종의 부적이 되었다. 그리고 그녀는 그것에 대해 더 이상의 설명이 필요 없음을 느꼈다. 그러나 자신의 이야기를 남편에게 말하자, 남편은 남편의 관점에서 아내의 변화를 볼 수 있도록 그녀가 콜라주 작품과 '함께 있는' 사진을 찍을 것을 권했다. 그녀는 남편의 제안을 수락했고, 그들은 그들의 관계에 대해 더 깊이 있고 가치 있는 대화를 나누는 시간을 가졌다.

많은 예술치료자들은 집 그림이 그린 이의 가족생활을 상징하는 것으로 여긴다. 특히 그들의 정서적이고 물리적인 유년의 환경을 뜻한다고 생각한다. 나는 이와 같은 가능성들을 위의 내담자와 몇 번에 걸친 토론을 통해 탐색해 보았다. 일반적인 몇몇 질문을 통해 전통적인 원형적 심상들이 유도되었고, 이런 원형을 통해 그녀 자신만의 개인적인 관점이 드러나게 되었다.

투사기법은 내담자가 사진 더미나 잡지에서 자신을 잘 드러낸다고 생각하는 것이나 상징해 주는 것들을 선택해 자화상을 만들 때도 작동한다. 이러한 사진들은 굳이 인물 사진이 아니어도 된다. 사실 내담자들은 종종 나무, 꽃, 동물과 같은 자연 대상에서부터 보트, 햄버거, 흔들의자 등에 이르기까지 무생물을 선택하는 경우가 있다. 왜 특정 사진이 '나를 상징하는지'에 대한 설명은 자기 지각(self-perception)에 대해 유용한 정보를 주기도 한다. 예를 들어서, 내담자가 스스로를 빗대어 표현한 자화상과 함께 찍은 사진은 과제만으로는 드러나지 않았던 상징적인 자기 지각에 대한 정보를 줄 수도 있다.

그 예가 바로 자신을 비유하고 있는 자화상으로 〈사진 3-6〉을 꼽은 한 여성의 경우다. 선택할 수 있는 수십 장의 사진들—자연환경이나 정물 혹은 건물과 함께 있는 사람들 사진, 혹은 관념적인 '사람들의 사진들'—이 있었음에도 불구하고, 그녀는 그 모든 사진을 훑어본 후에 이 사진을 뽑았다. 많은 예술치료자들은 나무 심상이 자아나 내담자의 개인적이고 정서적인 과거를 상징한다고 생각한다. 대부분의 내담자들은 투사적 사진치료를 할 때 이 점을 알지 못한다. 그러나 사람들이 사진을 직접 찍거나 사진을 고를 때 나무를 스스로에 대한 표상으로 여기는 것은 드문 일이 아니다. 비록 무의식적 선호도에 의해 선택은 일어났지만, 내면의 연결이 적절할 때 어떻게 잠재된 원형적 이미지가 외부로 드러나는지를 다음의 예는 확연히 보여 주었다.

그녀는 말했다. "이것은 저를 상징하는 자화상이에요. 전 제 가족을 단단히 잡고 있는 나무이지요. 제 뿌리는 매우 깊고 단단히 박혀 있어요. 그 어떤 것도 우리를 쓰러뜨릴 수 없죠. 저는 모든 것을 잡을 수 있는 단단한 줄기와 가지를 가지고 있어요. 제 아이들은 그러한 가지예요. 아니, 아이들은 나뭇가지에 앉아 있기도 하고, 어린 새처럼 세상을 탐험하기 위해 모험을 하기도 해요. 그러나 항상 양육과 지원을 받기 위해 집으로 돌아오죠. 저는 땅으로부터 에너지를 얻어 아이들이 사용할 수 있도록 나누어 줘요. 저는 어디에도 갈 필요가 없어요. 제가 원하는 모든 것은 바로 여기에 이미 있거든요."

이 말을 들으면서 나는 그녀가 15년 동안 함께 살아왔으면서도(그녀가 이미 말했듯이 행복하게) 언급하지 않는 남편에 대해 관심을 두게 되었다. 바람에 밀려 쓰러지든

CHAPTER

사진 3-6

패이든 나무가 잘리는 일은 없다고 했으므로, 나는 그녀가 새들이 더 이상 찾아오지 않아도 그곳에 영원히 뿌리를 내린 채로 머물기를 원하는지 의문이 생겼다. 만일 다른 가족들과 함께 있지 않다면 그녀는 어떤 모습일까? 그녀가 다른 사람이 될 수 있다거나 다른 곳에 있을 수 있다면, 그 선택사항은 그녀에게 있어서 매력적인 것일까 혹은 원하지 않는 것일까? 그녀는 정말 나무로서 '그녀가 있는 곳' 에 있는 것을 좋아하는 것일까? 만일 그녀가 정말 그걸 원한다면 그것도 물론 괜찮은 일이지만, 나는 그 점에 대해 탐색이 더 필요하다고 생각했다. 그래서 그녀의 폴라로이드 사진을 나무 줄기 아래에 있는 사람의 얼굴 위에 겹쳐 두고 그녀 아이들의 사진은 그녀가 사진에서 본 것처럼 나뭇가지 위에 두었다(실제로 나는 어떤 나뭇가지도 그 사진에서 보지 못했다). 나는 그녀가 이를 어떻게 느낄지 알고 싶었다. 그녀는 그 실험을 즐겼다고 말했지만 여전히 뭔가 잘 풀리지 않는 것처럼 보였다.

나는 원래 사진 속에 있던 사람의 얼굴 위에 겹쳐져 있던 그녀의 사진을 떼어 나무 줄기 아래로 옮길 것을 제안했다. 그러자 그녀는 즉시 이게 더 낫다고 말했고, 이제 그녀의 '자화상' 이 완성되었다. 나는 그 콜라주 작품을 다시 찍어서 큰 인쇄용지 위에 올려두었다. 나는 나무를 담고 있는 더 큰 장면을 가정해 보라고 부탁했다. 그리고 전체 종이를 다 채워 볼 것을 제안했다. 눈에 들어온 것은 나무 꼭대기, 마치 숲의 한 장면인 것 같은 다른 나무들, 그리고 다른 구체적인 것들이었다. 치료 차원에서 나의 관심을 끌었던 것은 그림의 아래 부분이 여전히 빈칸으로 남아 있었다는 것이다. 뿌리가 그려지지 않았기 때문에 뿌리의 부재는 그녀가 꿈꾸는 아내와 어머니로서의 역할을 완전히 수행하기 위한 안정감과 헌신, 욕망 등의 문제에 대해 치료를 시작해야 함을 의미했다.

또한 나는 그녀가 계속해서 자신의 사진에 대한 설명이나 대화에서 남편을 포함시키지 않는 것에 대해서도 궁금했다. 그가 벌목꾼이기 때문에 집에 거의 있지 않다는 것을 믿기에는 이야기가 너무 잘 정리되어 있었다. 이럴 때 상담자들은 논리적으로 너무 간단하거나 연역적인 결론을 내리는 것을 자제해야만 한다. 그러나 내담자의 남편이 일생을 나무를 자르면서 보낸다는 사실은 그들의 관계에 대해 깊게 탐색하기 위해 피할 수 없는 소재였다. 또한 나는 어린 시절 그녀 가족이 숲의 가장자리에 있는 조그만 마을에서 살았고, 빈번히 숲에 가는 소풍을 즐겼다는 것을 알았을 때 다시 한 번 놀라게 되었다.

일부 치료자들은 자기 자신에 대한 사진이나 자신의 주변에 대한 사진을 찍거나 모으는 것, 과제를 할당받았을 때 가지고 오는 사진들의 투사요소에 대해서만 더 전문적으로 다루기도 한다. 예를 들어, Ziller와 Lewis(1981)는 내담자에게 각각의 네 가지 주제에 대해서 10장씩의 사진을 찍어올 것을 제안하거나("자신, 자신의 가족, 당신의 과거, 당신의 미래에 대해 묘사하세요."), 밖에 나가서 스스로 흥미를 느끼는 것에 대해 필름 한 통을 다 써 보라고 했고, 또 '당신이 당신 스스로에 대해 어떻게 생각하는지'에 대해 표현하도록 했다. Glass(1991), Krauss, Capizzi, Englehart, Gatti와 Reed(1993), 그리고 다른 이들은 내담자들의 내부 가치체계에 대한 단서를 얻기 위해서 다양한 사진 찍기 과제를 사용하였다. Fryrear(1982, 1983)는 내담자, 특히 청소년 내담자들로 하여금 자화상을 만들 수 있도록 자세를 잡아 보게 하고, 외부 관점에서 보았을 때 무엇이 필름에 드러나는지 탐색을 하는 자기 직면 작업(self-confrontation work)을 수행했다.

Comfort(1985)는 내담자가 인쇄된 매체로부터 사진을 수집할 때 어떤 이미지에 시각적이고 정서적으로 끌리게 되는지가 내담자 스스로를 이해하는 중요한 투사적 초점(significant projective focus)이 될 수 있다고 생각하고 그것을 찾아내는 데 관심을 두었다. 앨범을 보고 말한 내용은 내담자가 어떻게 선택적인 진실을 구성하고 투사하는지에 대한 매우 유용한 정보를 준다. 그래서 Entin(1979, 1980, 1981, 1983)과 같은 일부 상담자들은 사진치료를 기반으로 한 질문(PhotoTherapy-based questions)과 답변을 이끌어 내어 상담하는 데 오직 앨범만을 사용하고, 다른 종류의 이미지는 결코 사용하지 않는다.

시각적 이미지에 대한 다른 접근법(Other Approaches to Visual Images)

앞의 몇 가지 일화들은 내담자들이 대기실 벽에서 본 사진들로부터 비롯된 것이었지만, 나는 투사 작업을 위해서 조금은 덜 형식적인 사진들을 이용하기도 한다. 내 사무실 테이블 위에 평상시 취미로 찍어 둔 사진들을 항상 닿기 쉬운 곳에 둔다. 약 백 장 정도의 사람, 장소, 관념, 건물, 자연 등에 대한 사진이 있다. 이러한 사진들은 본래 내담자들이 그들을 치료하기 위한 인위적인 도구로서가 아니라 그들이 다룰 수 있는 도구, 편안하게 느낄 수 있도록 돕기 위해 준비된 것들이다. 수년 동안 사용되어 다소 찢어지고 더럽혀진 사진들도 있다. 그리고 나는 그것들을 격식을 따지지 않고 다루어야 한다고 생각한다. 나는 보통 몇 피트 떨어진 거리에서 사진들을 책상 위로 던져서 사진들이 그냥 퍼지도록 한다. 이것은 내담자들이 사진들이 단지 일상적으로 편하게 다루어지는 메모지나 카드 게임의 카드와 같은 종이 물체일 뿐이라는 것을 이해하도록 돕는다.

나는 고정된 규칙을 가지고 사진을 탐색하지 않는다. 또한 사진에 관한 질문을 어떻게 시작해야 하는지에 관한 규칙도 없다. 때로는 유용하리라고 생각되는 주제를 정해 내담자들에게 그 주제와 관련될 수 있는 몇 가지의 사진을 선택하도록 요청한다. 때로는 내담자와 함께 8피트의 책상을 덮고 있는 모든 사진을 가지고 작업하기도 한다. 이것은 딱 정해져 있는 사진 더미가 아니다. 만일 새 사진이 유용해 보인다면 그것을 추가한다. 또 어떤 사진이 몇 년 동안 역할을 잘 수행하지 못했다면 그것을 빼 버릴 것이다. 사진 선택에 있어서 유일하게 중요한 조건은 사진 속 주인공과 연관되어 있는 윤리적인 문제다. 나는 특별히 잘 알려진 유명 인사의 사진을 사용하지 않는다. 또한 사진의 주인공들이 쓴 허가서가 없는 한, '공개적인 사진과 사적 사진의 경계선상에 있는 사진(borderline nonpublic images)' 을 포함하지 않는다. (법률적 공개와 비밀보장을 위한 요구사항에 대해 더 알고 싶은 독자들은 나에게 연락하라.)

나는 내담자들에게 사진을 한 장씩 고르라는 요구를 하지 않기도 한다. 대신 묶을 수 있는 사진들끼리 함께 두도록 요구한다. 이 방법은 언어를 뛰어넘는 작업처럼 그 자체가 투사의 역할을 하기도 한다. 특히 내담자가 이미지를 그룹화하거나 분리시킬 때 어떤 정신적인 혹은 정서적인 기준을 사용했는지에 관한 것도 투사적이다.

투사적 사진치료 작업만을 전문으로 하는 치료자들은 한 가지 스타일의 질문이나 한 가지 유형의 이미지에 집중하는 것을 선호할 수도 있다. 예를 들어, Walker(1980, 1982, 1983, 1986)는 추상적이고 흐릿한 천연색 사진을 이용하여 이미지를 기반으로 한 치료(image-based therapy)를 수행했다. 나를 비롯한 다른 사람들은 매우 구체적인 내용의 사진을 좋아한다. 모든 종류의 사진들이 치료적 질문을 위한 대상으로서 사용될 수 있다. 사진들이 꼭 예술적으로 '훌륭한' 것들일 필요는 없다.

나는 종종 그들이 선택한 투사 이미지와 자신들의 앨범이나 자화상, 기억, 환상으로부터의 다른 사진들 사이에 연결고리를 찾아내려고 노력하는 내담자들을 만난다. 그러면 우리는 막 찍은 자화상 사진과 '투사적 사진 더미' 에서 그 자화상에 부합하는 사진을 선택한 후, 둘을 신중하게 살펴봄으로써 사진들을 비교하고 토론하는 과정을 거치기도 한다. 그러나 투사적 사진치료를 한다는 것은 사진을 보고 말하는 것 이상을 담고 있다. 이미지들이 상호작용하는 것 역시 매우 중요할 수 있다.

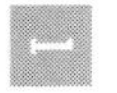

내담자는 어떻게 사진을 제시하는가(How the Client Presents the Photos)

내가 내담자에게 자신의 가족이나 집과 같이 탐색하고 싶은 특정한 주제를 드러내는 사진들을 가지고 오라고 부탁할 때, 내담자들이 얼마나 많은 사진들을 가지고 오고 얼마나 기꺼이 이 일을 하는지에 대해 알아보는 것은 매우 흥미로운 일이다. 내담자들이 자신에 대한 표현으로 나에게 사진을 제시하거나 구조화하는 방법은 특정 장소나 사람에 대한 내면의 정신적인 지도를 반영한다. 선택을 내리지 못하는 것마저도 특정한 상황에서는 의미 있는 것일지도 모른다. 나는 또한 얼마나 빨리 내담자들이 내게 사진을 보여 줄지, 각각의 사진에 대해 길고 복잡한 이야기를 내게 할 것인지, 사진을 묘사할 때 내담자의 목소리 톤과 자세, 얼굴 표정이 어떨지, 어떤 사진이나 사람을 계속해서 내게 많이 말할지 또는 말하지 않고 넘어가길 원하는지 등을 적는다.

앨범을 보여 주면서 내담자들은 말하고 싶지 않은 사람의 사진과 기억해 내거나 이야기하기 고통스러운 사진들에 대해서는 빨리 넘어가려는 일이 빈번하다. 나는 내담자들이 앨범을 미처 열기도 전에 "이 앨범에서 언급할 필요가 없도록 없애고 싶은 사진이 있습니까?" 혹은 "여러분이 오늘 가져온 사진 중에 내가 여러분에게 물어보지 말았으면 하는 사진이 있습니까?"라는 질문을 통해 보상적인 사진치료 작업

(rewarding PhotoTherapy work)을 한 적이 있다. 그러한 사진들에 대해서 이야기할 필요가 없다는 것을 확인한 후, 단지 내가 그들에게 이야기할지 말지에 대한 선택권을 주었다는 이유로 내담자들이 얼마나 자주 언급할 필요가 없다고 생각했던 이미지에 대해 이야기하는가를 지켜보는 것은 참으로 놀랍다.

사진들을 볼 때 연상되는 생각, 기억, 감정들은 보통 제멋대로 일어난다. 그리고 그러한 것들은 이미지 검사 자체보다 치료적으로 더 중요하다. 나는 내가 찍은 사진 더미를 보는 아버지와 아들을 지켜본 적이 있다. 그들은 서로 말을 많이 하지는 않았지만, 나는 그 순간 그들에게서 서로 말이 필요 없는 어떤 공명의 순간을 목격했다. 내가 찍은 평화로운 자연의 한 장면을 함께 응시하고 있다가 아버지가 "엄마라면 이 사진을 참 좋아했을 거야."라고 말하자, 아들은 눈에 눈물이 고여 말을 하지는 못한 채 고개를 끄덕이며 동의를 표했다. 쉰 목소리로 "그래, 이런 걸 볼 때마다 나는 네 엄마가 그리워져."라고 아버지가 말했다. 그들은 눈물을 흘리며 서로를 꽉 껴안았다.

모든 언어는 은유적이다. 심지어 시각적이고 상징적인 언어도 그렇다. 모든 은유는 동시에 다층적이고, 그 은유들을 포괄하는 생각의 스타일이 있다. 더욱이 은유(우화나 신화, 사진과 같은)가 다양한 단계의 의미를 포함하기 때문에 사람들은 은유로부터 그들이 필요하고 원하는 의미를 얻어내거나, 특정한 시간에 이르면 그 의미를 이해할 수 있게 된다. 사람들은 특정 시간에 필요한 의미를 끄집어낼 때 자연스럽게 그들 내부에서 어떤 보호과정을 거치는 것 같다. 그리고 다소 본능적으로 그들이 이해하거나 다룰 수 있는 것보다 더 깊이 있는 것들로부터는 거리를 두고 스스로를 보호하려는 것이 일반적이다.

내담자는 새로운 단계의 발견을 통해 배움을 얻는다. 그리고 우리는 거의 항상, 만약 우리가 스스로 발견해 낸 것이라면 그것에 대해 더 관심을 둔다. 가족의 과거사에 대한 통찰은 우리가 그 발견의 과정에 참여할 때 비로소 더 강력해진다. 오래되고 친숙한 이야기나 사진에서 새로운 의미를 찾아냄으로써 통찰은 시작된다. 이것은 우리의 신념체계를 재정비하고 우리 안에서 변화를 촉진시키는 것을 돕는다. 우리는 새로운 연결고리와 연상을 만들어 내고, 다른 관점으로 친숙한 이야기를 재구성한다. 또는 비교의 관점에서 보기도 한다. 그러나 그러한 정보들이 꼭 모순을 일으키는 것은 아니다.

해야 할 것 WHAT TO DO

사진치료의 탐색과정에서 내담자들은 자신에게 있어 이미지들이 내포한 의미의 시각적이고 정서적인 층들을 벗겨내기 시작한다. 모든 사진은 사적/개인적이고 집단적/원형적인 상징을 동시에 포함하고 있어야 한다. 요약하자면, 투사적 사진치료 기법(projective PhotoTherapy techniques)은 정확한 이미지의 사용뿐 아니라 동시에 연상, 함축, 상징에 의해 그 복잡한 층위의 의미를 파악할 수 있는 상세한 이미지를 포함해야 한다. 모든 것은 더 많은 정보를 위해 '연구될' 필요가 있다.

CHAPTER

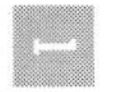

다른 시간, 다른 시선(Different Viewings at Different Times)

자신에게 주어진 이미지에 대한 반응은 사람마다 다르다는 것을 명심해야 한다. 우리는 같은 이미지를 다르게 볼 수도 있다. 예를 들어, 점심 먹기 전과 후, 과거에 대해 새롭게 배우기 전과 후, 누군가의 죽음에 대해 듣기 전과 후, 맑은 날이나 비가 오는 날 등과 같은 상황들에 따라 사진에 대한 각자의 반응은 달라질 수 있다. 사진 속에 전혀 달라진 것이 없을지라도 말이다.

인간의 지각과 반응은 상황에 의존하는 경향이 심하고 일시적이고 조건적인데, 이러한 점들은 투사적 사진치료기법에서 긍정적인 요소로 작용한다. 왜냐하면 이는 내담자들로 하여금 순간의 느낌이 인생 그 자체에 대한 지각과 반응에 영향을 미친다는 것을 깨달을 수 있도록 돕기 때문이다. 이러한 이유로 상담자들은 한 사진에 대한 한 가지 반응에 너무 많은 의미를 부여하지 않도록 조심해야 한다. 대신 반응들의 패턴을 찾고, 정해 놓은 규칙이나 규범을 갑작스럽게 어기는 경우를 찾으려고 노력해야 한다.

나는 사진의 어떤 부분이 내담자에게 도형(figure)이나 배경(ground)으로 나타났는지 알아보기 위해 일반적인 내용을 묻기도 한다. 그들이 눈치 채지 못한 것, 혹은 '빈(empty)' 공간(space)이나 배경(background)임에도 불구하고 내담자들이 놓친 것들 또한 나의 흥미를 유발한다. 나는 내담자들이 명백하지 않은 사진의 일부분을 나름대로 완성지어서 결론지을 때, 내담자의 직관적 본능이 무엇인지 알려고 애쓴다.

그리고 내담자가 특정한 구성요소나 초점화된 감정을 선택하고 그에 대해 이야기할 때, 나는 내담자의 삶을 더 깊이 탐색하고 부가적인 정보를 얻기 위해 종종 이를 명료화할 수 있는 질문을 던진다. 때로는 마치 아무것도 모르는 척 하면서, 몇 가지의 질문을 던지기도 한다. 예를 들면, "여러분이 무섭다고 말하는 것이 무슨 의미인지 잘 모르겠어요. 더 잘 이해할 수 있도록 구체적으로 말해 줄 수 있나요?"라거나 "여러분은 저 사람이 분명히 화난 것 같다고 말했지만, 저는 잘 모르겠네요. 그래서 말인데, 지금 저 사진 안에서 어떤 일이 일어나고 있다고 생각하는지에 대해 조금 더 말해 줄래요? 그리고 '화난' 게 무엇을 의미하는지에 대해서도 더 자세하게 말해 주세요."

나는 종종 "제가 맹인이라고 생각하고 그 사진이 어떤 사진인지를 제게 말해 주세요. 무엇이 그 사진에 있는지, 그리고 무엇이 가장 중요한 요소인지."라거나 "사진을 들고 있는 건 제가 아니라 바로 여러분이에요. 여러분은 그 사진을 볼 수 있지만, 저는 맞은편에 앉아 있기 때문에 사진의 뒷면만 볼 수 있지요. 전 여러분이 보고 있는 면을 볼 수 없으니, 제게 사진에 대해 말해 주세요."와 같은 말을 하기도 한다. 상담에서 일반적으로 잘 쓰는 접근법이 유용할 때도 있다. 만일 내담자가 내게 무엇을 알고 싶냐고 묻는다면 나는 보통 '내가 무엇을 알고 싶어 할 것 같은지'에 대해 묻는 것으로 대답을 대신한다. 그리고 바로 그 지점에서 내담자가 주도권을 쥐고 치료를 시작하고 진행하게 된다.

마침내 내가 진짜 사진을 보게 될 때, 나는 사진에 대한 나와 내담자 간의 정서적인 내용이나 주제에 대한 차이점을 발견할 수 있게 된다. 그러면 우리는 우리의 선택적인 지각이 어떻게 우리 사이에 차이를 일으키는지에 대해 이야기를 나눈다. 이는 내담자들이 (스스로에게) 진실이라고 받아들이는 의미에 대한 확신을 갖도록 해 준다. 동시에 거기에는 한 가지 이상의 견해가 있다는 것을 깨닫게 해 준다. '잘못되었다

(wrong)' 는 것이 상대적이라는 것을 깨닫는 데 있어서 이는 상대적으로 덜 위협적인 방법이다. 그리고 이것은 내담자가 변화해야 한다는 강박에서 벗어나 차이를 받아들일 수 있도록 한다.

만일 내가 내 관점을 제시하고 그것은 단지 내 관점일 뿐이라고 분명히 이야기해 준다면, 내담자에게 그것을 받아들이는 것은 위협적이지 않은 일이 될 것이다. 그러고 나서는 내담자에게 내가 왜 '정확하게' 파악하지 못했는지 이해할 수 있도록 도와달라고 요청할 수 있다. 일단 내담자가 나를 돕는 위치에 있게 되면, 나와의 관계에서 내담자는 힘의 우위를 갖게 된다. 만약 내가 더 많은 정보를 알고 있어서 내가 틀림없이 옳다고 내담자들이 느낀다면(이것은 내담자들의 위치가 틀렸다는 것을 의미할 뿐이다), 내담자들이 스스로 평가절하된다고 느끼거나 공격당하거나 비난받거나 위축되거나 판단받고 있다고 느끼는 것은 당연하다. 만약 이런 일이 일어난다면 내담자들은 생각을 공유하는 위험을 감수하지 않으려고 하거나, 그것에 대해 가치 없다고 느끼거나, 부정적으로 느껴서 두려움을 가지게 될지도 모른다.

나는 종종 "잠깐만요. 혼란스럽네요. 여러분은 이 여자 아이가 행복한 아이라고 말했지만 저는 이 아이가 슬퍼 보인다고 했어요. 우리 이 부분에 대해 더 이야기해 볼 까요? 어디서 그렇게 생각할 만한 단서를 찾았어요? 왜냐하면 저는 그걸 못 봤거든요. 왜 우리가 이 아이에 대해서 다르게 생각했을까요?" 라는 식의 중립적인 질문을 하기도 한다. 이러한 종류의 질문은 타인이 내담자 자신의 지각에 대해 항상 이해할 수 있거나 같은 의견을 지니지 않을 수도 있다는 것을, 그리고 그들이 느끼는 타인과의 차이가 자신에게 늘 위협적인 것은 아니라는 것을 내담자들로 하여금 받아들일 수 있도록 해 준다. 내담자들이 자신이 보는 바에 대해 내게 알려 주고자 할 때, 나는 그들 내면의 정신지도(inner mental map)와 그들이 어떻게 자신의 생각을 구성하는지 알 수 있게 된다. 내담자들이 내게 자신의 관점에 대해 알려 줄 때, 그들은 그것을 내 것과 분리한 후 여전히 똑같이 유효한 자기 자신의 생각으로 받아들인다.

만일 우리가 지각적 측면에서 일치점을 찾아내지 못했다면, 나는 "음, 여러분은 이제 제 의견을 알 수 있고 전 여러분의 생각을 알 수 있어요. 여러분은 여기에 내담자로 왔어요. 그러니까 여러분의 시각에서 시작해 봐요. 그런 다음 제가 본 것으로 돌아가면 되죠."라고 말을 한다. 이러한 역할 전환(role reversal)은 내담자들이 사진치료 회기를 이끄는 기술을 연습하도록 돕는다. 그리고 그러한 기술은 나중에 자신들의 위치가 이상해 보이고 명확화할 필요가 있는 일상생활에서 타인과의 의사소통을 향상시키는 도구로 유용하게 작용할 것이다.

마음을 끄는 사진의 발견(Finding the Photo That Strikes a Chord)

대부분의 투사 작업은 내담자들에게 앞에 있는 많은 사진들 중에서 주어진 질문에 맞는 몇 장의 사진 혹은 한 장의 사진을 고르도록 요청하는 것으로부터 시작한다. 예를 들면, 내가 보여 준 사진들 중에서 가장 마음에 드는 사진이 무엇인지, 무엇이 가장 자신을 끌어당기는지('자신의 이름을 부르는 것' 같다고 느껴지는지), 어떤 것이 자신의 비유적인 자화상 같은지(무엇이 분위기[tone]나 정서[feeling]의 측면에서 자신과 같다고 느끼는지), 만일 가능하다면 어떤 사진이 자신이 찍은 사진 같은지, 어떤 사진이 가장 자신에게 도전적인지, 어떤 사진을 일주일 정도 집에 가져다 두고 싶은지, 어떤 사진이 자신이 느끼고 있는(혹은 느끼고 싶지 않은) 감정을 표현하고 있는지 등의 질문과 어떤 사진이 별로인지 혹은 제일 이야기하고 싶지 않은지와 같은 '부정적인 부분을 집중적으로 탐색할 수 있는' 질문을 포함한다.

만약 내담자와의 치료과정에서 가족문제를 많이 다루게 된다면, 내 사진 무더기들 중에서 각각의 가족 구성원을 대표하는 사진을 한 장씩 뽑을 것을 요청할 수도 있다("저 사진은 ~하기 때문에 우리 아빠를 나타내는 것 같아요."). 만일 감정 표현에 대한 작업을 많이 해 왔다면 내담자에게 5장의 화난 사진과 5장의 행복한 사진이나 이제까지 다루었던 여러 감정들을 나타내는 사진을 몇 장 선택하도록 요구할 수 있다. 자기 문제를 집중적으로 다루는 회기이거나, 상담 회기에서 즉석으로 찍은 자화상 또는 내담자가 가져온 사진을 집중적으로 사용해 왔다면, 내 사진들 중에서 내담자의 자화상 사진(self-portrait photo)과 함께 둘 수 있는 것을 선택하도록 한다. 심지어 내담자가 자화상과 잘 맞는 투사적인 사진(projective photo)을 복사(photocopy)해 붙여서 자신의 이야기가 담긴(self-in-context) 사진 콜라주를 만들 수 있다.

때로는 내담자들이 조용히 선택하도록 내버려 둔다. 그러나 내담자들이 어떤 사진을 선택하지 않고 다른 사진을 고르려고 할 때 이전의 사진에서 무엇을 보았는지 묻기도 한다. 어떤 사진을 원하지 않는 이유가 내담자의 내부 지도(inner map)와 가치에 대해 유용한 단서를 제공하는 경우가 있기 때문이다. 일시적인 하나의 조각작품(a temporary sculpture)처럼 우리를 사진의 일부라고 가정하면서, 사진에 대해 꽤 적극적으로 대화하며 계속해서 탐색해 갈 때도 있다. 또는 함께 모든 사진을 보면서 내가 질문하는 대신에 내담자가 나에게 질문하도록 하기도 한다.

사진에 대한 질문, 답변 및 담화
(Questions, Answers, and Discourses on the Photos)

일단 사진에 대한 일반적인 첫 반응을 탐색하고 나면, 나는 치료에 방향성을 설정하고 내담자에게 질문을 할 것이다. 전체적인 사진에 대해서 물어볼 수도 있고 구도라든가 보이지 않는 부분(물리적 영역[physical border]을 넘어선), 관계있는 이미지라고 생각되는 것, 이전 회기에서 다루었던 사진들과 주제 면에서나 정서 면에서 함께 둘 수 있는 것 등을 물어볼 수도 있다. 질문은 열려 있기 때문에(open-ended) 무한히 창의적인 질문도 괜찮다. 나는 내담자로 하여금 사진 속에 있는 강이라고 생각하고 말해 보라고 할 수도 있고, 창문이라고 생각하고 무엇이 보이는지 물어볼 수도 있다. 혹은 신발이 말할 수 있다면 무엇이라고 말할지에 대해서 질문할 수도 있다. 만일 내담자들의 사진에 사람들이 찍혀 있다면, 사진 속 사람이 뭐라고 느낄지, 무엇을 생각할지, 왜 그 사람이 이 장소에 있는지(차라리 다른 곳에 있을 수 있다면 어디일지), 또는 사진이 찍힐 때 무엇을 하고 있었거나 무슨 말을 하고 있었는지에 대해 물을 수도 있다. 만약 투사된 자극이 내담자의 가족 사진 중 하나에서 일어난다면, 그들에게 자신의 할머니가 '되어' 보라거나 아버지의 입장 '이라고' 생각하고 그 관점에서 느끼는 것이나 이야기를 할 것을 요청할 수도 있다. 심지어 사진 속의 사물이 되어 보라고 할 수도 있다. 즉, 식탁이 되었다고 생각하거나 부모님의 침대, 거실의 천장 조명이 된 것처럼 말이다. 그리고는 사물로서 몇 년 동안 가족으로부터 '봐 왔던' 것이나

'들어왔던' 것에 대해 물어볼 수도 있다.

나는 내담자들에게 사진에서 주제가 되는 물건 중에 마치 그들이 진짜 테이블이나 특정한 사람이 된 것처럼 포즈를 취해 보도록 하기도 한다. 그리고 그 공간 안에서 어떤 일이 벌어지고 있는지에 대해 이야기해 보도록 한다. 또는 내담자들에게 비유적으로 사진의 부분이 되도록 요청하기도 한다. 사진의 경계를 넘어 그 안의 장면으로 들어가거나 바닷가를 걷거나 살짝 들어가 보는 것 등을 하게 하고는 어떤 느낌을 받는지에 대해 말해 보도록 한다. 또는 의자가 되어서 전에 어떤 것을 보았고 무엇을 들었는지를 이야기해 보도록 하기도 한다. "저는 꽃밭이에요. 저는 ______을 느끼고 기억해요." "저는 여러분의 침대 옆에 놓여 있는 램프(light)예요. 여러분이 저를 켤 때 저는 ______을 볼 수 있고, 여러분이 저를 끌 때는 ______ 때문이에요." 나는 내담자들에게 사진 그 자체가 되어 내담자의 인생에 대해 무엇을 보고 듣고 느끼고 적을지에 대해 말해 보도록 하기도 한다. 또는 사진을 내담자가 내게 이야기할 수 있도록 해 주는 가면이나 인형이나 다른 사진과 대화를 하는 데 쓰기도 한다.

내담자들이 말하는 모든 것은 자신에 대한 정보를 반영한다. 내담자들이 사진과의 소통에 열정적으로 참여하거나 자신들의 얼굴과 몸, 기억을 총동원할 때, 나는 내담자들이 사진과 함께하는 그 순간에 특정한 누군가를 떠올리는지 점검해 보기도 한다. 혹은 사진 속의 요소가 되어 그 자세를 취하고 1분 정도 있도록 한다. 진짜로 그 사람이나 사물이 되었을 때 어떻게 느낄지에 대해 더 잘 알도록 하기 위함이다.

나는 내담자들에게 사진을 찍은 사람의 예상 의도나 감정을 말해 보도록 하기도 한다. 이 과정은 누가, 왜 이 사진을 찍었을 것 같고, 사진 찍은 사람이 본래 무엇을 찍어내고 싶었는지, 본래 찍고 싶었던 것을 과연 잘 담아냈는지, 누구를 위해 그 사진을 찍었는지, 누가 사진 속에서 포즈를 취하고 있는지, 사진 속 인물은 어떻게 느꼈을지 등을 묻는 것을 포함한다. 이것은 단지 상상일 뿐이라는 것을 나와 내담자 모두 알고 있기 때문에, 만약 내담자들이 대부분의 사진을 내가 찍었다는 것을 알아도 별 문제 될 것이 없다. 사진을 찍었다고 가정하는 또 다른 페르소나를 만들어 내는 것은 또 다른 상상적인 단계가 될 수 있다.

내담자가 사진이 어떤 식으로든 불완전하며, 거기에 무언가가 빠져 있으며, 의미나 메시지를 더 명확하게 전달할 수 있는 무언가가 있다고 느낄 때, 나는 이를 알아보는 데 늘 호기심이 있다. 나는 중요한 부분의 손실 없이 사진의 어떤 부분을 제거하겠는지, 혹은 만일 사진을 찍은 사람이 자신이라면 어떻게 다르게 찍을 것인지에 대해 묻기도 한다. 나는 종종 내담자들에게 중점적이지 않은 부분을 살펴보게 하기도 한다. 빈(empty, '부정적[negative]') 공간도 그 자체로서의 현실과 무게, 잠재적 중요성을 가지고 있기 때문이다.

나는 어떤 것(something)의 반대가 항상 '아무것도 아닌 것(nothing)'은 아니라고 생각한다. 부분을 구성하는 어떤 것의 반대가 전체 사진일 수는 없다. 모든 것은 다른 것과 함께 관계를 맺으며 존재한다. 어떤 것도 완전한 고립 속에 존재할 수는 없다. 비록 사진 한 장일지라도 말이다. 양지가 있다면 음지도 있다. 사물이 있다면 그것의 부재에 대한 잠재적인 중요성도 있다. 외형이란 존재한다는 것뿐만 아니라 그 맥락과 그 반대에 대한 잠재성도 함께 의미한다. 사진과 사람의 감정에서 나타나는 것은 그것의 맥락과 '대체물(alter)'의 가능성을 규정한다. 이러한 이유에서 나는 '빈(empty)' 공간의 잠재적인 중요성에도 관심을 두고 있다. 빈 공간은 '부정적 공간(negative space)'으로 불리기도 하는데, 이것은 사진의 시각적인 경계 안에 있지 않은 공간을 의미한다. 이것은 이 장의 뒤에 나오는 벽돌로 된 벽과 벽 위와 벽 너머에 있는 '텅 빈(empty)' 하늘의 모양에 대한 예에서 알 수 있을 것이다.

내담자가 사진을 처음 볼 때, 나는 보통 내담자들이 마음에 떠오르는 모든 감정이나 생각, 기억, 아이디어를 지각하기 위해 노력해 줄 것을 당부한다. 때때로 비어 있는 문장을 완성하는 것도 유용하다. 예를 들자면, "이 사진을 봤을 때, 나는 ______의 감정이 생긴다는 것을 알았다. 나는 ______라고 말하고 싶었고 ______라고 느꼈고, ______라고 반응했고, ______라고 묻고 싶었다."나 "내가 이 사진을 살펴볼 때 이 사진이 내게 주는 메시지는 ______라고 생각했다. 이것은 나에게 ______대해 생각하도록 해 준다. 그리고 내 반응은 ______이었는데 그것은 ______때문이었다고 생각한다." 등이다. 이 예들과 다른 문장완성 문제(sentence completion)는 치료적 대화(therapeutic dialogue) 동안에 빈번히 이루어질 수 있고 나중에 작문 과제로 주어질 수도 있다(또는 대답을 위해 다른 사진을 사용할 수도 있다.).

나는 때때로 내담자에게 내가 시작한 문장을 계속해서 이어 보도록 요청한다. "만약 이 사진이 말할 수 있다면 ______라고 말할 것 같아." "내가 이 사진에 제목을 붙인다면 나는 이것을 ______라고 부를 거야." "이 사진이 내게 교훈을 준다면 ______일 거야." "어머니가 이 사진이 내가 선택한 것이라는 걸 아신다면 어머니의 반응은 ______일 거야." "이 사진을 누군가에게 선물로 줄 수 있다면 ______ 때문에 ______에게 줄 거야."와 같은 것들 말이다. 이러한 종류의 비언어적이고 위협적이지 않은 활동들은 정서적으로 과부하된 것들을 내담자의 무의식에서 꺼내온다. 유용한 추수활동(follow-up)으로는 위의 문장들로 되돌아가 내담자 자신의 부모나 연인, 반려자 혹은 아이의 입장에서 문장을 채워 보는 것이다. 또 다른 접근으로는 내담자가 사진 더미로 돌아가 부모나 연인, 반려자나 아이가 자신을 '부르는(calling) 것'으로 선택할 만한 사진을 고르도록 하는 것이다("당신의 어머니는 어떤 사진이 자신의 비유적인 초상화라고 생각하고 뽑았을까요? 왜 그것을 골랐을까요?").

이러한 연습들은 상담자와 내담자 모두에게 어떻게 내담자가 완전히 어머니에 대해서 알 수 있는지에 대해(혹은 다른 중요한 사람들에 대해) 통찰력을 준다. 만약 내담자가 특정 인물과 어려움을 겪는 것으로 인해 상담을 시작한 것이라면, 그리고 표면적인 역할을 넘어서서 그 사람의 삶을 살펴보는 것이 유용하다면, 그것은 매우 좋은 시작점이 될 것이다. 실제로 다른 사람들이 어떤 사진을 고르고 어떻게 문장을 완성하는지를 보는 것도 더 나은 방법이 될 것이다.

만약 다른 사람이 참여한다면 그 사람으로 하여금 내담자가 무엇을 자신의 자화상으로 꼽을지, 어떻게 내담자가 문장을 완성할지, 내담자는 그 사람이 어떤 사진을 뽑을 것이라고 예상했을지에 대해서 생각해 보도록 하는 것도 유용할 수 있다. 그 결과는 두 사람이 자기 자신과 서로를 어떻게 지각하고 있는지에 대한 좋은 자료를 제공해 주는 '자기-타자 투사적 분석(self-other projective analysis)'이 된다. 이상적인 방법은 각자가 무엇을 자신의 이미지로 뽑을지, 다른 사람이 어떤 사진을 뽑는지에 대해 서로의 과정을 관찰하는 것이다. 만약 각자가 다른 사람이 어떻게 문장을 완성할지에 대해서 듣는다면, 두 사람 모두 개인적이고 정서적인 의미를 다른 사람들이 어떻게 생각하고 평가하고 투사하는지에 대해 많은 것을 알게 될 것이다.

시스템적인 치료 접근에 굳게 뿌리를 둔 상담자처럼, 나는 종종 실제 상담 회기에 특정 내담자만이 아니라 더 많은 사람이 참여하는 것이 좋다고 생각한다(꼭 물리적일 필요 없이, 적어도 개념적으로라도). 그러므로 나는 내가 막 설명한 것과 같은 중복기법(overlapping techniques)을 가능한 한 많이 사용한다. 그것은 사진을 중심으로 사람들이 의사소통 할 수 있도록 돕기 위함이다. 이는 틀리거나 체면이 구겨질 것 같은 두려움을 감소시켜 준다. 어떤 사진을 고르는 데 있어서 이유를 설명하거나 왜 다른 사람이 다른 사진을 고르는지에 대해 말하는 것은 모두 의심해 볼 여지가 있다. 왜냐하면 그것은 오직 그 사람의 생각이고 그 사람에게 진실이기 때문이다. 이와 같은 방법으로 투사기법(projective techniques)은 가족이나 커플 치료에서 대화를 시작하는 것(dialogue starters)과 가치를 명확하게 해 주는 것(values clarifiers)의 수단으로 사용될 수 있다. 비록 이 중요한 타인이 내담자의 상상 속에서만 '참여할' 지라도 말이다. 직접적 직면(direct confrontation)이 너무 위험할 경우에는 (허락하에) 상대방이 볼 수 있도록 각 사람의 회기를 비디오로 찍는 방법도 있다.

또한 내담자에게 자신을 부르거나 호소하고 있는 것 같은 3~5장 정도의 사진을 고르도록 하고, 그 사진들을 바닥이나 책상에 내려놓고 그것들을 이어서 이야기해 보도록 하면서 여러 가지 복잡한 내면을 탐색할 수도 있다. '옛날 옛적에' 로 시작하는 것이 좋다. 이것은 사람들이 쉽게 말을 시작할 수 있도록 도와준다. 예술치료자들은 내담자에게 이야기를 그려서 나타내게 하거나 혹은 신문에 있는 사진을 이용하거나 관련 있는 그림을 그려 콜라주를 만드는 것을 선호할지도 모른다. 그 후 내담자는 상담자에게 이야기를 더하거나, 유도된 최면(guided hypnosis) 또는 시각화(visualization)를 통해 조용히 이야기를 꺼내기도 한다. 집단상담이나 가족상담에서 내담자는 짝을 지어 참여할 수도 있다. 사전 준비 없이 불쑥 튀어나오는 이야기가 일반적으로 기대되는 이야기보다 거의 항상 더 중요한 의미를 지닌다. 만약 너무 자의식이 개입되거나 너무 경계를 하는 것이 아니라면, 시각적이고 비유적인 이미지를 가지고 작업하는 것이 개인적이고 정서적인 정보를 무의식으로부터 더 많이 꺼내기 때문이다. 그러므로 이야기는 듣는 이에게도 종종 카타르시스를 불러일으킨다. 이는 듣는 사람이 그 안에서 개인적인 의미를 찾아내기 때문이다. 여러 사람들이 참여한다면, 결국 자신의 이야기를 들어본 적 없는 사람들에게 자신의 사진 몇 장을 전달함으로써 다른 사람들이 새로운 이야기를 만들어 내도록 한다. 그리고 내담자들은 원래 자신의 이야기와 서로 비교해 볼 때 사람들이 같은 시각 자극에서 얼마나 다른 의미를 구성하는지 발견하게 될 것이다.

이미 언급했듯이, 투사 도구(projective tool)로서의 '사진'은 감광액으로 뒤덮인 사진일 필요는 없다. 대신에 잡지나 신문, 달력, 포스터, 문안 카드, 앨범 표지, 광고 전단지 등으로부터 수집한 것일 수도 있다. 심지어 사람이 마음에서 '보는' 이미지를 나타내는 백지가 될 수도 있다. 나는 종종 상담자에게 현상소의 기본 사이즈인 3×5 인치나 4×6인치의 백지를 사용할 것을 제안한다. 보통 사진처럼 제조업자의 표시나 날짜가 뒤에 찍혀 있어도 괜찮다. 다른 사진과 구별할 만한 특징이 없는 뒷면을 볼 때에 내담자들은 자신의 손에 있는 사진들과 비슷하다고 느낄 것이다. 나는 이러한 백지를 한 번에 한 장에서 두 장 정도 사용한다. 이야기를 하는 도중에 내담자의 손에 있었으면 하지만 실제로는 없는 이미지들을 백지에 채워 넣게 하기 위해서다.

예를 들자면, 한 남자가 최근 사망한 연인이 아프기 전 그들의 행복한 순간을 보여줄 만한 사진이 더 이상 없다고 말했을 때, 나는 그 백지 중에 한 장을 집어 들고 반짝이는 면을 그에게 향하게 한 후, "음, 좋아요. 이제 당신은 사진 한 장을 보고 있어요. 당신은 그걸 들고 있고 저는 그걸 볼 수 없어요. 이것이 당신이 미처 가져오지 못한 사진이라고 생각하세요. 그리고 제게 그 사진에 대해 말해 줘요. 그 사진에게 말을 걸어 보고 쳐다보세요. 그리고 어떤 일이 일어나는지 저와 함께 나누어 봐요."라고 말했다. 그는 잠시 동안 그 사진을 쳐다보았고, 이윽고 그의 내면에 있는 사진이 백지로 '튀어나왔다'. 내담자는 실제로 그에 손에 들려 있는 종이에 사진이 있는 것처럼 이미지를 '보았다'. 우리는 계속해서 그 사진이 거기에 실제로 있는 것처럼 '작업'을 이어갔다. 내가 그것을 볼 수 없었고, 남자는 나에게 더 사실적으로 설명하기 위해서 그 사진에 대해 더욱 개인적으로 몰두를 하면서 열심히 살펴보아야 했다.

나는 종종 상상의 사진(imaginary photo)을 이러한 방법으로 이용한다. "잠시 동안 당신이 마음속에 있는 사진을 보고 있다고 생각하세요. 제가 볼 수 없는 사진이죠. 그러니 그것에 대해 제게 말을 해 줘요."라면서 말이다. 이것은 효과가 있다. 내담자들은 그들이 '내면의 눈(inner eye)' 으로 보고 있는 것을 내가 보게 하기 위해서 애쓴다. 그리고 우리는 실제로 존재하지 않지만 작업을 자극하는 것에 대해 탐색하고 이야기해 본다. 이 책의 다른 장에서 이를 적용한 다른 예를 더 상세히 살펴볼 것이다. 예를 들어, 다음 장에서는 실제이면서도 상상에 의한 사진을 '대신(stand in)' 하기 위해 판지 크기의 백지를 이용했던 것에 대해 설명할 것이다. '진짜' 사진이 손에 있을 때에도 마음속에 있는 사진을 가지고 항상 작업할 수 있다.

최면이나 깊은 이완을 통해 시각화 작업(visualization work)을 하는 상담자들이나 꿈을 재창조(dream re-creating process)하는 작업을 하는 상담자들에게는 마음속에서 마주한 이미지를 고정해 두기 위해 백지를 사진과 같은 역할(photographic blanks)로 사용하기도 한다. 내면의 이미지를 마주하는 동안, 내담자로 하여금 마음속에서 '재빨리 찍은' 특정한 이미지들을 기억해 내도록 한다. 후에 내담자들은 이 내면의 사진들을 다시 떠올리고 백지 '용지' 에 정신적으로 투사하게 된다. 또는 더 잘 '보이게 하기' 위해 간단한 스케치를 할 수도 있다. 이와 유사하게 시각화를 통한 이미지 활성화 작업(image-activating work)을 자기 치유(self-healing) 작업에 참여하고 있는 내담자(암이나 에이즈, 다른 심각한 질병을 가지고 있는 사람들)에게 적용할 수 있다. 정신적인 이미지를 만들어 내는 것을 통해 자아상(self-image)을 향상시키고자 하는 내담자에게도 마찬가지다. 만일 그들 스스로가 아무것도 볼 수 없을지라도 정신적으로 내면의 사진을 백지에서 본다면 내담자의 시각화 작업은 더 실제적이 된다.

CHAPTER

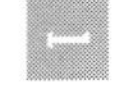

투사 작업을 할 때 내담자가 판단하고 있는(viewing) 사진을 실제로 보는(seeing) 것은 유용한 작업이 된다. 한 여성이 눈 더미를 관통하고 나온 잔가지의 형상(실제로 6인치 정도 될 것이다)을 오래된 나무가 자라고 있는 사암 절벽으로 인식했다(5장에서 다뤄질 것이다). 또 다른 경우, 사진 속 인물의 팔과 주먹의 실루엣을 보며 남근이라 지각했던 아들과 달리, 어머니는 그러한 모습을 결코 볼 수 없었다.

사진에 대해 곰곰이 생각하고 자신의 지각을 명확히 하는 작업은 성역할 기대(sex-role expectations)나 가족환경(family conditioning), 동성애의 관용(tolerance of homosexuality) 같은 성차에 기반한 문제들을 탐색하는 데에도 유용하다. 예를 들어, 나는 어두운 조명 아래 파트너와 함께 춤추고 있는 한 남성의 사진을 찍었다. 파트너는 포니테일 모양으로 머리를 묶고 있었고 뒷모습만이 카메라에 담겨 있었다. 대부분의 이성애자인 내담자들은 이 사진을 봤을 때, 그들의 '자연스러운' 가정에 근거하여 그 남자의 파트너는 '여성' 이라고 대답한다. 이러한 가정은 동성애자 내담자에게서는 빠르게 지각되지 않았다. 그리고 동성애자 내담자들은 원래 그들이 사진에서 매력을 느꼈던 부분이 종종 머리를 묶고 있는 파트너의 성이 남성일 수도 여성일 수도 있는 비특정성 때문이라고 응답했다.

실증 사례 ILLUSTRATIVE EXAMPLES

뒤따르는 예들은 일반적으로 다루어졌던 구체적인 치료 주제들을 보여 준다. 이후의 사진들은 투사기법의 가능성을 극대화하기 위한 구조로 배열되었다. 이 구조는 '한 장의 사진과 한 사람' '여러 장의 사진과 한 사람' '한 장의 사진과 여러 사람' '한 회기 이상에서 한 장의 사진과 한 사람' 이라는 범주에 따라 달라진다. 이것은 투사 작업(projective work)을 살펴보는 구조일 뿐만 아니라 기법(technique)을 가르치는 데 있어서도 유용하다.

한 장의 사진과 한 사람(One Person with One Image)

이 장에 있는 여러 가지 예들은 한 사람이 한 장의 사진으로 작업한 것들에 대해 보여 준다. 따라서 나는 여기에서 세 가지 짧은 일화만을 덧붙이고자 한다. 그러나 세 번째 예는 한 사람이 몇 달 동안 작업했던 것이다.

한 여성은 사진 중에서 특히 그녀의 관심을 끄는 사진 한 장을 선택하도록 요청받았다. 그 여성은 슬퍼 보이는 한 아기가 난간을 잡은 채 요람 옆에 서 있는 사진을 선택했다. "이 사진은 제 큰언니의 사진이에요."라고 그녀가 말했다. "아기가 아닌 난간 말이에요! 큰언니는 항상 제 옆에 있어 주었어요. 항상 제가 기대고 잡을 수 있는 안정감 그 자체였어요. 일이 잘 안 풀릴 때는 살며시 저를 쓰다듬어 주었고요. 저는 그러지 않아도 된다고 했지만 언니는 굳건하게, 의존할 수 있도록 항상 제 옆에 있었지요. 저를 보호해 주고 힘들 때는 떠받쳐 줬어요."

50대 중반의 한 여성은 자신의 자화상으로 한 젊은 임산부의 사진을 꼽았다. "지금 제 나이에는 아기를 가질 수가 없기 때문에, 이 사진이 나일 수는 없지만 은유적으로는 나를 표현하고 있어요. 저는 이제 제 논문(thesis)을 완성하려고 하거든요. 제가 어떤 선물을 이 사진 속 사람에게 줄 수 있을까요? 갑자기 어머니가 떠오르네요. 아마 그녀의 강인함 때문인 것 같아요. 어머니는 저를 도와줄 수 있을 거예요. 제가 논문을 끝낼 수 있도록 더 많은 시간을 갖게 말이에요."

한 남성은 담쟁이덩굴로 완전히 뒤덮인 다소 추상적인 벽의 사진을 꼽았다. 그 사진은 매우 가까이 찍혀 있어서 겹쳐 있는 잎들만이 보일 뿐이었다. 모든 잎들은 빛을 받아 반짝이는 담요처럼 보였다. "처음에 저는 모든 잎들이 테이블 위에 놓여 있는 하나하나의 직선이라고 생각했어요. 그러고 나서 어떻게 저렇게 질서정연할 수 있을지 궁금해졌죠. 다음으로는 바람이 불어와서 아래쪽을 드러내는 것을 생각해 보았어요. 거꾸로 돌려보자 퀼트 같은 덮개가 되었어요. 누군가가 뒤나 아래에 숨어서 다른 사람이 볼 수 없게끔 가려 주는 것 말이에요."

CHAPTER

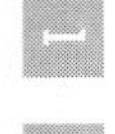

나는 "그 아래 숨어 있는 게 당신인가요?"라고 물었고, 그는 고개를 끄덕이며 조용히 동의했다. 내가 그에게 "당신이 그렇게 숨었을 때가 몇 살 정도인가요?"라고 묻자, 그는 "여섯, 일곱 살 때쯤이에요. 나는 그 아래 숨어 있었어요. 부모님이 언성을 높이는 것을 듣기 싫었고 그러지 마시라고 하기도 싫었어요. 만약 그러면 저에게 언성을 높이셨을 테니까요."라고 대답했다. 한편으로 이것은 단지 무해한 울타리이지만, 다른 한편으로는 위축된 아이가 숨어야 했던 곳이었다.

내가 그에게 '어린 시절의 그'가 숨어 있을 때 어떻게 느끼면서 웅크리고 있었는지, 말할 수 있는 기회가 있다면 뭐라고 할지 물었다. 그는 "작게 느껴지고, 중요치 않고, 하찮게 느껴졌지요. 아무 말도 할 수 없게 손으로 입을 막고 있었거든요. 제 마음에 떠오르는 말은 '덜 볼수록 더 낫다'는 것이네요."라고 대답하였다. 지금은 성인이 된 그에게 예전의 그 아이에게 하고 싶은 말이 있는지 물었을 때, 그는 "계속 숨어 있어."라고 했다. 왜 그랬을까? "아무도 당신을 보지 않는 한, 당신은 안전하니까요." 그는 밖으로 나와 있을 때보다 안에 숨어 있을 때 더 많은 말을 할 수 있었다는 것을 덧붙였다. 나중에 그의 가족과 보호해 주었던 할머니의 깊은 사랑에 대해 살펴보았을 때, 그는 자신의 침대 퀼트를 항상 할머니께서 만들어 주셨다고 밝혔다.

여러 장의 사진과 한 사람(One Person with Several Images)

사진 중의 일부는 다른 것들보다 더 많은 반응을 이끌어 내기도 한다. 〈사진 3-7〉과 〈사진 3-8〉 〈사진 3-9〉는 치료과정에서 자기에 대한 비유물로 자주 지목되었던 자연 경관과 정물, 건물 사진들이다.

많은 사람들이 각자 다른 이유로 삼각 모양의 지붕(〈사진 3-7〉)을 지목하였다. 한 여성은 처음에 창문 앞에 있는 원형 탁자의 사진에 매우 끌렸다. 그 탁자는 골동품들로 덮여 있었는데, 그 골동품들은 코바늘 뜨개질로 만든 덮개로 덮여 있었다. 그녀는 그녀의 선택에 대해 다음과 같이 밝혔다. "저는 이런 방을 가지고 있는 사람이 누구인지 알고 싶어요. 저는 저 탁자 위에 있는 장신구들과 귀중품들이 말할 만한 이야기를 상상해 볼 수도 있어요. 그리고 저 스스로가 한 번 저것들을 써 보고 싶군요. 창문 주위의 어둠은 많은 비밀들을 숨기고 있어요. 여러분은 방 내부의 다른 것들에 대해 잘 알기 위해서 인내심을 가지고 기다려야 해요. 그렇지만 이게 제 방이라면 안에 있기가 지루할 거예요. 전 창문 너머를 보게 될 거예요. 밖에 무엇이 있고 무엇이 일어나고 있는지 보기 위해서 말이죠. 그리고는 나가고 싶겠죠. 나무와 꽃 사이를 걷고 창문의 좁은 문 너머로 벌어지는 광경들을 보고 싶을 거예요."

그녀는 두 번째 이미지로 삼각 지붕을 골랐다. 첫 번째 사진과는 대조적인 것이었다. "저는 이 사진이 싫어서 골랐어요. 그렇지만 정말 이 사진이 너무 싫기 때문에 그 감정에 대해서도 인정해 줄 필요가 있을 것 같아요. 저는 제 시야를 가리는 게 싫어요. 그게 아무리 멋지고 오래된 건물이고 안에는 흥미로운 것으로 가득 차 있을지라도 제가 그 안을 들여다볼 수 있는 방법은 없잖아요. 이건 일종의 속임수죠. 다른 곳으로 절대 움직이지도 않으면서 배경을 보이지 않게 해요. 그냥 거기 있으면서 하늘을 막고 뒤에 있는 것들을 가리죠. 저라면 '매달린 것(hanging one)' 이라고 이름 붙이

사진 3-7

사진 3-8

사진 3-9

CHAPTER
1
2
3
4
5
6
7
8

겠어요. 저는 저 꼭대기를 넘어서고 싶고, 주변을 돌아다니고 싶어요. 아니면 저쪽으로 좀 치우든지요. 그래서 그 너머에 있는 것들을 살펴볼 수 있도록 말이에요. 저는 정말 제가 보지 못하도록 막고 있는 게 너무 싫어요."

그 여성은 치료자였다. 그녀는 항상 변화를 좋아했고 자신의 잠재성을 열어 보여 주고 싶어 했으며, 자발성을 믿고, 모든 가능성에 대해 살펴보았다. 그녀는 항상 밝은 면을 보았고, 그녀가 만나는 모든 사람들의 가치를 찾았다. 그러나 그녀는 이러한 발견을 하지 못하도록 막는 것들을 참을 수 없었다. 그녀가 뽑은 좋아하는 사진과 싫어하는 사진에 대해 반응한 것을 살펴보면 이러한 경향을 잘 알 수 있었다.

다른 여성도 같은 지붕 사진을 선택했다. 그녀에게 매우 영적인(spiritual) 것으로 느껴졌기 때문이다. 사진의 삼각형이 삼위일체(trinity)를 뜻하기 때문에 기독교(christianity)와 하나님(God)에 대한 것이라고 말했다. 그녀는 나에게 사진에서 어떤 상징을 읽도록 주문했다. 그녀가 사진으로부터 그렇게 강한 힘을 얻었다는 것이 기뻤지만, 나는 나 자신이 그리 종교적이지 않다는 사실을 솔직하게 밝혀야 했다. 그리고 윤리적 · 문화적으로 유대교인 내가 무의식적으로라도 이러한 상징을 갑자기 생각해 낸다는 것은 매우 놀라운 일이 될 거라고 말했다(필자가 유대인이라서 이러한 기독교적인 상징을 무의식으로라도 떠올리기는 힘들다는 뜻-역자 주)

세 번째 여성은 지붕이 맞닿아 있는 것이 매우 편안해 보인다고 생각했다. 그러나 동시에 폐소 공포증적이라고 말했다. 그녀는 이 지붕 꼭대기의 이미지를 조부의 농장을 상기시키는 인테리어의 하나와 함께 선택했다. 두 장의 사진이 그녀를 강하게 '끌어당겼기' 때문이었다. 동시에 그녀는 〈사진 3-8〉(나무)이 그녀를 위협하고 무섭게 만든다고 말했다. 뒤따라 이어진 그녀의 대답은 그녀의 반응에 깔려 있는 문제들을 드러냈다.

초기 작업(initial work)에서 그녀가 되고 싶었던 사진들을 가져오도록 부탁했다. 그녀는 조력자들에게 그녀가 '나무에 숨어 있는' 사진을 찍어 주었으면 좋겠다고 말했다. 나중에 그녀는 자신의 콜라주 작품에 실제로 이러한 이미지들을 몇 장 포함시켰다. 이러한 것들은 그녀의 본 마음이 자연 속에 있고 싶어 한다는 것을 보여 주었다. 그리고 그녀의 개인적 성장의 '나무'는 점점 더 강해지고 커져 갔다. 이 콜라주는 또한 그녀의 눈만을 찍은 몇 장의 사진들을 포함하고 있었다.

그녀는 농장 사진(책에 제시되지 않은)을 보고, "이것이 가장 나를 끌어당겼어요. 저는 2층과 3층을 살피고 다락방에 올라가 숨어 그냥 놀았거든요. 그것은 계단과 어린 시절의 놀이, 위층에서 놀았던 방에 대한 기억이죠. 그렇지만 저는 그곳에 오래 있고 싶지 않아요. 그건 외롭거든요."라고 말했다. 지붕 꼭대기 사진(〈사진 3-7〉)에 대해 설명할 때는 "마음속에 가장 먼저 떠오른 이미지는 그곳이 숨을 수 있는 장소라는 거예요(이 시점에서 그녀의 목소리는 부드럽고 낮아졌다.). 그리고 누군가 거기로 들어와서 숨어 있는 거예요. 한 사람, 그래요, 그건 바로 어린아이예요."

이 여성은 나무와 문의 사진(〈사진 3-8〉)이 너무 부정적이라고 생각해서 단 몇 초도 보기 힘들다고 말했다. 반면에 한 남자는 같은 사진에 대해 꽤 즐겁고 유머가 느껴지는 이미지라고 했다. "나무가 기린처럼 기대 있는 것 같이 보여요. 안을 들여다보며 저녁식사에 초대해 달라고 하는 것 같군요."와 같이 느꼈기 때문이었다. "놀라워요. 정말 재미있고 신기해요! 내가 문을 열면 여기에 이 나무가 나를 방문하려고 들어오죠."라고 남자가 말한 부분을 여자는 위험이 가득한 이미지라고 받아들였다. 그녀는 '거기만 아니라면 어디든' 있고 싶고, "어떻게 해서든 도망가고 싶어요. 투명인간이 되어서라도 말이에요. 천장 위로 날아도 괜찮고, 저 자신이 사라진다 해도 괜찮아요."라고 말하기도 했다.

그녀는 "저 사진을 봤을 때 숨이 막혔어요. 나무는 저를 이 공간 안에 가두어 두려고 있는 것 같아요. 저는 나갈 수 없어서 매우 두려워요. 전 저 나무를 지나갈 수 없어요."라고 말했다. 나는 그녀에게 문 밖에 있다고 생각해 볼 것을 제안했다. 다른 편에서 이 사진을 볼 수 있도록 말이다(그녀가 선택권을 가지고 있고 그 상황에 대해 강한 힘을 가지고 있다는 것을 보여 주는 방법으로서). 그녀는 만약 그녀가 밖에 있다면 멀리 달려가서 떨어져 문을 볼 것이라고 대답했다. 나무가 더 이상 앞에 있지 않도록, 완전히 개방된 채로 말이다. 그러나 그녀의 감정은 여전히 너무 강해서 사진을 스스로 들고 있기조차 힘들어했다. 후에 그녀는 그 사진의 제목을 '괴물'을 뜻하는 '골렘(The Golem)'이라고 하기로 결정했다.

한 장의 사진과 여러 사람(Several People with One Image)

첫 번째 주제(한 장의 사진과 한 사람)에 관한 논의에 덧붙여서, 이 주제는 같은 하나의 사진이 다른 사람에게 다른 시간에 주어졌을 때 얼마나 광범위하게 다양한 대답이 나오는지를 보여 준다. 문으로 보이는 나무가 한 남자에게는 그의 '어두운 부분, 두려움, 그늘진 부분'으로 보였기 때문에, 그는 "나무는 제 움직임을 막아요. 제가 열심히 노력해서 문을 가까스로 열었다고 해도 말이죠. 그것은 위협적이에요. 문은 열렸지만 여전히 막고 있어요."라고 말했다. 그러나 다른 남성은 같은 사진에 대해 대조적인 관점을 가지고 있었다. "저는 열려 있는 게 좋아요. 그리고 열린 곳을 통해 공기가 '통하는' 것도 좋아요. 신선한 공기가 방으로 들어오기 때문에 좋게 느껴져요. 더 상징적인 차원에서 제 삶으로 들어가고, 앞으로 나아가고, 제 삶의 부분을 떠나는 것, 그게 바로 저인 거지요. 전 지금 당장, 오늘 문을 넘어서서 세상으로 걸어나가요. 어디로 가는지, 어디에서 끝나게 될지도 모른 채 말이죠. 나무는 강해요. 전 제가 두 개의 가지를 가진 떡갈나무라고 생각해요. 전 제게서 두 가지 다른 것을 보지요. 때로 진지하지만, 때로는 가볍고 느긋한 면을요. 때때로 저는 제가 이 두 가지에 모두 연결되어 있다는 것조차 인식하지 못하기도 해요."

한 여성은 왜 이 사진이 그녀를 그토록 끌어당겼는지 설명하지 못했다. 그녀는 그것에 대해 묘사하는 것으로 시작했다. 그리고 그녀가 사진 안에 있다면 무엇을 할지에 대해 이야기했다. 그녀는 그녀의 성격 중 미처 알지 못한 부분이 있다는 것을 깨달았다. "만약 내가 저 방 안에 있다면, 난 나가기 위해서 나무 아래로 들어가겠어요. 나갔다가 들어오는 거죠. 나는 밖에 있을 수도 있고 방 안에 있을 수도 있어요. 그렇지만 내가 안에 있다면 햇볕을 쬘 수 있게 밖으로 나가고 싶을 거예요. 그리고 만약 내가 밖에 있다면 수평선을 향해 나갈 거예요. 그러고 나서는 방으로 다시 돌아오겠죠. 이 사진에서 가장 중요한 요소는 문에 있는 손잡이 같아요. 손잡이가 없다면 저기 안에 있고 싶지 않을 거예요. 문의 다른 쪽에 손잡이가 있어야지만 방문이 닫힌 채로 있을 수 있을 거예요. 손잡이가 없는 건 절대 안 되죠. 그렇지만 문이 닫힌 방 안에 있다면 나무를 볼 수 없어요. 설사 방해가 된다고 해도 나무는 저기 있어야 해요. 사실은 목발처럼 보여요. 이게 변명처럼 들리나요? 난 인생의 모든 부분에 너무 많이 시달렸어요. 관계들, 일들, 약속들…….”

붕괴되다 멈춘 벽의 사진(〈사진 3-9〉)은 다양한 이유로 많은 내담자들의 눈을 사로잡았다. 몇몇 사람들은 이 벽을 목표를 이루기 위해 노력하다가 무너진 전형적인 벽이나 장애물에 연관 지었다. 반면에 몇몇 사람들은 타인이나 자신에 대해 느끼는 실망감에 대한 보호벽으로 보았다. 그러므로 벽은 자신의 고립성과 차단성의 문제가 해소될 수 있도록 스스로가 무너뜨려야 하고 무너뜨릴 수 있는 정서적인 방패로 인식되는 것이었다. 다음의 예들은 어떻게 한 장의 사진이 여러 사람들의 지각된 현실 안에서 다양한 의미를 지니는지 보여 준다.

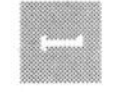

한 남성은 벽의 사진을 가장 좋아하는 것으로 꼽았다. “이것은 빙벽 등반, 깨끗하고 순수한 공기, 파란 하늘, 세상의 꼭대기에 도달하기 전의 마지막 오르막, 얼어 있는 폭포, 어느 쪽에서 보든 꼭대기이지요. 제가 꼭대기에 오르게 되면 저는 저 너머에서 낙원(Shangri-la)을 찾을 거예요. 이건 저를 고무시키는 일이죠. 짧은 호흡으로 마음을 맑게 하며 말이죠. 저는 거의 다 왔어요. 제 모험은 거의 끝에 도달했어요!”

이와는 대조적으로 다른 남성은 이 사진을 보고 다음과 같이 말했다. “저에 대해 이야기해 주는 것”이라고 말하면서, “제가 암에 걸려 있거든요. 저는 죽을 생각이 없지만 죽음은 제 머리 속에서 떠나질 않네요. 저는 죽음을 하나의 벽이나 최종점이라고 생각해 왔어요. 저는 그것을 통과하거나 넘어서는 것에 대해 상상할 수 없어요. 그렇지만 벽이 무너지고 있어서, 이것은 그 너머의 문과 같군요. 이제 저는 그 너머를 볼 수 있어요. 이 벽은 제 마음과 같아요. 이 벽은 둘로 쪼개지면서 열리고 있죠. 제 내면이 드러나도록 말이에요. 이것은 다른 사람들이 마침내 제 안을 들여다볼 수 있게 해 주는 창문과 같아요. 그리고 그 창문은 제가 나갈 수 있도록 해 주기도 해요. 제 두려움—모든 것을 꽉 잡고 있던—이 사라지고 있어요. 전 더 이상 돌 안에 있는 모든 것을 영원히 통제해야 할 필요가 없어졌어요. 이제 갑자기 기분이 괜찮아지네요.”

나는 또한 이 벽에 대해 “완벽한 형태의 붕괴네요. 신경쇠약에 걸렸을 때 제 기분이 어떻겠어요.” “제 인생처럼 너무 많은 시간이 낭비되었군요. 아무리 뭔가를 시작해도 끝낼 수가 없어요." "전쟁과 그로 인한 피해를 나타낸 이미지" "저 자신의 수줍은 사춘기로부터 나온 '어색한 시기(The Awkward Age)' 에 대한 사진" "완벽했던 벽의 무너진 잔해들과 그 후에 세워질 훨씬 아름다운 것의 가능성. 저라면 '재건축(Rebuilding)' 이라고 이름 붙이겠어요." 등으로 묘사하는 것을 들었다. 더 최근에는 베를린 장벽의 붕괴와 그것으로 인한 희망에 관한 이야기들이 많았다. 몇몇 사람들은 이 벽을 컴퓨터 기호(computer symbology)와 연관시키기도 했다. "이런, 죄송합니다. 시스템 오류입니다. 다시 시작하세요." "워드프로세서에 하루 일과를 모두 담고는 저장하는 것을 잊는 것. 붕괴, 서두름, 넘침 등의 단어가 보여요." "오, 안 돼. 전원이 나갔는데 나는 학기말 리포트를 미처 저장하지 못했어."

한 여성은 벽이 무너지고 있는 것으로 보았다. "스스로 무너지고 있는 것 같아요. 커다란 크기의 건물 해체용 둥근 철구가 다른 편을 무너뜨리고 있어요. 그리고 다른 부분은 널찍하고 초록색일 것 같아요. 그것은 아마 평야인 것 같아요. 넓은 공간이 펼쳐져서 개방되어 있는 평야 말이에요. 전 무너져 내리고 있는 그 부분에 끌려요. 전 어떻게 이 일이 일어나는지, 무엇이 다른 편에서 일어나고 있는지에 대해 궁금하군요." 내가 '벽이 어떻게 느낄지' 에 대해 묻자, 그녀는 "조급해할 거예요. 더 빨리 무너졌으면 하고 바랄 테니까요. '빨리빨리' 라고 말하면서요."라고 말했다. 벽이 다른 무슨 말을 할지에 대해서 묻자, 그녀는 "도와줘! 날 넘어뜨려 줘!"라고 말할 거라고 했다. 그리고 내가 그 벽에게 이름을 붙여 줄 것을 요청하자, "제 삶에 있어서 저 자신의 장벽을 무너뜨릴 해체 용구는 누구든지 될 수 있지요. 상담자일 수도 있고, 친구들 혹은 저 자신일 수도 있어요. '기대' 라고 이름 붙일래요."라고 했다.

그녀에게 그 사진의 뒷면을 '들여다보도록' 요청했을 때, 그녀는 사진에 있는 통로(나중에 우리가 비유적으로 타고 내려갈)를 발견하였다. 그리고 내가 여전히 서 있는 벽의 일부로서 어떻게 느낄지에 대해 묻자, 그녀는 "억압받고 짓눌린다고요. 그리고 확고하지만 이미 무너진 벽돌처럼 되지는 않을까 걱정하고 있죠."라고 말했다. 내가 그러한 형태가 되었다고 상상해 보라고 제안하자, 그녀는 말했다. "그건 제게는 덜 애착되어 있지만, 더 저 자신이 되는 듯한, 더 독립적이고 더 자족적이라는 것을 의미할 거예요. 벽으로부터 떨어져 나가는 것은 괴롭겠지요. 저 자신이 있었던 곳이니까요. 그렇지만 오래된 것들은 이제 무너졌어요."

한 16세 소년이 정서적으로 붕괴되어 자살 시도를 했고, 가족은 그 사건에 자신이 어떤 역할을 했는지, 어떤 책임이 있는지 지각하는 데 어려움을 겪고 있었다. 나는 그들이 함께 사는 삶이 무엇인지 이해하고, 서로가 다른 기대를 한다는 것과 모순되는 현실과 상충되는 메시지가 아이에게 어떻게 전달되는지 깨닫기를 원했다. 나는 그들이 서로의 입장을 존중하고 의견을 공유하지 않으면 극단적인 상황을 벗어날 수 없고 발전도 없다고 생각했다. 나는 가족 각자에게 내가 선택한 다섯 가지 사진들에 대한 응답을 써 내도록 했다. 누구도 틀리지 않다는 것을 알았을 때(절대적인 의미에서) 그들은 같은 것을 서로 다르게 본다는 것을 알게 되었고, 그들의 지각 아래에 깔려 있는 감정을 탐색하기 시작했다. 또한 다른 사람이 보는 것을 보기 위해서 무엇이 바뀌어야 할지도 살펴보았다.

다섯 가지 사진 중의 하나였던 벽돌로 된 벽은 다양한 범위의 인식과 반응을 불러일으켰다. "누군가가 브레이크를 사용하는 것을 잊은 것 같군요. 이건 당연히 벽돌벽이 무너지는 거예요. 벽이 붕괴되고 파괴되고요. 아마 사고였겠죠. 그렇지만 어떤 완전한 질서를 이루며 붕괴된 것 같기도 해요. 거의 부식된 것 같군요. 꽤 편안해 보이기도 해요."라고 아버지가 웃으면서 말했다. 어머니는 그 사진에 대해 "높은 돌 산의 계곡 같아요. 폭이 좁은 강이 그 사이를 통해서 흐르고 있네요. 이게 사람을 의미한다면 상처받기 쉬운 걸 의미하는 것 같아요. 사생활의 붕괴라든지. 보이길 원치 않는데도요. 예상치 않았던 것이 일어났을 때 느끼는 '어머'라는 식의 놀라운 감정도 실려 있는 것 같군요."라고 표현했다. 딸은 그 사진이 남자 형제의 그칠 새 없이 시끄러운 스테레오 음악에 의해 자신의 귀가 '찔린' 것을 나타낸다고 하면서, " 동생이 병원에 있을 땐 집이 너무 조용했어요."라고 나지막하게 덧붙였다. 원래 이 치료의 중심이 되었던 아들은 이 사진에 대해 다음과 같이 말했다. "굳어진 분노의 벽 같군요. 당신은 이것을 천천히 분리시켜야 해요. 벽돌 하나하나씩 차례로 말이죠. 다시 사람을 믿기 시작하고 그들이 말하는 것을 믿기 시작해야 하죠. 이건 저와 다른 사람들 사이의 벽과 같아요. 제 선택에 의해 저 스스로 만든 벽이죠. 전 제가 그 벽을 거기 두었단 걸 알아요. 사람들로부터 안전한 거리를 유지하기 위해서였죠. 그렇게 하면 아무도 저를 또다시 다치게 할 수는 없을 테니까요. 왜냐면 더 이상 가깝게 다가올 수 없거든요. 나는 얼마나 많은 벽돌들이 거기에 더 있어야 할지, 그리고 실제로 얼마나 높은지에 대해 궁금해요."

벽돌로 된 사진에 대한 이어지는 설명들은 서로 불협화음을 내지 않으면서도 한 장의 사진이 어떻게 여러 의미를 지닐 수 있는지 보여 준다. 한 여성은 그녀를 가장 '부르는' 것 같은 사진으로 이 벽돌사진을 선택했다. "벽돌들은 무너질 수도 있고 다시 지어질 수도 있죠. 벽돌들은 제게 변화와 계속적인 성장을 향한 과정, 배움, 움직임과 제 삶을 형성해 나가는 것에 대해 생각나게 해요. 벽돌 벽이 풍기는 안정성 결여는 극복 가능한 장애물들을 상기시켜 주네요. 그리고 또 집이나 직장, 소유권, 삶에서 주기적으로 일어나는 것들처럼 제가 안전하다고 느끼는 모든 것들이 무너지기 쉬운 피상적인 구조물이라는 것을 의미해요. 이것은 제 인생에 있어서 자제력 상실을 의미하지는 않아요. 단지 영원한 것이 없음을 알려 주는 거죠. 인생은 제게 있어서 변화와 역동이에요. 영원성은 변화와 내부의 힘, 주변 세상을 이해하고 배우려는 노력 등에 관련되어 있죠. 벽 반대쪽에는 살아 있고 번성해 있는 세상이 존재해요. 저는 우리가 우리 주위에 만들어 놓은 구조들 너머에 있는 것을 보고 싶어요. 그리고 삶에 있어서 더 많은 것을 경험하고 싶어요. 의식의 벽 너머에 있는 것을 보는 것은 우리 자신 너머에 있는 지평선을 보게 해 주죠. 제게는 그게 바로 이 무너지는 벽돌 사진이 의미하는 거예요. 우리 주위에 만든 구조 너머를 보는 것과 밝게 빛나는 다른 경험을 하는 것이지요."

"벽 안에서 저는 여성의 신체를 보았어요. 전 놀라진 않았어요. 한 여성과 6년 이상을 함께 행복하게 살고 있기 때문이죠. 어렸을 때 저는 성 정체성을 확립하는 게 두려웠고 레즈비언임을 인정하기가 힘들었어요. 저는 제 인생을 사회가 바라는 청사진에 따라 그렸거든요. 그 청사진은 제게 있어선 잘못된 것이었기에 정말 고통스러웠어요. 그리고 내부에서 충동이 일어났어요. 제가 신중히 만들었던 이미지에 저 자신이 구멍을 만든 거예요. 그 구멍으로부터 혼란을 겪고 있는 사람이 등장했지요. 그러나 그 사람은 실제의 저 자신과 더 닮아 있었어요. 그 벽의 사진은 제게 분명하게 이러한 면에 대해서 말해 주었어요. 그리고 그게 충분치 않았기에 전 그림의 빈 공간을 잠시 응시했죠. 그리고 그것은 그 자체로 본질적인 것이 되었어요. 벽이 무너지면서 만들어 낸 모양은 남아프리카 대륙의 윤곽선 같아요. 이게 저를 깨어나도록 했죠. 제가 짐바브웨에서 2년 동안 살았거든요. 그리고 그것은 제 인생에 있어서 어떻게 세상과 저 자신을 지각할지에 큰 영향을 주었어요. 이건 정말 놀라워요. 특히 짐바브웨란 말이 영역하면 '돌로 된 집' 을 의미한다는 점에서요! 정말 신기해요!!"

1년 정도 후에 이 여성은 자화상을 만들었는데 계단 위에서 포즈를 취하는 것을 선택했다. 뒷벽에 '홍보(Public Relations: PR)' 라고 적힌 팻말과 함께 말이다(〈사진 3-10〉 참조). 그녀는 몇 달 동안 벽의 사진이 무엇을 의미하는지 보지 못했다. 그러나 그녀의 사진 위에서 나는 두 구도 간의 두드러진 유사성을 찾았다. 내게는 그녀의 팔과 다리가 벽의 형상을 따라 한 것처럼 보였다. 그래서 다음 회기 때 책상 위에 다른 사진과 함께 벽의 사진을 두었다. 그녀는 자신의 자리로 걸어가 앉는 동안 몇 장의 사진을 지나치면서 사진들을 슬쩍 보았다. 그리고는 벽에 붙어 있는 사진들 중에서 한 장을 집어서 탁자로 가져왔는데, 탁자 위에는 그녀의 자화상이 있었다. 그녀는 나를 탁자로 불러서 그 둘이 얼마나 '닮아 보이는지' 보게 했다(그러므로 언어적으로 설명하지 않아도 나의 지각이 설득력 있었다는 것을 알 수 있다). 그녀는 어떻게 그 둘이 연결되어 있는지는 모르겠지만, "두 사진 모두 다 같은 것을 의미해요!" 라고 분명히 말했다.

한참 후에 같은 여성이 무의식적으로 자신의 여동생에 대해 설명할 때 벽의 이미지를 다시 사용했다. "그녀는 암에 걸려 몇 년 동안 투병해 왔어요. 엑스레이 촬영 결과, 암이 그녀의 온몸에 퍼져 있었대요. 전 그것에 대해 그녀와 이야기해 보려고 했어요. 제가 걱정하고 있다고요. 하지만 그녀는 항상 거리를 두려고 해요. 그녀는 자신의 감정에 대해서 결코 이야기하려고 하지 않아요. 어떤 감정인가가 있다는 것을 인정하려고조차 하지 않고요. 그녀는 너무나도 단단한 벽이에요. 저는 정말 제 주먹만이라도 통과하고 싶어요. 실제로 제 모든 가족이 벽이나 마찬가지죠. 아무도 자신들이 어떻게 느끼는지에 대해서 제게 말하려 하지 않아요. 제게 항상 거리를 두죠." 내가 그녀가 했던 말을 그녀에게 다시 해 주기 전까지 그녀는 자신이 그런 말을 했다는 것을 모르고 있었다. 그리고 녹화된 비디오테이프를 보며 스스로 매우

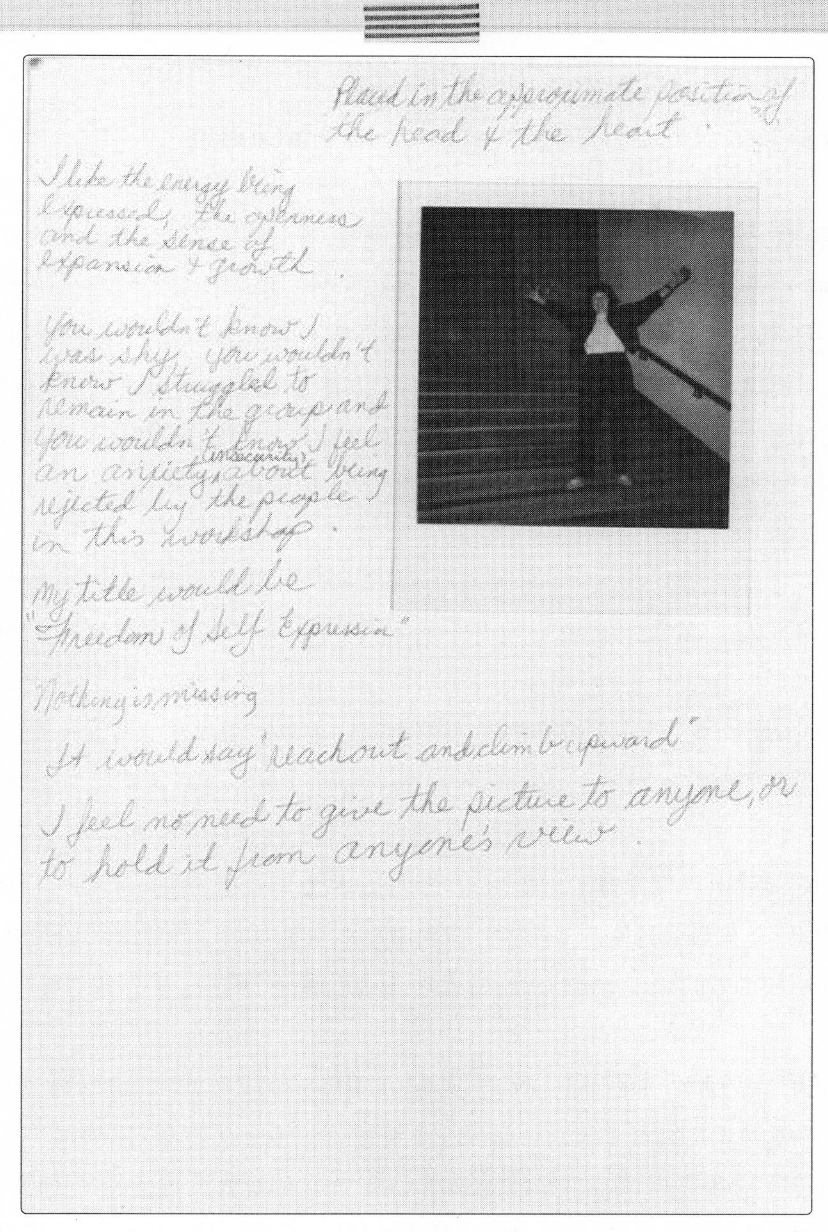

Placed in the approximate position of the head & the heart.

I like the energy being expressed, the openness and the sense of expansion & growth.

You wouldn't know I was shy. You wouldn't know I struggled to remain in the group and you wouldn't know I feel an anxiety (insecurity) about being rejected by the people in this workshop.

My title would be "Freedom of Self Expressin"

Nothing is missing

It would say "reach out and climb upward"

I feel no need to give the picture to anyone, or to hold it from anyone's view.

사진 3-10

놀라워했다.

한 회기 이상에서 한 장의 사람과 한 사람
(One Person with One Image over More than One Session)

종종 한 장의 사진을 가지고 여러 회기에 걸쳐 '작업하는 것' 은 처음에 보지 못한 의미를 드러내 주기도 한다. 다음의 예는 2년 가까이 걸린 몇 회기의 투사 작업을 상술한 것이다. 이때 묻혀 있던 어린 시절의 정신적 외상(trauma)이나 학대(abuse)의 기억을 살려내기 위해서 〈사진 3-8〉을 사용하였다. 무의식 속에 살아 있던 어렸을 때의 기억은 성인이 된 후에도 직접적인 영향을 미치고 있었다. 그러나 그(매튜임)는 처음에는 그러한 기억들이 존재한다는 사실을 전혀 모르고 있었다(그때의 기억이 '닫혀 있다' 는 희미한 느낌을 제외하고는).

CHAPTER

3

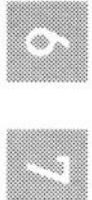

어린 시절 겪었던 외상은 종종 감각에 기반한 기억(sensory-based memories)에 깊숙하게 자리 잡고 저장되어 있다. 이러한 기억들의 일부는 희미하게 의식되어 남아 있는데, 언어적인 노력으로는 치유하기가 힘들다. 그리고 다른 부분은 여전히 무의식의 단계에 묻혀 있다. 말하기 이전에 겪은 외상은 느낄 수는 있지만 묘사하기 힘든 방향으로 강하게 영향을 끼친다. 사람들은 내면 깊숙이 무언가 건드려지는 게 있다는 것을 알지만 그 비밀을 어떻게 드러낼지 모른다. 사람들은 학대나 공포, 극도의 분노 등과 같은 어린 시절 외상의 기억을 다시 연결함으로써 그들을 제약하고 있는 것으로부터 벗어나고자 의식적으로 노력한다. 그러나 언어적인 대화나 생각으로 가득한 내적 대화(inner-thought dialogue)만으로 그것과 접촉할 수는 없다는 것을 발견하게 될 것이다.

이러한 무의식의 지층들은 때로는 몇 년이 걸릴지라도 천천히 드러나야 한다. 그리고 종종 우리를 다시 원점으로 돌아가게 하는 '실수(slips)' 가 있기도 한다. 이런 일은 대개의 경우 우리 치료자들이 상담을 너무 빨리 진행했기 때문이다. 예를 들어, 스스로를 보호하기 위해 이전 회기에서 찾아냈던 것들을 무의식적으로 '망각하고자' 한다. 이것은 내가 앞으로 매튜라는 이름으로 부를 한 남성의 실례에서도 일어난 것이다.

그는 문에 있는 나무 사진(〈사진 3-8〉)으로 여러 번 돌아왔다. 그는 매번 그 사진을 처음 본 것처럼 대했다. 그 사진이 그에게 매우 강렬하다고 기억하면서도 그 사진이 그에게 갖는 내용의 의미를 계속해서 다시 발견해 냈다. 이를 통해 그는 이러한 지각이 진짜라는 것을 충분히 알게 해 줄 정보들을 지속적으로 찾아냈을 뿐 아니라 매번 마주할 때마다 새로운 기억들, 더 깊은 발견을 찾아내었다.

어린 시절 학대를 당했던 내담자들과의 치료 작업에 대한 글들이 최근에 많이 나왔다. 이러한 저작들의 대부분은 그 '피해자들' 이 자신에 대한 셀프 임파워먼트(self-empowerment)*, 셀프 인포밍(self-informing)**, 학대 사건에 덜 에너지 쓰기(redistributing the power balance) 등의 다양한 과정을 통해 '생존자' 가 되도록 하는 것을 목표로 하고 있다. 다양한 접근법들은 분노나 상처, 타당화(validation) 및 보복하고 싶은 마음(retribution)을 직접 표현함으로써 가해자를 직면하는 것(confronting perpetrator), 혹은 정신적 정화 작용을 통해 사건을 재경험하고 그들의 현재 삶을 지배하고 있는 것을 떨쳐내기 위한 문제를 직면하는 것(confronting the issues)을 포함한다.

이렇게 묻혀 있는 기억들은 개인의 정서적인 표현이나 경험에 반드시 영향을 끼친다. 그런 기억들은 무언가가 잘못되었다는 염려와 자신이 남과는 다르다는 생각을 희미하게 남기면서 무의식에 자리 잡고 있다. 어린 시절에 학대를 경험했던 사람들은 종종 다양한 해리성 장애(dissociative disorder)나 다중인격장애(multiple personality disorder)를 경험한다. 참고로 이 장의 범위를 훨씬 넘어서는, 학대의 결과나 치료 시 여러 선택사항을 담은 심리학 서적들이 매우 많이 나오고 있다. 어느 경우든 내담자들은 이러한 감정을 해소하기 위해서 그것들에 대해 생각하는 것 이상을 해내야 한다. 내담자들은 실제로 그것들을 다시 재경험하고 '되살려 보고(live)' 머리뿐만 아니라 몸으로도 이해해 보려고 노력해야 한다. 이어지는 예들은 투사적 사진치료기법이

---

*셀프 임파워먼트(self-empowerment): 자기 자신에게 힘을 주고 스스로 지지하는 것

**셀프 인포밍(self-informing): 스스로에 대한 정보를 주고, 자신에 대한 피드백을 하는 것

어떻게 개인이 무의식적인 정보를 다시 얻고 치료를 시작할 수 있도록 도울 수 있는지에 대해 설명해 준다.*

나는 치료자들을 위해 사진치료 워크숍을 진행했다. 다양한 실험적인 활동들을 즐기는 한 동료가 여기에 참석했다가 우연히 자신에 대해 더 잘 알게 되었다. 첫 번째 투사활동에서 거의 백여 장의 사진으로 뒤덮인 탁자 주변으로 사람들이 몰려들었다. 각 사람들은 자신이 가장 끌렸던 '자신을 부른' 사진을 선택했다.

그러고 나서 나는 참가자들에게 질문지를 나누어 주었다. 그들은 짝지어서 투사적 사진치료기법을 사용하여 서로의 내면의 현실과 감정을 탐색하는 것을 시작하였다. 나는 매튜와 그의 파트너가 그 활동에 매우 빠져든 것을 발견하였다. 그리고 워크숍 활동 후 매튜는 매우 조용했고 자기 생각에 잠긴 듯했다. 나중에 그는 나에게 다가와 말했다. "내가 지난주에 봤던 당신의 사진이 여기 있는 걸 알아요? 음, 난 그 사진(134쪽 〈사진 3-8〉을 의미함-역자주)을 내 마음에서 지울 수가 없어요. 나는 그에 대해서 더 이야기했으면 좋겠어요. 내가 여태까지 찾아낼 수 없었던 과거에 대한 단서가 거기 있는 것 같아요. 거기 있는 걸 알았지만 찾아낼 수 없었거든요. 우리가 그런 방향으로 다룰 수 있다고 생각하나요?" 그 결과로 사진치료 작업 중 내게 가장 흥미로웠던 여정이 시작되었다.

그 사진에 대해 작업을 시작하면서, 나는 그에게 그 워크숍 때 일어났던 것을 기억해 볼 것을 요청했다. 나는 그 사진을 실제로 보여 주기 전에 그 이미지에 대한 그의 기억과 그것이 미치는 영향을 듣고 싶었다(실제 사진과 기억하고 있는 내용 사이의 불일치에서 부가적인 정보를 얻을 경우에 대비해서). 그는 말했다. "워크숍에서 [사진에 대

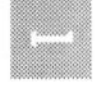

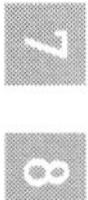

---

*이와 관련해서는 '매튜' 와 7시간이 넘게 진행된 상담들을 녹화한 것이 있다. 그것들은 한 이미지에 대해 2년 반이 넘는 기간에 걸쳐 다시 이미지를 마주 대하면서 모은 것이다. 이 장에 맞도록 선택된 내용이 매우 부족하기는 하지만 그것은 투사 사진치료 작업에 대한 중요성을 두드러지게 보여 준다. 그러나 '매튜' 는 테이프의 나머지를 상담자들이나 다른 정신의학 전문가, 훈련 중에 있는 학생들이 볼 수 있도록 완전히 '공개했다' . 그 테이프를 보는 것은 사진치료센터(PhotoTherapy centre)를 통해서만 가능하다(센터에서 직접 보는 것은 가능하며, 복사는 허용되지 않는다).

한] 제 첫 번째 반응은 '저 사진은 싫다.' 라는 것이었어요. 전 부정적인 반응을 보였죠. 그렇지만 그렇게 강한 것은 아니었어요. 저는 사진에 매우 빠져들었고 제가 그 사진을 싫어하는 것에 대해 더 강하게 느끼기 시작했어요. 현관보다는 문 자체가 제게 있어서 중심이 되는 것 같았어요. 그리고 제 반응은 오직 문에 대한 것이었어요. 제 반응은 점점 더 강해졌어요. 전 정말 이 사진이 싫었어요. 전 그것을 차서 내려 버리고 싶었어요. 찬 후에 제 앞에서 없어지도록 말이에요. 그리고 그것은 실제로 현관을 통과하는 것의 어려움과 관련이 있어요. 저는 저기 있는 저 문으로 걸어 나가는 것에 대해서 엄청난 어려움을 겪었어요." 그는 워크숍 이후로 그 사진이 계속 머릿속에 남았다고 했다. 그는 문이 자신의 어머니에 대해 생각나게 한다고 믿기에 이르렀다. 그는 상상으로도 그 문을 지나칠 수조차 없었다. ("전 제 생애에 걸쳐서 항상 어머니를 회피하기만 했어요. 결과적으로 제 인생은 어머니가 조종하는 어떤 것, 어머니와 함께 있을 때는 자기 자신이 되는 것을 두려워했던 어떤 사람의 삶이 되었지요.")

내가 사진을 건넸을 때, 그는 그가 기억하는 것과 많이 같다고 말했다. "문 자체는 여전히 나를 끌어당기지만 전처럼 강하지는 않아요. 그렇지만… 문이 어떤 것을 말하는 거죠? [땅에 있는] 포석(flagstone)에 뭔가가 있어요. 피, 피예요. 이건 마치 피의 이미지 같아요. 구체적으로 커다란 포석 사이로 흐르고 있는 것 같아요. 그래요, 피의 이미지예요. [그는 잠시 쉬며 한숨짓고는 계속해서 말을 이었다.] 난 그게 뭔지 모르겠어요. 밖에 있는 나무로부터 위협적인 기운이 있는 것 같아요. 흐릿하게, 흐릿하게 나타나면서 방 안을 보고 있어요. 이건 정말이지 이 공간 안에 갇혀 있는 듯한 느낌이군요. 아니면 다른 무언가가 나를 방 안에 가두어 두고 있는 것 같아요. 문뿐만 아니라 나무도 말이에요. 둘 중에 어떤 것이라도 지나치는 것이 무서워요. 난 여전히 이 사진이 싫어요. 내가 문에 대해 무엇을 해야 할까요? 여전히 내 발이 문을 찰 것 같아요."

나는 그에게 문을 차는 상상을 제안했다. 그러자 그는 "이건 정말 강한 문이에요. 내 발 따위에 의해 쉽게 움직일 문이 아니죠. 아마 벽에 부딪히고는 되돌아와서 나를 칠 거예요. 또 이 장소로부터 걸어 나가는데 문이 흔들려서 나를 문과 문틀 사이에 가두고 있는 것이 떠오르기도 해요."라고 대답했다. 내가, 누가 혹은 무엇이 그의 내부에서 문과 연결되고 있는지, 그 공포감을 좀 더 은유적인 단계에서 탐색하고 있을 때, 그는 "문처럼 대답하지도 않고 반응하지도 않았던 누군가가 있었다는 느낌이 들어요."라고 말했다. 나는 그와 문이 대화를 나눈다면 어떨 것 같은지에 대해 물었다. 그는 "문은 삐걱거리는 오래된 경첩처럼 윙윙거릴 거예요."라고 답했다. 사진과 실제로 대화해 볼 것을 제안했을 때는 투덜대면서 말했다. "그 문은 투덜거리고 불평을 말하고 불만을 터뜨리는 것 같아요. 당신이 무엇을 하든지 결코 만족시킬 수 없는 누군가가 있어요. 그 문은 투덜거리며 '당신은 나를 좋아하지 않아. 당신은 절대 나를 보러오지 않아.' 와 같은 것들을 말해요." 그는 이 순간 문으로부터 거리를 둘 필요가 있다고 느꼈다. 그러나 "전 이것이 작은 밀실이라고 생각해요. 큰 방이라기보다는요. 그래서 전 이미 벽이 저를 막고 있다고 느껴요. 벽과 문 사이에 움직일 수 있는 공간이 없어요. 저는 문에 너무 가까이 있어요. 더 멀리 떨어지고 싶은데 이 범위 내에서는 그럴 수가 없어요."라고 말했다. 그가 이렇게 느끼기 때문에 거리를 두는 것은 불가능했다.

나는 그에게 입장을 바꾸어서 문이 한번 되어 보도록 했다. 그는 나무로서의 과거에 대해 느끼고 생각하면서 말했다. 그는 이 문이 스스로의 삶이 없기 때문에 소모되었고 죽었으며 아무도 이 사실을 알아채지 못한다고 말했다. 방 안에 있는 사람(그 자신)과 비교해 보면, 방 안의 사람은 적어도 살아 있고 그가 원하는 곳으로 갈 수 있다. 그는 문 스스로가 갇혀 있고 한 곳에 묶여 있으며 결코 원하지 않았던 것이 되어, 자신의 본성(basic nature)에서 멀어져 버린 것으로 느끼고 있다고 말했다. 나는 이 모든 것을 그가 이전에 문에 대해 느끼는 것을 말했던 것과 비교해 보았을 때 매우 흥미롭다고 생각했다. 그 문이 어머니와의 관계와 연관되어 있다고 했기 때문이다. 나는 우리가 어디를 향하고 있는지 알 수 없었지만, 그의 관심은 오직 문에만 쏠려 있다는 것을 알 수 있었다.

작업이 진행될 때, 그는 자신이 태어난(그리고 입양된) 나라로의 여행을 계획하고 있었다. 그는 양어머니에 대해서 좋은 감정을 느끼고 있지는 않았지만 그녀를 방문하고자 했다. 그리고 그는 그의 친어머니를 찾으려고 노력하고 있었다. 친어머니와 만나서 그가 태어난 지 일주일 만에 입양되었던 이유에 대해 더 알고 싶어 했다.

그는 포석의 피에 대해 언급한 적이 있었다. 이것은 내 호기심을 자극했다. 그래서 나는 그것에 대해 더 물어보았다. “그건 문으로부터 나오는 것 같아요. 아니면 문 뒤쪽으로부터. 막 퍼져 있어요. 문 아래를 덮고는 강처럼 흐르죠.” 나는 피가 그를 향해 흐르는지 그한테서 멀어지고 있는지 물어보았다. “내게서 멀어지고 있어요. 사실은 내 앞을 가로 지르고 있어요.” 나는 그의 대답에 다소 놀랐다. (내가 그의 말을 잘못 들었기 때문이다. 나는 놀란 목소리로 천천히 반복했다. “당신의 앞에 십자가가 있다고요?” 그는 웃으며 내 말을 고쳐 주었다. “십자가(cross)가 아니라[손으로 더하기 모양을 만들면서] 가로지른다(across)고요. 전 안에 서 있어요. 밖을 내다보면서요. 그래서 그 피는 제 앞을 가로질러서 흐르고 있죠. 제 말은 문이 과거에, 아니면 몇 년에 걸쳐서든지 피를 흘렸다는 거예요. 그렇지만 진짜로 피가 흐르는 것 같기 때문에 많은 양의 피가 있었다고 생각해요. 약간은 외상적인 경험이죠.” 우리는 문에 어떤 일이 있었기에 그렇게 많은 피를 흘렸는지에 대한 추적을 계속해 나갔다. 그 순간 우리가 이야기하고 있는 것은 진짜 피에 관한 것이 되었다. 그리고 우리는 그것을 외상에 대한 은유로 관점을 이동했다. “정서적인 고통이죠. 어떤 시점에 일어났던 무언가가 문으로 하여금 피를 흘리게 하고 있어요. 문이 꽤 어렸을 때 말이에요.” 이 시점에서 그는 갑자기 조용해졌고 사진에 의해 최면이 걸린 것 같았다.

‘현실’로 돌아왔을 때, 그는 강력한 무언가를 경험했거나 재경험을 한 것처럼 느꼈다고 말했다. “제게 이전에 일어났던 어떤 경험이요. [왜냐하면] 우리 어머니가 겪은 외상적 경험을 전 알 수가 없죠.” 이때 그는 자신의 내부에서 길을 잃은 것처럼 보였다. 그리고 나무가 갑자기 더 위협적으로 느껴지고 무언가가 일어날 것 같다고 말했다. “학대, 육체적 학대가 있었어요. 그게 계속해서 영향을 미치고 있는 거예요.” 그는 상담을 계속해 나갔다. 나는 그에게 이 과정이 진행되는 동안 할 수 있는 어떤 말이라도 털어놓으라고 요청했다. 그러면 상담이 끝나갈 즈음 되면 무언가 내면의 실마리가 풀리는 것이 안전감의 확신을 주면서 다시 그의 말을 짚어 줄 것이기 때문이었다.

요약하자면, 그는 움직임을 느꼈고, 그가 문으로, 문틀로, 나무쪽으로 가까이 감에 따라, “심한 적대감과 어떤 종류의 학대 또는 신체적 학대”를 느꼈다는 것이다. 그

때 그는 배경에서 어떤 형상을 찾아냈다. “매우 작은 형상이 걸어가고 있어요. [비록] 전 이게 얼마나 인지적으로 합리적인 반응인지는 모르겠지만, 친어머니가 저를 버려두고 걸어가고 있어요. 저를 매우 공포스럽게 하는 두 명의 낯선 사람들을 남겨두고요.”

우리는 꽤 많은 시간을 그의 유년 시절이 어땠고 무엇이 그에게 그런 두려움을 일으켰는지 이야기하면서 보냈다. 그 회기의 첫 부분에서 그는 사진에 반응하며 사진의 다양한 부분에 대해 말을 했다. 나는 그에게 사진의 다양한 부분에 대해 말해 보라고 했다. “당신이 문과 나무와 돌에게 말할 수 있다면 뭐라고 말하겠어요?” 오랫동안의 침묵과 큰 한숨 끝에 그가 말했다. “나는 나 역시도 오랜 시간 동안 한곳에 갇혀 있는 게 지겹다고 말하겠어요. 그렇지만 그들과는 다르게 저는 인간이고, 그래서 움직일 수 있는 잠재성이 있어요.”

CHAPTER

시간이 얼마 남지 않았기 때문에 나는 이 과정의 긍정적인 변화에서 긍정적인 결말을 연결시킬 수 있도록, 그에게 더 집중적으로 사진을 재구성해 보도록 했다. 그러자 그는 “내가 할 수 있는 한 가지는 문에게 자신의 입장을 말해 줘서 고맙다고 말하는 거예요. 내가 ‘그저’ 문이 되는 것에 대한 그의 관점과 생각을 공유하도록 해 준 것에 고마워해야 해요. 그리고 전에는 해 보지 못했던 ‘문과 연결되는 것 같은 느낌’도 받았거든요.”라고 말했다. 그는 문에 대한 공감을 표현했는데, 이것이 그 자신을 놀라게 했다. 동시에 그가 문을 자유롭게 해 주지 못했고 또 변화시키지 못했다고 말함으로써 자신을 문으로부터 분리하기도 했다(문 자체에 대해 느끼는 것은 바꿀 수 있었지만 그 자체를 바꿀 수는 없었다.).

그러고 나서 그는 “전에 나무를 안았던 적이 있어요. 그렇지만 문을 안아 본 적은 없죠. 이 문을 안아 줄래요.”라고 결론지었다. 나는 “이전에도 문을 안고 싶다고 생각한 적이 있었나요?”라고 물었고, 그는 “이 문은 아니에요. 아, 맞아요. 이제 알겠어요.”라고 답했다. “무엇을 알게 되었어요?”라고 묻자, 그는 말했다. “제가 제 어머니를 안고 싶었는지를 의미하는 거죠? 제가 어머니가 되어 느끼는 것에 대한 생각을 해 본 적이 있냐는 거죠? 아니요[머리를 흔들며], 없어요. 그렇지만 그때 나는 거기서 나왔어요, 오직 문 있는 곳까지만요. 그리고는 계속 그 나무를 그곳에 두었어요. 그것의 느낌은…….”

그가 생각에 잠긴 것 같았기 때문에 나는 잠시 기다렸다가 문장을 완성해 보라고 했다. “거기 있는 나무 말이에요, 느낌이 ________. 그 나무가 ‘나는 나무야, 그리고 나는 ________.’ 라고 말해봐요.” 그러자 그는 “나는 나무예요. 나는 당신을 나가게 하고 싶지 않아요. [왜냐하면] 나는 내가 있는 곳에 뿌리박고 있는 것과 같은 방식으로 당신을 지금 당신이 있는 곳에 있게 하고 싶어요.”라고 완성했다. 그리고 내가 “왜냐하면 당신이 나가면 ________.”이라고 말하자, 그는 [여전히 나무에게 말하면서] “만약 당신이 나가면 내가 누구를 봐야 하나요? 내가 누구에게 말해야 하나요?”라고 완성했다. 왜 나무가 문에게 말할 수 없는지 묻자, 그는 “안 돼요. 그 오래되고 죽은 것에게 말하라고요? 안 돼요. 나는 나무와 문이 몇 년 동안 얘기하지 않았다고 생각해요.”라고 답했다. 나는 나무가 어떻게 느낄지에 대해 물었고, 그는 대답했다. “슬퍼요. 슬프고 슬프고 또 슬퍼요. 둘 다 슬퍼요. 맞아요, 나무와 문 사이의 대화 단절이 나에게 실제로 일어난 적은 없어요. 나는 나무가 문에게 혹은 문이 나무에게 말하고 싶어 한다고 생각조차 해 본 적이 없어요. 나무는 문을 바라보고 있지만 문은 안을 향하고 있어요. 거리로부터 벗어나 아무것도 쳐다보지 않은 채로 말이에요.”

다양한 층과 광범위한 가능성들이 이 회기 때 드러났다. 문과 나무가 두 개 혹은 세 개의 역할을 동시에 하는 것 같았다. 어떤 단계에서 매튜와 문은 아들과 양어머니의 입장에서 대화하였다. 이때 깊숙한 분노의 감정과 갇히는 것에 대한 두려움이 그 관계에 포함되는 것 같았다. 다른 단계에서는 특히 동굴이나 자궁 같은 어두운 곳에 둘러싸인 빛이 스며드는 입구, 피의 강, 의도와는 다르게 된 움직임, 제한되고 어두운 장소로부터 나오려는 노력 같은 원형적인 심상의 맥락을 이용하였는데, 나는 이를 통해 그의 출산과정(난산이었거나 출혈이 많았는가? 출산을 원하지 않았거나 저항했는가? 외상적이었는가?)이나 입양(부모에게 맞았는가? 사랑받지 못했는가? 버림받았는가? 학대받았는가?)에 대한 초기 기억을 밝히려고 노력하는 수밖에 없었다.

만약 이 회기가 그의 출산과정에 대한 것이었다면 문과 현관이 무엇을 하고 무엇을 말할지에 대해 그가 언급했던 모든 것은 의사소통에 훨씬 더 도움이 되었다(문을 차고 싶어 하고 치웠으면 하고 바란 것, 갇혔다고 느끼고 그것을 지나갈 수 없었던 것, 움직일 수 있는 공간이 없다고 생각한 것, 문과 너무 가까이 있어서 멀어질 수 없다고 한 것, 그 입구가 갈라진 나무에 의해 가로막힌 채 그를 가로질러서 피가 흐르는 것 등). 특히 그가 모든 감정들을 양어머니라고 예상되는 '어머니' 라는 개념에 가까이 연결시켰을 때 말이다(그러나 나는 이에 대해 확신할 수 없었다.).

대신에 우리가 과거 학대 경험을 다루었다면, 똑같이 중요한 이야기가 다른 관점을 지니게 되었을 것이다. 요점은 이 대화에서 우리 중 누구도 답을 몰랐다는 것이다. 만약 문이 그의 어머니라면 아버지가 나무라는 것을 상상하기는 너무 쉽지 않은가? 그는 이 첫 회기의 끝에 그의 초기의 부정적인 반응은 나무가 아닌 문에게 나타났다고 말했다. 그러나 그는 나무가 '어렴풋이 나타나는 것' 에 대해 무서워했다. 그는 "오늘 내가 본 나무에 대한 위협은 실제론 거기 없었거나 문지방 아래에 있었어요[처음으로 사진을 봤을 때]. 문을 향한 분노는 사라졌어요. 문에 대한 공감의 느낌과 마음으로의 연결, 이것과 짝을 이룬 슬픔이 있죠. 처음에 전 나무의 속성을 이해하지 못했어요. 전 나무의 관점을 제대로 이해하지 못하고는 위협을 느끼고 잠겨서 갇혔다고 느꼈죠. 문이 어떻게 반응할지 혹은 문이 반드시 반응해야 한다는 제 기대에 사로잡혀서요." 이러한 의미의 모든 층위가 잠재적으로 탐색 가능했고, 이야기의 심상이 더 좁혀지게 될 때까지는 모든 선택이 열린 채로 남아 있었다. 이것이 바로 투사적 사진치료가 작동하는 방법이다. 즉, 거대한 패턴이 드러나기 시작할 때까지 밑바탕이 되는 모든 실은 계속해서 날줄과 씨줄로 엮인다.

나는 그에게 이제 문에게 어떤 말을 할 것인지 물었다. 그는 "나는 어머니에게 말하고 있어요. 과거에 내가 당신과 시간을 보내지 못하고 함께 있는 것을 즐기지 못했던 이유는 진정한 나 자신이 아니라, 항상 당신이 내게 당신의 감정을 강요하고 당신이 원하는 사람이 되도록 혹은 원하는 행동을 하도록 했기 때문이에요."라고 답했다. 나는 그가 지금껏 들어 보지 못한 어떤 말을 문이 하고 싶어 할지 물어보았고, 그는 다음과 같이 답했다. "문이 저를 사랑한다는 거요. 그게 메시지예요. 절 사랑하고 제게 무엇이 최선의 길인지 알고 싶어 해요. 저로부터의 메시지는 당신이 저에게 최선이라고 생각하는 방법이 제 입장에서는 대개 최선이 아니었다는 것이에요. [저는 반드시] 저 자신이어야 해요. 제가 당신이 원하는 사람이 되는 척을 해서는 안 되지 않나요? 문은 어쨌든 저를 여전히 사랑해요. 그리고 제가 그것을 이해하지 못했어요. 저는 그녀가 저를 사랑한다는 것을 이해하지 못했어요. 제가 저고, 제 갈 길을 가고, 저 자신이기를 여전히 주장했겠지만, 여전히 그녀가 절 사랑한다는 것을 이해하지 못했어요. 그게 그녀를 잃게 만든 것 같아요. 그녀가 다소 위축되어 있었기에 그녀의 사랑이 항상 조건적인 사랑이라고 느꼈던 것 같아요."

이미 전에 질문한 적이 있던 이 사진의 제목을 어떻게 지을 것인가라는 질문에 대해 그는 이제야 대답했다. "마음에 떠오르는 첫 번째 제목은 '탈출구(Exits)' 예요. [그러나] 그것은 어떤 일이 벌어지는지를 잘 담아내지 못하고 있는 것 같아요. 사진에 대한 이야기를 통해 알게 된 것은 탈출구 이상의 것이에요. 문은 이제 좋은 것이죠. 현관은 접근할 수 있는 것이고요. 그렇지만 저는 여전히 나무를 지나칠 수 없어요. 이 자체만으로 또 다른 상담이 필요할 것 같아요. 나무는 여전히 무서워 보여요. 문은 더 이상 위협적이지 않아요. 제게 다음 단계는 나무 이미지로 작업하는 게 될 것 같아요. 적어도 저는 이제 현관에 서 있어요. 진짜 앞으로 나갈 수 있는 단계가 된 거죠. [그러나] 이 한 장의 사진에는 앞으로 다뤄야 할 많은 것들이 남아 있어요!"

우리는 일상적으로 하는 요약(summarizing)과 반영(reflecting)으로 회기를 끝냈고, 그의 양부모님을 방문하기 위해서 곧 떠날 해외 여행에 대해 이야기를 나누었다. 그는 양아버지와의 관계를 더 중립적이고 편안하게 느끼게 되었다고 했다. 양어머니가 몇 번의 뇌졸중으로 인해 더 이상 편지를 쓸 수 없어서 전화로 연락하는 것이 늘어났을 때 이후로 말이다. 그녀는 아팠고, 매튜는 어머니의 기억에 대해 더 이상 신뢰할 수 없다는 것에 유감을 표했다. 따라서 그의 친가족과 어린 시절에 대한 부가적인 정보를 얻을 기회가 사라진 것이었다.

나는 중요하다고 생각하는 가족의 앨범 사진을 인화해 올 것과 사진찍기 과제를 내주었다. 또한 나는 그가 친어머니를 찾게 되면 누군가에게 부탁해서 같이 사진을 찍어올 것을 부탁했다. 그의 실제 출생에 대한 구체적인 것들을 찾아올 것도 함께 요청했다. 나는 난산과 연관된 나의 육감을 강요하지는 않았다. 그것은 그 시점에서 단지 나의 추측에 불과할 뿐이었기 때문이었다. 만약 그것이 사실이라면 초기의 사건과 자기 자신에 대한 무의식적인 지각을 연결시키는 것이 나을 것이었다. 나는 마지막으로 그의 느낌을 확인하고 회기를 끝냈다. 그의 대답은 상담을 끝내도 된다는 나의 판단을 확실히 뒷받침해 주었다. "나쁘게 느끼지 않았어요. 내면이 따뜻해진 것 같아요. 분노도 없고요. [그리고] 끝났다는 느낌이 들어요."

몇 달 후 매튜는 계속 사진치료 작업을 하기 위해 예약을 했다. 우리의 마지막 회기 이후로, 그는 양부모를 방문했다. 그는 양부모와의 만남을 이렇게 표현했다. "출발 전에 저는 그녀의 마음이 사라지고 있다고, 그녀의 기억이 사라지고 있다고, 그녀가 치매에 걸렸다고 들었어요. 그래서 여행을 가면서 저는 무섭고 떨렸지요. 그러나 도착했을 때는 그녀에게 남아 있는 마음과 기억이 그녀의 좋은 측면이라는 것을 알았어요. 온화함과 삶에 대한 열정이 남아 있었지요. 그리고 조종하려고 했던 면은 사라졌어요. 그래서 그녀에게 마음을 열고 함께 있는 것이 쉬웠어요. 우리가 이전에 다루었던 것들이 그동안 해 왔던 작업의 과정에서 잘 풀린 것 같아요. 그래서 그녀와 함께 있으면서 즐겁게 해 줄 수 있었고 그녀도 저와 있는 것을 처음으로 기뻐했어요. 저 자신을 항상 보호하려고 했던 대신에 말이에요."

그는 여행 중에 친어머니를 찾았다는 사실에 대해서도 꽤 즐거워하며 말해 주었다. 친어머니는 그의 등장을 환영해 주고 좋은 시간을 보내고 알고 싶었던 것들도 해소해 주었다. "정말 흥분되었어요. 그녀를 찾는 과정에서 전 여행에서의 첫 열흘을 절망스럽게 보냈지만 그 과정도 흥미진진했어요." 두 사람은 많은 시간을 함께 보냈고 그는 그의 출생에 대해 알아낼 수 있었다. "저를 임신했을 때, 그녀가 끔찍한 시간을 보냈다는 것을 알았어요. 그녀는 제가 태어나기 네 달 전부터 임신중독증(toxemia)을 앓고 있었어요. 이번 여름에 그녀를 만나서 출생 시의 상황에 대해 물었어요. 그녀는 아무것도 기억할 수가 없대요. 그녀는 기억하지 못했어요. [왜냐하면] 정신이 없었으니까요."

"저는 병원에 가서 병원 기록을 읽었어요. 제가 태어날 때 거꾸로 누워 있어서 저를 돌려야 했대요. 그리고 의료진들은 저를 나오게 하기 위해 겸자를 사용했대요. 정말 난산이었던 거죠. 어머니는 제가 태어난 후로 병원에 한 달을 꼬박 있으셔야 했고 그때 당시 매우 아프셨어요." 매튜는 자신이 아픈 어머니에게서 태어났다는 것을 알았다. 그의 몸은 날카로운 도구에 의해 다른 위치로 돌려졌고, 또 겸자에 의해 잡아

당겨져 나왔다. 이것은 그를 사로잡았던 사진의 강렬함과 관계있을 수도 있다. 어쩌면 아닐 수도 있다. 완전히 확실하게 알 방법은 없을지라도, 내담자에게 말이 되고 생생하게 느껴진다고 지각되는 현실은 치료적이다.

매튜는 또 휴일을 보내고 몇 장의 사진들을 더 가져왔다. 사진 중 하나의 구도는 우리가 작업했던 사진의 구도와 매우 유사했다. 그가 사진을 찍을 때는 알아차리지 못했더라도 말이다. 나는 그가 사진을 기념품처럼 모두 함께 보여 줬기 때문에 이 사실에 대해 알 수 있었다. 그리고 내가 잠깐 쉬며 그가 찍은 사진의 구도에 대해 물었을 때에야 비로소 갑자기, 그가 고른 사진과 그가 찍은 사진에서 같은 패턴이 반복되고 있음을 깨달았다.

사진(〈사진 3-11〉)은 그가 어렸을 때 시간 보내는 것을 즐겼고, 여행 중 기꺼이 방문하기를 원했던 특별한 장소였다. "제가 어렸을 때 살았던 곳 근처에 오래된 교회가 있었는데 계속해서 그 교회가 생각나면서 다시 그곳을 찾고 싶은 생각이 들었어요. 그런데 교회 건너편에 있는 오래된 성에 더 끌렸어요. 그래서 폐허들 주변을 오르면서 이 사진을 찍었죠. 이건 교회의 첨탑을 보여 줘요. 이 사진의 구도를 잡는 데 꽤 많은 시간을 썼어요. 교회 첨탑에서 얻었던 바로 그 사진을 찍었을 때의 느낌을 얻기 위해서요."

나는 그에게 이 장면의 구도를 잡기 위해 얼마나 신중했는지 물었다. 왜냐하면 나에게는 그것이 앞에서 그가 선택했던 그 사진의 요소들 — 어두운 검은색, 무거운 듯한 문과 벽, 위로 향하고 있는 포석, 약간만 개방하고 있는 주변 환경 — 이 강하게 반복되고 있다고 느껴졌기 때문이었다. 유일한 차이점은 어렴풋이 보이는 나무가 없다는 것이었다. 단지 조그만 첨탑이 배경으로 있었다(내 사진에서 멀리 있는 형상과 유사한).

나의 이러한 지각들이 나만의 독특한 관점일 뿐 절대적인 것은 아니라고 매튜에게 이야기했을 때, 그는 "당신도 알듯이 당신이 보기 전까지 저도 볼 수 없었어요. 당신이 지적하기 전까지는 다른 사진과의 유사성을 보지 못했어요."라고 답했다. 나는 "그렇지만 그건 제 지각이에요. 그게 당신에게 맞았나요?"라고 대답했다. 그는 "네. 완벽하게 맞아요. 저는 그전에 보지를 못했어요. 저는 사진의 구도를 잡을 때 확실히

ⓒ 1990 Matthew D. 사진 3-11

ⓒ 1990 Matthew D. 사진 3-12

CHAPTER 1 2 3 4 5 6 7 8

그것에 대해 생각해 보질 못했어요. 그렇지만 두 번째 사진에 대해서 생각했을 때는 말이 되는군요. 다른 사진은 제가 여전히 작업하고 있는 원본 사진(〈사진 3-8〉)을 [훨씬] 더 생각나게 하네요." 두 번째 사진인 〈사진 3-12〉는 그의 사무실 현관에서 창문을 향해 찍은 것이다.

"한 장의 필름이 남아 있었는데 마침 카메라를 직장에 가지고 갔어요. 그래서 이것이 마지막 사진으로 좋겠다고 생각했지요. 전 사진을 찍을 대상을 찾기 위해 밖으로 나가고 싶지 않았어요. 한 번도 사무실 안에서 사진을 찍어 본 적이 없었기 때문에 사무실 창문으로 내다보이는 장면을 찍기로 했지요. 그리고 곧 대학을 떠날 것이기 때문에 내가 있었던 곳에 대한 추억을 담는데도 좋은 방법이라는 생각이 들었어요. 전 이 사무실에서 일하면서 많은 어려움을 겪었어요. 사무실에서 결코 편안한 분위기를 느꼈던 적이 없어요. 바닥에 깔개와 화분을 두는 것으로 조금 나아지기는 했지만 항상 억압받는 기분이 들었죠. 사진을 인화해서 보았을 때, '이거야!' 라는 느낌은 없었어요. 그래서 내가 무언가를 깨닫기 전까지 사진을 재구성하기가 어려웠어요. 전 사진들을 보고는 덮어 두었어요. 그게 복사본 [우리의 첫 번째 회기를 찍었던 비디오의 복사본]을 본 이후였는지 아니었는지는 잘 모르겠어요. 그렇지만 그 사진에 뭔가가 있음을 알아차리고 그것을 다시 꺼내 보았지요. 그리고는 불빛이 비치는 현관[열려 있는 창문(window opening)] 밖에 갈라진 나무가 있다는 것을 알아차렸어요. 워크숍에서 봤던 원래 사진에서 특히 강렬했던 무언가가 창문과 나무의 배치에서도 있는 거죠. 저는 이 사진이 저를 매혹시키는 힘이 내적인 심리적 과정 때문에 나오는 거라고 생각해요. 즉, 어렸을 때 일어난 무언가와 '관련 있는' 것이요!"

그러나 이것이 내가 찍었던 사진을 마지막으로 보았던 때는 아니었다. 매튜가 자신이 찍은 두 장의 사진과 내 사진을 비교했을 때, 그는 사진(〈사진 3-8〉)을 다시 보면서 강한 정서적인 반응을 또다시 느꼈다. 특히 나무줄기에 대한 반응에서. "저 나무줄기는 저를 무섭게 해요. 나무줄기가 저를 덮치려고 다가오고 있거든요. 참 놀랍네요. 문은 더 이상 힘을 갖고 있지 않아요. 문은 문일 뿐이에요. 이 사진의 파워는 정말 놀라워요. 이번에 이게 무언가를 할 것 같진 않아요. 왜냐하면 저는 이제 아버지와의 관계가 좋거든요. 만일 이게 아버지를 나타낸다면 사진의 힘은 줄어들어야 하는데, 지금 보니 그렇지가 않네요. 아직도 저 나무의 몸통은 저를 무섭게 해요. [그는 사진을 향해 농담 반으로 으르렁거리는 소리를 냈다.] 으르렁!"

그러나 적어도 사진치료 작업에서 그렇게 간단하게 일대일 대응관계가 이루어지는 일은 드물다는 것을 나는 이미 경험으로 알고 있었다. 즉, 사진은 여전히 매튜에게 부가적인 힘이나 영향을 미쳤다. 그 역시 사진이 그에게 다른 기억들을 불러일으킨다는 것을 느끼고 있었다. 특히 누군가가 맞은 것을 보거나 다른 누군가의 피범벅인 출산이나 고문, 박해를 목격하는 것을 말이다. "불쑥 나타난 이 불쾌한 검은 나무는 여기에 어떤 학대가 있었다는 의심이 들게 만들어요. 나는 어린 시절의 학대에 대한 기억이 없어요. 그렇지만 이 나무 주변에는 있는 것 같은 느낌이 드네요."라고 깊게 한숨지으며 그가 말했다.

매튜는 그의 아버지가 다소 수동적이고 조용했던 것을 기억해 냈다. 아버지는 그리 애정을 보여 주시진 않으셨지만, 여전히 아들에 대해 관심을 보였다. 따라서 매튜는 아버지에게서 학대를 의심해 보기는 힘들다고 생각했다. 그러나 그는 그럼에도 뭔가가 일어났다는 강한 느낌을 가지고 있었다. 그래서 우리는 나의 원래 사진으로 다시 작업할 다른 회기를 계획하고는 특히 나무의 몸통에 대해 집중적으로 다루기로 했다. 이제 그는 몇 시간 떨어진 곳에 살고 있었기 때문에 우리가 다시 만나기까지는 몇 달이 걸렸다.

매튜는 다음 회기에서 "지난번에 우리는 사진 속의 문을 지나서 문밖으로 나가려고 하다가 나무를 직면하는 데까지 상담을 했어요."라며 말문을 열었다. 그는 사진을 보면서 사진이 파워를 잃었을까 걱정했지만 그렇지 않았다. 2년 동안 작업을 했지만, 원본 사진은 여전히 거북한 느낌을 불러일으켰다. 매튜는 이에 대해 '섬뜩한—정말로 두려운' 이라고 묘사했다. 그는 사진으로 다시 들어가는 것에 대한 두려움과 슬픔을 표현했다. 물론 무엇이 거기 있는지 알아냈을 때 뒤따르는 불쾌한 결과에 대해서도 걱정했다. 그는 만약 나무가 그를 '발견해 낸다면' 그건 신체적으로 위험할 것, 마치 맞는 듯한 느낌이 들 것이라고 말했다.

CHAPTER

나는 이전에 사용했던 것보다 더 기본적인 퇴행기법을 포함하여 더 깊은 최면을 그에게 시도했다. 그리고 그가 잠시 동안 사진 속 방의 아이가 '되도록' 했다. 그의 반응은 바로 일어났다. 그는 사진을 아주 세게 테이블 아래로 던졌다. "이게 절 때릴 거예요."라고 그가 이를 갈며 재빨리 외쳤다. 그리고는 "이게 바로 그거예요. 저를 못 박을 거예요[그리고 엄청난 타격을 가할 것을 암시했다]."라고 했다. "뭐 때문에요?"라고 내가 물었다. 그는 "누군가가 매우 화났어요. 제게 매우 화났어요. 난 그 이유를 모르겠어요."라고 대답했다. 그는 빈 방 안의 요람 근처에서 대략 두 살 때의 자아를 마주하며, "내가 웅크리고 있거나 맞아서 드러누워 있어요."라고 말했다. 그를 향해 다가오고 있는 손에 대해 묘사해 달라고 했을 때, 그는 깊게 한숨지으면서 당황해하며 말했다. "앞뒤로 움직이는 것 같아요. 남자의 손과 여자의 손 사이에서요."

우리는 그 방과 그의 신체적 감각에 대해 탐색하는 것을 몇 분 동안 계속해서 했다. 그것이 누구의 손인지 알 수 없었기 때문에, 나는 방 안의 거울로 다가가 그것이 무엇처럼 보이고 그의 뒤에 누가 다가오고 있는지 볼 것을 제안했다. 그렇게 함으로써 그의 유아 시절에 있었을 것 같은 학대에 대한 탐색이 이루어졌다. 그리고 매튜는 부모 중에 누구도 그를 다치게 하지 않았다는 것을 계속해서 표현했다. 그는 또한 매질이 예상치 못하게 자주 일어났다는 것을 확신했다. 그는 자신이 왜 맞아야 하는지 몰랐고, 어떤 식으로든 '나쁜' 행동과 연결시키지 못했기 때문에 두려움을 느꼈다. 그리고 그러한 매질은 항상 경고 없이 이루어져서 불합리하게 느껴졌다. 그는 나중에 "이게 바로 친밀감 같은 온갖 종류의 것들을 방해한 거예요. 주로 다른 사람과 그들의 분노를 다루는 방법이지요. 어린 시절 저는 두려움을 느끼고 너무 쉽게 폭발했기 때문에 [여전히] 어른으로서 사는 것과 화난 사람을 다루는 것에 큰 어려움을 겪고 있어요."라고 말했다. 그는 상처받을까 봐 다른 사람을 진심으로 믿는 것에 대한 크나큰 두려움이 있다고 말했다. 그래서 화가 날까 두려워지거나 스스로에게 혹은 타인에게 화가 나서 자신의 진짜 감정을 느끼게 되면 미칠 듯이 되는 것이다.

여전히 트랜스 상태에 있으면서도 매튜는 사진을 다시 보았다. 그는 그 사진이 3차원적이고 현관을 통해 그를 향하여 움직이고 있다고 생각했다. 그는 놀랐다. 그가 사진에 대한 통제력을 회복할 수 있도록 나는 그가 보고 있는 것을 묘사할 것을 요청했다. 그는 하얗고 반짝이는 반창고와 검고 불쾌한 감촉에 대해 구체적인 사항들을 표현하였다. "거기서 잠시 동안만. 나무의 몸통에 어떤 모양이 있어요. 내게 성질 고약했던 친할머니를 연상시켜요. 그녀는 내면에 너무 많은 증오와 분노를 가지고 있었어요. 제 아버지는 [어머니로서] 그녀가 끔찍했다고 말했어요. 그녀는 매우 어두운 피부를 가졌어요. 집시처럼 보였죠. 매우 검은 머리와 꿰뚫어 보는 듯한 눈, 아주 어두운 눈, 그리고 집시가 할 것 같은 귀걸이와 스카프를 했어요. 나는 그녀가 뭔가를 딸랑거릴 때의 느낌을 느낄 수 있어요. 아마 팔찌나 발찌에 의해서겠죠. 어둡고 나이 든 손이라 주름이 생기기 시작했어요." 나는 이 어둡고 주름지고 때로는 반짝이는 손에 대해 또 다른 육감을 받았다. 그러나 매튜의 지각과정에 끼어들고 싶지는 않아서 살짝 옆으로 비켜서기로 했다. "큰 손인가요, 작은 손인가요?" "커요." "특히 남자 손 같나요, 여자 손 같나요?" (이것은 내가 알고 싶었던 것이 아니었다.) "둘 중 하나인 게 확실해요. 여자의 손은 아니에요. 그렇지만 남자 손이라고 하기에는 조금 작아요."

계속해서 매튜는 할머니에 대해 더 묘사했다. 그가 할머니나 할머니의 집에 대해서 생각할 때, 그는 진짜로 바로 내 앞에서 어린아이 자세로 쭈그리고 앉아 있었다. 그는 할머니의 거실에 있는 오래된 말털 소파에 앉아 갑작스럽게 맞았고, (기대하지 못했고 정당하지 못한) 그러한 폭력적 행동에 두려움을 느꼈던 때까지 거슬러 올라갔다. 그 행동은 여성의 손도 아니고 남성의 손도 아닌 손에 의해 이루어졌고, 그의 마음에서 아버지와 연결되어 있었다. 매튜는 폭발적인 위험 앞에 완전히 무력하게 되었다. 만약 문이 어머니라면, 그는 나무를 꽤 부드럽다고 알고 있는 아버지에 대한 비밀을 깊이 숨겨 둔 어떤 것으로 기대하고 있는 셈이다. 그러나 지금까지 그는 이 나무를 '여성'이었다고 말했던 것이다.

말할 것도 없이, 그러한 경험은 매튜가 정서적으로 자유로워지는 것을 막고 있었다. 그래서 나는 그 스스로 나무의 힘을 무력화(neutralize)할 수 있는 방법을 찾도록 다른 최면요법을 사용했다. 그는 이전에 나무를 걷어차기가 두렵다고 했다. 왜냐하면 효과도 없을 것 같고, 그가 얼마나 자신을 싫어하는지 나무가 알 것 같기 때문이었다. 이제 안전한 환경 속에서 그는 원래 가지고 있던 아주 강한 공포를 그대로 재경험하는 위험을 무릅쓰기로 결심했다. 그를 자유롭게 해 줄 통로를 찾기 위해서였다.

그가 첫 번째 회기 때 문이 되었던 것과 비슷하게, 첫 단계는 놀랍게도 그가 나무 자체가 되어 보는 것이었다. 나무의 삶과 감정에 대해 살피는 과정에서 그는 나무가 자라면서 구부러지고, 비뚤어지고, 균형을 잃고, 불안정하게 되었다는 것을 알아냈다. 작은 묘목(또는 아기)일 때 받은 학대 때문이었다. "나(나무)는 비비 꼬이게 되었어요. 자라면서 분노와 악의, 증오로 가득 차서 정말 혐오스럽게 되었지요." 현관에서 무엇을 하고 있는지에 대해 묻자, '나무'는 대답했다. "별로 하는 건 없어요. 그냥 거기에 서 있는 거죠. 그렇지만 현관 안에서 아이가 저를 보고 무서워한다는 것을 알 수 있어요. 그리고 전 거기에서 야비하게도 즐거움을 느끼고 있죠." 왜일까? "왜냐하면 그때 저는 힘을 가지고 있거든요. 무언가를 바꾸거나 달라지게 하는 데에는 힘이 없지만 그 아이를 겁줄 수는 있어요."

그다음 내가 나무에게 왜 아이에 대해 그렇게 화가 나는지 묻자, '나무'(매튜)는 즉시 대답했다. "왜냐하면 그 아이는 가족이 아니거든요. 피가 섞인 관계가 아니에요. 그 아이는 입양아예요. 남이나 다름없어요. 가족이 아니죠." "아이가 그것에 대해 알고 있나요?"라고 내가 묻자, 그 나무/할머니는 "아직은 아니에요. 그렇지만 그 아이가 알도록 내가 할 거예요."라고 했다. 나무/그녀는 충분히 딱 맞아떨어지는 한두 가지의 설명을 덧붙였다. "그런 것은 제게 잘못된 기쁨을 주죠. 그리고 그건 제가 얻는 유일한 즐거움이에요. 만일 아이가 이것에 대해 안다면 그에게 너무 상처가 되겠죠. 그리고 그렇게 함으로써 아이와 엄마 사이도 나빠질 겁니다." 매튜는 할머니와 아버지(매튜의 양아버지) 사이가 끔찍하게 나빴던 것에 대해 설명하면서 여러 가지 것들을 연결시켜 나갔고, 어린 손자와 며느리의 관계에 긴장을 가하는 것이 그녀를 즐겁게 만드는 것처럼 보인다고 설명했다. 자신이 손자를 해치고 있다는 것을 아들이 안다면 어떻게 느꼈을지 묻자, '그녀는' 대답했다. "나는 아들이 이 일을 절대 알 수 없도록 할 거예요. 그가 없을 때 할 거니까요. 아이는 증오와 분노, 두려움을 느끼며 자랄 거예요."

이런 식의 반응은 많은 함의를 지니고 있었다. 여전히 깊은 트랜스 상태에 있는 매튜는 이 새로운 발견에 압도되어 있는 것이 분명했다. 나는 그가 더 적극적인 위치로 움직여서 그를 지배하고 있는 힘을 무력화시키길 원했다. 그래서 나는 나무에게 아이가 자라서 어떤 보복을 할지 두렵지 않느냐고 물었다. "전 그 아이가 돌아와서 제게 뭘 할지에 대해 생각해 본 적이 없어요." (목소리가 정말로 놀란 것 같았다.) "그는 아이로 평생 머물지 않아요. 그는 그 분노를 기억해 낼 거예요. 그는 그 분노가 어디에서 나오는 건지 모를 수도 있어요. 그렇지만 그가 알아낸다면, 그리고 당신이 여전히 주위에 있다면 어떤 일이 일어날지 두렵지 않나요?"라고 내가 덧붙였다. 나는 '그런 일이 더 이상 먹혀 들어가게 하지 않겠다.'는 결심을 매튜가 하자마자, 매튜가 그 노파의 힘을 막을 수 있다는 생각을 하길 원했다.

그는 깊게 한숨을 쉬더니, 천천히 목소리를 크게 올리며 말하기 시작했다. "이 년, 이 조그만 암컷아. 이 나무는 썩어 가고 있어. 이건 단지 껍데기일 뿐이야. 중심부는 죽었고 죽어 가고 있어. 정말 작은 힘이라도 가해진다면 땅에 처박힐 거야. 나는 그저 네가 넘어질 때 그 아래 있지 않도록 조심하기만 하면 돼." 그는 그의 앞에 있는 무언가를 보았다. 나에게는 보이지 않았지만 그에게는 분명히 실물 크기의 나무였다. "이제 넘어지기 시작해요. 동시에 이미지가 변하고 있어요[매우 가늘고 흔들리고 감정이 실린 목소리로 말하면서]. 나무와 나무의 이미지가 이제는 그 껍데기로부터 나오는 한 남자의 이미지가 되었어요. 그는 날고 있어요. [매튜는 흐느끼기 시작했다.] 그가 날아요!" 매튜는 안경을 벗고 눈을 훔치며 한참 동안을 울었다. 그리고는 코를 풀고 안경을 다시 쓴 후, 사진을 다시 집어 들고는 곰곰이 살폈다. 그리고 나를 보며 "고마워요."라고 말했다.

나는 막 일어났던 것에 사로잡혀서 그에게 자세히 알려 달라고 부탁했다. 그는 "나무가 되어 이야기하는 과정에서 그것은 몹시 역겹고 비비 꼬인 오래된 나무라는 걸 알았어요. 그리고 내가 보고 있는 것은 허울, 그러니까 단지 껍데기일 뿐이고, 겉만 남은 것뿐이라는 걸 깨닫게 되었지요. 나무 내부는 전부 썩고 무너지고 있었고 힘없이 죽어 가고 있었어요. 나무는 뒤로 넘어갔다가 비틀거리다가 무너지기 때문에 불안하게 보였던 거지요. 내가 해야 했던 것은 걷어차는 게 아니었어요. 그냥 밀기만 해도 됐지요. [크게] 말하지는 않았지만, 전 그걸 발로 치자마자 그걸 발로 찰 필요가 없었다는 것을 깨달았어요. 살짝 밀기만 해도 됐던 거죠. 그게 쓰러지자, 전 나무가 쓰러진 데 책임이 없다는 것을 확신하게 되었죠. 제 마음의 눈으로 보았을 때, 나무가 땅에 떨어지고 더럽혀지는 것을 실제로 보진 않았어요. 남자 형상을 한 천사의 모습으로 바뀌었거든요. 날고 있는 그의 양 어깨에서 날개가 돋아났고 문을 통해 완전히 날아가 버렸어요. 저는 그 형상이 저를 상징한다고 느꼈어요. 자라서 과거의 일을 되돌아보고, 저를 쓰러뜨리려 했던 것들로부터 자유로워지는 것, 다른 사람의 분노를 다룰 때의 두려움, 전에 나타나지 않았던 것을 다루는 두려움, 제 삶과 제 일과 제 관계에 열정적이 되는 것에 대한 두려움, 그리고 헌신, 어떤 일을 하든 전심전력을 다 하겠다고 저 자신과 약속하는 것에 대한 두려움."

그는 생기를 되찾은 것 같았고 홀가분해 보였다. 나는 그가 자연적으로 최면 상태에서 스스로 깨어났을 때 더 이상의 깊은 작업이 필요하지 않다고 느꼈다. 나는 그 회기를 끝내려고 하면서 무엇이 일어났는지에 대해 되돌아보고 요약해 보자고 제안했다. 그는 이 과정에서 다른 연관점을 찾아냈다고 말했다. 그것은 표현하지 못했던 분노와 직접적으로 연결된 두 가지의 형상이 모두 여성이었다는 것이었다.

그는 이것이 과거에 여성과 정서적으로 강한 관계를 유지하는 데 어려움을 불러일으켰던 것 같다고 말했다. 따라서 앞으로는 이것이 그렇게 큰 문제가 되지 않을 수도 있다는 말을 덧붙였다. 그는 어떤 사람에게 화를 낼 수도 있고 사람들이 그에게 화를 낼 수도 있다. 그러나 다른 사람들이 여전히 그를 사랑한다는 것을 이제는 안다.

나는 지난 이 경험에서 문에 대해 작업했던 것과는 다른 점을 발견했다. 문에 대한 작업에서는 문을 가지고 정보를 탐색했지만, 이번 회기에서 나는 무대를 만들고는 문제가 스스로 드러나고 무언가가 떠올려지도록 했던 것이다. 그는 나무를 쓰러뜨린 순간 편안해졌고, 학대에 대해서도 더 이상 탐색할 필요가 없다는 생각이 든다고 말했다. 그가 원한다면 언제든지 다른 상담 회기를 가질 수 있다는 조건을 말해 주고는 이번 상담을 마치기로 했다.

매튜에게 있어서 현관을 가로막고 있던 갈라진 나무줄기는 동시에 여러 가지 의미를 가지고 있었다. 즉, 기억하지 못하는 출생에 대한 트라우마, 유아기 때의 학대, 어린 시절 공포에 대한 강한 기억, 이러한 제약들에 의해 가로막혔던 자신의 삶에 대한 상징(그리고 그것들에 대한 자신의 인정)이었다. 상담에 있어서 매튜의 목표는 그가 그 사진을 봤을 때 심리적인 긴장감을 더 이상 느낄 수 없을 때까지 작업하는 것이었다. 사진치료기법을 사용하게 되었을 때, 한 장의 사진이 이렇게 강력하고 유익한 결과를 가져온다는 것은 놀라운 일이 아니다. 이러한 사진의 동시적 효과에 대해 회의적이었던 매튜는 그러나 이제 자신의 일에서도 이러한 기술을 매우 열성적으로 사용하고 있다.

사례 연습 SAMPLE EXERCISES

주제와 내용 면에서 다양한 많은 사진들을 모아 놓고 시작한다. 실물 사진이 없다면 오래된 잡지를 이용해 사진을 수집하라.

1. 어떻게 이런 선택을 했는지 심사숙고하면서 함께 묶을 수 있는 사진들끼리 그룹을 만들어라.

2. 당신에게서 가장 강한 감정을 불러일으키거나 오늘 어떻게 느끼는지에 대해 가장 잘 표현하는 사진을 골라라. 특히 매력적이거나 혐오적인 사진이 무엇인지 기록하라.
3. 가지고 싶거나 다른 사람에게 선물로 주고 싶은 사진을 골라라.
4. 당신에게 가장 흥미로운(당신을 부르는 것 같거나, 당신을 웃게 만들거나, 당신이 더 알고 싶게 만드는) 사진들이나 계속 돌아가서 보고 싶게 만드는 사진을 골라라.
5. 반발감이 일거나 무섭게 하는 사진이나 절대 말하고 싶지 않은 사진을 골라라.
6. 당신의 비유적 자화상(metaphorical self-portrait)이라고 생각되는 사진을 골라라. 사람의 사진이 아닐 경우, 당신을 가장 잘(혹은 가장 잘못) 대표한다고 생각하는 사진이나 다른 사람을 떠올리게 만드는 사진을 골라라.

7. 시공을 초월해 사진 안에 들어갈 수 있다면, 당신이 있고 싶은 장소가 담겨진 사진을 골라라.
8. 당신의 배우자, 연인, 어머니, 아버지(상사, 친구, 자녀, 옆집 이웃, 혹은 다른 사람)가 위 질문들에 대한 답으로 고를 것 같은 사진을 찾아보라.
9. 8번 질문에 해당되는 사람(배우자, 애인, 어머니, 아버지 기타 등등 중요한 타인)이 위의 질문으로 당신이 뽑았을 거라고 생각하는 사진을 추측했다면, 그게 어떤 사진일지 골라보라. 당신이 뽑은 사진과 비교하여 그 유사점이나 차이점을 생각해 보고 그 이유를 탐색해 보라.

당신이 선택한 사진 혹은 사진들을 살펴보라.

1. 당신이 깨달은 적이 있는, 심지어 말로 표현할 수는 없었던 생각이나 감정, 기억, 환상 등을 생각해 보라. 각 사진에 대한 당신의 느낌은 어떠한가? 그 사진을 볼 때 무엇에 대해 생각했는가?
2. 사진의 가장 두드러지는 부분(전경)과 그렇지 않은 부분(배경)을 살펴보라. 무엇의 사진이고, 무엇에 대한 사진인가? 사진을 보면서 어떻게 해서 그것에 대해 알게 되었는가? 그것에 대해 절대적인 확신을 가지고 있는가? 그렇지 않다면 확신

하기 위해서 어떤 세부사항들을 살펴볼 필요가 있을까?

3. 사진에서 가장 명백히 들어오는 것은 무엇인가? 무심코 볼 때 놓쳤지만 이제 당신의 눈에 들어오는 것은 어떤 부분인가? 색조나 그 안에 표현된 관계, 사진에 담긴 감정(어느 정도인가까지), 찾아낼 수 있는 상징, 명백한 비유 등 무엇이 명백하고 무엇이 명백하지 않으며, 딱 꼬집어 말할 수 없는 요소가 있는가(비언어적)? 그것을 돌려보고, 가까이 다가가 보고, 한 발짝 멀리 떨어져서 다른 관점에서 보고, 무언가 명백해지는 것이 있는지 찾아보라. 무언가 빠져 있는 것이 있는가? 빠져 있다면 더 완성된 사진을 위해서는 무엇이 필요한가?
4. 사진에게 (사진의 이름과 정체, 의미에 대해서) 당신에게 하고 싶은 말이나 메시지가 있는지 물어보라. 당신이 물어보고 싶은 질문들이 더 있는가? 사진에게 물어본다면 무엇이라고 대답할 것 같은가? 사진이 어떻게 느낄 것 같은가? 만약 사진이 당신에게 질문할 수 있다면 어떤 것을 질문할까? 사진을 보면서 누구 혹은 무엇을 떠올리는가?
5. 이 사진이 누구의 것인지 생각해 볼 수 있는가? 이 사진을 주고 싶은 누군가가 있는가? (그렇다면 그 사람이 이러한 행동의 의미를 어떻게 해석하겠는가 혹은 어떻게 해석하기를 원하는가?) 이 사진을 주고 싶지 않거나 줄 수 없는 사람이 있는가? 있다면 누구인가? 왜 주고 싶지 않고, 왜 줄 수 없을까?
6. 사진의 제목을 붙이거나 이름을 붙여라. 원래 사진 모음이나 그룹이나 콜라주에 속할 사진이 있는지 살펴보라. (그것과 같이 있어야 하는 사진 중 빠져 있는 사진은 없는가?) 사진이 당신과 공유할 비밀이나 감정, 자세, 색상, 움직임, 소리 등을 가지고 있는가?
7. 사진을 바깥쪽/위쪽/아래쪽 가장자리 방향으로 해서 원래 이미지보다 더 많은 것을 볼 수 있도록 마음속에서 잡아당기고 늘여 보라. 원래 이미지에 없던 다른 것이 눈에 띄는가? 이 부가적인 시각적 영역이 사진의 내용이나 의미, 정서에 어떻게 영향을 끼치고 있는가? 사진의 일부를 없애 조그맣게 만든다면 줄이고 싶은 부분은 어디인가 (그리고 그 이유는)?
8. 사진 속으로 들어가 사진의 일부가 되어 보라. 사진 안에서 어디로 가겠는가?

거기에서 무엇을 하겠는가? 무엇을 보고, 무엇을 하고, 무엇을 알고, 무엇을 느낄 수 있는가? 사진 안에서 당신이 카메라를 마주 보는 쪽으로 몸을 돌린다고 상상해 보라. 사진 찍는 사람의 무엇을 볼 수 있는가? (누구이며, 왜 이 사진을 찍고 있는가 등등) 사진 찍는 사람이 있는 장면에서 무엇을 볼 수 있는가?

9. 당신이 사진 안으로 시간 여행(time-travel)을 할 수 있다면 어디로 가겠는가? 실제로 그걸 한다는 건 어떨 것 같은가? (당신의 지각, 생각, 느낌은 무엇인가?) 거기에 있는 것이 좋은가? 그곳에 머물겠는가? 머물기를 원하는가?
10. 사진에서 무언가를 바꿀 수 있다면 무엇을 바꾸겠는가? 어떻게 대체하겠는가? 원래 장소에 있는 것을 바꾸면 어떨까? 그렇게 하면 무슨 일이 생길까? 그리고 그럴 경우에 사진을 찍는 것이 가치 있을까?

11. 당신이 사진인 것처럼(또는 사진의 특정 부분인 것처럼) 가정해 보라. 사진이 되면 어떤 느낌일지 상상해 보고 당신이 실제 사진인 것처럼 행동하고 느끼고 말해 보라. 사진 전체와 부분들, 그리고 사진에 나타난 관계 등에 대해 "나는 나무(의자, 아이, 보도)예요. 나는 ________라고 생각하고 있고, ________를 보고, 느끼고, 상상하고, 기억하고 있어요." 등과 같이 '나'를 주어로 말해 보라. 만약 그 사진(혹은 그 사진의 일부)이 말할 수 있다면 무엇이라고 말할 것 같은가? 만약 들을 수 있다면 무엇을 들을까? 볼 수 있다면 무엇을 볼까? 무엇을 맛보고, 무엇을 냄새 맡을까? 누구와 함께하고 싶을까? 어디에 가고, 무엇을 하고, 무엇을 꿈꾸고, 무엇을 원할까? 사진 혹은 그 일부가 되는 것을 경험해 보고 이러한 것들에 대해 탐색해 보라.
12. 사진을 찍은 사람과 사진 속 주체는 어떤 관계를 맺고 있을까? 사진 찍은 사람은 왜 하필 이 사진을 이때 이 방법으로 찍었을까? 당신이라면 이렇게 찍었을까? 그 이유는 무엇인가?
13. 당신이 사진에서 찾은 것은 당신에게 어떻게 맞을까? 당신의 삶과 일치하는 부분이 있는가? 그렇다면 어떻게 그럴까? 사진을 보고 당신이 누군가 혹은 무엇인가를 떠올린다면 어떤 연계성이나 관련성이 있는가?
14. 당신의 대답에 대해 생각할 때, 당신이 알고 있는 것과 그것을 어떻게 알게 되

었는지 모두에 대해 곰곰이 생각해 보라. 왜 이 특정 순간에 당신의 마음에 그 대답이 떠오른 것일까? 사진에 있는 무엇 — 무슨 시각 자료나 단서 — 이 당신이 한 대답의 근거가 되었을까? 당신이 다른 느낌이나 생각을 갖기 위해서는 사진이 어떻게 변해야 할까? 다른 때 답하게 된다면 당신의 답은 어떻게 달라질까?

당신 앞에 있는 사진이 사람을 찍은 사진이라면:

1. 누구의 사진인가?(그 사람은 누구인가) 직업은 뭘까? 어디에 살까? 아는 누군가를 떠올리게 하는가? 그렇다면 누가 그리고 어떤 종류의 기억이 떠오르는가?
2. 이 사람이 행복하다고 생각할까? 슬플까? 지루할까? 근심에 빠져 있을까? 자랑스러움을 느낄까? 부끄러움을 느낄까? 두려움을 느낄까? 다정한가? 알기 힘든가? 학대받았을까? 친절할까? 동성애자일까? 고아일까? 고양이 애호가일까? 우울해할까? 인자할까? 위험할까? 알코올중독자일까? 믿을 만한 사람일까? 불안정한가? 귀머거리일까? 음악가, 교사, 정치가, 상담자, 트럭 운전기사, 혹은 식료품을 파는 사람일까? 문맹일까? 이런 걸 어떻게 알 수 있을까?
3. 이 사람에 대해 이야기를 한 번 해 보라. 어떻게 제목을 붙일까? 과거와 현재와 미래는 어떨까? 친구가 있을까? 가족들은 어떤 사람들일까? 부모님은? 만약에 이 사람이 당신에게 선물을 주거나 비밀을 말한다면 그것이 무엇일까?
4. 사진에서 무슨 일이 일어나고 있을까? 이 사람의 인생에 무슨 일이 일어났고, 사진이 찍히던 순간엔 어떤 일이 일어났을까? 사진이 찍힐 때 어디에 있었고, 그 순간 무엇을 하고 있었을까? 사진이 찍힐 때 어떤 느낌이었을까? 사진 찍기 직전과 직후에는 어떤 일이 있었을까? 이 사람은 어디에 가고 있었을까? 당신은 그/그녀와 함께 갈 것인가(그렇다면 무슨 일이 생길까)? 이 사람은 누구이고, 지금 어디에 있는 것일까?
5. 당신이 오늘날 가지고 있는 것과 같은 종류의 문제(꿈, 경험, 감정 등)를 이 사람도 가지고 있을까? 당신과 같은 어린 시절을 보내거나 당신이 겪었던 것과 같

은 가족문제를 겪었을까? 이러한 것들을 어떻게 알 수 있을까? 어떻게 사진이 이런 사실들을 당신에게 이야기해 주었는가?

6. 이 사람의 배경은 어떨까? 그/그녀는 어떤 문화적, 윤리적, 인종적 집단에 속할까? 종교, 가족의 가치관, 전통은 무엇일까? 그/그녀는 이성애자일까, 동성애자일까? 가정환경은 어떨까? 이웃, 일, 직장, 흥미, 취미는 어떤 것일지 상상해 보라. 그/그녀가 가장 좋아하는 음식이나 영화는 무엇일까? 이 사람은 애완동물을 키울까? 여가 활동으로는 어떤 것을 하고 싶어 할까?
7. 사진사는 왜 이 장소에서 이 사람의 사진을 찍고 싶어 했을까? 이 사람은 사진 찍은 사람을 알고 있었을까? 그/그녀는 사진 찍히는 것을 알고 있었을까? 그/그녀는 사진을 찍히고 싶었을까 아니었을까? 그/그녀는 사진에 대해 어떻게 생각할까? 사진을 바꿀 수 있다면 무엇을 바꾸고 싶을까? 이 사람은 사진을 누구에게 주고 싶을까? 당신은 어떻게 이러한 질문에 대한 답을 알고 있는가?
8. 이 사람은 당신이 이 사진을 찍도록 허락할까? 당신도 찍기를 바랐는가? 그렇다면 당신은 사진을 어떻게 다르게 찍었을까? 당신은 이 사람이 당신 사진을 찍도록 할 것인가? 그렇다면 어떤 조건에서 그렇게 할 것인가?
9. 이제 이 사람이 당신을 보고 말을 건다고 상상해 보라. 말 속에 숨어 있는 메시지는 무엇일까? 당신은 무엇이라고 말할까? 당신을 보았을 때 이 사람은 무엇을 보았는가? 사진 속 이 사람은 당신에게 무슨 말을 하고, 무엇을 상기시키고, 자신의 감정에 대해 어떻게 말할까? 이 사람은 당신에게 어떤 질문을 하고 싶을까? 혹은 그/그녀가 밝히고 싶은 당신의 비밀은 무엇인가? 어떤 질문을 그/그녀에게 하고 싶은가? (그리고 만약 당신이 답을 얻었다면 어떤 대답일까?)
10. 당신이 사진 안으로 들어가 이 사람과 함께 있을 수 있다면, 둘은 어떤 자세를 취할까?
11. 이 사진과 어울리거나 이 사진에 속할 것 같은 다른 사진은 무엇인가? 그것을 이 사진 옆에 두고 둘을 연결시킬 이야기를 상상해 보라. 두 사진 사이의 대화를 떠올려 보라. 서로 무엇을 의논하거나 공유하거나 토론하거나 물어볼까? 당신과 당신의 삶에 대해 사진들은 무슨 이야기를 할까?

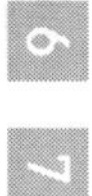

12. 이 사람을 사진에서 잘라내서 다른 배경(당신 마음속이나 다른 사진)에 둔다고 생각해 보라. 이 사람에게 새로운 환경은 어떨 것 같은가? 그것이 이 사람에 대한 당신의 반응을 어떻게 바꿔 줄까?

당신 앞에 있는 사진이 어느 장소의 사진이라면:

1. 당신은 이 사진을 볼 때 어떤 생각이나 기억, 느낌이 떠오르는가? 당신은 이 장소를 보면 흥미로운가? 아니면 불안해지는가? 안전한가? 행복, 위협, 걱정, 흥분, 혹은 다른 느낌이 드는가?
2. 이 사진은 어떤 장소에 관한 것이고 무엇에 관한 사진인가? 그 장소에서 무엇이 일어났고, 사진사는 왜 이 장소의 사진을 찍고(그리고 간직하고) 싶었을까? 여기는 어디이고, 근처에는 무엇이 있을까? 여기에서 어떤 일이 벌어지는가? 사진을 다 찍은 후엔 어떤 일이 일어날까?
3. 이 장소에 있고 싶거나 살고 싶은가? 그렇다면 그 이유는 무엇일까? 만약 살고 싶다면 혼자 살고 싶은가, 아니면 누군가와 (어떤 조건하에서) 함께 살고 싶은가? 그리고 살고 싶지 않다면 그곳에 가고 싶은 마음이 들기 위해서 무엇이 바뀌어야 할까?
4. 이 장소는 당신이 가 봤던 장소 중 어딘가를 생각나게 하는가? 이 사진은 당신이 들어본 적이 있는 어떤 장소를 생각나게 하는가? 이 장소는 당신이 상상하던 환상적인 장소와 일치하는가? 왜 이러한 연결들이 떠올랐다고 생각하는가?
5. 이 장소에 살고 있는 사람들이 있는가? 그들은 누구일까? 그들을 알고 싶은가? 그 이유는? 사진이 찍힐 때, 그들은 어디에 있었을까?(그리고 무엇을 하고 있었을까) 만약 그 장소에 없을 때 누군가가 '자신들의' 장소에 관한 사진을 찍었다면 그들은 어떻게 생각할까? 그들은 이 사진의 복사본을 가지고 싶을까? 그 이유는 무엇일까? 그들과 나눌 대화를 한 번 상상해 보라. 그들은 이 장소에 대해 무엇이라고 말하고 이 장소가 그들에게 어떤 의미를 갖는다고 말할까?
6. 당신이 아는 사람들을 떠올려 보라. 그들이 혼자 혹은 당신과 함께 이 장소에

있는 것을 좋아할지 생각해 보라. 누가 좋아하고, 누가 싫어할까? 왜 그럴까?

7. 당신이라면 이 사진을 찍을 수 있었을까? 찍었을까? 그렇다면 무엇을 사진에 담고 싶었을까? 만약 당신이 이 사진을 찍었다면 이것으로 무엇을 하고 누구에게 줄 것인가?
8. 이 장소(혹은 장소의 일부)가 당신에게 말할 수 있다면 무엇이라고 말할 것 같은가? 이 장소는 무엇을 기억할까? 숨겨진 메시지는 무엇일까? 당신은 무엇이라고 답할까? 어떤 비밀을 당신과 공유하고 싶을까? 만일 당신이 이 장소에게 질문을 할 수 있고 대답을 얻을 수 있다면 어떤 대화가 될까?
9. 잠시 동안 이 장소(혹은 장소의 일부)나 그 사진이 되었다고 생각하고 말을 해 보라. 어떤 느낌을 받고 있는가? 무엇을 듣고 보고 만지고 냄새 맡고 싶고, 무엇을 생각하고 바라고 꿈꾸고 말하고 싶고, 무엇을 기억하고, 사진작가에게 어떤 말을 하고 싶은가?
10. 사진 안에 어떤 곳이든 있을 수 있다면 어디에 있고 싶은가? 만약 당신이 지금 거기에 있다면 그 순간을 다른 누군가와 나누고 싶은가? 만일 그렇다면 누구와 함께 있고 싶고, 그 이유는 무엇인가? 이 장소는 당신의 소유인가?(당신의 소유이기를 바라는가?) 그렇지 않다면 당신이 이 장소를 당신의 것으로 만들기 위해서는 무엇이 바뀌어야 하는가?
11. 이 사진과 어울리거나 그에 속할 것 같은 다른 사람의 사진은 무엇인가? 그 사진을 이 사진 옆에 두고 둘을 연결시킬 이야기를 상상해 보라. 두 사진 사이의 대화를 떠올려 보라. 서로 무엇을 의논하거나 공유하거나 토론하거나 물어볼까? 당신과 당신의 삶에 대해 사진들은 무슨 이야기를 할까?

당신 앞에 있는 사진이 추상적인 이미지라면:

1. 사진이 시각적으로 당신을 불렀는가, 아니면 당신의 반응은 시각적이기보다는 신체적이거나 정서적이었는가? 마음속 반응은 무엇이고, 이 사진에 대해 어떻게 느꼈는가? 눈이 선택한 사진과 신체나 감정이 선택한 사진의 차이는 무엇

인가? 그런 차이는 왜 날까?

2. 어떤 종류의 이미지나 사람 또는 장소가 떠올랐는가? 사진이 어떤 생각이나 아이디어, 기억을 불러일으키는가?
3. 사진을 이리저리 돌려 보고 당신의 마음에 다른 관점, 생각, 감정, 기억 등을 불러일으키는지 살펴보라. 사진으로부터 멀어졌다 자세히 보기 위해 가까이 다가가 보라. 이러한 차이들은 이미지를 느끼고 소통하는 데 변화를 가져오는가?
4. 사진의 진짜 주체는 무엇일까? 무엇에 관한 것이고 무엇에 대한 것일까? 어디에 있는 걸까? 그 크기와 무게는 어떠한가? 확실한가? 확실하지 않다면 확실히 알기 위해 무엇이 더 필요한가?
5. 이 사진의 제목을 뭐라고 붙일까? 사진이 포즈를 취하거나 춤추거나 움직일 수 있다면 어떻게 표현할까? 사진이 어떻게 냄새 맡고, 맛보고, 소리 낼지에 대해 생각해 보라. 색은 무엇일까? 질감은? 사진 테두리 밖에는 다른 무엇이 있을까?
6. 만약 당신이 이 사진 안으로 들어갈 수 있다면 어디로 갈 것인가? 어떤 느낌이 들까? 거기서 느끼는 당신의 지각, 사고, 감정, 기억은 어떨 것 같은가?
7. 만약 사진과 대화할 수 있다면 사진은 무엇이라고 말하고, 당신은 뭐라고 답하겠는가? 사진이 하는 말 뒤에 숨은 메시지는 무엇일까? 사진에게 질문을 하고 싶은가? 그렇다면 무슨 질문을 하고 싶은가? 만약 사진이 당신에게 선물을 주거나 비밀을 알려 준다면 어떤 것일까?
8. 이 사진과 어울리거나 그에 속할 것 같은 장소는 어디이고 그 사람은 누구일까? 그 사진을 이 사진 옆에 두고 둘을 이어 주는 이야기를 상상해 보라. 둘 혹은 그 이상의 사진 간의 대화를 상상해 보라. 그것은 어떨 것 같은가? 사진들은 무엇을 의논하고, 공유하고, 토의하고, 서로에게 질문할까? 당신과 당신 삶에 대해서 사진들은 무엇이라고 이야기할까?

만약 시간이 부족하다면 아래와 같은 빠른 버전(quick version)을 써라. 당신의 주의를 끌거나 당신을 강하게 잡아끄는, 혹은 설명할 수는 없지만 '당신의 이름을 부르는' 것 같은 느낌이 드는 한 장의 사진을 골라라. 그것을 당신 앞에 두고 전체 사진과 사진의 부분, 부분(사람, 사물, 장소 등) 모두에 대해 뒤따르는 질문을 한다고 가정하고 이어지는 대답을 생각해 보라.

1. 이 사진에 맞는 이야기는 무엇인가?
2. 사진은 이름을 가지고 있을까? 가지고 있다면 어떤 이름이고, 그 이유는 무엇일까? 제목은 무엇인가? 왜 그것이 제목이라고 생각하는가?
3. 이 사진은 '집(home)'을 가지고 있을까? 가지고 있다면 어디에 있고, 그 집은 어떨까? 왜 그럴까?
4. 이 사진은 물어볼 질문이 있는가? 있다면 어떤 질문을, 누구에게, 왜 할까? 만약 사진이 이런 질문을 한다면 어떤 일이 벌어질까? 당신에 대한 질문인가? 그 대답은 어떨까? 대답을 한다면 어떤 일이 일어날까? 당신이 사진에게 묻고 싶은 질문이 있는가? 있다면 무엇이고, 왜일까?
5. 사진은 메시지를 가지고 있는가? 있다면 어떤 메시지를, 누구에게, 왜 전달하는 걸까? 그 메시지는 어떤 영향을 가지고 있고, 정말 이해될 수 있는 메시지일까? 당신이 사진에게 말해 주고 싶은 메시지가 있는가? 있다면 무엇이고, 왜일까?
6. 사진은 표현하고 싶은 욕구나 공유하고 싶은 상처가 있을까? 있다면 어떤 욕구나 어떤 상처가, 누구를 향해, 왜 있을까? 만약 이 사진이 그렇게 한다면 어떤 일이 일어날까? 사진은 어떻게 느낄까? 이 사진으로부터 당신은 무엇을 필요로 하는가? 혹은 사진 속의 고통을 느끼는가? 만약 그렇다면 어떤 것이고, 왜 그런가?
7. 사진은 이루고 싶은 소원이 있거나 주고 싶은 선물이 있을까? 있다면 어떤 소망과 선물일까? 누구를 위한 것이고, 그 이유는 무엇일까? 만약 그 소원이 이루어지거나 선물이 주어진다면 어떤 일이 일어날까? 당신은 사진을 위한 소망이 있는가?
8. 사진에 희망이나 꿈이 있을까? 있다면 무엇이고, 그것이 이루어졌을 때 어떤 일이 일어날까? 사진에게 당신이 말하지 않거나 묻지 않았으면 하는 것이 있는

가? 그것은 무엇일까? 만약 당신이 사진에게 말하거나 묻는다면 어떤 일이 일어날까?

9. 당신이 이 사진에서 발견하기를 원하는 어떤 것이 있는가? 혹시 당신은 이 사진이 말하지 않거나 묻지 않았으면 하고 바라는 것이 있는가? 그것은 무엇일까? 만약 그것을 말한다면 어떤 일이 벌어질까? 사진이 당신에게서 발견하기를 바라는 것이 있는가? 그것은 무엇이고, 그 이유는 무엇인가?

만약 이 연습을 하는 동안 당신이 다른 사람이 선택한 사진과 같은 것을 사용하고 있다면, 한 장의 사진이 다른 사람에게 어떻게 다르게 작용하는지 서로의 대답을 비교하는 것은 매우 유용할 수 있다. '옳거나' '틀릴 것' 이라는 걱정은 접어 두고 이런 차이점을 주의 깊게 살펴보라. 그런 차이가 나는 지각을 어떻게 해서 갖게 되었는지, 당신들의 반응은 당신들 각자에 대해서 무엇이라고 말하는지 서로 대화해 보라.

PhotoTherapy

CHAPTER

04

자화상을 가지고 작업하기

내담자가 스스로에 대해 만든

이미지 이해하기

Techniques

Working with Self-Portraits

광대가 얼굴에 분칠을 하자 그것을 지켜보던 사람들은 갑자기 자신의 눈을 의심한다. 그들이 직접 보았기에 얼굴에 분칠을 했다는 사실을 알면서도, 지금 그들 앞에 서 있는 마술 같은 인물은 좀 전의 그 사람과 전혀 다른 실체가 된 것이다. 사람들은 그가 가면을 쓰기 전 바로 그 사람인지 긴가민가하다.

가면은 나름의 정체성이 있고, 스스로 이야기하며, 그 이면에 있는 '진짜' 사람을 덮어 버린다. 때때로 각기 다른 가면을 가지고 있어서 우리는 어떤 가면을 써야 할지 혼돈스러워한다. 종종 그것들은 너무나 듬직해서 우리를 우리 자신으로부터 가려 줄 수 있다고 믿게 한다. 또 어떤 때는 가면을 벗겨 낼 수 있는 열쇠를 찾을 수 없어서 우리의 진실된 자아를 다시 찾을 가망이 없어 보이기도 한다(더 나쁜 일은 우리가 가면을 벗었을 때 우리 자신이 그것을 지각하지도 못한다는 점이다.).

많은 내담자들에게 치료의 주된 목적은 자신에 대해 보다 잘 알게 되는 것이다. 이것은 가끔 개인으로서 자신과 타인과의 관계 속에서 드러나는 자신이 누구인지 그 분리를 명확히 하는 것을 포함한다. 그들이 하고 싶은 것과 되고 싶은 것 사이의 괴리, 타인이 그들에게 요구하거나 기대하는 것 간의 불협화음이 존재할 수 있다. 그래서 그들은 자기 자신에 대한 이해를 증진시키고, 자신과 타인을 엮어 주는 근원적인 그리고 무의식적인 요인에 대해 더 잘 알게 되기를 원한다. 대다수의 내담자들이 지니는 어려움은 자신에 대한 지식이 미약하거나 혼돈되고 왜곡되어 있으며, 과거의 모습에 매달려 현재의 모습을 보지 못하거나, 심지어 자신에 대한 탐색조차 제대로 이루어지지 않은 데서 비롯된다. 그들은 자신이 진실로 누구인지, 그리고 그들이 진실로 느끼고 원하는 것이 무엇인지 아는 것이 어렵다는 사실을 발견하게 된다.

그 결과, 내게서 가장 전면적인 치료목표란 내담자로 하여금 자기 자신을 지각하고 인식할 수 있는 능력을 향상시키고 확대하도록 돕기 위해 내담자와 작업하는 것이 된다. 그들이 누구이고 어떻게 해서 그렇게 되었는지에 대한 내담자의 이해를 증진시키는 것은 우리가 하는 작업에서 절대적으로 중요한 일이라 믿는다. 그러므로 나는 사진치료 작업의 많은 부분을 자아존중감, 자신감, 자기 수용을 활성화하고,

내담자가 자신과 타인 간의 경계를 발견하도록 돕기 위한 것으로 고안했다(장애물로 인식하라는 목적이 아닌, 경계선의 영향을 명확히 한 후 결정할 수 있도록 하기 위해).

내담자는 자신을 더 잘 알게 되면 좀 더 자기주장적이고 스스로 의사결정을 하는 데에서 자신감을 갖게 되며, 타인의 변덕이나 기대에 감정적인 반응을 덜하게 된다. 만일 자신이 누구인지 보다 잘 알게 되면, 그들은 자신이 누구인지 정의를 내릴 때에 다른 사람에게 의존하지 않을 것이다. 자신이 되고자 하는 사람이 되기 위해 타인의 승인이나 인정을 필요로 하지 않을 것이고, 인생을 좀 더 충분히 탐색하고자 용기를 내어 위험을 무릅쓰기도 할 것이다. 만일 자기 이미지가 강화된다면 자신이 자신을 바라보는 방식과 타인이 자신을 바라보는 방식 간에 불일치가 감소할 것이다. 다른 사람과 관계를 맺기 위해 보다 적은 수의 가면을 쓴다면 그들의 얼굴은 가면과 하나가 될 필요가 없이 보다 자유롭게 될 것이다. 타인의 존재 앞에 드러내는 자기 표상(self-representation)을 지적으로 통제하지 않는다면 그들은 더욱 자유롭게 자발적이고 조건없이 행동하게 될 것이다.

우리가 자신을 어떻게 보는가 하는 문제는 바로 우리가 자신을 어떻게 정의 내리는가 하는 문제와 동일하다. 우리가 자신의 정체성을 어떻게 표상화할 것인가 하는 문제는 우리가 타인에게 어떻게 보이기를 희망하는지의 문제와 동일하다. 기본적으로 우리가 어떻게 우리 자신을 믿는가 하는 문제는 우리가 진짜 조작할 수 있는 단 하나의 현실인 것이다. 왜냐하면 우리의 인지적 필터, 가치관, 기대 등이 우리가 다른 사람을 객관적으로 볼 수 없게 만드는 것과 마찬가지로 우리 자신을 객관적으로 관찰하는 것을 방해하기 때문이다. 이런 점에서 아름다움(또는 다른 특성)은 단지 제 '눈'에 안경이 아니라 제 '마음'의 안경 같은 문제가 되는 것이다. 사람은 피드백을 줄 때에 각기 다른 의견을 제시할 수 있다. 그러나 이런 것들이 우리가 내면화한 자신에 대한 그림과 맞아떨어지지 않는 한, 우리는 그것을 진실로서 내면화하지 않을 것이다.

이와 유사하게, 사람들이 우리에게 새로운 것, 특히 우리 자신이 할 수 없다고 확신하고 있는 것을 기대할 때, 우리는 그 기대 자체가 비현실적이라고 보기 때문에 타인의 기대를 제한적인 것으로 볼 뿐만 아니라 우리의 능력과 한계 역시 제한적이라는 가정을 하게 된다. 당신 자신이 불가능하다고 생각하는 것, 또는 당신이 정말 해낼 수 없다고 믿고 있는 것을 행동에 옮기는 것은 매우 어려운 일이다. 그러나 치료는 사람이 전에는 불가능하다거나 실패했다고 믿었던 것들을 변화시키고 성장할 수 있다는 전제를 바탕으로 한다. 치료자에게 가장 어려운 과제 중 하나는 내담자가 스스로 변화하고 성장할 수 있는 자신의 능력을 발견하도록 하는 일인데, 우리가 조력자 또는 격려자의 역할을 담당할 때 이런 일이 '일어나도록 만드는' 사람으로서 내담자가 우리 치료자에게 의지하는 부분이 생기게 된다. 그런데 만일 치료자가 내담자의 자기발견 과정에 전적으로 매달리게 되면, 내담자는 우리가 주변에 없을 때조차 자기발견의 과정을 스스로 할 수 있다는 점을 깨닫지 못할 것이다.

내담자가 '난 할 수 없어.' 에서 '난 할 수 있어. 단지 하려고 하지 않았을 뿐이야.' 라고 단순히 방향 전환을 하는 것에서 치료는 시작될 수 있다. 이는 인생의 선택권을 타인에게 위임했던 것에서 자신에게 위임하는 것으로의 전환을 말한다. 이를 살펴보면 자의식을 가지게 되고 자기라는 개념이 생겨나는 것은 개별화와 차별화 작업의 핵심이라는 점이 보다 뚜렷해진다.

대다수의 치료자들은 변화를 위해서는 우선 내담자가 스스로를 타인과는 뚜렷이 구분되는 하나의 개인으로 인식할 수 있어야 하고, 원하는 변화가 자신과 타인에게 가져올 결과를 숙고할 수 있어야 한다는 주장에서 출발한다. 내담자의 자기 인식과 깨달음을 중요시하는 치료자를 위해, 사진치료기법은 내담자로 하여금 보다 나은 내면의 심상을 얻을 수 있게 하고, 내담자 자신에 대해 알아가는 과정을 매우 향상시킬 수 있는 방법이 될 것이다. 자화상 이미지는 개인적인 언어로 자신을 상징화하는 수단을 제공하고, 타인이 자신을 보는 외부의 장소에서 자신을 바라볼 수 있는 수단을 제공한다. 자화상은 내면화된 자아의 외면화된 표상이다. 이는 가지고 다닐 수 있고, 눈으로 볼 수 있으며, 타인이 자신을 어떻게 보는지와 연결시키는 데 사용할 수 있다. 내담자로 하여금 자신의 속도에 맞추어 자신의 이미지를 검토하고 질문하면서 (마음속에서 말없이 하는 질문조차도) 탐색할 수 있게 하는 것은 타인에게서는 절대로 받을 수 없는 자기 반영적 관찰을 허용한다.

타인에 의해 걸러지지 않은 자신에 관한 시각 정보를 스스로의 것이라고 보기는 어렵다. 자신의 인식을 통해 얻어진 자신에 대한 부정적 정보는 진실이라고 받아들여지고 내면화될 가능성이 많다. 같은 방식으로 얻어진 긍정적 정보는 유사한 이유로 의심할 여지가 거의 없게 된다. 만일 긍정적인 자존심을 지니고, 자신을 바라보며, 이를 방해하는 타인의 존재가 없다면, 이렇게 수정된 자기 인식(self-regard)은 자신을 가로막는 방어와 합리화의 장벽을 뚫고 앞으로 나아가게 만든다. 긍정적인 반응을 만드는 자기 직면은 다른 과정이 도저히 할 수 없는 방식으로 내담자의 자존감(self-esteem)을 강화시킨다.

앞에서 설명했던 사진에서도 그러했지만, 중요한 것은 자화상의 외관이 아니라 그것이 사진사, 피사체, 관객(자화상의 경우 이 세 가지가 모두 같은 사람을 의미하지만)에게 주는 어떤 의미다. 자화상 사진을 통한 치료는 그 이미지가 타인에게 미치는 영향과는 상관없이 내담자가 사진에서 보이는 자신에 대해 어떻게 생각하는지에 토대를 두고 있다.

예를 들어, 내담자가 자화상 숙제로 〈사진 4-1〉을 가져왔고, 당신은 그 사진을 가지고 치료적으로 '작업' 해야 한다면, 맨 처음 당신은 '이미지가 이해가 되는지, 어떻게 느끼게 되는지, 이런 식의 포즈를 취하기 위해 내담자에게 어떤 일이 일어났는지' 등의 생각과 부딪히게 될 것이다. 그러고 나서 당신 자신의 생각을 잠시 미루어 놓고, 사진을 찍을 때나 그 후의 숙고과정에서 내담자가 그 이미지를 어떻게 이해했는지 탐색하려 들 것이다.

사진에서 보이는 표면적 내용은 단지 시작점이 될 뿐이다. 사진에 대한 즉각적인 우리의 가정은 종종 틀리기 쉬운데, 그러한 가정이 내담자의 의도보다는 우리 자신의 반응에 더 기초하기 때문이다. 우리는 그 안에 담긴 의식적 · 무의식적 의도와 전달하고자 하는 내용을 객관적으로 해독해 낼 수 없다. 우리는 사진 속에 모습을 드러내고 있고, 그것을 찍었고, 지금 그것을 바라보고 있는 그 사람을 포함해야 한다. 사진을 해석하는 것은 항상 치료자와 내담자 간의 협동을 필요로 한다. 이 사진 또는 다른 어떤 사진을 보고 그것이 무엇인지 확실히 알 수 있는 방법은 없다. 독자는 자화상을 가지고 내담자와 '작업하는 데' 도움이 될 만한 질문이 무엇인지 생각해 내야 하기 때문에, 투사적 사진을 다룬 이전 장에서 나왔던 질문 목록을 명심하고 있을

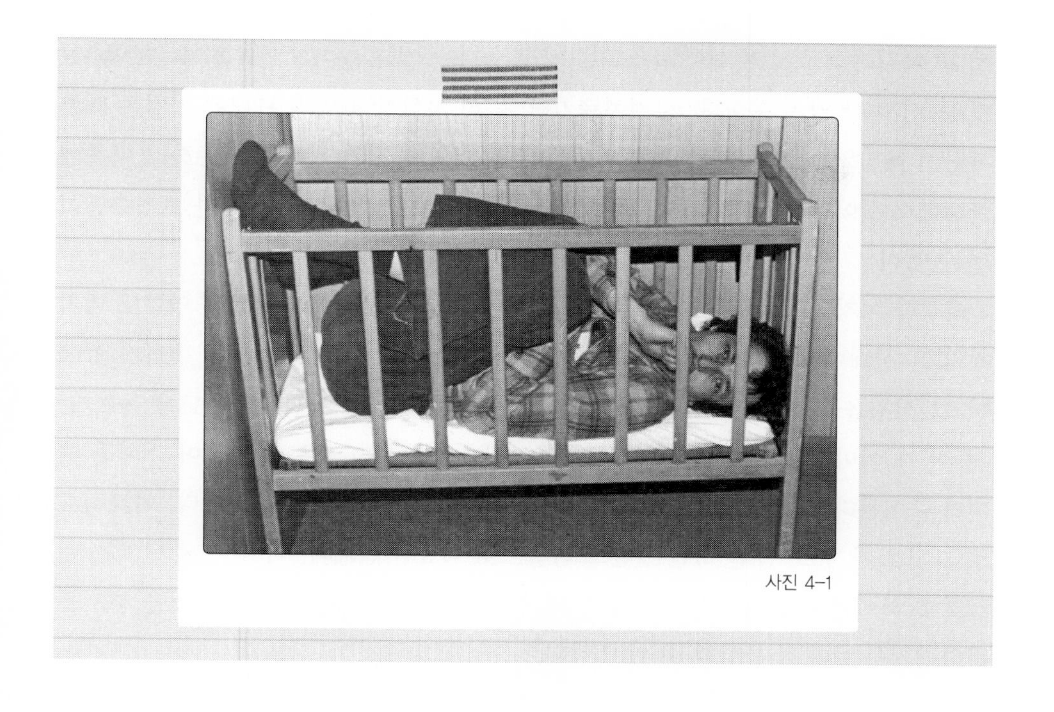
사진 4-1

것을 권한다.

권력이 없는 사람들은 목소리마저 침묵되고 그 침묵에서조차 자신의 존재가 미미하게 되는 사람들이다. 세상이 굴러가는 데 어떤 영향도 미치지 못하기 때문에, 세상을 보다 나은 곳으로 만들기 위해서 어떤 차이점도 만들어 내지 못하는 사람으로 여겨지고, 사람들은 그들이 거기 존재하고 있다는 것을 보지 못한다. 이는 주변화되고 가치를 인정받지 못하는 사람들에게 종종 무의식적이지만 아주 중요한 주제가 된다. 그리고 이런 것은 사람으로 하여금 자신의 삶에 보다 책임을 지는 사람이 되고자 빈번히 치료자에게 도움을 청하게 만든다.

이것은 인종, 문화, 장애, 성별 또는 경제적 지위에 따른 집단들에게도 진실일 수 있지만, 가정이라는 작은 사회 내에서도 진실일 수 있다. 왜냐하면 가족이라는 테두리 안에서의 '정서적 고아들' 은 특히 어린아이일 때 알게 모르게 그들을 억압하는 가족과 함께 살고 있기 때문이다. 결과적으로 그들의 목소리와 감정은 종종 침묵이 될 뿐 아니라 스스로 자신이 목소리를 갖고 있다는 것(혹은 가질 권리를 지니고 있다는 것)을 더 이상 알지 못한다. 사진치료기법, 특히 자화상 작업과 관련된 기법은 다른 사람이 빼앗거나 그 가치를 저하시킬 수 없는 비언어적인 정보에 의존하기 때문에 학대에서 살아남은 사람과 다른 사회적 '희생자'의 치료에 아주 강력한 보조수단이 될 수 있다.

의심할 여지없이, 자신이 찍은 자신을 보는 것은 다른 사람이 아무런 영향도 미치지 않은 상태에서 자신의 정체성을 고스란히 기록하게 만든다. 사진에 변화가 있다면 그 사진을 찍은 사람이 이러한 변화를 인식하고 책임을 받아들이도록 돕는다. '증거'가 이미 그 속에 있으므로 논박의 여지가 적어지고 외부의 비평이 스며들 여지가 줄어든다. 자화상을 만드는 것은 (단지 상상 속에서라도) 그 첫 단계다. 치료적으로 그것을 가지고 '작업' 하는 것은 그다음으로 필요한 단계다. 이 두 번째 단계는 내담자로 하여금 자신이 누구인지를 보여 주는 사진과 그것을 가지고 무엇을 하기를 원하는지를 보다 잘 통합할 수 있게 한다.

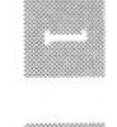

이 기법은 어떻게 작동하는가 HOW THIS TECHNIQUE WORKS

잠시 동안 마을의 가장 멋진 곳에서 무료 사진권을 얻은 것처럼 가장해 보라. 애완동물을 포함하여 당신이 원하면 무엇이든 누구든 함께 원하는 포즈를 취할 수 있다. 이 사진은 어디서건 찍을 수 있고, 필요하다면 옷과 액세서리를 주문할 수 있으며, 미용사에게 당신을 돋보이게 만들어 달라고 도움을 청할 수도 있다. 원한다면 누드로 사진을 찍을 수도 있다. 이것은 당신의 사진이고, 사진사는 당신의 지시를 따를 것이다. 당신이 원하는 대로 사진을 얻을 때까지 계속 반복할 것이기 때문에 이러한 사진은 엄밀한 의미에서 자화상이라 할 수 있다. 마음속에 당신 자신의 완벽한 인물사진을 그려 보라. 분명하게 잘 배치하고 사진의 메시지와 비밀(다른 사람들은 알 필요가 없는)까지도 철저하게 검토하라. 일단 당신이 원하는 만큼 충분히 이렇게 해 보고 당신 자신에 대한 이상적인 모습을 얻게 되면 이러한 환상 연습(fantasy exercise)의 다음 단계는 이 특별한 사진을 당신의 아버지나 어머니(또는 고용주, 전 배우자 등)에게 주는 것이다.

이 특별한 인물 사진을 그 사람에게 준다고 생각할 때 당신의 이미지가 변화되었는가? 어떤 종류의 수정, 제한, 검열, 보호 등을 갑자기 해야 하는가? 준다고 해도 별로 고치고 싶은 데가 없다면 당신과 사진을 받을 상상 속 그 사람은 상당히 편안하고 무조건적인 관계를 지니고 있다고 추측해 보겠다. 그런데 만일 당신이 누구인지, 어떻게 보이는지를 그 사람에게 보여 주는 것에 저항을 느낀다면 마음대로 창조한 당신의 이미지를 그 사람에게 보여 주는 것이 꺼려지거나 위협을 느낄 가능성이 높다. 만일 그 사람에게 결국 당신의 인물 사진을 주고 말 것이라는 것을 알면서도 이 연습을 계속한다면 당신은 자신에 대한 어떤 종류의 사진을 창조할 것인가 ? 그것은 지금 이것과 아주 다를 것인가?

이것이 바로 자화상 작업이 이끄는 것들이다. 단지 물리적 · 시각적으로 표상된 자기상뿐만 아니라 자신의 이미지와 동반되는 좀 더 무의식적이고 미묘하며 심리적으로 과부하된 자기 소통(self-communication)의 측면으로 이어질 수 있다. 그리고 이 환상을 통한 자기발견에 참여하고 있는 독자에게 자화상이 실제로 있는지 없는지는 그다지 중요하지 않다.

이 환상 연습이 예시하는 것처럼, 자화상 치료에는 이미지 이상의 무언가가 더 있다. 중요한 요소로는 사진을 준비하고 있을 때 내담자의 마음과 감정 속에서 무엇이 진행되고 있는지, 그들이 사진을 찍고 만들고 발견하도록 과제를 부여받은 것에 대해 어떻게 생각하는지, 이러한 생각과 과제를 대할 때 일어나는 인지적 · 정서적 과정의 총체적 국면 등을 포함한다.

다른 사람에 의해 찍힌 내담자의 사진은 내담자가 자신을 진실로 잘 재현하고 있다고 느끼는 한 자화상을 대신하는 것으로 볼 수 있다. 그러나 사진이 솔직한 것이라기보다 포즈를 취한 것일 때는 사진사의 영향, 선별적 욕구 또는 기대가 개입되는 일이 자주 일어난다.

사진을 찍을 때 우리가 포즈를 취한 사진은 그렇지 않은 사진보다 더 많은 영향을 주었다고 믿기 때문에 더 현실적인 것으로 받아들여지기가 쉽다. 우리가 지각하지 못하는 것을 잡아낸, 포즈를 취하지 않은 더 자연스러운 사진들은 종종 내적인 모습을 덜 반영한다고 생각하며, 따라서 우리는 그것을 단지 다른 사람이 우연히 만들어낸 것이라는 이유로 거부할 수도 있다. 만일 실제의 자화상이 치료목적을 위해 이용 가능하지 않거나 불충분하다면 다른 종류의 사진으로 대체할 수 있지만, 치료자는 그것이 내재한(inherent) 한계가 있다는 점과 사진사의 의제(agenda)가 덧붙여진 점을 인식하고 고려해야 할 것이다.

자화상 사진치료를 할 때, 나는 처음에는 내담자의 자동차 면허증, 주민등록증, 도서관 대출증에 있는 증명사진 등 단순한 사진에 초점을 두도록 사용할 것이며, 이에 대한 내담자의 반응을 살펴볼 것이다. 또한 보다 은유적인 자화상이나 앨범 속 사진에 대해 논의할 수 있고, 내담자에게 뚜렷한 목적이 있고 특별한 초점이 맞추어진 구조화된 과제와 연습을 수행하도록 요구할 수도 있다.

종종 자화상은 회기 중에 폴라로이드 카메라를 사용해 즉석에서 만들어진다. 어떤 치료자들은 심지어 옷, 가면, 화장품, 보디 페인트 등을 사용할 수 있는 방을 제공하기도 한다. 사적인 공간에서 셀프 타이머나 케이블 릴리즈(카메라 셔터 버튼에 부착하여 사용할 수 있는 긴 코일처럼 감긴 줄로서, 다른 쪽 끝에 달린 플런저(plunger)를 누르면 멀리에서도 셔터를 작동시킬 수 있는 기구인데 자화상 사진을 찍을 때 특히 유용하다-역자 주)를 사용하여 자신을 찍을 수도 있다. (나는 그런 방이 없는데, 있으면 정말 좋을 것 같다.) 회기 중 어느 때 자화상 작업을 할 것인지, 내담자에게 간단한 사무실용 카메라를 빌려 줄지 여부는 내담자의 특수한 욕구와 상황에 따라 달라진다.

치료자의 사무실에서 만들어진 다른 모든 사진과 마찬가지로, 집에서 가져온 자화상 사진 역시 원본 사진이어야 하고 손상되지 않도록 보존해야 한다. 그러나 그 외의 모든 복사물들은 다양한 재작업을 위해 사용될 수 있다. 사진 복사는 대부분의 상업적인 사진관에서 행해지지만 사진 복사기가 더 저렴하며 손쉽다. 그것을 가지고 내담자는 확대, 축소, 잘라내기, 콜라주 만들기 등을 할 수 있다. 복사물은 흑백이든 컬러든 상관없다. 내담자가 변화시키기를 원하는 만큼 여러 차례 자화상을 재작업할 수 있다. 자화상을 복사한 사진은 마분지 또는 종이에 붙일 수 있고, 자화상을 구체화하거나 더 좋게 만들기 위해 다양한 미술재료와 함께 사용할 수 있다.

사진을 다양한 미술치료 매체와 혼합하여 사용하는 아이디어는 다른 장에서 제시하였으므로 여기서 다시 반복하지는 않겠다. 독자는 이 책 전반에서 내담자와 워크숍 참가자들이 미술재료를 사진과 함께 사용할 때보다 멋진 창작물을 만들었다는 것을 볼 수 있을 것이다.

자기 주도적 자화상(Self-Initiated Self-Portraits)

최근에 나는 20여 년간 소식이 끊긴 어린 시절의 친구로부터 한 장의 사진을 받았다. 남편과 아이들이 사랑스럽게 그녀를 감싸 안고 있는 사진이었다. 사진 속 그녀는 행복해 보였다. 그것은 이상적인 가족 사진이었고, 나는 그 사진을 무척 마음에 들어 했다. 그러나 그녀는 동봉한 카드에서 "난 이 사진이 마음에 안 들어. 아직도 뚱뚱해 보이잖아."라고 적어 보냈다. 솔직히 나는 그녀의 모습에 별로 주목하지 않았다. 그녀가 어떻게 지내고 있는지, 흐르는 세월 속에 어떻게 변했는지, 그녀의 삶이 어떻게 보이는지, 여고 시절부터 내가 기억하는 친근하고 열정적인 그녀의 모습이 24년이 흐른 후에도 여전한지 평가하기 위해 그녀의 외모만을 기준으로 삼지는 않았다는 것이다. 자연스럽게 흘러나온 그녀의 자기비판적인 글을 통해 나는 그녀가 자신의 외모를 마음에 들어 하지 않는다는 것을 알 수 있었고, 얼마나 자주 우리가 자신의 내적인 기준에 의해서 스스로를 평가하는지 새삼 깨닫게 되었다. 우리는 이러한 기준에 따르도록 스스로를 조건화하고, 어떤 사실을 아는 것이 가치 있는지 여부를 결정할 때 다른 사람도 모두 똑같은 기준을 사용할 것이라고 가정한다. '나는 살을 더 빼야만 봐 줄 수 있어.' '너무 뚱뚱해서 난 안 돼.' 등등.

그러나 그 친구가 내 내담자라면 좀 더 깊이 있는 치료적 논의를 하기 위해 그 사진에 대해서 많은 질문을 할 것이다. "이 사진에 없는 당신은 누구입니까?" "이 사진을 전혀 모르는 사람에게 보낸다면 그들은 사진을 보고 당신에 관해 무엇을 알 수 있을까요?" "한 달, 1년, 10년, 40년 후 당신의 사진에서 무엇이 달라질까요? 그리고 당신의 답이나 사진의 의미 또한 어떻게 변화할까요?" "사진 속의 당신은 누구에게 이 사진을 주기를 원할까요?" "사진 속의 당신은 사진에서 무엇을 변화시키고 싶을까요?" "이 사진은 당신에게 누구를 떠오르게 하나요?" "만일 그렇다면 그 사람은 누구이고 왜 그런가요?" 내담자가 상담 회기에 가져오는 사진, 심지어 치료가 시작되기 오래전에 찍은 사진에 대해서도 이런 종류의 질문을 할 수 있다. 중요한 것은 질문이나 이미지 자체가 아니라 내담자의 마음과 감정 속에서 일어나는 과정, 그리고 그 이미지가 내담자에게 무엇을 의미하는가 하는 점이다.

나는 이런 질문들을 교환 가능한 두 부분의 범주로 나누어 할 수도 있다. 하나는 내담자와 내가 함께 제3자의 사진을 관찰하는 것처럼 '외부에서 들여다보는(outside, looking in)' 입장을 취하는 것이고, 다른 하나는 내담자에게 직접 물어보는 것으로 '좀 더 가까운 입장(from the closer level)'을 취하는 것이다. 내담자에게 "사진 속의 이 사람은 사진의 어떤 면을 좋아하나요?" 또는 "사진 속의 이 사람은 사진을 어떻게 변화시키고 싶어 할까요?"라고 묻는 것과 "당신은 사진의 어떤 면을 좋아하나요?" 또는 "어떤 면을 변화시키기 원하나요?"라고 묻는 것에는 큰 차이가 있다. 두 가지 관점에서 얻어진 답은 종종 매우 다를 수 있기 때문이다. 이것은 개인적인 지각적 경계(personal perceptual boundaries)를 설정하고, 자기 반영적 탐색(self-reflective exploration)을 증진시키며, 다른 사람이 내담자에 대해 지니는 기대와 내담자 자신이 스스로에 대해 갖는 기대를 구분하도록 돕는다. 이는 치료적으로 유용할 수 있다.

일반적으로 사람은 자화상의 힘을 빌려 우리가 우리 자신에 대해 보다 현실적인 관점을 세울 수 있다고 생각한다. 예를 들어, 다이어트 중인 사람은 다이어트의 목적과 그 성공 가능성을 상기하기 위해 냉장고 문에 한때는 날씬했던 자신의 과거 사진을 종종 붙여 놓기도 한다. 한 여성이 내게 말했다. "나는 알코올중독자예요. 나는 술을 마실 때 내가 어떤 모습이었는지를 생각나게 해 주는 사진 네 장을 가지고 있어요. 나는 나만의 특별한 이유 때문에 항상 지갑 속에 그 사진들을 간직하고 다녀요." 또 다른 내담자는 자신이 왜 그토록 열심히 일하는지 스스로에게 상기시키기 위해 아이들과 함께 찍은 사진을 출장 갈 때마다 가지고 다닌다고 말한 적이 있다. 그는 아이들만 찍은 사진이 아니라 아이들과 자신이 함께 놀고 있는 사진을 선택했다. 왜냐하면 그 사진은 내담자로 하여금 아이들의 존재를 느끼게 해 주고 그가 아이들을 위해 헌신하고 있다는 것을 알려 주기 때문이다.

한 내담자는 포즈를 취한 휴가 사진을 스스로 가져왔다. 나는 그가 자주 이정표나 도로 표지판 앞에서 포즈를 취했다는 것을 알아챘고, 심지어 이정표가 머리 꼭대기에서 솟아나오는 것처럼 보이는 사진도 있었다. 그래서 이런 반복되는 이미지가 자주 나타나는 이유에 대해 부드럽게 질문했다. 처음에 그는 농담조로 이런 우연한 주제가 자주 나타난다고 이야기했다. 그러고 나서 근처에 관광정보센터를 가리키는 물음표('?') 표지판을 심각하게 응시하고 난 후 예상치 못했던 의미를 갑자기 통찰한 듯 보였다. 그는 직장을 그만둔 후 휴가를 떠났고, 이제 쉰 살에 이르러 지금부터 무엇을 해야 할지 결정하려고 노력하였다. 그 '우연한' 포즈는 무엇이 그로 하여금 자신의 이미지를 선택하게 했는지를 선명하게 보여 주었다.

자화상 작업을 할 때에 당신은 타인이 찍어 준 내담자 사진이 내담자의 진짜 모습을 얼마나 잘 재현하고 있는지 내담자에게 질문할 수 있다. 사람이 결코 제대로 알 수 없는 어떤 것이 있는가? 이런 종류의 사진에 항상 들어 있는, 내담자가 다르게 보이기 원하는 그 무엇이 있는가? 내담자가 언젠가 마침내 포착하고 보여 주기를 바라는 어떤 요소나 특성이 빠져 있는가? 그들이 이미 갖고 있는 사진에 대해 질문함으로써 그들이 알고 있는 내적 정체성을 외적으로 재현한 것, 즉 그들 자신을 어떻게 보고, 또 어떻게 보기를 바라는지에 대한 중요한 실마리를 제공할 수 있다.

만일 내담자에게 직접 자신의 사진을 찍거나 적당한 순간에 다른 사람이 셔터를 눌러 줌으로써 자신의 내적 정체성을 외적으로 재현하는 것에 대해 고려해 보라고 한다면 내담자는 기꺼이 한번 그렇게 해 보겠다고 할 것이다. 특히 이미지를 만드는 일이 나쁠 것도 없고, 그것을 시도하는 데 실패할 일이 없다는 점을 알고 있다면 더욱 그러할 것이다.

이런 점에서, 자화상 연습은 실제로 아주 재미있을 수 있다. 만일 내담자가 망설인다면 우선 치료자 자신의 자화상 사진을 몇 장 만들어 보임으로써 자유롭다는 것 그리고 유연하다는 것이 무엇인지 보여 줄 수 있다. 만일 치료자가 자신의 자화상을 계획하고 만들고 그것을 보는 과정을 내담자가 관찰한다면 이 기대와 현실이 때론 아주 다를 수 있으나 그래도 괜찮다는 것을 보여 주는 좋은 모델이 될 수 있다. 내담자에게 자신의 자화상 또는 치료자의 자화상을 보도록 한 후, 잠시 동안 사진 속 인물

(내담자일 수도 있고 치료자일 수도 있다–역자 주)의 치료자가 된 것처럼 상상하면서 '그들의' 내담자에게 어떤 질문을 하고 싶은지 상상해 보라고 할 수도 있다.

대다수의 자화상 사진치료기법은 (1) 내담자가 자신의 스냅사진을 찍기 위해 계획하고 포즈를 잡을 때 어떤 일이 일어나는지에 대한 탐색과 토론, (2) 창조된 이미지에 대해 심도 깊은 대화를 하는 과정을 포함한다. 자화상을 진짜로 찍는다면 그것이 어떻게 보일지 또는 어떻게 보일 필요가 있는지에 대해 생각해 보는 초기 단계에서 이미 강력한 치료가 이루어질 수 있다. 내담자의 마음속에 생생하게 존재하고 눈에 보이는 듯한 상상적인 혹은 환상적인 이미지는 몇 시간이고 지속될 수 있는 치료의 출발점이 된다. 한 예로, 어떤 내담자가 자화상 사진 속에서 미소를 지을 것인지 말 것인지 결정하려고 할 때 다음과 같이 긴 대화를 한 일이 떠오른다. "내가 미소를 짓는다면, 그것은 그 미소를 보는 남들을 위해서 그렇게 하는 거예요. '진짜 나'는 미소 때문에 감춰질 거예요!" 통찰적이거나 정화적 작업의 핵심 중 하나는 이미지를 만드는 생생한 과정에 있다. 다른 경우에, 가장 가치 있는 치료적 진전은 완성된 자화상을 들여다보고 치료자의 질문에 응답할 때 일어난다.

치료실에서 만든 자화상(Self-Portraits Made in the Therapist's Office)

어떤 사람이 조건적 승인과 사랑만을 받으며 성장한다면 그 사람의 자의식은 타인에 의해 정의될 가능성이 크다. 이런 내담자는 자신이 누구인가 말해 주는 사람이 아무도 없으면 그들 스스로 자신이 누구인가를 발견해야 할 필요가 있다. 자화상 사진치료 작업은 내담자로 하여금 자신의 이미지를 만들고 보고 받아들이고 자신을 긍정적으로 바라보도록 돕는다. 이를 통해 자신의 이미지가 명확하게 되고 자존감과 자신감이 증진될 수 있다.

이런 과정이 성공적이라는 하나의 신호는 사람들이 자신의 사진에 대해 호의적으로 이야기하기 시작하는 것이다. 이런 일이 일어나면 그들은 그 사진을 간직하거나 복사본을 원하기도 한다. 자신에 대해 비판할 때, 그들은 스스로를 평가절하하는 원인을 다른 가족 구성원의 탓으로 돌리기도 한다. 만일 내담자가 타인이 만들어 놓은 자신의 모습을 그대로 따라가기보다 자신의 삶에 책임을 지고 행동하기 바란다면, 치료자인 우리는 내담자의 내면 인식과 외적 증거가 서로 연결되도록 자화상 작업을 디자인할 수 있다. 이 과정에서 그들은 자신의 감정을 스스로 타당화하고, 다른 사람들로부터 내사된 자신의 모습을 버리게 될 것이다.

나는 한 내담자와 부모님과의 불화를 이야기하던 도중 즉석 사진 두 장을 찍기 위해 포즈를 취해 달라고 요청했다. 나는 그녀에게 '아빠의 이상적인 어린 딸' 로 포즈를 취한 다음 '엄마의 이상적인 어린 딸' 로 포즈를 취해 달라고 말했다. 나는 자신이 어떻게 행동해야 하는지에 대한 어린 시절부터 지속된 각본, 즉 22세인 그녀가 아직도 갖고 있는 감춰진 각본(script)을 구체화하길 원했다. 첫 번째 사진에서 그녀는 귀여워 보였고 수줍은 듯 미소를 지었다. 두 번째 사진에서는 양팔을 옆에 내려뜨린 채 우울하고 수동적인 모습을 보여 주었다. 그녀 가족이 부여한 행동 기준은 철저히 성역할에 토대를 두고 있었다. 그리고 그녀는 부모님이 뭐라고 할까 두려워서 자신의 독립이나 직업 선택을 제대로 주장하지 못했고, 아직도 그 문제에 사로잡혀 있는 것처럼 보였다. 나는 먼저 '완벽해 보이는 어린 소녀' 의 모습으로 포즈를 취하고, 그다음 그 어린 소녀가 어른이 된 모습으로 포즈를 취할 것을 원했다. 그런 다음 그녀의 '내면에 줄곧 도사려 온 진짜 소녀' 의 모습으로 포즈를 취하고, 마지막으로 그녀의 가족에게는 비밀이었던 어린 소녀가 어른이 된 모습으로 포즈를 취하도록 했다. 각기 다른 신체 언어를 통해 포즈를 잡는 행동은 그녀가 말로 설명할 수 있는 것보다 훨씬 더 많은 것을 내게 전달해 주었다. 그러나 그녀는 이 모든 각기 다른 자신의 모습을 보기까지 자신의 각기 다른 모습들이 얼마나 서로 갈등하고 그녀의 심리적 에너지를 고갈시켰는지 미처 깨닫지 못했다고 말했다.

자화상 작업은 목적 수립과 자기 주장, 자존감 등을 포함하는 문제에 대해 작업할 때 아주 유용하다. 자화상은 뭔가를 하거나 무엇이 되는 일이 과거에는 불가능하거나 능력 밖이라고 생각했던 내담자에게 중요한 도움을 준다. 앞에서 논의하였듯이 스냅사진을 배열함으로써 '할 수 없다' 고 생각했던 일을 하고 있는 자신의 모습을 볼 수 있게 된다. 사진 속에서 그들은 불가능하다고 여긴 일을 하고 있고, 실제로 그런 일이 일어난 것처럼 보인다. 그리고 사진은 실제 존재에 대한 증거를 보여 주기 때문에 그것은 마침내 '실재'가 된다. 마치 그들이 그 행동을 실제로 하고 있고, 어떤 방식으로든 되어 가고 있다는 것을 사진으로 기록하게 되면 그들은 이를 인식하게 된다. 그런 후 그들이 실제로 무엇을 할 수 있는지에 대한 이해를 수반하는 작은 인지적 재구조화가 일어나게 된다. 그렇지 않으면 그들은 이런 사진을 만들 수 없었을 것이다. 따라서 내담자의 자기 지각은 적어도 가능성의 영역으로 진입하게 된다.

이와 비슷한 맥락으로, 사진치료는 매사에 무감각하거나 감정을 표현하는 것이 힘든 내담자들과 작업하는 데도 유용할 수 있다. 한 가지 생산적 접근은 내담자에게 분노, 즐거움, 슬픔, 자신감, 걱정 등의 감정을 마치 실제로 느끼고 있는 것처럼 포즈를 취하라고 요청하는 것이다. 감정을 표현하는 것처럼 가장하고 사진을 찍는다면, 혹은 내담자가 그것을 실제로 경험하고 있는 듯 보이도록 포즈를 취한다면 몇 가지 일이 동시에 일어난다(그리고 원한다면 이러한 작업은 다양한 사이코드라마나 비디오 기법을 통해 좀 더 진행될 수 있다.).

CHAPTER

만일 어떤 사람이 특정한 감정을 표현하기 어렵다고 할 때 그 감정을 드러내는 포즈를 잡아 보라고 한다면, 사진은 내담자가 그 감정을 표현하고 있다는 증거가 된다. 그리고 그렇게 하면 내담자는 실제로 그 감정을 경험할 수 있게 된다. 왜냐하면 우리는 몸을 사용하여 감정을 전달하려고 노력할 때 종종 그 감정과 접촉할 수 있고, 심지어 몸을 통해 그 감정을 촉진시키고 기대치 않게 특별한 감정에 빠지게 되기 때문이다.

증거나 진실을 드러내기 위해 사진의 힘을 활용하면 단지 포즈를 잡는 것에 그치지 않고, 내담자가 보고 있는 것이 실제로 일어난 것이란 지각을 촉진시킬 수 있다. 때로는 슬프고, 화나고, 눈물에 젖고, 행복한 듯 보이는 자신의 사진을 스스로 보도록 하면, 내담자는 잠시나마 실제로 자신이 그 감정을 경험하고 있는 듯 느끼게 된다. 그것은 모든 것을 확실한 가능성의 영역으로 옮겨 가게 하여 행동을 할 것인가 말 것인가 하는 선택이 갑자기 분명하게 된다. 즉, '할 수 없다(can't).'가 '하지 않을 것이다(won't).'로 변하는 것이다.

그 응고된(frozen) 순간을 충분히 바라보면서 내담자는 감정을 소통하는 것에 대해 심사숙고하고 과거로부터 스며 나온 꿈틀거리는 기억과 목소리를 찬찬히 살펴볼 수 있게 된다. 그것은 그 누구와도 다른 자기 자신을 바라보는 치료적 방법의 하나다. 이와 같은 기법들은 인지 부조화, 객관적 자기 인식, 귀인 성향 등의 이론을 기초로 하며, 이런 이론들은 이 장에 예시되었듯이 사진을 통해 시각적으로 활성화된다면 아주 잘 작동하게 된다.

또 다른 치료적 방법은 내면의 불일치가 심하고 자신에 대한 지각이 양극화된 내담자에게 상반되는 특성이나 입장을 각각 사진 찍게 하여 치료자에게 보여 주는 것이다. '착할 때의 나' '나쁠 때의 나' 또는 '행복하고' '슬픈' 모습을 각각 찍도록 한다. 그러면 내담자는 자신에 대해 상반되는 실체를 표현할 것이며, 그 상반된 두 장의 사진을 손에 쥐게 된다. 내담자는 이 두 장의 사진을 갖고 마치 얼굴을 맞댄 인형처럼 역할극을 하고 이야기를 나눌 수 있다. 각 사진이 내담자에게 이야기하고 대화를 하도록 할 수 있다. 또는 두 사진을 스펙트럼의 양극단에 두고서 이러한 양극을 더 잘 이해할 수 있도록 그 사이에 있는 모습들을 조금씩 변화시키면서 포즈를 잡게 하고 사진을 찍게 할 수도 있다. 이것은 게슈탈트 치료에서 친숙한 '양극분리(polar splits)' 기법과 비슷하며 '빈 의자' 기법을 활성화하도록 돕는다. 나는 이것을 '양극화된 즉석 사진(Polarized Polaroids)' 연습이라고 부르는데, 이 장의 끝에 제시한 두 가지 사례의 치료적 기초가 될 것이다.

특히 현재 겪고 있는 딜레마, 즉 복잡한 감정이나 내적 갈등의 양극단을 사진으로 찍은 후 커다란 한 장의 종이 위에 함께 올려놓음으로써 그 두 가지를 내담자가 물리적 · 철학적으로 고려할 수 있는 맥락을 만들 수 있다. 한 종이 위에 두 가지 사진을 올려놓고, 두 사진이 지니는 공통분모로서의 현실(joint reality)을 창조하거나 미술용품(크레파스, 물감, 색종이 등)을 사용하여 두 이미지를 연결된 이야기로 만들 수 있다. 한 장의 종이 위에 이처럼 양극단을 시각적으로 통합하는 것은 한 사람의 자아 안에 있는 불일치 부분들 역시 통합될 수 있다는 점을 이해하게 해 준다.

또한 연속선상에 있는 양극단의 입장을 연결시키거나 종합하기 위한 중간 단계로서 양극 사이에 들어갈 수 있는 자화상을 추가적으로 만들 수도 있다. 이러한 중간에 있는 이미지들은 상징적인 중도의 타협책, 덜 극단화된 감정, 표현된 갈등에 대한 해결책, 그리고 성취 가능한 목표 단계를 나타낸다. 예를 들면, '지금 나의 인생' 과 '이상적 목표' 또는 '직장에서의 나'와 '놀 때의 나' 등을 들 수 있다. 이러한 방법을 통해 내담자는 치료적 대화를 하는 것과는 별도로(혹은 치료와 함께) 내면의 양극단을 통합하는 작업을 하게 된다.

내담자가 지각하고 있는 양극단을 시각적으로 볼 수 있게 하는 이러한 기법은 내담자가 자신의 내부에 존재한다고 느끼는(또는 충분히 알지 못하지만 어쨌든 탐색하기를 원하는) 근원적인 이중성에 대해 작업하는 데 사용될 수 있다. 이러한 예로 성차에 관한 이슈(gender issue)를 다루는 남성성/여성성, 아니마/아니무스, 자아/그림자 등 Jung과 다른 학자들에 의해 제시된 다양한 원형들, 즉 자아(self)의 이중적 측면으로 흔히 묘사되는 선과 악, 외면과 내면, 알려진 진실과 비밀, 좋아하거나 싫어하는, 육체적인 혹은 영적인, 현실적인 혹은 이상적인 자아, 고대 문화에 나타난 인간적인 혹은 동물적인 구성요소 등을 들 수 있다. 이 모든 것은 실제로는 서로의 일부분이거나 한 요소의 양면인, 두 가지 '대안(alternatives)'이나 극단(poles)으로 자아가 이루어져 있다는 것을 나타낸다.

내담자에게 먼저 자화상을 만들도록 하고, 자화상의 속성과 대비되거나 속성을 확장시킨 자화상을 한 장 더 만들라는 과제를 내준다. 이때 내담자의 이중성이 표면으로 떠오를 수 있다. 예를 들어, 나는 내담자에게 사진을 통해 다음을 표현해 보라고 한다. 보통 때와 달리 이 순간 뭔가를 느끼고 있는 나, 치료가 성공적으로 끝났을 때나 문제가 다 해결되었을 때 보이는 나, 내담자 자신이 되고 싶었던 사람(부모가 그렇게 되었으면 하고 바랐던 자신)과 비교한 지금의 나, 다른 사람에게 비추어진 자신과 내담자 자신이 바라보는 나, 비밀스러운 내적 자아와 공식적인 외적 자아로서의 나, 아무도 모르는 나, 싫어하거나 변화를 원하는 나(때로는 좋아하거나 간직하기를 원하는 나), 내가 보는 나와 보이기를 원하는 나, 좀 더 긍정적이고 자기를 지지해 주는 나(매우 긍정적인 목표를 형성하고 있는 나), 가장 있고 싶은 장소나 보여 주고 싶은 장소에 있는 나, 가장 가지고 싶은 물건이나 가장 함께하고 싶은 사람과 있는 나를 시도해 볼 수 있다. 치료과정에 도움이 된다면 내담자에게 '내가 죽을 때' '내 장례식에서' '내가 하늘나라에 가면' '이 모든 고통이 끝날 때' 등 많은 다른 가능한 상황에서 자신의 사진을 찍도록 할 수도 있다.

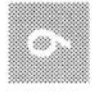

시간과 장소의 이중성을 포함한 이런 이중적인 이미지(과거/현재의 자신, 현재/미래의 자신, 전/후 자신 등)를 가지고 작업할 때 아주 흥미로운 일들이 일어났다. 나는 종이를 하나의 현실적 평면처럼 사용하는 것이 매우 재미있다는 것을 발견했다. 내담자에게 종이의 한쪽에 그들의 얼굴, 옆모습, 앞모습을 붙이고, 다른 한쪽에는 '내' 속에 있는, '나의 또 다른 면' 을 나타내기 위해 빳빳한 마분지, 진흙 인형 또는 움직일 수 있는 다른 물체, 그들의 뒷모습 또는 머리 뒷부분, 그림자 또는 대안적 옆모습(다른 쪽 눈)을 붙이라고 제안했다. 이런 식의 창조적인 표현은 부분별로는 매우 다를 수 있지만 함께 모으면 같은 실제의 한 부분이라는 것을 내담자가 깨닫도록 만든다.

때때로 자화상 작업을 통해 내담자는 자신이 두려워하는 죽음, 이혼, 자살, 장애, 정체성의 상실(사별, 퇴직 등)의 가능성과 직면하게 된다. 또한 이것은 치료가 비록 막 시작되었을지라도 치료과정의 마지막까지 미리 가 보도록 하는 데 유용할 수 있다. 만일 이러한 미래의 상황에 '존재하는' 자신을 사진 찍을 수 있다면 그들은 그 미래를 종종 더 직접적으로 언급할 수 있다. 한 예로, 나는 정서적으로 직면하는 데 어려움을 가진 암으로 죽어 가는 한 여성과 작업한 일이 있었다. 그녀는 머리로는 죽어야 한다는 것을 알고 있었지만 가슴으로는 항상 그 사실에 저항했다. 마침내 그녀는 관 모양의 종이 상자 속에 누워 있는 자신의 모습을 사진 찍고, 마치 그녀 자신의 장례식처럼 그 사진을 바라보고 사람들이 그녀의 죽음에 대해 어떻게 정서적으로 반응하고 뭐라고 말하는지 관찰하기로 결심했다. 그녀는 자신이 직접 사진을 찍는 것이 매우 중요하다고 말했는데, 왜냐하면 만일 다른 사람이 사진을 찍었다면 그녀는 그 사실을 아직도 믿을 수 없을 것이라고 생각했기 때문이다.

나는 자살을 기도한 청소년이나 AIDS 말기 단계에 있는 환자처럼 죽음을 눈앞에 둔 사람들에게 이 기법을 사용했다. 내담자는 내면 감각에 기초한 이미지를 자신의 외부에 둠으로써 잘 알지 못하는 모호한 어떤 것에 약간의 통제권을 지닐 수 있었다. 이런 작업의 목적은 죽음을 수용하는 것에서 자신의 기억을 타인이 생생하게 간직하도록 돕는 기념 사진을 찍거나 건강할 때의 이미지 작업을 통해 내담자에게 안녕감을 주는 것에 이르기까지 다양할 수 있다.

어떤 것의 궁극적 결과를 탐색하는 것은 설사 '그 어떤 것' 이 자신의 죽음일지라도 그것을 좀 더 현실적인 관점에서 보게 하는 틀을 제공한다. 사람이 죽음을 터놓고 이야기할 수 없다면, 〈사진 4-2〉에서처럼 덜 구체적인 방법을 통해 그것을 밖으로 드러나게 한다. 나는 자연스럽게 포즈를 취하고 있는 이 아이의 자화상을 보고 아이가 자살할 가능성이 있다는 것에 대해 직감했다.

나는 청각장애인 학교에서 몇몇 원주민 아동(First Nation children)에게 집단상담을 하는 동안 이 사진을 찍었다. 아이들은 작업할 때 내가 카메라를 사용하는 것에 익숙해져 있었고, 사진치료를 하지 않을 때조차도 종종 나를 위해 장난스러운 포즈를 취해 주기도 했다. (독자는 이런 활동에 대한 논의를 Weiser, 1975, 1983a, 1983b, 1984c, 1988a, 1988b에서 좀 더 발견할 수 있다.) 이즈음 우리는 해안 지역에 멀리 떨어져 살고 있는 가족에게 보낼 아이들의 사진을 찍고 있었다. 보통 때는 매우 조용하고 붙임성 있었던 이 소년은 이런 포즈를 선택했고, 내게 셔터를 누르라고 지시했다. 다른 아이들은 장난스럽고 심지어 광대 같은 모습으로 포즈를 취했지만, 혼자 카우보이를 하면서 놀고 있었던 이 소년은 창문에 자신의 포즈를 비추어 보고 확인까지 하면서 시

사진 4-2

간을 들여 자신의 모습을 조심스럽게 배열했다. 그러고 나서 내게 셔터를 누르라는 신호를 보냈다. 사진을 다 찍고 다른 아이들을 밖으로 내보낸 후, 나는 잠시 동안 이 소년과 함께 앉아 있었다.

물론 이 사진 한 장은 그 자체로서 어떤 결론도 이끌어 낼 수 없었다. 그는 텔레비전에서 본 적이 있는 어떤 것을 흉내 낸 것일 수도 있다. 그러나 그 포즈(입에 권총을 문 것-역자 주)가 너무도 충격적이어서 그 이미지가 내 마음을 괴롭혔다. 나는 그에게 도전하기보다는 나의 염려를 속으로 간직한 채 이 사진을 그가 심각하게 받아들이는지 또는 단지 어떤 것을 흉내 낸 것인지 물어보았다. 그는 직접적인 언급을 피했다. 그러나 나는 내가 찍어 준 소년의 사진, 즉 카메라 앞에서 다양한 감정을 드러내는 몇 장의 사진을 가지고 있었다. 그는 슬프고 우울한 자신의 얼굴을 보여 주었다. 크리스마스 시즌이 되자 부모를 그리워하는 그의 슬픔, 낮은 자존감, 자살하고 싶은 마음에 대해 우리는 좀 더 이야기를 나눌 수 있었다. 그는 다른 방법으로는 대화를 할 수 없었고, 수화를 통해 내게 직접적으로 이야기하고 싶어 하지 않았다. 그래서 대화를 위해 다양한 자화상을 사용했던 것이다.

다음의 사례는 사진치료를 활용하여 내가 어떻게 내담자의 안녕감을 고취시킬 수 있는지 보여 줄 것이다. 부모가 모두 알코올중독자인 한 여성이 자신이 아주 좋아하는 자기 사진을 몇 장 가지고 왔다. 모든 사진에서 그녀의 모습은 상반신만 나와 있었다. 그녀가 극도로 말랐고 거식증인 듯 보였기 때문에, 나는 사진에서 그녀 몸의 나머지 부분이 모두 빠져 있다는 사실을 크게 지적했다. 또한 모든 사진에서 그녀는 미소를 짓고 있었지만 입을 꼭 다물고 있었다. 나는 그녀가 이런 포즈를 다시 취하고 사진을 찍되, 한두 가지는 변화시키도록 요청했다. 나는 그녀의 전신 사진을 찍기 원했다(그러나 그녀는 자신이 '너무 뚱뚱' 하기 때문에 전신 사진 찍기를 거절했다.). 그리고 나는 그녀가 입을 벌리고 미소를 짓는 모습을 찍으려고 했다. 그녀는 입을 벌리고 웃는 모습을 사진 찍는 것에는 동의했지만, 실제로 그런 포즈를 취하는 것이 어색한 듯 보였다. 그래서 마지막 사진은 매우 긴장된 모습으로 나왔다.

이런 어려움을 타개하기 위해 그녀의 사진을 복사해도 되는지 허락을 얻은 다음 그녀에게 커다란 종이 위에 복사된 사진들을 붙이게 했다. 그리고 그녀의 몸을 그리게 한 다음 각 사진에 사회적 맥락을 써 넣게 하였다. 그다음 크레용이나 펜을 사용하여 꼭 다물고 있는 입이 벌어지도록 그리라고 요청했다. 사진 속 입을 '벌어지게 그렸을 때', 그녀는 자신의 턱을 악물었다가 풀기 시작했다. 나는 그녀에게 이제 벌려져 있는 입을 향해 이야기해 보라고 했고, 그녀는 오랫동안 마음속에 있던 분노, 즉 부모를 향한 분노와 그녀가 느꼈던 수치감을 표현하기 시작했다. 나는 커다란 종이 위에 복사된 그녀의 사진을 늘어놓고 말풍선을 그려 넣은 후 그녀의 열린 입에서 나오는 말을 말풍선 속에 적어 놓도록 했다. 그녀는 쏟아져 나오는 말로 말풍선을 가득 채웠고, 나는 그녀가 종이 끝까지 계속 적어 넣는 동안 조용히 앉아 있었다. 이런 과정을 다 마치고 난 다음, 지금까지의 전반적인 사건을 통합하고 구체적으로 그것을 현실화하기 위해 그녀가 적어 놓은 모든 말과 사진으로 가득 뒤덮인 종이를 그녀가 들고 직접 포즈를 취하게 하였다. 이로써 자화상 작업은 종결되었다. 이런 포즈를 취할 때, 그녀는 내게 그녀의 전신이 다 나오게 찍어 달라고 요청했다. 그녀는 마침내 '내 몸을 봐야 할 시간' 이라고 말했던 것이다.

앞서 언급한 대로, 자아를 탐색하는 또 다른 방법은 가면이나 장식된 얼굴, 의상, 모자, 자신의 소유물처럼 자신을 은유하는 등가물(metaphorical equivalents)을 활용하는 것을 통해서도 이루어진다. 가면은 특히 페르소나, 그들이 나타내는 자아의 다양한 면이나 역할을 보여 주는 데 유용하다. 내담자에게 마분지 위에 그린 그림(art on cardboard), 눈을 도려낸 잡지 속 인물, 전신을 덮는 그림, 내담자의 사진과 콜라주를 한 다른 사진 등 그들이 발견하거나 창조한 가면을 쓰고 포즈를 잡으라고 요청할 수 있다.

얼굴을 맞댄 대화를 하기 위해 어떤 가면이든 사용할 수 있고, 그 가면을 쓴 채 사진을 찍을 수도 있다. 그렇게 얻어진 사진을 통해 내담자는 자신이 할 수 없거나 하고 싶어 하지 않는 것을 말하거나 할 수 있게 된다. 한 회기 내에서 찍은 내담자의 두 사진, 즉 가면을 쓴 사진과 가면을 벗은 사진을 사용하여 좀 더 '작업' 을 할 수도 있다. 내담자가 이 두 사진을 서로 직면시키거나 대화를 나누게 하고 서로를 비교하도록 한다. 또는 내담자와 두 사진이 상호작용하면서 삼자 간 대화를 할 수도 있다. 내담자는 가면(또는 가면을 쓴 자신)에게 질문을 하기도 하고 그 가면의 관점에서 대답을 하기도 한다. 또는 치료자가 연출자가 되어 치료과정을 구조화할 수도 있다. 가면은 앨범 속 사진, 콜라주, 내담자에게 '맞는' 선별적인 투사물과 상호 연결될 수 있다.

자화상 사진치료의 가장 중요한 사항 중 하나는 사진이 다른 사람의 평가보다 훨씬 우월한 자기평가의 타당성을 제공해 줄 수 있다는 것이다. 자신의 진짜 자화상 속에서 어떤 긍정성이 엿보인다면 그것은 분명 주체(subject)가 거기에 그러한 긍정성을 불어넣었기 때문이다. 그것은 분명 거기에 존재한다. 사진치료 동안, 내담자는 치료자가 그랬다면 아첨이라고 평가절하될 수 있는 향상의 증거를 자화상 사진 속에서 스스로 찾을 수 있다. 내담자가 자신에 대한 표현이 어떻게 변화하고 있는지를 스스로 볼 수 있도록 하기 위해, 나는 종종 첫 회기, 다시 마지막 회기, 때로는 그 중간 중간에 여러 차례 내담자가 내 사무실에서 자화상 사진을 찍도록 한다. 이런 종류의 사진 찍기는 그 자체로 강력한 치료가 될 수 있다.

다음은 치료적 초점이 되는 어떤 문제나 정서적 이슈를 탐색하기 위해 내담자에게 내주는 숙제의 예다. 자화상 숙제에 다른 사람이 중립적인 입장에서 셔터를 눌러 주는 보조인으로 포함된다면 뒤의 두 장(chapters)에 나오는 과제, 즉 남이 찍어 준 내 사진의 기법과 다소 경계가 모호해질 수 있다. 그 차이점은 내담자가 다른 사람이 만든 사진의 대상이 아니라 자화상을 만든 사람으로서, 전 과정의 연출자이자 격려자이며 그 결과의 참된 창조자라는 것이다.

자화상 숙제(Self-Portraits Assigned as Homework)

자화상 숙제는 내담자가 자기 자신이 누구인지, 타인에 의해 만들어진 내가 아닌 스스로 구성한 자신이 누구인지, 그리고 은유적으로 자신이 어디에 있는지(어디가 경계이고 어디서 시작하고 끝나는지)에 대해 보다 많이 배울 수 있게 한다. 자화상 숙제는 내담자가 자화상 사진을 보는 것뿐만 아니라 그것을 계획하고 창조하는 것을 실행하도록 하기 위해 부여된다. 포즈를 잡거나 최종 사진을 찍는 일이 내담자에게 개인적으로 정서적인 위험을 감수하게 하는 것일 때 이런 숙제가 특히 중요할 수 있다. 내담자가 자신의 내적 관심사를 말하면서 혼자 시간을 보내도록 하는 자화상 숙제, 또는 사진을 찍기 위해 새로운 곳에 가거나 보통과는 조금 달라지기를 필요로 하는 자화상 숙제는, 때로는 내담자가 처음으로 자신의 사적인 생활의 일들을 구체적으로 돌아보기 위한 시간을 갖게 하며, 다른 사람의 욕구보다는 자신의 욕구를 충족시키고, 남들이 이야기해 준 것과는 다른 자신만의 내적 감정을 가지고 있다는 것을 인식하도록 만든다.

다음의 사례는 20대 후반임에도 부모가 그녀와 함께 있는 것을 원하기 때문에 자신의 개인적 삶을 가지기 어려운 한 여성, 즉 관심받기를 원하는 부모로부터 분리되려고 노력하는 한 내담자에게 내준 과제다. 나는 그녀에게 '부모를 기쁘게 해 줄 것 같은 모습으로 부모와 함께 있는 사진' 을 찍도록 했고, 그다음 주에는 '딸 노릇을 하느라고 바쁘지 않을 때 그녀 자신이 누구인지' 에 관한 사진을 찍도록 했다. 후자의 경우 사진을 찍는 데 2배 정도의 시간을 더 들일 것을 원했다. 부모에게서 받은 모호한 메시지와 매우 복합적인 감정을 지니고, 그녀는 사진 찍기의 대상인 자신에 대해서 무언가를 발견하기 위해 매우 열심히 노력했다.

이것은 자신의 정체성을 향해 가는 아주 느린 행보였지만 분명 어떤 진전이 있었다. 외적 이미지를 형성해 가는 시작점에서 그녀는 처음에 부모의 동의를 필요로 했다. 그녀는 부모에게 이런 종류의 숙제를 자신이 반드시 완수해야만 하는 어떤 것, '치료자가 내준 숙제' 라고 정의했다. 부모는 숙제에 전념하도록 그녀를 지지해 주면서 협력했다. 그녀가 부모로부터 분리되기 전, 부모의 반대를 거스를 만큼 충분히 그녀가 강해지기까지 부모의 반대라는 위험을 무릅쓰지 않고도 분리가 가능하다는 것을 스스로 깨닫게 만드는 방법이 필요했다. 부모의 사랑을 거부하지 않으면서 부모의 통제와 권위에서 자유로워지고 분리되는 것을 고려해 보도록 했다. 그녀는 스스로의 힘으로 다른 사람이 그녀에게도 그녀만의 삶이 있다는 것을 인식하도록 하고, 또 그녀 자신도 자신만의 삶이 있다는 것을 인식해야만 했다.

자화상 작업은 다른 사진치료기법을 시행하면서 '우연히' 하게 될 수도 있다. 앨범을 재검토하는 작업을 하면서 문득 자화상을 발견하거나 혹은 사진 찍기 과제를 하는 도중에 우연히 찍혀 나올 수도 있다. 그것은 심지어 투사적 작업 도중에 일어나기도 한다. 즉, 자신, 자신의 인생, 타인과 자신의 관계를 가장 잘 묘사하는 자신을 대표하는 듯한 사진, 앨범 속 사진이나 잡지에서 가져온 사진 역시 자화상의 일부가 될 수 있다.

다른 기법을 사용하는 도중 우연히 자화상 작업을 하게 된 또 다른 예는 다음과 같다. 36세의 내담자가 회사 홍보부로 승진을 제안받았지만 놀랍게도 그녀 자신이 그것을 받아들이는 데 다소 저항하고 있음을 발견했다. 그녀는 승진을 명예롭게 여기고 기뻐했지만, 동시에 어떤 이유에서인지 불편감을 느꼈다. 의식적 탐색을 통해 그 답을 찾는 데 실패하자, 나는 그녀에게 두 가지 방식—현재의 업무를 담당할 때 그녀가 어떻게 보이는지와 그녀가 새로운 직책을 맡으면 어떻게 보일지—으로 사진을 찍도록 했다. 그녀는 현재의 업무를 담당하고 있는 모습을 보여 주기 위해 포즈를 취하는 것은 쉽다는 것을 발견했다. 이미 그녀가 하고 있는 그대로의 모습을 단지 사진 찍기만 하면 되었다. 그러나 새로운 직책을 맡고 있는 모습을 사진 찍으려고 준비하고 있을 때는 온갖 내적인 소용돌이에 빠지게 되었고, 자신이 사진 찍는 과제를 미루고 있음을 발견했다.

다음 주에 우리는 과제를 하는 동안 어떤 일이 일어났는지 이야기하였고, 그녀는 자신이 찍은 사진을 내게 보여 주었다. 우리는 의미 있는 차이점을 발견했다. '현재'의 사진에서 그녀는 캐주얼한 바지와 셔츠를 입고 편한 신발을 신고 있었다. '새로운 직책'의 사진에서는 회사가 기대한다고 스스로 믿고 있는 이미지에 맞추어 정장을 입고, 하이힐을 신고, 화장도 하고, 귀걸이까지 하고 있었다. 분명 그런 것들은 '요구'되지 않았다. 그러나 그녀는 이런 것이 필요할 것이라고 '알고' 있었다. 사진을 통해 이런 차이점을 보게 되자, 그녀는 왜 자신이 그토록 변화에 저항했는지 이해하기 시작했다. 문제는 그녀의 외모를 변화시켜야 하는 데 있는 것이 아니라(놀랍게도, 그녀는 정장을 한 자신의 모습을 좋아했다.) 그 변화가 그녀에게 의미하는 것에 있었다. 그녀는 남자 형제만 다섯 명이 있는 집안의 외동딸로, 어린 시절 내내 어머니는 그녀에게 러플과 프릴의 주름 장식이 있는 옷만 입혔다. 성장한 후 집을 떠나면서 그녀는 청바지와 바지 등 '편안한 옷차림'으로 자신을 바꿨다. 그 당시는 1960년대로 히피 스타일의 옷이 유행했고, 마침내 그녀는 자기 자신이 될 수 있었던 것이다.

그녀는 오랫동안 이러한 '독립적인' 자기 이미지를 유지했다. 그러나 지금은 전문직으로 나아가기 위해 어린 시절 어머니가 강요했던 그 옷차림으로 돌아가야만 한다고 생각했다. 이처럼 옷차림을 바꾸는 것은 결국은 어머니가 '이기는 것' 을 뜻한다는 것이 드러났다. 그녀는 비록 어머니가 입혀 주던 옷과는 정반대의 옷차림을 하고 살아왔지만, 사실은 아직도 어머니에 의해 통제당하고 있다고 느꼈다. 치료의 초점은 이러한 사실을 그녀 스스로 볼 수 있도록 하는 데 맞추어졌다. 어머니가 원하는 것과 반대로 옷을 입기로 작정했지만, 그녀는 자신이 원하는 것처럼 완전히 자유롭지는 못했다. 그리고 그녀가 그렇게 생각하지만 않는다면 '옷을 잘 차려입는 것' 은 반드시 그녀가 어머니와의 권력 다툼에서 지는 것을 뜻하는 것도 아니었다.

그다음 주에 우리는 가족 앨범 사진을 검토했고, 그녀 스스로가 '예쁜 소녀' 라고 명명한 옷차림을 강요당했다는 것을 뒷받침하고 있는 여러 장의 사진을 보았다. 그러나 놀랍게도 그러한 주장을 반박하는 사진도 꽤 있었다. 사춘기 시절의 몇몇 사진에서 그녀는 상당히 단정치 못하고 전혀 소녀다워 보이지 않았다. 그녀는 청바지를 입고 나무에 올라가거나 심지어 개집을 망치로 두드리고 있었던 것이다. 이런 사진들은 사춘기 시절 어머니와의 권력 다툼에 대한 선별적 기억 때문에 지워져 있었다. 그녀의 자화상 작업과 더불어 앨범 재검토는 내담자로 하여금 오래된 의제를 내려놓고, 그녀의 어머니가 그 당시 경험하고 있었을지도 모르는 것을 탐색할 수 있게 했다. 치료하는 동안 그녀는 사십이 가까운 지금도 왜 여전히 사춘기 시절의 문제에 그토록 매달려 있는지 탐색하기 시작했다. 어머니로부터 그녀가 느끼는 정서적 거리는 사실상 그녀 자신에 의해 만들어진 것이며, 그녀가 원한다면 스스로의 손으로 그것을 끝낼 수 있다는 것을 인식하기 시작했던 것이다.

몇몇 치료자들은 말만으로는 표현하기 어려운 자신의 어떤 면을 보여 줄 수 있는 사진을 잡지나 책 속에서 발견하도록 내담자에게 지시하기도 한다. 심지어 나는 자화상 사진을 '찍기' 위해 내담자에게 필름이 없는 카메라를 가지고 나가서 사진을 '찍으라고' 하기도 한다. 그 후 만일 카메라 안에 필름이 있었더라면 카메라에 찍혔을지 모르는 사진을 그려 보라고 청한다. 이런 방법은 내담자가 실제 사진에 직면하기에 너무 약하다고 생각되는 경우, 그리고 실제의 신체 이미지와 기대한 이미지를 연관 짓는 작업을 할 경우 특히 유용하다. 자화상 과제를 내주었을 때 드러나는 은유적 반응 또한 유용하다. 한 내담자는 자신의 그림자를 찍었던 사진 한 통을 다 가져온 적이 있었다. '사진을 통해 자신을 묘사하라.' 는 과제를 받은 또 다른 내담자는 사진 그 어디에도 그녀의 모습이 없는, 그러나 자신과 연관이 있는 대상(자신의 책상, 유리컵, 모자, 슬리퍼, 특별한 커피 잔, 차 등)을 찍은 스냅사진만 가져왔다.

'파운드 이미지' (found image. 마이너 화이트(Minor White)로부터 내려온 사진 용어로, 의식의 바깥에서 발견되는 무의식이 투영된 사진-역자 주)를 찾기 위해 투사적 사진치료를 적용하는 것 역시 자화상 작업으로 귀결될 수 있다. 내담자는 자신을 나타내는 콜라주를 만들거나, 보통 때는 인식되지 않던 자신의 일부를 보여 주기 위한 사진을 찍거나, 사진 속에 그들 자신이 보이지 않을 때조차도 기대치 않은 비밀이 드러나는 앨범 사진을 발견하기도 한다. 내담자는 자신의 은유적 자화상이나 자신이 막 찍은 자화상과 맞아떨어지는 듯 보이는 이미지를 찾기 위해 나의 방대한 사진 수집첩을 들여다본다. 이 사진들은 내담자의 사진인 것처럼 사용될 수도 있고, 내담자가 자신에게 의미 있는 선택한 사진을 들고 포즈를 취하여 즉석 사진을 찍는 방식으로 치료가 더 진행될 수도 있다.

무엇인가가 묻혀 있거나 억압되어 있는 경우, 이러한 간접적 접근 방법을 통해 그 무엇에 도달할 수 있다. 다음의 사례는 이를 잘 보여 준다. 나는 조앤에게 나의 '투사적 사진 모음' 속에서 그녀의 은유적 자화상처럼 보이는 사진을 하나 선택하라고 했다. 그녀는 머리카락을 풀어헤친 채 눈을 감고 누워 있는 어떤 여성의 사진(〈사진 4-3〉 참조)을 골랐다. 그녀는 "나는 개인적이고도 미적인 이유 때문에 '내 자화상' (조앤이 고른 여성 사진)에 마음이 이끌렸어요. 이 사진에서 볼 수 있듯이 뭔가 꿈꾸는 듯한 이미지에 마음이 사로잡혀요. 이 소녀는 아주 편히 쉬면서 만족하고 전적으로 신뢰하고 있는 듯 보이네요. 그녀는 꿈을 꾸고 있는 것처럼 또는 무언가를 상상하고 있는 것처럼 보이고, 그 무언가가 그녀에게 많은 기쁨을 주고 있는 것 같아요. 그녀는 자신과 자신의 이미지에 대해 아주 편안해하고 있는 것 같아요. 간단히 말해서, 그녀는 내 이상형이고 내가 되고 싶은 존재예요."

이 이미지를 가지고 좀 더 '작업하기' 위해, 나는 조앤에게 어떤 방식으로든 그녀가 원하는 대로 이 사진과 함께 포즈를 취하라고 과제를 내주었다. 그러자 그녀는 사

CHAPTER

1 2 3 4 5 6 7 8

사진 4-3

진 속 여성의 포즈를 흉내 내었다. 사진 속에서 조앤은 눈을 감고 그녀의 가슴 위에 그 사진을 올려놓은 채 누워 있었다. 그녀는 이러한 과제와 그 결과에 대해 몇몇 친한 친구와 의견을 나누었는데, 친구들은 원본 사진 속의 여자가 그녀라고 보았다. 왜냐하면 두 사람이 놀라울 정도로 서로 닮았기 때문이다.

두 사진을 면밀히 검토해 보면서 조앤은 원래 선택한 사진뿐 아니라 두 번째 사진을 만들 때에도 자신이 어떻게 느꼈는지 내게 말해 주었다. 감정적으로 과부하되는 주제를 다룰 때, 우리는 두 사진에 다시 초점을 맞추었다. 조앤은 두 사진이 어떻게 '편안하고 행복하며, 사랑받는다는 느낌과 안전한 느낌'을 주었는지 계속 말했다. 조앤은 원본 사진 속 그녀와 말로 할 수 없는 교감을 나누면서 자신의 내면 깊숙이에 있는 뭔가를 건드린 듯하다고 말했다. 그리고 그녀는 지푸라기 같은 머리카락에 대해 언급했다(〈사진 4-3〉의 여성이 누워 있는 다다미 때문에 그런 생각이 들었다고 생각된다.). 몇 주 후, 시간을 내어 가족 사진을 탐색하라는 내 숙제를 하려고 어머니를 방문한 후, 그녀는 빛바랜 작은 사진(〈사진 4-4〉 참조)을 한 장 움켜쥐고 사무실에 찾아왔다. 그녀는 기쁜 듯 그 사진을 다른 두 장의 사진 옆에 놓았는데, 우리는 그것들이 너무도 유사하다는 것을 발견했다.

그 사진은 20년 전, 조앤의 어머니가 지금 조앤의 나이일 때 찍은 사진이었다. 어머니는 자기 사진을 가지고 다니는 것이 좀 이상해 보이긴 했지만 이 사진을 너무 좋아해서 여러 해 동안 지갑에 늘 넣고 다녔다고 한다. 어머니는 사진이 너무 낡아 버리자 그것을 앨범 속에 넣어놓았다. 또한 조앤과 여동생이 어렸을 때 어른들 모임에 따라가서 지루해하면 딸들이 재미있으라고 지갑 속에 있는 그 사진을 보여 주곤 했다. 그리하여 그 이미지는 비언어적으로 부호화되어서 어린 시절에 관한 무의식적 흔적으로서 내담자의 기억 속에 오랫동안 남아 있었던 것이다. 내 사진첩 속에서 그녀가 나중에 발견했던 사진은 의식적으로나 언어적으로 어머니의 사진과 연결되어 있지는 않았다. 그래서 자화상 작업과 앨범 재검토 과제를 함께하기 전까지는 결코 드러날 수 없었던 것이다.

조앤의 사례에서 알 수 있듯이, 사람은 스스로 의식하지 못하지만 자신의 인생에서 어떤 시금석이 되는 의미 있는 심상을 지니고 있는 일이 빈번하다. 만져지지 않는 기억 대신 실제화된 사진으로 우리가 그런 이미지를 가지고 다니는 일은 드문 것이 아니다. 이는 설사 그 존재를 우리가 알지 못하더라도 무의식적으로 기억된 이미지가 정서적 중요성을 지니고 있다는 것을 보여 주는 흔한 예다. 이 장의 나중에 나오는 사례는 이러한 진실을 보다 심도 깊게 보여 줄 것이다.

몇몇 내담자에게 아주 의미 있는 또 다른 자화상 작업은 내담자가 원한다면 자신

© 1960 Joanne's Mom's First Husband 사진 4-4

의 사진을 파괴하거나 절단하거나 변경하거나 또는 적극적으로 왜곡시키는 것이다. 물론 내담자를 안전하게 보호하기 위해 이러한 작업은 치료자가 있는 곳에서 이루어지거나 적어도 다른 사람이 보는 데서 이루어지는 것이 좋다. 바람직하지 않다고 여기는 부분을 은유적으로 파괴하는 일은 특별히 생산적이거나 카타르시스적일 수 있다. 그러나 이는 또한 위험한 일이 될 수도 있다. 필요하다면 사생활이 보장되는 가운데 이성의 옷을 입어 보거나, 화장을 해 보거나, 옷을 차려입거나, 역할 바꾸기를 통해 계급과 인종의 한계를 뛰어넘는 경험을 할 수도 있다. 또한 종이 인형에 이 옷

저 옷을 입히듯이 여러 종류의 옷을 바꾸어 입어 봄으로써 다양한 정체성을 경험할 수도 있다. 정체성은 독창적인 방식으로 탐색될 수 있다. 내담자는 심지어 '자기 등가물(self-equivalents)', 즉 무생물이든 생명체든, 잡지 같은 미디어에서 얻은 이미지든, 배경 사진이든, 자신을 나타내는 사진은 무엇이든지 찍어 오라는 과제를 받을 수도 있다.

이런 과제의 대부분은 심지어 혼자서라도 사진을 찍으려는 목적으로 야외에 나가는 일을 포함하고 있다. 그래서 이런 작업이 자화상보다는 '내담자가 찍은 사진' 이라는 주제를 다룬 제6장에 더 맞는다고 생각할 수도 있을 것이다. 과제가 중복되는 것을 피하기 위해 사진치료기법에서 과제와 관련된 많은 부분이 제6장에 수록되어 있다. 독자는 각각의 기법을 좀 더 잘 알기 위해 이 두 장들의 참고문헌과 양쪽 모두에 나와 있는 연습을 비교해 보는 것이 좋을 것이다.

부가적인 치료적 초점(Additional Aspects of Therapeutic Focus)

수많은 혁신적인 자화상 기법과 개입은 변화를 위한 적극적 매체로 카메라를 사용하는 모든 내담자, 특히 전통적으로 평가절하되었거나 주변화된 사람들에게 자신과 만나는 힘을 발휘하고 있다. 사진치료와 연관된 참고문헌이나 추천도서의 대부분이 이 책의 끝에 수록되어 있다. 이러한 기존의 참고문헌을 조사해 보면 사진치료의 많은 영역이 자화상 작업에 집중되어 있다는 사실은 명백해 보인다. 이는 대다수의 사람들이 자기 자신에게 자연스러운 흥미를 가지고 있다는 것을 반영하는 것 같다.

특히 Wolf의 작업(1976, 1977, 1978, 1982, 1983)에 주의를 기울일 만한데, 그는 아동이나 청소년을 대상으로 미술치료와 정신분석을 함께 적용하여 즉석 사진으로 자화상을 찍는 작업을 시행했다. 또 다른 선구자는 Ziller(1989, 1990; Ziller & Lewis, 1981; Ziller, Rorer, Combs, & Lewis, 1983; Ziller, Vera, & Camacho de Santoya, 1981)다. Ziller는 내담자로 하여금 그가 명명한 '오토 포토그래피(auto-photography)' 라는 것을 찍게 했다. 이는 내담자가 직접적으로 사진에 나타나지 않더라도 자신을 대표하는 사진을 찍도록 하는 것이다. 개인적으로, 사회문화적으로 사람들에게 중요한 것을 지칭하는 '심리적 틈새(psychological niche)' 를 발견하기 위해 Ziller가 어떻게 오토 포토그래피를 사용했는지 알려면 이 책 마지막의 추천도서 목록을 참고하여 읽어 보는 것이 좋을 것이다.

내담자의 자화상을 가지고 작업하기

WORKING WITH CLIENTS' SELF-PORTRAITS

치료자가 내담자에게 사진에 대해 질문하거나 치료자의 지도하에 사진과 상호작용하게 하는 과정은 사진이 무엇을 담고 있는지, 사진의 크기가 얼마나 되는지, 사진의 시각적 양태가 무엇인지(앨범이든, 콜라주든, 핸드헬드 사진이든 등)와 상관없이 실제로는 내담자의 동일한 심리적 국면을 탐색하는 것이다. 치료적 대화를 시작할 때는 어떤 자화상 사진을 가지고도 치료에 유용한 심도 깊은 질문을 할 수 있는데, 그러한 질문의 목록은 이 절의 끝부분에 수록되어 있다.

외부 관찰자의 관점에서 객관적으로 자신을 보려고 노력하는 것은 진퇴양난의 상황과도 같다. 이런 상황을 가리켜 1990년 무렵에 Shaun McNiff는 내게 개인적으로 하늘에서 바람을 분리시키려고 노력하는 것과 마찬가지라고 말했다. 사진 속 인물이 자기 자신이라는 것을 알면서 자신의 사진을 보는 것, 그리고 마치 모르는 사람의 사진인 것처럼 보는 것은 가능하지 않다. 인지적 과정에서 제거될 수 없는 특권화된 지식(privileged knowledge)이 항상 거기에 있기 때문이다. 그럼에도 불구하고 나는 내담자에게 이렇게 해 보라고 요청한다. 비록 그것이 불가능하다는 것을 알긴 하지만 말이다. 내담자는 자유로워지고 인생을 좀 더 충분히 경험하기 위해 어떤 식으로 정의내려지고 그리하여 그런 것이 어떤 식으로 그들을 구속하는지 그것과 직면해야만 한다. 그러나 치료자는 내담자가 이런 작업을 할 준비가 되어 있는지를 주의 깊게 사정해야 할 필요가 있으며, 천천히 작업하도록 해야 한다. 내담자가 자신의 참모습과 직면하게 되는 일은 가장 강렬하고 원초적이고 위험한 치료적 만남 가운데 일어난다.

그러므로 자기 이미지가 너무 취약하거나(부서지기 쉽거나) 자존감이 너무 낮은 내담자는 아주 조심스럽게 다루어야만 한다. 그런 내담자에게 미칠 수 있는 폐해는 아주 심각할 수 있다.

이런 관심사에 비추어 볼 때, 진짜 자화상 또는 상상의 자화상 기법의 가장 큰 장점 중 하나는 간접적 방식으로 자기 지향적인 질문(self-oriented questions)을 내담자에게 할 수 있게 한다는 점이다. 스냅사진은 그 사람의 대역(stand-in) 또는 그것을 통해 내담자가 이야기하는 가면과도 같이 사용될 수 있다. 또한 주제가 스트레스를 많이 야기하는 경우 안전한 초점(safe focus), 주의전향 장치(attention deflector)로 사진이 사용될 수 있다. 사람은 자신에 대해 직접적으로 이야기하는 것보다는 자신의 사진에 대해 어떻게 느끼는지에 대해 이야기하거나 심지어 사진 속 '그 사람' 이 어떻게 느끼는지에 대해 이야기하는 것을 더 편안하게 느낀다.

3인칭 관점에서 1인칭 관점으로 옮겨 가는 과정에서 내담자를 자신과 연합시키기 위해 자화상을 중간 대상(transitional object)으로 사용하는 것은, 만일 직접적으로 그렇게 하도록 하면 일차적으로 자신의 감정 또는 이미지를 '소유' 하는 것을 주저하는 내담자의 권한 강화를 가능하게 한다. 일반적 질문과 함께 이런 절차를 시작하고 내담자가 좀 더 가까이 다가가는 작업(closer work)을 허용하면, 그다음엔 내담자의 좀 더 친밀한 경계(intimate boundaries) 안으로 천천히 들어갈 수 있다.

파트너십을 확립하고 상대적으로 동등한 권력 균형을 유지하기 위해, 나는 종종 자화상 작업을 다음과 같이 질문하는 것으로 시작한다. "이 사람은 누구이고 그녀는 거기서 무엇을 하고 있습니까?" "이 사람에 대해 이야기해 주세요." "이 사람이 이야기를 할 수 있다면 뭐라고 이야기할 것이라고 생각하세요?" "이 사람에게 당신이 묻고 싶은 것이 있습니까?" 이러한 일반적이고, 비개인적인 접근은 내담자가 직접적으로는 이야기할 수 없는, 자기 자신을 위해 스스로에 대해 무엇인가를 이야기하는 위험을 감수할 수 있도록 하기 위해 내담자 자신과 그 이미지를 분리시키도록 한다. 이것은 내담자로 하여금 공격당한다는 느낌 없이 자신에 대한 외부적 관점을 가질 수 있도록 하는 하나의 모델이 될 수 있다.

내담자의 자화상에 대해 보다 유연하고 덜 구조화된 방식으로 대화하는 것은 특정 질문기법을 사용하여 매우 쉽게 이루어질 수 있다. 이런 것은 어떠한 자화상 이미지, 심지어 사진이 아닌 것과도 함께 사용될 수 있다. 그러므로 나는 이를 통해 독자에게 자화상에 대해 물을 수 있는 질문의 종류를 예시함으로써 어떻게 시작하는지, 그리고 이런 정보를 어떻게 사용하는지에 대한 요점(nuts and bolts)을 지시할 것이다.

자화상 만들기(Making the Self-Portrait)

내담자에게 자신이 만든 자화상을 가져오라고 지시를 하거나, 다음 연습을 하기 위한 서곡으로 내 사무실에서 사진 한 장을 찍기 위해 작업을 할 수 있다. 만일 어떤 사람이 셔터를 눌러 주는 등 내담자를 도와준다면 다른 사람이 내담자에게 아무런 충고나 미적인 제안도 하지 못하도록 하고, 내담자 또한 '좀 더 멋지게' 또는 '다르게' 보이려는 시도를 하지 않도록 해야 한다는 점을 분명히 해야 한다. 이 이미지(사진)는 내담자가 만들 수 있기 때문에 순수한 자화상의 정의에 맞는 진짜 자화상으로 받아들여질 수 있고, 내담자는 자신이 만든 그 첫 번째 이미지를 연습에 사용될 단 하나의 유일한 스냅사진으로 받아들여야 한다. "이것은 제대로 나오지 않았어. 그래서 다시 찍어야 돼."와 같은 조건적인 판단(conditional judgement)은 허용되지 않는다. 맨 처음의 단 한 번의 시도로 만들어진 그 이미지는 아마도 내담자가 원하지 않는 것일 수 있다. 그러나 그것은 이미 만들어진 것이다. 이것은 자기 수용과 비현실적 기대에 대비되는 실제적 한계에 대한 아주 좋은 배움의 시작이 될 수 있다.

이 스냅사진(대개 표준 크기인 3×5 인치 사진 또는 3×3 인치의 정사각형 사진)을 가지고 내담자가 무엇을 할 것인가는 치료자가 어떻게 진행시키기를 원하는지에 따라 달라진다. 이미지(사진) 자체에 대한 더 이상의 정교화 작업을 하지 않은 채 다음의 질문을 사용하면서 진행된다. 또는 더 복잡한 표현을 위해 배경에 붙여지거나 다른 미술 매체(미술 재료)와 함께 사용될 수 있다. 추가적인 매체를 사용하기 위해 내담자는 커다란 종이(또는 두꺼운 도화지, 너무 크다면 마닐라지 폴더) 위에 자신이 원하는 대로 사진을 붙이고, 내담자가 원한다면 그것을 '장식' 하거나 향상시키기 위해 (근처의 탁자 위에 있는) 미술 재료를 사용할 수도 있다. (나는 예술치료사에 의해 전통적으로 사용되는 보다 가벼운 신문용지보다는 폴더 또는 마분지를 선호한다. 그것은 한 손에 들려지거나 움직이거나 대화 중에 가면 또는 인형처럼 사용될 수 있다.)

어떤 사람은 종이 표면 위에 그들의 이미지를 중앙에 놓거나 마치 종이에 글쓰기를 시작하는 것처럼 왼쪽 위에 놓기도 한다. 다른 사람은 위치를 선택할 수 없어서 연습의 나머지 시간 동안 이리저리 움직인다. 내담자가 커다란 종이 위에 자신의 사진을 어디에 놓는지를 보면 스냅사진 틀 안에 자신의 몸을 어디에 위치시키는가와 거의 평행적이라는 사실을 알게 된다. 대다수의 사람은 전체 이미지를 가지고 작업하지만, 어떤 사람은 사진에서 그들 몸의 윤곽을 도려내어 종이 위에 놓는다(때로는 자신이 선호하는 배경에 놓는다.). 어떤 사람은 도려낸 부분의 빈 공간을 그림자 측면(shadow aspect)으로, 또는 부적 공간(negative space)은 아마도 대리자아(alter ego)로 나중에 사용한다. 몇몇 내담자는 페이지나 마분지 위에 나 있는 모든 공간을 채우기 위해 미술 재료를 사용한다. 반면, 어떤 내담자들은 미술적 표현을 아주 삼가거나 테두리, 틀, 그들에게 특별한 의미를 갖는 미로를 만드는 등 이미지에 테두리를 만들기 위해 공간을 특별한 방식으로 사용한다.

몇몇 사람들은 사진이 창조될(만들어질) 때 '일부분이 잘려진' 보다 큰 사진 장면의 일부분으로 '자신들'을 그리거나 색칠해 넣는다. 몇 명은 사진에 나와 있지 않은 빠져 있는 부분의 나머지(사진적으로 '잘린' 머리 끝 또는 다리 밑 부분, 의자의 다리, 창문틀의 나머지 부분, 즉 창문 밖으로 계속 이어지는 전망 등)를 그려 넣음으로써 실제로 그들의 몸 또는 주변 환경을 '마무리 짓는다'. 일부 사람들은 불완전한 채로 남아 있는 사진에 편안해하는 반면, 다른 사람들은 자신 및 자신을 세팅하는 데에 경계를 채 만들지 못한 부분 또는 '끝내지 못한' 부분을 끝내고자 하는 강렬한 욕구를 예술적으로 표현한다.

어떤 사람은 스냅사진을 만다라의 바로 그 중심으로 사용한다. 다른 사람들은 스냅사진의 가장자리를 사각형, 원, 구속 또는 한계 내에 포함시키고자 하는 강한 충동을 보인다. 또 어떤 사람들은 자신에서 벗어나 외부로 자신을 여는 표현적 움직임을 위한 출발점으로 자신의 사진을 사용하기로 선택하기도 하고, 또 다른 사람들은 연속적으로 진전하는 단계, 지시적 신호 또는 시간과 공간(끝없는 이야기와도 같은)의 연속적 진화의 끝 지점에 자신을 위치시킨다. 그리고 어떤 사람들은 이 중 어느 것도 하지 않는 것을 선호한다. 각각의 사람들이 독특한 것과 마찬가지로, 그들의 자화상도 창조적 표현물이다. 〈사진 4-5〉에서 〈사진 4-8〉까지는 내담자가 자화상 과제에서 보일 수 있는 창조성의 예를 보여 준다.

이와 같은 모든 것은 주의 깊게 고안한 질문을 가지고 탐색하는 도중 내가 가장 관심을 지니고 있는 실제적인 생생한 치료과정의 서곡에 불과하다. 내담자가 좀 더 진행하기로(향상시키기로) 선택한다면 나는 치료의 초점으로 자화상과 이를 보다 크게 만든 형태를 사용한다. 그러고 나서 그 이미지를 설명하기 위해 그/그녀가 제공한 답을 기초로 하여 내담자에게 질문을 한다. 나는 마치 자화상의 주체와 보는 사람이 각기 다른 두 사람인 것처럼 그/그녀가 보는 것과 그것이 의미하는 것을 내담자가 내게 이야기해 주기를 원하기 때문에 '그 사진'과 '사진 속의 그 사람'에 대해 계속 언급한다. 또한 나는 이 사진을 계획하는 것이 어떠했는지, 사진이 '제대로' 나왔는지, 포즈를 잡고 셔터를 눌러야 할 가장 좋은 바로 그 순간을 어떻게 선택했는지, 내담자가 어디서, 언제, 어떻게 마지막 이미지를 선택했는지에 대해 좀 더 알기를 원한다. 이런 질문들은 다음에서 논의되는 것보다 더 일반적인 접근이다. 그리고 그것을 진행하는 과정은 여기에 제시된 정보뿐 아니라 제5, 6장에서 제시될 제안들을 포함한다. 그러므로 여기서는 더 이상 언급하지 않을 것이다.

그러나 지금 나는 단 하나의 사진을 가지고 작업하는 것을 어떻게 시작할 것인지에 대해 이야기하고자 한다. 이러한 사진은 종이의 한 부분에 부착되어 있거나 혹은 장식되거나 안 되어 있을 수도 있지만, 내담자의 단 한 장의 자화상을 탐색하기 위해 일련의 질문이 이루어지는 과정에서 지속적으로 사용되는 사진이다. 다음의 질문은 내가 선호하는 질문들이지만 내담자와 정서적 정보를 연결하는 데에 성공적인 유일한 것은 결코 아니다. 독자는 보다 좋은 질문을 고안할 수 있을 것이다. 사진치료 사용을 위해 추천할 수 있는 부가적 질문에 대해 내게 편지를 보내는 것을 환영한다.

사진 4-5

사진 4-6

사진 4-7

사진 4-8

이미지(사진)로 작업하기(Working the Image)

만약 집단상담이나 워크숍에서 부부치료나 가족치료를 하고 있다고 가정해 보자. 한 사람의 말은 다음 사람의 말에 영향을 미치게 되어 있다. 그러므로 나는 사람들이 자기 발표 차례가 되었을 때 자발적인 대답을 하기보다는 자신의 대답을 일단 글로 쓴 후 각 집단 구성원으로 하여금 그 글을 읽어 보게 하는 것이 더 낫다고 확신하는 바이다. 이것은 배우자나 가족의 간섭을 차단해 주고 그들 모두를 동등하게 만든다. 자화상 작업을 할 때 질문에 대한 답을 글로 쓰는 것 역시 개인상담에서 유용할 수 있다. 대답을 글로 쓰고 그에 대해 이야기하는 것 또한 매우 좋은 결과를 이끌어 낼 수 있다.

나는 항상 똑같은 질문을 던지는 것은 아니다. 그리고 한 상담 회기 내에서 모든 질문을 다 다루는 것도 아니다. 하나의 질문에 대한 대답은 그다음 질문에 영향을 미칠 것이다. 나는 내담자의 치료과정이 자기 지각의 측면에서 어떻게 영향을 받는지 알아보기 위해 이따금 내담자의 대답을 몇 주 전의 비슷한 질문의 대답과 비교해 본다. 이어지는 각각의 대답은 그 자체로서 유용하기는 하지만, 다른 질문에 대한 대답들과 연결될 때 더욱 유용하게 된다. 이는 치료자 및 내담자 각각에게 나름대로의 독특한 상황을 만들어 낸다.

사진에서 마음에 드는 것은 무엇인가

심리치료의 꽤 많은 부분이 내담자의 문제와 고통에 집중되어 있기 때문에 나는 종종 상대적으로 긍정적인 멘트로 상담을 시작하려고 노력한다. 그래서 나는 대개 내담자에게 다음과 같이 질문함으로써 상담을 시작한다. “이 사진에서 마음에 드는 것 세 가지를 말해 보세요.” 또는 이렇게 물어보기도 한다. “다음 문장을 완성해 보세요. ‘내가 이 그림에서 마음에 들어 하는 세 가지는 ________, ________ 그리고 ________이다.’” 이것은 매우 흥미로운 질문이 될 수 있는데, 대부분의 사람들이 사진에 대하여 좋게 말하는 것보다는 (자신도 모르게, 그들 스스로) 마음에 안 들었던 것에 대하여 느낌을 나누는 것을 훨씬 더 선호하기 때문이다. (우리 사회에서 우리는 우리 자신이 얼마나 경이로운 존재인가에 대해 굳이 논쟁을 벌일 필요가 없다. 그것은 도리어 무례한 행위로 간주된다. 우리는 스스로를 비판하고, 타인에게 비춰지는 자신의 용모를 낫게 보이게 하기 위해 항상 노력하며, 우리의 삶과 우리가 풍기는 인상을 개선하도록 노력하라고 배운다.) 가장 좋은 답변에 지나치게 집착하는 것을 피하기 위해서 나는 세 가지 대답을 부탁할 것이다(4~5개의 대답은 정리 단계에 들어갔을 때 내가 다룰 수 있는 것 이상의 정보를 만들어 버릴 수도 있다.). 일단 내담자가 세 가지 답변을 주었다면, 나는 때로는 (이전 단계로) 되돌아가 세 가지 답 중 하나만 선택하라고 하면서 어떤 것이 최종 대답인지 질문하기도 한다.

자신에 대해 마음에 드는 게 무엇이냐고 질문하면 많은 사람들이 긍정적으로 답변하는 것에 어려움을 느낀다. 그런 사람들은 종종 자신의 '사진'에 대하여 긍정적인 대답을 하는 것이 더 쉽다고 생각하는데, 사진은 그들 자신의 물리적 경계 바깥에 존재하기 때문이다. 사람이 자신의 사진에서 마음에 들어 하는 부분은 그들 자신에 대한 느낌에 강력하게 영향을 미치며, 그들이 선택한 사진은 의식의 저편 너무나 깊은 곳에 묻혀 있어서 직접적인 반응을 통해 쉽게 말로 표현하기 어려운 가치에 관한 무언가를 암시해 준다. 때때로 그들은 다음과 같이 대답하기도 한다. "저는요, 제가 그렇게 작아 보이지는 않아서 맘에 들어요." "저는 원래 입가에 바보 같은 웃음을 짓곤 하는데, 사진에선 그렇게 안 보여서 맘에 들어요." 이러한 대답들은 정말 순수하게 긍정적인 대답은 아니지만, 어떤 요소들이 그들 내면의 중요한 사건 지도를 구성하고 있는지, 그리고 어떤 기대들이 그들 삶을 형성하고 있는지에 대한 단서를 제공해 준다.

내담자가 "당신의 마음에 드는 것은 무엇입니까?" 같은 질문에 대답하는 것을 특히 어려워한다면, 또는 내담자의 대답이 모두 자질구레한 것에만 초점을 두고 겉돌고 있다면, 나는 "차라리 마음에 들지 않는 것 세 가지를 말하라고 했던 게 나을 뻔했네요."라고 말할 수 있다. 그리고 그리 놀랄 일은 아닌데, 내담자는 종종 자기비판과 속 타는 사정에 대해 장황하게 중언부언하며, 대부분의 경우 그것들을 세 가지 주제로 압축하는 것에 어려움을 느낀다. "당신이 사진에 대해 그런 비판적인 감정을 갖지 않으려면 이 사진에서 무엇이 변화되어야 한다고 생각합니까?" 또는 (실제로는 아무것도 없지만 마치 두 손가락으로 종이를 쥐고 있는 것처럼 그들에게 사진을 건네주는 시늉을 하면서) "여기 당신이 정말로 좋아할 만한 당신의 사진이 있습니다."라면서 특정 사진에서 벗어나 변화된 이미지들을 상상해 보게 하는 것은 치료적으로 유용할 수 있다. "(실현될 거라고 믿지 않을지도 모르지만, 이러한 가능한 현실을 내담자에게 주입시키면서)이것(변화된 이미지)이 정말로 당신을 기쁘게 해 주는 것이라면 이 '새로운' 사진은 원래 사진과 어떤 면에서 차이가 있나요?" 내담자에게 그들 자신에 대한 대부분의 정보를 알려 줄 구체적인 특징들을 발견하기 위해서는 이러한 방식으로 퇴행 작업을 할 수도 있다.

이 모든 것 속에 숨겨져 있는 메시지는, 많은 사람들은 실제로 자신이 행복한 만큼 행복하다고 생각하지 않는다는 것이다. 그들은 자신이 지각한 약점을 타인에게 (현실에서 보이는 것보다) 훨씬 더 부각시켜서 생각하게 하며, 종종 문제의 원인을 자신이 지각한 구체적인 요인 또는 그로부터 발생한 결핍에 돌린다는 것이다. 앞서 언급한 첫 번째 유형의 질문에 대답할 때, 사람들은 자기 자신과의 침묵의 대화 속에 오랫동안 파묻혀 있던 기대 및 판단과 직면하기 시작한다. 즉, '반드시 ~해야 한다(ought).' '기필코 ~해야 한다(must).' '~해야만 한다(should).' 와 같은, 기대들을 명령하는 내면화된 '내사(introjection)' 에 직면하는 것 말이다. 나는 내담자가 마음에 들어 했던 것을 참고로 삼아, "가족 중 누가 당신에 대해 그런 좋은 말을 해 줄 것 같아요?"라고 물어보고, 부정적인 대답의 경우에는 "자기 자신을 좋아하지 못하게끔 만드는 것에 대해 대답할 때에 당신이 '현재 어떠해야 한다.' 가 아니라 당신이 '앞으로 어떠해야 한다.' 와 같은 기대를 외치는 목소리가 당신의 머릿속에서 느껴지나요?"라고 물어봄으로써 이러한 사실을 더욱 깊이 탐색할 수도 있다. 사람은 이러한 유형의 질문에 대해서는 무엇을 대답해야 하는지 알고 있는데, 그 정보들이 비언어적으로 저장되어 있어서 즉각적으로 문장을 구성하기가 어려운 경우라도 그러하다.

때로는 세 가지 대답 모두 '내담자가 (다른 사람에게) 보이는 것' 과 '포즈를 취할 때 실제로 느끼는 것' 사이의 차이점을 시사한다. "저는요, 제가 행복해 보여서, 친근해 보여서, 편안해 보여서 맘에 들어요." 그러면 나는 이러한 말들이 "저는 제가 행복해서, 친근해서, 편안해서 맘에 들어요."와 같이 바뀌도록 하기 위해서 사진 속에서 또는 내담자의 삶에서 무엇이 변화되어야 하는지를 내담자와 논의하고 싶어질 수도 있다. 그런데 어떤 경우에는 내담자의 대답들이 놀라움을 주기도 한다. "생각했던 것보다 좋아 보이는데요." "제가 카메라 앞에서 얼마나 불편한지 당신은 몰라요." 이러한 반응들은 내담자의 기대와 현실에 관한 자기 지각 사이에 불일치가 싹트고 있음을 보여 준다. 그들은 사진사의 재능을 탓할 수 없다. 스냅사진은 그들, 즉 내담자에게 달려 있기 때문이다. 한 남성이 칠판 앞의 책상에서 재빠르게 자화상 포즈를 취했다고 가정해 보자. 나중에 그가 자신의 포즈가 그렇게 깊은 의미를 가지는지는 생각지도 못했다고 말한다 하더라도 마음에 든다고 한 대답들은 다음과 같은 표현을 포함하게 되어 있다. "제가 빠릿빠릿하고 능력 있어 보이는데요." "일에 몰두해 있는 제가 행복해 보이네요." 나중에 '나를 처음 보는 사람이 사진만 봐서는 알 수 없는 나' 에 대하여 말해 달라고 하자, 그는 "저는 항상 선생님이 되고 싶었어요."라고 대답했다. 이러한 대답을 계기로 직업에 대한 불만에 관하여 한 차원 깊은 논의가 진척되었는데, 그것은 그 문제가 이제 막 표면 위로 떠오르기 시작한 것에 불과했다.

다음에서 논의할 다른 질문과 더불어, 앞서 언급한 '개시 질문' 은 사람들이 자기 자신과 면대면 상호작용을 할 수 있도록 고안된 것이다. (카메라의 눈을 통하여) 내담자가 외부 세계에 의해 보이는 순간, 내담자가 자기 자신을 관찰하는 것은 많은 경우 직접적이지만 이전에는 지각하지 못했던, 자신이 (다른 사람에게) 어떻게 보이기를 바라는가에 대한 단서뿐만 아니라 자기 표현을 위해 자기 자신을 어떻게 구성하는가에 대한 단서도 제공해 준다.

이 사진에 대하여 가장 확실한 것은 무엇인가

이 시점에서 나는 때때로 내담자에게 "이 사진에 대하여 가장 확실한 것은 ________이다."와 같은 문장의 빈칸을 채워 보라고 한다. 이미 언급했듯이, '사진이 무엇의 사진으로 보이는가?' 와 '내담자가 사진을 무엇에 대한 것이라고 생각하는가?' 는 일반적으로 별개의 문제다. 한 여성이 커다란 고목나무 앞에 서 있는 자신의 사진에서 가장 확실한 것은 자신이 힘과 우아함을 겸비한 나무와 혼연일체가 된 것 같다는 것이었다. 나는 사진 앞에 있는 한 사람을 보았을 뿐 그 두 존재가 합일되었다는 사실은 미처 인식하지 못하고 있었다. 그런데 그 내담자에게는 그러한 합일이 명백한 현실이자 중요한 일부분이었으며, 그녀는 나중에 사진에 대하여 "산다는 것은 성장하는 것이다. 그리고 성장하는 것은 살아 숨 쉬고 있다는 것이다."라고 특별히 부연설명을 했다. 또 다른 내담자는 나무와 함께 찍은 자신의 사진에 '성장하는 것, 그리고 뿌리내리는 것' 이라는 제목을 붙였다. 나무라는 원형은 심리치료에서 자주 등장하는데, 사진치료 셀프 이미징(자기 자신을 사진 찍거나 동영상으로 찍어 스스로를 객관적으로 관찰 가능한 대상으로 이미지화하는 작업–역자 주) 작업에서 특히 두드러지게 나타난다.

'사진이 무엇을 담고 있는 사진인가(사진의 내용, 이건 석양이네요와 같은–역자 주)' 와 '사진이 무엇에 관한 것인가(스토리의 차원, 이건 슬픈 석양이네요와 같은–역자 주)' 의 차이점을 보여 주는 또 다른 예는 분수 속에서 마치 수영하듯 포즈를 취하고 있는 사진을 가지고 온 한 여성에 대한 사례이다. "저는 평상시 방어적인 제 모습이 아니길 바랐어요. 저는 늘상 취하던 포즈를 취하고 싶진 않았는데요. 뭔가 감추는 것 없이 가면을 벗어 던지고 본연의 나 자신을 표현하고 싶었어요. 확실히 저는 수영을 즐기고 있는 중이에요. 저는 손으로 물을 휘젓고 위로 물을 튕기고 있어요[손으로 장난스럽게 휘젓는 동작을 한다.]. 물은 저를 보살펴 주고 있어요. 그리고 저는 그게 부드럽다는 걸 알아요." 그녀의 사진 제목은 '워터 베이비(water baby, 주디 와이저에 따르면 그녀는 그냥 이 이름을 워터 베이비로 지었다고 함–역자 주)' 였고, 그녀는 흥겨운 판타지처럼 물속에서의 휴식을 묘사했는데, 물이 '자신을 달래 주며 보살펴 주고 있다.' 는 것이었다. 그러나 상담의 후반부에서는 집을 떠난 지 15년이나 지났지만 여전히 어머니의 영향력에서 벗어나는 것이 어렵다고 털어놨다. 그녀가 어머니와 관련하여 보여 준 12장의 사진 중 무려 10장이 평온한 풍경이 한없이 펼쳐져 있는 호수 · 강 · 물에 대한 사진이었다. 그러므로 나는 그녀가 '물을 튕기고 있다.' 는 것으로 묘사했던 자화상 사진으로 되돌아갔는데, 그녀의 대답이 어떤 거부의 감정에 관한 것인지, 혹은 유예의 감정이 있는 것인지 (영어에서 treading water는 일이나 다른 무엇을 구하기 위해 잠시 머물러 있는 상태를 의미함–역자 주) 둘 중 어떤 의미인지 알아보기로 하였다. 나는 그녀가 사진에 어떤 심리적 의미를 부여하는지 궁금했던 것이다. ('무엇을 담고 있는 사진인가' 는 내담자가 수영하는 내용이었으나, '무엇에 관한 사진인가' 는 물을 튕겨내는 내담자의 포즈에서 내담자의 거부감이나 유예의 느낌 등이 포함되어 있다고 보고 심리적 탐색을 더 했다는 의미-역자 주)

이 사진에서는 보이지 않는 당신에 대한 세 가지를 말해 보라

그다음 질문은 "이 사진만 봐서는 다른 사람이 당신에 대해 알 수 없는 것 세 가지를 말해 보세요."라는 것이다. 이 질문은 내담자가 자신을 소개하기 위해 주로 사용하는 자아정체성에 관한 상투적인 말들("저도 만나서 반갑습니다. 제 직업이 뭘까요? 아, 저는 목수입니다." "제 남자친구는 누구일까요? 오, 그는 군인이에요." "또 안녕! 제가 신경 쓰고 있는 일이 뭘까요? 일상적인 거죠. 일, 가족, 아이들.")보다 훨씬 낫다. 이 질문에 대답함으로써 내담자는 타인과의 관계 속에서 (그저 자신의 활동을 설명해 주는 식의 일상적인 역할에서 벗어나) 진정 자기 자신이 어떤 사람인지 알 수 있도록 한 겹 한 겹 살을 붙여 나갈 수 있게 된다. 이러한 반응들은 많은 경우 처음 만난 사람은 내담자에 대해 알 수 없었던 정보, 즉 "난 카약을 갖고 있어요." "난 개를 좋아해요." "저는 스웨덴 피가 섞여 있어요." "저는 비료 운반하는 일을 많이 해요." "저는 형제가 넷이에요." "저는 다리가 뚱뚱해요." "저는 매우 종교적이에요." 또는 한 남성이 요약해서 발표했던 것처럼 "나의 이력, 나의 사랑 그리고 나의 열정."과 같이 더욱 사적이고 중요한 세부 정보를 알려 준다. 한 여성 내담자의 세 가지 대답은 "저는 본래 브루클린 태생이에요. 저는 공포 영화를 좋아해요. 그리고 배 타는 건 싫어해요."였다. 이것은 학계를 놀라게 할 정도의 치료적 소재는 아니지만, 나로 하여금 그녀가 매우 중요하다고 생각하고 있는 그녀 자신의 부분에 대해 많은 것을 알도록 해 주었다.

한 내담자는 잔디 위에서 편안한 포즈를 취하고 있는 자신의 사진에서 남들은 알 수 없는 것들 중의 하나로서 "이것은 나에게 새로운 포즈입니다."라고 대답했다. 보다 깊이 논의해 본 결과, 그는 일에 찌들어 있는 일상적인 자신에 대한 두려움이 아닌, 유유자적한 포즈에 사로잡혀 있는 것이 두렵다고 말하고 싶어 했던 것이다. 우리는 그의 삶에서 그가 휴식하는 것에 누가 부정적인 말을 하는지 알아보기 위해 '사로잡혀 있는 느낌' 이란 제목의 '느껴 보기' 역할극을 해 보았다. 돌아가신 그의 아버지의 목소리가 즉각 어디선가 나타나 그의 인생의 좌절들이 그 어딘가에 원인을 두고 있을지 모른다는 암시를 주었다. 또 한 목소리가 들려왔다. "당신은 이 사진만 봐서는 꽉 쥔 내 손이 나를 보호하고 있고 그 안에서 나를 안전하게 지켜주고 있다는 사실을 알지 못할 것이다." 나중에 이 내담자는 그 사진이 이렇게 말할 거라고 했다. "난 괜찮다고 느끼고 싶지 않아. 편하게 쉰다는 건 안전하지 못해." 이러한 유형의 반응이 있을 때, 어떤 내담자들은 종종 (자기들끼리 얘기로) 내가 노골적인 질문은 건너뛸 수도 있었는데 그렇게 하지 않았다고 말하기도 한다.

또한 이러한 질문은 과거에 비밀로 유지되었던 정보, 강력한 특권적 정보여서 때로는 통제되고 때로는 보호되어 왔던 정보를 일시에 터뜨리도록 촉발시키기도 한다. 내담자는 수차례에 걸쳐 한두 가지의 일상적인 대답을 한 후에야 비로소 치료적으로 매우 의미 있는 대답을 하게 된다. 수많은 경우, 이것은 사랑하는 이의 죽음 또는 과거의 학대나 성과 관련된 비밀이다. 예를 들어, 한 남성은 사진에서 보이지 않는 것에 대해 "새 안경에 대한 저의 느낌, 머리 위에서 노래하는 새들, 지난달 돌아가신 아버지. 이것들을 당신은 모를 겁니다."라고 말했다. 나는 매우 개인적인 문제들이 그 영향력을 부분적으로 중화하거나 외부화하거나 통제하기 위해 종종 이와 같이 압축될 수 있다는 사실을 많은 경험을 통해 알게 되었다.

CHAPTER 1 2 3 4 5 6 7 8

당신은 이 사진에 뭐라고 제목을 붙이겠는가

사진에 어떻게 제목을 붙일 것인지 질문하면, 내담자는 인지적으로 사진(사진과 관련된 내담자의 문제－역자 주)을 요약하고 틀을 잡을 수 있게 된다. 한 내담자는 예전의 대답들이 '마음에 관한 것' 이었다면 현재의 대답은 더욱더 '마음과 생각에 대한 것' 이라고 말했다. 때로 이러한 질문에 대한 대답은 다른 대답과 대조를 이루기도 하는데, 또 어떤 경우에는 주제들이 일관되게 일치하기도 한다. 한 남성이 그의 사진에 '서스펜스(Suspense)' 라고 제목을 붙인 후, "빨리 사진을 찍어서 완성해."라고 사건이 다급하게 자신에게 이야기한다고 말했다. 나중에 그는 이것이 통제, 마음의 문을 닫음, 예측 가능성을 원하는 반면, 그의 삶 속에서 흥분과 신비로움도 원하는 것에 대한 영원한 내면의 긴장을 표현하는 것 같다고 했다. 또 다른 여성 내담자는 자신의 사진에 '바라보기(Staring)' 라고 간단한 제목을 붙이기로 했는데, 사진이 뭐라고 말할 것 같냐는 질문을 받자 "제 눈은 너무 많은 것을 보고 있는데, 제 입은 아직 절반만 미소짓고 있어요."라고 꽤 구체적인 대답을 해 주었다. 나는 저절로 그녀가 느낀 것, 그 사진이 느낀 것을 느꼈고, 내게 직접 더 놓을 수 없는 쓰라린 비밀을 알아보려고 노력했다. 나중에 그녀는 아버지가 언니에게 성적 학대를 가할 때에 그녀가 할 수 있었던 일이 무엇이었는지 털어놓았다. 즉, 그녀가 할 수 있는 거라곤 고작 다른 방 침대로 가서 아무 일도 없었던 듯 혼잣말로 중얼거리는 것뿐이었다.

한 여성이 작은 보트, 즉 질문에 대답하면서 나중에 깨닫게 된, '노조차 없는 낡은 구멍보트' 에서 포즈를 취하고 있었다. 나는 다음의 모순을 통해 그녀가 머릿속에 그리고 있는 것을 어느 정도 파악할 수 있었다. 그녀는 사진 속 보트가 해변가가 너무 안전해서 떠날 수 없는 보트, 거친 바다와 맞닥뜨릴 수 없는 보트이기에 마음에 든다고 했다. 그러나 동시에 그 보트가 '표류하고 위태로운' 보트처럼 보인다고 했다. 그녀는 사진에 '나의 과거는 꽤 행복했어.' 라고 제목을 붙였는데 처음엔 좀 이상하게 느껴졌다. 그러나 다른 대답을 듣고 나면 그 의미를 알 수 있을 거란 생각이 들었다. 그녀가 "사진이 말을 할 수 있다면 뭐라고 할까요?"라는 질문에 대하여 자신의 생각을 표현할 때, 그녀의 건강문제에 대하여 감이 잡히기 시작했다. "사진은 '나는 전진하고 있다. 그리고 전진해야 할 때다.' 라고 말할 거예요." 그녀는 그 사진의 복사본을 갖고 싶어 하는 누군가에게 줄 수도 있겠지만, '누가 그 항해의 키를 잡고 있는지를 상기시켜 주는 존재로서' 원본 사진 그대로를 가까이 두고 싶어 했다. 그렇다고 해서 그녀가 사진 주는 것을 거부할 만한 사람이 있었던 것은 아니다. 최근에 그녀는 '대단했던 가족의 불화를 모두 해결했기' 때문이었다. 그녀가 생명에 위협이 되는 심각한 병에 걸렸을지 모른다는 생각에 사로잡혀 있다는 것을 눈치 채는 것은 어려운 일이 아니었다. 나는 그녀의 말에 즉각 즉각 되받아 주는 식으로 피드백해 주면서 그녀의 상황을 조심스럽게 탐색해 나아갔다. 그녀는 눈물을 흘리며 자신이 암 진단을 받았다고 말했다. 암은 빠르게 진행되고 있었지만 그것을 기꺼이 받아들이기로 하고 아직 아무에게도 말하지 않았다고 했다. 그녀가 답했던 말들을 정리하면서 그녀는 자신이 (병에 대한) 어떤 단서도 표출하지 않았다고 생각했는데, 그녀의 말 속에 모든 단서가 다 들어 있었음을 알고서 놀라움을 감추지 못했다.

이 사진은 무슨 말을 할 것 같은가

"사진이 말을 할 수 있다면 이 사진은 무슨 말을 할 것 같나요?" 그리고 "사진 속 인물이 말을 할 수 있다면 그 사람은 무슨 말을 할 것 같나요?"와 같은 질문은 (항상 같은 대답을 요구하는 것이 아니기에) 내담자에게 자유롭게 생각할 수 있는 상상의 나래를 달아 줄 수 있다. 나는 "제 머리 어때요?" "세상이여, 내가 간다!" "이제 어쩌지?"처럼 우연하고 개인적이지 않거나 문제의 본질을 비껴가는 대답을 듣게 된다. 어떤 경우에는 "저는 엄마 말을 들었어야 했어요."와 같이 한층 의미심장한 대답이 나오기도 한다. 한 내담자는 금연 표지판 밑에서 포즈를 잡고 있었는데, 사진에서 빠진 것으로 담배를 지목했다. 그녀는 사진을 대신해 "다시 한 번 금연해 보겠다."라고 외쳤고, 나는 흡연 습관 혹은 보다 보편적인 인생의 문제가 반복되는 것에 대해 그녀가 스스로를 어떻게 생각하는지 무척 궁금해졌다. 두 가지 다 예감이 정확하게 맞아떨어졌다. 그녀는 2년간의 금연 끝에 다시 담배를 피우기 시작했는데, 나중에 그것은 일에서 받는 스트레스와 관련이 있다고 말해 주었다.

또 어떤 여성은 쓰레기통이 있는 골목 방향으로 나 있는 문 앞에서 포즈를 취하고 있었다. 그녀는 사진에 찍힌 자기 모습이 너무 싫어서 사진 한 장을 찍는 것조차 끔찍하게 생각한다고 말하면서 사진에 '쓰레기장 가는 길(Doorway of Garbage)'이라는 제목을 붙였다. 사진이 말하는 거라고 하면서 그녀가 내뱉은 말은 "나는 지금 어느 길을 가야 하는가?"였다. 그녀는 처음에는 문이 혼란스러운 세상을 향해 열려 있기 때문에 문자 그대로 '어느 길을 가야 하느냐'의 문제라고 말했다. 나중에 사진을 누구에게 주고 싶은지(그리고 누구에게 주고 싶지 않은지)에 대한 그녀의 답변에 대하여 논의할 때, 우리는 이 문제를 그녀의 낮은 자존감의 문제와 연결시켜 보았다. 그녀는 말했다. "사진을 줄 사람이 아무도 없어요. 저는 제 사진을 누구에게든 절대로 주지 않을 거예요. 저는 누가 사진을 가져가도록 놔두지도 않을 거예요. 제가 찍은 자화상을 절대로 보여 주고 싶지 않아요." 그녀는 사진이 붙어있는 종이 위에 편평하고 계란형의 돌돌말린 나선을 만들며 최종 답을 써 내려 갔는데 이 모양이 내게는 꽉 다문 그녀의 입과 너무 비슷하다고 느껴졌다. 비록 내가 이런 해석을 그녀에게 강요하지 않았는데도 말이다. 마음을 열어 모험을 해 보고, 타인과 공유하고 신뢰하고, 자신의 감정을 받아들이기 시작하고, 사회적 접촉을 위해 타인에게 다가가고, 이 모든 것이 이 같은 재빠른 실습을 통해 생겨나기도 한다.

보다 깊은 의미는 다양한 질문에 대한 대답들이 서로 연결될 때에 비로소 나타나게 된다. 한 여성이 나에게 엄청 큰 꽃을 장난스럽게 가리키고 있는 그녀의 사진이 "재밌네, 처음엔 꽃이 자라지 않았는데, 난 이제 꽃이 나라는 걸 막을 수가 없어."라고 말할 거라고 했다. 이것은 '잠재적인 치료과정으로 향해가는 상징적인 주제들의 재구성'의 예라고 볼 수 있다. 나중에 그녀는 그 사진을 자기가 가장 좋아하는 선생님에게 줄 수 있다고 했는데, "그는 처음으로 저에게 진정으로 관심을 가져준, 그래서 저로 하여금 꽃피울 수 있게 해 준 분이기 때문이에요."라고 그 이유를 말했다. 게다가 나중에 그녀는 인생의 이 시점에서 (사진)치료를 시작하게 된 것을 '긴 겨울의 끝맺음'으로 표현하면서 다음과 같이 말했다. "저의 씨앗은 방금 막 싹을 틔워서 태양을 향해 뻗어가고 있어요." 한 십대 여학생은 이 질문(이 사진은 무슨 말을 할 것 같나요?)을 좋아했는데, "저의 자화상은 제가 항상 말하고 싶었지만 감히 말할 수 없었던 것들을 말할 수 있게 해 주기 때문이에요."라고 말했다.

한 젊은 여성이 과소 노출된(그래서 극도로 밝은 톤의) 자화상 사진에 대하여 "우! 나는 과잉 노출됐어(over expsed)."라고 반응했다. 이는 곧 그것이 또 다른 특별한 의미를 지니고 있음을 뜻한다. 그녀에게 과잉 노출된 느낌이 어떠냐고 묻자, 바로 "아빠."라고 대답했는데, 그녀는 그 말을 겁에 질린 자신의 입속으로 도로 집어넣고 싶어 하는 것처럼 보였다. 뜻밖에도 그것은 아동기 때의 (성적) 학대 문제에 대해 말문을 여는 계기가 되었다. 그녀의 아버지는 매우 저질스러운 음란 사진을 찍으려고 그녀에게 이상한 포즈를 취하게 하면서 끊임없이 그녀를 괴롭혔던 것이다.

이 사진은 어떤 느낌을 주는가

때때로 나는 내담자에게 '사진이 주는 느낌 세 가지' 또는 '사진이 주고 싶어 하는 느낌 세 가지'를 말해 보라고 질문한다. 이러한 질문을 보강하기 위하여 나는 때로

"이 사진은 세상을 향한 당신의 포즈와 얼마나 잘 어울리나요? 이것은 진정한 당신인가요? 그렇다면 어떻게 그렇다고 말할 수 있나요? 그렇지 않다면 어째서 그렇지 않다는 건가요?"와 같은 질문을 사용한다. 또 때로는 "이 사진이 지금 당장 필요로 하는 것 세 가지는 무엇인가요?"와 같은 질문을 사용한다. 이러한 질문들은 상대적으로 구체적이기 때문에 종종 치료과정의 후반에 나타난다.

이 사진에서 빠져 있는 것은 무엇인가

"이 사진에서 뭔가가 빠져 있다면 그건 뭘까요? 사진이 '~인 것처럼' 미완성 상태라면 사진을 완성하기 위해 무엇이 필요할까요?"와 같은 질문은 종종 성공적인 촉매제가 되기도 한다. 한 여성의 "아, 제 어머니는 제 옆에 자기가 빠져 있다고 말씀하시곤 했어요."라는 대답은 이 질문에 대한 내담자의 반응들이 핵심 주제를 형성하기 위해서 어떠한 방식으로 조합되는지를 보여 주는 좋은 예다. 또 다른 사례에서 사진이 자신이 홀로 얼마나 외롭게 느끼는지를 보여 주지 못한다고 말했던 한 여성은 자신에게서 사라진 것은 '내 옆에 있던 또 다른 사람'이라고 말하기 시작했다. 그러나 그녀는 곧 사진을 다른 사람에게 주지 않을 것이라고 말했는데, 정서적으로 상처받지 않으려면 다른 사람을 믿어선 안 되기 때문이라고 했다. 주요한 문제를 끄집어내기 위해 다양한 질문들을 사용하면서, '갑자기 마술처럼 빠져 있는 요소가 보충된다면 사진이 어떻게 변화될 수 있는지 상상해 보라.'는 것은 유용한 질문이 될 수 있다.

또 어떤 여성은 카메라를 찍은 직후 액정에 담긴 자신의 포즈를 직접 스케치하기로 했는데, 그녀의 아들이 최근에 카메라를 떨어뜨려서 자기 모습이 제대로 찍혀 나올지 확실하지 않았기 때문이었다. 그런데 사진은 정말 깨끗하게 찍혀 나왔고, 그녀의 스케치도 내가 보기에는 사진과 꽤 비슷하게 보일 정도로 잘 그려졌다. 그러나 자화상과 관련된 질문에 대답할 때 그녀는 실사 사진보다는 직접 그린 이미지로 작업하기로 했다. 이유인즉슨, '직접 그린 스케치가 보다 진실된 자기 자신의 자화상'이라는 것이다. 그리고 '그것이 자신이 세상에 표현하고자 바라는 자기 자신의 이미지와 부합하여 자기 자신의 일부라도 만족시켜 주기 때문에' 그것을 더욱 좋아한다는 것이다. 사진 대 그림의 대결을 통해 나타난 일상적 현실의 반전은 나의 호기심을 불러일으켰는데, 이러한 말 속에 숨어 있을지 모르는 무언가에 대하여 그녀의 대답 몇 가지가 암시를 주었다. "당신은 모르실 거예요……. 저의 둥근 팔이 안전함을 지향함에도 불구하고, 제가 완전하지 않다는 사실, 저의 발(사진과 그림 모두에서 빠져 있음)이 언제나 저를 지탱해 주지는 못한다는 사실을 모를 거예요." "사진은 말할 거예요……. '내가 성장하는 동안 나와 함께 벌거숭이(bare)가 되어 있을 거라고.'" (실제로는 'bear' 로서 '나와 함께 (고통을) 견뎌낼 것이라고' 의 의미임-역자 주) 그녀는 bear(견디다)란 단어의 철자가 잘못되었음을 인식하거나 수정하려 들지 않았다. 그녀에게 중요한 것은 그녀의 자화상에서 빠져 있는 것이 '자발적' 이라는 것이었다. 자화상을 완벽하게 '신뢰를 주는' 사진으로 완성시켜 주는 (자발성), 그녀는 자신의 사진에서 빠져 있는 게 '자발성' 이라고 했다. 만약 자화상이 완전하게 되려면 '신뢰' 가 필요하다고 그후 그녀는 말했다. "저는 누구에게도 이 사진을 주지 않을 거예요!"

혀를 잘못 굴렸거나 철자가 잘못된 경우처럼 서로의 오해나 우연한 실수가 사진치료 실습에서 유용한 요소로 작용할 수도 있다. 기억에 남을 만한 어느 회기에서 어떤 여성 내담자와 자신의 느낌에 대해 논의하는 동안, 나는 그녀가 자신의 '아들(son)' 이 사진에서 빠져 있다고 말했다고 생각했는데, 한참 동안 혼동을 겪은 후에야 진짜 빠져 있었던 것은 '태양(sun)' 이었다는 것(며칠 동안 폭우가 내리고 있었다.)을 알아내었다. 하지만 내가 나의 실수를 지적하자 그녀는 "선생님은 그게 재미있을지 모르지만요, 그 두 가지는 저에게 떼려야 뗄 수 없는 거예요. 그 애는 저의 외동아들이고 플로리다에 살아요. 그리고 저는 그 애를 정말로 많이 그리워해요."라고 말했다. 그러고 나서 우리는 그녀의 아들에 대하여, 그리고 그가 사진 속에 들어올 수 있다면 사진이 어떻게 변화될 것인지에 대하여 이야기를 나누었다. 치료사의 실수는 내담자에 의해 승인되어 창조적으로 재구성될 수만 있다면 의외로 유용한 치료과정을 이끌어낼 수도 있다.

한 내담자가 자신의 자화상에서 가장 확실한 것은 '자신의 모습이 초점이 나가 있다는 것' 이라고 한 후, 사진에서 '모든 것' 이 빠져 있다고 덧붙였다. 또한 그는 목선 위까지만 남겨 두고 그 아래 부분은 잘라낼 거라고 했는데, 그러한 대답을 통해 신체의 이미지 및 과거에 있었던 학대에 대하여 심도 있는 논의를 해 볼 수 있었다. 또 다른 내담자는 사다리 위에 서 있는 자신의 사진을 찍어 왔는데, 사진의 밑단 프레임 바깥쪽으로 (도로 위에 있을) 사다리의 밑부분이 빠져 있음을 알게 되었다. 내가 빠진 부분에 대해 질문하기 전에 이미 그녀는 빠져 있던 (그녀의 표현으로) '바닥' 을 그려 넣고 있었다. 그녀는 마분지에 그려 놓은 바닥이 없어진다면 너무나 불안정해질 것이라고 말했다. 이러한 대답을 통해 우리는 그녀가 불안정하거나 흔들릴 때에 그녀의 인생에서 누가 그러한 버팀목이 되어 주었는지에 대해 논의할 수 있었다.

이것은 원형적 상징의 사용을 하는 데에서 미술치료와 사진치료 간의 연결점을 보여 준다. 예를 들어, 미술치료사들은 과거에 학대당했던 내담자가 그린 그림에 나타나는 상징적 표현 속에서 일관된 패턴을 발견하게 되는데, 그것들은 정서적 단절 또는 봐서는 안 될 과거 사건의 목격을 암시하는 여타의 의사소통뿐 아니라 남근 모양의 나무와 기타 공격적인 수직 형태, 지그재그나 쑤셔 넣은 듯한 쐐기 모양의 각진 형태, '붕 뜬 것 같은' 초점 잃은 눈, 팔다리가 없는 사람 모양, 손 없는 팔, 손가락 없는 손, 발 없는 다리, 머리와 몸통이 끊어져 있는 선, 또는 기타 표시를 통해 분리되어 있거나 잘려진 듯한 자화상을 포함한다. 이러한 패턴은 종종 내담자의 사진에서도 반복적으로 발견되는데, 사진치료사는 내담자가 가져오는 사진 또는 즉석에서 찍어 오거나 포즈를 취한 사진에서도 그러한 암시를 발견하기 위하여 항상 눈을 크게 뜨고 있어야 한다. 이러한 단서의 발견이 반드시 명백하게 학대 행위가 있었음을 의미하는 것은 아니지만, 학대 패턴 중 상당수는 동일 내담자의 작업에서 반복적으로 나타나며, 치료사는 학대 가능성에 대해 알아볼 수도 있다.

자연스럽게 포즈를 취하고 있는 자화상 사진인 〈사진 4-9〉에서 여자의 팔은 그녀의 얼굴을 몸통 부분과 분리시키는 역할을 한다. 이것은 그 자체로서는 의미하는 것이 거의 없을지 모른다(그녀가 이전의 자화상 사진에 대해 자신의 분리된 자아는 '내가 되는 것' 을 의미한다고 언급했지만). 그러나 그녀는 나중에 내가 부여한 과제에 대해 '그 누구도 알 수 없는 나' 를 보여 주기 위해 16장의 각기 다른 사진을 찍었는데, 몸통 부위가 나온 사진 모두에서 동일한 유형의 '목선에 의한 가로 분리' 가 나타났다. 예를 들어, 〈사진 4-10〉에서는 그 선이 거울을 통해 형성되어 있고, 〈사진 4-11〉에서는 그 선이 벽 위쪽으로 굽어 있는 그림자로 형성되어 있다. 그 패턴이 너무나 강

사진 4-9

하게 반복되어 나타났기 때문에, 나는 과거 어린 시절의 학대 가능성에 대해 알아보기로 했다.

또한 '더할 나위 없이 좋다'는 내담자들의 결론 속에서 자아존중감의 신호 또는 자기비하가 멈췄다는 신호를 발견할 수도 있다. 이러한 결론은 일반적으로 치료 회기의 후반부에 나타난다. 이러한 신호는 "빠진 것은 아무것도 없어요. 사진은 완벽해요." 또는 "저는 이 사진 속의 모든 것을 좋아해요. 그리고 누구라도 사진을 가질 수 있어요."와 같은 반응을 통해 발견된다. 한 남성이 치료 후반부에 두 번째 자화상을 찍었는데, 그 사진에 대한 설명을 통해 그가 에이즈와 연관된 질병으로 점점 황폐해져 가는 신체 상태에도 불구하고 자기 자신과 함께하는 행복감을 새롭게 발견해 가고 있음을 알 수 있었다. 그는 사진 속의 생생한 색깔을 좋아했으며, 갑갑한 도시 속에 있는 것보다는 교외로 나와 있는 것처럼 보였다. "저는 제가 이중 턱이 되어 가고 있다는 걸 알아요! 하지만 저는 행복하고 저 자신에 대해 괜찮다고 느껴요. 누구라도 원하기만 하면 이 사진을 가질 수 있어요. 저는 그 사진을 좋아하고 그 사진은

CHAPTER

1 2 3 4 5 6 7 8

사진 4-10

사진 4-11

마치 '(진정한) 나' 처럼 보여요. 그리고 저의 요즘 느낌이 어떤지도 보여 주고 있고요. 이 사진은 '나는 기분이 좋아.' 라고 말하고 있어요. 더 이상 덧붙일 게 없네요. 이보다 더 좋을 순 없어요!" 이것은 초기 치료 회기에서 했던 자화상 작업(당시 그의 관찰 내용은 어떤 것들이 우울과 무기력을 표현하는지에 관한 것이었다.) 때와 확연한 대조를 이루는 것이었다.

당신은 이 사진을 누구에게 줄 것인가

"당신은 이 사진을 누구에게 줄 건가요?"(또는 "당신이 이 사진을 누군가에게 준다면 그 사람은 ________ 일까요?" 또는 "갖기를 원한다면 이 사진을 가질 수 있는 사람은 ________ 일까요?")와 같은 질문은 여러 가지로 유용하다. 먼저 세 질문 간의 미묘한 어감 차이 때문에 종종 매우 다른 성격의 대답들이 나오기도 한다. 내담자는 사람들(나의 엄마, 나의 가장 친한 친구와 같은)의 실명이나 역할을 말해 줄 뿐만 아니라 종종 왜 그들에게 사진을 주고 싶어 하는지도 설명해 준다. 한 남성이 자기 사진을 (유일한 친구는 아니고) 어떤 친구에게 줄 거라고 대답했는데, 그것은 '그 친구는 자신이 치료받고 있는 이유를 진심으로 이해해 줄 유일한 사람이기 때문' 이었다. 반대로 어떤 사람은 건방진 말투로 말했다. "난 이 사진을 아무한테도 안 줄 거예요. 난 나 자신을 함부로 까발리는 사람이 아니야!"

티셔츠 사이사이로 불룩하게 보이는 팔 근육 때문인지 터프가이처럼 보여서 상담 초기에 자기 사진을 맘에 들어 했던 십대 후반의 한 내담자가 사진에 '중요한 씨(Mr. Important)를' 이라는 제목을 붙였는데, 상담 후반에 가더니 상담 초기에 겉으로는 자신만만하게 보였지만 (실제로는) 과제를 수행하는 것과 자신의 모습이 어떻게 보일까를 두려워하고 있었다고 털어놓았다. 지금도 그는 그 사진을 맘에 들어 하긴 하는데, 여전히 사진에 대한 다른 사람의 반응에 신경을 쓰고 있는지 아닌지 확신하지 못하고 있었고, 그래서 사진을 다른 사람에게 주지 않으려 했다. 연령대를 불문하고 내담자들은 친구에게는 사진을 기꺼이 주겠지만 부모에게는 주지 않겠다고 말함으로써 종종 미완성된 아동기의 과업에 대하여 암시를 하곤 한다.

내담자가 자기 사진을 가질 수 있다고 말하는 사람은 그들이 신뢰하거나 어떤 모습으로도 편안하게 다가갈 수 있는 사람이다. 당신이 사진을 주려고 하는 사람은 (당신의 사진이 그들에게 혹평되거나 퇴짜 맞지 않을 것임을 알기에) 기꺼이 당신 그대로의 모습을 보여 주려고 하는 사람들일 것이다. 한 여성 내담자는 자기를 좋아하지 않는 사람한테는 사진을 주지 않을 것이라고 말했다. 어떤 내담자는 자기 자신에게 줄 자화상 사진을 애정을 갖고 정성스럽게 꾸몄는데, 그것은 그의 자기 수용성이 성장하고 있음을 보여 주는 것이다.

사진을 가질 수 있는 사람은 대부분 자신을 무조건적으로 수용해 줄 수 있다고 생각하는 가족이나 가까운 친구다. 원가족이든 소속한 곳의 동료들이든, 가족이란 우리 마음속에서 가장 많이 그려지는 소재 중 하나다. 한 내담자가 말했듯이, "가정이란 지금 당장은 가족이 나를 특별히 좋아해 주지 못해도 (언젠가는) 나를 사랑해 줄 수밖에 없는 곳"이다. 이와 비슷하게, 내담자가 사진을 줄 수 있는 사람은 대단한 조건이나 기대 없이도 내담자의 있는 모습 그대로 수용해 줄 수 있는 사람일 가능성이 높다. 그러므로 이러한 사람들의 목록을 통해 어떤 사람들이 (위기 상황에서) 내담자를 위한 지원망을 구성하게 되는지 알 수 있다. 즉, 위기 상황에서 내담자가 의지할 수 있는 사람들은 정서적으로 안전하다고 느껴져서 내담자가 굳이 수용받기 위한 행동을 일부러 할 필요가 없는 사람들이다. 예를 들어, 에이즈 환자들과의 작업에서 많은 경우 나는 도움을 받고자 하는 욕구를 차마 표출하지 못하는 내담자에게 (내담자의 저항을 유발하지 않고도) 자발적인 보살핌을 해 줄 수 있는 사람이 어떤 사람인지 알 필요가 있는 것이다. 이러한 질문에 대한 내담자의 대답은 그렇게 수용적인 사람들의 목록을 만들 때 좋은 출발점이 될 수 있다.

절대로 사진을 가질 수 없는 사람은 누구인가

"절대로 사진을 가질 수 없는 사람은 누구입니까?" "어떤 이유에서건 사진을 절대로 주지 않을 사람은 누구입니까?"와 같은 질문에 대한 대답(그리고 그러한 대답에 대한 이유)은 많은 경우 '사진을 가질 수 없는 사람에 대한 질문'의 모든 단계에서 매우 강렬한 정서적인 과정을 촉발할 수 있다. 사람은 일반적으로 자기보다 우월한 힘을 가진 자(그래서 강한 분노를 느꼈던 자)에게 자기 자신을 내보이는 위험을 무릅쓰지 않는다. '누가 사진을 가질 수 있는가?'와 '누가 절대로 사진을 가질 수 없는가?'라는 질문에 대한 대답은 많은 경우 동시에 나온다는 사실을 발견했다. 예를 들어, 한 내담자가 말했다. "저는 제 사진을 샐리와 주디에게 줄 수 있어요. 그건 그들이 저를 기억할 수 있는 좋은 방법이기 때문이에요. 하지만 제인은 제 사진을 가질 수 없어요. 그녀는 제가 얼마나 잘 지내고 있는지 알 권리조차 없기 때문이에요." 또 다른 내담자가 말했다. "제 남자친구는 사진을 가질 수 있어요. 근데 전에 사귄 남자친구는 절대 가질 수 없지요." 한 여자가 "저는 중산층 중년 여성에게 위협감을 느끼는 사람한테는 이 사진을 주지 않을 거예요."라고 대답했는데, 그녀는 이러한 대답을 통해 자신이 처해 있는 곤경을 암시하는 한편, 자기 수용성이 성장하고 있다는 것도 보여 주었다.

마지막 질문에 대한 내담자의 대답 속에 들어 있는 정서적 정보를 탐색함으로써 내담자의 미완성된 과업이 무엇인지, 그리고 내담자가 어떤 사람을 자신보다 우월한 힘을 가진 존재로 인식하는지에 대한 통찰을 얻을 수 있다. 그들은 실제로는 내담자보다 우월한 힘을 가진 존재가 아니라는 사실을 주목하라. 다만 내담자가 힘의 불균형이 존재한다고 믿기 때문에 그것이 존재하는 것이다. 내담자는 그 사람에 대한 영향력을 포기하고, 자기 자신에게 힘의 불균형에 대한 책임을 전가한다. 그러한 통제의 포기는 무의식적으로 일어나지만 자발적이기도 하다. 즉, 내담자가 정말로 부당한 대우를 받았거나 학대당한 것은 아닐 수도 있다고 단정 짓기는 힘들다는 것이다. 그러나 부당한 대우 같은 문제가 해결되지 않은 상태로 남아 있다면 내담자는 그러한 문제가 계속되고 있는 것에 대한 자신의 역할을 인식해야 한다.

그렇다고 해서 나는 지금까지 학대당해 온 내담자가 마치 자신의 문제를 떨쳐 버린 것처럼 행동할 것을 제안하지는 않겠다(그리고 여러 책에서 치료의 필수적인 부분으로서 제시하고 있듯이 내담자가 누군가를 용서할 수 있어야 한다고 생각하지도 않는다.). 오히려 내담자가 그 상황이 정말 현실이었다는 것을 인정하고, 그 안에 남아 있는 감정적 앙금을 일소할 수 있게 상황 속으로 파고들어 가 그것을 의식적으로 분석하고 그것이 의미하는 것을 탐구하며, 그리고 나서 그 모든 것을 상대적으로 객관적으로 볼 수 있을 때에 그 상황과 연결된 감정들을 탐색할 수 있도록 북돋워 줄 것이다. 그러면 내담자는 그러한 문제의 계속되는 의미가 무엇인지(만약 있다면)에 대해 어느 정도 판단 능력을 갖게 된다. 이러한 문제를 다루는 치료과정에서 그러한 판단 능력은 우리가 다루는 사건의 세부 사항보다는 사건의 발생이 피해자(또는 가해자)에게 무엇을 의미하는가에 대한 것이다.

그전에는 너무나 압도적이어서 도저히 직면이나 변화를 생각할 수 없었던 미해결된 모호한 불안이나 위협적인 관계에 '제목을 붙이거나' 나아가 사진을 찍어 봄으로써, 많은 경우 내담자는 의식적인 수준에서 그러한 문제에 익숙해질 수 있는 힘을 얻는다. 그러한 문제가 마치 내담자를 압도하는 세력인 것처럼 보였던 상황을 중화시키는 과정을 통해, 사실은 내담자 자신이 그러한 상황에 에너지를 쏟았다는 사실이 명백해지곤 한다. 6장에서 내담자에게 사진찍기 과제를 부여함으로써 도저히 극복될 수 없는 것처럼 보였던 문제나 관계에 대해 좀더 나은 사진을 얻을 수 있도록 하는 사진치료기법들, 내담자가 잃어버린 힘의 일부라도 되찾을 수 있도록 하는 사진치료기술들을 소개할 것이다.

(제7장에서 더 깊이 논의하겠지만) 체계적 이론의 관점에서 볼 때 (다른 사람은 인식할 수 없는) 한 사람의 관점 속에 단절이 존재할 수 있는데, 어떤 경우에는 '각각 독립적으로 경험되는 현실과 감정의 범위가 엄격하게 제한되는 지점에서' 한 사람의 역할이 다른 사람의 역할과 융합될 수도 있다. 인생에서 조건적 관계 속에 있는 사람들을 여전히 신뢰하지 못하고, 그들로부터 상처받을까 봐 꺼리고, 그래서 융통성 없는 역할을 계속해서 고집한다면, 무능하고 무기력한 상태로 남아 있게 될 것이다. 그것은 바로 그러한 상황이 해결될 수 없다고 생각하는 것을 의미하는데, 우리가 일반적으로 자기 문제를 다른 사람 탓으로 돌리기 때문이다.

"누가 사진을 가질 수 없느냐?"는 질문을 받았을 때 한 내담자는 말했다. "저는 그를 혐오해요. 제가 그를 좋아하지 않는다면 확실히 그는 제 사진을 가지려 들지 않을 거예요. 게다가 전 절대 제 사진을 가져가게 하지도 않을 거예요." 그러한 강한 감정은 분명 치료가 필요하다는 암시인데, 보상이 필요해서 그런 게 아니라 그러한 종류의 문제를 그냥 놔두면 내담자의 정신 에너지가 소진되기 때문이다. 내담자의 인생에서 이와 같은 조건적 관계가 많이 존재한다면 그들로부터(또는 예상되는 관련된 위험으로부터) 자신을 보호하기 위해 너무나 많은 주의를 기울여야 할 것이고, 그렇게 되면 앞으로 나아갈 에너지가 거의 남아 있지 않게 된다.

내담자가 자신의 문제가 계속되지 않을 수도 있다고 생각하는 것은 치료적으로 매우 도움이 될 수 있다. 그런데 내담자가 그런 생각을 수용할 수 있다고 대답하는 상당수의 경우, 그것은 다른 사람이 그 모든 상황을 쉽게 끝내 줄 수 있고 자신은 그에 대해 아무것도 할 수 없다는 것을 의미하기도 한다. 그러한 사례에서 나는 내담자에게 '사진을 결코 가질 수 없는 적대적 인물이 그것을 가질 수 있는 사람 중 한 사람이 되는 생각'을 해 보도록 제안하기도 한다. 많은 경우 내담자들은 절대로 그렇게 될

수 없다며 그러한 생각에 강하게 반발한다. 그러나 (그렇게 되기 위하여) 어떠한 변화가 필요한지 탐색해 볼 것을 권유받고 나서야 개인적이고 친밀한 관계를 만들어 보려 하기보다 적대자의 역할을 고집하려는 자신의 욕망에 의해 자기 자신이 어떻게 휘둘리고 있는지 깨닫게 된다.

나는 다음과 같은 방식으로 내담자가 그러한 생각들을 탐색하도록 돕는다. 즉, 나는 내담자에게 '사진을 가질 수 없는 사람'을 기억하고 있으라고 말한다. 그리고는 양파 껍질을 벗기는 작업을 시작한다. 그 작업에서 나는 내담자가 부정적인 관계 속에 둘러싸인 채로 남아 있는 것에 대하여 내담자 자신이 어느 정도의 선택권을 쥐고 있음을 깨닫기를 희망한다. 단지 가상 작업에 불과하다는 것을 분명히 하면서, 실제 정말로 적대적인 사람이 사진을 갖게 된다면 어떻게 될까 잠시만 생각해 보라고 한다. 일어날 수 있는 최악의 상황이나 감정은 어떤 것인가? 여기서부터 시작하여 우리는 내담자가 적대적인 사람에게 기꺼이 사진을 줄 수 있도록 하기 위해서는 그 사람 속에서 어떤 변화가 일어나야 하는지에 대한 작업으로 넘어가게 된다. 그러한 변화가 가능하기는 한 것인가? 또는 현실적인가? 다른 사람 안에서 변화가 일어날 수 없다면 내담자의 안에서는 어떤 변화가 일어나야 하는가? 그리고 내담자는 관계를 개선하기 위하여 이와 같은 변화를 기꺼이 감행할 것인가? 적대적인 사람에게 쉽게 상처 입을 수 있는 특별한 요소가 사진 속에 존재하는가? 그렇다면 어떤 부분이 그러한가? 내담자가 그 적대적인 사람에게 사진을 주고 싶도록 만드는 무언가가 존재하는가? 그리고 그러한 욕구를 일으키는 변화가 생겨날 수 있는가?

이러한 경계선상에서 나는 저항을 발견하기 위해 서두른다. 나는 다른 그리고 아마도 새로운 대조적인 관점에 관한 통찰을 주기 위하여 내담자에게 대안적인 시나리오를 상상해 보도록 요구한다. '그 사람이 어찌어찌해서 이 사진을 갖게 된다면 발생할 수 있는 최악의 상황은 어떤 것일까? 최악의 상황이 실제로 일어난다면, 그에 대한 최악의 상황은 무엇인가? 그 사람이 결국 실제로 사진을 갖게 되면 어떤 상황이 발생하는가?' 이에 대하여 내담자가 잠시 동안이라도 상상해 볼 수 있는가? 두려워하는 사건이 발생하면 어떤 상황이 벌어질 것인지 이 모든 단계를 거치며 탐색해 보라고 내담자에게 부드럽게 권유하게 되면, 내담자는 장애물을 감소시키기 위해 노력한다면 미래의 상황은 현재보다 더 좋아질 것이라는 사실을 발견하게 된다.

개별 질문 및 질문의 조합을 이용하여 해 볼 수 있는 이러한 작업 모두에서 '현재'와 '잠재적 미래' 모두가 (이 둘을 의미하는) 사진 속의 은유에 대해 검토하고 논의해 봄으로써 비교될 수 있다. 실제 사진으로 하든 내면의 가상 사진으로 하든, 변화와 차이에 대하여 논의하는 것은 상황이 달라지기 위해 어떤 것이 변화되어야 하는지에 대한 내담자 내면의, 말로 표현하기 힘든 생각들을 연결시킨다. 바람직한 미래의 조건임에도 불구하고, 많은 경우 내담자는 그것들이 성취될 수 없는 조건이라고 인식한다. 그들이 그 조건을 성취할 수 있다고 인식하는 순간, 자기 자신으로부터 생겨났던 숱한 저항이 자신의 능력을 통해 어떻게 변화되어 가는지 깨닫기 시작한다. 일단 선택과 그에 따른 한 결과가 자기 자신의 통제력 안에 있다는 것을 인식하고 나면, 그들은 자신의 인생에 대해 책임감을 느끼기 시작하고 이전의 무능하고 미분화된 위치에서 자기 자신을 분화하기 시작한다.

당신은 무의식적으로 누구를 염두에 두고 사진을 찍었는가

유용하다고 생각되면 가끔씩 물어보는 또 다른 질문은 "지금 당신이 자화상 작업을 완료했는데, 무의식적으로 누구를 염두에 두고 사진을 찍었는지 떠오르는 사람이 있나요?" 이다. 이것은 "사진을 주고 싶은 사람은 누구인가요?" 와 같은 질문과 다소 비슷하긴 하지만 똑같은 문제에 초점을 둔 질문은 아니다. 내가 여기서 도달하고자 하는 것은 내담자의 마음속에 존재하는 내담자 자신에 대한 (마음의) 사진이다. 나는 그들이 오로지 자기 자신을 위해 자화상을 찍는 것인지, 아니면 그들에게 중요한 누군가를 기쁘게 해 줄 목적으로 자화상을 찍는 것인지 알고 싶은 것이다. 이러한 종류의 질문은 특히 "이 사진을 누구에게 주고 싶나요?" 와 같은 질문과 결합될 때에 분리와 융합의 문제를 탐색하는 데에 유용하다. '내담자 자신이 다른 사람에게 있어서 어떤 존재인지' 와 비교하여 '자기 자신에게 있어서는 어떤 존재인지' 에 대해 생각해 보도록 하기 위해서는 그들이 무의식적으로 누구를 염두하며 포즈를 취했는지 질문하여 (그 문제에 대하여) 어느 정도 탐색할 수 있다. "마음속에 누군가가 떠오르나요?" "그 사람이 사진을 갖고 싶어 할 것 같나요?" "당신을 위해 또는 그들을 위해 사진을 개선시킬 무언가를 생각해 낼 수 있나요?"

비슷하게, 나는 "거의 당신 자신을 위해서 이 사진을 찍었고, 당신은 사진을 맘에 들어 하는데(내담자가 그전에 나에게 말했던 것임), 이제 내게 말해 보세요. 당신 어머니도 그것을 맘에 들어 할까요? 당신의 아버지는요?"라고 질문할 수도 있다. 이러한 질문들은 우리가 어떤 문제에 초점을 두고 있었는지 분명히 하면서도, 우리로 하여금 여러 가지 문제에 대하여 탐색해 볼 수 있게 해 준다. 예를 들어, 내가 내담자 가족 내의 삼각관계에 대하여 탐색하기를 원한다면 이러한 기술은 연결고리가 어디에 존재하는지 집어 낼 수도 있다. 나는 내담자에게 부모 중 한 사람이 찍어 주고 맘에 들어 할 만한 자화상 사진에 대해, 그리고 그 사진이 내담자 속에 내면화된 부모의 이미지와 어떻게 다를 수 있는지에 대해 상상해 보라고 할 수 있다. 나는 내담자가 찍은 자화상 사진이 부모가 찍어 준 내담자의 '훌륭한' 사진과 어떻게 다른지 탐색할 수 있고, (내담자가 생각하기에) 내담자의 현실이 부모의 기대 및 인식과 얼마나 동떨어져 있는지에 대하여 더 많은 것을 알아내려고 노력할 수도 있다.

때때로 이것은 삼각관계에 있는 각 구성원에게 자화상 제작 과제를 부여하도록 유도하기도 하는데, 그것은 다른 두 사람의 도움을 받아 자신의 자화상을 찍은 후 다른 두 사람의 사진을 자신이 생각하는 그들의 모습으로 찍어 주는 것이다. 3인조 작업에서 이러한 과제를 통해 적어도 9장의 사진이 만들어진다(때로 그러한 조건 없이 무작위로 작업하는 경우에는 그 이상의 사진이 만들어지기도 한다.). 구성원 자신이 찍은 한 장의 자화상 사진을 비롯하여 나머지 두 사람에 의해 찍힌 각 구성원의 (2장의) 사진이 존재할 것이다. 비교와 대화를 위해 사진들을 조합하는 것은 치료적 대화를 시작하기에 매우 좋은 방법이다. 사진들 간의 차이점은 구성원 자신의 관점에서 다루어지기보다는 제3자의 관점에서 다루어지고, 은유를 통해 논의되며, 시각적으로 고착된 지각들(visually frozen perceptions)로써 고려된다.

여기에 제시된 질문들은 자화상 탐색 작업에서 사용될 때에 확정적인 질문은 아니라는 점을 다시금 강조하고 싶다. 사진치료사는 최상의 결과를 가장 많이 이끌어 낼 수 있는 질문을 사용해야 하고, "이 사진에 대해 제가 알아야 할 뭔가가 더 있나요?" "가족 중에서 그 외의 누가 이것을 알고 있나요?" "이 사진에는 비밀이 담겨 있나요?" "그렇다면 누가 그러한 비밀을 알고 있나요?" "내가 물어보진 않았지만 이 사진에 대해 바라는 것이 있나요?" 또는 "마음속에 떠오르는 것이 있나요?" 처럼 그 내담자의 상황과 관련이 있는 듯한 질문들도 거리낌 없이 사용할 줄 알아야 한다. 이 장에 제시된 모든 질문이 들어간 치료과정 전체를 경험해 본 한 내담자는 다음과 같은 반응을 보여 주었다.

우리가 사진으로 작업을 하게 되니까 갑자기 훨씬 더 진지해져서 놀랐어요. 처음에는 아무 기대도 없이 시작한 자화상 작업이 그저 재밌다고만 생각했어요. 게임이나 가면놀이와 같았는데요, 저는 제가 좋아하는 것이면 무엇이든 할 수도 있고 될 수도 있었어요. 그래서 저는 밖으로 나가 스스로 포즈를 취했죠. 그런데 질문들에 답하기 시작하고 나니까, 마치 태초의 빛 속에 무언가가 숨겨져 있는지 발견하기 위한 것처럼 이 사진을 들여다보는 것이 훨씬 더 어려워지고 심지어 신비스럽기까지 했어요. 무언가가 빠져 있었네? 그때 이걸 알 수도 있었는데 말이야. 나는 그 순간에 무엇을 느끼고 있었던 걸까? 사진이 말할 수 있도록 내가 허락해 준다면 사진은 알려지지 않은 또는 금지된 영역에 대하여 갑자기 폭로해 댈까? 그리고 그 질문들, 즉 그것은 사진이었나 혹은 실제로 논의되고 있던 나였나? 무슨 차이점이 존재하는가? 그 사진에 대한 나의 대답—그것이 말할 수 있다면, 그것이 완벽하지 않다면 내가 그것에 대해 맘에 들어 하는 것들—은 내가 그 질문에서 '그것'을 '나'로 대체한다면 어떤 차이가 있을 것인가? 물론 선생님은 우리가 그것을 인식하도록 우선 그 사람들한테 질문하셨을 거예요!

이 사진에서 선생님이 저에 대해 알지 못하는 세 가지는? 제가 멋있어야 하나요, 아니면 맨 먼저 나의 맘속에 팍 떠오른 것은 '이 사진을 보는 것만으로는 내가 얼마나 불쾌한지 아무도 모를 것'이라고 선생님에게 말해야 하나요? 저는 이 사진에서 매우 멋있게 보여요. 이제 선생님은 제게 '멋있다'와 '매우 멋있다'의 차이점에 대해 질문할 거예요, 맞죠? 사진에 제목을 붙여 보라고요? 좋아요, 하지만 저는 제목이 누워서 떡 먹듯 그렇게 저한테 딱 어울릴 거라 생각하고 싶진 않아요. "여기 있습니다. 가져가시든지 그냥 두시든지 맘대로 하세요."겠죠. 아니면 사람들에게 한 가지 선택권(사진을 가져라/사진을 가지지 마라-역자 주)만 제공할까요?

사진에 대해 또는 저에 대해 제가 맘에 드는 세 가지에 관하여 물어보셨을 때에는 좋았어요. 그러나 제 엄마가 사진에 대해 맘에 들어 할 세 가지에 관하여 물어보셨을 때는 이 소녀(나)의 분노 수치가 확! 올라갔어요! 저는 엄마가 원하는 그런 부류의 사람이 되기를 원한 적이 없어요. 그래서 엄마가 제 사진을 찍는 상상을 해 보라고 하셨을 때, 저는 바로 "안 돼요!"라고 대답했죠. 그러나 제 아빠는 가능해요. 아빠와 저는 아주 많이 비슷하기 때문이지요. 그리고 아빠가 저를 보는 관점은 제가 저 자신을 보는 관점과 매우 비슷할 거라고 믿어요. 아마도 그래서 아빠가 이 사진을 가질 수 있다(제가 그 사진을 좋아하기 때문이지요)고 말씀드렸을 때 선생님이 놀라지 않으셨던 것 같아요. 그러나 어머니는 절대로 그 사진을 가질 수 없어요. 아마도 같은 이유에서일 거예요. 그렇게 생각하지 않으세요? 와, 저는 겨우 사진 한 장 보는 것으로 이 모든 것이 다 나올 거라고는 생각도 못했어요.

실증 사례 ILLUSTRATIVE EXAMPLES

여기에서 소개하는 두 가지 사례는 두 명의 내담자에 대하여 다루고 있는데, 그들은 각자 (과제 지시에서 아무 제한 없이) 일반적인 자화상을 찍어서 마분지에 붙이고, 장식도 추가했으며, 나의 질문에 대한 대답을 글로 적었다.

리타는 폴라로이드 자화상으로 첫 번째 이미지만 만들었다. 대화 도중 내가 그녀에게 건네준 두 번째 이미지는 실제로는 아무것도 없는, 그녀가 사진을 붙이고 그림을 그려 넣었던 것과 같은 크기와 색깔의 마분지였다. 그리고 제니는 즉석 프린트로 자화상을 찍었는데, 다른 날 '그녀가 만약 첫 번째 사진 속의 그녀가 아니라면 어떤 사람일지' 보여 주기 위해 두 번째 자화상을 찍었다. 리타는 자화상 작업이나 자화상 사진을 사용하는 것을 허락하지 않았다. 그러나 제니는 자신의 자화상 사진 2개 모두를 사용할 것을 허락했다. 그래서 그 두 사람은 이 책에서 매우 다르게 느껴질 것이다.

나는 사진 없이 리타의 사례를 보여 줄 것인데, 그것은 자화상에 대한 언어적 탐색이 무의식에 갇혀 있는 감정 및 비언어적으로 저장된 기억의 영역 속으로 얼마나 빠르게 이동할 수 있는지를 증명하기 위한 것이며, 또한 실제 사진과 상상된 사진의 비교 작업이 어떻게 내담자에게 도움이 되는 치료과정으로 통합될 수 있는지를 증명하기 위한 것이다.

제니의 자화상은 여러 과정(종종 동시에 또는 역순으로 행해지기도 함)에 대한 좋은 예가 된다. 우리는 그녀가 일반적으로 어떤 상태인지, 그리고 가능하다면 그녀가 표현하거나 느끼고 싶은 것이 무엇인지를 비교해 보았다. 우리는 그녀를 강하게 부르는 것 같다고 느껴지는 한 여인의 사진(우리가 이미 투사 작업에서 한 시간을 투자했던 사진)과의 이전 회기에서의 만남을 자화상 논의로 재구성해 보았다. 그리고 우리는 초기 사진 상호작용 작업에서 그녀가 인식하지 못했던 가족의 문제에 대하여 더 깊이 탐색하기 위해 그것을 사용했다. 두 사진에 대한 작업 내용 모두 부연 설명 및 제니의 행동 묘사가 들어간 중괄호와 더불어 실제 대화 내용을 그대로 제시했다.

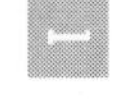

사례 연구: 리타(Case Example: Rita)

리타: 이 사진[30분 먼저 찍은 자화상 사진]에서 맘에 드는 거요? 저는 사진을 내려놓았고, 마분지에 썼어요. '솔직한 얼굴(Directness of Look)' '미소' 그리고 '색깔'이라고요.

주디: 그럼 솔직한 얼굴을 하고 있지 않은 사진은 어때요? 그것이 의미하는 바가 뭐일 것 같아요?

리타: 제가 숨고 싶어 하거나, 두렵거나, 수줍어하거나, 아님 숨기고 싶은 무언가가 있는 것 같아요. 예, 개방되어 있진 않아요.

주디: 그러면 당신이 숨고 싶어 하거나 두렵거나 수줍어한다면 그 안 어딘가에 어려움이 존재하는 걸까요? 그것은 좋지 않은 상태인가요?

리타: 글쎄요, 그 작업은 많이 한 것 같은데요. 그리고 저는 더 이상 그 작업을 많이 할 필요가 없다는 게 좋았는데요. 하지만 이건 선생님의 질문에 대한 답은 아

니죠. 음, 저는 개방성에 가치를 둬요. 그래서 저의 문제는 제가 가치를 두는 것에 따라 살아가지 못하고 있다는 거예요.

주디: 한 손으로 사진을 들어 올리고 그것을 보세요. [그녀에게 같은 크기의 비어 있는 백지를 건네주면서] 자, 이것은 당신이 솔직한 표정을 보여 주지 않는 다른 한 장의 사진입니다. 보이나요? 저는 여기서 완전 정면의, 완전히 앞을 마주 보고 있는 인물을 봅니다. 그리고 당신은 만약 솔직한 모습을 보여 주지 않고 있다면 그것이 어떻게 보일지 속으로 생각하고 있다고 하네요. 마음속에 있는 그러한 것을 당신이 말로 할 수 있도록 종이 위에 어떤 얼굴이 떠오르는지 봅시다. [그녀가 고개를 끄덕인다.] 무엇이 보이나요?

리타: 저는 눈을 내리깔고 있어요. 저는 저를 사진 찍으려 하거나 저에게 말을 거는 사람을 피하고 있어요. 저는 그런 사람과 접촉하는 것보다는 저의 두려움에 더 관심이 있어요.

주디: 당신의 인생에서 당신 자신이 사람들을 피하던 사진을 찍던 그때를 떠올릴 수 있나요?

리타: 저는 그렇게 보이는 제 사진을 여러 번 찍었어요, 자화상요. 저는 제 사진을 많이 찍지 않았어요. 그치만 저는 그렇게 보이는 사진들을 정말로 갖고 있어요. 그리고 저는 그것을 알고 있어요.

주디: [그녀의 눈이 초점은 약간 풀려 있으나 강렬하게 사진을 응시하고 있음을 알아채고서] 그 사진 속의 무언가가 당신이 지금 현재 말하고 있는 것보다 더 강력한 거예요. 우리가 그 사진들에 대해 이야기를 나눌 때에 [당신 마음속] 어디로 되돌아가 보았나요?

리타: 제 가족에 대한 생각이 떠오르기 시작해서 가족 앨범으로 돌아가 봤어요. 그리고는 사진[그녀의 목소리가 다소 갈라지기 시작한다.], 특히 어머니 사진으로 돌아가 보았어요. 함박웃음을 짓던 분이셨거든요. 그런데 저는 어머니의 미소에 매우 화가 나곤 했어요. 가족들은 속마음이 어떤지 절대로 보여 주지 않았어요. 그래서 저는 제 속마음이 어떤지 보여 주길 원하는 지에 관해, 더 많은 말을 할지도 몰라요.

주디: 그래서 함박웃음을 짓는 어머니의 사진은 당신에게 무엇을 의미하나요?

리타: 그건 제가 분리되어 있고, 누구에게나 그렇듯이 그녀의 (어머니로서의) 역할을 연기하는 것일 뿐임을 의미하고요. 또 그녀는 숨으려 하고, 그래서 제겐 가까이 하기엔 너무 먼 존재라는 거예요. 그리고 저 또한 눈을 내리깔면서 숨으려 하고 있어요.

주디: 자, 당신은 당신이 직접 작업했던 사진을 볼 때에 눈을 내리까는 행동을 많이 하게 된다고 말했어요. 그러나 여기서는 당신이 솔직한 모습을 좋아한다고 말하고 있어요.

리타: 저는 개방되어 있다고 느끼기 때문이에요. 저는 (지금은) 눈을 내리깔고 있지 않아요.

주디: 미소가 보여요[분명히 눈으로 볼 수 있는 미소].

리타: 하지만 그건 저의 미소예요. 어머니의 미소가 아니에요. 그것은 흥미로워요. 저는 그 두 미소(나의 미소와 어머니의 미소)를 화해시키는 방법을 알 수 없어요. 선생님이 사진을 보라고 하셨을 때에 맘속에 떠올랐던 것이 (가족) 앨범 속의 사진들이라는 게 흥미로워요.

주디: 그래서 그건 어머니의 미소가 아니다. 차이가 뭐죠?

리타: 그건 정직한 미소예요. 연기가 아니죠.

CHAPTER

리타는 아이들에 대해 생각하고 있기 때문에 자신의 미소가 자발적이라고 말했다. 동시에 나의 생각은 수갈래 길로 줄달음쳤다. 그녀에겐 아이들이 있고, 아이들에 대해 생각할 때 그녀는 자연스럽게 미소 짓게 된다. 그러나 그녀의 어머니가 사진 찍힐 때의 미소는, 심지어 리타를 향해 미소를 짓더라도 리타에게 단절을 암시할 뿐이었다. 나는 호기심이 발동하여 미소들, 그리고 미소들 간의 관계와 의미에 대해 탐색해 보고 싶어졌다. 또한 나는 리타의 가족에 대해, 그녀 어머니의 사진에 대해, 그리고 리타가 좋아할 만한 사진이 존재하는지에 대해 더욱더 알고 싶어졌다. 최소 한 장 정도는 리타가 좋아하는 어머니의 사진이 있음이 드러났다. 그녀는 그 사진에 대해 말했다. "매우 흥미롭게도, 그녀는 눈을 내리깔고 있어요. 이 사진과 정확히 반대의 경우죠." 나는 질문을 계속했다.

주디: 어머니를 사진 찍어 드린 적이 있나요?

리타: 네. (그러나) 어머니가 좋아지는 사진은 찍어 보지 못했어요.

주디: (그럼) 어머니가 맘에 들어 할 만한 사진은 찍어 본 적이 있나요?

리타: 생각 안 나요. 사진 찍은 걸 어머니한테 안 보여 드리거든요.

주디: 어머니는 당신이 사진 찍어 드리는 걸 알고 계시나요? [리타가 고개를 끄덕인다.] 사진 찍은 걸 보자고 하시진 않나요? [리타가 고개를 가로젓는다.] 이 사진을 어머니에게 보여 드릴 건가요? [다시금 고개를 끄덕인다.] 이 사진을 보고 뭐라고 하실 것 같아요?

리타: 아, 아마도 거의 별 말씀 없으실 걸요.

그녀는 어머니가 옷이나 주변 환경, 그리고 사진 속의 상황이 어떤 상황인지에 대해 말할 것이라고 하면서 대화를 계속해 나갔다. 그녀의 어머니는 리타의 느낌에 대해서는 물어보지 않을 것이며, 이것이 그들의 일상적인 의사소통 방식이라고 했다. 전형적인 의사소통 방식이 그러하다면 (그와 같은 어머니의 질문에) 리타는 어떻게 대답하느냐고 물었다.

리타: 저는 단지 반응해 드릴 뿐이에요.

주디: [당신의] 이 사진이 그녀에게 말을 할 수 있다면 어떤 종류의 이야기를 할 것 같아요?

리타: 그 사진은 물어볼 거예요……. [그녀는 말을 잇지 못했다. 오랫동안 그 상태로 있었고, 그녀 안의 상념에 잠긴 듯했다.]

주디: [훨씬 더 부드럽게 말해 리타의 어조와 정서에서의 중요한 변화들을 조화시키면서] 나를 그 상념 속으로 들여보내 줄 수 있어요?

리타: 저는 좀 갈등하고 있었어요. 제가 어머니한테 묻고 싶어 하는지 아닌지 (스스로에게) 묻고 있었어요. 제가 어머니의 느낌이 어떤지 물어보길 원하는지 아닌

지, 나의 느낌이 어떠한지, 그녀에게 말하고 싶은지 아닌지. 제가 뭘 하고 싶은 걸까요? 전 모르겠어요.

주디: [여전히 매우 부드럽게 말하며] 그것에 대해 작업했던 것을 상상해 볼 수 있죠?

리타: 네, 그렇지만 거의 몇 번 안 되잖아요. 그건 정상적이지도 편하지도 않아요.

주디: 누구를 위해서?

리타: 저를 위해서요. 아니면 어머니를 위해서. 점점 더 그렇게 되어 가고 있어요.

주디: 여기 이것은 당신 어머니의 사진이에요 [가상 사진이 위치하게 될 백지를 그녀에게 건네며] 이 두 사진[리타의 자화상과 어머니의 가상 자화상]을 가지세요. 사진들을 잠시 번갈아 보세요. 그들은 서로에게 뭐라고 할 것 같아요?

리타: 다시요, 분명하지가 않아요. 일어나기를 바라는 것, 아님 현재 일어난 것을 의미하시는 거예요? 제가 현실에 충실하기를 바라시는 거예요? 아님 이것을 지금 당장 일어나고 있는 그 무엇으로 되게 하길 바라시는 거예요?

주디: 당신의 선택에 달려 있어요. [나는 저항에 부딪힌 건지, 아니면 그녀가 느끼는 강한 감정을 통제하려는 시도에 부딪힌 건지 확신할 수 없었다. 그래서 우리가 다음에 어떤 작업으로 넘어가게 될 건지는 그녀에게 달려 있다는 확신이 들었다.]

리타: 좋아요, 지금 일어나게 해 보죠. 그녀가 (저를 똑바로) 보고 있다고 말씀드릴 거예요. "저는 당신의 사진 속에서 당신의 사랑스러움을 보고 있어요."라고 말할 거예요. [인칭대명사 사용의 변화에 주목하라.] 난 거기서 당신의 사랑스러움을 봐요. 그리고 이전까진 그것을 보는 게 무척이나 어려웠는데, 지금은 그것을 보며 행복해요. 그리고 그녀가 말하고 있어요. "난 네가 그렇게 말해 줄 거라고는 꿈에도 생각 못했어." [리타가 미소 짓는다.] 그리고 나는 그녀의 웃음을 봐요. [리타가 잠시 말을 멈춘다.].

그리고는 리타가 대화 주제를 그들 간의 나이 차, 그녀 어머니의 일상적인 존재 방식, 사진 찍을 때 즐겨 취하는 포즈와 같은 보다 현실적인 내용으로 바꾸었다. 나는 리타에게 어머니의 백지 사진이 현재 리타의 나이인 44세와 같은 나이로 보일 거라고 상상해 보도록 했다.

주디: 그래서 여기 오늘 44세인 당신의 사진이 있어요. 그리고 이것[빈 백지]은 44세 시절의 당신 어머니예요. 이것들을 잘 본 후에 나에게 다시 건네주세요. 자, 이제 이것들을 뒤집습니다. 이것은 여전히 당신, 또 이것은 여전히 당신의 어머니[서로 다른 사진을 보여 주는데, 뒷면은 똑같기 때문에 그녀는 그것이 각각 누구의 것인지 분간할 수 없다]. 자, 나는 현재 이것들을 볼 수 있어요. 하지만 당신은 볼 수 없지요. 이 사진들 위에 시선을 잘 고정시켜 봐요. 이제 뭐가 보이는지 내게 말해 봐요.

리타: 두 이미지를 선생님께 묘사해 보라는 뜻이에요?

주디: 아뇨, 단지 두 이미지 모두 분명하게 해 봅시다. 이제 뭐가 보이나요?

리타: 우리 둘 다 미소 짓는 게 보여요. 우리 둘 다 사진 찍는 사람이 누구인지에 관심이 있어요. 우리 둘 다 숱한 두려움에 상처받기 쉬운 사람이란 걸 알아요. 우리가 그렇게 다른 사람들은 아니라는 거. 예전엔 왜 그걸 생각지 못했을까.

주디: 예전엔 그것을 생각지 못했군요. 지금 그것을 느끼는 순간, 그런 생각이 어떻게 느껴지나요?

리타: 날아갈 듯해요. 좋아요. 나 자신을 그녀로부터 분리할 필요가 없어져서 너무 좋아요. 어렸을 적 제게 많은 상처를 줬던 것들을 더 이상 어머니가 하지 않을 것이기에 저 자신을 보호할 필요가 없어졌어요. [그리고 그녀는 그 모든 것에 안도감을 느낀다고 말하면서 울기 시작했다.]

리타가 마음을 움직여 어머니와의 비교 고찰 작업을 수용하도록 간접적으로 유도함으로써 나는 리타와 어머니 간의 유사점을 발견하도록 도와주었다. 이전에 그녀는 어머니가 상대적으로 안전한 역할만을 담당하려는 존재로서 마음속에 자리 잡고 있다고 고백했는데, 이는 리타가 그들 간의 거리(적어도 그것이 의미하는 것이 미치는 영향력)를 줄이도록 노력하는 데 상당한 심리치료를 받아야 한다는 것을 의미한다. 내가 사용했던 과정은 '닻 내리기(anchoring)' 그리고 그 후의 '닻 올리기(collapsing anchors)' 라는 시각적 사진술이다(신경언어학 프로그램 방법론에 관한 책에 기술되어 있다. 예를 들면, Bandler & Grinder, 1975, 1979; Lankton, 1980). 그녀는 각각의 사진 이미지를 이용하여 작업한 후 그것들에 대하여 함께 논의하게 함으로써 무의식적으로 양극단을 통합할 수 있게 되었다.

그녀의 마음속에 존재하는, 외관상으로는 상호 배타적인 두 측면을 동시에 수용함으로써 제3의 선택권(또는 길)이 열렸다. 또한 리타와 그녀의 어머니는 서로에 의해 상처 받은 감정을 포함하여 많은 공통점을 갖게 될 수도 있다. 실제 사진과 상상 속의 사진 모두를 나타낼 수 있는 빈 백지는 손으로 집어서 볼 수 있는 실제 사진이 존재하는 경우라 하더라도 '언제라도 함께 작업할 수 있는 마음속의 사진' 이라는 점이 분명해진다.

CHAPTER

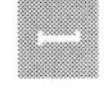

사례 연구: 제니(Case Example: Jenny)

여성 위기 상담가인 제니는 사진치료 트레이닝 워크숍에 참석했다. 첫째 날 저녁에 그녀는 가장 마음에 드는 사진으로서 팔꿈치에 턱을 괴고 창밖을 내다보고 있는 한 여인의 자화상을 골랐다. 제니는 그 여자가 예술가이거나 적어도 미술 공부를 하는 학생일 거라고, 그리고 '섬세하고도 멋있게 그림을 그리는 사람일 것' 이라고 판단했다. 그 여자가 무엇에 대해 생각하고 있느냐는 질문을 받자, 제니는 "사랑하는 이에 대해 생각하고 있다."고 했고 사진 속 그녀가 말을 할 수 있다면 "너와 함께 있을 때 나는 내 심장 한가운데에 사랑이란 걸 느껴."라고 말할 거라고 대답했다. 내가 제니에게 그 여자의 포즈를 상상해 보라고 하자, 제니는 오히려 슬픈 감정을 토로했다. "저는 일몰을 바라보고 있는데, 그게 저를 슬픔으로 꽉 채우고 있어요. 그리고 헤어짐의 순간들을 기억나게 하네요." 그녀는 오렌지 같은 태양이 수평선 아래로 지는 순간 멕시코에서 사랑하는 이와 함께 있었던 기억에 대해 언급했다. 그 기억이 마음속에 너무나 생생하게 떠올랐던 탓인지, 그녀는 그날 저녁 집으로 가서 앨범을 뒤져 일몰 사진을 찾아내었다. 그리고 그것을 다음 날 워크숍에 가져왔다. 그녀는 나중에 말했다. "저는 일몰 사진을 보았어요. 그리고 멕시코에서 있었던, 이제는 옛일이 되어 버린 로맨스와 관련된 모든 시련과 몸부림에 대해 기억해 냈지요. 연애관계의 시작, 사랑하는 이를 이해하려는, 또 반대로 이해받으려는 심리적 혼란(complication), 그리고 헤어짐, 워크숍의 이 시점에서 이유는 확신할 수 없지만 이런 것들이 바로 지금 제 마음속에서 너무나 강하게 떠오르고 있어요."*

그다음 날 오전의 과제는 자신을 시각적으로 소개하는 데 필요한 즉석 프린트 자화상을 찍기 위하여 원하는 대로 포즈를 취하는 것이었다. 제니는 저녁에 그 과제를 수행하기로 하고, 일몰이 시작되자 의자에 앉아 바깥을 내다보는 자세로 포즈를 취했다. 그러고 나서 그녀는 그 사진을 집에서 가져온 일몰 사진과 합성하여 마분지에 붙이고 그 위에 나의 질문에 대한 대답들을 적었다(〈사진 4-12〉 참조). "저는 사진 속의 여인처럼 포즈를 취했어요. 그게 너무나 좋았죠. 저는 저 자신한테 '철학자' 라는 이름을 붙여 주었어요[이미지에 제목을 붙이라는 질문에 대한 대답으로.]" 다음 날 또 다른 자화상 과제가 있었는데, 이번엔 '만약 현재의 내가 아니라면 미래에 되고 싶은 나' 를 사진 찍는 것이었다. 의식적으로 그렇게 한 것은 아니라고 말했지만, 제니는 특히 신발 위에 꽃이 보이기를 원한다고 하면서 발과 다리 아래쪽이 나오는 두 번째 사진을 찍기로 했다. "저는 두 번째 사진이 너무나 좋아서 저 자신한테 '광대' 라고 이름 붙였어요." 마분지 위에 이 사진을 붙여 놓고, 그녀는 마치 형형색색의 발레 스커트를 입은 인형처럼 예술적으로 장식해 놓았는데, 내게는(그녀에게는 아니고) 그것이 궁정 배우보다는 댄서처럼 보였다(〈사진 4-13〉 참조).

---

* '제니와 사진치료의 만남' 에 관한 자료 중 이 부분은 그녀의 작업 중에서 자화상 구성요소만을 다루고 있다. 이 작업을 통해 촉발된 치료적 탐색 중 다른 부분(이러한 투사적 자극을 통한 그녀 어머니의 예전 사진과의 연결, 실연에 대한 그녀의 집착으로부터 전개되는 것들과 같은)에도 관심이 있는 독자는 예전에 그녀에 대한 직접적인 인용문 일부가 출간되었고, Jossey-Bass 출판사의 허락하에 이 책에서도 사용된 Weiser(1990)의 책에서 제니에 관한 (그리고 제니가 쓴) 추가 자료를 읽어 볼 수 있다. 이를 통해 그것의 가치를 알게 될 것이다.

우리는 이 두 사진의 구성 작업에 대해 논의하기 시작했다.

제니: 첫 번째 사진에서는 발이 없었어요. 두 번째 사진에서는 의도적으로 발을 찍은 건 아니에요. 제가 의식하고 발을 부각시켜서 사진 찍어야겠다 생각했는데, 글쎄 지금 보니깐 이미 그렇게 했더라고요. 그래서 제가 맘에 드는 것들[반응들]은 두 사진 다 제가 작업하기 쉽다는 거. 하지만 이 첫 번째 사진에서 제가 빠뜨린 것에 대해 말할 때……. 저는 정말로 제가 발을 빠뜨렸다고 느껴져요.

주디: 이제 발을 갖게 되었으니, 당신은 무엇을 할 수 있나요?

제니: [미소를 띠며 즉각 대답한다.] 춤요! 그 둘은 거의 정반대인 것처럼 보여요. 첫 번째 사진은 '철학자' 라고 제목이 붙어 있지만, 두 번째 사진의 제목은 '광대' 예요. 그리고 그것들은 어떻게 보면 같은 사진일 수도 있겠지만, 저는 전체 사진 속에서 저 자신의 정반대인 두 부분을 얻게 된 것 같아요.

사진 4-12

사진 4-13

주디: 그것['광대']이 당신에게 무엇을 의미하는지 제가 다 알고 있다는 식으로 추측하고 싶진 않아요.

제니: 좋아요. 제게 있어 광대는 궁정 배우와 같아요. 익살 부리고, 춤추고, 웃는. 사람들이 웃을 수 있게 도와주는 일종의 피에로 같은 존재, 사람들에게 웃음이 되는 그런 존재.

주디: 그럼 그건 당신이 현재의 당신이 아니라면 당신이 되고자 하는 당신의 모습을 찍었다는 뜻인가요?

제니: 음, 어…….

주디: 그러니까 지금 현재의 당신은…….

제니: 철학자예요.

주디: (그것이) 당신에게 있어 무슨 차이가 있죠, 제니?

제니: 그건요, 제가 좋아하는 광대는 머리(두뇌)가 딸린다는 거. 그래서 머리를 쓸 필요가 별로 없다는 거. 그건 당연한 거라고 생각해요.

주디: 당신 주변의 사람들, 그들에게 당신은 어떤 존재죠?

제니: 제 남편에게 있어 저는 분명 둘 다예요.

주디: 각 손에 사진을 한 장씩 들고 저를 위해서 사진들로 하여금 대화를 나누어 보게 할 수 있나요?

제니: 철학자는 광대에게 말할 거예요. [장난스럽게 웃으며] "오, 춤이라! 제발 긴장을 풀어라! 너는 항상 (너무 깊이) 생각한다." 그러면 광대는 맞받아치겠죠. "네 말이 맞어. 난 정말 모든 걸 그렇게 잴 필요도 없고, 모든 걸 그렇게 깊이 생각할 필요가 없는데 말이야. 나는 좀 더 많이 자연스러워질 수 있을 거야." [제니가 잠시 말을 멈춘다, 찡그린 그리고 생각에 잠긴 듯한 얼굴로 뭔가 생각하는 듯하더니 말을 계속 이어 나가는데, 사진에 대고 말하기보다는 나에게 대고 말하는 듯하다.] 제가 생각하기에 이 철학자는 자연스러움이 때때로 자신을 곤경에 빠뜨린다고 걱정하는 것 같아요. 뭔가를 해야 한다는 의무감(must)은 과거로부터, 그러니까 단지 하고 싶은 걸 했다는 이유로 꾸지람을 당한 어린 소녀가 되었던 때부터 시작된 것 같아요. 저는 어린아이일 때 정말 제가 하고 싶었

던 걸 했다고는 생각하지 않아요. 저는 전형적인 모범생 소녀였어요. 저는 정말로 부모님을 기쁘게 해 드렸어요. 그리고 지금 저는 정말이지 그렇게 하고 싶지 않아요. [얼굴을 찌푸리며] 하지만 그것은 몸부림과도 같아요. 그것은 몸부림이에요. [숨을 헐떡이는 듯한 소리를 내며, 쉰 목소리로 말을 이어 나간다.] 우, 그건 고달픈 거였어요. [조금 밝아지려고 노력하는 듯 코를 훌쩍이며 미소 짓지만 다소 신경질적인 미소와 흐느낌으로 변한다. 그리고 뭔가 생각에 잠긴 듯 몇 분 동안 말이 없다.] 선생님도 아시겠지만, 지금은 제가 부모님을 돌봐 드리고 있어요. [눈물 가득 고인 눈에서 눈물이 넘쳐 흐른다.] 예, 지금은 제가 부모님을 돌봐 드리고 있어요. [감정을 통제하려는 듯 우는 중간중간 씩 웃기도 하다가 인상을 찌푸리기도 한다]. 그런데 저는 절대 그러고 싶지 않았거든요. [이를 갈며 강한 어조로 말한다.] 그리고 그건 저를 고통스럽게 해요. [거의 동시에 울고 웃고 헐떡이는 모습은 마치 히스테리의 극단에 있는 것처럼 보인다.] 그건 제가 항상 두려워했던 거였어요. 단 하루라도 제가 부모님을 돌봐 드려야 하는 상황이 될까 봐……. 제 일평생 그들을 돌봐 드리게 될까 봐. [다시금 헐떡이고 웃고 흐느낀다.] 그리고 제가 다시금 그분들을 돌봐 드리고 있다는 거, 그러고 싶지 않았다는 걸 알아요. 하지만 제가 그분들을 돌봐드릴 수 있다는 자각을 갖고 돌봐 드린다면, 저는 할 수 있다고 생각했어요. 저는 추측건대 그분들을 버릴 수는 없어요.

주디: [제니에게 더 가까이 다가가 훨씬 더 부드럽게 말하면서] 당신 사진의 두 버전 중에서 그들은 어떤 것을 알고 있나요?

제니: 둘 다 알아요.

주디: 그들은 그 발이 누구의 발인지 알까요?

제니: 예, 예, 알 거예요. [정말 울기 시작한다.]

주디: 당신 어머니는 춤을 추시나요? [이것은 강한 예감과도 같은 것이었는데, 제니는 예전의 어머니와의 역동에 대해 논의했던 적이 있었다. 그리고 그것은 탐색하기에 좋은 문제처럼 보였다. 특히나 광대는 춤을 추는 존재이기 때문에.]

제니: 네.

주디: 어머니가 춤추실 때 어때 보였나요?

제니: [눈물은 줄고 코를 약간 훌쩍거리며] 그녀는 조금 더 풀어졌어요. [그 기억에 잠시 미소 짓는다.] 너무 많이는 아니고요. 여전히 꽤나 경직되어 있었는데, 하지만 아시다시피 좀 더 유연해질 수 있잖아요. 지금도 좀 더 풀어져요, 춤추실 때는요.

주디: 본인이 춤출 때 좀 풀어진다는 것을 어머니가 아셨나요?

제니: 글쎄요, 그녀는 단지 저를 위해 춤췄어요. 그녀는 단지 저를 위해 춤을 춰요.

주디: 다른 누군가를 위해 춤추는 것이 본인을 곤경에 빠뜨릴 수도 있다는 것에 대해 걱정하셨나요? [나는 이 문제와 유사한, 그리고 앞에서 확고해진 문제 때문에 이 질문을 한 것이다.]

제니: 저는 그렇다고 말할 거예요, 예.

주디: 그래서 곤경으로부터 당신을 보호할 수 있도록 어머니는 무엇을 하셨나요?

제니: 어머닌 뭘 하지 말라고 하셨어요. 아시다시피, 어떤 것도 하지 말라고요. 어머니는 기본적으로 수영하지 마, 뛰지 마, 산에 가지 마, 스케이트 타지 마, [그저] '하지 마.' 라고만 하셨죠. 너 잘못하면 넘어져서 목이 부러질 수도 있어. 너 물에 빠져 죽을 수도 있어. 제발 어떤 것도 하지 마[꽤 화난 목소리]. 그래야 너 죽지 않고 살 수 있어. 그래서 저는 마침내 어머니와 아버지의 품을 박차고 나와 스무 살에 캐나다로 왔어요. (그런데) 20년이 지나 부모님을 돌보기 위해 그들을 여기로 데려오게 되었어요.

주디: 당신이 어머니에게 그 사진을 드리면 어떻게 하실 거 같아요?

제니: 웃으실 것 같아요. 맘에 들어 하실 것 같고요.

주디: 당신이 어머니 말을 잘 들었다고, 그래서 넘어지지도 않고 무릎이나 살도 까지지 않고 코가 부러지지도 않고, 어머니가 걱정하시는 그 어떤 해도 당하지 않았다고 어머니를 설득하는 데 성공했다고 생각하나요?

제니: [큰 소리로 웃어젖힌다.] 거의요, 하지만 저는 모든 걸 다 말씀드리진 않은 것 같은데요. 그건 어려운 일이에요. 저야 모든 걸 다 말씀드리고 싶죠. 제 큰 입을 벌려서 말하고 싶어요. 나 담배 피워요, 술 마셔요, 당신이 하지 않았던 거

다 하고 있어요. 근데도 저 죽지 않았어요. 나는 여전히 살아 있어요.

주디: 만약 그렇게 하면 어머님이 뭐라고 하실 것 같아요?

제니: 이미 해 봤는데요. 벌써 그렇게 말해 본 적 있어요. 제가 그렇게 했다고요.

주디: 어머니가 어떻게 반응하셨죠?

제니: 흥분했어요!

나중에 그 회기에 대해 논의할 때 제니는 철학자와 광대에 대한 자신의 느낌을 요약해 주었다. "철학자는 다른 사람의 생각에 신경을 쓰는 번민가, (남을) 기쁘게 해 주길 바라는 사람, (남을) 기쁘게 해 줄 방법에 대해 연구하는 사람, 매우 빠릿빠릿하고, 현재에 충실하고, 아침 해가 뜰 때 일어나는 사람이에요. 하지만 광대는 뇌가 없어요. 어린애처럼 자발적이고, 다른 사람이 생각하는 것에 신경을 쓰지 않아요."

두 사진을 서로 마주 잡고 서로에게 말을 해 보게 하라고 했을 때에 어떤 상황이 일어났는지 회상해 보라고 하자, 그녀는 두 사진 간의 대화를 다소 다르게 기억해내었다. 그녀는 "저는 빠릿빠릿하고 사람들과 잘 조화되는 사람이에요. 저는 다른 사람들의 말을 매우 경청하기 때문에 사람들을 잘 이해해요. 저는 많은 사람들을 즐겁게 해 준답니다. 저는 착한 소녀예요."라고 말하는 철학자, 그리고 "저는 착한 사람이 되고 싶진 않아요. 저는 즐기고, 춤추고, 놀고, 웃고 싶어요. 저는 저 자신을 위한 공간을 원해요. 저는 해질녘에 혼자 있는 게 너무 좋아요."라고 말하는 광대를 기억해 내었다.

이러한 반응들은 '그녀가 말했던 것 자체' 라기보다는 '자신이 말했다고 기억해 낸 것' 이라고 볼 수 있다. 이것은 비디오테이프 녹화 회기가 매우 유용할 수 있음을 보여 주는 예다. 그녀의 나중 반응은 처음 대답과 같은 맥락에 있기는 하지만, 세부적인 것은 수정되고 그 의미들도 바뀌게 된다. 그녀는 내가 그녀에게 '댄서' 보다는 '광대' 라고 말하는 것이 더 안전하냐고 물었다는 것을 기억했다. 그리고 "저는 댄서가 되기를 갈망한다는 걸, 그리고 정말로 춤을 추고 싶다는 걸 인정해야 해요. 그런데 '나는 댄서예요.' 라고 말하는 건 좀 우쭐대는 것처럼 보이겠지요. 전통적인 관점에서 보면 저는 댄서가 아니니까요. 그러나 제가 '나는 광대예요.' 대신에 '나는 댄서예요.' 로 말을 바꾸면 마침내 저의 얼굴 위에 표현되는 저의 전인적 존재를 통해 미소를 경험하게 되지요."라고 자신이 대답했다고 했다. 춤을 추는 그녀의 어머니에 대한 질문에 대해서는 "'한 춤' 하셨던 시절, 어머니는 문 손잡이 너머로 발을 차 올리며 거실에서 춤을 추셨어요. 그녀는 춤출 때에 웃으며 즐거움을 표현하곤 했어요. 한때나마 걱정에서 자유로운 것처럼 보였죠. 그녀는 오직 자신의 아이들을 위해 춤을 췄어요. 아버지를 위해 춤을 춘 건 확실히 아니에요."라고 대답한 것으로 생각하고 있었다.

이 작업과정에 대한 논의에서 나온 한 가지 중요한 사항은 제니의 어머니가 정신분열증 환자라는 것이다. 제니는 어머니가 구급대원에 의해 들것에 묶여 실려 나갈 때에 자신은 홀로 서 있을 수밖에 없었던 순간들을 기억하고 있었다. 그녀의 어머니가 가장 유연했던 순간은 조증 상태로 치닫는 순간이었음이 밝혀졌고, 그래서 제니에게 있어서 '본인 스스로 체험하기를 바랐고 그녀의 어머니 안에서 발견하기를 바랐던 자발적인 쾌활함(playfulness)' 은 그러한 위험과 예측할 수 없는 결과의 종착역 안에 숨어 있던 것이었다.

이러한 이치를 깨닫고 나서 그녀는 앞으로 진행될 더 많은 치료 작업을 위해 더욱 많은 문제가 담겨 있는 듯한 백지 두 장을 만들었다. 그녀는 '어머니와의 관계 속에서 스스로를 위해 노력했던 것' 이 '더욱 자발적으로 되고, 보다 덜 분석적으로 되고, 그녀의 반응이 어떠할지에 대해 덜 걱정하게 되길 바라는 것' 과 다소 유사하다는 것을 알아내었다. 그녀는 노여움을 느꼈으면 그것을 표현도 할 줄 아는 상태에 도달하기를 원한다고 말했다. "저는 정말 가끔씩은 어머니에게 동의할 수 없어요. 하지만 그건 제가 어머니를 사랑하지 않는다는 건 아니에요. 아마도 저는 어머니를 비난하고, 표현해야 할 것조차 표현하지 못하게 만든다고 따질지도 모르겠어요. 미쳐 가는 것에 대해서는 그녀를 비난할 거예요. 그녀가 정신분열증 상태가 되거나 현실과 괴리되는 순간들은 지금도 여전히 계속되고 있고, 저는 여전히 불안함을 느껴요. 하지만 저는 그런 것에 신경 쓰지 않을 수 있다는 신념이 있기에 그것을 표출하고 싶지는 않아요. 저는 그 문제에 대해 작업하기를 원하지 않아요. 위험을 무릅쓰기를 원하지 않아요." 내가 생각하기에 이것은 치료가 어느 정도 진행된 후에야 그녀가 그 문제에 대해 작업할 수 있게 됨을 의미했다.

최종 고려사항(Final Considerations)

자신이 직접 복사본 사진을 가지고 자기 소개용 자화상을 만들어야 한다는 것 외에 어떤 조건이나 제한도 없는 자화상 과제가 리타와 제니에게 주어졌다. 초기 과제는 처음엔 동일했지만, 두 여성의 상이한 정체성 및 문제에 의해 그 내용과 과정은 매우 다르게 변해 갔다. 사진 속의 현실과 진실은 오로지 그것을 바라보는 관조자의 눈에만 존재한다는 것, 그리고 이러한 자극을 내담자가 인식하지 못하는 정서적 자료와 연결시켜 사용한다면 엄청난 치료적 효과를 가져올 수도 있다는 것이 분명해졌다.

첫 번째 사진에서 그저 우연히 자신의 발을 빠뜨렸던 제니, 또는 창밖을 응시하는 여자 사진에 의해 촉발되었던 그녀의 기억에서처럼 우연성(synchronicity)은 사진치료에 중요한 역할을 하기도 한다. 이러한 우연한 해프닝은 치료사가 (사진치료에 대한) 촉매제로서 사용한다면 상당한 역할을 해 낼 수도 있다.

사례 연습 SAMPLE EXERCISES

자화상을 활용하여 작업하는 데에는 두 가지 기본 단계가 있다. 첫 번째 단계는 글이나 예술적 장식이 추가되든 안 되든 사진 자체를 찍어 보는 것(또는 적어도 찍을 이미지를 상상해 보는 것)이다. 두 번째 단계는 치료사의 제안과 질문에 바탕을 두고 행해지는 자화상과의 상호작용을 포함한다. 여기에 제시된 연습은 내담자가 직접 자화상을 만들도록 지시하는 방법(원할 경우 예술적 장식도 포함)에 대하여 제안하는 첫 번째 단계, 그리고 이미지 제작이 끝난 경우의 이미지에 대한 질문 단계의 순서로 이루어진다. 사실, 이러한 질문은 내담자의 마음속, 공상 또는 기억 속에만 존재하는 사진까지 포함하여, 내담자가 자기 자신을 있는 그대로 묘사해 준다고 느끼는 사진이 존재할 때에 효과적이다.

사전 고려 사항(Preliminary Considerations)

내담자에게 가장 위압적이지 않은 자화상 과제는 집단상담이나 워크숍 참가자들에게 단순히 이름표에 쓰인 말이나 글 대신, 자신을 시각적으로 소개할 아무런 기대도 들어 있지 않은 자화상 작업을 해보라고 하는 것이다. 이는 개인 심리치료 환경에서도 쉽게 적용될 수 있다. 내담자는 (뭘 해야 한다, 하지 말아야 한다라는 제한 없이) 그저 치료사의 카메라를 갖고 놀다가 자신이 누구인지 또는 특정한 날 자신의 느낌이 어떠한지를 포착해 주는 사진 한 장만 찍어 보라고 지시받을 수도 있다.

그러한 작업이 여전히 너무 직선적이거나 위압적으로 보인다면 내담자는 일상 속에서 자신이 어떤 사람인지, 일반적으로 그들이 어떻게 지내는지를 보여 주는 '일반적인' 자화상 사진을 찍으라고 지시받을 수도 있다. 내담자가 다른 사람의 영향을 받지 않고 자신이 직접 사진 찍어야 한다는 것을 제외하고는 어떠한 조건도 기대도 없다고 명확하게 지시된다면 정말로 자신이 원하는 것은 무엇이든 자유롭게 작업할 수 있게 된다. 결과물이 어떠하든 내담자가 수용할 수 있고 다른 사람에 의해 함부로 판단받지 않게 된다.

작업의 시작을 쉽게 해 주는 수단으로, 치료사는 내담자에게 자화상 주제 선정을 위한 다음과 같은 목록을 찾아보고 가장 흥미 있는 것을 고르라고 제안할 수도 있다(혹은 만약 아무것도 고를 것이 없다고 한다면, 자유롭게 자기 나름대로의 목록을 만들어보라고 한다.). 이것은 확정적인 목록이 아니기에, 특정 내담자의 상황에 맞게 수정·사용될 수도 있다. 그러나 다음의 목록은 가장 일반적인 것들을 모아놓은 것이다. 때문에 대부분의 경우 내담자는 그중에서 자신의 자화상에 붙일 주제를 선택하는 것이 얼마든지 가능하다. 많은 경우 내담자가 특정 주제를 선택하거나 버리는 이유에 대하여 치료적으로 의미가 있는 정보가 존재할 것이다.

초기 자화상 과제(Initial Self-Portrait Assignments)

다음은 초심자 수준의 과제 수행을 위한 표준 목록이다. 내담자에 대한 지시 사항은 “다음 중 흥미 있는 것을 골라 사진 찍어 보세요.”다.

1. 지금 현재의 나, 본연의 나
2. 내가 좋아하는 나(그리고 원할 경우 내가 싫어하는 나)
3. 과거, 현재 그리고 미래의 나
4. 미래를 향한 나의 목표, 희망, 꿈을 실현시켜 보는 나
5. 남이 보는 나–상사, 동료, 친구, 교사, 그리고/또는 처음 보는 사람이 ‘나’라고 (또는 ‘나’일 거라고) 생각하는 나
6. 아무도 알지 못하는 나–부모님도 알지 못하는 나

CHAPTER

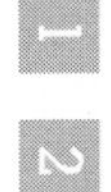

7. 보다 덜 분명한 나–비밀스러운 나
8. 다른 대상이나 장소로 상징화된 나
9. 나의 가장 강렬한 감정(화, 슬픔, 행복, 사랑, 혐오, 질투 등과 같은 ‘좋은’ 감정, ‘나쁜’ 감정 모두)을 보여 주는 나
10. 나의 강점과 약점(좋은 점과 나쁜 점, 내가 잘하는 것과 잘 못하는 것)
11. 나의 어린애 같은 면과 어른스러운 면–나의 남성스러운 면과 여성스러운 면
12. 내가 현재의 내가 아니라면 장차 되고 싶은 나
13. 스무 살(열 살, 다섯 살, __살)의 나(빈칸 속에 어떤 나이든 채워 보라)–또는 어머니(아버지) 나이가 되었을 때의 나
14. 내가 바라는 내 안의 변화들을 보여 주는 나
15. 다른 사람이 나를 봐 주기를 바랄 때의 나
16. 자녀나 손자·손녀가 나를 중요한 존재로 기억해 주길 바라는 나
17. 이것이 나에 대해 찍힐 마지막 사진이라고 가정할 경우의 나(또는 타임캡슐을 타고 수백 년 후의 미래로 간다고 가정할 경우의 나)

초기 과제의 추가적 제안(Additional Initial Assignments Suggestions)

내담자에게 다른 상황이나 환경에 처해 있는 자신을 보여 주는 자화상을 만들라고

하거나, 하루의 매 시간에, 일주일의 각 요일마다 특정 시간대에, 또는 한 달의 매주 같은 요일에 자기 사진을 찍어 오라고 하는 과제는 덜 위협적이다. 이것은 단지 내담자 활동의 다양성, 그리고 일관성 있게 내담자가 어떤 존재인지를 알기 위한 것일 뿐이기 때문이다.

다음과 같은 사진을 찍어 오라는 과제가 유사한 자기 연구 과제로서 부여될 수 있다. 내담자의 눈이나 입 부분만, 얼굴 부위만, 머리와 어깨만, 몸 전체, 뒷모습, 눈을 감고 서 있는 모습, 눈을 뜨거나 감은 채로 침대 위에 누워 있는 모습, 위에서 또는 옆에서 본 모습, 잠옷을 입은 모습, 나이트가운을 입고 침대에 있는 모습, 옷을 차려 입고 서 있는 모습(앞모습 또는 뒷모습), 마음에 드는 의자에 앉아 있는 모습, 마음에 드는 집 안의 공간이나 방 안에 있는 모습, 마음에 드는 야외 장소에 있는 모습, 혼자 찍은 사진 혹은 배우자, 연인, 가족, 부모, 조부모, 또는 친구 같은 중요한 사람과 함께 찍은 사진, 각기 다른 감정들을 표현하는 자신의 모습, 지금은 고인이 되었거나 아주 멀리 떨어져 사는 절친한 사람의 사진과 함께 있는 자신의 모습, 직장이나 가정에서 일상적인 역할(또는 다른 역할)을 점하고 있는 것들(즉, 애완동물, 취미, 직업, 자동차, 스포츠, 좋아하는 책, 음식 등)과 함께하고 있는 자신의 모습 등등.

내담자는 심지어 일반적으로는 사람들이 사진 찍기를 꺼리는 장소(상점, 치과, 버스 정류장, 교회, 빨래방 등과 같은 일상적인 장소)에서 자화상 사진을 찍어 오라는 지시를 받을 수도 있다. 이 모든 제안은 내담자로 하여금 더욱더 자기 자신의 삶에서 충만한 사진을 얻을 수 있게 해 주는 방법이며, 실제 과제는 모든 가능성을 포함하여 아무런 제한이 없다. 많은 경우 내담자들은 보다 나은 과제를 위한 좋은 아이디어를 스스로 제안하기도 한다.

이러한 유형의 과제가 여전히 당황스럽거나 (내담자의 문제에) 직접적으로 직면하게 하는 것이라면, 내담자의 신체가 직접적으로 나타나지 않는 사진을 찍어 오라는 과제가 보다 덜 위협적인 자화상 작업으로서 제시될 수 있다. 달리 말하면, 치료사는 내담자에게 개인적인 의미를 띠거나 자신을 대표해 줄 수 있는 대상(옷, 책, 커피 잔 등)과 같이 자신을 대신할 대용품을 사용하여 자화상 과제를 해 오라고 할 수도 있는 것이다. 그러한 사진은 내담자의 신체가 포함되어 있지 않더라도 자기 자신에 대하여 명확하게 말해 줄 수 있는 은유적 자화상을 창출해 낼 수 있다.

치료사에게 각각의 사진이 어떻게 (전체) 과제를 완성하는지에 대해 설명할 때, 내담자는 자기 내면의 가치, 신앙, 인지구조 등에 대한 생각을 떠올려 표현하게 된다. 이를 통해 치료사는 결국 어차피 그것에 대하여 알게 될 것이다. 이것은 내담자가 단도직입적인 질문으로 인해 사생활 침해를 받았다고 느끼지 않으면서도 유용한 정보를 제공해 주는 안전한 방법이 될 수 있다.

더욱 복잡한 수준의 자화상 과제(More Complex Levels of Self-Portrait Assignments)

일단 내담자가 앞의 초심자 목록을 참조하여 비교적 단순한 프로젝트 사진을 찍어 오면, 치료사는 내담자가 처한 상황을 얽어매고 있는 올가미를 풀어 나가기 위해 맞춤형 추가 과제를 부여할 수 있다. 다음에 제시된 제안은 치료 회기가 원만하게 진행되고 있는 경우라면 (단계별 과제로서는 다소 지나치게 개방형 질문이긴 하지만) 치료사가 취할 수 있는 가지치기식 질문(branching direction)의 좋은 예가 된다. 내담자는 실제 자화상 또는 가상 자화상을 통해 다음과 같은 질문에 대답하라고 요청받을 수도 있다. 이러한 대답들은 자화상에 대한 반응을 구성하게 되는데, 물론 이들 반응은 이 절의 마지막 부분에 나와 있는 추가 질문을 통해 더욱 심도 있게 될 수 있다.

1. 바로 현재 당신을 가장 곤란하게 만드는 상황에 대한, 그리고 당신이 그러한 상황에 현재 어떻게 대처하고 있는지를 보여 주는, 그러한 문제의 해결을 방해하는 상황을 보여 주는 자화상 사진을 찍어라. 그러한 문제를 보다 잘 발견하고 그것에 대한 통제력을 얻으려면 당신 스스로(그리고 치료사와 함께) 문제를 극명하게 보여 주는 사진을 얻을 수 있도록 카메라를 사용하라. '지금 현재의 당신', 그리고 '그러한 문제들이 당신 삶의 일부가 아니라고 가정하고 장차 되고자 하는 미래의 당신'에 대하여 자화상 사진을 찍어라.
2. 당신의 내부에서, 예를 들어 긍정적 요소와 부정적 요소, 과거와 현재, 혹은 현

실과 이상처럼 이중성으로 표현될 수 있는 강한 힘이 느껴지는가? 이것은 다음과 같은 관계처럼 당신 내부에서 양극성 또는 '분쟁 유발 요인'이 될 수도 있다. 즉, 당신의 기본적 욕구와 당신이 진정 원하는 것, 선과 악, 옳음과 그름, 또는 당신 내면의 천사와 악마, 당신의 '밝은 면'과 '어두운 면', 당신의 현실적인 면과 이상적인 면, 선호되는 부분(원하는 것, 욕구하는 것)과 선호되지 않는 부분(원하지 않는 것, 욕구하지 않는 것), 당신의 어린애 같은 면과 어른스러운 면, 당신 안에 있는 당신의 어머니와 아버지, 또는 행복과 슬픔, 미래에 대한 두려움과 미래에 대한 기대 같은 정서적 양극성이다. 한 장의 사진 속에 당신 자신과 인생의 서로 다른 극단적인 면들을 포착해 주는 자화상을 얻도록 노력하라. 또한 극단적인 면들을 동시에 보여 줄 수 있는 자기 자신의 자화상을 얻도록 노력하라.

3. 사랑하는 사람(배우자, 연인, 친구 또는 심지어 자기 자신)에게 줄 선물용으로 자기 사진을 찍어야 한다면 당신은 그것이 어떻게 보이기를 원하는가? 옷을 어떻게 입을 것인가? 어떤 배경을 넣을 것이며, 어떤 특별한 대상을 넣을 것인가? 소품이나 다른 사람도 포함시킬 것인가? 어떤 자세나 표정을 취할 것인가? 얼굴만(어깨 부분까지) 나오길 원하는가, 그 이상 나오길 원하는가? 사진 구성에 대하여 잠시 생각한 후 마음속에 기억해 놓고, 그 사진이 부모(또는 조부모) 중 한 분 또는 두 분 모두에게 선물로서 받아들여질 수 있는지, 또는 당신이 그 사진을 주저 없이 회사 상사나 낯선 사람에게 줄 수 있는지 심사숙고해 보라. (사진 속에서) 변화되어야 할 것은 무엇인가? 그 사람들이 당신의 사진을 갖기를 원하는가? 그렇다면 그들의 조건을 충족시키기 위하여 기꺼이 변화를 감수할 것인가?
4. 다음과 같은 질문을 받았다고 상상해 보라. "당신이 가족 모임이나 동창회에 가서 10년 동안 당신을 보지 못했던 사람들에게 당신을 묘사해 주고 당신의 인생을 설명해 줄 사진을 찍어 보라!" 어떤 이미지와 정보가 사진에 포함되기를 원하는가?
5. 당신을 본 적이 없는 친척에게 당신의 사진을 보내 주기 위해 사진을 찍고 있다면 어떨까? 어떤 포즈를 취할 것이며, 사진 속에 무엇이 포함되기를 원하는가? 소개팅에서 당신에게 관심을 보였던 상대에게 당신의 사진을 보내고 싶다면 어

떨까? 이런 종류의 사진에서 당신의 매력적인 면을 충분히 표현하려면 어떻게 보여야 할까? 이러한 사진은 이전의 사진들과 어떻게 다른가? 다르다면 어떤 방식으로 차별화될 필요가 있는가? 당신이 다른 사람에게 얼마나 매력 없는 사람으로 보일 수 있는지 표현하고 싶다면 또 어떨까? 당신은 이것이 어떻게 보이는지 묘사할 수 있는가?

6. 반대 성이 되어 보는, 동물이나 사물이 되어 보는, 또는 매우 요염한 포즈를 취해 보는 당신, 욕실에서의, 잠든 채로, 또는 영화배우처럼, 과거나 미래에 있는 당신, 출생 전이나 출생 당시의 당신 (또는 심지어 죽은 후의 당신), 왕이나 대부호 또는 지구에서 가장 막강한 권력자, 나 대신 치료사가 된 당신, 당신의 부모나 아이가 되어 버린 당신, 간단히 말해서 완전히 다른 정체성을 갖게 된 당신과 같이 이전에는 탐색해 볼 엄두도 못 내었지만 지금은 탐색해 보고 싶은 당신 내부의 잠재적인 측면이 존재하는가? 그렇다면 그것을 시도해 보는 것은 어떠한가? 지켜보는 사람은 아무도 없다. 당신도 다른 사람을 신경 쓸 필요가 없다. 치료사조차도. 당신이 신경 쓰고 싶지 않다면 말이다.

CHAPTER

8

과제 수행을 통해 창출된 자화상에 대한 보고(Debriefing the Self-Portraits Produced During Assignments)

일단 내담자가 여러 가지 형태의 자화상을 갖게 되면 두 번째 단계가 시작된다. 그것은 이미지를 활용하여 이미지 및 내담자의 경험에 대하여 회고하고 논의해 보는 것이다. 이 장에서 소개된 여러 사례와 사진은 내담자의 특정 상황을 탐색하는 데에 의미 있는 여러 가지 상황의 유형들을 보여 주며, '내담자의 자화상을 가지고 작업하기' 부분에 나와 있는 질문들도 유익한 지침이 될 수 있다. 그러나 앞서 언급했듯이, 이 모든 것들은 단지 치료과정에 대한 자극제에 불과하며, 치료사는 특정 내담자의 욕구에 맞는 개입방법을 선택해야 한다.

이러한 과정은 "이것에 대하여 조금 더 말해 주세요." 또는 "이 자화상은 왜 찍었나요?"와 같은 개방형 질문을 사용하여 내담자에게 자신의 새로운 사진에 대하여 말해 보라고 질문하는 것만큼이나 간단하다. 사진 속의 인물에 주목하는 것 외에도, 다음과 같은 질문을 사용하여 특히 배경의 세부 사항과 기타 잠재적으로 중요한 정보에 주목하는 것도 많은 경우 도움이 될 수 있다. "왜 사진 찍을 장소로 그 장소를 선택했지요?" "당신이 위치를 잡고 포즈를 취할 곳으로 특별히 왜 이 장소를 처음 선택했나요?" "당신은 이 장소, 이 소품(또는 물체, 애완동물, 혹은 다른 사람들)을 선택함으로써 부가적으로 무엇을 암시하기를 바라나요? 그리고 당신은 그것들을 사진 속에 의식적으로 포함시킨 건가요? 이러한 부가 정보는 당신의 어떤 면에 대하여 단서들을 제공해 주나요?" "사진 속에서 당신의 몸을 제외하고 어떤 것들이 (의도적이라기보다는) 우연히 포함되었나요? 이제 당신이 그것들을 발견했다면 그것들이 어떤 의미를 전달하는지 귀띔이라도 해 줄 수 있나요? 당신이 사진 속에서 의식적으로 당신과 함께하려고 선택한 것 중에서 왜 당신은 특별히 이것들을 선택했나요? 그리고 그것들은 지극히 개인적인 의미 외에도 어떤 다른 의미와 메시지(가족, 문화, 기타 비밀 사항)를 전달하고 있나요?" "이 사진 속의 인물(당신 자신)이 죽거나 멀리 떠난다면, 그리고 이 사진이 생전 처음 보는 사람에게 보인다면(아마도 꽤 오랜 세월이 흐른 후나 외국에서 또는 [내가 잘 쓰는 표현으로] 외계에서 온 누군가에게 보인다면), 그들은 이 사진 속의 인물에 대하여 무엇을 알 수 있나요? 사진 속에 특별히 암호화되어 저장된 세부 사항에 대하여 그들이 제대로 이해하지 못하게 되면 어떠한 것들이 그들에게 영원히 잊혀져 버리겠나요?"

내담자의 사진은 다른 사람들이 다음에 제시한 질문의 참고용으로 볼 수 있도록 세워 놓을 수도 있고, 내담자는 사진에 예술적 장식 그리고/혹은 글 내용을 추가하라고 지시받을 수도 있다. 이러한 질문들은 같은 회기에 한꺼번에 질문되어서는 안 된다. 어떤 질문들은 자화상과의 일일 만남 작업에서 사용될 수 있고, 어떤 질문들은 앨범 작업이나 투사 작업과 같은 다른 기술과 결합될 때에 더욱 유용하게 사용될 수 있다.

내담자에게 사진(또는 예술 장식을 곁들인 사진)에 대하여 탐색해 보라고 질문하면서 작업을 시작하라. 그리고 다음의 항목에 대한 대답을 얻어내기 위한 기초 자료로서 내담자 자신보다는 사진을 사용하라.

1. 사진에서 마음에 드는 세 가지는?
2. 사진에서 가장 확실한 것은?
3. 내가 사진 속의 인물을 다른 누군가(그를 볼 수 없는)에게 묘사하는 방식은?
4. 당신이 이 사진에서 나에 대해 알 수 없는 세 가지는?
5. 이 사진에 내가 붙인 제목은?
6. 이 사진이 주는 메시지는?
7. 이 사진에 담긴 비밀은?
8. 이 사진이 갖고 있었거나 갖기를 원하는 세 가지 욕구는?
9. 이 사진이 갖고 있었거나 갖기를 원하는 세 가지 느낌은?
10. 이 사진을 봄으로써 내 안에 일어난 세 가지 느낌은?
11. 만약 있다면 이 사진에서 빠진 것은 무엇인가? (사진이 미완성이라면 그것을 완성하기 위해 무엇이 필요한가?)
12. 이 사진은 나에게 누구를 혹은 무엇을 떠올리게 하는가, 또는 나의 기억 속에서 누구를 혹은 무엇을 불러일으키는가?
13. 지금 이 사진을 보니, ______(특정인)를 위해 찍은 사진인 것 같다. 그 이유는?
14. 이 사진이 나의 일상생활에서 나의 일반적인 존재 방식과 어울리는/어울리지 않는 세 가지 이유는?
15. 이 사진(또는 사진 속의 인물)이 말을 할 수 있다면 뭐라고 말할 것인가 또는 뭐라고 말하고 싶어 하겠는가?
16. 이 사진이 살아 움직일 수 있다면 무엇을 할 수 있는가 또는 무엇을 하길 원하는가?
17. 내가 이 사진에게 묻고 싶은 것은 무엇인가? 사진이 나에게 묻고 싶은 것은 무엇인가?
18. 내가 이 사진에게 말해 주고 싶은 것은 무엇인가? 사진이 (나에 대해) 알았으면 하는 것은 무엇인가?
19. 이 사진이 나에게 말해 주고 싶은 것은 무엇인가? 내가 (사진에 대해) 알았으면 하는 것은 무엇인가?

20. 이 사진이 변화하고 싶어 하는 세 가지(또는 내가 사진에서 바꾸고 싶어 하는 세 가지)는?
21. 사진에서 변화하기를(또는 변화되지 않기를) 내가 기대하는 것들 또는 사진에서 변화하기를(또는 변화되지 않기를) 내가 희망하는 것들은?
22. 이 사진을 누군가에게 준다면 ______ 에게 줄 것이다(또는 주고 싶을 것이다).
23. 나는 사진을 ______(사진을 절대로 가질 수 없는 사람)에게 절대로 주지 않을 것이다.
24. 부모 중 한 분(또는 가까운 친구/연인/자녀/기타 중요한 사람/처음 보는 사람)이라도 이 사진을 본다면, ______와 같은 반응을 보일 것 같다.
    그들은 ______라고 말하거나, ______라고 생각하거나, ______라고 느끼거나, ______을 하거나, ______에 대해 걱정할 것 같다.
25. 내가 이 사진 속의 인물을 위한 치료사라면 내담자에 대하여 ______와 같은 인식을 가질 것 같다. 또한 나는 그(또는 그 사진)에게 ______라고 묻고 싶어 할 것 같다.

자화상 작업 과제(치료 회기 중에 행해지는–역자 주)는 많은 경우 '집에 가서 가로 또는 세로로 사진을 찍어 오라는' 과제의 결과와 비슷하고, 심지어 완전히 똑같은 경우도 있다. 이것은 과제가 내담자 자신에게 초점이 맞춰지게 되면 그 사진 속에는 내담자의 신체가 포함되는 경우가 많다는 지극히 단순한 이유 때문이다. 그래서 즉석 치료 회기로서 야외에서 자화상 작업을 실시할 것인가에 대해 판단할 때에는 치료사가 내담자가 찍어온 사진, 내담자의 사진에 대한 피드백, 그리고 다른 곳에 제시된 제안 사항들에 대하여 충분한 시간을 갖고 고려해야 할 것이다.

또한 투사적 기술에 관한 제3장의 질문들을 함께 사용함으로써 앞의 질문 목록의 참고용으로 사용된 적이 있는 자화상 사진에 대하여 '치료 작업이 행해질' 수 있다. 따라서 독자는 자화상 사진의 회고 및 논의 작업 시 제3장을 복습하고 싶어 할지도 모른다. 예를 들어, 내담자는 사진이 확장될 경우 다른 무언가가 사진 속에 포함될 수도 있음을 발견하기 위해 자화상 사진을 가상으로 확장시켜 보라는 요청을 받을 수도 있다. 비슷하게, 사진을 현재 크기의 절반, 1/4, 심지어 1/10 크기로 잘라내야 한다면 사진의 중요 부분이 소실되지 않도록 어떤 식으로 잘라낼 것인지 상상해 보라는 질문을 받을 수도 있다. 달리 말하면, 사진의 일정 부분만을 취해야 한다면, 사진의 정체성, 의미 또는 그러한 주제에 관한 의사소통에 필수적인 부분을 얻기 위해 틀을 얼마나 잡아야 하느냐의 문제인 것이다. (제3장에서 처음 제시한) 그러한 부분화 질문은 내담자가 '시각적으로 숨겨져 있던 자기 자신' (사진 틀 바깥에 잠재적으로 존재하는 내담자의 모습–역자 주)에 대한 인식에 초점을 맞출 수 있도록 도와준다.

인간관계나 가족 문제가 치료적으로 탐색되고 있는 상황이라면(또는 사진치료사가 체계 이론적 접근/사이버네틱스 치료적 접근을 선호한다면), 이와 관련된 다른 차원의 문제를 알아보기 위하여 이번에는 내담자에게 앞의 질문 목록 중에서 마치 그들의 어머니(아버지, 연인, 기타 중요한 사람)가 물어볼 것 같은 질문에 답해 보도록 하는 추가 질문들이 주어질 수도 있다.

가족 자화상 연습으로서 관점 바꾸어 보기 작업이 행해질 수도 있는데, 그 결과 가족은 사진을 찍기 위해 함께 포즈를 잡게 되고, 하나의 통일체로서 질문에 대답하게 된다. 사진 포즈 및 질문에 대한 답변에 대하여 합의점에 도달하는 과정은 가족 역동, 결합, 상호작용, 권력 투쟁, 삼각관계, 융합, 기타 비언어적인 의사소통과 관련하여 훌륭한 실습이 될 수 있다.

CHAPTER

PhotoTherapy

CHAPTER

05

다른 관점 살펴보기

타인이 찍어 준 내담자의 사진 검토하기

Techniques

Seeing Other Perspectives

당신은 다음과 같은 말에 상당히 익숙할 것이다. "잠시만요, 내 머리 스타일이 이상해요." "당신은 내 사진이 맘에 드나요? 세상에, 이 사진은 너무 이상해요!" "당신이 내 사진을 찍는 건 상관없지만 내가 살을 빼기 전까지는 어깨 위로만 찍어 주세요." "전 사진기 앞에선 정말 긴장이 돼요. 어쨌든 이상하게 찍힐 테니 그냥 빨리 찍어 버리세요." "아뇨, 전 사진 찍기 싫어요." "와, 정말 멋지게 찍어 줬군요, 고마워요!" 이런 말들은 다른 사람들의 사진을 찍어 봤던 사람이라면 익숙할 것이다. 일반적으로 우리는 자신의 사진이 어떨지 혹은 어떻게 찍혀야 할지에 대한 의견을 가지고 있다. 그럼에도 불구하고 사진 찍는 사람을 정말 싫어하지 않는 이상 보통은 사진사에게 협조하게 된다. 우리는 가끔 인물 사진을 찍는 사진관 같은 곳에서 사진을 찍기도 한다. 하지만 이런 경우는 초상화와 같은 맥락이라고 할 수 있다. 그 작품과 이미지의 소유권에 대한 권한을 우리가 갖기 때문이다.

이 장에서는 친구, 가족 또는 타인이 피사체의 의도가 아닌 자신들의 목적을 가지고 찍은 사진에 관한 이야기를 다룰 것이다. 우리는 그 사진을 볼 수 있고 솔직한 의견도 말할 수 있지만, 그 사진을 소유하는 사람은 우리가 아닌 그들이다. 그 사진 속의 주인공은 우리이지만, 그 사진은 사진사의 주관적인 눈을 통해(지각 필터를 가지고 그의 눈을 통해) 찍힌 우리의 모습인 것이다.

사진을 말할 때 가장 중요한 단어는 '찍다' 이며, 어떤 의미에서 보면 사진사는 우리를 '획득하는' 것이 된다. 은유적인 의미로라도 우리는 부분적으로 그들의 것이 되는 것이다. 그들이 우리를 '획득' 하는 것은 우리 사이의 관계나 상호작용을 나타낸다. 우리가 그들을 잘 알거나 최소한 그들의 의도를 신뢰한다면, 그들의 목적이나 기대에 대해 확실하지 않을 때보다는 훨씬 자연스럽고 편안하게 그들이 우리를 '잡아낼 수' 있게 할 것이다. 그럼에도 불구하고 우리는 아마도 무의식적으로 마음속으로 상상했던 이미지와 실제 사진을 비교해 보기를 원할 것이다. 우리가 파티나 가족 모임 그리고 그런 행사에서 찍은 수십 장의 사진들을 보면서 무의식적으로 내 사진을 찾으며 그 사진들이 어떻게 나올 것이라든가 어떻게 나와야 한다고 생각하며 사진들을 비교하는 것은 인간의 본성이다.

일반적으로 우리는 자신의 사진을 보면서 '이 사진은 내 친구가 바라본 내 모습이군.' 이라고 생각하지는 않는다. 다른 사람의 지각적 필터를 통해서 찍힌 사진이라고 생각하기보다, 우리는 사진을 보면서 '그래, 내가 이렇게 생겼군.' 이라고 생각한다. 어떤 사진이 맘에 들지 않을 때, 우리는 그 사진이 인생이라는 시간의 흐름에서 나타날 법한 어떤 한 순간을 나타내는 것이며, 우리를 시험하는 다른 누군가에 의해 만들어진 이미지라고 생각하지 않는다. 대신 우리는 보통 자신을 비평하며 자신이 매력적이지 않고 퉁명스럽고 사랑스럽지 않다고 생각한다. 어떤 사람들은 자신의 사진을 보는 것을 좋아하지 않거나 사진 찍는 것을 매우 싫어하기도 하지만(두 경우 모두 자의식 혹은 자존감(self-esteem)에 관한 깊은 심리학적 작용을 암시할 수 있다), 대부분의 사람들은 사진에 자신이 어떻게 나타나는지 보는 것을 흥미로워한다.

CHAPTER

5

이 문장을 읽으면서 스스로에게 다음과 같은 질문을 던져 보자. 친구, 타인 또는 당신이 신뢰하는 사람(혹은 불신하는 사람)이 당신의 사진을 찍었음을 알았다면 당신은 계속해서 같은 자세나 심리 상태를 유지할 것 같은가? 이것은 카메라가 나를 향해 있다는 생각이 나 자신을 의식하게 만드는 것과 같다. 당신은 아마도 자신과 자신의 신체를 더욱 의식하게 될 것이다. 카메라를 의식하는 것은 그것이 당신의 사생활과 생활의 일상적인 흐름을 침해하는 것이기 때문이다. 허락 없이 다른 사람의 사진을 찍는 것은 그 의도가 아무리 좋다 하더라도 어느 정도는 위법행위다. 사진사가 그 이미지를 소유하고 싶어 하는 열망이 아무리 순수하더라도 강요는 구체화라는 형태로 항상 존재할 것이다. 이 경우 피사체가 자발적이며 사진사의 목적이 명예로운 것이라 할지라도 대인관계에서 본래의 균형을 깨뜨리는 권력의 이동이 생겨난다.

'우연한' 은유적인 확장은 개인 상황, 환경 그리고 타인이라는 형식으로 누군가가 우리의 사진을 찍을 때 우리의(사진의) 일부가 된다. 사진에서 자신을 제외한 모든 것들을 다시 살펴보면 우리를 둘러싸고 있는 사물 또는 사람에 대한 패턴이나 주제를 발견할 수 있다. 그것은 너무 친숙해서 이전에는 중요하다고 생각하지 못했던 것들일 수도 있다. 이런 패턴들은 더 나은 자기 인식에 대한 연구에 도움을 줄 수 있다.

잠재적인 불일치는 치료목적에 유익하다. 특히 타인이 당신을 어떻게 인식하고 있는지와 자신에 대한 당신의 견해를 비교하는 데 효과적으로 사용된다. 때로는 타인이 당신에 관해서 높이 평가하는 점이 당신이 미처 인식하지 못했던 것일 수도 있고(좋지 않게는 주근깨나 돼지코 같은 자신이 싫어하는 부분일 수도 있다), 때로는 타인에게 중요한 비언어적 신호라고 우리가 생각하는 것들을 그들은 인식조차 못할 수도 있다.

우리가 타인에게 어떻게 보일 거라고 생각하는 것과 실제로 타인이 우리를 바라보는 것에는 차이가 있다. 우리는 우리 자신을 어떻게 표현하느냐에 따라 타인의 반응을 조절할 수 있다고 생각하지만 그것은 그저 우리가 생각하는 외모에 대한 많은 생각과 감정들 중 일부일 뿐이다. 이 과정을 역으로 생각해 보는 것도 유용한 치료법이 된다. 즉, 우리가 타인을 어떻게 인식하는가가 사실은 그들이 우리에게 보여 주고 있다고 생각하는 부분이 아닐 수도 있음을 인정하는 것이다. 따라서 외부의 관점에서 우리 자신을 바라봄으로써 무엇을 더 배울 수 있는지 보기 위해 다른 사람이 찍은 시각적 자료와 우리 사진의 내적 이미지들을 비교하는 것은 유용하다.

이 기법은 어떻게 작동하는가 HOW THIS TECHNIQUE WORKS

이 장에서는 다른 사람이 찍은 내담자의 사진을 중점적으로 이야기할 것이다. 보통 이런 사진들은 피사체가 자신의 신체나 얼굴에서 보이는 세세한 부분들에 대해서 통제할 수 없었던 무의식적인 상황이나 순간을 보여 준다. 사진사가 다른 사람 또는 사물을 찍었는데 우연히 찍힌 내담자의 사진도 포함된다. 이런 사진들은 비록 내담자가 직접적인 행동을 한 결과의 산물은 아니지만 잠재적으로는 치료의 용도로 사용될 수 있다.

내담자의 사진(The Photograph of the Client)

사람들이 의식적으로 사진을 위한 포즈를 취할 때, 그들은 종종 자신의 몸과 얼굴뿐 아니라 사진에 같이 들어갈 사람, 동물, 사물, 다른 상징적인 표식 등도 고려하게 된다. 반대로 사람들은 가끔 카메라의 시선으로부터 다른 사람의 존재나 사물을 없애기를 원한다. 이것은 나중에 그 사진을 보는 사람들이 피사체와 같이 찍힌 사물이나 사람들과의 관계를 알기 원하지 않기 때문이다. 예를 들어, 딸들은 친구들이 사진을 찍어 줄 때 부모가 사진을 보고 현재 사귀고 있는 남자친구가 있다는 것을 알아차릴 만한 어떤 흔적도 포함시키지 않을 것이다. 이런 종류의 일은 사진 속에 나타나는 사물이나 사람에 대해 통제력을 행사할 수 있을 때 일어난다. 이렇게 잘 통제된 사진들은 사진사와 어느 정도 협력해서 작업한 일종의 자화상 같은 것이다. 피사체가 스스로 연출한 자화상에 포함되었거나 제외된 사람들과 사물들은 타인과 소통하고 싶어 하는 자기 이미지와 은유적으로 관계가 있다.

스냅사진이 스스로 연출한 사진이 아니며 오히려 예기치 못하게 준비도 없이 찍는 사진이라고 할 때, 피사체를 둘러싼 환경은 우연한 결합의 힘에 의해 그 사람과 함께 찍히게 된다. 만일 어떤 사람이 카메라를 들고 지나가다가 자연스럽게 다른 사람의 사진을 찍는다면, 사진은 그 사람의 형상 이상의 것을 포함할 것이다.

카메라는 뷰파인더가 '보는' 모든 것을 기록한다. 하지만 사람들은 선택적으로 보며, 특히 관심 있는 대상에 집중할 때 더욱 그렇다. 따라서 일상에서 우리는 무의식적으로 사진에서 사람들 머리 위로 솟아 있는 전신주와 같이 우리가 주의를 기울이는 것들과는 상관없는 부분을 무시하게 된다. 카메라는 우리가 '실제' 이미지를 볼 때는 의식하지 못했던 사실들을 '짓궂게' 프레임에 끼워 넣는다. 사진 속의 이런 사실들은 치료를 할 때 뜻하지 않게 유용하게 사용된다. 이런 뜻하지 않은 사실들은 원했던 육체적 변화에 대한 시각적 증거를 제시하므로 사실상 그 결과가 긍정적일 수도 있고 부정적일 수도 있다.

한 내담자는 나에게 회사 팸플릿을 만들기 위해 홍보 사진들을 준비했다고 말했다. 그녀는 전형적인 어깨 위로만 찍은 전문 사진을 원했지만 최종 사진을 보고 퇴짜를 놓았는데, 사진사가 사진의 배경으로 놓을 책과 장식품을 책장에 정리하던 중 그녀의 친구가 장난삼아 보내 준 나체 사진의 엽서를 보이는 곳에 배치했기 때문이었다. 사진 속에서 그 엽서는 그녀가 보여 주기 원했던 전문적인 이미지를 완전히 망쳐 놓은 것이었다.

또 다른 여성은 코바늘로 짠 깔개 위에 손자와 애완견 사진들로 회사 책상을 장식해 두었다. 회사에서 있는 시간이 많았으므로 그녀는 되도록 '집처럼 아늑하게' 일터를 꾸몄다. 회사의 연간 보고서에 넣을 사진을 위해 책상에 앉아 사진을 찍은 그녀는 자신의 작업환경을 그 사진을 통해 볼 수 있었다. 매우 지저분하고 서류를 놓아둘 자리가 없을 만큼 장식품이 많았던 것이다.

사진사에게 왜 그런 사진을 찍었는지 또는 피사체의 수많은 부분 중에 왜 특정 부분을 강조했는지 물어본다면 사람들마다 각기 다른 부분에 가치를 둔다는 것을 알 수 있다. 예를 들어, 한 남자가 "이 사진을 당신에게 줄게요. 이게 당신을 잘 나타내는 것 같아요. 이 사진은 미소가 없거든요. 내 생각에 당신은 감정을 숨기려고 할 때 웃음을 사용하는 것 같아요. 당신이 조용하고 미소를 짓지 않을 때, 난 진정한 당신을 보고 있다고 느껴요. 바로 내가 알고 싶어 하는 그 사람 말이에요."라고 말한다. 심하게 과체중인 한 내담자는 남편이 그녀의 최근 사진을 친구에게 보여 주며 "내 아내야, 아름답지 않아?"라고 하는 말을 듣고 기뻤다고 말했다.

내담자가 치료사에게 자신의 사진을 보여 줄 때, 그 사진에 나오는 장식품, 가구, 지역 등과 같은 배경 요소들에 대해 질문하는 것은 도움이 될 수 있다. 사진을 위해 계획했거나 원래 있었던 애완동물, 사람, 식물이나 커튼 같은 세세한 대상들도 '부수적인' 포함 요소로 중요성을 가질 수 있다. 이 모든 것들이 중요한 정보나 감정, 추억, 기대치를 제공하는 잠재적인 요소가 될 수 있는 것이다.

다음 사례에서 볼 수 있듯이, 가끔 우리의 일상 사진들은 단어를 대신해 많은 것들을 말해 주기도 한다. 3시간의 비행 동안 나는 영어를 하지 못하는 여성 옆에 앉아 있었고, 우리가 서로 미소 짓고 고개만 끄덕이는 것에 지쳐갈 무렵 그녀는 지갑에서 종이로 싼 사진들을 꺼냈다. 그 사진들을 음식판에 펼쳐 놓은 뒤 그녀는 어디서 왔는지(사원 앞에서 찍은 사진, 들판에서 커다란 바구니를 들고 찍은 사진, 꽃이 가득 핀 창문이 있는 농장 출입구 옆에서 찍은 사진 등), 어디를 다녀왔는지(다 큰 아이를 안고 있는 사진, 디즈니랜드 앞에서 여러 명의 손자들과 찍은 사진, 가족들에 둘러싸여 소파에 앉아 있는 사진 등) 보여 주려고 노력했다. 그녀는 사진을 가슴에 끌어안고 그녀가 말로 대신할 수 없는 것을 미소로써 보여 주었다. 그녀는 그들 모두를 사랑하고 그녀 역시 사랑받고 있으며, 특히 손자들에게 사랑받고 있음을 알 수 있었다. 그녀는 사진을 가리키며 질문을 던지는 표정을 지었고, 나는 지갑을 꺼내 상대적으로 빈약하지만 개인적인 일상과 가족들을 찍은 사진들을 보여 주었다. 여러 차례 사진을 가리키고 끄덕이며 우리는 미소와 함께 즐거운 '대화' 를 했다.

물론 내담자의 자세, 옷차림, 보석이나 모자, 화장, 넥타이 등의 장신구를 관찰하는 것은 중요한 일이다. 내담자의 옷차림, 자세, 미소, 시선의 마주침 등의 이유를 아는 것은 치료를 위한 적절한 정보가 될 수 있다. 내담자의 사진에서 감정 정서를 보여주는 방식과 다른 사람들이 어떻게 인식하기를 희망하는가를 찾는 것이 가장 중요한 고려 사항이다. 사람들은 내담자가 표현하고 싶어 하는 것을 읽어 낼 수 있는가? 내담자는 자신이 원하는 감정을 잘 표현할 수 있는가? 이런 것들 역시 내담자의 사진에서 중요한 부분들이다. 물론 실제 대상에 의해 표현되는 신체와 얼굴표정에 주의를 기울이는 것도 중요하다.

사람은 주어진 상황이나 사회적 환경 또는 자신이 직면하는 기대치 등에 따라 각기 다른 여러 성격, 이미지, 동작 등을 가지고 있다. 함께 있는 사람들이 어떤 반응을 보일지 모르는 경우, 사람은 '일반적' 이고 중립적인 얼굴표정을 지을 것이다. 이런 '공식적인' 이미지는 '실제' 이미지를 숨겨 준다. 사람은 종종 그들이 누구와 함께 무엇을 하느냐에 따라 자신의 육체적 · 감정적 표현 방식을 바꾼다. 그래서 그들의 스냅사진은 (포즈를 따로 취하지 않은) 다른 사진사들에게는 보여 주지 않았던 매우 다른 정체성을 무의식적으로 잘 보여 줄 것이다. 여러 사진사들이 찍은 사진들은 내담자가 사진사들의 목적을 이해하는 것에 따라 매우 다양할 것이다.

우리 자신에 대한 사실은 결코 한 가지 종류일 수 없다. 우리의 이미지는 다양할 것이며, 그 어떤 것도 특별히 다른 것보다 우선하지는 않는다. 다양한 친구들이 찍어 준 사진들은 다양한 '사실' 의 정체성들을 보여 준다. 초상화를 좋아하는 것이 그것을 무척 싫어하는 것보다 반드시 자신에 대한 진실한 묘사를 하는 것은 아니다. 어떤 사람이 왜 사진에 찍혔는지 밝혀내는 것도 유용한 정보가 될 수 있다. 예를 들어, 한 내담자는 이혼한 부모의 외동딸이었는데, 그녀는 항상 양쪽 부모와 따로 사진을 찍곤 했다고 이야기했다. 그녀는 그들이 종종 불행하다고 느꼈지만, 그들은 그런 감정을 부모에게 표현할 수 없는 아이보다 부모를 사랑하는 이상적인 행복한 아이의 모습을 사진에 담고 싶어 했다고 느꼈다.

많은 사람들은 사진을 어떤 장소에 있었음을 기록하기 위해 찍는다. 나는 이런 사진들을 '나-어디에서(me-ats)' (나-동물원에서, 나-엄마 집에서, 나-회사 파티에서 등) 사진이라고 부른다. 이런 사진들은 많은 관심을 끌지 못하며 창고에 보관되다가 나중에 퍼즐의 한 조각처럼 다른 사진들과 비교하거나 검사할 때나 사용되게 될 것이다(제2장의 나의 남편이 될 사람과 손을 잡고 있는 사진에 대한 내가 강하게 반응한 이야기에서와 같이). 만일 어떤 사람이 자신이 사진에 찍힐 것이라는 것을 알고 배경이나 포즈를 결정할 기회가 주어졌다면, 거기에도 역시 그러한 결정을 하게 된 의미를 탐색할 가치가 있을 것이다.

내담자의 사진에 있는 사물들뿐 아니라 그와 함께 자연스럽게 사진에 등장하는 사람들에게도 관심을 기울여야 한다. 우리의 행동이 관찰되고 있음을 알 때, 사람과 관계를 맺는 방식은 그렇지 않을 때 하는 행동과는 매우 다를 것이다. 사진은 사람과의 상호작용을 영구적으로 만들어 낸다. 실제로는 그 관계가 오래전에 완전히 변했다 해도 사진이 남아 있는 한 계속 증거로 남게 될 것이다.

세부 사항들의 중요성이 그 사실이 사라진 후 한참까지도 인식되지 못하는 것처럼, 관계는 시간이 한참 지난 후에도 알려지지 않을 수 있다. 우리 내면의 수많은 과정들, 갈등 그리고 감정들은 의식적인 자각의 바로 아래 단계, 즉 외부의 시각에서 우리 자신을 보기 전까지는 깨닫지 못하는 곳에 자리 잡고 있다. 그렇기에 우리의 신체가 그토록 알리려고 노력해 왔지만 우리의 마음에서 자체 검열하여 삭제했던 것이다.

한 여성이 내게 남자친구와 헤어지기로 결정했다고 말했다. "그의 과거는 거짓투성이였고 그에게서 내가 알아낼 수 있는 건 거짓 그 이상도 이하도 아니에요. 그는 우리가 당장 결혼해야 한다고 생각해요. 그는 이혼한 후로 혼자 있고 싶어 하지 않거든요. 다른 사람과 잘 어울릴 수 없는 사람이라는 걸 알아내는 데 그리 오래 걸리지 않았어요. 그는 제 인내심과 심적 에너지를 모두 바닥냈죠. 그거 아세요? 그와 헤어져야겠다는 마지막 결단을 내리게 만든 결정적인 이유가 바로 다른 사람이 찍어 주거나 셀프 타이머를 맞추고 찍은 우리 둘의 사진들 때문이에요. 소유욕이 가득 차서 숨이 막히도록 위험하게 내 목을 조르고 있는 사진이었죠. 모든 사진이 그랬어요. 전 항상 공격당하고 있다고 느꼈고, 이제는 완전히 지쳤어요. 전 그를 안심시키는 데 모든 힘을 쏟았어요. 친구들은 아마 그 사진을 보고 '완전 딱 달라붙어 있네.' 라고 했겠지만 듣지도 않았을 거예요."

다른 사람과 자연스럽게 찍은 내담자의 사진들로 관계의 역동성을 설명할 수 있고(관찰당하고 있다는 것을 알지 못할 때의 당신은 어떤지), 이러한 '증거' 를 살펴보는 것은 유대감을 더욱 강하게 하고 사진에 묘사된 관계의 연결을 더욱 풍부하게 한다. 우리는 사진에 찍힌 것은 영원한 것이라고 믿는 경향이 있다. 한 내담자는 새 여자 친구와 공개적으로 함께 있는 것을 꺼리지 않는다고 말했다. 하지만 친구들이 둘의 모습을 찍어 주려는 것은 두려워했다. 왜냐하면 당시에 그 둘은 아직 사귀는 것이 확정된 상태가 아니었고, 그래서 그는 지속되지 못할 수도 있는 어떤 것을 기록하는 위험을 감수하고 싶지 않았던 것이다.

관계가 상당히 조건부의 배열이라는 것을 나타내는 것과 같은 사진과 관련해 우려되는 서술들이 있다. 내담자가 다른 사람과 함께 기꺼이 '얼어서' 영구적으로 필름에 남으려는 것은 상호 안락과 신뢰를 가리킨다. 자존감이 낮은 내담자는 자신의 삶에서 중요한 사람들과 함께 사진을 찍고 이러한 관계들이 어떠한 것들인지(진실한지 혹은 잠재적인 것인지) 탐색할 수 있는 사진을 사용해서 자존감을 높일 수 있다. 가끔은 "내 치료자가 당신과 함께 사진을 찍으라는 과제를 줬어요."라는 핑계가 어색한 분위기를 깨고 유대관계를 만들게 하여 내담자 자신만 동떨어지게 하는 위험을 피할 수 있다.

치료자들은 가족체계의 관점, 다른 사람과 함께 찍은 내담자의 사진들, 특히 가족 구성원에게 관심을 가지며, 가족 권력의 일직선 구조, 삼각 구도, 감정적 차단, 귀감 그리고 다른 행동들에 대한 풍부한 정보들을 제공할 수 있다. 분명 이러한 사진들은 다른 사람이 찍은 내담자의 사진을 보며 느끼는 감정들에 대한 많은 질문의 자극제로 제공될 수 있다.

내담자에게 그/그녀가 각 가족 구성원들 혹은 고인과 함께했던 사진을 가져오라고(혹은 찍어 오라고) 요구하는 구조 지향적인 연구 과제가 주어질 수 있다. 이러한 사진들은 나중에 사람들 사이의 유사점과 차이점을 탐색하고, 세대 간의 양상에 대해 논의하는 데 사용될 수 있다. 내담자는 나이가 많건 적건 각 가족 구성원이 찍은 자신의 사진에 대해 논의함으로써 어려운 정보를 나눌 수 있을지 모르며, 치료자가 지정한 한 명에 대해 주제의 다양성(당신의 최고 분야와 최악의 분야, 그들이 생각하는 당신과 당신이 생각하는 당신 자신, 개인으로서의 당신과 가족 구성원으로서의 당신 등)을 가지고 설명할 수도 있을 것이다. 내담자와 치료자는 나타난 것을 볼 수 있는 이미지들을 비교해 볼 수 있다. 이러한 사진들이 갖는 중요성은 그들이 각 구성원들에게 지니는 의미와 대화 그리고 추구하는 감정들에 의존한다.

자화상 작용에 관해 앞서 논의한 객관적인 자기 인식 이론은 여기에서도 마찬가지로 적절하다. 다른 사람이 찍어 준 우리의 사진들을 살펴보면서 우리가 부탁했거나 자세를 취했다고 할지라도 우리는 외부에서 바라본 우리 자신을 보게 되는 것이다. 참가자와 관찰자가 그들이 일부이기도 한 무언가(자신의 사진을 포함하여)를 바라보며 외부 관찰자가 보는 것과는 다르게 보고 이해할 것이라는 것은 모든 사진치료에서 명백한 것이다. 한 사람이 동시에 두 가지 역할을 모두 하려고 노력할 때, 그 결과로 생기는 인식 혹은 감정적 불협화음은 그/그녀를 내적 자기 이미지를 위로하고 바꾸는 치료과정으로 밀어 넣을 수도 있다.

사진이 자기 자신의 무엇을 보여 주는지에 대해 논쟁을 하는 것은 어려운 일이다. 당신이 오랫동안 사실이라고 믿어 왔던 것에 반대되는 것을 사진이 보여 주었을 때, 당신의 마음은 그 두 가지 개념에 대해 종합적이거나 합의점을 찾을 만한 내용 없이는 그것을 좀처럼 받아들이려 하지 않는다. 현실을 받아들이거나 보통은 기억 속에서 신속하고 무의식적인 재정의와 재구성을 겪게 된다. 사진사를 탓하는 것은 이러한 것에 대한 빈번한 설명이 된다. 어쨌든 내담자가 한 사람 또는 두 사람 이상의 사진사들에 의해 시각적으로 왜곡된 것처럼 자기 자신을 인식한다면 이러한 구실은 자신이 직면해야 할 문제뿐만 아니라 추가적인 모순을 초래한다는 것을 곧 알게 되며, 그들 모두가 내담자를 위해서 애쓰지는 않는다.

나는 내담자가 그들이 어떻게 보이는지 믿고 있던 것과는 다르게 보이는 사진을 대면했을 때 보이는 정신적 갈등을 관찰하는 것 또한 매우 흥미롭다는 것을 발견했다. 나는 종종 다음과 같은 이야기들을 듣는다. "나는 이 사진이 무엇을 보여 주는지 알아요. 하지만 사실은 전혀 그렇지가 않았어요." 혹은 "나도 알아요. 우리 엄마가 나를 껴안고 있거나 나랑 놀아 주고 있는 사진이 많다는 것을요. 하지만 사실 엄마는 나를 사랑하지도 않았고 나랑 시간을 보내고 싶어 하지도 않았어요." 어떤 사람 혹은 행사의 사진 기록이 그 순간에 같이 참여했던 사람과 완전히 다른 인식으로 상충하게 되면 치료적으로 매우 흥미로운 결과들이 나올 수 있다.

사진사와의 관계(The Relationship with the Photographer)

내담자가 직접 만든 자화상과 다른 사람이 만들어 준 사진들 사이의 가장 중요한 차이점 중 하나는 치료자와 그/그녀의 사진을 찍어 주는 사람 간의 힘의 관계다. 그 순간의 진실은 사진사에 의해 사진의 대상이 인식하는 것과는 다른 방식으로 여과되고 계획된다. 사진의 목적과 시간성은 사진을 찍는 사람의 통제하에 놓여 있게 되고, 대상은 그/그녀 자신이 상대적으로 권리와 논리를 필요로 하고 존경받아야 하는 한 사람이기보다는 사진사의 통제에 따르는 힘없는 존재라는 것을 알 수 있다.

사진들을 검토하면서 우리는 우리가 보고 있는 것이 사진사가 만들어 놓은 진실이라는 것을 잊을 때도 있다. 우리는 의식적으로 사진 속의 인물들이 사진사의 요구에 따라 자세를 취한 것이 아니라 그들이 그 순간에 그렇게 존재했다고 인식한다. 특히 아동과 십대들은 이런 차이에 무감각하며, 이것은 아동이 더 상처받게 만들며 피사체의 현실을 바꾸는(사진의 대상은 이를 거부할 권리를 가지고 있다.) 사진사의 힘에 대해 혼란을 일으킨다. 많은 사람들, 특히 젊은 사람들은 종종 무의식적으로 사진에 나와 있는 것과 그것의 본질 사이에서 그 차이를 흐리게 하고 인과관계를 뒤집기도 한다. 그래서 젊은이들은 그 점을 이용해서 사진에 찍힌 사람들이 행복할 것이라는 이유로 물건을 구매하도록 권장받는다.

여기에 보다 신랄한 사례가 있다. 한 내담자는 그녀가 9세 혹은 10세쯤 되었을 때 가족의 카메라를 사용해도 좋다고 허락받았다. 그녀의 부모는 그녀가 그녀와 아주 친밀한 관계의 어린 여동생을 계속해서 촬영하는 것을 알고 있었다. 여동생은 다운 증후군을 앓고 있었고 사람들이 항상 그녀를 놀려댔기 때문에 늘 슬퍼했다고 내담자가 이야기해 주었다. 내담자는 늘 여동생의 사진을 찍었다. "내가 본 사람들의 모든 사진은 다 미소 짓고 있었고 행복해 보였어요. 나는 사진을 찍으면 사람들을 행복하게 만드는 거라고 생각했는데 완전히 실패했지요. 얼마나 많은 사진을 찍는가와는 상관없이 내 여동생을 기쁘게 할 수 없었으니까요! 가끔 그녀는 다른 사람들처럼 미소를 지어 보이기도 했지만 이런 사진 하나가 내가 믿었던 행복을 만들어 내지는 못했어요. 사진에서 그녀가 행복해 보였음에도 나는 너무나 실망했어요. 실제 그녀는 행복하지 않았으니까요. 그리고 너무나 많은 진실의 혼란들이 내게 찾아왔죠. 요즘 나는 사람들이 찍어 주는 내 사진들을 믿지 않아요."

가끔씩 사진사가 약간의 사전 계획을 예고하여 자연스럽게 찍힌 사진들의 경우, 몇 년이 지나 다함께 사진을 보게 되면 각자에게 다른 의미를 갖게 한다. 한 내담자는 내게 그녀가 어릴 적부터 간직해 온 사진 한 장을 가져왔다. 그 사진은 이웃이었던 전문 사진사가 그녀의 앞마당에 있던 수영장에서 찍어 준 사진이었다. 그녀는 이제 막 사춘기에 접어든 듯했고, 사진사는 처음으로 두 부분으로 나누어진 수영복(당신은 비키니라 부르는)을 입은 그녀를 촬영한 것이다. 그녀의 모든 가족들이 수영장 안에서 물을 튀기며 놀고 있었다. 그녀의 아버지— '그녀가 아직 어린 소녀였을 때 그녀를 가장 좋아했던' —는 그녀가 서 있던 수영장 가장자리 근처의 물속을 걷고 있었다. "나는 아빠한테 애교를 부리면서 장난스럽게 아빠의 머리를 발로 밟아 물속으로 밀었어요. 자, 이 사진에서 보면 내가 요염한 자세로 웃으면서 의기양양하게 웃고 있잖아요. 여기 이 손은 물에 빠진 사람이 도움을 청하면서 물 밖으로 나오려는 것 같죠. 이 이미지는 내가 데이트를 시작하고 화장을 하는 등 딸이 성장하면서 아빠가 겪은 힘든 시간들을 생각할 때면 항상 내 마음속에 떠오르는 것이에요. 아빠는 이 사진을 보고 기겁을 하고는 집 밖에서는 절대 이 수영복을 입지 못하게 하셨어요. 아마 내 이웃은 이 광경을 '관능적인 사춘기 소녀'로 봤던 모양이에요. 나에게 이 사진은 다른 그 어떤 것보다 우리 관계의 변화와 이제 막 여자로 봉오리를 틔우려는 나에 대한 통제가 끝났음을 보여 주고 있죠."

한 사람의 사진을 찍도록 허락하는 것은 사진사에 대한 어느 정도의 신뢰를 요구하는 것이다. 그것이 아주 얕은 정도라 할지라도 말이다. 사진의 상호 교환이 일어나기 위해서는 어떤 관계(그리고 그에 따른 결과)가 요구되는 것이다. 이는 그 자체로 소통의 형식이며 원하건 원하지 않건 사진 찍는 과정에 참여하게 된다. 만약 당신이 사진 찍히는 것에 익숙하지 않다면(누군가에게 카메라를 주는 것이 당신을 뛰어넘는 힘까지 주는 것이라면), 당신이 그것을 숨기려고 얼마나 노력했느냐에 상관없이 혹은 나중에 누가 봐도 알 수 있는가와는 상관없이 그 결과로 나온 이미지는 비언어적인 방법으로 의사소통이 될 것이다. 그 순간에 존재했던 이 불편함은 당신에게는 항상 그 사진의 의미의 한 면으로 남아 있게 될 것이다.

가끔 불편함에 대한 암시는 내담자가 어린 시절에 겪은 학대 문제를 해결하는 데 도움이 될 수도 있다. 그들이 등장한 오래된 사진들을 보면서 우리는 사진을 찍던 날, 사진을 찍어 주던 사람에 대해 느꼈던 감정들, 만약 사진이 말을 할 수 있다면 그 날의 진실은 무엇이라고 할 것인지, 내담자에게 선택권이 주어졌다면 사진사에게 어떠한 자세를 취해 주었을지 등에 대해 이야기를 나눈다. 수많은 근원적인 힘의 문제들과 불균형들이 이러한 이야기를 통해 되새겨지고, 가끔 내담자가 실제로 그 순간으로 되돌아가서 보다 정직한 표현을 하도록 이미지들(이미지들에 대한 진실을 수정하거나 혹은 사진으로 진실을 찍은 것)을 재구성하는 것이 유용하다. 통제의 문제는 종종 언제, 누구를, 어떠한 조건에서 사진을 찍도록 허락받은 사람의 힘에 의해 결정된다.

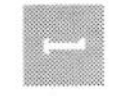

내담자가 학대를 당했을 경우, 수많은 사진에서 다른 사람들로부터 거리를 두고, 시선을 피한 채 카메라에서 얼굴을 돌리거나 숨거나 혹은 자신을 위축시키거나 안 보이게 하고 얼굴을 가리거나, 손 또는 다른 물건들로 가리거나 가구 뒤에 숨거나 하는 등의 사진을 찾아보는 것은 결코 어려운 일이 아니다. 나에게는 학대로 고통받은 것에 대한 내담자의 이러한 암시들이 자주 나타나는 것으로 보이지만, 독자는 어떤 이미지를 보고 학대가 실제로 이루어졌다고 기계적으로 결론을 끌어내지 않도록 주의해야 한다. 사진치료만이 아니라 인생에서 모든 것이 그처럼 직접적으로 상호 관계에 있는 것은 아니다.

사진을 찍기 위해 자세를 취하는 사람들은 친척 혹은 친구들과 같은 다른 사람들이 포함될 때 그들과 불편하거나 신뢰가 없는 관계라면 자발적으로는 가까이에 서 있지 않을 것이다. 자세를 취하지 않은 솔직한 사진은 사람이 자연스럽게 자신이 편안하게 느끼는 사람들과 그룹을 이루어 있는 모습을 포착해 낸다. 만약 그 사진이 사진사에 의해 만들어진 것이라면, 이전에 전혀 자연스럽게 어울려 본 적이 없었던 사람들과 서로 가까이 서거나 만지고 눈을 마주 보라고 요구를 받았을 것이다. 따라서 사진사가 개인적인 연출을 통해 만들어 낸 '진실'은 언제나 인위적으로 만들어진 것이다.

이와 같은 사진들은 동시다발적으로 존재하는 진실의 여러 층을 설명할 수 있다. 이러한 사진이 제시되었을 때, 내담자는 이러한 층들과 언어적 · 비언어적으로 혹은 사진을 다시 찍거나 상상을 통하여 상호작용을 시작한다. 한 내담자는 그녀의 앨범에 있는 중요한 가족 사진의 대부분을 다시 찍고 싶다고 했다. 그녀는 오빠 옆에 가까이 서고 아버지를 더 많이 등장시키고 싶어 했다. 세대의 가족 규칙은 여자들은 모두 앉아서 찍어야 하고 남자들은 뒤나 옆에 서 있는 것이었기 때문이다("보다 자유롭게 움직이고 숨 쉬고 싶어요."). 그리고 그녀는 가족 안에서 자신이 소녀라는 기분을 느껴 본 적이 없다고 했다.

어떤 사람들은 사진을 찍히는 것에 완전히 공포를 드러낸다. 특히 준비되지 않은 상태에서 카메라에 찍히는 것은 더욱 그렇다. 이러한 강한 반응은 그 이면에 무엇이 깔려 있는지 알아볼 필요가 있다. 어쩌면 과거에 사진을 찍었던 사람에 의한 학대가 있었을 수도 있다. 어쩌면 현재 그들이 보이는 모습을 좋아하지 않을 수도 있다. 혹은 관계에 근거한, 다른 사람들에 의해 소유당하는 것을 거부하는 것일 수도 있다. 이러한 가능성들 중 어떤 것은 진실일 수 있고, 그 어느 것도 사실이 아닐 수 있다.

만약 내담자에게 사진을 찍히는 것이 개인적인 문제가 된다면 치료자는 내담자를 도와 이러한 과민함의 강도를 줄이는 방법을 찾도록, 만약 그것이 원하는 목표라면 그 길을 찾도록 도와주어야 한다. 다양한 부분화, 자존심, 단호함 혹은 관계 향상 기술(이 책의 다른 부분에서 논의되었던)은 이러한 과정에 적용될 수 있다. 만약 누군가가 당신의 사진을 원한다면(특히 그/그녀가 다른 사람에게 보여 주기 위해 고르는 경우), 그것은 당신이 그 사람에게 중요하다는 암시다. 다른 사람이 좋아하는 당신의 사진은 다른 사람에게 자신이 가치 있다는 믿음을 더 가져야 하는 사람이나 더 긍정적이며 자신을 배려하는 것이 필요한 내담자들을 치료할 때 유용하게 사용될 수 있다.

우리 대부분은(나 자신을 포함하여) 무척 좋아하는 자신의 사진을 가지고 있다. 그러나 여러 이유로 다른 사람들에게 보여 줄 수 없거나 보여 주지 않는다. 나체 사진이기 때문일 수도 있고, 성적으로 자극적인 모습 혹은 다른 금기시되는 이유 때문일 수도 있다. 가끔 그들은 우리가 결코 그 누구도 알게 하고 싶지 않았던 우리의 모습도 보여 준다. 어떤 사람들은 이러한 사진을 찍기에 충분히 사진사를 신뢰하지만, 여러 가지 이유에서 다른 사람들이 그 사진을 보는 것을 원하지 않는다. 어떤 이유들은 분명 그럴 만하거나 필요한 것이고, 어떤 이유들은 부정적인 자기 행동과 같은, 상담을 통하여 바꿀 수 있기를 희망하는 암시일 수 있다.

예를 들어, 내 내담자의 새로운 여자친구는 남자친구가 그의 가족들에게 자신의 사진을 보여 주는 것을 두려워했는데, 그녀는 그의 가족들이 그녀와 인종이 다르다는 것을 알게 되는 순간 그녀를 싫어하게 될까 봐 두려워했던 것이다. 또 다른 여성은 부모에게 최근에 사랑에 빠졌음을 고백하고 그녀의 인생에서 새로운 사람과 진지하게 만나고 있다고 말했는데, 그 사람이 그녀의 최근 생일 파티 때 찍은 사진에서 제외되어 있었음을 발견했고 그것이 우연이 아니었음을 알았다. 사진과 함께 사전 경고를 반드시 받아야 한다고 믿는 내담자는 그런 비밀과 경고를 유지하는 데 감정적 에너지를 쏟아 붓는다. 가끔 그들에게 다음의 질문을 던져 보는 것은 유용하다. "만약에 이 사진을 당신이 가장 보여 주기 두려운 사람에게 보였을 때 일어날 수 있는 최악의 사태는 무엇일까요?" 나는 이런 최악의 상황을 상상하는 과정을 취하는 것이 때로는 비밀을 제거하는 데 유용하다는 것을 발견했다.

한 예로, 〈사진 5-1〉과 같은 남성 커플의 사진을 보자. 그들에게 다음과 같은 질문을 할 수 있다. "부모님이 이 사진을 보게 된다면 당신의 인생에 어떤 변화가 일어날까요?" 혹은 "당신이 이 사진을 부모님에게 보여 준다면 그들은 뭐라고 할까요? 그렇다면 당신은 어떻게 반응하겠어요? 여전히 당신을 사랑할까요? 만일 당신이 잠시 자리를 비웠을 때 그들이 와서 발견한다면 어떤 일이 벌어질까요?"

다른 사람의 평가를 가장 두려워하는 공포와 대면하기 위해, 사람은 반드시 그들을 멀리하지 않고 사랑하는 법을 배워야 한다. 가끔 그 결과가 기대했던 것처럼 형편없을 수도 있지만, 그들은 여전히 생존하고 해결해 나가고 또 회복된다. 두려움의 반응은 그들의 기대 속에는 존재하지만 실제로 맞닥뜨리지는 않는다.

사진 5-1

나는 AIDS와 관련된 질병으로 곧 죽음을 앞둔 친구에게 몇 가지 질문을 해야 할 위치에 있음을 알게 되었다. 나는 그에게 그의 사망 후에 그의 부모의 집으로 보내지 말아야 할 것들(옷, 책, 사진 등)이 있는지 물었다. 처음에 그는 낄낄대며 웃더니 '당신의 성생활을 향상시키는 책' 들은 보내지 말아 달라고 했다. 그 뒤 그의 목소리는 매우 조용하다 못해 화가 난 듯했다. "그래, 나하고 애인이 입 맞추고 껴안고 있는 사진들. 그들은 그를 만난 적이 없어. 그들은 절대 내 동성애를 인정한 적도, 생각해 본 적도 없지. 나는 죄인이었어. 그와 나는 너무나 가까워서 우리 내부 안에서도 느낄 수가 있었지만, 가족들한테는 그런 사진들을 절대 보여 줄 수 없었어. 아마 나한테 다시는 말도 걸지 않았을 거야. 나는 이제 죽어가. 내 가족들에게 나의 행복하고 사랑받았던 일부를 갖게 하고 싶지 않아. 그들이 내가 살아 있을 때의 관계에 대해 보기를 거부할 권리는 절대로 없어. 지금은 이 사진들을 보내고 싶어. 그래서 부모님이 자신의 아들을 사랑하는 데 규칙을 정해 놓았을지라도 다른 사람은 나를 어떻게 사랑해 줬는지 보여 주고 싶어. 하지만 이 사진이 그들의 비판에 더럽혀지는 것은 원하지 않아. 그러니 이 사진들은 내 친구에게 전해 줘. 나를 기억할 수 있도록 말이야."

내담자 사진을 활용하는 다른 적용
(Other Applications Using Photos of the Client)

누군가의 사진을 찍는 것의 중요성은 앞에서 설명한 이유들에 없을지도 모른다. 사진이 치료적으로 시각적인 내용과 관계된 것도 아니고 그것이 의미하는 것도, 사진이 사진사와의 관계를 표현하는 것과도 관계가 없을지도 모른다. 오히려 중요한 것은 내담자가 그 사진으로 무엇을 할 것인지, 나중에 어떻게 쓸 것인지, 상담을 하면서 과도기나 대화의 대상으로서 그 사람에게 어떤 의미가 있는지 등에 있을 수 있다.

이에 대한 좋은 예로 최근에 친구가 찍어 준 사진을 들고 온 한 내담자와의 만남을 들어 보겠다. 내담자는 그녀가 그들과 함께 얼마나 행복하고 편안해 보이는지 이야기했다. 그리고 최근 그런 일이 그녀에게 얼마나 보기 드문 일인지 이야기했다. 얼마 전 그녀는 여동생의 암이 다음 단계로 진행되어 크게 상심해 있었기 때문이다. "그 애는 나랑 어떤 심각한 이야기도 하지 않을 거예요. 그리고 내가 그 애에 대한 내 감정들에 대해 이야기하려고 하면 듣고 싶어 하지도 않고 주제를 바꾸려고 하죠. 우리가 어렸을 때 근심 걱정 없고 쌍둥이처럼 붙어 지내던 때는 이제 기억하기도 힘들어졌어요. 난 동생을 너무나 사랑해요. 하지만 그 애는 내가 얼마나 그 애를 그리워하게 될지 말할 기회도 주지 않고 도와줄 수도 없게 하겠죠. 어쩌면 난 이 사진을 그 애에게 주고 좀 보라고 해야 할지도 모르겠어요. 그러면 사진이 그 애에게 내가 느끼는 것들을 말해 주겠죠. 난 정말 그 애를 사랑해요. 하지만 그 애는 그걸 모르는 것 같아요. 그걸 소리 내어 제대로 말할 수도 없고요. 나 역시 좀 당황스럽고 그 애도 그렇겠죠. 우리는 그다음에 무슨 이야기를 해야 할지 모를 거예요. 아마 그 애도 나를 사랑한다고 말해 줄 수 있겠죠. 너무 늦기 전에 그 애와 함께 찍은 사진을 갖고 싶어요. 하지만 그 애는 사진 찍는 것을 싫어해요. 그러니 그건 거의 전쟁이나 다름없을 테고, 나는 그 애한테 사진 찍기를 강요할 수 없을 테죠."

일상생활에서 찍은 사람들의 사진들 역시 유용하다. 이 역시, 덜 활동적이긴 하지만 또 다른 사진치료의 한 형식으로 치료에 도움이 된다. 오랜 기간에 걸친 사진들은 그들의 몸이나 주변에서 일어나는 신체적 변화에 대한 시각적 증거를 좋거나 나쁘거나 똑같이 보여 줄 수 있다. 내담자는 자신의 건강이나 외형이 나빠졌거나 향상되었음을 볼 수 있다. 노화, 알코올의 섭취, 심상의 불균형 등을 고려하여 이러한 면들을 살펴볼 수 있고, 예를 들어 다른 사람이 비판한다는 느낌 없이 그것들을 직접 연구할 수도 있다. 이러한 것의 긍정적인 측면은 신체적 조건에서 원하거나 기대하는 변화를 발견할 수 있다는 것이다. 아이의 키가 자라는 것(똑같은 탁자 옆에 3년 뒤에 다시 서 본다.), 체중 조절 수업 후에 나오는 결과 같은 것들이 그러하다.

사람들의 사진, 특히 장소, 시간 그리고 가족이나 친척을 담고 있은 사진은 가족의 뿌리와 역사를 증명하는 증거가 될 수 있고, 특히 그들의 삶에서 원치 않았던 강요와 혼란이 있었던 사람들에게 유용할 수 있다. 몇몇 에이전시들은 입양되거나 위탁양육될 아이들의 과거 사진 기록들을 제공하는 것을 프로그램에 포함하기도 한다. 그리고 이런 시각적 자료는 그들이 내내 사랑받았음을, 그리하여 그들의 삶이 그들의 미숙한 마음보다 영구적인 기억의 흔적을 가지고 후에 과거로 거슬러 올라가 회상할 수 있게 하는 것이다. 변덕스러웠던 어린 시절을 보낸 많은 사람들은 부모의 알코올 중독이나 노숙 혹은 반복되는 결혼의 파경 등에 기인하여 그들의 정체성을 형성할 수 있는 지속적인 삶의 이야기를 갖지 못한다. 그들은 당면한 현재의 혼란스러운 격변을 오랫동안 겪어왔고, 과거는 단지 기억 속에서 덧없는 순간들의 모음일 뿐이다. 그들이 지냈던 장소의 사진들은 부분적으로 도움이 될 수도 있다. 어쨌든 그들은 그곳에 있었고 그 순간에 무슨 일이 일어났든지 그 한 부분이었으며 이러한 스쳐 지나가는 기억에 대해 보다 강한 연결을 제공하는 것이다.

AIDS와 관련된 질병의 마지막 단계를 거치고 있고 곧 그들이 병원에 들어가 다시는 나오지 못할 것이라는 것을 알고 있는 사람들과의 작업에서 나는 종종 그들에게 그들이 사랑했던 사람과 함께했던 것부터 애완동물, 정원, 그 밖에 그들이 소중하게 여기는 물건의 사진들을 할당해 준다. 그들은 그러한 사진들을 병원으로 가져가서 보면 침대에 누워서도 탈출을 할 수 있는 것이다. 이것이 특별한 사람들, 장소 혹은 물건들을 가져야 하는 이유 중 하나다. 내 생각에 이런 물건들의 사진과 더불어 자신의 사진을 가지고 가는 것은 완전히 다른 이야기이지만 훨씬 더 좋은 결과를 가져올 것이다.

유사하게, 누군가의 죽음을 친구들, 가족들과 함께 슬퍼하면서 고인이 혼자만 있는 사진을 간직하는 것은 별로 도움이 안 된다는 것을 나는 경험을 통해 알게 되었다. 친구들, 가족과 함께 교감하고, 상호 소통하고, 함께 있고 만나는 것처럼 사진에서도 함께 있는 것이 사람들의 기억 속에 함께 남아 있는 데 도움이 된다.

특히 AIDS는 비판적인 예술계의 담화와 사회학적 표현에서 자체의 이미지를 형상화하게 되었다(예: Atkins, 1989; Crimp, 1990; Grover, 1989a, 1989b; Howard, 1989; Ray, 1990; Watney, 1987). AIDS 관련 질병을 앓고 있는 사람들의 사진은 대개 삶을 쫓고 있는 생존자이기보다는 활기 없는 슬픈 희생자의 모습을 보여 준다. 하지만 HIV 양성 판정을 받은 많은 사람들이 실제로는 훨씬 더 오래 살았으며, 그들 자신과 그들의 생존율을 더 높이고 싶어 하는 사람들을 위해 그들의 사진은 삶을 확신할 수 있게 해 주었다(Probus, 1988; Yankovich, 1990). 많은 예술치료사들은 이미 내적 심상을 이용하기 시작했다. 그리고 많은 경우 AIDS 보균자였던 내담자들과 함께 실제 개인 사진들을 그들의 매개로 사용하기도 했다(Fenster, 1989; Howie, 1989: Probus, 1989; Rosner-David & Sageman, 1987). 오명의 결과로 고통받았거나 엄청난 충격을 받은 사람들과의 성공적인 상담은 종종 내담자가 그들의 마음속에서 '더럽혀진' 것으로 의미되는 외적인 표시를 시각적으로 만들기 위한 시도를 하기 시작했으며, 체념 대신 힘을 부여하는 생각들을 이식하기 시작하는 개입을 디자인하기 시작했다. 한 사람의 육체에 무엇이 주어졌는지에 대한 책임을 진다는 것은 살아야겠다는 의지를 붙잡는 것으로부터 시작된다. 한 사람의 신체적 · 감정적 변화를 사진으로 기록하기 시작하는 것은 자신을 의식하고 무슨 일이 일어나는지에 대해 반응하는 능력의 단계로 나아가는 것이다.

다른 사람의 의지에 의해 찍힌 내담자의 이미지를 가지고 사진치료적으로 무엇이 행하여졌는가는 치료상의 초점에 따라 다르다. 이러한 사진들은 도구이지만 마음속에는 항상 치료적인 목적에서 유용하다는 것을 기억하여야만 한다. 이들의 특별한 이점은 다른 사람에게 자기 자신을 표현하는 방식의 변화가 다른 사람이 그들을 어떻게 인식하는지 그리고 이들 반응들을 변화시키기 위해 그들이 어떻게 해야 할지 내담자의 이해를 돕는 과정에서 일어난다.

해야 할 것 WHAT TO DO

다른 사람이 찍어 준 내담자의 사진에 대한 보고는 다층 구조적 관점에서 접근할 수 있다. 첫 번째로, 사진의 실제 시각적 내용들이 있다. 즉, 사진에는 내담자와 그 외의 것들의 이미지가 담겨 있다. 그다음 단계는 내담자가 그런 세부 사항들이 갖는 의미를 탐색하는 것이다. 처음에 사진을 보고 반응했던 것과 그 의미들이 나중에 변했던 내용들에 대해 탐색하는 것이다. 사진사의 역할에 대한 단계도 있다. 마지막으로, 이 이미지들로 나중에 할 수 있는 것들에 대한 단계가 있다. 다음의 개입 제안 목록은 이런 구조와 유사하게 만들어졌다.

사진의 시각적 내용 이해하기
(Understanding the Visual Contents of the Picture)

치료적으로 내담자의 사진을 가장 잘 탐색할 수 있는 방법 중 하나는 내담자에게 사진 속의 모든 세밀한 내용을 이야기하도록 요구하는 것이다. 토론은 사진 작업, 내담자나 다른 사람이 보이는 반응, 사진에 관한 정보 등을 포함한다. 다음의 질문들이 유용할 수 있다. 이 사진을 찍을 때 당신은 어디에 있었는가? 그곳에서 무엇을 하고 있었는가? 왜 당신은 그곳에 있었는가? 무슨 일이 있었는가? 이 사진이 담고 있는 이야기는 무엇인가? 이 사진 속에 그 밖에 누구 혹은 무엇이 또 들어 있는가? 그들에 대해 더 이야기해 달라. 이 사진이 찍히기 전후에 무슨 일이 있었는가? 이 사진에서 가장 눈에 띄는 것은 무엇인가? 그 순간에 거기에서 혹은 이 사람들과 함께 사진을 찍는 것을 좋아했는가? 이 사진 대신 다르게 나온 사진을 더 선호했을까? 만약 당신이 그 순간에 카메라를 가지고 있었다면 그 장소, 그 시간에 당신은 당신 자신의 사진을 찍었을 것인가? 만약 그렇다면 그 사진의 어느 부분을 바꿀 것인가? 어느 부분을 왜 바꿀 것인가? 당신은 이 사진을 보는 사람들이 당신이 무슨 생각을 하고 무엇을 느끼는지 사진을 통해 알 수 있다고 생각하는가? 그렇다면 사람들은 사진을 통해 당신에 대해 무엇을 배울 수 있을까? 이 사진을 보는 것만으로는 알 수 없는 것은 무엇일까?

때로는 다음의 질문들을 내담자에게 묻는 것이 도움이 될 수 있다. 지금 이 사진에서 보이지 않지만 어떤 모습이 나타났으면 좋았을까? 그 '빠져 있는' 모습이 들어감으로써 달라지는 것은 무엇일까? 그 부분이 다시 사라진다면 어떤 차이점이 있겠는가? 이러한 다양한 변화는 사진에 반응하는 당신의 감정에 어떠한 영향을 미치는가?

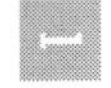

세부 사항의 원래 의미는 시간이 지남에 따라 어떻게 변하는가
(How the Original Meaning of Details Changes over Time)

내담자가 어떤 시각적 세부 사항이 변화를 만들기 위해 계속 중요한가를 아는 것도 유용하다. 또한 내담자가 세부 사항과 그것의 비언어적 메시지를 이해하려고 노력할 때 다른 사람도 똑같은 사항들을 의식하는지 찾아보는 것 역시 도움이 될 것이다. 다음의 질문들은 처음에는 사진의 내용에 관한 것처럼 보이겠지만, 사실 그 내용과 이러한 세밀함들이 타인들과 어떻게 상호 소통하느냐 하는 비언어적인 기대치에 대한 내담자의 감정으로 빠르게 연결된다.

당신이 생각했던 것과 실제 나온 사진을 비교해 보니 어떠한가? 당신이 기대했던 것과 다르게 나온 면이 있는가? 기대하지 않았던 다른 점들 때문에 이 사진이 당신에게 갖는 의미도 바꾸어 놓았는가? 사진사가 포착한 이 사진의 분위기와 색조(장난스러운, 심각한, 시시덕거리는, 관능적인, 도발적인 등)가 마음에 드는가? 이것이 진정한 당신을 표현한 것인가 혹은 사진사가 당신이 생각하기에 옳지 않거나 수정되어야 할 방식으로 당신을 표현한 것인가? 자연스럽게 찍힌 이 순간은 당신 삶의 대부분의 시간과 어떻게 비슷하거나 다른가? 당신의 신체적 표현의 방법을 변화시키는 것이 사진의 효과도 변화시킬 수 있다는 것을 상상할 수 있는가? 이것이 당신의 자연스럽고 무의식적인 모습인가, 아니면 '자세를 취하고 있는 행동'인가? (누군가 당신의 사진을 찍는다는 것을 알았을 때 당신은 어떻게 행동하는가?) 사진 찍힌다는 것을 알았을 때 당신은 당신의 어떤 부분을 수정하려고 하는가? 이 사진을 찍을 때 어떤 포즈를 취해야 한다는 것을 어떻게 아는가? 당신이 원하는 이미지를 담아내는 데 성공했는가? 왜 그런가 혹은 왜 그렇지 않은가?

이 사진의 메시지는 무엇인가? 이 사진은 당신에 대해 무엇을 말해 주는가? 이것에 대해 당신은 어떻게 느끼는가? 당신의 솔직한 사진이 다른 이미지를 잡아내고 다른 정보나 감정과 소통할 수 있도록 이 사진을 좀 더 현실적이고 솔직하게 표현하려면 당신의 행동 중 어떤 부분을 수정해야 할까? 이 사진 속에 당신이 기대하지 않았거나 사진의 의미를 바꾸어 놓는 것들이 나타나 있는가? 이러한 것들이 당신에게는 새로운 것인가, 아니면 당신 삶의 일부(어지러운 방, 항상 피워 오던 담배, 곁눈질하는 눈동자, 책이 쌓여 있는 책장 같은 것들)였던 것들인가?

누군가가 당신이 찍힌 다른 사람의 사진으로부터 당신을 잘 이해하기 위해 당신에 대해 잘 알고 있어야 할까? 당신은 자신이 다른 사회적 만남에서도 일관된 모습이라고 생각하는가? 아니면 상황이나 사진사에 따라 사진이 확연히 달라지는가? 당신 사진에 대해 어떻게 느끼는가? 사진에서 그렇게 보이기 원치 않는 부분들도 있는가? 사진이 당신에 대한 솔직한 묘사를 보여 주는가, 아니면 당신이 항상 숨기는 부분들이 사진에 있는가? 어떤 방식으로 삶이 변화하게 되면 당신의 진솔한 사진들 역시 달라질까? 만약 그렇다면 이 사진들 속에서 어떠한 차이점들이 나타날까? 지금 이 사진을 보면, 불만족스러운 부분이나 혹은 잘 찍혔다고 느끼거나, 잘못 묘사되었거나 바꾸고 싶은 부분들이 있는가? 당신은 이 사진을 사랑하는(혹은 당신을 사랑하는) 사람에게 줄 수 있는가? 만약 그렇다면 그들은 이 사진에 대해 뭐라고 말할까? 당신은 어떤 기분이 들까? 사진을 절대 보여 주지 말아야 할 사람이 있는가? 만약 그들이 그 사진을 보게 되었다면 뭐라고 말할까?

사진 속에 시각적으로 나타나고 있는 내담자와 주변 환경에 대한 기본적인 사실과 정보들로 그들의 중요도를 검사해 볼 수 있다. 시각적인 내용은 수많은 사진들 속에서 계속적으로 나타나며, 특히 유용할 것이다. 우리의 사진을 찍어 준 사람들과 함께 사진을 공유하는 것은 우리가 비언어적으로 다른 사람에게 신뢰와 우정, 혹은 그 보다 더 깊은 친밀감의 관계를 가지고 있다는 신호를 보내는 것이다. 이런 사진들은 우리가 다른 사람과 얽혀 있다는 것을 보여 주는 증거다. 이러한 이미지를 살펴보는 것은 이미지의 시각적 내용을 세부적으로 살펴보는 것을 간과하게 한다. 하지만 사진 속의 피사체에게 그 이미지의 의미는 항상 고려되어야 한다.

사진사의 역할(The Photographer's Role)

대부분의 사람들은 자신의 사진을 자기가 어떻게 보여야 한다는 자신의 생각의 기대치대로 판단하기 위해 즉각적으로 확인해 보곤 한다. 가끔 그들은 최종 결과물에 영향을 준 사진사들은 잊어버리곤 한다. 대상에 따라 사진은 다양하게 달라지며, 물론 사진사 역시 그 과정에 개입하고 분석한다. 어떤 중간 개입 역시 여과되는 과정의 일부이며, 그것은 사진치료 탐색에 포함될 수도 있다.

자신의 사진을 싫어하는 사람들은 종종 나쁜 사진을 만들어 낸 사진사를 논리적으로 탓하곤 한다. "원래 절대로 저렇게 보이지 않는다고요. 내가 이상해 보이는 것은 다 사진사 탓이에요." 치료자가 그 사진이 내담자 자신의 얼굴과 신체가 맞는다고 설명하는 것은 상당히 복잡한 문제가 될 수 있다. 그리고 그 사람이 그 결과물에 만족하지 못하는 것과는 상관없이 진실은 거기에 존재하며, 그 사람이 바라보는 방식으로 사진사가 사진을 찍을 수 없다는 것을 설명하는 것은 까다로운 문제가 될 것이다.

얼마나 망설이느냐에 상관없이 신뢰는 누군가의 카메라가 찍은 어떤 사람의 이미지에 항상 드러나게 된다. 누군가의 사진을 찍기 위해서는 그/그녀에게서 무언가를 취해 내어야 한다(허락을 받은 상태라도). 만약 대상의 허락이 그들의 사진을 찍기 전에 확고하지 않았다면, 그/그녀는 진정으로 공격받았거나 강요당하고 심지어 강탈당했다고까지 느낄 수 있다. 따라서 내담자의 사진들을 통해 그들이 사진사와의 관계에 대해 어떠한 신호를 보내는지를 알아볼 수 있다. 이러한 양상을 좀 더 알아보기 위해 다음의 질문들을 해 볼 수 있겠다.

이 사진이 '진짜' 당신을 포착해 내었는가? 사진사가 '제대로' 찍은 것인가? 이 사진을 통해 당신이 설정한 대로 우리가 당신에 대해 얼마나 알 수 있을까? 사진사의 역할은 얼마나 된다고 생각하는가? 사진사가 개입된 부분이 의도적 혹은 우연적이라고 보는가? 어떻게 알 수 있는가? 이 사진의 내용 중에 놀랄 만한 것이 있는가? 그렇다면 이 사진이 특별한 사진사에 의해 찍혀서 그렇다고 생각하는가? 만약 다른 사람에 의해 찍혔다면 이 사진은 어떻게 다르게 나왔을까? 다른 사람이 찍었다면 이 사진 속의 당신은 어떻게 달라졌을까? 같은 시간, 같은 장소에서 좋은 친구, 부모나 타인이 찍은 당신의 사진이 있다고 가정해 본다면 모든 과정은 어떻게 다르게 느껴졌을까?

이 사진은 사진사와 당신의 관계에 대해 무엇을 소통하고 있는가? 사진 찍히는 것에 대해 진실한 감정을 보여 주는가? 만약 그렇지 않다면 당신은 그것에 대해 어떻게 느끼는가? 사진사에 대해 어떻게 생각하는가? 언젠가 같은 사람이 당신의 사진을 다시 찍는다면 당신은 어떻게 다르게 사진을 찍을 것 같은가? 당신이 의상, 자세나 얼굴표정, 몸짓, 소품 등에 변화를 주는 것은 타인에게 보이는 개인적 의미를 어떻게 변화시킬까? 당신이 자신의 이미지 중에 마음에 들어 하지 않는 부분을 사진사가 꼭 집어내서 망쳐 버린 사진들이 있다면 왜 그런 일이 벌어졌을까? 이러한 일이 다시 일어나지 않기 위해 당신은 무엇을 하겠는가?

만약 우리가 사진에 찍힌다는 것을 알았다면 우리는 사진에 어느 정도의 조작(만약 우리가 제대로 연습한다면)과도 같은 통제를 가하게 될 것이다. 그런 뜻에서 우리의 사진은 적어도 부분적으로는 우리의 통제하에 있고, 궁극적으로는 사진사의 일시적인 생각에 따르는 것이다. 사진사의 힘은 적어도 부분적으로는 우리에게 받아들여진 것이다. 그 승낙의 중요성에 대해 알아보기 위해 내담자에게 다음과 같은 질문들을 해 보는 것도 유용할 수 있다.

사진사는 왜 거기에 있었는가? 왜 그 사람이 당신의 사진을 찍은 것인가? 사진에 찍힌다는 것을 알고 있었는가? 만약 그렇다면 당신은 어떤 기분이 들었는가? 사진사가 처음에 당신의 의사를 물어보았는가? 그게 어떠한 차이점을 만드는가? 그리고 그 사람이 허가를 요청했을 때 어떤 압박감을 느꼈는가? 지금 이 사진을 보면서 승낙한 것이 기쁜가? 사진을 찍지 않았다면 더 좋았다고 생각하는가? 그렇다면 사진을 찍지 않기 위해 당신은 어떻게 했을까? 결과물을 보고 싶었는가? 사진사가 당신의 사진을 다른 사람에게 보여 주는 것을 꺼렸는가? 왜 현상된 사진을 보기 원했는가? 그것들을 보니 어떤 기분이 들었는가? 사진에 찍히는 모습을 바꾸기 위해 노력을 해 봤는가? 그게 잘 되었는가? 당신의 시각적(비언어적) 묘사를 바꾸기 위해 무엇을 했는가? 이 사진사가 다시 당신의 사진을 찍도록 하겠는가, 아니면 그/그녀와 함께 다른 사람이 찍어 주는 사진을 찍겠는가? 사진사는 그것에 대해 어떻게 느낄까? 만약 그 사람의 사진을 찍을 수 있었다면 당신은 어떻게 하겠는가? 그리고 그 과정이 어떠하길 바라는가?

내담자의 사진을 나중에 이용하기(Later Uses of Photographs of the Client)

고등학교 20주년 동창회 초청장에서 참석자들에게 '지금 그대로의 나의 삶'과 '고등학교 이후 내가 이룬 것 혹은 겪은 것'을 설명할 수 있는 20장의 사진이나 슬라이드를 가져올 것을 요청했다. 결혼식 축하 연회에 참석할 때 종종 나는 가족들이 신부 혹은 신랑이 어렸을 적부터 찍은 가족용 비디오나 슬라이드 등을 보게 된다. 이러한 것들은 사람들이 오랫동안 간직해 왔던 사진들로 창조적인 활용을 도모할 수 있는 좋은 예제들이다. 우리 자신의 사진은 그것이 어떻게 혹은 왜 찍혔는지에 상관없이 우리가 원래는 그 사진 작업을 하지 않았다 해도 우리 삶에 대한 진술이 될 수 있다. 자신의 사진을 볼 때면 우리는 거의 자동적으로 다른 사람들이 무슨 생각을 할 것인지, 그 인화된 사진으로 그들이 무엇을 할 것인지, 누구에게 그 사진을 보여 줄 것인지(혹은 실제로는 그러지 않을지라도 누구에게 보여 주고 싶어 하는지), 그 사진이 다른 사람들에게는 어떤 의미가 있는지 등에 대해 생각한다. 그 순간에 사진을 처음 봤을 때 우리가 어떻게 느끼느냐 하는 것은 탐색해 볼 가치가 있다. 차후에 그 사진에 대해 우리가 어떻게 느끼는지—한참 나중에라도—는 엄밀히 알아볼 필요가 있다. 처음 사진을 찍고 나서 아주 오랜 후에 이루어지는 이러한 충돌이 여기에서의 중점이다.

나는 내담자에게 그/그녀가 모아 온 오래된 사진들을 모두 살펴보고 좋아하는 사진 혹은 좋아했던 사진이 무엇이었는지 살펴보도록 요구하기도 한다. 그 사진들은 그/그녀를 잘 혹은 형편없게 묘사할 수도 있고, 비밀을 간직한 사진일 수도 있으며, 다시 한 번 찍어 보고 싶은 그런 사진일 수도 있다. 이것의 목적은 사진의 이미지를 대면하는 것이 아니라 치료적인 목적과 관련된 과정을 위해 자극제로서 사용하는 것이다. 예를 들어, 내담자가 자신이 좋아하는 사진으로 골라 온 사진으로 상담을 하고 있다면 치료자는 다음과 같은 질문을 할 수 있다. "만약 이 사진이 말을 할 수 있다면 이 사진은 당신에게 어떤 말을 할까요?" "이 사진은 다른 사람에게 혹은 이 세상에 무슨 말을 할까요?" "만약 할 수 있다면 이 사진은 당신에 대해 어떻게 묘사할까요?" "이 사진이 당신 말고 또 다른 어떤 사람이 좋아할 만한 사진이 될까요?" "누군가는 확실히 그것에 동의하지 않을 텐데, 그 이유는 무엇일까요?" 그리고 어떤 사진이 기억되는 유일한 사진이지만 내담자가 싫어하는 사진이라면 치료자는 다음의 질문을 던질 수 있다. "이 사진이 무엇과 같나요? 왜 당신은 이 사진을 좋아하지 않죠?" "혹시 이 사진을 좋아하거나 좋아할 만한 사람이 있나요? 그렇다면 당신은 그렇지 않은데 그들은 왜 이 사진을 좋아할까요?" "만약 당신이 이 사진을 좋아하지 않는다는 것을 알았다면 그 사람의 반응은 어떻게 달라졌을까요?" 치료자는 원하는 방향으로 상담을 이끌기 위해서 다른 질문들을 이와 같이 접목시켜 볼 수 있다.

자화상 작업을 위해 제안된 많은 연습들은 다른 사람이 찍어 준 내담자의 사진들을 가지고 하는 작업을 쉽게 해 준다. 예를 들어, 내담자에게 말하는 직접적인 표현이 고통스럽거나 위험을 감수해야 할 때, 사진 속 내담자의 이미지들을 확대할 수 있으며 가면으로 사용할 수 있다. 내담자는 또한 '그 사람' 을 또 하나의 정체성으로 지목하거나 사진을 가지고 작업을 하면서 관찰, 대화 그리고 다른 상호작용이나 객관적인 자기 인식의 목표를 추구하게 된다.

자신의 사진을 바라보면서 내담자 역시 자신을 투사함으로써 주관적인 사진치료 기법도 유용하게 적용할 수 있다. 유사하게는 친구나 가족이 찍어 준, 벽이나 책상, 앨범이나 지갑 속 등에 등장하는 내담자의 사진들은 뒤의 두 장에서 묘사되는 기술들을 통하여, 내담자가 수집한 사진이나 앨범 속 사진들을 작업할 수 있다.

한 동료(Stechman과의 개인적 교신, 1990년 9월 26일)는 자신이 내담자와 가졌던 경험을 (허락하에) 나와 공유해 주었다. 그의 내담자는 성공한 심리치료자였지만 자신의 인생이 그의 가족에게는 전혀 속해 있지 않으며 그 자신은 그 안에 어울리지 않는다고 느꼈다. 그는 처음에 자신이 입양되었다고 생각했으나 그러기에는 그의 외모가 그의 부모와 너무 닮아 있었다. 그의 어머니는 임종에 가까워 그의 여동생에게 비밀을 털어놓았는데(나중에 그를 불러 이야기했다.), 그를 임신했을 때 몇 번이나 유산을 하려고 시도하였고 그가 살아나지 않기를 바랐다고 했다. 이 사실이 드러나자 몇몇의 이유들이 설명되었으나 그의 무의식적인 고통은 계속되었고 그를 더욱 힘들게 하였다.

그의 인생의 다른 단계들에서(다양한 나이 때에) 찍은 다른 사진들을 살펴보면서 그는 부모와의 긴밀한 유대감 혹은 친밀함이 결여되었음을 알아차렸다. 그는 몇 개의 가족 앨범을 살펴보다가 계속해서 자신이 여덟 살 때쯤에 혼자 자전거를 타고 집 멀리에서 찍었던 사진을 되돌아보았다. 그 사진을 바라보면서 그의 형제자매가 가족관계에서 맺었던 것과는 달리 진정 그 가족의 일원이 아닌 개인으로서 그의 어린 시절에 정말로 혼자였던 '홀로' 살아남은 자의 기분을 확인했다.

그는 오랫동안 자전거 옆에 서 있는 그 소년의 사진을 들여다보고 마침내 그 자신을 발견했다고, 자신 안의 작은 소년, 즉 항상 혼자였고, 다른 사람들조차도 그를 다르다고 확인시키고 그 역시 결코 돌보거나 편안하지 못했던 자신 안의 아이를 느꼈던 것이다. 그는 자신의 일이 다른 사람을 돕는 일에 집중되어 있었는데, 이제 그것이 자신 안에 있는 이 아이를 무시하며 지낸 대가라는 것을 이해했다. 회상을 통해 그는 자기가 '자신'의 어릴 적 고통과 화를 표출하는 것을 회피하며, 대신 남을 '돌

보는 데 중독된' 사람이 되었다고 말했다. 이제 그는 이 사진을 가지고 다니며 자신이 내담자에게 너무나 깊게 개입된다고 느낄 때면 그 사진을 들여다본다고 했다. 이 사진은 그의 감정적인 건강을 확인하기 위한 부적이 되었다.

실증 사례 ILLUSTRATIVE EXAMPLES

첫 번째 사례는 내담자의 어릴 적 사진들과 그녀가 자신을 묘사하는 투사적인 실습에서 은유적인 자신의 초상화로서 선택한 이미지들과 모두 연관되어 있다. 두 번째 사례는 휴일의 낚시 여행에서 찍은 20년 전의 스냅사진이 포함되어 있다. 내담자의 사진을 재탐색하면서 이전에는 인식하지 못했던 의미들이 나중에 드러났다. 세 번째 사례는 다른 사람이 알 수 없는 비밀 메시지들을 간직하고 있는 내담자의 사진들에 관한 것으로, 그녀와의 상담에 도움이 되었다(이 여성은 다른 동료의 내담자였으며, 개인적으로 나의 친구이기도 하였다. 이 경우 나는 사진사이지만 치료자는 아니었다.). 네 번째 사례와 마지막 설명은 한 남성이 서로 어울리지 않는 이미지로 인식되는, 자신의 사진과 여성의 사진과 관련한 독백에 관한 것이다. 그의 반응은 그들의 사진사나 그들이 알 수 있는 대상이 아니더라도 사진이 제시할 수 있는 성의 양상에 대한 단서들을 제공한다.

사례 연구: 페니(Case Example: Penny)

일상적인 삶의 실제적인 모습을 보여 주는 내담자의 사진들은 나중에 그 사진 속의 사람들을 탐색하고 그 의미에 대해 생각해 볼 수 있다. 페니는 자신의 어릴 적 사진들을 보면서 그녀가 막 사춘기에 접어들었을 때 태어난 여동생 때문에 그녀의 인생이 얼마나 달라졌는지를 보여 주고 있는 것을 발견했다. 그녀가 11세에 찍은 많은 사진들은 말괄량이 소녀처럼 보이게 하는 나무 타기, 화살 쏘기, 아빠랑 낚시하기 등의 사진이었다. 12세가 되었을 때, 페니와 그녀의 오빠는 그들의 새로운 여동생을 안고, 아기를 향해 어른스럽고 행복하게 미소를 짓고 있는 사진을 찍었다("그녀는 특별한 보석처럼 느껴졌어요."). 그리고 그녀가 자유롭게 놀고 있는 몇 장의 사진이 더 있었다. 그녀는 일찍이 여성으로서 성장하였고 또 책임감도 가졌다. "나는 정말 그렇게 빨리 자라고 싶지 않았어요. 그렇지만 여동생을 돌보는 것이 좋았어요. '어린 엄마' 역할이 재미있었거든요. 어쨌든 꼬마 악당 역할은 포기해야 했죠."

페니는 이전에 투사적인 실습에서 자신을 은유적으로 가장 잘 표현해 줄 수 있는 두 장의 사진을 선택했다. 작은 새끼 오리들이 모여 있는 사진과 발가벗은 아이가 대나무 빗자루를 타고 '날고' 있는 모습이었다. 첫 번째 사진에 대해 그녀는 다음과 같이 묘사했다. "부드럽고 여리고 안아 주고 싶은 생명체들이죠. 엄마 오리가 와서 밥을 줄 때까지 기다리면서 모두 다 안아서 지켜 주어야 할 것 같아요." 두 번째 사진에 대해서는 "탐험, 믿음, 순수, 완전히 무한한 호기심과 온 세상이 그것을 찾기 위해 너를 기다리고 있어."라고 말했다. 내가 이 이미지에 대해 이야기하도록 요청하자 그녀는 다음과 같이 표현했다. "이것은 내가 잃어버린 그 무엇인 것 같아요. 내가 더 이상 느끼지 못하지만 어릴 적의 순수한 감정 그리고 믿음, 조건 없는 사랑의 시간, 인생의 모험만이 가득하고 책임감이 없던 시절, 그리고 세상은 안전하고 열려 있었죠. 이 모든 것이 내가 십대가 되면서 변해 버렸어요. 내 행동들, 학교 그리고 교회에 대한 기대들이 충돌하게 되었죠." 이 두 가지 기법(그녀 자신에 대한 주관적인 해석과 그녀의 실제 사진)은 그녀의 생각들과 회상들 속에 있는 같은 주제를 불러일으켰다. 이것은 그렇게 되도록 선택한 기법과는 상관없이 정보 자체가 나타내는 중요성을 설명하고 있다.

사례 연구: 에바(Case Example: Eva)

우리가 처음 만났을 때 60대 초반이었던 에바는 부두 교각 너머에 기대어 서서 고요한 바다를 가로지르는 석양을 쳐다보며 팔을 펼치고 있는 20년 전의 오래된 사진을 보여 주었다. 사실 내가 봤을 때 그것은 석양이 아닌 일출의 사진 같았다. 이 단순한 나의 잘못된 지각작용이 지구의 반대편에서는 일몰이 일출이 될 수도 있고, 실제적인 물리적 움직임도 어디에서 보느냐에 따라서 동시에 일출도 일몰이 될 수 있다는 오히려 중요한 논의로 이어졌다. 이것은 에바에게 매우 중요한 것으로 밝혀졌는데, 그녀는 그녀 자신이 '여명의 나이' 라고 칭하는 시기로 들어섰다고 느끼고 있었고 인생이 이제 곧 접히고 말 것이라며 낙담하고 있었기 때문이다. 그녀는 자신의 인생과 시간에 대해 일찍이 그녀가 '해가 지는 나이' 에 들어섰다는 은유적인 표현을 쓰곤 했으며, 알려지지 않은 '영원한 암흑, 몇 년 새 내리막길을 달리고 있는' 것에 대해 두려움을 느끼고 있었다.

이 사진은 몇 년 동안 그녀의 개인적인 사진 모음들 속에 그녀의 남편(지금은 고인이 된)과 함께했던 즐거운 낚시 여행의 추억으로 간직되어 있었다. 그녀는 인생에서 어느 때보다 행복했던 시절의 이미지를 보고자 하는 나의 요청에 따라 이 사진을 가지고 왔다. 이 사진 속에서 특별히 그녀의 눈에 보이는 것은 떠오르는 태양이 지평선 너머에 이등분되고 수면 위와 구름 사이의 강력한 수직선 위에 집중되어 있는 것이었다. 에바는 이 모습이 그녀에게는 십자가처럼 보이며 그 심상이 그녀에게 위안을 더해 주고 있다고 했다. 나는 그녀가 난간을 따라 서 있는 자세에서 '십자가' 의 나란한 이미지를 보았지만, 그녀가 그것을 인식하고 있었는지(혹은 그녀가 인식하고 있었다면 그것이 그녀에게 어떤 중요한 의미가 있는 것은 아닌지)는 확신할 수 없었다.

나는 이 가능성에 대해 스냅사진 속의 눈에 보이는 다른 형상들에 대하여 '간접적인' 질문을 통해 접근해 보기로 하였다. 그녀는 방파제의 산책길과 울타리의 모든 평행선들이 수평선 위에서 하나로 모이고 있다고 했다. 내가 다른 수직선들에 대해서도 물어보자 그녀는 즉시 대답했다. "나 자신이 바로 거기 서 있지요—왜?" 내가 보기에 그녀는 수평선에 자신의 몸을 비추어서 수직으로 십자가 형상을 만드는 양 울타리 맨 위로 팔을 뻗치고 있었다고 말하면서, 그녀가 내 말에 동의하지 않을 수도 있다고 덧붙였다. 어쨌든 그녀는 즉각 큰 소리로 외쳤다. "와, 당신 말이 맞아요! 이걸 좀 봐요! 나도 똑같군요. 내가 바로 태양이에요. 내가 바로 시간의 흐름, 그 일부예요." 그리고 그녀는 이전의 상담 회기에서 투사적 파일에서 선택한 사진을 가지러 다른 방으로 뛰어 나갔다.

이 두 번째 사진은 눈 더미 속의 잔가지가 서로 대비되는 그림자 선을 만들어 내고 있었다. 그러나 에바는 이 사진에 대해 해변에 있는 모래 위의 어둡고 밝은 표면이라고 보았다(〈사진 5-2〉 참조). 그녀는 이 사진은 '모래 사진' 이며 최초로 그녀를 매료시킨 것은 음과 양을 상징하는 것처럼 구별되어 보이는 그 두 개의 선 때문이라고 말했다. 그 사진 속에 들어가고 싶은 곳이 어디냐고 묻자, 그녀는 "그 선이 구별되는 바로 그곳에 무릎을 한쪽씩 걸치고 다리를 꼬고 앉아 있고 싶어요."라고 했다.

이것은 마치 나이를 먹어 가는 것과 그녀의 현재를 자연스러운 과정으로 받아들이는 것이 불편하게 느껴지는 것에 대한 에바의 양가감정을 표현한 것 같았다. 그러나 나는 나의 가정들을 그녀에게 확인하고 싶지 않았다. 그래서 왜 그 두 가지 사진이 그렇게 잘 어울린다고 생각했는지 물어보았다. 그녀는 모래 사진이 어떤 치료적인 과정을 제공해 준다고 대답했는데, 낚시 여행 사진을 보기 전까지는 아니었다고 했다. 낚시 여행 사진에서 그녀는 이전보다 더 집중력을 보였다고 말했다. 그녀에게 원래 행복한 이미지로 보였던 낚시 여행 사진을 우리가 다시 살펴보았을 때, 그녀는 지금 그녀가 발견한 심상이 그동안에도 너무나 강렬하게 존재해 왔다는 것을 알았지만, 이 치료 이전에는 그 의미에 대해 깨닫지 못했음을 알게 되었다. 에바는 이러한 것들이 새로운 것이 아님을 알고 나서 매우 안락함을 느꼈고, 비록 자신이 그것들을 알아차리고 자기 마음속에 묻어 두고 지낸 것은 아니었지만 그것들이 항상 그곳에 있던 것들이었다고 말했다.

CHAPTER

에바에게 그녀의 두려움과 시간의 흐름이 그녀 자신에게 외적인 것이 아니라는 사실을 최종적으로 연결시켜 준 이것은 투사적인 사진(잔가지 사진) 선택에서 그녀의 환상 속의 자세처럼 두 다리를 벌리고 있는 사진에서 잘 보여 준다. 그녀가 부둣가에서 있기는 했지만 그녀의 머리는 태양처럼 수평선과 같이 중심선에 있고 수평선은 바로 그녀의 눈과 귀를 통과해 갔다("태양은 마치 나의 세 번째 눈 같아요."). 덧붙여 수평선이 그녀의 머리만 이등분했을 뿐만 아니라 그녀의 팔은 ('그녀의' 십자가 모양을 만들어 내면서) 울타리 위에 얹혀 있었다. "바로 내 심장을 통과해 가고 있죠. 내 심장은 바로 여기 이 지구에 있지만, 내 머리는 그 밖에 다른 무엇인가의 일부가 되어 가고 있는 것 같아요. 아마도 결국엔 그게 꼭 분리된 것만은 아닌 거겠죠! 이 사진 속에 그 모든 것들이 다 담겨 있었다니 정말 재미있죠. 그렇지만 그런 모든 의미들을 이제

사진 5-2

야 깨닫게 되었어요. 아마 이것이 내가 오랫동안 이 스냅사진을 좋아한 이유일지도 몰라요. 그리고 보세요. 나는 카메라에서 등을 돌리고 있어요. 난 이미 그쪽 방향을 보고 있고, 사진을 찍고 있는 사람을 보지 않아도 난 괜찮아요. 보통 난 상처를 잘 받지 않아요."

사례 연구: 모린(Case Example: Maureen)

사람은 때때로 자신의 사진 속에서 다른 사람이 보지 못하는 무언가를 알아차릴 수 있다. 사진은 오직 사진 속에 있는 사람에게 내적인 과정으로서 시각적인 형상을 보여 줄 수 있다. 가끔 이러한 알아차림이 의식적이지만, 다른 때에는 사진을 보며 깨달았을 때에만 의식적이 된다. 이러한 경우의 가장 좋은 예가 바로 모린이다. 그녀는 나의 친구 중 한 사람이며, 다른 치료자로부터 상담을 받는 중이었다. 당시 모린에 대한 나의 역할은 홍보 목적으로 그녀의 사진을 찍어 주는 것도 포함되어 있었다. 그녀는 가수이자 음악가로서 홍보용 포스터가 필요한 상태였다. 그녀의 사진을 찍은 후 나는 카메라에 필름 반 통이 남아 있음을 발견하고 그녀와 그녀의 남자친구에게 두 사람의 사진을 함께 찍어서 나머지 필름을 모두 써 버리자고 제안하였다. 두 사람은 그 생각을 좋아하며 찬성했다. 그들은 내가 무엇을 해야 하고 어떻게 보여야 할지에 대한 어떠한 지시도 없는 가운데 자연스럽게 포즈를 취했다.

그 결과물은 예술적인 측면에서 나를 만족시켰다. 그중에서 몇몇 사진은 구도가 나의 마음에 들었고, 나는 모린에게 상업적인 사진들을 건네주면서 인화된 개인적인 사진들도 선물로 주었다. 모린과 그녀의 남자친구는 이 여분의 사진들을 받고 좋아하면서 천천히 24장의 그들의 사진들을 훑어보기 시작했다. 그러나 〈사진 5-3〉을 보면서 모린의 표정은 두드러지게 달라졌는데, 그녀는 갑자기 일어나 차를 만들러 가 버렸다.

모린의 갑작스러운 심경의 변화는 나를 의문에 빠뜨렸고, 나는 재빨리 그녀를 쫓아가 무엇이 그녀의 마음을 상하게 했는지 물어보았다. 그녀는 "넌 내 친구야. 하지만 너한테 모든 것을 다 말할 수는 없어. 내가 나의 치료자에게 이야기한 것 중에서

사진 5-3

아직 한 가지 너에게 말하지 않은 것이 있어. 난 곧 그를 떠나서 이 관계를 끝낼 거야. 그렇지만 아직 말할 용기가 나지 않아. 그는 아직 아무것도 모르거든. 나는 우선 내가 무엇을 할 것인지, 어디로 갈 것인지 계획부터 세워야 해. 그래서 아무 말도 하지 않은 거야. 왜냐하면 그에게 그 모든 것을 다 말하고 나면 더 이상 여기 머무는 것을 견딜 수 없을 테니까. 그래서 난 네가 찍어 준 사진들이 추억을 남기는 데 좋을 거라고 생각했어. 그런데 세상에, 그 사진을 좀 봐(그녀가 반응을 보이며 방에 두고 온 사진). 그런 것이 바로 내 눈 속에 담겨 있어. 그도 당연히 볼 수 있을 거야. 내가 그를 떠난다는 것을. 그리고 내 눈이 그 모든 것을 말하고 있어. 이제 그는 모든 것을 알고 있을 거야." 그녀는 눈물을 쏟아내며 돌아섰다. 그리고 내게 자신을 잠시 혼자 내버려 달라고 했다. 나는 베란다로 돌아와 그녀의 남자친구와 계속해서 사진들을 둘러보았다. 그의 첫 마디는 이러했다. "우리 둘이 함께 찍은 이 사진들을 좀 봐요. 나를 향한 사랑이 담겨 있는 그녀의 눈 말이에요."

그녀에게는 너무나 분명하게 그곳에 존재하고 있는 것이 당시 그와 나에게는 완전히 보이지 않는 것이었다. 우리 각자에게 사진의 '진실'은 너무나 다른 것이었다. 모린이 처음 사진을 보았을 때 내가 그곳에 있지 않았다면 나는 결코 그 사진의 부수적인 징조에 대해 알지 못했을 것이고, 또는 그녀는 그녀의 치료자에게 상징적인 의사소통의 방법을 위해 그 사진을 가져갔을 수도 있다. 몇 년 뒤 이 사진을 다시 보면서 지금 나는 그 당시 그녀가 자신의 눈 속에서 발견했다고 한, 나로서는 이해하지 못했던 그녀가 말한 의미들을 볼 수 있었다. 사진들은 전혀 변하지 않았다. 변한 것은 나 자신일 뿐이다.

CHAPTER

모린과 그녀의 남자친구는 그 사진을 그들의 상담과정에서 치료의 중점으로 삼으면서 도움을 얻게 되었다 그 뒤에 그들은 사진치료를 설명하기 위한 사용 목적으로 사진을 나에게 보내 주었다. 그렇게 해서 이 사진은 워크숍에서 거의 우상이 되어 버렸다. 사람들은 때때로 이 사진에 대해 강렬하고 색다른 반응을 보인다.

한 부부가 사진을 함께 찍은 커플의 머리 모양을 토대로 권력 관계에 대해 논쟁했다! 긴 머리에 히피 스타일의 헐렁한 원피스를 입은 부인이 말했다. "그들은 한 쌍으로 어울리지 않아요. 그녀는 지루해 보이고, 그는 무기력해 보여요. 밑으로 내려다보는 게 그렇게 보여요. 그들의 외형을 보니 알겠어요. 그녀는 머리가 길고 대자연의 어머니 같잖아요. 그는 키가 작고 나름대로 패션 감각이 있으며 잘 차려 입었네요." 유행하는 머리 모양을 하고 전통적인 의상을 입고 있는 그녀의 남편이 반박했다. "난 그가 절대 무기력해 보이지 않아요. 그가 무기력해 보일 수도 있겠지만 그건 내가 받은 인상이 아니에요. 난 그가 보다 사기꾼 기질이 있어 보이고, 그 여자는 지루해 보이기보다는 절망한 것처럼 보이는군요. 그녀는 걱정하고 있는 것처럼 보일 수도 있겠어요. 나는 사진에서 그가 그녀를 이끌고 있다고 봐요. 그리고 그녀는 절망적인 상태에 있다는 것을 느낄 수도 있겠죠. 머리 모양 때문에 그렇게 보이는데, 그걸 근거로 다른 이야기들도 추측해 보는 거죠. 그는 미용사였던 것 같아요. 그리고 그녀는 아니었겠죠. 그래서 그가 더 멋져 보이는 거고요. 그래서 나는 그가 더 믿지 못할 사람이라는 인상을 받아요." 나는 이 부부가 그 사진을 자신들의 턱 바로 밑에 들고 거울 앞에 서서 보면 참으로 흥미로울 것이라는 생각이 들었다.

한 내담자는 마치 남자가 여자의 입술을 자신의 손가락으로 당겨 웃으라고 강요하고 있는 것 같다고 말했다. 어떤 사람들은 이 두 사람을 매우 사랑스러운 커플로 여겼다. 어떤 사람들은 그녀가 학대당하고 있는 관계에 있다고 보기도 했다. 한 여성은 말했다. "나는 그녀가 어떤지 알 수 있지만 그는 모르겠어요. 그녀가 되어 보는 것은 상관없지만, 내 친구로서 그 남자는 원하지 않아요. 왜냐고요? 그는 어쩐지 너무나 연약해 보이거든요." 내가 그녀가 그를 좋아하게 하기 위해 그가 무엇을 바꾸어야 할지 묻자 그녀는 대답했다. "내 생각에는 그가 이런 식으로 아래를 쳐다보기보다는 위를 바라보고 멀리 보면 더 좋을 것 같아요. 이 사진은 너무 순종적으로 보이거든요." 그의 추가적인 자세에 목소리를 더해 보도록 부탁하자 그녀는 대답했다. "아래를 보고 있을 때, 그는 아마 '당신은 내 전부야. 내 세상은 당신 주변에서 움직여.' 라고 말하겠죠. 그리고 위를 바라보고 있다면 '당신과 나는 동반자야.' 라고 말할 거예요."

한 남자는 이 사진에 대해 격앙되고 화를 내면서 남자에 대해 키가 작고 빈약한 어깨의, '분명' 여자보다 힘이 약한 남자로 빗대어 말했다. "그녀는 아마도 진짜 못된 여자였을 거야. 그리고 그는 자주 '미안해' 라고 말했어야 했겠지. 남자는 이 여자의 얼굴 마사지 가면을 들고 있는 것처럼 보여. 그리고 이제 막 그걸 걷어내서 자기 얼굴에 덮으려는 것 같잖아. 이것이 아마도 이 세상에서 남자가 여자 뒤에 숨어서 자신을 보호하는 방법일 것이야. 어쨌거나 그들은 모든 힘을 가졌어." 나중에 그는 덧붙여 말했다. "아마도 그는 그녀의 머리를 잘라 큰 접시 위에 날랐을 거야." 내가 보기에 이 내담자는 여자에 대해 어떤 강한 억측들로만 소통하고 있었고, 어떻게 그가 여자들을 경험해 왔고, 그들이 그의 인생에 영향을 미쳐 왔고, 그녀들의 역할에 대해 정의 내리고, 그녀들에 대해 해결되지 못한 어떤 분노를 신호화하고 있는지 설명하고 있었다. 그의 강한 반응에 대한 우리의 논의는 그의 가족 사진으로 이어져서, 어렸을 때 그의 어머니와 아버지 그리고 그 자신의 관계가 어떠했는지 탐색해 보는 데까지 이르게 되었다.

사례 연구: 조셉(Case Example: Joseph)

조셉은 홍보용 여성 사진들 몇 장에 관해 이야기를 꺼냈다. 그는 그 사진들이 '매우 노골적인' 사진이라고 인식하고 있었다. 그는 사진들에 대해 최근에 그의 사진을 찍은 친구와 비교해서 말했다. "어떤 사람을 설명하기 위해 선택된 사진들은 그 사람에 대해 꼭 칭찬해야 하는 것으로 되어 있죠. 이 여자의 사진들을 보면 남자인 내게는 그리 기분 좋은 것만은 아니에요. 어떤 사진들은 그럴 수도 있겠지만 이 사진들은 아니에요. 그래서 나는 왜 그녀가 이것들을 골랐는지 참 궁금하군요. 개인적인 어떤 사진도 칭찬받을 수 있죠. 특히 여자들 사진은요. 남자는 마초 또는 사업적인 측면 또는 다른 측면에서 그럴 수 있어요. 그렇지만 여자들은 겉모습에 더 치중하잖아요. 사진 속 그녀의 어떤 부분은 좀 더 칭찬을 받아야 해요."

내가 그에게 '칭찬을 받아야 한다.' 라는 것의 뜻을 분명하게 해 달라고 부탁하자 그는 다음과 같이 말했다. "그것은 남성이 절대 지배권 혹은 사업, 그의 역할 묘사 등을 나타내 보이는 것에 반하여 빛나는 어떤 신체적인 특성 혹은 내적인 특성이에요. 여성은 그녀가 어떻게 보이는지에 대해 보다 의식적이에요. 내 사진에서 내가 못생겨 보이는 것은 있을 수 있는 일이에요. 그리고 여전히 그럴 수 있고, 못생긴 것을 보완하기 위해서 어떤 질적인 이미지를 마음속에 그릴 수도 있죠. 나는 내가 매력적일 거라고 기대하지 않아요. 그렇지만 나는 그녀가 사진 속에서 어떻게 그려지고, 다른 사람들이 그녀의 사진을 볼 때 어떻게 보일지보다 의식적이고 감각적일 거라고 기대했어요. 그래서 나는 그녀가 보다 칭찬받을 만한 사진을 골랐을 거라고 기대했고요. 나는 여성이 전통적으로 자신이 어떻게 보이는지와 자기 자신을 묘사하는 영향력에 대해 훨씬 지각이 있다고 생각하거든요. 왜냐하면 매력적인 여성은 남자의 관심을 더 오래 끌거나 혹은 그러고 싶어 하고, 따라서 그녀는 더 오랫동안 관심을 얻게 되니까요. 전형적인 남자라면 매력 없는 여성에게 시선을 주지 않거나 관심을 두지 않거든요." 계속해서 그는 말했다. "그래요, 나는 남성 관찰자예요. 나는 대부분의 여성들의 사진들이 남성 관찰자들을 기쁘게 하기 위해 촬영된다는 것도 알고 있어요. 그리고 그 훌륭한 관찰자들이 바로 남성들이죠. 나는 내 머릿속의 이러한 역학관계를 잘 알고 있지만 내 심장은 여자들을 보는 것을 아주 즐거워하죠. 나는 이 사진의 목표가 보는 사람의 관심을 사로잡고 그것을 붙잡고 있는 것이라고 생각해요. 그리고 남성 관찰자들은 매력적인 여성, 혹은 어떤 여성의 가장 매력적인 사진에 보다 더 많은 관심을 쏟겠죠. 만약 내가 '나쁜' 혹은 '다른' 것을 보거나 못생긴 여성의 나쁜 사진을 본다면 그것을 보는 데 많은 시간을 할애하지 않을 거예요. 잠시 동안 그녀가 왜 사람들에게 그 사진을 보여 주려고 선택했는지 궁금해질지라도 말이죠. 여성들은 그들의 능력이 아닌 외모에 의해서 너무나 많이 판단되니까요."

그는 덧붙여 말했다. "이것은 그녀의 좋은 사진이 아니에요. 나는 이 사진에 새겨진 암호화된 뜻이 여성에 의해 선택되어 여성에게 보이게 되는 것이라고 생각해요. 따라서 매력적인 사진은 목표일 뿐만 아니라 약점이 될 수도 있는 것이죠. 우리 사회는 이러한 인식을 요구하고 있지만 유전적으로 프로그램화되거나 필요한 것은 역시 아니죠. 정치적으로 그 인식이 얼마나 비호감인지와 상관없이 그게 진짜 우리 인생이기도 해요. 동성애 남성들도 역시 같은 방식으로 다른 남성들의 사진을 평가한다고 생각해요. 나 같은 이성애 남성들이 여성을 바라보며 구체화하는 것처럼 말이죠. 나는 여성의 사진이 다른 여성들에게는 '예쁜 사진들'은 피하게 하고 칭찬받을 만한 사진은 그 반대되는 사진들만큼의 관심을 끌지 않는다고 생각해요. 여성들은 보다 의식적으로 여성의 이미지를 감정적이기보다는 의미 있고 지적으로 발전시킨다고 봐요. 동성애 여성들도 그렇게 주시하고 있는지는 확신하지 못하지만, 여하튼 나는 이러한 일들이 일어나고 있다고 봅니다. 그게 바로 인생이죠. 그게 바로 내가 성장한 방식이기도 하고요. 나는 현실에 머리를 조아리고 당황해하고, 결국에는 그곳에서 벗어날 수는 있겠지만 그 모든 것이 내게는 사실이에요. 내가 벗어나려고 노력한다 해도 수많은 내 사진들이 멋져 보일 필요는 없을 것이고, 나는 예쁜 여성들의 사진들에 매료당하겠죠!"

이 남성의 의견은 대단한 명료함과 함께 여성의 사진이 어떻게 사회 속 그들의 지위와 관계가 있는지에 대한 광범위한 선입견을 드러내고 있었으며, 사진들을 이용하여 일반인의 전형적 사고를 표출 · 시험해 볼 필요가 있음을 나타내고 있다.

사례 연습 SAMPLE EXERCISES

이 연습들은 이 장의 다른 절들과 똑같은 구조를 따르고 있다. 따라서 나는 부차적인 지시들을 최소화하고자 한다. 그러나 치료자가 나중에 완성된 사진을 들고 있는 내담자에게 물어보는 실제적인 질문들만큼이나 연습을 시작하는 방식이 중요한 시기가 있다. 따라서 질문들을 다룬 다음의 일부 단원들은 어떤 단락에서는 '무대-세팅(stage-setting)' 의 소개 설명으로 시작한다. 또한 독자는 이 목록의 어떤 질문들은 치료자들이 물어볼 수 있는 종류의 질문들을 설명하는 부분에서 이미 등장했음을 알아차릴 것이다. 나는 이 책을 읽은 대부분의 치료자들이 아마 중요한 '사례 연습' 에서의 신속하고 실용적인 제안을 위한 참고로써 기본적으로 이 부분으로 돌아올 것이라고 예상한다. 나는 이미 언급된 주요 질문 예제들을 다시 포함하였는지 확인하였고, 여기에 있는 목록은 포괄적이고 완전하며 독자들이 이러한 목록들을 개별적으로 찾아보기 위해서 이 책을 페이지별로 다시 찾아보지 않아도 되게 하였다.

기본적 고려 사항(Preliminary Considerations)

내담자는 치료자에 의해 자신의 개인적인 사진 모음을 모두 살펴보고 그 사진들 속에서 최고의 대답이 될 만한 것을 찾아본 뒤 치료자가 그 사진을 찾아보도록 한 이유에 대해 생각해 볼 수 있다. 그런 다음 이러한 것들은 치료자와 함께 그 안에 담겨 있는 시각적인 세부 사항들과 그것이 내담자의 마음속에 가지는 의미에 대하여 논의해 볼 수 있다. 만약 내담자의 개인적인 앨범에 주어진 주제에 알맞은 사진이 들어 있지 않다면 치료자는 때때로 사진을 찍도록 요청한다(그러나 이것들이 자화상과 어떤 차이가 있는지 분명한 설명이 주어져야 한다.).

가끔 다른 사람에 의해 새로운 사진을 찍음으로써 내담자 역시 면대면 상호작용 이상으로 사진을 찍어 주는 사람과의 상호작용에서 다른 특성과 마주치게 된다. 그것이 드러나면 치료적으로 유용하므로 치료자는 사실상 결과적으로 나올 사진보다는 그러한 과정을 목표로 하여 내담자에게 사진을 찍도록 요구할 수도 있다.

질문은 치료적 토론에 집중하고 이미지에 대한 상호 검토 그리고 사진을 손에 넣고 보는 과정의 모든 단계에서, 이전에 찍은 사진이거나 혹은 개별적으로 적극적인 탐색을 위해 치료자의 지시에 의해 찍은 새로운 사진들 혹은 다른 사진들과 연합, 예술적인 강조, 서면으로 된 부착물 등으로부터 과정의 어떤 단계에서도 제기될 수 있다. 만약 내담자가 이 두 가지 다른 관점으로부터 각 이미지를 실험할 수 있다면 그것은 바람직하다. 그/그녀가 대상이라는 것을 알지만 모르는 사람을 보듯이 관찰해야 한다. 두 가지 경우 모두 내담자는 그/그녀 자신에 대해서 직접적으로 이야기하기보다는 그 이미지에 대해서 대답해야 한다. 그리고 마치 진짜 다른 사람과 대화하듯이 사진 속의 '자신' 과 상호 소통하려고 노력하여야 한다. 구체화의 기술로서 그리고 사진치료의 기초가 되는 자기 묘사에 대해서는 다음의 질문 목록에서 더 이상 반복하지 않겠다. 독자는 앞의 두 장의 사례 연습에서 그러한 정보를 참조할 수 있다.

사진사의 역할 역시 치료적으로 매우 중요하다. 그 사람은 내담자의 사진이 존재할 수 있게 해 준 이유의 전부이기 때문이다. 내담자와 치료자는 내담자를 찍은 어느 사진에 대해서 논의할 때 사진사의 마음속에 어떤 일이 일어나고 있었는지, 그 사람의 의도와 목표는 무엇이었는지, 인화된 사진을 보고 어떤 감정을 느꼈을지 등에 대해서도 논의해 볼 수 있다. 또한 내담자와 특정한 사진사(내담자의 사진을 찍어 준 적이 없는 다른 사람들과 비교하여)의 관계에 대하여 논의해 볼 것이고, 따라서 이러한 구성 요소들에 따른 질문 부분도 구분되어 있다.

추천된 질문들의 마지막에는 간단한 연습이 있고, 독자는 내담자의 사진들을 보다 적극적이고 상호작용하는 방법으로 어떻게 이용할 수 있는지 배울 수 있을 것이다. 이것은 내가 선호하는 것들 중 하나로, 나는 그것을 예시 사례로 제시하고자 한다.

다른 수없이 많은 가능한 조합들의 응용들도 가능하다.

내담자가 존재하는 사진(Existing Photos of Clients)

내담자는 자신의 개인적인 앨범을 둘러보고 이를 고찰해 본 후 다음의 질문들에 대한 답이 되는, 다른 사람에 의해 촬영된 사진들을 가져오도록 요청된다.

1. 당신이 생각하기에 낯선 사람에게 당신을 설명할 수 있는, 멀리 사는 당신 친구가 지난 10년 동안의 당신 이야기를 따라잡을 수 있는, 또는 당신의 인생 이야기를 들려줄 수 있는 그런 사진들을 20장 이상 가져오시오.
2. 당신이 찍힌 사진 중에 당신이 좋아하는 그리고 싫어하는 사진을 가져오시오. 그 사진들은 다른 사람이 당신에게 칭찬하면서 주었거나 재미있다고 준 것일 수도 있다. 당신이 생각하기에 당신이 아주 잘 나왔거나 최악일 수도 있고 또는 아마도 당신이 다른 사람에게 절대 찍히고 싶지 않았던 순간에 당신이 보인 다양한 감정의 기복을 설명하는 것일 수도 있다.
3. 당신의 가족들 혹은 자신의 과거 앨범에서 당신이 현재 문제를 갖고 있는 것에 대해 보여 주거나 설명하는 데 도움을 줄 만한 사진을 가져오시오.

내담자의 새로운 사진 찍기(Having New Photos Made of Clients)

내담자는 가족 구성원, 친구, 심지어 낯선 사람들에 의해 다음의 요구 사항에 따라 새로운 사진을 찍도록 요청받을 수 있다.

간단한 지시

당신 자신의 사진을 찍으시오.

1. 당신이 좋아하는 장소에서 당신이 좋아하는 사람과 함께

2. 좋아하는 친구, 애완동물, 낯선 사람과 함께
3. 취미생활 장소 또는 좋아하는 여가 활동 장소를 포함한 집, 직장, 놀이터에서
4. 가족과 함께(부모, 형제자매 혹은 당신이 '가족' 이라고 정의 내리는 사람들)
5. 옷을 잘 차려 입고, 특정 복장으로, 누드로
6. 걸으면서, 이야기하면서, 자면서, 생각하면서, 공상에 잠겨서
7. 당신의 부모가 당신을 인식하고 있다고 생각하면서
8. 당신이 언제나 눈에 띄기 원했던 것처럼
9. 특별한 사람 혹은 장소를 생각하면서

복잡한 지시

1. 누군가가 탐정 역할을 맡아 며칠 동안 당신 주변을 따라다니며 그들이 찍은 사진에서 당신이 누구이고 어떤 사람인지 알아내려고 노력해야 하는 것처럼 당신의 사진을 찍는다.
2. 당신의 가까운 가족 구성원 각각에게 그들이 당신 사진을 찍어 주기를 선택한 것처럼 당신의 사진을 찍어 달라고 한다. 당신은 포즈를 취해서는 안 된다.
3. 가족 구성원 또는 중요한 다른 사람(배우자, 연인 혹은 가장 친한 친구)에게 그들이 그 주 중 당신의 최고와 최악이 어떠했는지 생각하는 동안 당신의 사진을 찍어 달라고 부탁한다. 포즈를 취하지 않는다. 돌아오는 주에는 당신이 원하던 대로 당신의 사진을 찍어 준 사람의 사진을 찍어 주고, 당신이 원하는 모든 자세를 취하고, 그들과 포즈를 취하는 것에 대해서도 마음껏 상의한다.

내담자 사진에 대한 보고(Debriefing Photos Taken of Clients)

일단 내담자가 다른 사람이 찍어 준 사진들을 가져오면 그다음 단계를 시작할 수 있다. 즉, 사진들을 훑어보고, 그 안에 시각적으로 담겨져 있는 것들에 대한 의미에 대해 논의하고, 다음 제안에 따라서 상호작용의 과정을 살펴본다.

사진의 시각적인 내용

내담자에게 다음 질문들에 대답하기 위한 기초로 그들 자신이 아닌 사진을 이용하도록 상기시키는 것은 일반적으로 좋은 생각이다.

1. 당신이 사진을 볼 수 없는 사람에게 하듯이 그 사진에 대해 나에게 묘사해 보라. 무엇이 가장 눈에 띄는지부터 시작해서 당신이 찾을 수 있는 다른 것들을 덧붙여 나간다. 사진을 보면서 무엇이 그리고 누가 떠오르는가? 이것들은 무엇을 전해 주는가?
2. 이 사진을 찍을 때 당신은 어디에 있었는가? 당신은 그곳에서 무엇을 하고 있었는가? 무슨 일이 일어나고 있었는가? 그 바로 전과 후에는 어떤 일이 있었는가?
3. 사진 속에 나타난(혹은 나타나지 않은) 무엇인가 때문에 놀랐는가? 누군가 혹은 무엇인가 사진 속에 없었으면 하고 바라는 것이 있는가? 만약 그 일부가 거기에 없다면 어떤 차이가 있을까?
4. 만약 당신이 지금 가까이 들여다보고 있는 사진 속에 어떤 것이 빠져 있거나 혹은 무엇인가 바뀌어야 한다면 그것은 무엇일까? 만약 지금 이런 방식으로 사진이 바뀐다면 사진에는 어떤 차이가 있을까?

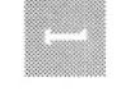

시각적인 내용의 의미

여기에 나와 있는 질문들은 사진의 내용들과 함께 시작하도록 구상되었고, 그 내용에 대한 내담자의 감정과 그들이 다른 사람들에게 무엇을 전달해야 하는지에 대한 기대와 재빨리 연결되어야 한다.

1. 이 사진의 이야기는 무엇인가? 그것이 전달하는 메시지는 무엇인가?
2. 그것이 당신에 대해 이야기하는 것은 무엇이고, 이것들은 무엇과 같은가? 당신은 다른 관찰자가 사진을 보면서 그것을 이해할 수 있다고 생각하는가? 다른 관찰자들도 사진을 보고 당신이 무엇을 생각하는지 혹은 무엇을 느끼는지 말할 수 있겠는가? 사진을 보고 그들이 당신에 대해 알 수 없는 것은 무엇인가?

3. 이 사진의 이면에는 어떠한 비밀들이 놓여 있는가? 당신 가족 중에 누가 그것을 알고 있거나 또는 당신에게 동의하는가? 당신은 누구에게 그것을 안심하고 털어놓거나 또는 누가 이해할 수 있겠는가? 누구에게 말하고 싶은가?
4. 이 사진은 왜 찍었는가? 당신은 사진사인 그/그녀가 원하는 것을 얻었다고 생각하는가? 왜 그런가 또는 왜 아닌가? 그리고 당신은 그것에 대해 어떻게 느끼는가? 당신은 당신의 분명한 기분(장난스러운, 형식적인, 심각한, 들떠 있는, 관능적인, 외설적인 등)을 좋아하는가? 이 사진에서 누군가 당신을 이해하기 위해 당신을 잘 알아야만 하는가? 이것이 당신에 대한 진실한 설명이 되는가, 아니면 사진사가 당신에 대해 옳지 않은, 그래서 수정되어야 하는 다른 의미를 가지고 있는가?
5. 이 사진에서 어떠한 감정적인 표현이 신호화되어 있는가? 당신은 관찰자가 진실로 당신이 무엇을 느끼는지 알 수 있다고 생각하는가? 당신은 무엇을 느끼고 있었는가? 당신의 신체적인 묘사 중 어떤 양상을 사진 속에 이면적인 감정적 메시지로 바꾸어 전달할 수 있는가? 지금 이 사진을 보면서 만족하지 못하는 부분이 있는가? 그것이 당신의 장점을 취하고 있는가? 당신을 왜곡시키는가? 바뀌어야 하는가? 이것을 더 좋게 하거나 진실한 사진으로 만들기 위하여 그 시각적인 내용 또는 당신이 묘사된 방식을 어떻게 바뀌어야 하는가?
6. 사진 속 다른 사람의 얼굴표정과 신체 언어는 당신에게 무엇을 전달하는가?
7. 당신이 좋아하는 사진과 그렇지 않은 사진 간의 차이는 무엇으로 보이는가? 왜 이런 차이가 생겼다고 생각하는가?
8. 이러한 사진들은 자화상 사진 또는 가족 앨범에서 당신을 묘사하는 사진들과 어떻게 다른가? 당신은 이러한 차이에 대해 어떻게 느끼는가? 당신이 좋아하는 이 사진들이 당신 가족 앨범에 들어가기 위해서는 가족들 안에서 어떤 변화가 있어야 하는가?
9. 이 사진을 당신이 사랑하는 사람에게(혹은 당신을 사랑하는 사람에게) 줄 수 있는가? 만약 그렇다면 그 사람은 이 사진에 대해 뭐라고 하겠는가? 당신이 절대 이 사진을 보여 주지 않을 사람이 있는가? 만약 그들이 우연히 이 사진을 보게 된

다면 뭐라고 말하겠는가?

10. 이 사진들 속의 배경 대상과 세부 사항들에 집중하라. 만약 당신이 인류학자가 되어 그 사진들을 보았다면 이 모든 주변 환경에 둘러싸인 이 사람에 대해 무엇을 배울 수 있겠는가? 낯선 사람이 사진 속 당신과 함께 있는 다른 어떤 것들에 대해 이해하기 위해 가져야 할 어떤 특별한 지식이 필요한가? 낯선 사람이 사진 속 당신과 함께 있는 것이 무엇인지 이해하기 위해 그 밖에 알아야 할 것은 무엇인가?

사진사의 역할

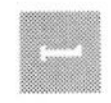

다음의 질문은 사진사가 보는 것을 어떻게 여과했는지 내담자에 대한 사진사의 인식에 대해 내담자가 생각해 볼 수 있도록 도움을 주기 위해 구상되었다.

1. 이 사진을 찍게 된 배경은 무엇인가? 누가 찍었고 왜 그/그녀가 당신의 사진을 찍었는가?
2. 사진사가 당신의 사진을 어떻게 찍었다고 생각하는가? 이것이 당신이 알고 있고 인지하는 '당신' 이 맞는가? 아니라면 그 차이는 무엇이고 사진사가 사진을 찍었을 때 이런 모습들이 왜 나타났다고 생각하는가? 이 사진사는 당신의 진짜 모습을 어떻게 보고 있다고 생각하는가? 만약 그/그녀가 당신을 만족스럽게 찍지 않았다면, 그것이 사진사가 가질 사진이라고 하더라도 당신이 보다 원하는 쪽으로 묘사하고 싶다면 어떻게 하겠는가?
3. 이 사람이 사진을 찍어 주던 그날 무엇을 느꼈는지 기억하는가? 당신은 편안했는가? 사진을 찍히는 것이 괜찮았는가? 사진을 찍는 사람이 처음에 당신의 허락을 구했는가? 사진 속에 당신이 어떻게 보이는가와 나중에 당신이 사진을 보고 어떤 것을 느끼는가의 차이는 무엇인가? 사진사가 사진을 찍게 해 달라고 했기 때문에 부담을 느꼈는가? 할 수 있었다면 그/그녀가 못하도록 했겠는가? 지금 이 사진을 보면서 그 사람이 사진을 찍도록 허락한 것에 대해 즐거운가?
4. 이 사진은 '진정한' 당신의 모습을 포착하고 있는가? 사진사가 담을 수 있는 부

분과 비교하여 당신 자신이 생각하는 당신에 대해 얼마나 많은 부분을 그 사진에 담을 수 있다고 생각하는가?

5. 만약 다른 사람이 이 사진을 찍었더라면 사진은 어떻게 다르게 나왔을까? 만약 다른 사람이 사진을 찍었더라면 당신에 관한 무엇이 달라졌을까? 그 사람이 당신의 좋은 친구, 부모 또는 낯선 사람이라고 가정하고 같은 시간, 같은 장소에서 이 사진을 찍었다고 한다면 각각의 경우 결과는 어떻게 다르게 나올까? 그 과정마다 당신은 어떻게 다르게 느꼈을 것 같은가?
6. 사진사와 당신의 관계를 어떻게 설명할 수 있는가? 그 관계가 이 사진에 어떤 영향을 미쳤다고 생각하는가? 당신은 이 사진이 사진사에 대한 당신의 진정한 감정을 전달하고 있다고 생각하는가? 그/그녀에 의해 사진 찍히는 것에 대해서는 어떻게 생각하는가?
7. 이 사진이 다른 누군가에 의해 찍힌 이후에 사진을 당신이 아닌 그 사람이 소유하게 된다면 그것에 대해 당신은 어떻게 느낄 것 같은가? 그 사람이 당신은 알지 못한 채 다른 사람에게 그 사진을 보여 주는 것을 꺼리겠는가?

내담자의 역할

내담자의 역할은 두 가지로 나누어 탐색될 수 있다.

사진을 찍는 것이 엄밀하게 논의된 상태에서

1. 우리가 지금 막 검토한 사진들 중에서 어떤 사진이 찍을 때 알고 있던 것인가? 그 사진들을 살펴보면서 어떤 것들은 일부러 포즈를 취한 것이고, 어떤 것들은 아니라는 것을 어떻게 말할 수 있는가? 무슨 뜻인지 설명할 수 있는가? 당신이 포즈를 취할 때의 모습은 일반적인 때와 어떤 차이가 있는가? 당신이 사진에 찍힌다는 것을 알았을 때 당신의 어떤 부분을 조심스럽게 바꾸어야 했는가?
2. 꾸밈없는, 포즈를 취하지 않은 사진들 속에서 누가 당신과 함께 있고 그리고 사진을 찍힌다는 것을 알았을 때 당신이 다르게 하고 있는 점은 무엇인가? 만약 그렇다면 누가 또는 무엇이, 그리고 왜 그렇게 했는가?

3. 사진사를 위해 어떤 포즈를 취해야 할지 어떻게 아는가? 일부러 무엇인가를 해서 그 결과를 바꾸려고 노력해 보았는가? 만약 그렇다면 시각적인 묘사를 바꾸기 위해 어떠한 노력을 해 봤는가? 당신이 원하는 이미지를 전달하는 데 성공했는가? 그 결과가 마음에 들지 않았다면 당신은 미래에 당신의 사진을 찍는 데에서 보다 정직하고 현실적인 사진을 찍기 위해서 어떻게 상호작용하고 행동할 것인가?
4. 반대로 당신의 사진을 찍어 준 사람의 사진을 찍어 주고 싶거나 또는 다른 누군가에게 부탁해 그 사람과 함께 사진을 찍고 싶은가? 사진사는 이에 대해 어떻게 느낄 것이라고 생각하는가? 만약 그 사람의 사진을 찍을 수 있다면 당신은 어떻게 할 것인가? 어떻게 진행하고 싶은가?
5. 만약 당신이 같은 사람이 조만간 당신의 사진을 다시 찍게 된다는 것을 안다면 무엇이 달라지길 바라는가? 당신은 그 사람이 다시 사진을 찍도록 허락할 것인가? 어떤 조건과 상황하에서 허락할 것인가? 미리 바꾸기를 원하는가 아니면 그 사람이 이런 점을 눈치 채지 못하게 하고 싶은가?

일반적으로 사진을 찍는 조건에서

1. 당신은 누구에게 사진을 찍도록 허락하는가? 언제? 어떤 조건하에서? 조만간 당신이 바라는 방식대로 사진을 찍게 된다면 당신을 만족시키기 위해 그 사진은 어떻게 묘사되어야 하는가? 어떠한 자세, 옷, 보석류 그리고 장신구들을 선택할 것이며, 그 이유는 무엇인가? 옷을 잘 차려 입을 것인가, 아니면 편안하게 입을 것인가? 몸의 자세는 어떻게 취하고, 표정은 어떻게 하며, 사진사와의 시선 교환은 어떻게 할 것인가?
2. 당신이 아는 모든 사람들 중에서 당신의 사진을 찍지 못하도록 할 사람이 있는가? 왜 그런가? 그 사람들에게 사진을 찍게 허락하려면 무엇이 달라져야 하는가? 어쨌든 그들이 당신이 모르는 사이 당신의 사진을 찍었다면 당신은 어떻게 느낄 것 같은가? 그 사진들이 어떻게 보일 것이라고 생각하는가?
3. 함께 사진 찍기를 거부하고 싶은 사람이 있는가? 왜 그런가? 당신이 원치 않음

에도 불구하고 그들과 함께 사진을 찍어야 한다면 어떤 일이 일어나고, 그 사진들은 다른 사진들과 어떻게 다를까?

4. 만약 당신의 가족이 모두 모였고 당신을 찍은 사진을 포함하여 다 같이 찍은 사진들을 다시 볼 것이라는 것을 알고 있었다면, 이런 거리낌 없는 편안한 자세의 상호작용 속에서 무엇을 볼 수 있을 것이라고 기대하겠는가? 특정 사람들에게 당신이 어떻게 보일까 걱정이 되는가? 만약 그렇다면 그들은 누구이고, 그 이유는 무엇인가? 이러한 사진들을 보고자 한다면 어떤 기분을 느낄 것 같은가?
5. 다른 사람에게는 보여 줄 수 없는 당신의 사진이 있는가? 만약 있다면 어떤 사진들을 누구에게 그리고 왜 보여 줄 수 없는가? 그것은 사진사가 사진을 찍거나 준비하면서(만약 다른 사람이 찍었다면 다른 이에게 보여 주는 것이 가능했겠는가?) 혹은 다른 이유 때문에 일어난 것인가?
6. 카메라 앞에서 어떤 기분이 드는가? 사진을 찍을 때 당신의 이상적인 상황은 무엇인가? 좋은 사진을 찍기 위하여 사진사가 당신에 대해 알아야 할 것은 무엇인가?

내담자의 사진을 가지고 그 밖에 할 수 있는 일
(What Else Can be Done with Photos of the Client)

지금쯤이면 독자는 창조된 사진들을 이용하여 다른 것들로부터 도출된 결론과 함께 하나의 기법을 어떻게 결합해야 하는지에 익숙해져 있을 것이다. 스냅사진을 찍고 이야기하는 것은 모두 치료적으로 가치가 있다. 그러나 다양한 내담자의 사진 작품들과 함께하는 추가적인 실습은 내담자의 인생(그리고 자기 자신 및 타인과의 상호작용을 둘러싼 과정들)에 대해 보다 큰 작품을 만들기 위한 공예품으로써 내담자의 사진 작품을 이용하도록 구상할 수 있다.

1부

어떤 사람이 찍어 준 전형적으로 보이는 당신의 사진을 선택한다. 두 개의 복사본을 만들고 커다란 종이의 가운데에 한 장을 붙인다. 사진 속 당신 자신을 빼고 이미지 속에 있는 모든 시각적인 세부 사항들을 살펴보고 각각에 동그라미를 치고 종이 위에 선을 그린다. 선 위에 대상, 사람 혹은 동물이든지 간에 당신과 그들 간의 연관성에 대해 각각 기술한다. 사진 속의 모든 외적인 부분들에 대해 당신 자신과 연계된 이야기를 만들어 낼 수 있겠는가?

2부

두 번째 복사본은 이 익숙한 환경에서 당신 자신만을 오려냄으로써 당신을 제거하는 데 이용한다. 당신의 분리된 모습은 신문지와 같은 중립적인 배경이 있는 종이 위에 올려놓는다. 이제 당신은 다른 시각적 환경을 가지고 있지 않고, '새로운' 당신의 사진도 시각적 내용물이 없다. 당신은 미술 재료들을 이용하거나 다른 사진, 잡지 혹은 당신이 좋아하는 언어를 이용하여 그것을 창조해 낼 수 있다. 당신은 당신의 옷 혹은 장신구 등을 바꾸어 줄 수도 있다. 원래의 사진과 함께 당신의 새로운 사진을 비교하여 본다. 그 차이점과 그것이 당신에게 무엇을 의미하는지 기록한다. 원한다면 당신은 이 연습을 대안적인 정체성 혹은 실제 사진 속의 제약으로부터 다른 자유로운 맥락을 창조하는 데 이용할 수 있다.

PhotoTherapy

CHAPTER

06

자기 구성의 메타포

내담자가 찍거나
수집한 사진이 반영하는 것

Techniques

Metaphors of Self Construction

몇 년 전 나는 사촌과 함께 같은 곳을 방문해서 여러 친척들을 만나고 즐거운 경험을 하면서 여행을 했다. 우리는 많은 스냅사진을 찍었고, 때론 서로의 사진 찍기 능력을 미심쩍어 했기에 각자 나란히 서서 자신의 사진을 찍는 때도 있었다. 집으로 돌아왔을 때, 우리는 같은 장소를 찍은 사진인데도 너무 달라 보여서 우리가 다른 곳을 방문했나 싶을 정도였다. 우리 각자는 서로에게 값진 추억이 된 장소들을 알아보지 못했다.

가족과 함께 찍은 외부 행사 사진들은 우리 각자가 친척들과 맺는 서로 다른 관계와 전에는 알지 못한, 심지어 이야기해 보지도 않은 서로의 다른 관점을 드러냈다. 사촌과 내가 찍은 사진들을 섞어 놓았을 때, 왜인지 확실히 설명할 길은 없지만 우리의 친구들은 누가 어떤 사진들을 찍었는지 거의 맞출 수 있었다. 사진들은 사진 속 대상과 마찬가지로 사진을 찍은 우리에 대해서도 잘 설명하는 것처럼 보였다.

이러한 경험은 사람들이 사진을 찍을 때 완성된 사진 속에서 그들의 성격이 어떻게 암암리에 '드러나는지' 설명해 준다. 치료를 위해서는 사람들이 보관하는 잡지, 달력, 책, 안부 카드와 포스터 속의 사진들도 '수집한 사람' 에게 중요하고 가치 있는 것이기에 그 사람의 성격을 반영한다고 간주하게 된다.

내담자가 기억하고 있는 이미지(remembered image) 또한 그 사람에게 중요하다는 것을 암시한다. 따라서 이 장에서 정의하는 '내담자에 의한 사진' 이란 내담자가 직접 촬영한 스냅사진뿐 아니라 자발적으로 혹은 치료사의 지시로 포착한 은유적 혹은 상징적 사진 이미지들도 포함한다.

사람이 찍고 보관하는 사진들은 자아의 연장선상에 있고, 말 그대로 개인적 현실의 구성물을 이룬다. 사진들은 물체, 사람, 장소와 사진사의 관계를 보여 준다. 그것들은 자기 개념(self-concept)을 반영하고, 투사를 가능하게 하며, 우리의 지각을 기록해 준다. 사진을 찍는 행위는 사진사에게는 그 순간을 남기고 싶어 하는 능동적 결정일 수도 있고, 사진 찍기의 충동을 일으키는 장면에서의 사진 촬영은 사진사의 수동적 수용성을 반영하기도 한다. 예술의 기원에 대한 Jung의 이분법(예술가의 의도에서 그 기원이 시작되었다 혹은 의도 자체가 예술가에게 영향을 주었다.)과 다를 바 없이, 사진들은 이 한두 가지 영향에 대한 반응으로부터 나왔다. 무의식은 사진사의 능동적 선택과 수동적 수용 모두에 영향을 미치지만, 또한 사진사가 의도적으로 사진을 찍으려 할 때가 아니라 그저 그 순간이 적당하다고 느껴져서 카메라 버튼을 누르려고 할 때 가장 강하게 작용한다.

우리가 사진을 찍을 때, 심지어 찍고자 생각만 할 때도, 우리는 우리 삶 자체에 대해 다른 시각을 갖게 된다. 우리는 자신의 상태를 깨닫지 못하는 참여자에서 관찰자로 전환하게 된다. 우리가 지금 무엇이 일어나고 있는지 인식하게 되면 우리가 검토하고 기록하고자 하는 장면은 관찰과 거리두기에 의해서 돌이킬 수 없게 변하게 된다. 이렇게 실제적인 개입은 참여한다는 사실을 잊어버리게 한다. 그 안에서 우리의 모습을 감지한다는 것은 우리 자신을 자각하게 되는 것이고, 우리 자신과 우리가 바라보고 있는 어떤 것 사이에 경계를 설정하는 것이다.

대부분의 사진사들은 자신 앞에 펼쳐진 장면을 객관화하고 조작하고 포착하고, 그렇지 않으면 어떤 특별한 목적을 갖고 관찰한다. 그냥 보는 것에서 실제적인 사진 표상으로 고정되면서 추가적인 정보가 발생하는 순간, 세계를 경험하는 눈은 또 다른 시각을 갖게 된다. 사실상 사진사가 그 순간을 영원히 기억할 만큼 중요한 게 아니라고 생각했다면 우리는 결국 그 장면을 결코 보지 못할 것이다. 사람은 자신이 찍고자 하는 대상이 단지 풍경일 때조차도 카메라의 개입 혹은 사진사의 위치 선정 같은 강력한 영향력이 존재한다는 것을 종종 잊곤 한다.

때때로 사진은 우리가 셔터를 눌렀을 당시에는 미처 깨닫지 못했던 것들을 나중에 드러내기도 한다. 때때로 사진을 찍는 사람은 스냅사진을 찍는 과정에서 '우연히' 나타나고 상징적으로 표현된 자신만의 패턴(인류의 원형만큼 상징적인)을 볼 수 있다. 자신의 사진앨범에서 고른 이미지들은 그 자신조차 알지 못했던 어떤 일정한 주제나 패턴을 가지고 있다. 사진을 하나하나 볼 때보다 전체적인 조망을 가지고 보면 그것들이 합쳐져 어떤 의미를 생성하게 된다. 개인적인 사진들은 무심결에 사진의 주인에 대해 강력한 발언을 한다. 동료의 내담자가 표현한 것처럼, "내가 찍는 사진은 '작은 나(me)가' 되고, 그 후에 '진정한 나(I)' 에 의해 검토된다." (Combs & Ziller, 1977).

언제 사진을 찍는지 바로 그 순간을 생각해 보면, 나는 내가 보는 것보다 '느끼기' 때문에 사진을 찍고, 그보다는 내가 보는 무엇이 나를 느끼게 '만들기' 때문에 사진을 찍는다. 이는 카메라를 들고 긴 시간을 고심한다고 되는 일이 아니다. 나는 이 사실을 내 사진의 독특한 방식과 이론적 근거에 대해 깊이 숙고하고 나서야 비로소 깨닫게 되었다. 통찰력이 깃든 내 사진들 중 다수는 내가 셔터를 눌렀는지조차 모르는 상태에서 찍은 것들이 대부분이다. 다른 사람도 그렇겠지만, 나에게 이는 이례적인 일이 아니다. 카르티에 브레송(Cartier Bresson, 1908~2004, 사진집단 '매그넘'을 창립했으며, 보도 사진을 예술로 격상시킨 프랑스의 사진작가-역자 주)의 '결정적인 순간(decisive moment)' 처럼, 또는 마이너 화이트(Minor White, 1908~1976, 신비롭고 시적인 사진들로 유명한 미국의 사진작가-역자 주)의 문구에서 보면, '사진사를 위해 선택되기를 기다린 순간' 처럼 사진기는 이미 내 눈앞에 펼쳐져 있는 것들 중 내가 관찰하고 관심이 있는 것을 나에게 알려 주는 것 같다.

그러므로 모든 매체는 무언가를 매개한다. 눈치 채지 못하게 개입하기 때문에 어떤 필터가 작동하는지 모르지만 말이다. 반영적인 매체로서 사진은 자화상이 그러하듯 사진을 찍은 사람에 대한 정보를 보는 이에게 전달해 줄 수 있다. 찍힌 사진 속에 표상된 것으로서의 '자신' 이 사진에 드러나는 대상과 똑같을 수는 없다. 그럼에도 불구하고, 사진사의 '자아' 는 그/그녀가 찍은 모든 사진에서 드러난다.

사진사가 어떤 장면을 포착하는지와 상관없이, 누군가의 카메라에 찍히기 위해서 어떤 장면이 항상 '그 자리에 그렇게' 있다는 생각은 동시에 맞기도 하고 틀리기도 한다. 이러한 모순은 이 장의 주요한 이론적인 토대를 이룰 것이다.

때때로 사람들은 질문한다. 만약 사진을 전혀 찍지 않거나 단 한 장도 가지고 있지 않는 사람이 있다면 이는 무슨 의미가 있는가 하고 말이다. 나는 그 자체에 특별한 의미를 부여할 필요가 없다고 대답하지만, 치료 장면으로 돌아오면 사진 한 장 없는 것이 내담자에게 문제가 되는지 알고 싶다. 만약 내담자가 사진에 대한 소유욕이나 필요성을 전혀 못 느끼고 또 원하지 않는다면 아무런 문제가 될 것이 없다. 그런데 내담자가 사진을 갖고 싶어 하지만 그럴 만큼 잘 찍을 수 없고 또 잘 찍히지 않는다고 느끼지는 않는가? 만약 사진이 잘 나온다고 생각되거나 어떠한 결과가 보장된다면 내담자는 사진을 갖고 있겠는가? 사진을 찍을 때 혹은 찍힐 때의 과거 경험이 어떤 사진도 만들지 않겠다는 지금의 결정에 영향을 주었는가? 그 밖에 고려해야 할 상황은 사진이 없어져 그것을 다시 복구하는 작업이 힘들어 보일 때, 원가족에 의해 거절당했거나 버림받았다고 느끼고 의지할 만한 가족이 없다고 생각할 때 등이다. 사람들이 사진을 갖지 않는 데는 여러 가지 이유가 있다. 그 이유와 그와 연관된 감정은 치료적으로 중요하다.

이 기법은 어떻게 작동하는가HOW THIS TECHNIQUE WORKS

일이 잘 풀리지 않을 때, 혹은 인생이 전반적으로 원하는 대로 흘러가지 않을 때, 사람은 왜 일이 뜻대로 되지 않는지 스스로에게 설명하기 위해 본능적으로 이야기를 만들어 낸다. 그리고 사람은 그 모든 것을 이해하려는 과정에서 이질감을 줄이고 위협에 대처하는 능력을 높이기 위해 자신의 삶을 방해했던 것을 정상적인 것으로 간주하려 든다. 이렇게 자신의 삶을 더 잘 이해하기 위한 시도를 통해 사람은 자신의 삶을 관찰자 입장에서 좀 더 객관적으로 바라볼 수 있게 된다. 이러한 시각은 사람이 예측할 수 없는 인생의 어떤 부분을 더 잘 통제할 수 있다는 느낌을 갖게 한다.

이것이 치료가 일어나는 하나의 이유다. 내담자는 안전한 장소에서 낯선 사람에게 자신의 이야기를 털어놓는다. 그리고 그 와중에 종종 자신에 대해 좀 더 이해할 수 있게 된다. 이름을 붙이고 라벨링을 하고 현재 일어나고 있는 일들을 설명하고자 노력하는 과정에서, 사람은 통찰을 얻고 이해를 하며 꽉 조인 의식에서 탈출할 수 있게 된다. 그리고 사진을 찍거나 이미 존재하는 사진(자신 혹은 남이 찍은 것)으로부터 이야기를 만들어 냄으로써 애초에 결핍된 것으로 보였던 형식과 연합과 감각을 되돌려준다. 내담자는 사진을 찍거나 사진을 보여 줌으로써 자신의 인생에 무슨 일이 일어나고 있는지 시각적인 이야기를 구성하고 표현하며 자신의 인생 자체를 좀 더 온전하게 이해할 수 있게 되는데, 이는 치료적 이점을 갖는다.

사진을 찍는 것은 자기 표현과 창조의 한 유형이다. 사진 찍기를 과제로 받았을 때, 최종적인 결과물들은 틀림없이 자신을 설명하는 데 도움을 주는 자아의 확장물이 된다. 왜냐하면 사진 찍기란 개인적인 소통의 일환이기 때문이다. 스냅사진을 찍는 것은 자아존중감을 고양시켜 줄 수 있고, 자신의 목표를 더욱 분명하게 만드는 데 도움이 된다. 현실의 문제를 일일이 고려하는 구체적 통찰 없이도 사진 찍기는 생각만 할 때는 모호하게 보였던 목표한 결과, 직업, 성취 같은 미래의 모습을 시각화하는 데 유용할 수 있다. 사진은 변화와 관계를 만들어 가는 수단일 수 있으므로, 판타지를 탐색하고 자신이 바라는 결과를 예습해 보며 내면의 소통을 이룬다. 이 모든 것이 카메라 안에서 가능해지는 것이다.

좀 더 구체적으로 이야기해 보면, 사진 찍기 과제는 내담자가 세대, 문화, 사회계층, 인종, 성별 그리고 정치적인 차이까지 이해할 수 있도록 도와준다. 차이에 대한 내성을 높이기 위해 이러한 차이들이 위협적이지 않도록 재구조화할 필요가 있다. 총을 쏘거나 말로 쏘아붙이는 대신 사진을 찍는 것은 많은 상황에서 더 긍정적인데, 사진 찍기는 개인적 관계(다행히도 좋은 관계)를 맺고 있는 사람들에게 폭력을 행사하는 것을 거의 불가능하게 만들기 때문이다. 사람이 서로를 낯선 타인이나 속을 알 수 없는 수수께끼로 여기는 것을 멈춘다면 서로의 감정적인 부분을 이해하고 좀 더 수월하게 소통을 할 수 있게 된다. 특히 그들이 비슷한 경험을 공유했다면 더욱 그럴 것이다.

예를 들면, 나는 동네 구멍가게를 털었던 청소년들을 치료했을 때 법정 판결의 일부로 피해를 입은 가게의 주인과 직원의 인생에 관한 다큐멘터리를 사진으로 만들도록 치료 프로그램을 고안했다. 또한 청소년들에게 그들과 함께 가게에서 그리고 다른 곳에서 사진을 찍으라고 요청했다. 두 집단 사이의 정서적인 괴리가 줄어들자, 그들은 조금씩 개인적인 관계를 맺기 시작했다. 과제로 주어진 사진을 만들기 위해 서로 대화하는 것이 필요했고, 함께 얘기를 나누면서 공통의 관심사를 종종 발견했던 것이다. 또한 소년들은 몇몇 가게 주인들 역시 자신처럼 사춘기에 소년원에 갈 정도로 말썽을 부렸다는 사실을 알게 되자, 자신에게도 밝은 미래가 있을 수 있다고 믿게 되었다. 서로를 알게 되면서 가게 주인들 역시 그들에게 좀 더 진정성 있는 인간적인 모습으로 대하게 되었고, 결과적으로 그 동네의 절도율은 현저히 감소했다. 자신의 범행 현장으로 돌아가서 피해자들이 보고한 결과들을 사진으로 찍는 것과 같은 유사한 프로젝트들은 어린 방화범, 낙서범, 물건을 훔치는 청소년들을 대상으로 진행되었다. 범죄를 개별화하고 그 결과들을 마주하면서 내담자는 자신의 행동을 다른 시각에서 재경험할 수 있었다. 다른 누군가가 찍은 사진을 보면서 내담자는 다른 사람의 눈을 통해서 세상을 바라볼 수 있게 된다.

사진을 찍을 때 우리는 어느 정도 통제력을 갖고, 뷰파인더 안에서 우리가 프레임화한 것에 대해 권력을 지니게 된다. 이는 선택이나 몰입에 어려움을 겪는 사람과 행동에 대한 책임을 지려 하지 않는 사람에게 치료적으로 도움을 줄 것이다. 학대, 강제 입원 또는 치명적 사고로 과거에 지녔던 능력을 상실한 경험이 있는 내담자는 자신이 원하는 때에 원하는 대로 사진을 찍음으로써 자신이 휘둘렀던 상징적인 권력을 되찾는 장점이 있다. 개인적인 의견은 논쟁의 여지없이 그들 자신의 생각에서 비롯된 것이며, 그 어느 누구도 자신을 다듬어 가는 과정에 일조하지 않았다는 것을 알게 된다. 이것은 종종 표현을 자유롭게 해 주고, 자기 성장의 느낌과 자신감을 높여 준다.

다른 사람이 주었거나, 자신이 찍었거나, 만들었거나 모은 사진, 그리고 벽에서 떼어 왔거나 집에 있는 탁자 유리에 끼워 둔 사진이나 앨범에서 뽑아온 사진들을 모아 보면 내담자의 과거의 인생을 요약해 볼 수 있고, 인생에 어둠과 파멸만이 있을 것 같은 때에도 자신의 인생을 낙관적으로 볼 수 있게 한다. 이는 우울한 내담자로 하여금 인생의 긍정적인 면들을 다시 찾아내고 숙고할 수 있도록 고무시키고, 삶의 변화를 기꺼이 수용하려는 사람에게 자신이 특별한 존재라는 확신이 다시 들게 해 준다.

또한 타인이나 '운명'에 의해 많은 것들이 좌지우지되었다고 생각될 때, 사진은 자신이 자기 삶의 주인이 될 수 있도록 힘을 줄 것이다. 인생이 제멋대로 비틀거리는 것 같은 사람에게도 사진은 인생 항로를 그릴 수 있는 실질적인 발판을 제공해 주고, 위기가 찾아오기 전에 그들이 누구였는지 납득하게 해 주며, '들어오는 길이 있다면 분명 나가는 길도 있을 것이다.' 와 같은 무의식적인 신호를 줄 수 있다. 비록 앞날이 손쓸 수 없을 정도로 절망적일지라도, 좋았던 시절에 대한 긍정적인 추억들은 좋은 기억들과 다시 접속하게 만들고 내담자 자신의 인생에서 무엇이 중요했는지를 입증할 수 있게 해 준다.

사진 찍기(Taking Photographs)

우리는 우리가 보고 있는 이미지를 필름에 담기 원할 때 사진을 찍겠다고 의식적인 결정을 내린다(비록 그 이미지가 우리 마음속에 있을지라도). 사진을 찍는 것은 또한 더 무의식적인 행위일 수도 있는데, 우리를 부르는 것 같은, 사진적 형태로 담길 '원하는' 것처럼 보이는 어떤 것을 만났을 때 그러하다. 이런 상황들은 자발적으로 일어나거나, 치료자 혹은 타인이 준 과제에 대한 반응으로 일어나기도 한다. 예를 들어, 사진기자들은 특별한 임무를 만족시키는 특정한 이미지들을 찾기도 하고, 그냥 눈에 들어오는 것을 찍기도 하며, 이후 사진으로부터 이야기를 만들어 간다. 때때로 몇몇 사진에서 만들어진 이야기는 원래 사진사가 생각했거나 작업하기로 했던 것과는 많이 다르다.

사진들은 종종 포착되었던 당시에 드러난 것보다 더 깊은 의미를 실어 나른다. 예를 들어, 한번은 어떤 내담자가 여러 장의 예술 사진을 내게 보여 준 적이 있다. 나는 물건이든 사람이든 사진 속의 이미지들이 쌍을 이루고 있다는 것을 눈치 챘는데, 두 개의 가로등이 서 있는 길가에 두 그루의 나무 곁을 지나가는 두 사람의 사진이었으며, 심지어 하늘에 있는 구름도 두 개였다. 다른 사진에는 똑같이 포장된 입구와 나무들 그리고 거울상 같은 난간과 베란다 사이로 두 개의 현관 입구로 뻗어 올라간 두 개의 계단이 있는 두 채의 집이 있었다. 거기에 너무나도 많은 두 개의 이미지들이 있기에 나는 이 점을 지적했고, 내담자도 그것을 알고 있었는지 물어보았다. 그는 내가 지적한 부분을 보면서 '그렇다.' 고 대답하며 내가 뭘 얘기하고자 하는지 알겠지만 사진에 어떤 중요성이 있다고 생각지는 않는다고 했다. 그래서 나는 그 이야기를 더 이상 꺼내지 않았다.

몇 주 후, 그는 거울이나 창문에 비친 혹은 물건이나 자연을 통해 반사된 자신의 모습을 촬영하는 자화상 작업을 하게 되었다. 한 묶음은 거울에 비친 모습을 촬영하여 그가 그 자신 옆에 서 있는 것처럼 보이는 사진들로, 그는 이를 '이중 노출' 이라고

CHAPTER

8

명명했다. 그 사진들을 바라보면서 그는 꽤 깊은 생각에 잠기는 듯했다. 그런 후 그는 다음 묶음의 사진을 보았는데, 그것은 그가 아름다운 저녁노을이 지고 있는 것이 보이는 커다란 창문을 등지고 있는 사진들이었다. 그는 자신이 마치 밖에 서 있는 것처럼 보이게 사진을 찍고 싶어 했지만, 실수로 플래시를 터뜨리는 바람에 밖의 모습들은 사진에서 전혀 나오지 않게 되었다. 대신 배경은 완전히 까맣고, 마치 창문 밖에는 귀신 같은 형상이 어른거리는 것처럼 보였다.

그는 이 사진을 보면서 얼굴이 창백해지기 시작했다. "난 석양에 혼자 남아 있는 내 모습만 볼 수 있을 것 같았는데, 대신 죽은 쌍둥이 형제가 내 등을 쳐다보는 것 같아요. 나는 원래 쌍둥이로 태어났어요. 하지만 쌍둥이 형제는 태어나자마자 죽었죠. 나는 항상 내가 둘이었어야 했다고, 그래서 불완전하다고 느꼈어요. 함께 살거나 함께 죽었어야 했는데, 왜 나만 살고 그는 죽었을까 하는 점이 항상 나를 괴롭혔죠. 하지만 나는 비록 그가 내 마음 안에만 있을지라도 지금도 얼마나 많은 부분이 저의 일부를 이루고 있는지 깨닫기 시작했어요." 우리는 살아남은 자의 죄책감, 결코 이룰 수 없었던 기대와 같은 여러 가지 주제들을 함께 탐색했다. 그러고 나서 그가 전에 내게 보여 줬던 수많은 쌍으로 된 사진들을 다시 보면서 그가 그 사진들을 찍었을 때 그의 깊은 무의식 속에서 어떤 일이 일어나고 있었는지를 탐색했다.

이 사례는 사진을 찍을 때 우리가 얼마나 우리 자신을 완벽히 상징화하는지를 잘 보여 준다. 사진을 찍기로 한 매 순간의 결정은 자신의 내적 준거에 의해 영향을 받는다. 우리는 우리가 보는 것에서 의미를 발견하는데, 시각 정보 자극이 우리에게 영향을 주기 때문이다. 우리가 찍는 모든 사진 역시 우리 자신에 대해서 말해 준다. 왜냐하면 카메라는 사실상 쌍방향으로 동시에 의미를 부여하기 때문이다. 따라서 이미지는 그 사진을 찍기로 결심했던 사람에게 치료적인 통찰을 제공할 수 있다. 이미지는 그 사람이 어디에 빠져 있는지 또는 그의 인생에서 무엇이 중요한지를 알려 주기 때문이다. 한 내담자는 그녀의 개인 앨범 속에 있는 지난 몇 년간의 스냅사진들을 보면서 거의 끝장나 버린 자신의 결혼생활을 꽤 간단명료하게 이해하게 되었다고 털어놓았다. "이것 좀 보세요! 난 엉망인 결혼의 끝자락에 서 있어요. 내가 어떤 사진들을 찍었든(지난 몇 년 동안) 그 사진들은 공통점이 있어요. 방해물과 감금! 계속 잘해 보라고 재촉하는 엄마의 말씀보다는 내 사진에 귀를 기울였어야 했어요."

여러 가지 가능한 의미가 누군가가 찍는 스냅사진 속에 항상 스며들어 있고, 각각의 지층은 잠재적으로 치료적인 중요성을 띨 수가 있다. 특정한 사진을 찍겠다고 결정하는, 그리고 특정한 방법으로 그 순간을 포착하고 싶어 하는 각각의 이유들은 사실상 사진이 그러한 것만큼 개인적으로 중요한 것이 될 수 있다. 우리는 내담자가 찍은 사진들에서 그들이 본 것뿐만 아니라 사진을 찍을 때 그들이 누구였는지도 보게 된다. 그것은 주목할 만큼 중요한 것이고, 내담자의 관점에서 그 이미지의 의미와 목표를 탐색해 나가는 출발점이 되어 줄 것이다.

어떤 경우에는 몇 년이 지나서야 우리가 자석처럼 특정 사진들에 끌리게 된 이유를 이해하게 되기도 한다. 때때로 우리는 그 해답을 절대 찾을 수 없다.

사진 모으기(Collecting Photographs)

한번은 내담자가 나에게 남편의 사무실 책상에 놓여 있는 사진을 보고 결혼생활의 위기를 번개 치듯 갑자기 깨달은 적이 있다고 말했다. 남편의 책상 위에는 그가 소유한 보트, 좋았던 낚시 여행, 새로 산 스포츠카 그리고 아이들과 찍은 사진들도 있었지만 그녀는 없었다. 자신의 사무실 사진들은 모두 부부 사진을 포함한 가족과 친구들의 사진이었는데도 말이다. 사진을 자세히 보던 그녀는 모든 커플 사진에서 자신이 남편을 보고 만지고 안고 있는 동안, 남편은 사진사를 보거나 경직된 자세를 취하고 있다는 것을 처음 깨달았다. 그녀는 부부간에 문제가 있음을 자신과 남편의 사무실 사진의 차이를 통해 처음으로 깨달았다고 내게 말했다.

전통적으로 사람들은 가족과 친척들의 행사 사진들을 앨범에 끼워 넣거나 집이나 직장에 걸어 놓기도 한다. 하지만 모든 사람들이 소중한 사진을 풀로 붙여 앨범에 보관하거나 액자에 끼워 영구 보존하는 식을 원하지는 않는다. 한 남자의 오랜 습관은 친구와 가족들의 즉석 사진을 찍어서 그것들을 잘 보관하는 것이다. 그는 거실 벽에 천 장이 넘는 즉석 사진들로 콜라주를 만들었다(〈사진 6-1〉 참조). 내담자의 생활 공간이나 직장에 놓아둘 사진이나 수집된 이미지들을 고르는 것은 그들에게 중요한 것이 무엇인지 생각해 보는 데 좋은 출발점이 될 수 있다.

그는 이사할 때 모든 사진들을 새 집의 거실 벽에 그대로 가져다 옮겼다. 그는 벽이 꽉 차게 되면 두 번째 콜라주를 만들 것이라고 말했다. 어떤 사진들은 연대순으로 되어 있고, 어떤 사진들은 친분과 관계별로 정리되어 있다. 이런 내담자를 치료할 때에는 치료자가 내담자의 집을 방문해 보는 것도 좋다. 이런 벽은 그냥 '앨범'이 아닌 만큼, 사진치료를 위해 만든 사람의 인생과 가치관을 알 수 있는 좋은 자료가 된다.

내담자의 개인적인 사진 모음의 상징적인 중요성은 사진 자체에 있는 것이 아니라 그 사진들이 사진을 찍은 또는 준 사람들과 어떻게 관계맺는가에서 나온다. 나는 파리 거리가 비치는 유리창과 싸구려 나무 장식이 그려져 있는 선물 가게가 등장하는 크리스마스 카드를 하나 가지고 있다. 카드 자체도 예쁘지만, 더 중요한 것은 카드를 내게 준, 최근 세상을 떠난 친구다. 카드에 아무 사진 없이도 특별할 수 있겠지만, 난

© 1990 Patrick Clifton

사진 6-1

그런 장식이 있는 크리스마스 카드를 볼 때마다 그녀를 생각하지 않을 수 없다. 그 흔적은 내 연상적 기억 속에 영원히 각인되어 있다. 이런 방법으로 사진은 그것을 모으거나 마주치는 사람들에게 겹겹의 의미들을 드러낸다.

자신이 찍은 사진들과 자신에게 감흥을 일으키고 소중히 간직한 사진들에 대한 비교는 흥미로울 수 있다. 나와 함께 사진 이야기를 하던 한 친구는 내가 찍은 사진들과 내가 갖고 있는 다른 사람들의 사진(내 벽에 붙어 있는 미술 작품들, 내 책상에 놓여 있는 인사장 카드 등)에서 보이는 명백한 관계에 대해 지적했다. 그녀는 내 사진에 공통적으로 '정적(stillness)' 의 특징이 있다는 것을 언급했고, 사진을 좀 더 자세한 본 뒤 나도 그에 동의했다. 내게 사진 속에 있는 사람들은 정지된 시간 속에서 쉬고 있는 듯 보였다. 그들은 자신을 둘러싼 주변의 무수한 자극에 주의를 흩뜨리지 않고, 그들 자신에 속해 있는 듯 보였다. 나는 이것을 '되어 가기(becoming)' 보다는 '존재하기(being)' 로 묘사했다. 이러한 이야기를 하면서 갑자기 내가 예전에는 이해하지 못했던 것에 대한 연관성을 찾았다. 내 수련도 거의 끝나가고 이제 나는 세상 밖으로 나가서 내가 준비해 온 사람이 될 수 있는 지점에 왔음을 깨달은 것이다. 내 마음속에 튀어 나온 말인 '준비하기(getting ready)' 가 '시작하기(start)' 로 바뀌었다. 15년 동안 물 위를 해매다 마침내 해변에 도달한 이미지가 내게 떠올랐다. 어쩌면 나는 상상 속에 등장하는 나 자신의 모습을 사진으로 찍어 하나의 추억으로 남겼어야 했다.

내담자의 사진 찍기 혹은 모으기 과제
(Assigning Clients to Take or Collect Photographs)

내담자의 생활에 무슨 일이 일어나고 있을 것이란 예감이 들면, 나는 그들에게 내줄 과제를 그 즉시(혹은 나중에라도) 사무실에서 계획한다. 그렇게 하면 내담자의 정서와 연관된 정보를 얻는 데 도움이 될 수 있기 때문이다. "당신이 기억할 수 없는 것들을 사진으로 찍어 오세요." 또는 "아무에게도 말하지 않았던 당신의 비밀을 찍어 오세요(만약 의식 속에 억압되지 않았다면)." 와 같이 모순되며 쉽게 받아들일 수 없는 지시도 과제에 포함시킨다. 이를 통해 내담자가 자신의 숨겨진 정서를 발견하기 시작할 수 있기 때문이다. 나는 내담자들이 집에서 가져온 사진이나 자화상 혹은 자기 투사 작품 작업을 할 때 그들의 반응으로부터 가끔 아이디어를 얻는다. 그래서 사진 찍기 과제는 다른 사진들을 재사용하거나 재작업하는 것이 되거나 혹은 이 과정들이 혼합되어 하나의 새로운 사진 작업이 되기도 한다.

이런 과제들은 크고 넓은 그물을 던져 온갖 종류의 생물을 낚는 것과 같이 형식에 구애받지 않고 내담자에게 자율성을 줌으로써 그들의 마음과 카메라에 무엇이 떠오르는지를 보는 것이다. 또한 이 과정을 통해 내담자는 더 탐색해야 할 특정 주제들을 좀 더 구체적으로 찾게 되기도 한다. 이 장의 마지막 부분에는 사진 찍기와 사진 수집 과제의 사례가 있다. 이 과제들은 처음에는 쉽게 보일 수 있으나, 과제를 만들어 낸 과정과 결과를 검토하고 토의한다면 강한 개인적 통찰과 정서적인 해결책 그리고 무의식의 통합을 제공할 것이다.

과제들은 내담자의 요구에 맞게 변형된다. 예를 들면, 이러한 과제들은 고립, 임박한 죽음, 분리, 입양에 대한 내담자의 통제 패턴을 깨닫게 만들고, 사진 작업에서 드러난 다른 문제들에도 변화의 과정을 만들어 준다. 특정 사건에 관한 사진 작업은 그 사건들을 사실적으로 만들어 주며, 그것들을 내담자가 받아들일 수 있도록 도와준다. 이전의 작업이 깨끗하게 완료되지 않았다면 새로운 상황, 다음 단계로의 진행은 어려워진다.

나는 이런 기법들을 다양한 상황에 활용했다. 예를 들면, 나는 죽어 가는 아들을 둔 어머니에게 병상에 있는 아들의 모습과 아들의 집을 찍어 오라고 지시한 적이 있었다. 겉으로는 그녀만의 기억 속에 남을 장소를 남기고 침상에 있는 아들을 위로하기 위함이라고 말했지만, 진짜 목적, 더 치료적인 목적은 아들이 병원을 떠나지 못할 것이며 아들의 집에는 그가 없고 또 앞으로도 그럴 것이란 사실을 그녀에게 명백히 인식시켜 주기 위함이었다. 사진 찍기의 과정은 이미 인화된 사진들로 작업을 하는 것 못지않게 치료적으로 매우 중요하다.

나는 이혼 가정의 아이들에게 각각의 부모를 찍고 부모와 함께 사진을 찍어 오라고 한 적이 있다. 만약 공동 양육권이 계획되어 있다면 아이들에게 각 집의 모든 방을 찍어 오게 하는데, 이것은 그들이 앞으로 일어날 변화에 대한 기대 혹은 예상을 낮추기 위함과 새롭게 바뀔 다양한 정체성을 받아들이는 데에 정서적으로 더 도움을 주기 위해서다.

앞으로 떨어져 살게 될 부모나 형제에게 선물로 주고 싶은 것을 임의대로 사진으로 찍어 오도록 하고(자신의 모습을 포함하여) 그것을 찍게 된 이유에 대해 설명해 달라고 요청한다. 이것은 가족과의 관계를 더 의미 있고 개별화하는 데 도움이 된다. 또한 그와 같은 방법을 통해 모든 연령대의 내담자들은 일상적으로 기대했던 것 이상으로 생활 사건을 더 잘 이해하고 통제할 수 있게 되었다고 한다.

간단한 예로, 한 십대 여성 내담자가 자신의 토요일 일거리를 해야 할지에 대하여 망설이고 있었고, 그녀는 이 망설임의 이유들을 말로 표현할 수 없었다. 그녀는 자신이 그냥 걱정하고 있다는 것만 알았으며, 이런 막연한 불안감이 앞으로 있을 면접을 방해하고 있었다. 나는 그녀에게 일주일 동안 사람이 일하는 곳은 어디든지 가서 보이는 대로 다양한 종류의 직업을 사진으로 찍어 오라고 했다. 나는 이 과제의 과정 중 다른 사람들의 일에 방해가 되거나 십대 소녀가 사진기를 들고 여기저기 찍으며 그 회사나 가게에 불편을 끼치며 오해를 사지 않도록 하기 위해 나의 신분과 전화번호가 명시되고 이유가 설명된 메모(이 소녀가 내담자라는 사실은 생략하고, 주말 아르바이트생에게 내가 내준 과제를 그녀가 현재 하는 것이라는 설명을 명시한)를 주었다.

그렇게 해서 그녀가 앞으로 몸담아야 하지만 현재 망설이고 있는 세상을 주위 시선의 의식 없이 마음껏 사진 찍으며 확인할 수 있게 했다. 그런데 몇 가지 특징들이 그녀의 사진에 나타났다. 일하는 사람들 뒤로 걸린 시계 사진들이 압도적으로 많았다. 그 특별한 이유를 묻자, 그녀는 학교건 약속 시간이건 항상 늦어 지각에 대한 두려움이 있어 어디를 가도 시계의 위치를 먼저 습관적으로 파악한다고 하였다. 또한 걸린 시계를 보면서 자신과 함께하는 상대가 지루하여 자신의 시계만 주시하고 있는 사람으로 보이지 않기 위함이라 하였다. 단순하고 구체적으로 계획되지 않았던 사진들조차 그녀의 걱정을 보여 주고 있고, 이런 과정은 새로운 정보가 어떻게 치료를 촉진시키는지를 보여 준다.

힘들다고 생각되는 상황이나 사람의 사진을 찍음으로써 문제나 극복하기 힘든 관계에 더 명확한 초점을 맞출 수 있게 된다. 한 예로, 내담자는 힘든 관계에 있는 사람이나 가족 중에 혼자 속으로 좋아하지 않는 사람, 내담자의 아동 시절 학대를 상징하는 것들(방, 시각적 상기품, 가해자) 등의 사진을 찍으라고 요청받게 된다. 이런 과제들을 받아들이는 것은 감정적으로 어렵기 때문에, 내담자는 과제를 완수하는 것을 꺼리게 된다. 만약 시도한다면 이 과제는 단지 치료자에 의한 것뿐이며, 자발적으로 시작하거나 원했던 방식이 아니라고 속으로 되새길지라도, 내담자가 직면하게 되는 가장 힘든 것은 과제 수행의 두려움이다. 그들은 자신의 두려움과 저항이 결심을 주저하게 했다는 것을 알게 된다. 사진에서뿐만 아니라 내담자가 갈등을 겪었던 일이나 사람에 대한 영향력을 상징적으로 철회하기 시작한 실제적인 과정에서도 이런 과제의 결과물은 매우 강력하다.

과제들은 가끔 내담자의 기묘한 우연의 일치(syncronicity)를 자극하기도 하는데, 이는 치료과정 중에 흔히 나타나는 현상이다. 나도 이런 현상을 완전히 이해하지는 못하지만, 이를 믿을 수밖에 없게 만든 경험들을 많이 하였다. 예를 들어, 나는 워크숍을 시작하는 첫날 아침에 참가자들에게 한 시간 동안 목록에 있는 아무 주제에 관련된 사진을 찍어 오라고 지시했다. 그리고 그날의 남은 일정 동안에는 다른 수련 활동을 하며 보내고, 다음 날 아침까지 그들이 찍은 사진을 보여 주지 않았다. 그들은 자신이 소장한 사진 모음이나 집에서 가져온 앨범 사진들을 갖고 작업을 하며 그 사이의 시간들을 보냈다.

이러한 복합적 활동을 통해 한 참가 여성의 경우, 자신의 과거와 현재의 무의식적인 끈을 우연히 깨닫게 되었다. 그녀는 다음과 같이 말했다.

저의 할머니는 저에게 매우 특별한 사람입니다. 부모님은 일 때문에 저를 돌볼 시간이 부족했기에 할머니가 저를 다섯 살 때까지 키우셨습니다. 다섯 살의 어느 날, 할머니는 병원에 가셨다가 그날 그 병원에서 돌아가셨습니다. 그녀의 심장에 문제가 있었다는 것을 나중에 알았지만 당시에 그 사건은 저에게 너무나 큰 공허감을 주었고, 그 일은 설명할 수 없는 미스터리 같은 것이었습니다. 그 후 나의 성장기 시절 동안과 현재까지도, 저는 할머니와의 기억들, 그녀의 말투, 성격들을 많이 간직하고 있습니다. 당신이 워크숍에 참가할 때 우리에게 중요한 사진을 가져오라 했을 때, 저는 할머니의

20대 초반 모습이 담긴 오래된 사진을 가지고 왔습니다. 이 사진은 저와 할머니가 20대 초반에 굉장히 닮았었다는 것(이런 말을 적어도 몇 번 들었다)을 보여 주는 것이므로 저에게는 매우 가치가 있습니다. 저는 아직까지도 할머니가 저와 종종 함께한다고 느낍니다.

우리가 목록에 있는 주제들에 관한 사진을 찍을 때, 저는 '내가 40년 안에 되고 싶은 사람'이란 주제를 골랐습니다. 저는 이 도시의 공장 지역 내에서 70대까지 생존해 있는 사람을 찾을 수 있을지조차 걱정되었고, 제가 닮고 싶은 사람을 찾을 수 있다는 희망조차 줄어들고 있었습니다. 그래도 저는 주차장 쪽으로 나가 보았고, 길모퉁이에 있는 버스정류장으로 가다 활기차 보이는 한 할머니와 마주치게 되었습니다. 제가 그녀의 사진을 찍으려 하는 것을 그녀가 알아챈 것 같아서, 저는 약간 떨어진 거리에서 총 7장의 그녀 사진을 찍었습니다. 그 후 그녀는 버스를 타고 사라졌습니다(〈사진 6-2〉 참조).

그날 저녁 사진에 찍힌 그녀의 모습을 보니, 저의 할머니와의 기억들이 너무도 많이 떠올라 저를 힘들게 하였습니다. 그래서 저는 할머니가 겨울 옷을 입고 그녀의 농가 앞에서 찍은 사진을 찾았습니다. 사진상 그녀의 코트, 모자 그리고 행색 역시 버스정류장의 그 할머니와 놀라울 정도로 너무나 닮은 것이었습니다. 저는 제가 할머니의 오래된 이 사진을 보관하였는지조차 모르고 있었고, 이 사진을 안 본 지 꽤 오래되었지만, 이 이미지는 제 기억 속 어딘가에 분명히 간직돼 있었습니다(〈사진 6-3〉 참조).

할머니가 돌아가신 지 31년이 지난 지금, 그 이미지들이 떠오르고 다루어지고 있습니다. 다음 날 사진 현상소에서 사진을 찾고 나서야 이 모든 우연들이 확실해졌습니다. 사진들의 순서는 'hello to good-bye'로 표현되는 것 같고, 저는 그 버스정류장 사진의 콜라주에 'Good-bye Grandma'라고 제목을 붙이기도 하였습니다. 저는 아직도 이 사건의 숨은 위력을 잘 믿지 못하겠습니다. 이 사건은 제 인생 중 저를 확고하고 흥분하게 만든 최고의 우연의 일치라는 경험을 안겨 주었습니다.

이 사례는 내담자가 집에서 가져온 사진들을 사용하여 치료과정에 임하는 것보다 새로운 사진을 찍어 가며 하는 사진치료기법들이 얼마나 더 많은지를 보여 준다. 나

ⓒ 1985 Laura Andersen 사진 6-2
ⓒ 1985 Laura Andersen 사진 6-3

CHAPTER
1
2
3
4
5
6
7
8

는 새로운 사진을 찍거나 옛날 사진들을 사용하여 주의 깊게 만들어진 과제가 얼마나 흥분되고 가치 있는지 알게 되었다.

내담자가 창조한 사진의 다른 해석
(Other Aspects of Client-Created Photographs)

나는 내담자가 자발적이건 과제를 위해서였건 찍어 오거나 수집한 사진들뿐 아니라 어떻게 그것들이 상징적 형태로서 추후에 더 복잡한 과정에 사용될 수 있을지에도 관심과 호기심이 간다. 이런 사진들을 어떻게 이용할지에 대해서는 이 장에서 추천되는 다양한 연습과, 특히 다음 장에서 철저히 다루어질 것이지만, 지금은 이런 추가적 조합과 순서의 변환이 존재하고, 이들이 부속적 도구가 될 수 있다는 것을 간단히 언급하겠다.

내담자는 잊어버리거나 실제로 찍힌 적이 없는 이미지들과 같은 현재 존재하지 않는 사진들을 찍어 오라고 요청받을 수도 있다. 예를 들면, "내가 만약 작년에 사진을 찍었다면, 그 사진에는 ______이 나타날 것이다." "내가 만약 나의 미래의 처가에 나의 인생을 보여 주고 소개할 수 있는 사진을 실제 그들을 만나기 전에 찍어 보여 준다면 그 모습들은 ______일 것이다." 내담자에게 이들 마음속에 있는 이미지를 언어로 표현해 보라고 요청하는 것은 단순히 질문에 답하는 것보다 감정적으로 풍부한 정보를 얻게 해 준다. 나는 내담자에게 그들의 꿈이나 말로 설명할 수 없는 것들을 찍어 오라고 하기도 한다.

창의적 예술 작품의 창조과정 자체의 힘(영향력)에 의해 사진 찍기 자체는 치유적일 수 있다. 유사하게, 암실에서의 현상 작업도 현상될 사진을 개인적으로 고르고 배치하고 보관하는 과정에서 선택적 소통과 창의적 표현이 될 수 있다. 예를 들어, 한 내담자가 가족 사진에서 그의 아버지를 완전히 잘라내었는데, 그의 어머니가 그것을 눈치채고 말하기 전까지 사진 현상 후 일주일 간이나 그의 형제나 그조차도 그에 대해 알지 못했다.

우리의 문화가 변함에 따라 나이를 먹거나 불치병에 걸리는 것에 대한 우리의 태도도 바뀌는데, 이런 것은 개인차가 전혀 없는 진단 집단이라기보다는 개개인적 특성으로 비춰지게 된다. 질적 삶의 추구를 위한 노력은 노인층이나 전통적으로 힘없는 부류의 주요 관심사로 떠오르고 있다. 삶을 돌아보는 작업은 응용적 치료의 하나로 모든 연령대의 자존감을 강화시키는 데 자주 사용되어 오고 있다. 자신의 삶을 돌아본다는 것은 곧 자신의 죽음을 예상하거나 자신의 삶에 큰 변화가 올 것을 짐작하는 사람들에게 일어나는 자연스러운 사고과정이다. 그래서 노인층은 사진치료에 많이 참가하는 한 부류이며, 이것은 지난날들과 인생 중 맺게 된 관계들과의 가치를 상기하기 위함이다.

이 책은 다양한 연령층을 대상으로 한 사진치료기법들을 다루고 있지만, 특히 노인층이나 죽음에 임박한 사람들을 대상으로 한 기법들에 주목하고 있다(예: Walker & Cohen, 1984). 삶을 돌아보고 기억을 유지하기 위한 목적으로 사진이 사용되므로 사진치료는 유용한 치료가 될 수 있다는 것을 보여 준다.

대부분의 사진치료기법들은 개인이나 집단에 적용할 수 있고 재활집단이나 보육시설 같은 집단 거주자들에게도 알맞게 각색해서 사용할 수 있다. 그리고 이는 노인층, 시한부 인생이나 보호소에서 사는 사람들과 작업할 때 도움이 된다. 많은 사진치료 문헌들은 병원, 양로원, 보호소, 노인정에 있는 사람들, 노인과 아동이 같이 있는 환경을 대상으로 한 많은 기법을 언급하고 있다.

이와 같은 여러 환경에서 사진치료의 개입은 사회와 접촉하도록, 그리고 성취의 확인으로서 개인성, 개인적 가치, 깨달음을 찾는 데 도움을 준다. 그리고 깨닫지 못했던 창의성을 일깨워 주고, 자기 삶의 연속성과 가치 회복, 삶이 곧 끝날 것이라는 것을 받아들이는 데 도움이 된다. 그래서 지금까지 언급된 사람들과의 사진치료 작업은 가족관계에서의 개별화나 대인관계에서의 의사소통 능력의 향상 등 전통적 심리치료법의 목적보다는 다른 목적으로 사용되어 왔다. 왜냐하면 각기 다른 발달 단계나 능력 수준에 있는 사람들의 요구와 기대는 다를 수밖에 없기 때문이다.

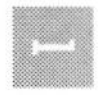

해야 할 것 WHAT TO DO

이 장(章)은 사진 촬영, 사진 이미지 수집, 사진 관련(photographic-based) 과제 수행을 통해 '내담자가 창조해 나아가는 사진(photos by clients)' 에 대하여 다룬다. 그러나 실제 적용에 있어서, 그러한 구분은 대부분 모호하고 서로 겹치는 부분도 있게 마련이다. 예를 들어, 인생 회고 작업에서, 나는 내담자에게 본인과 관련된 모든 종류의 사진 이미지를 다 가져오라고 부탁한다. 일반적으로 이것은 내담자가 직접 찍은 사진을 포함하여, 다양한 사진 작품들이다. 그런 다음, 이미지들을 가지고 콜라주나 역동적 회고 작업 같은 것을 해보라고 과제를 부여하는데, 이러한 작업을 통해서 다양한 부류의 사진들의 속성이 서로 혼합되게 된다.

나는 종종 내담자에게 그들이 대개 어떤 종류의 사진을 찍는지, 그러한 사진이 '무엇의 사진' 이며, '무엇에 관한 사진' 인지, 그리고 사진이 왜 그렇게 찍혔다고 생각하는지, 자신이 찍은 사진이 마음에 드는지, 무엇을 사진 찍기 좋아하며, 어떤 순간을 사진 찍기 좋아하는지, (셔터를 누르는) 그 순간이 적절한 타이밍인지, 또는 간직하고 싶은 무언가를 프레임 속에 담을 바로 그 시점인지 어떻게 알 수 있는지, 언제 사진을 찍는지, 대개 본인이 기대했던 결과를 얻는지, 그렇지 않다면 무엇이 잘못된 것처럼 보이는지, 본인의 사진을 되돌아볼 때 그러한 추억들이 자신의 인생에 대해 어떤 이야기를 구성하는 것처럼 보이는지와 같은 간단한 질문을 던지면서 그러한 작업을 시작한다. 이러한 작업은 그 자체로서 매우 훌륭하면서도 상대적으로 고통이 덜한, 자기-통찰을 시작하는 한 가지 방법이 될 수 있다.

한 장의 사진 속에는 여러분이 발견하게 되는 것보다 대개는 사람이 한 명 더 존재하기 마련이다. 그 사람은 바로 사진 촬영자인데, 많은 경우 그는 (사진 속에) 보이지 않거나 때론 그림자로서만 인식되기도 하지만, 언제나 (사진이 찍힌) 그 순간의 일부로서 존재한다. 그렇기 때문에, 내담자는 "누가 이 사진을 찍었다고 생각하세요?" "사진 찍은 사람은 자신이 희망하거나 원했던 결과물을 얻었을까요?" "그렇다면 그 이유는? 또는 그렇지 않다면 그 이유는?" "그 사람은 특별한 목적이 있어서 그 사진을 찍었나요? 그 목적은 무엇이었을 것 같나요?" "바로 그 순간 시간을 정지시키고자 했던, 또는 이 장소나 인물을 필름 속에 영원히 고정시키고자 했던 그 사람만의 이유는 무엇이었을까요?" "그 사람은 결과물로 나온 사진을 보고 맨 처음 무슨 말을 또는 무슨 생각을 했을 것 같나요?" "그 사람은 그 사진을 보고 지금 현재는 뭐라고 말할 것 같나요?" 와 같은 질문, 그리고 그 외에 다른 측면에서 더 나올 수 있는 질문, 즉 '그 사진의 촬영자' 로서 어떤 느낌일지 내담자 스스로 상상해볼 것을 촉구하는 질문들과 함께, 자신의 사진모음집 중에서 본인이 직접 찍지 않은 사진을 하나하나 살펴보도록(probe) 요구받게 된다. 이것은 내담자가 직접 찍거나 수집한 사진으로 작업하는 것이 투사적 사진 기법의 활용과 어떤 식으로 결합될 수 있는지 여부에 관한 것이다: (직접 찍지 않은 사진을) 자신이 직접 찍은 것처럼 가정해 보는 작업은 때때로 본인이 직접 찍은 사진만 갖고 작업할 때에는 발견할 수 없었던, 내담자 내면의 감정이나 정보를 이끌어내기도 한다. 우리가 찍는 모든 사진은 개인적으로 볼 때, 투사체인 동시에 또한 자화상이다; 어느 한 종류의 사진을 활용한 작업에 적용되는 기법은 그 외 다른 종류의 사진을 활용한 작업에도 역시 잘 적용될 수 있는 것이다.

내담자가 찍은 사진은 어떤 의도 하에 찍은 사진이든 피사체의 호소력에 이끌려 자기도 모르게 찍은 사진이든 그것들이 제시하는 가능성을 탐색하기 위해 보고될 수도 있고, 어떤 경우에는 보고되어야만 한다. 의도하에 찍은 사진의 경우, 그 사진을 원했던 이유, 관련 상황, 그리고 예상했던 것과 결과물 간의 상호관련 방식 모두 고려될 필요가 있다. 자기도 모르게 찍은 사진의 경우에는 사진 찍힌 순간의 시각적·정서적 내용 중 그 무엇이 내담자의 주의를 그토록 강하게 이끌어내어 사전계획 없이도 그 사진을 자발적으로 찍을 수밖에 없었는지에 질문의 초점을 두어야 한다. 어떤 경우이든, 내담자가 한 장의 사진, 그리고 그 사진이 본인에게 의미하는 바를 묘사할 때에, 치료사는 다양한 인식 또는 반응을 보일 수 있다. 그러한 인식 또는 반응이 그 사진의 '가능한 대안적 해석'으로써 편협하지 않게(nonjudgmentally) 공유될 수 있다면, 그것들은 사람들이 왜 그리고 어떻게 동일한 시각적 자극에 대해 다양한 인식을 갖게 되는지를 탐색하는 데에 도움이 될 수 있다.

기존 사진으로 작업하기: 반영적 기법들
(Working with Existing Photos: Reflective Techniques)

만약 치료사가 사진 속에 있는 것 중에서 사진을 찍게 만든 또는 사진을 특별하게 만든 것이 과연 무엇인가에 대한 생각을 내담자와 공유할 수 있다면, 치료사는 내담자가 인생에서 무엇에 가치를 두고 있는지에 대해 많은 것을 알게 될 수 있다. 그것을 시작하려면, 내담자의 지갑 사진, 책상 또는 냉장고 위에 붙어있는 사진을 보여달라고 하라. 그리고 그것들을 (다른 사람이 찍어준 사진일지라도) 내담자에게 강한 호소력을 지닌 사진 스크랩북이나 모음집 속에 넣어서 가져오라고 하라. 그 사진들을 보면서, 사진에 대해 질문하고 사진에 대해 더욱 많은 것을 말해보라고 질문을 던지는 것은 매우 자연스러우면서도 위험 요소가 적은(nonthreatening) 작업이 될 수 있다. 이 사진이 찍힌 이유는? 이 사진이 무엇에 관한(about) 사진인가, (그리고 이 질문과 구별되는 질문으로써), 그것은 무엇의(of) 사진인가? 그리고 현재 이 사진은 자신이 찍혔던 또는 타인이 처음 이 사진을 보았던 그날과 얼마나 다른가? 이 사진을 보면 어떤 추억들이 연상되는가? 이 사진을 볼 때 어떤 느낌이 솟아오르는가? 당신이 바라보고 있는 그 사진은 당신이 갖고 있는 다른 사진들과 얼마나 비슷한가? 그 특정 사진은 다른 사진들과 어떻게 다른가? 그것은 당신 가족 앨범 속의 사진과 어떻게 비교될 수 있는가?

내담자가 무엇을 찍었으며, 선택된 그 시간과 그 장소에서 왜 그 사진을 찍었는가에 대한 정보가 바로 우리가 추구하는 정보이다. 또한 그러한 결정을 바꾸도록 한 것이 무엇이었는가에 대한 정보도 마찬가지이다. 내담자는 사진 촬영자라는 역할 속에서 스스로가 자신에게 미치는 영향력에 대해 생각해보도록 요구받을 수도 있다; 즉, 내담자 자신과 의사소통하고 자신의 모습을 거울처럼 보여주는 사진들에게 내담자는 얼마나 감사해야 하는 것인가? 매우 유용한 질문이 하나 있다. 만약 내담자가 그런 사진들 중에서 자기 자신을 가장 잘 대표하는 사진을 딱 한 장만 골라야 한다면, 그것은 어떤 사진일 것이며, 그 사진인 이유는 과연 무엇인가?

내담자가 찍은 사진의 대(大)자 사이즈 모음집이나 심지어 필름 상태의 원판 합본 모음집이 공개될 때마다, 나는 이미지, 상징 또는 주제의 반복이 존재하는지 알아내려고 노력한다. 내가 내담자의 시각적 관심사 속에서 리듬이나 규칙성을 감지하기 시작할 때에, 내담자가 수긍하는지를 알아보기 위해 나는 종종 내가 인식한 바를 말해주곤 한다. 내담자가 인식한 것과 내가 인식한 바가 비슷하다면, 그 다음으로, 개인적 상징으로서의 패턴을 알아보거나 보다 깊은 원형적 의미를 탐색하기 위해 작업할 수도 있다. 나는 내담자로 하여금 해당 사진에게 "너는 내 자신의 자화상으로서의 나와 싱크로율이 몇 %나 되니?" "너는 내 자신의 어떤 부분을 대표하니?" "너는 내 자신의 어떤 부분과 의사소통 하려고 노력하니?" "너는 내 자신의 삶에 대해 무엇을 말하려고 하니?" "너는 내가 무엇을 인식하고, 말하고, 질문하기를 원하니?" "너는 나에게 (나 자신 또는 나의 인생에 대해) 무엇을 말하려고 노력하니?" 와 같은 질문을 해보도록 하는, 직접적인 상호작용 기법을 사용할 수도 있다. 내담자는 그 사진을 대신하여 (더 나아가 그 사진과 대화하는 것처럼) 큰 소리로든 작은 소리로든 대답할 수 있다.

내담자가 특정 사진을 찍은 이유 또는 소장하게 된 이유를 설명함에 따라, 이전에는 결코 생각하지 못했던 많은 것들이 비로소 의식되기 시작한다. 이 단계에서의 질문은 내담자가 왜 그 특정 시간에, 그러한 방식으로, 그러한 내용을 담고 그 사진을 찍었는지에 대한 정보와 느낌을 다뤄줄 필요가 있다: "그 순간을 선택한 이유는 무엇인가요?" "바로 그 순간일 수밖에 없었던 이유는, 그리고 당신은 그 순간을 어떻게 감지했나요?" "당신은 무엇을, 누구를 찍을지, 그리고 사진 속에 얼마나 많은 요소들을 포함시킬지 어떻게 결정했나요?" "당신은 바라거나 예상했던 (언제나 똑같지는 않겠지만) 결과물을 얻었나요?" "당신은 그 사진을 본능적으로 찍었나요, 아니면 어떤 의도 하에 찍었나요?" "사진을 본능적으로 찍었다면, 당신의 직감대로 당신이 원하거나 생각했던 사진이 나왔나요?" "의도적으로 찍었다면, 그 사진은 기대했던 바를 충족시켜주었나요?" "당신은 이러한 사실을 어떻게 알 수 있나요?" "사진 속의 무엇이 이러한 사실을 확인시켜주나요? 아니면 사진 속의 무엇이 당신을 실망시키나요?"

"다음번엔 이 사진을 다르게 찍어볼 건가요? 그렇다면, 그 이유는? 그리고 어떻게 달리 찍어볼 건가요? 그렇지 않다면 그 이유는 무엇인가요? 당신은 그 사진이 개념적으로 그리고/또는 정서적으로 무언가를 포착해줄 거라 기대하고 있었나요? 당신은 그 사진이 나중에 볼 때에 당신 자신에게 어떤 느낌을 가져다줄 거라고 희망했나요? 당신은 다른 사람이 그 사진을 볼 때 그 사진이 그들에게 정신적으로 또는 정서적으로 어떤 느낌을 불러일으킬 거라고 희망했나요? 다른 사람이 그 사진을 본다면 어떤 반응을 보일 것 같나요? 이러한 반응은 다른 사람이 발견하거나 느낄 거라고 당신이 예상했던 것과 비슷한가요? 그렇다면 또는 그렇지 않다면, 그럴 수밖에 없는 이유가 뭐라고 생각하나요? (아마도 내담자가 다른 사람들에게 그 이유를 물어볼 것이다.) 어떤 사진에 대해 다른 사람들이 보이는 반응이 당신의 반응과 다르며, 그러한 차이가 일관성 있게 나타나는가? 당신은 그 이유가 무엇일 거라고 생각하는가, 그러한 불일치에 대한 이유는 과연 무엇일까? 다른 사람들은 '당신의 사진이 당신에 대해 알려주는 것' 이 무엇이라고 말해주는가? 당신은 그것에 대해 어떻게 생각하며, 그러한 말을 들을 때 당신의 기분은 어떠한가?"

확실히, 무엇을 사진 찍는가가 중요한 문제이기는 하지만, 무엇을 사진 찍지 않는지, 또는 자신이 찍은 사진 속에서 무엇을 인식하지 못하는지 또한 중요한 문제다.

이러한 방향성을 잡고 탐색해 나아가는 것도 매우 유용한 작업이 될 수 있다. 내담자가 가진 일반적인 사진 찍기 규칙에 대해 묻는 질문은 내담자의 가치 체계를 조명해 줄 수 있다. 내담자가 무의식적으로 또는 의식적으로 배제시키는 것 또는 포함시키기는 하지만 눈에 띄는 차이로 인식하지 못하는 것은 적어도 그가 의식적으로 포함시키거나 주의를 기울이는 것만큼이나 의미 있는 것일 수 있다. 그러므로 때때로 나는 사진 찍기를 기피하는 이미지가 존재하는지, 또는 이전에 인식하지 못했던 것들을 자신의 사진 속에서 발견하고 갑자기 놀란 적이 있는지 질문한다. 내담자는 본인 스스로였다면 절대 밖에 나가서 사진을 찍어보지 않았을 순간의 주제나 감정을 표현하기 위해 "발견된" 사진을 가져올 수도 있다. (본인의 셀프 이미지를 포함하여) 그러한 사진과 직접 대면하는 것이 너무나 위협적으로 느껴진다면, 기존에 현상된 사진을 모아보거나 콜라주해보는 것이 그러한 사진 탐색의 시발점을 위한 '과도기적 작업'으로서 훌륭하게 기능할 수 있다.

이전 절에서 많이 다루어졌듯이, 기억되거나 상상된 이미지를 활용함으로써, 내담자는 자신이 찍었을 수도 또는 발견했을 수도 있을 사진에 대해 생각해보고, 그것에 대해 이야기해보라는 질문을 받을 수 있다. 치료사가 볼 수 없는 이미지를 내담자는 꽤나 명확하게 볼 수 있을 것이다. 이 작업은 그러한 방식으로 질문을 시작할 수 있는 안전한 방법이 될 수 있으며, 이와 마찬가지로, 사진을 찍거나 가져온 것에 대해 내담자 본인이 책임을 떠안아야 할 사진을 갖고 작업하는 것보다 덜 위협적인 방법이 될 수 있다. 사무적이지 않은(informal) 어조야말로 내담자에게 가장 편안한 어조이다: "당신의 인생에서 영상을 남길 카메라가 한 대 있으면 좋겠다고 바라는 순간들이 있나요? 만약 있다면, 그러한 순간들은 어떻게 보이나요?" "당신이 드디어 새로운 양부모 집에서 살게 되었다고 생각해봅시다. 당신의 새로운 삶이 어떠한지, 그리고 이전의 삶과 얼마나 다른지, 이전의 삶보다 얼마만큼이나 더 나은지 혹은 못한지 원(原)부모에게 보여줄 수 있다면, 당신은 어떤 장면들을 사진으로 찍을 건가요?" "최근의 휴가 여행 때 찍은 사진들을 모두 떠올려보세요. —당신의 기억 속에서 현재 어떤 사진이 가장 보배스럽게 느껴지나요?" "당신이 치료 세션에서 5가지 변화된 버전을 만들어서, 그러한 변화를 제게 보여줄 사진을 찍을 수 있다면, 저는 어떤 달라진 모습들을 보게 될 수 있을까요?" "혹시 제 사무실에서 여벌로 한 장 더 만들었으면 좋겠다거나 당신 자신의 것으로 만들고 싶었던, 보아둔 사진이 있나요? 이 사진들은 어떤가요? 당신이 그 사진을 원하는 이유는 무엇인가요?" "제가 다음 회기 때까지 다 써버리라고 하면서 필름 한 롤을 공짜로 드린다면, 당신은 어떤 종류의 사진들을 찍을 건가요?" 기타 등등.

내담자로 하여금 사진 찍도록 해보기: 역동적 기법 (Having Clients Take Photos: Active Techniques)

내담자에게 밖에 나가서 사진을 찍어 보라고 하기 전에, 내담자가 기꺼이 그렇게 할 의향이 있는지 먼저 확인하는 것이 필요하다. 거리낌 없이 풍경이나 물체를 사진 찍어 오는 사람이 있는가 하면, 그렇지 못한 사람들도 있게 마련이다. 어떤 사람은 거슬리고 거북하다고 느낄 수도 있고, 다른 사람한테 사진을 찍어도 되겠냐고 물어봤다가 거절당할까봐 두려움을 가질 수도 있다. 물론, 내담자는 사물을 찍든 다른 사람을 찍든 어느 쪽이든 해야만 한다. 사진 찍히는 것을 좋아하지 않거나 다른 사람의 사진을 찍는 것이 타인의 사생활을 침해하는 것이라고 생각하는 내담자는 다른 사람도 자신과 똑같은 생각을 할 것이라 추측하기 쉽다. 그러나 피사체가 될 타인과의 사회적 접촉은 치료 목표의 일부이기 때문에, 그러한 딜레마는 다양한 불안 감소 기법들을 통해 해소시키면 된다. 예를 들어, 예행연습, 큰 군중 속에서 혹은 먼 거리에서 사진 찍어보기, 단지 마음의 눈으로 사진 찍어보기(카메라 없이, 가상 프레임으로 찍어보는 이미지), 기타 등등.

내담자가 부끄러워하거나 내성적이라면, 사진 찍기 과제는 일단 마음속에서부터 시작하는 과제로서 기획될 수도 있다: 먼저 먼 거리에서 사람이나 장소를 와이드 앵글 샷으로 찍어보라는 과제를 내준다. 그리고 난 후에 피사체에 점점 더 가까이 근접하도록 하라. 피사체에 물리적으로가 아니라 시각적으로 근접하기 위해 처음엔 망원렌즈를 사용하도록 하고, 그 후에, 편해졌다 싶으면 일반 렌즈를 사용하여 피사체에 물리적으로 점점 더 가까이 접근하도록 하라. 아니면, 공공장소에 모인 군중을 찍는 것에서부터 시작하여 점차 몇 주에 걸쳐 물리적 · 개인적 거리를 감소시켜 나아감으로써, 결국에는 보다 사적인 공간에서 한 인물의 클로즈업 샷을 찍어보게 하는 방법도 있다.

사회화 기술은 내담자가 피사체, 관찰자, 추후 현상될 사진의 구경꾼과 상호작용함에 따라, 자연스럽게 익혀질 수 있다. 피사체가 되는 대부분의 사람들은 자신이 나온 사진을 보고 싶어 할 것이기 때문에, 나중에 그들과 공통된 경험을 체험하게 되며, 이러한 경험을 통해 우정이 싹트게 될 수 있다. 그러나 사진 찍는 순간에 처음 보는 사람에게 치료사가 그런 활동(처음 보는 사람을 사진 찍어보는 활동-역자 주)들을 요구한다는 사실을 굳이 솔직하게 말할 필요가 없는 것이다; 내담자는 지나친 왜곡 없이, 그저 "학과 사진 과제"라고 말하면 되는 것이다.

과제 완성은 내담자가 자기 자신이나 다른 사람을 기쁘게 해주는 무언가를 창조할 수 있다는, 또는 본인도 자신감을 가질 수 있다는 최초의 징표가 되기도 한다. 그리고 어떠한 내담자도 그러한 사실 자체는 논박할 수 없다(그들이 사진이란 것을 좋아하든, 아니면 좋아하지 않든). 그리고 그것은 자기 자신이 창조한 것에 의해 다른 사람이 감동받을 수도 있다는 것을 내담자가 인식함에 따라, 특히 "이렇게 해라 저렇게 해라"는 지시를 받지 않고 본인 스스로 하나의 과정을 완수해내었다는 것을 알게 됨에 따라 자존감과 자신감을 북돋워준다. 다른 사람이 경탄할만한 무언가를 비언어적으로 창조해낼 수 있다는 것은 내담자 능력의 실체적인(tangible) 표현이라고 할 수 있다. 자폐증이나 지적 장애를 가진 내담자는 일반적으로 다른 사람과 의사소통하려하지 않지만, 사진 찍기 과제만큼은 본인 스스로 즐겨 하며, 보통 다른 사람에게는 별다른 의미가 없는 물체가 담긴 사진(예를 들어 초점이 나간 나무 사진, 막다른 골목 사진, 쓰레기 통 사진 등)을 가져와서 작업하는 것도 즐겨 한다(Hopper, 1990).

처음엔 사진 찍는 것을 주저하는 내담자와 상담할 때에, 나는 보통 "이 필름 한 롤을 가져가서 당신 눈을 사로잡는 무엇이든 다 찍어오세요." "공원이나 리틀 야구 게임장에 가서 사진 찍어 오세요." 아니면 "파티나 가족 모임에 가서 그저 사진 몇 장만 찍어오세요."와 같은 극도로 개방적인 과제로서 작업을 시작한다. 나는 '내담자 인생의 보다 나은 사진'을 얻게 되기를 바란다고 강조하고 있는 것이다(그것에 대해 단지 이야기만 듣는 것이 아니라, 그것을 살펴봄으로써). 숨겨진 비망록이란 존재하지 않고, 이면의 비밀스러운 동기도 없으며, 내담자가 가져온 사진을 바라볼 때에 특별히 어떤 특정한 것을 추구하지도 않을 것임을 나는 강조하고 있는 것이다. 내가 강조하고자 하는 바는 내담자가 관심사를 두고 있는 것에 대해, 그리고 내담자가 자신의 인생에서 어떤 사람인가에 대해 보다 바람직한 생각을 갖게 되기를 원한다는 바로 그것이다.

내담자에게 부여된 과제를 통해 찍히게 될 사진은 내담자의 일상생활을 형성하는 특정 사건, 장소, 물체, 기타 등등을 포착하는 것에 초점을 둘 수도 있고, 아니면 감정이나 추억 같은 보다 추상적인 개념을 포착하는 것에 초점을 두게 될 수도 있다. 내담자에게 본인의 감정을 사진 찍어 오라고 하거나, 아니면 개방적 과제로서 또는 다른 사람이 표출하는 (공포, 분노, 슬픔, 좌절과 같은) 특정 정서를 포착해오라는 과제를 부여할 때에, 치료적으로 도움이 될 수 있는 여러 가지 상황이 발생한다. 내담자는 다른 사람의 얼굴 위에 나타난 그러한 감정들이 어떤 것인지 발견할 기회를 얻게 될 뿐 아니라, 다른 사람들 또한 그러한 감정들을 적절하게 표현할 수 있다는 사실을 발견하게 된다. 글자 그대로, 그들은 그러한 정서가 어떻게 보이는가를 보여주는 훌륭한 사진을 얻게 되는 것이며, 또한 그러한 정서를 한 발짝 물러서 객관적으로 관찰함으로써 '그러한 정서' 가 '그것을 표출하는 사람들의 마음상태' 와 조화되어 있는지 파악할 수 있게 된다. '두렵다' 라는 감정은 위험한 것으로 취급되기 전에 먼저 직면되어야 한다; 사람들이 혐오하는 것들은 변화가 이루어지기 전에 먼저 직면되어져야 한다. 일반화는 '진정 일반화' 되고자 한다면 먼저 개인화되어야 한다. 공포증은 실제 대상과 직면하기 전에 그것의 원인이 되는 시각적 자극을 사진 찍고 그것과 맞닥뜨리는 것을 연습함으로써 둔감화될 수 있다.

내담자 스스로 자신의 감정을 탐색해보기를 바라는 치료사에 의해 과제는 혁신적으로 창조될 수 있다. 나는 내담자에게 본인을 슬프게, 행복하게, 화나게, 걱정하게, 안전하게, 두렵게, 또는 우울하게 느끼도록 만드는 무엇이든 사진 찍어 보라고 할 수도 있고, 어떤 종류의 감정이든 내담자에게 강렬한 감정을 불러일으키는 것을 찍어 보라고 할 수도 있다. 이러한 과제를 통해 그러한 감정을 가질 수 있는 내담자의 권리가 인정받게 되고, 다른 사람들 역시 (감정의 극단적인 상태까지는 가지 않으면서) 그러한 감정을 가질 수 있다는 메시지가 내담자에게 전해지게 된다. 그러한 감정들을 추구하고, 발견하고, 문서화할 때에, 내담자는 그것들을 의식적으로 관찰하기 위해 인지적 지도를 그려보고, 그러한 감정에 대한 개념 정의를 내리게 된다.

이와 비슷하게, 나는 내담자에 대해 보다 나은 이해를 할 수 있게끔 본인의 문제를 주제로 삼아 사진을 찍어 오라고 할 수도 있고, 아니면, 내담자의 희망, 꿈, 세상을 향한 메시지, 어떤 누구도 알 수 없는 내담자 본연의 진짜 모습, 기타 등등에 대해 사진을 찍어 오라고 할 수도 있다.

나는 일반적인 주제에 초점을 둔 과제, 예를 들어 "폴라로이드카메라로 하루에 최소한 한 장씩 사진을 찍고, 그것에 대해 글을 쓰고 낭독하여 녹음기로 녹음한 후 다음 주에 올 때 '금주의 토픽' 으로 가져와 보세요." 와 같은 과제를 활용할 수도 있고, "당신과 똑같은 감정을 느끼는 것처럼 보이는 사람을 사진을 찍어 보세요." 와 같은, 보다 좁은 주제에 초점을 둔 과제를 활용할 수도 있다. 나는 특히 "스무 장(이내) 사진 속 나의 인생" "내 인생에서 무엇이 꼬여있나" "나를 화나게 하고 좌절하게 만드는, 우리 관계에 관한 몇 가지 진실" "내가 소중하게 생각하는 사람에 대해서 변화시키고 싶은 것" "내가 내 인생에서 정말로 원하는 것" "나를 짜증나게 하는 것들" 또는 "진정 아무도 알 수 없는 나" 와 같은 자기반영적인 주제로 사진 찍어 보라는 과제를 내주기 좋아한다. 물론, 이러한 과제들은 본질적으로 자화상 작업이긴 하지만, 그것들은 한편 내담자가 의식적으로 구성하기 때문에 직접적으로 내담자 자체라고 보기는 힘든 사진들이다. 그건 그렇다 치고, 이러한 사진들은 그들에게 중요한 무언가, 그들의 인생에서, 가치관 · 태도 · 신념체계 등에서 중요한 무언가를 암시해줄 것이다.

나의 과제 부여는 싸구려이긴 하지만 막강 기능을 가진 나의 카메라를 다음 회기 때까지 사용하도록 내담자에게 빌려주는 것에서부터, 내담자 본인의 카메라를 사용하라고 하거나, 과제 질문에 대한 답변을 채워줄 사진을 개인 사진 모음집에서 골라 복사해오라고 부탁하는 것에 이르기까지 다양하다. 만약 찍을 수 있는 상황이었다면 사진으로 존재했을 가상 사진 속의 인물이나 풍경들을 그림으로 그려오라고 요청할 수도 있다. 나는 과제 완수에 요구되는 사진의 숫자를 구체적으로 지정해줄 수도 있고, 내담자가 생각한 다양한 주제 모두 또는 그 중 하나를 위해 필름 한 롤을 다 써도 된다고 말해줄 수도 있다. 때때로 나는 특정 주제를 지정해주지 않고, 그저 본인 나름의 주제를 갖고 사진을 찍어오라고 할 수도 있다. (많은 내담자들이 "나는 너를 사랑하는데 너는 그걸 모르는 거 같아." "이 가족은 나에게 과연 무엇을 의미하는가?" "학교가 끝나면, 나는 ______할 것이다." 등과 같이, 그들 스스로 매우 훌륭한 주제들을 제안하기도 한다).

이러한 가능성 외에도, 내담자는 자신의 카메라를 사용함으로써, 또는 사진 수집을 통해 보다 자주 자신의 일상생활을 요약해주거나 개인사를 반영해주는 사진을 찍거나 발견하게 되는 이점을 누릴 수 있다. 그것은 "펜팔 또는 먼 친척에게 당신과 당신의 삶에 대해 많은 것을 말해주기 위해 다른 나라로 보내는데 사용될, 자기 자신에 관한 스크랩북을 만들어보세요"와 같은 즉석 과제(right-now sense)가 될 수도 있고, 앞으로 살날이 불과 한 달(석 달, 여섯 달, 등등) 밖에 남지 않았다고 가정하고 인생 여정 또는 가치관을 보여줄 사진 모음집을 구성해보라고 하거나 영상 유언장 또는 영상 유산을 만들어보라고 하는 것처럼 인생 회고 과제(life-review summary sense)가 될 수도 있다. 이러한 과제의 예로 다음과 같은 것들이 있다: "내 인생에서 아직 끝나지 않은 것들." "죽기 전에 해 봐야 할 것들." "이것이 만약 내가 찍어볼 수 있는 지구상에서의 마지막 필름 또는 마지막 사진이라면." "내가 누구였고 나의 인생이 어떤 삶이었는지 미래의 사람들(지금으로부터 수백 년 후에 태어날 사람들)에게 보여 줄 사진." "손주들에게 남기고픈 나의 영상 유산." "나의 인생에서 목표를 갖고 내가 이뤄온 것들을 보여주는 다큐멘터리." "나의 삶이 어떻게 해서 오늘날까지 이르렀나(내 인생 이야기의 이정표)." "내가 성취한 것들(다른 사람들에겐 의미 없는 것들 일지라도)." "세상을 보다 나은 곳으로 만들기 위해(또는 사람들을 돕기 위해) 내가 해온 일들." 등등.

이러한 과제를 통해 태어나는 사진들은 내담자 본연의 이미지로서 치유적 작업에 활용될 수 있고, 또는 다음 절에서 논의되는 바와 같이, 추후의 사진치료 세션 또는 개인 타임 라인(인생의 시기별로 중요사건을 막대그래프로 보여주는 그림 작업-역자 주)이나 콜라주 작업처럼 미술 치료와 결합된 형태의 사진치료 세션에서 기초 예술 작품으로서 기능을 발휘하게 될 수도 있다.

상담 사무실에서 치료사와의 상담 중에 내담자가 방금 말하거나 표현하려고 했던 것을 즉석에서 시각적으로 표현하기 위해 즉석 프린트 카메라가 사용될 수 있다. 이러한 즉시성(immediacy)은 예를 들어, 특정 내담자가 즉각적인 시각적 피드백의 부수적 요소를 필요로 할 때에 치료적 이점을 극대화시키기 위해 활용될 수 있다. 내담자가 마음속으로만 사진을 "찍을" 또는 기억을 떠올릴 때, 그리고 마음속으로만 이미지를 스케치하거나 묘사할 때처럼, "눈에 보이지 않는 카메라(invisible camera)"가 도움이 될 수도 있다. 한 동료(McDougall-Treacy, 1979)가 이러한 원리에 바탕을 두고, "나도 카메라처럼"(person-as-camera experience)이라는 유용한 예제를 개발하였다.

복합적 적용을 위한 사진 이미지의 추후 활용
(Later Use of Images for Complex Applications)

직접 찍거나 수집한 사진을 활용하여, 내담자는 콜라주, 타임 라인, 그림 이야기, 기타 창조물들을 만들어 낼 수 있다. 그런 다음, 이러한 것들은 이전 장(章)에 묘사된 것과 거의 똑같은 절차를 통해 작업에 활용될 수 있다. 그러나 이러한 환경 속에서, 콜라주 작품은 질문을 주고받고 감정을 표현하면서 내담자와 함께 "이야기를 나누는" 도구가 될 수 있다. 젊은 내담자의 경우라면, 이미지가 들어가 있고, (스토리 구성을 위해) 그 밑에 글이나 대화가 들어간 또는 그 위에 완성된 사진이나 사진의 복사본이 들어간 만화책을 한권 만들어보라고 하는 것이 때때로 도움이 될 수 있다.

내가 제시하는 그런 유용한 자료를 만들어낼 수 있는 지시문의 예를 들면 다음과 같은 것이 있을 수 있다. "과제에 대한 보답으로서 당신이 가져온 사진을 전부 활용하여 그것들이 서로 의미가 통하게끔 테이블 또는 대판 신문지 위에 벌려 놓으세요: 그런 다음, 그 사진들을 동시에 바라볼 때에 어떤 종류의 감정이나 생각이 마음속에 떠오르는지, 그 사진들을 하나하나 개별적으로 바라볼 때의 감정이나 생각과 어떻게 다른지 저와 느낌을 공유해봅시다" 또는 "사진들이 이제 의미가 가장 잘 통하는 배치로 자리 잡혔다면, 그것들을 선, 도형, 색깔, 단어로 연결해보세요. 처음 배치를 지지해주거나 설명해주는 새로운 배치를 형성하기 위해 다른 사진과 연결해보는 것도 좋습니다.” 미술 재료 및 잡지 이미지나 어구 한 토막을 사용함으로써, 또는 빈칸을 채우도록 도와주거나 향후 콜라주 전체에 대한 전반적인 반응을 세분화하도록 도와줄 시각적/언어적 이야기를 구성함으로써, 내담자는 사진을 하나하나 개별적으로 보면서 논의할 때에는 유용하지 않을 수도 있는, 매우 유용한 정보와 세밀한 정서를 제공해줄 수 있다.

예를 들어, 한 내담자가 콜라주를 배열했는데, 중앙의 5개 이미지는 형형색색으로 밝게 빛나고, 그와는 대조적으로 그 5개의 이미지와 경계를 이루어 네 모퉁이에 근접하여 배치된 이미지들은 희미하고, 어두운 색조라고 하자. 그녀가 밝은 이미지들을 한데 묶는 경계선을 만들기 위해 네 모퉁이와의 사이사이에 어두운 선을 그었다. 정작 본인의 사진은 모퉁이에서만 나타났고, 중앙의 사진들은 모두 그녀가 사귀었던 다양한 부류의 남자친구들이었다. 여기서 사진치료든 미술치료든 둘 다 도움이 될 수 있지만, 두 가지 모두를 익힌 치료사의 경우라면 두 가지 치료가 결합된 형태로 실시될 때에 훨씬 더 많은 것을 얻어낼 수 있을 것이다.

내담자 앞에 펼쳐진 (종이에 고정되지 않은) 수많은 이미지들은 사진의 이동이나 분류를 요하는 예제에서 유용하게 활용될 수 있다. 내담자는 투사적 활용을 위해 잡지, 가족 앨범, 심지어 늘 준비되어 있는 자신만의 사진 모음집에서 다른 사진을 찾아보라고 권유받을 수도 있다. ‘상호작용적 사진’ (photo-interactive) 예제(예를 들면, 이 장(章)의 말미에 상세히 나와 있는 우주정거장 예제와 다음 장에서 논의될 동심원(Ring) 예제)는 일반적으로 단계적으로 실행된다. 그 결과, 내담자는 사진 및 사진이 가진 의미와 상봉하게 되고, 구조화된 맥락 속에서 그것의 개별적 중요성이나 가치에 대해 결단을 내리게 된다. 유일한 필요조건이 하나 있다면 특정 이미지가 내담자에게 개인적 중요성을 지니고 있어서, 활동 과정에서 사용할 이미지를 고를 때에 내담자가 선택 기준에 대해 심사숙고하는 과정이 있어야 한다는 것뿐이다.

모든 사진이 한눈에 보이도록 배열되고 나면, 나는 전체적으로든 개별 선택 과정으로서든 그 사진 집단에 대해 말로서 접근하는 것을 멈출 수도 있다(예를 들어, 내담자가 개별 선택 행위 또는 그러한 일련의 과정을 통해 어떤 정서적 반응이나 경이로움과 맞닥뜨리게 되는 것). 그러나 말을 하는 것은 지나치게 간섭하는 개입 기법처럼 보일 수 있으므로, 훨씬 더 자주 나는 과제의 그 역동적인 부분 속으로 직접 뛰어 들어가게 된다.

예를 들면, 우주정거장 예제에서, 나는 내담자에게 보다 큰 사진 모음집에서 사진 6장을 고른 후, 나머지는 치워버리라고 한다(상세 설명을 보려면 견본 예제를 보라). 내담자는 최종적으로 예제의 조건과 가장 부합하고 의미 있는 딱 한 장의 사진을 골라야 한다. 이것은 실제로 '내담자에게 갖는 가치의 순위' 에 따라 (1번부터 6번까지, 전체 사진 집단에서 가장 중요한 단 한 장의 사진이 1번으로 되는) 우선순위가 매겨지는 작업으로 마무리된다. 예제 초반부에서 사진의 숫자는, 시간이 부족할 경우 4~5장, 시간이 충분한 경우(몇 시간 정도) 10~12장의 사진으로 시작할 수 있다. 그러나 순위 매기기 과정이 오래 지속된다면 내담자는 침묵을 유지해야 한다; 그것은 비언어적인 과정이며, 만족스럽게 수행된다면, 내담자는 사진에 강렬한 초점을 맞춘 상태, 즉 무아지경 또는 법열의 경지에까지 도달할 수 있을 것이다(〈사진 6-4〉와 〈사진 6-5〉를 보라).

사진 6-4

사진 6-5

CHAPTER 1 2 3 4 5 6 7 8

예제의 진행 단계가 이 정도까지 오게 되면(정확한 지시사항을 원한다면, 이 장(章) 말미에 나오는 견본 예제를 보라), 비로소 내담자는 각각의 이미지는 물론, 과정 그 자체에 대해 이야기해보라는 질문을 받게 된다. 앞선 네 장(章)에서 계속해서 제시되었던 상호작용적 질문을 사용하여, 치료사는 내담자가 찍어 온 또는 발견해 낸 각각의 이미지 그 자체를 활용한 치유적 작업에 있어서도, 서로의 사진을 관찰하는 동안 내담자들로 하여금 서로 상호작용하게 하는 방법을 취하면서 다양한 가능성을 손금 보듯 꿰고 있어야 한다.

우주정거장 예제가 촉발하는 치유적 결과는 내가 지금껏 경험한 것 중 가장 강력한 것이다. 그 프로그램에서는 내담자에게 우주를 여행하고 우주 정거장에서 행복하게 살게 된다는 궁극적인 바람을 이룰 기회가 왔다고 가정하도록 한다. 다만, 단독 여행이기에 여생 동안 더 이상 어떤 누구와도 인간적인 접촉은 없다. 내담자는 재빨리 짐을 꾸려야 하며 개인 물품 몇 가지만 갖고 갈 수 있다.—그리고 6장 이내의 사진—. 그리고 특히 강조하자면, 더 이상 지구로 귀환하거나 지구를 볼 수도 없고 다시는 지구인을 만날 수도 없다. 이러한 준비 과정을 통해 내담자의 인생에서 중요한 것이 과연 무엇인가에 대해 진지한 상상이 촉발된다; 또한 종종 그 예제는 무의식적이긴 하지만 명확한, 죽음의 과정 및 비애를 상징하는 은유(metaphor)로서 기능하기도 한다.

얇은 종이 쪼가리 몇 장이 갑자기 매우 신실한 내담자의 대리인이 되거나 내담자의 삶에서 중요한 존재가 되는 것이다. 그리고 자신이 사진 속 존재들을 다시는 볼 수 없다고 생각함에 따라, 그들과 다시 만날 기대를 포기하는 내담자의 내면에는 강력한 정서적인 동요가 거친 파도처럼 일어난다. 한 내담자가 그러한 상태를 다음과 같이 표현했다. "저는요, 순위 분류 작업을 할 때, 최후의 선택 과정이 마치 제가 처음 받아봤던 응급처치(인공호흡) 훈련처럼 느껴졌어요. 이러한 배제 과정은 마치 저 자신이 '누구를 살아있게 할 것이며, 누구를 죽도록 내버려 둬야 할지에 대한 생사여탈권' 을 갖고 있는 것처럼 느끼게 해요. 그것은 전쟁처럼 느껴졌어요. 그것은 끔찍하게 느껴졌어요!" 또 다른 내담자는 나에게 그 모든 과정이 너무나 고통스러워서 스스로 지구를 떠난다는 것은 상상할 수도 없었고, 다시는 보지 못할 사랑하는 사람들을 남겨둔 채 떠나느니 차라리 자살하는 게 낫겠다고 말하기도 했다.

치료사와 1:1로 이러한 예제를 해보는 것은 그 자체로서 매우 도움이 될 수 있다; 그러나 한편, 중요하게 생각하는 타인이나 가족원과 그러한 과정을 공유해보는 것도 의사소통과 자아 성찰을 촉진시킬 수 있다. 때때로, 나는 중요하게 생각하는 타인에게 (선택의 범위를 좁혀 나가기 전, 50장 정도의) 사진 모음집 원본 전체를 보여주라고 하기도 한다. 그리고 그 타인에게 '내담자가 예제 수행 시간 동안 어떤 6장의 사진을 고를 거라 생각' 하는지 말해보라고 한다. 최후의 선택이 어떠할 것인가에 대한 그들의 기대를 점검해보는 것도 매우 생산적이고 정서 촉발적인 작업일 수 있다. 이와 비슷하게, '중요하게 생각하는 타인이 이 예제를 하고 있다면 그가 어떤 50장의 사진(또는 최후의 6장의 사진)을 고를 것 같은지 생각해 보라.' 는 질문이 내담자에게 떨어지고, 그러고 나서 그 타인으로 하여금 실제로 그 예제를 해보게 한다(이 예제는 상황에 따라 그 타인 혼자서 또는 그 장면을 지켜보는 내담자와 함께 할 수 있다). 이 작업 또한 카타르시스와 더불어 많은 정보를 제공해주는 역할을 할 수 있다. 이러한 유형의 예제는 참여자로 하여금 (주변 인물들이 자신에게 갖는) 중요성, 분리, 상실, 비애, 그리고 죽음과 관련된 이슈들을 탐색해보게끔 한다.

나는 종종 "혹시 우주에서 (지구인의) 방문을 받게 될까?" "정말로 다른 사람들을 다시는 절대 볼 수 없는 거야?" "내 모습이 어떤지 기억해 줄 거울 하나 갖고 있어야 하는 거야? 아니면 내 모습이 담긴 사진을 가져가야 하는 거야?"와 같은 가정법적인 (qualifier) 질문을 듣게 된다. 그리고 다음과 같은 질문. "지구에 남겨진 사람들이 자기들 사진을 내가 가져왔는지 안 가져왔는지 알게 될까?"(이 문제 하나가 중요하게 다가오는 사람들의 죄책감 속에서 들리는 목소리). 나는 대개 이러한 선택권을 과제 참여자의 몫으로 남겨둔다; 그들이 어떻게 결정할 것인지 여부가 치유적 자료를 제공해 줄 수 있다.

CHAPTER

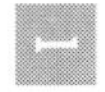

일반적으로 최종 순위 결정이 과제 중에서 가장 막강한 비중을 차지하는데, 그 순간 사람들은 (예를 들어, 어머니의 사진이냐 아내의 사진이냐, 자식의 사진이냐 아님 또 다른 누군가의 사진이냐 사이에서) 선택의 기로에 서 있는 자신을 발견하게 된다. 이러한 다소 강요된 선택에 직면한 내담자들은 때때로, 자신이 사랑하는 모든 사람들을 한 장 속에 담은 사진을 새로 만들고 있는 자신을 발견하기도 한다. 자신에게 가장 의미 있는 사진이 어떤 사진인지 발견하는 순간, 내담자는 그러한 사진을 화재나 절도로 잃어버리는 것이 얼마나 끔찍한 일인지 깨닫게 되고, 결과적으로 가장 중요하게 여기는 사진들은 2장씩 뽑아 놓아야겠다고 결심하게 되기도 한다.

많은 사람들이 집으로 돌아가 그 사람이 자신의 인생에서 얼마나 중요한 사람이었는지 말하게 되고, 그 전엔 그렇게 생각하거나 그렇게 말해본 적이 없었다고 토로하게 된다. 어떤 사람들은 장소가 담긴 사진을 선택하는데, 본인들이 애착을 가졌던 장소의 면면들을 추억 속에서 그리게 될 것임을 잘 알기 때문이다. 그런가 하면 어떤 사람들은 사람이 찍힌 사진만 선택하는데, 풍경은 본인에게 중요하지 않다고 생각하기 때문이다. 한 내담자는 1번 사진이냐 2번 사진이냐를 두고 최종 선택의 기로에 서서, 마침내 오랫동안 사귀다가 사별한 연인과 너무나 사랑하기는 하지만 최근에 들어서야 공식적으로 막 사귀기 시작한 사람과의 사이에서 한 사람을 선택할 수밖에 없는 자신을 발견하게 되었다. 그는 본인이 "두 의무감" 사이에서 계속해서 충돌할 수밖에 없을 것 같다고 말했다.

또 다른 여성 내담자는 자신의 필요에 따른 것이 아니라, 그녀를 필요로 하는 사람의 기준에 따라 여섯 장의 사진에 순위를 매겼다는 사실을 발견했다. 남편이나 자녀들이 아닌, 그녀의 손주들이 1등이었던 것이다. 한 여성은 아버지의 사진과 남편의 사진 사이에서 (1등 사진자리를 놓고) 결단을 내려야 하는 순간, 다음과 같이 말했다. "저는 제 아빠에 대해, 그리고 아직도 아빠 주위에서 맴돌고 있는 저의 미해결 과제에 대해 많은 것을 알게 되었어요. 저는 제가 포기할 수 있는 것과 결코 포기할 수 없는 것을 분별하게 되었어요. 저는 마침내 저의 과거를 포기할 수 있음을 알게 되었고요, 저 자신이 그 행동(과거를 포기하는 것)을 하고 있다는 사실을 발견했을 때, 그건 커다란 놀라움이었어요."

또 어떤 내담자는 그의 가족이 최종 6장의 사진을 추려주었음에도 불구하고 그것을 마지막 한 장의 사진으로 다시금 추려놓은 자신을 발견했는데, 그것은 그가 직접 만든 스테인드글라스 작품 사진이었다. 그 마지막 사진은 그 사람 내면 깊숙이 존재하는 무언가, 그러나 지구상의 말로는 표현할 수 없는 그 무언가를 표현한 것이었는데, 그는 자신에게 한 장의 사진만을 찍을 기회가 주어진다면, 그 사진은 바로 '마지막 한 장의 그 사진' 일 수밖에 없다는 것을 알고 있었다.

한 여성 내담자의 최종 사진은 가족이나 친구의 사진이 아니라 6장 모두 개와 고양이에 관한 것이었다. 그 사진에 대해 설명하면서 그녀는 다음과 같이 말했다. "그들이야말로 제게 있어 진정한 로열패밀리에요. 사진 속 강아지는 언제나 저의 원룸에서 제 옆에 앉아 있지요. 다른 강아지가 지나가는 걸 보고 관심을 보일 때만 빼면요. 그리고 입에 새를 물고 있어서, 가끔씩 그 녀석이 미워질 때만 빼면, 사진 속 고양이는 너무나 사랑스러워요." 이 여성은 이전에도 자화상 연습을 한 적이 있었다. 그 결과를 논의할 때 그녀는 자기가 기르는 동물들의 엄마가 되고 싶어 했으며, 함께 살고 있는 남편이나 딸에게는 자기 사진을 주지 않을 것이라고 말했었다. 나는 동물들이 동물답지 않을 때만 좋아하는 그녀의 삶이 궁금해졌다. 그래서 혹시 타인들에게도 이와 유사한 비현실적인 기대를 하지 않을까 싶어서 그녀의 대인관계를 탐색하기 시작했다. 개개인은 이와 같은 연습을 각기 다르게 할 것이다. 그러나 나는 이런 연습을 아주 수월하다고 느끼거나 감정적으로 복잡하지 않다고 여기는 내담자나 워크숍 참가자를 거의 본 적이 없다. 그들 중 많은 사람들이 깊은 슬픔, 관계가 끝나고 헤어지는 경험, 헤어져서 상처 입은 자신을 뒤로 하고 슬픔과 아픔을 놓아버리는 경험, 더 배우기 위해 무엇인가 잡고 있던 것을 버려야 하는 경험 등에 대한 감정을 표현한다. "마치 내가 그것들을 죽이는 것 같이 느껴요. 하나씩 하나씩 죽이다 보면 죽음으로 가득한 수용소처럼 느껴져요. 수많은 '안녕!'으로 가득해요." 라고 어느 여성이 묘사했다.

가장 극단적 방식으로, 우주정거장 연습(Space Station exercise)은 죽음과 사별, 상실과 애도의 감정을 표현하도록 촉진시키고 다른 많은 관계의 종결과 관련된 문제를 다루도록 한다. 만일 이런 강렬한 감정이 당신 내담자의 현 상황에서 너무 극단적인 것으로 여겨진다면, 이러한 연습은 다음과 같은 다른 지시를 사용함으로써 완화(경감)될 수 있다. "당신이 지금 막 집에 들어섰는데 집에 불이 났어요. 당신은 2분 내에 단 6장의 사진을 골라서 안전하게 빠져나갈 수 있어요." 또는 "당신은 지금보다 훨씬 작은 아파트로 이사를 하게 되었어요. 사실 아파트가 너무 작아서 그곳에 사진을 6장밖에는 가지고 갈 수 없어요."

실증 사례 ILLUSTRATIVE EXAMPLES

지금쯤 독자는 선택된 개인 사진들에 관해 특별히 초점을 맞춘 질문을 하고 그것에 답하는 과정에 상당히 익숙해져 있을 것이다. 그래서 사진 한 장을 가지고 진행하는 실제 치료사례를 반복해서 제시하는데에 더 이상의 지면을 할애하지는 않을 것이다. 이 절에서는 이 특별한 기법(자신을 상징하는 사진들을 작업하는 것-역자주)을 사용할 때 일어나는 다양한 결과를 포괄하는 사례를 제시하고자 한다. 이와 동시에 실제 치료를 받은 내담자들의 경험에서 나온 몇 가지 피드백을 제공한다.

내담자가 독자적으로 찍은 사진들
(Photos the Client Takes Independently)

이 장에 제시하는 대부분의 사례는 내담자가 찍은 일상적인 사진들이다. 그러므로 이 절에서는 내담자가 공들여 찍은 장면이나 심사숙고해서 배치한 소품들을 찍은 사진을 집중적으로 다루고자 한다. 사진사는 이런 유형의 사진에 나타날 수도 있고, 나타나지 않을 수도 있다. 그러나 사진 속에서 사진사의 모습을 보았다면, 그것을 자화상 사진으로 보기보다는, 사진사 자신조차 이야기 형성에 도움이 되는 소품으로 배열한 사진으로 볼 수 있다. 물론, 많은 사진들은 이 두 가지 유형 모두에 동시적으로 해당될 수 있기 때문에, 그 경계는 사실상 모호하다.

〈사진 6-6〉은 여성의 성적 억압이라는 문제와 관련되어 마음속 깊은 생각을 드러내려는 한 여성이 찍은 사진이다. 그녀는 사진에서 마네킹을 사용했는데, 그녀가 마네킹을 사용한 이유는 전통적 사진 작업이나 실제 삶에서 마네킹이야말로 여성을 대상화시키고, 여성의 육체와 목소리가 지니는 힘을 약화시키며, 여성이 조종 가능하다는 것을 상징하기 때문이라는 것이다(Newberry, 1990).

그다음 사진은 서로 다른, 그러나 서로 연관된 목표들, 즉 분노가 서린 무기력의 감정과 억압을 시각적으로 보여주기 위해서 찍은 것이다. 그러나 두 사람의 내담자(동시에 사진사)는 사진을 계획하고 사진을 찍은 것 자체가 어느 정도 그들의 힘을 강화시키고, 자기 주장을 하며, 내적 메시지를 표현하는 데 도움이 되었다고 말했다. 두 번째 사진은 계급적 억압을 다루고 있다. 그러나 시각적으로 보여 주는 것은, 내 눈에는 분명히 성차(gender)와 연관이 있는 것으로 보였다. 이 사진에서도 역시 명백하게 드러났는데, 사진은 사진을 만든 사람의 자아를 되찾을 수 있도록 도왔다.

〈사진 6-7〉은 어떤 여성이 사진에 자신이 나오게 찍은 것이다. 그녀는 자화상 사진을 찍으려고 이 사진을 찍은 것이 아니라, 콘도를 짓기 위해 허물어야 하는 자신의 집에서, 오래된 멋진 건물에 있는 그녀의 아파트에서 퇴거당하는 것에 대한 그녀의 감정을 표현하기 위해 이 사진을 찍은 것이다. 이사를 해야만 한다는 사실에 대해 그녀는 극도로 억압된 분노와 해결되지 않은 갈등을 느끼고 있었다. 그녀는 퇴거 명령

© 1990 Barbara Newberry

사진 6-6

에 맞서 싸웠고, 4달 동안 철거를 연기할 것이라는 약속을 받아냈다. 그러나 결국은 2년 동안이나 살았던 자기 집을 떠나야만 하게 되었다. 이러한 경험이 자신의 인생에 얼마나 영향을 주고 있는지를 인식하면서, 조만간 기억 속에만 남게 될 것을 기록하고 탐색하기 위해, 그녀는 사진 찍기를 통해 이러한 문제를 다루고자 했던 것이다.

나는 이 사건이 왜 그토록 그녀에게 중요한 것인지에 대한 실마리를 찾기 위해 그녀의 심리적인 영역을 탐색해 나갔다. 이런 일이 일어났을 때, '그녀의' 집은 텅 비

© 1989 Laura Morrison

사진 6-7

고 부서진 채 아직 그곳에 있었다. 어떤 세입자들은 이사 가기를 거부하고, 아직도 '무단으로' 그곳에서 살고 있었다. 그러나 그녀와 다른 세입자들은 그곳을 떠났다. 아마도 그녀는 그 건물을 보호하지 못하고 떠나버린 것에 대해 죄의식을 느꼈던 것 같다. 잠재의식 속에서 그녀는 그곳을 떠나지 않고 보호해야 한다고 생각한 듯하다. (그래서 아마도 그녀의 아동기 문제, 또는 어머니가 보살펴 주기를 바라는 욕구나 양육과 관련된 문제를 다루어야 할지 모르겠다는 생각이 들었다.) 그녀는 자신의 어린 시절을 다음과 같이 묘사했다. "한 곳에 정착해서 안정되게 사는 가정환경은 나에게는 마치 '농담' 같은 거예요." 그녀의 부모는 별거를 했고, 그녀가 채 여덟 살이 되기도 전에 그녀의 가족은 6번이나 이사를 하였다. 그녀의 가족은 이곳저곳으로 옮겨 다녔다. 성인이 되자 그녀는 자신의 자유를 철저히 누렸고, 빈번히 이사를 계속했다. "나는 전에는 내 선택에 의해 살았던 곳을 떠난 거예요. 내 집이 나를 거부한 것은 이번이 처음이에요."라고 그녀는 말했다.

CHAPTER

8

나는 그녀의 집이 그녀가 떠났다고 비난하는 듯 여전히 그곳에 버티고 서 있지 않고 즉시 허물어져 버렸다면 그녀의 감정과 상황이 어떻게 달라졌을지를 물어 보았다. 그녀의 반응은 애매모호했다. "나는 진짜 모든 것에 강박적인 편인데, 그 건물이 폭삭 주저앉아 더 이상 이 땅에 존재하지 않기를 원하기도 하고, 동시에 그 장소에 다른 새 건물이 세워지기를 원하지도 않아요. 그래서 마치 내가 가운데 끼인 것처럼 느껴져요." 왜 그런지 이유를 물었을 때 그녀는 "그 콘도에 살게 될 사람들은 그곳에 무엇이 있었는지 전혀 생각하지도 못할 것이고, 새 건물은 옛 건물이 존재했었다는 사실(역사)을 영원히 지워 버릴 거예요. 나는 그곳을 떠난 것을 후회했고, 아직도 몇몇 세입자들이 거기에 살고 있다는 이야기를 들었을 때 정말 화가 났어요."라고 대답했다.

그녀는 또한 무기력감에 대한 개인적 감정을 표현했다. "내가 느끼는 이 분노를 어떻게 해야 할지 모르겠어요. 지금까지 나는 이에 대해 사진을 찍었고 많은 사람들에게 이야기를 했지만, 그것으론 충분하지 않았어요. 난 주택 문제에 대한 시위를 조직화하려고 노력하고 있어요. 이런 일을 해야 하는 데 대한 나름의 빌어먹을 이유를 찾아내려고 계속 애썼어요. 그렇지만 내가 무엇인가에 직면하는 것을 배워야 한다는 사실 외에 다른 해결책은 없는 것 같아요." 여러 면에서 그 아파트는 내담자에게 이상적인 집이었다. 그녀는 자신을 무기력하게 만드는 '적'의 힘에 의해 그 집을 빼앗기게 된 것을 발견하고는 격노했다. 이 모든 것은 그녀가 탐색하기를 원하고 탐색할 필요가 있다고 여기는 문제였다. 그녀의 사진이 이러한 탐색을 하는 데 도움이 될 수 있기를 그녀는 희망했다.

그녀는 다음과 같은 말을 덧붙였다. "이 경험은 내가 어떤 권력과 직면할 때 굴복한다는 것을 가르쳐 줬어요. 그리고 두려움도 있었어요. 나는 길거리에 내던져질 내 소유물 같은 물질적인 부분에 너무 집착했지요. 그 집에 계속 머물기 위해 나는 투쟁을 해야 했지만, 다른 사람들로부터 지지를 그다지 많이 받진 못했어요. 친구들은 내 불평을 듣는 것에 이골이 났고, 이런 상황은 꼭 나를 향해 격노하는 세상의 끝에 있는 것처럼 느껴지기 시작했죠."

처음에는 자신의 좌절감을 표현하기 위해 찍었던 사진 속에서 그녀는 어떤 자극을 발견했다. 그녀는 이를 통해 저 깊은 곳에 있던 근원적 문제와 직면하고, 보다 광범위한 관심사에 대해 의사소통할 수 있었다. 우리는 이런 영속적인 패턴이 그녀의 인생을 지배하지 않도록 하기 위해 치료를 해야 하며, 그녀가 사랑하거나 관계 맺는 것을 상실의 두려움과 연관시키지 않도록 그녀를 보호해야 한다는 것에 동의했다.

치료자가 내준 과제에 대한 반응으로 찍은 사진
(Photos taken in Response to the Therapist's Assignment)

나는 여러 가지 이유에서 사진 찍는 숙제를 내준다. 누가 그리고 무엇이 내담자의 인생에서 중요한지에 대한 사실적인 추가 정보를 모으는 일, 사진 찍는 과정에서 얻는 실질적인 혜택 외에도, 내담자에게 사진을 찍게 하는 것은 다음과 같은 이유가 있다. 나는 내담자가 이미 분명하게 설명했다고 믿지만 아직도 혼란스럽게 남아 있는 것들을 명확화하기 위해 사진 숙제를 내준다. 다음의 예에서, 나는 로사(Rosa)에게 좋은 엄마 역할이 무엇을 의미하는지에 대한 '전체적 그림'을 얻는 것뿐만 아니라, 그녀의 사진을 보면서 그녀가 내게 진짜 말하고 싶어 하는 것을 이해하기 시작했다.

내 내담자는 로사라는 이름의 9세 소녀다. 그녀는 친아버지에게 신체적 · 성적 학대를 받았고, 정서적으로 방임되어 왔다. 이런저런 이유로 지난 5년간 그녀는 위탁가정에서 자랐다. 그녀는 협조적이고 대화하기를 좋아하지만, 정서적 관계를 맺기 어려워하고, 감정표현이 매우 제한적이고 뭔가 막혀 있는 듯 보였다. 로사의 위탁모는 이를 매우 걱정했다. 위탁모의 막내 아이가 어린이집에 갈 만큼 크자, 그녀는 2~3달 전부터 다시 직장에 다니고 있었다. 그녀는 로사와 내가 이야기하기를 원했는데, 지난 몇 달 동안 로사가 위탁모와 소원한 상태에 있었기 때문이다. 내가 로사에게 무엇을 묻던 간에, 언어를 통해서는 로사에게서 어떠한 유용한 정보도 얻을 수 없었다. 그녀는 내게 아주 상냥하게 그리고 중립적으로 대답했지만, 나는 그녀가 정서적으로 위축되어 있는 이유를 알아낼 수 없었다. 어쩌면 로사는 의식의 수준에서 자신의 내면을 알지 못할 가능성이 있었다.

로사는 스냅사진 찍기를 좋아했고, 그래서 나는 그녀에게 몇 가지 숙제를 내주었다. 감정표현과 정서적으로 관계 맺는 일이었는데, 특히 로사와 위탁모의 관계를 다루고 있었기 때문에, 공원과 동물원에 가서 모든 연령의 사람들을 찍어 오라는 숙제를 내주었다. 또 다른 숙제는 카메라를 가지고 다니다가 다른 아이들의 엄마를 볼 때마다 그 엄마들의 사진을 찍는 것이었다. 나는 그녀가 '좋은' 그리고 '나쁜' 어머니를 어떤 식으로 보는지, 어떤 관계에 다가서고 어떤 관계는 두려워하는지를 발견하고자 한 것이다. 또한 그 밖에 드러나는 부가 정보를 얻기를 바랐다. 그다음 회기에 가져온 사진에서 로사가 찍은 대상은 주로 여성이었다. 대다수의 사진은 놀고 있는 아이들 옆에 있는 엄마, 또는 유모차를 밀거나 아장아장 걷는 아이와 함께 손 잡고 있거나, 좀 더 큰 아이들과 이야기를 하고 있는 엄마의 모습을 찍은 것이었다. 엄마 없이 혼자, 또는 아이들만 있는 사진은 없었다.

나는 로사가 찍은 사진을 면밀하게 살펴보았고, 사진 속에 혼자 있거나, 남자 또는 다른 여자와 함께 있는 몇몇 다른 여성을 발견했다. 로사에게 이런 여성들이 '어머니다운지'를 질문했다. 로사의 대답은 그녀의 내면에서 일어나는 것, 심지어 미처 깨닫지 못하지만 그녀의 의식에서 일어나는 것에 관한 실마리를 분명히 드러내었다. "이 여자들은 자기 아이들을 데리고 있지 않기 때문에 엄마가 아니에요. 아니면 '나쁜' 엄마에요."

되돌아보면, 어린 시절의 학대를 겪은 이 소녀가 자신을 보호해 줄 엄마가 주변에 없을 때 얼마나 상처받기 쉽고 안전하지 않다고 느낄지 이해할 수 있었다. 그리고 최근 위탁모가 일을 하게 되면서 아이와 함께 있지 않고, 어린이집에 자신의 아이를 '버리고' 있다는 점을 로사가 어떤 식으로 내면화하고 있을지 이해하게 되었다. 직장에 다시 나가는 위탁모의 행동이 로사에게 어떤 강렬한 신호를 보낸 것이다. 또한 일을 하고 집에 돌아오면 더 나이 어린 자신의 아이들과 함께 있으며 관심을 가져야 하기 때문에, 위탁모는 어머니의 '부재'에 민감한 로사에게는 시간을 많이 내지 못하는 실정이었다. 로사의 사진은 감추어진 정보를 드러냈고, 그녀와 위탁모 사이에 이해와 대화의 문을 열도록 도왔다.

숙제로 내준 사진을 이용한 콜라주 작업
(Collage Work with Assigned Photo)

만일 내가 사물이나 사람의 사진을 찍는다면, 그 사물이나 사람의 일부는 어떤 면에서 실제로 내 것이 되는 것이다. 그 형상을 시각적으로 소유함으로써 그것은 내 것이 되고, '그것을 찍고 싶은' 개인적 동기가 만족된다. 타인이 보건 못 보건 간에, 내가 사진에서 무언가를 본다면, 그것은 나를 위해 거기에 있는 것이다. 시각적 재현물이 내 눈앞에 있다면, 은유적인 관점에서 나는 그에 대한 통제권을 어느 정도 지니고 있을 수 있다. 이러한 보고-알고-소유하기라는 개념(seeing-knowing-having concept)은 사물의 존재를 증명하는 데 기여한다. 내가 그것을 볼 수 있다면, 그것이 거기에 있다는 것을 나는 안다. 다른 사람도 그것을 볼 수 있는데, 비록 그것을 내 사진을 통해서만 볼 수 있겠지만, 그것이 존재한다는 사실은 더욱 분명해진다.

타인에게 말하지 않은 비밀을 간직하고 있거나, 타당화되지 않는 기억을 지니고 있는 내담자와 상담할 때, 사진 찍기의 이러한 측면은 특히 유용하다. '나의 학대경험' '관계 맺는 것에 대한 두려움' '나의 알코올문제' 등등 추상적 개념을 사진으로 찍게 하는 것은 내담자가 이러한 추상적 개념을 외현화할 수 있도록 돕는다. 이렇게 함으로써 내담자는 직면, 정화, 완결을 할 수 있게 된다. 무언가를 사진 찍는 것은 타인뿐만 아니라 자신에게도 그것을 더 진짜처럼 느끼게 하는 데 많은 도움을 준다.

다음의 콜라주는 쉴라(Sheila)가 만든 것이다. 첫 번째 작업은 이미 있는 목록에서

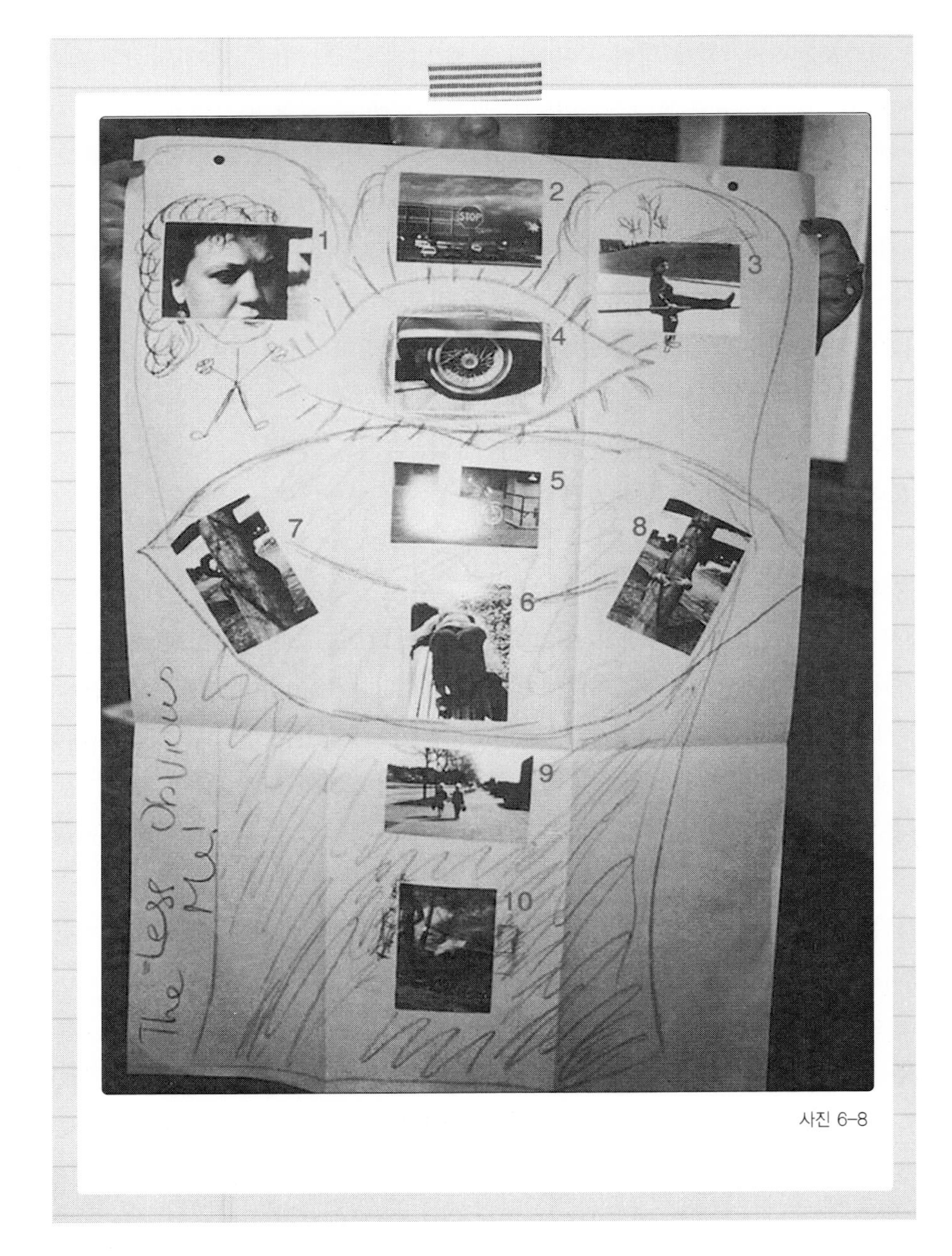

사진 6-8

그녀가 스스로 주제를 고르는 것이었다(이와 비슷한 목록이 이 장의 끝부분에 제시되었다.). 그녀는 '덜 분명한 나(the less obvious me)' 라는 주제를 선택했다. 그러고 나서 그녀는 이 주제를 시각화하기 위해 12장의 사진들을 찍었다. 사진이 출력되자, 그녀는 미술 재료를 사용하여 콜라주를 만들었고, 커다란 종이 위에 사진을 의미 있는 방식으로 배열하였다(〈사진 6-8〉 참조).

쉴라는 제시된 주제의 목록을 보았을 때, 즉각적으로 자신이 9세에서 17세 사이에 계부와 다른 남자에게 당했던 끔찍한 성폭력을 떠올렸다고 말했다. 그녀는 객관적인 관점에서 그 외상(trauma)을 지켜볼 준비가 된 것을 깨달았고, 그래서 그녀는 특별히 자신의 학대와 연관된 사진을 찍기로 했다.

쉴라는 자신의 콜라주에 10장의 사진을 사용했다(이런 논의를 돕기 위해 여기 복사본에 번호를 매겨 놓았다.). 그녀는 전지에 사진을 테이프로 붙여 놓고, 그 사진들 주변에 커다란 경계선을 그려 넣었다. 나중에 그녀는 그림을 마치 손가락을 꼭 쥔 주먹(세 마디가 있는)과 눈 하나와 굳게 다문 그러나 미소 띤 입을 가진 얼굴로 묘사했다.

강하고, 힘센, 수직적 형태를 가진 전체적 모습은 내게 남근처럼 보였다. 그러나 나는 그렇다고 말하지는 않았다. 쉴라의 마음속에 어떤 생각도 심어 주기를 원하지 않았기 때문이다(사실, 그녀의 콜라주를 처음 보았을 때, 나는 그녀의 학대 경험을 알지 못했다. 밑에 붙어 있는 오토바이 사진에 대해 이야기할 때, 그녀는 그 사실을 털어놓았다.). 입은 빨간색으로 윤곽을 그렸고, 속은 빨간 빗금으로 채워져 있었다. 몸통 역시 빨간색으로 윤곽을 그리고 내부도 빨간 빗금으로 채워져 있었다. 눈 주변과 입 위는 푸른색으로 윤곽을 그렸다. 눈동자는 녹색이었다. 제목은 왼쪽 밑에 수직으로 적혀 있었는데 검은색이었고, 사진의 위 맨 왼쪽에 그려진 막대 사람도 검은 색이었다. 그 막대 사람은 몸통도 없이 목에서 곧바로 손발이 뻗어 있고, 주먹을 꼭 쥐고 있었다.

꼭대기에 있는 세 개의 손가락 마디에는 세 장의 사진이 각기 하나씩 붙어 있었다. 왼쪽 위에 있는 1번 사진은 쉴라의 얼굴인데 입이 없었다(없어진 입과 뺨은 따로 그려 넣었다.). 위쪽 중간에 있는 2번 사진은 '멈춤 신호' 의 사진이다. 오른쪽 위의 3번 사진은 난간 위에 앉아 있는 그녀의 사진으로 옆모습이었고 다리는 카메라 쪽으로 쭉 뻗고 있었다. 2번 사진 바로 밑 가운데에 4번 사진이 있었는데, 자동차의 바퀴 사진이었다. 이 사진은 부릅뜬 눈의 동공의 모습을 띠고 있다.

바퀴 아래에는 주차된 오토바이를 찍은 5번 사진이 있었는데, 이 사진은 다소 침침하고 흐릿하게 보였다. 그 밑 중앙에 6번 사진이 있는데, 벤치 위에 누워 있는 모습으로 발이 먼저 보이고 머리를 뒤로 젖힌 쉴라의 사진이었다. 가장 가까이에 불룩하게 보이는 것은 그녀의 무릎이고, 그 다음 두 개는 그녀의 가슴이며, 멀리에 보이는 두 개는 그녀의 어깨다(그녀의 목과 머리는 '거기에 없다.'). 입꼬리의 양 끝에 붙여 놓은 두 장의 사진은 서로 대응되고 있었다. 두 사진 모두 나무줄기가 그녀의 몸통을 완전히 가린, 나무 뒤에 있는 그녀의 사진이다. 7번 사진에서는 그녀의 얼굴 일부분이 밑에서 보이고, 8번 사진에서는 그녀의 두 팔이 나무를 감싸고 있다. 그렇게 하지 않았다면, 그녀의 몸은 전혀 보이지 않았을 것이다. 그것은 마치 그녀 위에 육중한 사람(나무줄기)이 얹힌 것 같아 보였다.

밑에 있는 9번 사진은 걷고 있는 두 사람을 멀리서 찍은 사진이었고, 맨 밑에 있는 10번 사진은 6번 사진 바로 다음에 찍은 것이다. 벤치의 앞에서 찍은 것으로 쉴라의 머리와 목만을 보여 준다. 이 사진에서 쉴라는 자신의 몸을 가린 벤치의 끝단을 검은색으로 다시 그렸다.

이 콜라주를 단계별로 논의할 때, 쉴라는 어떻게 각각의 사진과 전체로서 콜라주가 연결되었는지에 대해 말하면서 자연스럽게 반응했다. 그녀는 "나는 밖에 나가서, 사진을 찍고 사진을 배열하기를 원했어요. 왜냐하면 사진 배열하기는 콜라주 작업의 일부이고, 이것들을 설명하면서 사진들이 무슨 의미인지 보기를 원했기 때문이에요. 사진을 찍을 때, 나는 내가 무엇을 찍고 있는지 알았어요. 그것은 단지 밖에 나가 사진을 찍는 것과는 전혀 다른 것이었죠. 나는 내게 도전하기를 원했어요. 이전에는 이런 것을 해 본 적이 없었어요. 전에는 내 자신을 들여다 볼 수 있는 어떤 일도 하지 않았어요. 학대받았다는 사실은 항상 저 멀리에 있는, 나와는 동떨어진 것이었죠. 그렇지만 이제 나는 이것을 좀 더 자세히 보길 원해요. 주디 당신도 알다시피, 당신은 모든 치료를 다 할 수 있지만, 내가 이런 문제를 실제로 다루지 않는다면 아무 소용이 없잖아요. 맞죠? 내게 그것을 실체화할 수 있게 만드는 방법은 바로 이런 작업이에요. 놀랍게도 이 작업은 내가 내 경험을 똑바로 보고 '맞아, 맞아, 맞아, 맞아!' 라고 할 수 있게 했어요. 내 자신을 직면하게 만들었어요. '덜 분명한 나'는 결국 '희생자인 나' 였어요."

그녀는 각 사진을 하나씩 계속 묘사했다. 처음에 그녀는 〈사진 6-7〉과 〈사진 6-8〉을 '나무 뒤에 숨어 있는 나'라고 묘사했고, 그 후 그것을 다음과 같이 수정했다. "아니에요, 나무는 힘을 지니지만, 또한 남근의 상징이에요. 그것은 피해자에게 있는 힘이 아니고, 가해자에게 있는 힘이지요. 이 사진들은 함께 와서 나를 압도해 버려요. 내가 사진을 들여다보고, 문제를 극복하려고 하는 것을 알기 때문에, 오히려 나를 무력하게 만들어요." 1번 사진 주변에 그려 놓은 것을 좀 더 자세히 들여다보면서, "내 손을 보세요. 이렇게 생겼어요(발톱 모양을 만들면서)! 나는 불구예요. 내가 불구인 것 같아요. 나는 손이 없어요. 그래서 그를 밀쳐 낼 수 없었어요."라고 외쳤다. 오토바이 사진(5번)에 대해 "계부는 오토바이를 탔어요. 그래서 오토바이를 이 콜라주에 넣었어요."라고 하였는데, 그녀는 처음에는 다소 망설이며 설명했다. 그러나 조금 후에 아주 강렬한 감정을 드러내면서 계속 이야기를 했다. "오토바이는 사실 우연히 생각난 거예요. 난 이 오토바이를 보았고 '나는 이것을 아주 잘 기억하는데'라고 생각했어요. 오토바이는 계부를 상징적으로 나타내는 것이기 때문에, 그것은 이 전체 콜라주에 절대적으로 필요한 부분 같아요. 오토바이는 내게는 그를 상징하는 거예요. 내가 콜라주의 중앙에 그것을 놓은 것을 기억해요. 보세요, 그것은 내 입속에 있어요!"

나는 그녀에게 질문했다. "자, 만일 당신이 사진 찍으려는 것, 학대당했다는 것, 희생자인 당신, 즉 '덜 분명한 당신'을 알고 있다면, 그리고 나무나 오토바이 같이 이 모든 것이 무엇을 상징하는지 이미 다 알고 있다면, 왜 굳이 사진을 찍으려고 하죠?" 그녀는 즉시 답변했다. "그렇게 하면 나는 이 모든 것을 한꺼번에 시각화할 수 있기 때문이지요. 이걸 집으로 가져가서 간직하고 싶어요. 왜냐고요? 항상 지금 여기의 것만으로 자신의 성공을 가늠할 순 없잖아요. 그것은 과거의 것들로부터 평가되어야죠. 그리고 나는 왜 내가 더 이상 그 사람에게 압도당하지 않는지 알 수 있을 것 같아요. 나는 무엇이 일어났는지 지켜볼 수 있고, 그걸 말할 수 있어요. 그래요. 지금 난 아주 달라진 쉴라예요. 전혀 다른 쉴라라구요."

9번 사진을 다시 보며 쉴라는 갑자기 뭔가를 깨달은 듯 했다. "걸어가고 있는 이 두 늙은 여자는 제 할머니와 아줌마를 기억나게 하네요. 그분들은 쌍둥이처럼, 제가 학대당하고 있는데도 눈을 꼭 감고 철저히 외면해 버렸어요. 두 사람은 엄마와 내게 계부가 우리와 살기 7년 전, 경찰에 체포된 적이 있다는 사실을 말해 주지 않았어요. 그들은 모든 사실을 다 알고 있으면서도 한 마디도 내게 말해주지 않았어요!" 다시 10번 사진을 보면서, 그녀는 테이블위에 자신의 몸이 얹혀 있는 것 같다고 묘사했다. "나는 이렇게 죽을 것 같았어요. 나는 여러 번 죽을 것 같다고 느꼈어요. 정말 그렇게 느꼈어요. 죽을 것 같았어요. 여기(9번 사진) 할머니가 있고, 나는 학대당해서 죽었어요." 그러고 나서 그녀는 그 '테이블'의 양끝이 어떻게 관 속에 누워 있는 것처럼, 혹은 상자 속에 갇힌 듯한 느낌이 들게 만드는지를 말했다. "멈춤 신호는 분명한 메시지예요. 이것이 뭘 의미하는지 알아요. '멈춰!' 하고 말하는 것 같아요. 바로 그것이에요. 난 그걸 필요로 했어요."

이 사진 저 사진에 대해 이야기를 계속하면서, 그녀가 제공하는 정보의 조각들을 모으고, 그녀의 반응에 주의를 기울였다. 그것들을 함께 엮어 나가면서, 우리는 대화를 나누었다. 콜라주에 대해 다시 검토하고 후반부에 이르자, 그녀는 자신이 처음에 묘사했던 것보다 훨씬 더 많은 것을 발견하기 시작했다.

꼭 다문 빨간 입술을 가리키면서, 학대 행위를 직접적으로 상징하는 오토바이의 위치와 그 주변에 있는 세 개의 사진에 대해 언급하면서, 그녀는 내게 말하는 동안 실제로 숨 쉬는 것이 힘들어 보였다. "숨을 좀 돌려야겠어요. 참 이상도 하네요. 여기 있는 것이라고는 눈 하나와 입뿐이잖아요. 이 아래 빨간 부분이 무엇인지 신만이 아시겠죠. 학대와 관련된 이 모든 것이 내 입 속에 있어요. 오럴 섹스와 연관된 것이 많았던 것 같아요. 글쎄 말이에요. 내가 이 콜라주를 만들 때 나는 깨닫지 못했어요. 이걸 그릴 때 나는 이런 결론에 도달하게 될 줄 정말 몰랐어요. 그가 저를 만지거나 또는 그 밖에 무슨 짓을 할 때, 나를 조용히 시키려고 양말이나 속옷으로 내 입을 막곤 했어요. 한 번은 칼날을 내 혀에 얹어 놓은 적도 있어요. 정말 그걸 거기에 놓았다니까요. 정말 끔찍한 인간이에요. 여기 있는 꼭 다문 채 미소 짓고 있는 입도 아마 그 때문인 것 같아요. 지금 막 처음으로 그런 것을 생각해 냈어요. 사진을 보면서 '하느님 맙소사!' 라고 느끼기 전까지는 말이죠. 조금 전까지 나는 콜라주를 만들면서도 콜라주에 주의를 그다지 많이 기울이지 않았어요. 그러나 주디, 당신께 맹세할 수 있어요. 난 이 모든 걸 입속에 넣었는지 기억하지 못했다구요. 정말 기억하지 못했고, 오늘 여기 앉게 되기 전까지, 전혀 주목하지 못했어요."

조금 나중에 그 굳게 다문 입은 더 깊은 의미를 지니게 되었다. "이 입, 나는 그것을 계속 보고 있어요. '더 이상 안 돼! 더는 안 돼!' 라고 말할 것 같아요. 그게 아마도 내가 (1번 사진에 그려진) 이 작은 주먹을 그린 이유인가 봐요. 나는 막 죽었어요. 더 이상은 안 돼. 내가 콜라주를 하고 있었을 때, 이 모든 것의 대단원이 다가오고 있다는 생각이 들었어요. 최종 단계요. 모든 것이 끝나고, 모든 것이 이루어졌고, 모든 것이 다 드러났어요. 그 남자는 교도소에 갔고, 거기에서 나왔죠. 모든 게 다 끝났어요. 모두가 다 지난 일이에요. 더는 아무런 비밀도 남아 있지 않아요. 모두 다 알지요. 이 모든 게 다 지나갔어요. 그래서 아마도 입을 꼭 다물고 있는 것 같아요."

나는 다시 질문했다. "모든 일이 다 끝났다면, 그가 교도소에 갔다가 나왔고 모든 일이 정말 다 끝났다면, 당신은 왜 이 콜라주를 만들죠?" 그녀는 대답했다. "잘 모르겠어요. 그렇게 하는 게 필요했어요." "만일 당신이 안다면, 무엇 때문에 당신이 이걸 하는지 안다면요?" 하고 나는 또 물었다. 그녀는 "난 그런 일이 일어났었다는 것을 보기 원해요. 그런 일이 일어났다는 걸 '보길' 원했어요. 난 희생자들이 각기 다르게 자기만의 방식으로 학대 경험을 다룬다고 생각해요. 우리는 모두 다 다르고, 그 일이 우리에게 각기 다르게 영향을 주기 때문에, 거기서 빠져 나가는 방법도 다 달라요. [이제] 그것은 종이 위에 있어요. 이전과 다른 점은 내가 타당화할 수 있다는 거죠. 사진들을 모두 거기에 두고, 사진을 통해 경험을 타당화시키는 것 말이에요. 전에, 그것은 뒤죽박죽으로 일어나는 것 같이 느껴졌어요. 죄다 갈피를 잡을 수가 없었죠. 콜라주 작업이 그 모든 경험을 연결시켜 놓았어요. 어떻게 된 일인지 조그만 사진들이 모두 다 해냈어요. [대여섯 번 손뼉을 친 후] '됐어. 멈춰! 끝났어! 끝! 당신도 알다시피 다 끝났어요!' 전에는 나는 누구에게도 다음과 같이 말할 수 없었어요. '글쎄요. 이게 바로 내가 느끼는 거예요' 라고. 하지만 사진이 그 느낌을 설명하도록 도와줬어요. 그 감정을 내게 설명하게 도와줬어요. 사진이 그렇게 했어요. 난 내 느낌을 전부 저기에 놓았고, 그것을 마무리했어요." 라고 대답했다.

대상을 사진 찍고 콜라주를 만들겠다는 원래 결심을 되돌아보면서, 그녀는 "그걸 보는 게 과연 어떤 것인지 알기를 원했어요."라고 말했다." "그건 무엇처럼 보였지요?"라고 나는 물었다. 그녀는 "너무나도 충격적이었어요. 나는 보려고 마음먹었기 때문에, 정말로 냉정해져 있었고 이 모든 것을 통제하면서 찰칵찰칵 사진을 찍고 있었다고 생각했어요. 내가 그것을 종이 위에 올려놓았을 때, 나는 '오 하느님!' 하고 외쳤던 걸 기억해요. 왜냐하면 그때 난 내가 살펴보려고 하지 않았던, 이전엔 전혀 본적이 없었던 뭔가 다른 것을 사진 속에서 보았기 때문이지요. 그 당시 사진 속의 얼굴표정은 내가 그럴 것이라고 생각했던 그런 것이 아니었어요. 그것이 어린 시절의 쉴라였을까? 혹은 어른이 된 쉴라였을까? 나는 사진을 찍느라 아주 좋은 시간을 가졌죠. 나는 진행되는 모든 일을 통제하고 있었어요. 난 통제력을 지녔다고 느낄 때, 좋은 시간을 보내요. 그런데 다시 돌아와 사진을 보았을 때, 감정이 바뀌었어요. '아! 네가 그것을 했구나. 그것을 아주 잘했어. 좋았어. 이것이 네가 보여 주려고 했던 거니? 맞아!' 그러나 그때 나는 내 얼굴표정을 보기 시작했어요. 어떻게 된 일인지 그것은 내가 예상했던 그런 표정이 아니었어요.' 그녀는 각 사진을 하나씩 보는 것은 아무 문제가 아니었지만, 전체로서의 콜라주를 보았을 때 어떤 힘이 갑자기 그녀를 엄습했다고 자신의 감정을 요약했다.

그녀가 윤곽과 경계선을 그려 넣고 있었을 때, 나는 그녀가 콜라주에 부여한 전체 형태에 대해 질문을 했다. 처음에 그녀는 어떤 이미지도 볼 수 없었다. "나는 콜라주에서 어쨌든 특정한 형태를 발견하려고 노력하고 있어요." 그러고 나서 좀 더 오랫동안 그것을 지켜본 후, 그녀는 "이건 나무 같아요. 이건 [주먹을 보여주며] 주먹 같아요. 남근 모양이에요. 맞아요!"라고 말했다.

나중에 이 과정을 다시 검토해 보았을 때, 그녀는 다음과 같이 말했다. "일이 제대로 돌아가지 않을 때, 난 나의 과거에서 많은 힘을 얻어요. 어찌된 일인지 난, 그런 경험에서 힘을 찾았어요. 그건 끔찍한 일이었죠. 하지만 그 속에 힘이 있어요. 내가 그것을 다룰 수 있다면, 난 무엇이든지 다룰 수 있어요. 난 이런 종류의 일을 다시 다루기 원치 않지만, 그러나 그런 일이 일어난다면, 이번에는 준비가 되어 있어요. 난 그것을 다룰 수 있다는 걸 알아요." 그녀는 자신의 학대 경험을 사진 찍었고, 마침내 객관적으로 그녀 자신의 외부에서 그것을 바라볼 수 있었다. '이젠 다 끝났다.' 고, '더 이상 그녀에게 상처를 줄 수 없다.' 고 상기시키기 위해, 그녀는 한참 동안 작업한 콜라주를 쳐다보았다. 그리고는 그것을 치워버렸다. '이제 그것이 끝났기 때문에.'

한참 후, 쉴라는 자기가 좋아하는 장소, 즉 낙서로 가득한 벽 옆에 주차되어 있는 차 근처에서 자화상 사진을 찍었다. 난 그 사진 속에서 매우 흥미로운 점을 발견했다. 그것은 공교롭게도, "허가받은 차만 주차하시오. 위반차량은 견인될 것임!" 이라는 표지판 아래서 포즈를 잡고 있는 사진이었다.

개인 사진을 사용하는 데 대한 내담자의 반응
(A Client's Response to Using Personal Photos)

이 마지막 사례는 앞에서 논의했던 우주정거장 연습을 사용하여 상담한 윌리엄(William)의 경험을 소개한 것으로, 우주정거장 연습은 이 책의 '사례 연습' 에 수록되어 있다. 윌리엄의 경험은 매우 전형적인 것이다. 그는 어린 시절부터 카메라를 가진 적이 없었고, 여러 해 동안 수납함과 서랍 속에 별 생각없이 모아 놓은 사진첩을 가지고 있었다. 윌리엄은 자신의 어린 시절에 관해 답을 찾아내지 못한 질문이 아직도 많고, 친밀한 관계에서 겪는 어려움을 알아보고 싶어서 내게 상담을 청했다.

내가 우주정거장 연습에 사용하기 위해 20~40장의 사진을 가져오라고 청하자, 윌리엄은 자신의 거대한 사진첩에서 사진을 고르고 골라 마침내 63장으로 줄여서 가지고 왔다. 이러한 연습은 사례 연습에 구체적으로 명시된 바에 따라서 진행되었다. 내가 기억하기로, 사진을 고르는 작업이 윌리엄에게는 아주 힘든 경험이었는데, 심지어 맨 처음 10장의 사진을 선택할 때조차 그에게는 아주 강렬한 것이었다. 내가 단 한 장의 사진만 선택하라고 요청하였을 때, 그의 눈은 눈물로 가득 찼고 그의 목소리는 거의 들리지 않았다. 사진더미 앞에 앉아서 이런 식으로 사진 선택을 좁혀 나가는 각 단계마다 그는 상당히 많은 시간을 보냈다. 사진을 고르느라 열중하다가 사진더미 앞에서 멍하니 앉아 있고, 때때로 나에게 말도 걸면서 조금씩 정신이 들기도 했다. 내가 보기에, 그럴 때를 제외하고는 그에게 사진밖에는 아무 것도 존재하지 않는 듯 했다(사실, 내가 전화가 왔다고 그에게 말했을 때, 그는 나중에 놀라움을 표현했다. 그는 전화가 온 것을 전혀 알아차리지 못했기 때문이다.). 불행하게도 우리는 이 과정을 비디오테이프로 녹화하지 않았다(많은 세부적 디테일이 다 사라져버렸기 때문에 지금 우리 두 사람은 이에 대해 정말 후회한다.). 그러나 윌리엄은 나와 함께 이런 작업을 하는 것에 관한 자신의 감정을 기록할 것을 허용했다. 그는 "직접 경험한 사람에게서 치료과정에 대해 듣지 않는다면, 사람들은 이러한 사진작업이 내면적으로 얼마나 강력한 경험인지 결코 알지 못할 거예요."라고 말했다.

또한, 나중에 나는 만일 사진을 10장 고르라고 하지 않고 15장을 고르라고 했다면, 사진을 선택하는 것이 어떻게 달라졌을지 윌리엄에게 다시 한 번 생각해 보라고 했다. 이제 그는 최종적으로 선택할 사진에 누가 포함될 것인지, 그리고 그 사람들은 자신이 선택된 것에 대해 어떻게 느낄지에 대한 명확한 답을 가지고 있었다. 우리가 다시 한 번 이러한 연습을 한다면, 그가 이미 선택했던 사진 중에서 어떤 사진을 바꾸어 선택할 것인지 질문하자, 그는 '바꾸지 않을 것' 이라고 답했다. 그러나 윌리엄은 최근에 데이트하기 시작한 새로운 사람이 있었다. 두 사람이 좀 더 가까워지면, 아마도 어느 순간에는 그 사람의 사진을 포함시킬 것인지 고려할 수도 있고, 그렇게 되면 윌리엄의 마음속에서 사진들을 상징적인 수준에서 받아들이는지 알 수 있게 될 것이다. 만일 그렇게 된다면 그것은 윌리엄이 누군가를 다시 자신에게 가까이 올 수 있게 허용한다는 하나의 거대한 비언어적 신호가 될 것이다.

윌리엄과 내가 연습을 하는 동안 내담자와 치료자 모두에게 사진치료의 유연성을 경험하게 만드는 일이 일어났다. 이 경우, 윌리엄은 최종적으로 뽑은 6명, 그에게 가장 중요한 사람들 6명 중 어느 한 사람의 사진을 갖고 있지 않다는 사실을 발견했다. 그래서 나는 휴지 한 장을 뽑아 사진 크기로 접어 주면서 그에게 말했다. "자, 당신은 여기에 그 사람의 사진을 가지고 있어요. 내게는 그 사진의 뒷면만 보이기 때문에 난 그 사진을 볼 수 없지만, 당신은 거기에 무엇이 있는지 볼 수 있어요. 그래서 지금 당신은 이것을 다른 사진들처럼 사용할 수 있어요. 내가 볼 수 있었던 다른 사진들처럼요." 이 종이 한 장은 상담과정에서 대여섯 차례 윌리엄이 관심을 쏟는 주요 초점이 되었다. 한순간 그는 심지어 눈앞 30센티미터 정도에서 그것을 들고는 휴지를 한참

들여다보고, 고함을 지르고, 고통에 찬 비명을 질렀다. 그 종이 한 장은 윌리엄에게 '바로 그 사람' 이 되었고, 그 순간 필요했던 현실을 제공했다.

윌리엄은 내가 생각했던 것보다 훨씬 흥미롭게 자신에게 일어난 일을 묘사했다. "내게 의미를 지닌 20~40장의 사진을 고르라고 하는 것은 정말 하나의 과제였어요! 상담의 '과정' 은 이러한 것을 찾는 일로부터 시작된 것 같아요. 왜 이웃집 강아지와 함께 찍은 사진 속의 여섯 살 때의 '나' 는 이토록 따뜻한 감정을 불러일으키지요? 왜 그 할로윈 사진은 계속 기억에 떠오르면서 나를 씩 웃게 만들지요? 나는 왜 화가 나서 내버렸다고 생각했던 사진을 발견했을까요? 나는 상담에 오면서 가죽상자 속에 매우 특별한 것, '나' 를 수집해 놓은 것을 가지고 오는 것처럼 느꼈어요. 전에는 사진이 내게 이런 힘을 가졌다고 전혀 생각해 본 적이 없기 때문에 이렇게 느끼는 내 자신이 우습네요. 사진들을 바닥에 펼쳐놓는 것은 매우 흥미로웠어요. 내 안에 있는 '치료자' 가 이러한 사진 꾸러미가 나에 대해 뭐라고 말하고 있는지에 대해 궁금해하기 시작했거든요. 이런 사진들에 대한 책임감 또는 영향을 줄여 보려고, '이 사진 대부분을 찍은 사진사는 내가 아니었어.' 라고 스스로에게 말한 것을 기억해요. 하!"

"우주 밖으로 가져 갈 10장의 사진을 고르는 것은 훨씬 간단했어요. 선택한 그 10장을 5장으로 좁히는 것은 훨씬 더 어려웠어요. 누구(무엇이 아니라)를 빼야 하나? 5장의 사진에서 더 좁혀 나가는 것은 심적으로 아주 힘든 일이었지요. 우리 부모님은 이혼했고, 42장의 사진 속에 두 분이 함께 찍은 사진은 하나도 없었지요(흥미롭게도). 내 인생에 두 분이 모두 중요한 만큼, 두 분의 사진을 각기 하나씩 우주로 가져가려고 해요. 나는 내 오랜 남자친구였던 내 첫 번째 친구의 사진을 포함하기를 원했어요. 그 사진은 항상 내가 인생에 대해 지녔던 열정을 생각나게 해 주는 것이에요. 나는 또 다른 남자친구(그와의 관계는 최근에 끝났고 그래서 매우 힘들었어요)의 사진을 포함하기를 원했지만, 나는 그의 사진을 가지고 있질 않았어요. 그래서 당신이 휴지를 사진 크기로 접었고, 상상력을 이용해서 난 그 휴지의 하얀 공간에 그를 분명하게 그릴 수 있었어요. 난 다섯 번째 사진으로 어떤 사진을 선택해야 할지 전혀 아무런 생각도 떠오르지 않았어요."

"사진의 수를 줄이는 것은 지옥이에요. 이 한 장의 사진이 정보, 감정, 기억으로 가는 하나의 '열쇠'가 될 수 있다고 그 누구도 내게 말해 주지 않았어요. 그러나 사진들은 잘 정의된(그러나 잘 묻혀진) 기억으로 이끄는 통로가 되었어요. 말로만 치료하는 상담시간에 나는 부모님에 대해 말하는 데 아주 많은 시간을 보내요. 내 정신과 의사는 내가 말할 때 정서적으로 상당히 거리를 둔다고 제일 먼저 불평할 거예요. 그런데 여기서 나는 내 얼굴 10센티미터 앞에 어머니의 사진을 들고는, 4살짜리 어린 애가 되어서 분노, 사랑받지 못한 감정, 혼자라는 감정을 느끼고 있어요. 당신이 내게 묻는 탐색적 질문은 상당한 시간 동안 나를 이런 상태에 머물게 만들어요. 하지만, 또한 나 자신을 통제하고 있다고 느끼도록 만들어요."

CHAPTER 1 2 3 4 5 6 7 8

"그 접혀진 한 장의 휴지로 돌아가 본다면, 나는 화나고 실망하고 사랑받지 못해서 고독하다고 느껴요. 이것이 내가 마지막으로 맺었던 친밀한 관계가 나에게 남긴 감정이에요. 그와 친밀한 관계를 맺고 있는 대부분의 시간 동안 난 안정된 합리적인 사람이었어요. 그런데 여기서 난 다시 고독하다고 느끼고 있어요. 그리고 내 인생에서의 다른 인간관계에서도 그렇게 느껴요. 때로는 눈에서 넘쳐나는 뜨거운 눈물 때문에 그 휴지(백지 사진)를 쳐다볼 수 없었어요. 슬픔과 분노는 내 몸 안에서 나오는 흐느낌, 울부짖음의 형태로 나타났어요. 이런 것이 내겐 익숙지 않은데 말이에요. 난 전통적인 치료 회기에서 이런 형태의 감정과 연결될 수 있었지만, 이렇게 쉽게 되지는 않았어요."

"어느 특정 순간에, 나는 내 마지막 애인과 연결된 감정에 다가가고 싶지 않았어요. 당신은 접혀진 휴지 한 장을 들고 내게 그것이 마치 그인 듯이, 그것에 대해 내가 어떻게 느끼는지 말하라고 했어요. 난 내 자신에게 이런 감정을 허용할 수 없었어요. '그를 그냥 놔둬요!' 라고 속에서 외쳤죠. 그러나 당신은 그 휴지를 내 얼굴에 가까이 들이대면서 심리적으로 좀 더 세차게 밀어 붙였죠(내가 그것을 직면하도록). 난 그것을(그를) 좀 더 가까이 오게 하고 싶지 않았어요. 당신은 내 손을 좀 더 세게 밀었어요-그래서 그를 내 얼굴 앞에서(코앞에서) 보는 것밖에 다른 길이 없었어요. 밀고 저항하고, 격려하고, 직면하고, 마침내 울음을 터트리고. 이 바보 같은 휴지 한 장 때문에 나는 눈물범벅이 되었죠! 내가 그와의 관계를 끝내겠다고 결심했을 때 내가 느꼈던 그 모든 것을 다시 느끼고 있어요. 나는 이번에는 잘 되기를 원했기 때문에, 나는 그토록 슬프고 실망하고 분노했어요. 나쁜 인간, 그는 나를 버렸어요."

사례 연습 SAMPLE EXERCISES

독자는 내담자가 찍거나 모아놓은 사진의 모든 수준을 고려해야 하는데, 왜냐면 아래에 제시된 탐색 질문을 자화상, 가족 앨범 사진, 내담자를 찍은 사진 등 각종 사진치료 방법과 통합하기 위해서이다.

기본적인 고려 사항(Preliminary Consideration)

내담자가 찍은 사진은 다각도에서 치료적으로 검토하고 탐색할 수 있다. 내담자와 치료자는 내담자가 찍은 사진 또는 잡지, 카드, 달력 등(다른 사람들이 선물로 준 것뿐만 아니라)의 다른 곳에서 여러 해 동안 모아 놓은 사진을 함께 볼 수 있다. 이미 존재하는 스냅사진을 가지고 작업하는 이런 방식을 나는 '반영적 기법(reflective techniques)' 이라고 부른다. 이와 대조적으로 내담자로 하여금 새로운 사진을 찍게 하는 것은 '적극적 기법(active techniques)' 이라고 명명했다. 게다가 이러한 이미지들은 좀 더 복잡한 적용 또는 다른 장에서 논의된 기법과 상호작용하게끔 통합을 함으로써, 나중에 완성된 작업물로 만들어질 수 있다.

개별 치료 혹은 집단 치료에서 행해지는 사진치료 작업은 이 장의 앞에 제시되었다. 특정 질문과 연습 목록은 본문 속에 사용된 질문이나 목록들과 비슷하지만, 보다 더 완전하고 포괄적인 일련의 질문들로 제공될 것이다. 앞선 장에서 내담자와 함께 사진들을 탐색하는 많은 과정을 구체적으로 묘사했기 때문에, 이 장에서는 별도의 절을 할애하지는 않았다. 대신, 논의과정은 다음에 제시될 것이다.

내담자가 이전에 찍거나 모아 놓은 사진
(Photo's the Client Has Previously Taken or Collected)

치료자는 내담자로 하여금 자신의 사진첩을 훑어보고 특정 사진을 가져오게 한 다음, 다음과 같은 질문을 던진다. 주로 어떤 것을 찍습니까? 왜 찍습니까? 사진 속의 주된 분위기나 색조는 어떤지요? 주로 언제, 어떤 상황에서 사진을 찍습니까? 어떤 순간을 사진으로 포착하고 간직하기 좋은지 어떻게 알 수 있습니까? 누구를, 무엇을, 어느 정도 포함시킬지는 어떻게 결정합니까? 본능적으로 사진을 찍습니까, 또는 계획을 해서 찍습니까? 만일 본능적으로 사진을 찍는다면, 당신의 예감대로 사진이 나옵니까? 주로 당신이 기대했던 결과를 사진에서 얻습니까? 만일 그렇지 못하다면, 무엇이 잘못된 것 같습니까? 어떤 시각적 자극이나 정서적 자극이 기꺼이 셔터를 누르도록 합니까? 자신이 찍은 사진을 좋아합니까(그렇다면, 왜 그렇습니까)? 자신이 찍은 사진을 볼 때, 주로 어떤 반응을 보입니까? 주로 누구에게 사진을 보여 주고, 그때 그들의 반응은 어떻습니까? 의식적으로 피하는 종류의 사진이 있나요? 어떤 사진입니까? 나중에 찍은 사진을 볼 때, 어떤 놀라운 점을 발견합니까?

CHAPTER

지금 당신의 앞에 있는 사진을 검토할 때, 어떤 주제와 패턴이 나타납니까? 어떤 화제, 주제, 상징이 사진 속에서 반복되는 것 같습니까? 그것들은 어떤 분위기나 감정을 표현하는 것 같습니까? 이 사진은 특별한 메시지나 비밀을 지니고 있습니까? 어떤 종류의 것이죠? 이런 기억들이 당신 인생에 대해 무슨 이야기를 만드는 것 같습니까? 이 사진이 어떻게 당신을 묘사하고 있습니까? 이 모든 것을 보면서 지금 이 순간, 어떤 반응을 보이고 있습니까? 반응이 있다면, 지금 할 수만 있다면, 이 사진에게 묻거나 말하고 싶은 것은 무엇입니까? 사진을 보는 동안, 당신 안에서 일어나는 생각과 기억은 어떤 것들입니까? 내용은 구체적으로 무엇이고, 무엇을 상징하고 있습니까? 이 사진은 다른 사람의 사진을 떠올리게 합니까? 그렇다면, 누구의 사진이고 왜 그렇습니까? 이 사진들과 가족 앨범 속 사진들은 어떻게 다릅니까? 이 사진은 치료자에게(또는 낯선 사람에게) 당신에 관해 무엇이라고 할까요? 어떻게 사진이 그런 것을 할 수 있을까요?

특히 한두 장의 사진을 볼 때, 질문을 조금씩 바꾸어 말하면서 앞서 제시한 질문들을 쭉 한번 해 본다. 다음과 같이 질문한다. 왜 이 사진을 골랐습니까? 왜 하필 그때 찍었습니까? 무엇을 찍은 건가요? 무엇을 찍으려고 했나요? 어떤 결과를 기대했나요? 주로 찍는 사진들과 이 사진은 차이가 있습니까? 어떤 점에서 비슷하고 다를까요? 다른 사람의 사진과는 어떻게 차이가 있나요? 그 사진은 당신에게 비밀이나 놀라움을 주나요? 어떻게 그렇죠? 할 수 있다면, 지금 사진을 다르게 만들 수 있나요? 어떻게 그렇게 할 수 있나요? 사진을 볼 사람들에게 어떤 것을 불러일으킬 것이라고 기대했습니까?

주어진 사진(들)에게 직접적으로 이야기해 보세요(그리고 사진들이 당신에게 이야기하도록 해 보세요.). 이게 어떻게 내 자신의 초상화일까? 내 자신의 어떤 부분을 대표하고 있을까? 나의 어떤 부분과 이야기하려고 하는가? 내 인생에 대해 무엇을 말할 수 있는가? 내가 무엇을 알아차리기를 원하는가? 무엇에 대해 말하고, 묻기를 원하는가?

당신이 갖고 있는 사진 중에서 다른 사람이 찍은, 그러나 고이 간직하기 위해서 모아 놓은 사진을 보세요. 몇 개를 골라서 각 사진마다 앞의 질문들을 조금씩 수정하면서 물어 보세요.

이제 사진을 찍은 사진사의 역할에 대해 생각해 보세요. 그 사람은 누구였을까요? 당신의 마음을 사로잡은 그 순간을 포착한 그 사람은 누구였을까요? 당신은 사진사가 이 사진을 찍은 이유나 감정과 기대는 무엇이었다고 상상합니까? 당신의 사진첩에 모아 둔 사진 속에서 어떤 공통된 주제나 패턴이 은유적으로 나타납니까?

내담자에게 찍거나 수집하도록 과제로 주어진 사진
(Photos the Client Is Assigned to Take or Collect)

내담자가 숙제로 찍거나 수집한 사진들에 대해 앞에서 제시한 질문을 사용하여 검토하거나 논의할 수 있다. 그러므로 여기서는 가장 단순한 과제부터 다소간 복잡하고 다단계로 구성된 과제까지, 내담자가 찍거나 발견하도록 한 사진에만 집중하고자 한다. 다음의 제안은 일반적인 추천 과정인데, 치료자는 내담자의 독특한 욕구와 목적에 맞도록 과제를 수정할 수 있다.

단순한 과제

치료자는 다음의 지시에 따라 사진을 찍도록 요청할 수 있다. "가서 사진을 찍으세요."

1. 가장 좋아하는 장소, 가장 특별한 장소
2. 가장 좋아하는 활동, 가장 좋아하는 일
3. 가장 좋아하는 사람, 가장 특별한 사람과 물건들
4. 집과 가정환경, 직장과 취미
5. 가족 (어떻게 '가족'을 정의하는가에 따라 다를 수 있음)
6. 나의 대역 또는 대역으로 사용할 수 있는 물건이나 물체
7. 강렬한 감정이나 생각을 불러일으키는 물건, 사건 또는 사람

복잡한 과제

치료자는 다음의 지시에 따라 사진을 찍도록 요청할 수 있다. "다음에서 당신이 선택한 주제에 따라 사진을 찍으세요."

일상생활에 초점 두기

1. 일상생활 패턴 또는 인생에서 전형적인 하루 또는 일주일에 대한 시각적 일기 일주일 동안 매일(또는 2~3일 동안 매 시간)의 사물, 사람, 사건, 순간
2. 일상생활의 일부가 아닌 사물, 사람, 사건 등등
3. 내가 누구인가를 보여 주는 사진(예를 들어, 어머니, 변호사, 정원사 등 당신의 다양한 역할을 묘사하는 사진)
4. 내 인생에서 무엇이 중요하고, 무엇이 좋고, 무엇이 흥미로운지를 보여 주는 것
5. 내 인생에서 빠져 있는 또는 내 인생이 더 좋아지려면 필요한 것

6. 치료사가 내 문제를 좀 더 이해할 수 있게 하는 것, 내 인생에서 뭔가 잘못되어 있는 것
7. 내 인생의 목적과 꿈
8. 먼 친척, 소개로 만난 데이트 상대, 외국에 있는 펜팔 같은 중요한 사람에게 설명할 수 있는 내 인생에 관한 사진 20~30장

환상과 상상에 초점 두기

1. 마치 찍을 수 있는 마지막 사진인 것처럼, 마치 이 세상에 있는 마지막 필름이고 1~2 주 안에 다 써 버려야 하는 것처럼 생각하고 찍은 사진
2. 평소에 잘 찍지 않는 것
3. 2100년에 개봉될 타임캡슐 가지고 갈 사진 20~30장
4. 말로 표현할 수 없는 것 또는 마음속에서 기억하기를 원하지 않는 것
5. 인생이 그러했으면 하고 바라는 방식 또는 인생에서 일어나기를 바라거나 보고 싶은 변화
6. 죽기 전에 하거나 성취하기를 원하는 것
7. 성인 또는 어린아이가 되는 것, '여성' 과 '남성' , 성숙, 성공이 의미하는 것
8. 2년, 10년, 20년, 40년 또는 몇 년 후의 내 인생(미래를 통제할 수 있다면), 앞으로 이상적이라고 생각하고 희망하는 인생
9. 아무도 모르는 내 인생의 일부분, 타인이 그 가치를 충분히 인정하지 않거나 이해하지 못한다고 느끼는 내 인생의 일부분, 덜 분명하거나 비밀스러운 내 자신
10. 기억에 대한 것
11. 가족 앨범을 만들 때 빠지거나 간과했다고 여겨지는 사진, 실제로 찍기를 원하거나 포함되기를 원했던 사진, 또는 찍긴 했지만 의식적으로 빠뜨렸다고 생각하는 것
12. '안전' 과 '안전하지 않음' , 신뢰할 수 있는 사람과 신뢰할 수 없는 사람 등등의 추상적 개념

정서와 감정에 초점 두기

1. 세상, 인생, 일, 가족과 친구에 대해 내가 느끼는 것
2. 내가 느끼는 것과 같은 방식으로 느끼고 있는 듯이 보이는 사람
3. 내 문제를 포함하여 나로 하여금 강렬한 감정을 느끼게 만드는 것
4. 어느 누구에게도 보여 주지 않은 나 자신, 내 인생의 일부
5. 이전에 어느 누구에게도 말할 수 없었던 비밀
6. 보다 추상적인 내면, '나의 학대', '관계 맺는 것에 대한 두려움' '나의 알코올 중독' 등 다양한 문제와 관심사, 또는 다양한 내적 자아의 모습

대인관계에 초점 두기

1. 가족의 뿌리와 가족 배경을 표현하는 사진
2. 가족 한 명 한 명에 대해 당신이 원하는 모습, 실제로의 모습, 그들이 그렇게 되기를 바라는 모습(각 인물사진은 당신이 생각하는 그 사람이지, 실제 그 사람의 모습에 영향받지 않는다).
3. 가족 행사나 정기적인 가족모임(예: 개인 또는 가족이 함께하는 가족생활의 하루)
4. 친구, 직장 동료, 배우자, 연인 등 의미 있는 타인, 친밀한 관계를 맺고 있는 사람들, 그 사람들이 전형적인 장소(환경)에서 전형적인 일을 하고 있는 모습
5. 가족이나 다른 사람과의 관계에서 뭔가 잘못되고 있는 것처럼 보이는 것, 또는 이 관계에서 당신을 미치게 하거나 좌절하게 만드는 것
6. 안정이나 행복을 위협하는 사람, 안정이나 행복을 더해 주는 사람, 위기 시 도와줄 수 있는 사람, 돕지 않고 핑계를 댈 사람

인생 이야기에 초점 두기

1. 내 인생 이야기 또는 인생의 시간별로 창조할 수 있는 사진. 예를 들어, 태어나기 전, 영아기, 유아기, 사춘기, 성년기, 성인기와 노년, 그 후의 인생, 물리적 죽음 후의 시간
2. 타인들에게 알려지지 않거나 중요하지 않을지라도 내가 이룬 중요한 성취를 보

여줄 수 있는 사진(이 세상을 보다 좋은 장소로 만들기 위해서 한 일, 또는 타인의 인생에서 뭔가 달라지게 하는 데 도움을 준 일 등)

3. 자신과 타인에게 의미가 있었던 인생, 특별한 목적을 지녔던 적절한 인생, 이러한 적절성을 보여 줌으로써 내 인생을 요약하거나 반영할 수 있는 사진
4. 손자 · 손녀 또는 후손에게 줄 유언으로서의 사진, 물려주기 위한 유산으로서의 사진, 나의 사후 태어날 사람들이 나와 내 인생의 의미를 알도록 하는 사진-나 자신, 내 인생, 인생에서 중요한 것을 설명할 수 있는 사진
5. 오늘이 인생의 마지막 날(주, 달, 해)이라고 생각하고 찍은 사진, 즉 나의 인생 여정 또는 가치를 표현할 수 있는 사진, 인생의 마지막 날에 나와 함께 가기를 원하는 또는 함께 남고 싶은 사람들을 찍은 사진, 할 것이라고 생각했는데 성취하지 못한 것, 끝내지 못한 것, 남아 있는 문제를 보여주는 사진

내담자의 사진을 이용하여 작품 만들기
(Exercises That Use Client Photos as Artifacts)

앞에서는 내담자가 찍거나 모아 놓은 사진을 집중적으로 다루었다. 여기서는 좀 더 복잡한 활동으로 이런 사진을 활용하여 부가적 작업을 하는 것에 관해 다루려고 한다. 다음에 제시된 연습 대부분은 개인과 가족 단위에서 적용될 수 있다. 설사 이러한 연습이 내담자의 마음속에서 상상을 통한 과정일지라도, 내담자와 의미 있는 타인에게 같은 과제를 내 준 후, 그 두 결과를 비교하는 것도 흥미로울 것이다. 각 연습의 서두에 제시한 지시에 따라 내담자에게 질문을 해야 한다.

연습 I : 상호작용

이전의 과제를 하는 동안 당신이 찍거나 발견한 많은 사진들을 사용해서, 전체로서 어떤 의미를 지니는 하나의 콜라주가 만들어지도록 배열하세요. 아니면 만화책처럼 하나씩 하나씩 배열하고, 대사나 대본을 덧붙여 보세요. 이 사진들이 각각 사진 자신에 대해 큰 소리로 이야기하게 해보세요. 사진들이 당신과 이야기를 나누고 당

신에게 질문을 하도록 하세요. 그런 다음 당신도 사진에게 똑같이 이야기하고 질문을 해 보세요. 사진들이 사진사인 당신에게 이야기하도록 하세요. 각각의 사진이 당신의 어떤 부분을 나타내는지 또는 이야기하려고 하는지, 각각의 사진이 당신의 인생에 대해 이야기를 하려고 하는 것이 무엇인지 질문하고, 역할을 바꾸어 이에 대답해 보세요. 각각의 사진에게 다음과 같은 질문을 해 보세요. 왜 그 사진이 찍혔는지, 당신에게 의미하는 것이 무엇인지, 만일 성공적이지 못하다면 무엇이 상실되었는지, 당신이 원하는 바로 그 사진인지, 만일 당신이 원하던 것이 아니라면 왜 그렇게 되었는지, 당신의 사진첩에서 그 사진이 지니는 목적과 역할은 무엇인지 등등에 대해 질문을 해 보세요.

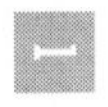

연습 II: 정교화

앞의 과제에서 만든 인생의 단계나 인생 이야기에서 출발하세요. 당신의 인생을 말해 주는 이러한 이야기에 대한 자신의 감정을 나타낼 수 있는 사진, 또는 좀 더 많은 정보를 구체적으로 제공할 수 있는 사진을 찍거나 발견하도록 해 보세요. 그 이야기를 좀 더 멋지게 만들기 위해 그림, 사진, 추가적 콜라주 또는 단어 등 당신이 원하는 미술 재료를 마음껏 사용해도 좋습니다. 목적은 이야기의 정서적 맥락을 정교화하는 것이니까요.

연습 III: 거울

당신이 찍거나 발견한 사진첩에서, 가장 흥미롭고 바람직한 사진, 또는 이상하고 낯설고 바람직하지 않다고 여겨지는 사진을 고르세요. 커다란 종이의 윗부분에 그 사진들을 올려놓으세요. 각 사진에 제목을 붙이고, 그 아래에 문장을 써 넣으세요. 그런 다음 각 사진을 묘사한 그 이야기를 살펴보고, 그러한 이야기가 당신을 잘 묘사하고 있는지 깊이 생각해 보세요. 같은 종이 위에 당신이 발견한 것을 또 적어 넣으세요. 가족 앨범이나 사진첩에서 이런 연습에 맞는 다른 사진들을 골라 보고, 왜 그 사진들이 이 사진과 잘 어울리는지 생각해 보세요. 그러면 당신은 당신 속에 있는 어떤 질적인 부분을 시각적으로 보여 줄 수 있는 자화상을 창조하게 될 것입니다.

연습 IV: 새로운 첨가

당신이 찍거나 발견한 사진들을 의미가 통하도록 배열하고, 이미 배열해 놓은 사진 속에 콜라주가 되도록, 당신의 자화상 사진(즉석 사진)을 올려놓으세요. 이렇게 하면 콜라주에 대한 전반적 느낌이 어떤 식으로 변하나요? 당신의 자화상을 첨가함으로써 콜라주의 무엇이 변했나요?

연습 V: 재해석

당신이 가장 좋아하는 사진 몇 장을 골라서, 그것을 본 적이 없는 친구에게 보여 주고, 그 사진이 무엇인지, 무엇에 관한 것인지 이야기해 달라고 해 보세요. 당신이 그곳에 없는 것처럼 가장하고, 그 친구가 모르는 사람의 사진첩에서 이 사진들을 막 본 것처럼 가정하세요. 이 사진들을 본 후, 친구에게 의미가 통하도록, 이야기를 하나 만들어 보라고 부탁하세요. 왜 이 사진을 찍었고, 왜 간직했는지, 사진사에게 어떤 의미와 중요성을 지니고 있는지, 그 친구에게 생각해 보라고 요청하세요. 거기서 멈출 수도 있습니다. 또는 친구에게 어떻게 그것이 '진실'인 줄 알게 되었는지, 그림의 어떤 면 때문에 알게 되었는지, 어떻게 사진에서 그런 정보를 얻게 되었는지 말해 달라고 하세요. 사진에 대한 당신 친구의 이야기를 듣는 것은 아주 흥미로울 거예요. 당신 자신이 인식하는 것과 친구의 이야기를 비교해 보세요(당신이 이것을 친구와 함께 논의를 하건 안 하건 간에).

연습 VI: 신속한 선택(두 개의 대안)

이런 연습을 하기에 시간이 제한되어 있고 부족하다면, 다음의 연습 중 하나를 선택해서 할 수도 있습니다.

A. 지금 막 문 앞에 들어서니 당신의 집이 불타고 있는 것을 발견했습니다. 불 속에서 당신이 가지고 나갈 수 있는 사진은 단 6장뿐이며, 1분 동안 당신의 사진첩에서 선택할 수 있습니다. 다른 사진은 다 제쳐 두고 불 속에서 가지고 나갈 이 6장의 사진을 택해 보십시오.

B. 당신은 지금보다 훨씬 작은 집으로 이사를 가야만 합니다. 사실, 집이 너무 작

아서 거기로 이사를 갈 때 단 6장의 사진만 가지고 갈 수 있고, 당신은 지금 당장 짐을 꾸려야만 합니다. 다른 사진은 다 제쳐 두고 이 6장의 사진을 고르세요. 사진을 선택할 수 있는 시간은 단 1분밖에 없습니다.

연습 VII: 우주정거장*

당신에게 가장 의미가 있는 사진을 20~40장 정도 선택하여 치료자에게 가져옵니다. 사진에는 가족 사진이 포함될 수 있지만, 꼭 그래야 할 필요는 없습니다. 또한 실제의 사진이어야만 하는 것도 아닙니다. 잡지 사진, 인사 카드, 엽서, 당신에게 특별하다면 무엇이든 간에 다 사용할 수 있습니다. 이러한 사진을 고르는 동안, 어떻게 해서 당신이 그 사진을 선택하기로 결정했는지 곰곰이 생각해 보십시오. 그러나 치료적으로 유용한 정보를 줄 수 있다 하더라도, 사진만이 선택의 대상은 아닙니다. 만일 가져오길 원했지만 발견할 수 없었던 사진이 있다면, 그것이 없어졌거나 다른 사람이 갖고 있다면, 그것을 재현할 수 있도록 스케치를 해도 좋습니다. 그림 그리는 것이 당신에게 어려운 일이라면 막대 사람(stick figures)이나 상징을 사용할 수도 있습니다.

이 연습은 방해거리나 주의를 산만하게 하는 것 없이, 아주 조용한 곳에서 하는 것이 중요합니다. 치료자가 부드러운 목소리로 지시하는 것 외에는 전체 과정이 다 끝날 때까지 어느 누구도 말을 해서는 안 됩니다. 만일 당신이 혼돈되거나 계속할 수 없다면, 지시문을 다시 물어 보거나 명백한 지시문을 달라고 요청할 수 있습니다. 이 이상의 대화는 당신이 집중하는 것을 방해하기 때문에 그 외에는 어떤 대화도 해서는 안 됩니다.

각 단계는 따로따로 하되, 정해진 순서대로 행하십시오. 다음 단계에 대한 지시를 내리기 전에, 그 앞 단계의 모든 것을 완전히 끝내는 것이 중요합니다. (지시를 해 주는 사람이 없고 당신 스스로가 이것을 한다면, 전 단계를 끝내기 전에 다음 단계를 먼저 보지

* 앞에서 언급했듯이, 이 연습은 Harbut(1975)가 고안하고 Stewart(1980)가 수정한 화성 여행(Mars

않도록 해야 합니다. 사전에 미리 알게 되면, 연습 과정에서의 경험을 변화시킬 것이기 때문입니다. 나는 이렇게 하는 것이 어렵다는 것을 알고 있습니다. 그러나 일단 내담자와 연습을 시작하면 순서대로 각 단계를 진행해야만 합니다. 그래야 좋은 결과를 얻을 수 있을 것입니다.) 강제 선택에 의해서 범위를 좁히는 이 방식(6장에서 1장으로 한 장씩 강제로 줄여나가는 방식-역자 주)을 미리 예상하게 된다면, 이 연습은 강력한 힘을 지니지 못할 것입니다.

- 1단계: 당신이 앉아 있는 곳에서 잘 보이도록 사진을 배열하십시오. 더 편안하게 하려면, 바닥에서 할 수도 있습니다. 특별한 순서나 배열을 하는 것은 바람직하지 않습니다. 당신이 모든 사진을 한 번에 볼 수 있도록 무작위로 사진을 배열합니다.
- 2단계: 막 다음과 같은 이야기를 들었다고 상상해 보십시오. "축하합니다. 당신은 궁극적인 꿈을 이루었습니다. 당신은 항상 우주여행 하길 원했죠. 이제 수천 명의 지원자 중에서 저 멀리 있는 화성에 새로 개척한 우주정거장에 살 사람으로 당신이 선택되었습니다. 당신은 이 사실에 매우 기뻐하며 아주 즐겁고 흥분된 상태입니다. 당신은 이 여행을 떠나길 고대하고 있습니다. 당신은 이 우주정거장에 혼자 살게 될 것이고, 나머지 인생 내내 어떤 사람과도 만날 수 없게 됩니다. 심지어 위성전화나 컴퓨터 접속도 할 수 없을 것입니다. 그럼에도 불구하고 이것은 당신에게 아주 긍정적 경험이 될 것이고, 당신은 그곳에 가는 것에 기꺼이 동의했습니다. 자, 이제 당신은 오늘 저녁 떠나야 하기 때문에 서둘러 짐을 싸야 합니다. 아주 비좁은 공간의 작은 우주선이기 때문에, 당신은 개인 소지품을 넣는 아주 작은 가방 하나만 가지고 갈 수 있습니다. 양말과 속옷 몇 벌, 치약 그리고 단 6장의 사진만 가지고 갈 수 있습니다."

  "지금부터 10~15분 동안 서둘러 결정을 해야만 합니다. 다른 사진을 다 제쳐두고 우주정거장으로 가지고 갈 단 6장의 사진만 당신 앞에 남겨 놓으세요. 그리

Trip)을 변형한 연습을 기초로 하고 있다.

고 이것이 한번 가면 영영 못 돌아오는 여행이라는 것을 잊지 마세요. 거기에 가면 당신은 남은 평생 내내 그곳에서 살아야 합니다. 당신은 다시는 지구로 돌아올 수 없으며, 다시는 지구상의 어떤 인간과도 만나지 못하게 됩니다. 당신은 결코 돌아오지 못합니다. 당신이 지원했을 때 당신은 이 점에 대해 잘 알고 있었으며, 그래서 이런 점이 당신에게 문제가 되지는 않습니다. 이제 사진 6장을 선택하세요."

- 3단계: 당신이 6장의 사진을 선택하자, 당신은 다음과 같은 이야기를 듣게 됩니다. "어머! 내가 사진 6장이라고 말했나요? 죄송합니다만, 비행 관리자가 지금 내게 6장이 아니라 5장의 사진을 가지고 갈수 있다고 말하네요. 그러니까 당신은 6장이 아니라 5장의 사진을 가지고 가도록 하세요. 우주정거장에 5장의 사진만 가지고 간다면, 당신은 이 6장 중 어떤 사진을 선택할 건가요? 이제 5장의 사진을 당신 앞에 그대로 두고, 6번째 사진을 저리 왼쪽으로 치워 놓으세요. (치운 사진을 숫자 6으로 생각하라.)"
- 4단계: 이제 당신은 5장의 사진을 앞에 두고 있습니다. 그런데 또 다음과 같은 말을 듣게 됩니다. "어! 이런. 내가 5장이라고 했나요? 죄송합니다. 사실은 사진 4장을 말하는 것이었는데. 5장이 아니라 4장만 당신 앞에 놓으세요. 당신이 사진 4장만 선택한다면, 이 중 어떤 사진이 남게 될까요? 이제 4장의 사진은 당신 앞에 그대로 두고, 5번째 사진을 저리 왼쪽으로 치워 버리세요. 그러나 6번째 것보다는 5번째 사진을 좀 더 가까운 곳에 두세요."
- 5단계: 다음에 당신은 또 다음과 같은 말을 듣습니다. "자, 이제 당신은 이 연습이 무엇을 하고자 하는지 이미 알아차리셨을 거예요. 우리가 하려고 하는 것은 사진을 '4장' 에서 '3장' 으로, '3장' 에서 '2장' 으로, '2장' 에서 마지막으로 '단 1장' 의 사진이 남을 때까지, 사진을 한 장씩 줄여 나가는 것입니다. 이 연습이 끝나게 되면, 당신은 나란히 정렬한 일련의 사진들을 갖게 될 것입니다. 가장 먼저 치워 버린 사진, 즉 6번의 사진을 가장 왼쪽에, 그리고 5번, 4번, 3번, 2번, 1번의 순으로 나란히 배열하십시오. 가장 오른쪽에 있는 사진이 1번이 됩니다. 이 사진은 당신이 우주정거장에 가지고 갈, 단 하나의 마지막 사진이 될 것입니다.

1번에서 6번의 순서대로 정서적으로 중요하고, 우선순위를 부여한 일련의 사진들을 당신 앞에 두는 것으로 이 연습은 끝을 맺게 됩니다.

- 치료자를 위한 메모: 이러한 지시문들이 단순하게 보일지라도, 이 연습은 극도로 강렬한 경험이 될 것이다. 이것은 이 책에서 가장 효과 있는 연습 문제 중 하나다. 이 연습은 강렬한 감정을 불러일으킬 것이며, 내담자의 감정은 끓어 넘치고, 놀라운 속도와 힘을 지니고 폭발할 것이다. 만일 내담자가 자신에게 무슨 일이 일어나고 있는지 말하고자 한다면, 치료자는 즉시 멈추고 내담자의 감정을 토로하도록 허용할지 또는 연습이 끝날 때까지 기다렸다가 논의할 것인지를 결정해야만 한다. 내담자가 이러한 과정을 주도했고, 치료자가 이러한 중단을 수용할 수 있다고 생각하지 않는 한, 단계와 단계 도중의 중단과 논의는 피하는 것이 좋다.
- 연습 종결 시 논의 사항: 무엇보다도 처음에 당신이 가져온 20~40장의 사진을 어떻게 선택하게 되었는지에 대해 생각해 보시오. 그러고 나서 어떻게 사진 수를 줄이기 시작하여 최종적으로 우주정거장에 가지고 갈 6장의 사진을 선택하게 되었는지 생각해 보시오. 각각의 선택을 할 때 당신에게 어떤 일이 일어났습니까? 다음의 질문에 대한 당신의 대답을 곰곰이 생각해 보고, 당신의 생각, 감정, 발견한 것을 치료자와 함께 논해 보시오(또는 집단으로 작업하고 있다면, 짝을 지어 파트너와 당신의 생각을 함께 나누시오.).

이런 선택을 한 이유는 무엇입니까? 사진을 선택하거나 배제하는 데 사용한 기준은 무엇입니까? 이런 선택에 대해 어떻게 느낍니까? 당신은 이런 결정을 당신의 생각이나 감정을 위주로 결정했습니까? 당신이 주도적으로 의사결정을 했습니까? 또는 마음이 시키는 대로 그것에 따랐습니까? 어떤 결정이 다른 것보다 더 용이했습니까? 어떤 결정을 할 때 보다 쉬웠나요? 그 이유는 무엇입니까? 당신이 처음에 가져온 사진들 중에는 어린 시절, 친척, 가족 행사, 현재 또는 과거, 친구, 연인, 최근 행사 등등 다양한 사진들이 있었을 겁니다. 이 중에서 어떤 사진이 더 많습니까? 마지막 6장의 경우에도 어떤 사진이 더 많습니까?

당신이 최종적으로 6장의 사진을 선택하고 이것을 배열하는 과정에서 가져오지 않았거나 존재하지 않는, 그래서 지금 여기에 없는 어떤 사진이 '필요하다'는 것을 발견했습니까? 최종 사진에 없는 '바로 그 사진'은 어떤 것입니까? 그런 사진이 당신의 선택에 어떤 차이를 가져올 것 같습니까? 당신은 많은 사람들이 들어 있는 한 장의 사진을 고르거나, 두 사람의 사진을 오려 붙여서 한 장으로 만드는 등의 어떤 속임수를 쓰고 싶습니까? 당신이 이러한 의사결정 과정이나 사진의 실제 내용에서 특별한 놀라움, 실망, 좌절감이 존재합니까? 사진을 고를 때 당신은 풍경, 애완동물, 사물, 사람 등등 중에 어떤 것을 더 많이 선택했습니까? 최종적으로 선택한 6장에 당신 자신이 들어 있습니까?

최종적으로 선택한 6장의 사진을 볼 때, 당신은 어떤 제목을 붙일 수 있을까요? 전혀 모르는 사람이 한 줄로 배열된 이 6장의 사진을 본다면, 그들은 이 사진을 통해 당신에 대해 무엇을 알 수 있을까요? 그 사람은 이 6장의 사진을 가지고 당신에게 어떤 이야기를 만들어서 들려줄까요?

이 최종적인 6장의 사진을 선택하는 중에 어떤 사진의 결정이 가장 어려웠나요? 그 이유는 무엇입니까? 만일 당신이 특별한 장소를 찍은 사진을 가지고 간다면, 그것은 왜 그토록 특별합니까? 만일 당신이 사람들 사진을 가지고 간다면, 이 사람들은 당신이 원했거나 당신이 꼭 '가져가야만' 한다고 생각하는 사람입니까? 당신이 선택하거나 배제한 사진 속 사람들이 당신의 결정을 알게 된다면, 당신의 최종 결정 중 바뀌는 것이 있습니까? 어떤 것이 바뀔까요? 당신과 당신의 대인 관계에 대해 말해 주는 사진이 있습니까?

이 6장의 사진 하나하나는 당신과 당신 인생의 어떤 면을 거울처럼 반영해 줍니까? 이 사진을 가지고 작업했기 때문에 떠오른 어떤 기억이 있습니까? 특별히 강한 감정과 연결되어 있거나, 기대하지 않은 감정이 있습니까? 이 연습을 한 결과 당신에게 떠오른 질문이 있습니까?

6장의 사진이 왜, 어떻게 해서 지금 이 자리에 놓이게 되었는지 스스로 생각하면서, 6장의 사진 하나하나와 직접 이야기를 하도록 해 보세요. 사진에게 질문하거나 뭔가를 말해 보세요(아니면 사진들이 당신에게 말하도록 해 보세요.). 사진들이 그 자리에 있다는 것(또는 그 자리에 있지 않다는 것)을 발견했을 때, 사진들은 어떻게 느낄까요? 1번 사진과 2번 사진 사이에서, 또는 다른 두 사진 사이에서 있을 수 있는 대화를 상상해 보세요. 어떨 것 같나요?

당신의 인생에서 중요한 타인들이 당신의 5장 또는 5장 이상의 사진에 포함되어 있는지 아닌지를 생각해 보세요. 이 중요한 타인들이 맨 처음 연습에 가져온 사진들을 본다면, 이 사람들은 당신의 사진 선택에 무엇을 기대했을까요? 이 사람은 당신이 선택한 순서대로 6장의 사진이 최종적으로 놓일 것이라고 기대하나요? 이 사람이 자신의 사진 20~40장을 사용하여 똑같은 연습을 한다고 상상해 보세요. 당신은 그 사람도 당신이 선택한 이 6장과 똑같이 선택할 거라고 생각합니까? 그 6장의 사진에 당신이 포함될 것이라고 믿습니까? 6장 사진이 놓인 순서 중 어디에, 왜 놓여질까요? 그것은 당신에게 어떤 느낌을 줄까요?

개인적인 선택 대신에, 당신의 가족이 전체가 한 묶음이 되어, 우주로 가져갈 사진 20~40장를 고르는 연습을 해야만 한다고 해 보시오. 이것을 통해 어떤 일이 일어날 것이라고 생각합니까? 어떤 점에 있어 의견의 일치, 불일치가 있을까요? 어떻게 가족들은 그 문제를 해결할까요? 가족들이 고른 최종 6장의 사진은 어떤 것이 될까요? 누구의 의견이 사진 선택에 가장 큰 영향력을 미칠까요? (이 연습을 가족에게 적용하는 것에 대한 보다 심도 깊은 논의를 원한다면 제7장을 참고하시오.)

PhotoTherapy

CHAPTER

07

포토시스템

가족 앨범과 자전적 사진 모음 살펴보기

Techniques

Photo Systems

한 내담자가 지갑을 도둑맞은 적이 있었다. 당시 그녀는 돈이나 신분증을 잃어버렸다는 것보다는 그녀의 아이들과 남편, 부모님 그리고 기르던 개의 사진을 잃어버린 것에 몹시 마음이 상했다. 몇몇 사진들은 다른 사진으로 대신할 수 있겠지만, 개는 더 이상 그때의 어린 강아지가 아니었고, 아이들도 이미 훨씬 성장해 있었다. 그녀는 슬픔과 분노를 표현하며, "내가 사진들을 잃어버렸다는 것을 깨달았을 때는 마치 누군가 죽은 것만 같은 기분이었어요."라고 말했다.

그 여성의 지갑 속 사진들은 냉장고 문에 붙여 놓았거나 벽난로 주변, 침실의 옷장 그리고 집 벽장의 다른 가족 촬영 비디오나 영화들과 함께 진열된 사진들처럼 하나의 작은 앨범처럼 꾸며져 있었다. 이 장에서 다루겠지만, 이러한 각각의 '앨범' 들을 만들게 되는 이유는 각 사진을 모아 두는 사람에게 그것이 특별한 의미를 가지며, 사실 이는 그/그녀의 삶에서 최소한의 사진 전기의 이야기를 형성하는 것임을 알 수 있다.

앨범 속의 가족 사진은 가족 구성원의 유산 그리고 그 뿌리를 알려 주는 자료로서 매우 유용하다. 앨범 속의 사진을 함께 보면서 사람은 종종 기억을 더듬고 그때의 이야기들을 나눈다. 그것은 그저 즐거운 일일 뿐만 아니라 듣는 이들에게는 교육적이기도 하다. 이는 가족의 역사를 배우고 현재의 가족체계를 배우는 우회적인 방법인 것이다. 앨범을 살펴보면서 이러한 이야기들을 계속해서 듣는 것은 아이들 혹은 새로이 가족의 일원이 되는 사람들에게 친인척 관계에 대한 직접적인 질문과 관련된 질적인 정보를 주게 된다.

사람은 영구적으로 간직하고 싶은 추억의 사진들을 선택한다. 눈에 띄지 않는 과거 기억의 사진들은 영구적으로 진열하는 데 선택되지 않는다. 어떠한 사람이 불행한 관계를 맺고 있거나 어떠한 상황들을 돌아보는 데 만족하지 못하고 있다면 영구적으로 이러한 시각적인 상황을 되새기게 하는 사람이 되기를 원치 않는다. 당신이 가까이 지내기(신체적 혹은 감정적으로)를 꺼리는 사람들은 당신의 인생 앨범에 간직하고 싶지 않은 사람들이다. 인생을 살면서 고통스럽고 불쾌했던 시간을 보낸 사람들은 그 시간들을 영구적으로 기억하고 싶어 하지 않는다. 예를 들어, 결혼이 파경에 이르고 있다면 가족은 가족의 단체 사진에서 행복한 포즈를 취하지 않을 것이다. 거꾸로 말하면, 그 가족은 다른 사람에게 자신들이 전혀 안녕한 상태가 아님을 알리는 수단으로 무엇을 할지 정확하게 선택할 수 있는 것이다. 한 내담자는 남편과 아이들에게 크리스마스에 부모님에게 보여 줄 사진을 찍으면서 행복한 척하라고 강요한 적이 있다고 했다. 그녀는 이혼이 눈앞에 닥쳐왔을지라도 연휴 기간에 그러한 상황을 감당할 자신이 없었고, 그녀의 친구들이나 친척들에게 드러내고 싶지 않았던 것이다.

자발적으로 찍은 사진들은 가족관계나 그 상호작용에 대한 최고의 이야깃거리를 제공해 줄 수 있다. 이러한 사진들을 형식적으로 자세를 취하고 찍은 사진들과 섞어서 보게 되면 사람들이 다른 이들에게 어떻게 보이기를 원했는지 간파할 수 있다. 그리고 특정한 가족 구성원이 가족을 회상하고 나타내기 위해 어떻게 선택적으로 사진을 진열했는지 보게 되면 그들이 자신들을 알게 되는 데 중요하게 생각하는 것이 무엇인지 배울 수 있다. 여기서의 기본 가정은 각 가족 구성원들의 개인적인 사진앨범이 가족 이야기의 서로 다른 해석으로 증명될 수 있다는 것이다. 앨범이 이미지들과 종잇장을 합한 그 이상인 것처럼, 가족 또한 개개인에게 일어나는 것 그 이상을 내포한다.

자화상 기법이 내담자의 개성에 보다 초점이 맞추어져 있다면, 가족 앨범은 내담자의 개별성과 발생할 수 있는 차별성으로부터의 연결성, 상호 의존성, 복잡한 인과관계 등을 표현하고 있다.

앨범은 정리되지 않은 사진들의 모음이 할 수 없는 방식으로, 내담자 삶의 역사적인 연결성을 유지하는 하나의 수단인 것이다. 사람들의 사진은 그들의 이름이 잊혀지고 난 이후에도 오래도록 남겨지게 된다. 이것은 가족을 영원히 하나로 묶어 주는 수단이다. 한 내담자는 "나는 사진 속의 내가 누구인지 아는 사람들의 가슴 속에서 영원히 살아 있는 거죠."라고 말했다. 가족 앨범은 개인성을 가족의 전후 관계와 그 개인적인 연결성 그리고 주체성의 공적 정의로 부여한다. 그것은 전적인 사실도 전적으로 꾸며낸 이야기도 아니며, 다른 가족 구성원—가족 이야기를 다르게 기억하기 마련인—으로서 앨범을 간직하고 있는 사람에 의한 주관적인 해설에 가깝다.

치료는 과거의 개인적인 기억들에 중점을 둔다. 가족 사진이나 앨범들에 관해 이야기를 하면서 내담자는 스스로에 대해서도 이야기하게 된다. 그들의 설명은 과거 그들이 취해 왔던 이해의 관점을 나타낸다. 모든 사진앨범의 탐색은 궁극적으로 자신을 묘사하는 것이 된다. 그러는 동안에 내담자는 최초로 그들 자신을 찾게 된다.

어떤 사람들은 사는 동안 그리 많은 사진을 찍지 않는다. 심지어 어떤 사람들은 사진을 전혀 원하지 않기도 하는데, 몇몇 내담자들은 그들에게 사진이 없음에 불만을 토로하기도 한다("우리 엄마가 모두 가지고 있다고요."). 그것이 인생에서 혹은 내담자의 치료과정에서 '차별성을 만드는 차이'가 아니라면 더 이상 치료적인 중요성을 갖지 못한다. 만일 시각적인 역사의 결함이라고 할 수 있는 중요한 어떤 것이 나타난다면 나는 좀 더 탐색을 하거나 내담자에게 새로운 사진을 찍음으로써 사라진 그 무엇을 재구성하도록 노력해 보기를 권할 것이다. (내담자가 그것을 원치 않을 경우, 나는 아마 다른 선택 사항을 권해 볼 것이다.) 어떠한 경우라도 그것은 문제로 지각되기 이전에 탐색이 필요한 사진의 결함에 대한 내담자의 느낌에 관한 것이다.

이 기법은 어떻게 작동하는가 HOW THIS TECHNIQUE WORKS

가족 앨범을 치료상의 연구자료로 쓰기 위해서는 치료사는 반드시 최소한의 기초적인 가족치료에 도입하기 위한 기본적인 체계에 대한 이해를 해야 한다. 왜냐하면 각 내담자는 그들이 얼마만큼 가족과 멀어졌는지에 상관없이 그/그녀가 인생에서 어떻게 적응해 나가는지에 대해 매우 중요하게 기여한 동력원이 된 그 가족체계의 일원이기 때문이다.

내담자와 함께 앨범을 살펴보는 기본 모델은 다음과 같다. 우선 치료사는 앨범을 함께 살펴보면서 자신의 추측과 반응을 보인 다음, 내담자의 인지도와 반응을 함께 섞어 보는 것이다. 이는 시간 안에 순차적으로 일어날 수도 있고, 조용히 사진을 하나씩 보거나 주어진 이미지에 대해 논의해 보면서 사진별로 하나씩 이루어질 수도 있다. 이것이 바로 그 기법이 어떻게 작동하는가를 보여 준다. 그러나 치료사가 찾는 방향은 항상 내담자의 상황과 당시의 필요에 의존하게 된다. 치료사는 모든 다양한 가족들 사이의 관계와 의사소통 패턴에 대해 연구하고, 그러한 연합과 권력 구조의 신호를 발견하고, 그러한 상황을 빚어낸 기본 틀 안에서 어떻게 변화해 나갈 것인지를 찾아내야 한다. 가족들을 돕기 위해서는 우선 가족 구성원들(애완동물, 자동차 등 포함)을 확인해야 한다. 그러고 나서 행동 패턴들을 지시하는 그들 사이의 관계에 대한 표를 만든다.

각 앨범의 각 장들과 이미지 사이의 의미는 뒤섞여 있다. 각각의 사진 이미지는 누가 가족 구성원인지 등에 대한 정보를 끌어내지만, 이러한 이미지 안에 있는 사람들 사이의 느낌이나 관계 그리고 '우발적' 인 이미지의 중요성이 치료사에게는 특별한 관심사인 것이다.

대부분의 앨범 사진들은 다양하게 보인다. 많은 사진들이 특별한 행사나 개인적인 기념일 등에 찍힐 것이고, 그에 관련된 시각적인 '침묵' 도 나타날 것이다. 이러한 썰물과 밀물 같은 현상은 그러한 양상이 두드러지지 않는 이상 인생의 리듬을 보여 주는 것이다. 앨범의 양상은 각 가족을 특별하게 유지시킨다. 어떤 때는 이러한 간극이 연대순으로 나타나기도 하는데, 이는 스트레스가 많았던 시기 혹은 사람들이 '사라져 버린' 것을 나타내기도 한다. 사진들을 앨범 속에 간직하는 것은 사진들이 그 의미를 보여 주기보다는 기억을 자극하기 때문이다. 이것은 사진 예술과는 방대한 차이가 있는데, 이러한 개인적으로 중요한 이미지들은 그들의 사적인 감정적 '비밀' 들을 유지시키고 소중하게 해 주는 것이다. 가족의 구성원들은 외부의 사람들보다는 이러한 앨범의 사진들과 그것들의 연속되는 의미를 훨씬 더 잘 알고 있다. 가족 구성원들은 이러한 특권을 갖게 되는데, 그것은 그들 삶의 하루하루를 이러한 암호와 함께 살아왔고 불문율처럼 그들의 존재감을 다듬어 왔기 때문이다. 감정적인 비밀을 지닌 가족 구성원들의 영향력은 캐묻기 좋아하는 '외부인' 들에게 보이거나 말해지는 부분에 대해 통제할 수 있는 힘을 부여한다. 가끔 이야기들은 다시 그 이야기를 꺼내어 이야기하는 동안에 어떤 이야기가 덧붙여지거나 부분적으로 검열되기도 한다. 의식적으로 이뤄지건 무의식적으로 이뤄지건, 이러한 편집은 각 개인의 머릿속 생각을 반영할 뿐만 아니라 가족의 공식적인 틀을 만들어 준다. 앨범과 그 안에 담겨져 있는 이야기들을 통해서 내담자는 그/그녀 혹은 자신이 누구였는지, 또 어떤 사람이었으면 하는지 하는 생각과 함께 가족의 의식을 잡아낼 수 있다. 내담자가 그것을 거부하거나 부분적으로 바꾸고 싶다고 한다면 앨범은 적어도 그러한 과정이 어디서부터 시작되어야 하는지를 보여 줄 수 있다.

앨범 사진치료기법은 단지 내담자의 배경을 드러낼 수 있도록 도와줄 뿐만 아니라 치료사가 그 내부적 인간관계의 네트워크에 대해 배울 수 있는 기회를 준다. 이런 자연적인 지지집단(가족)은 내담자의 육체적 · 정신적인 치료 기간에 매우 중요하다. 내담자를 지지해 주는 집단의 정체성을 찾는 것은 치료의 필수 구성 요소 중 하나이며 내담자와 그 가족의 체계를 이해하는 데 필요할 수 있다.

앨범 살펴보기(Reviewing Albums)

카메라는 그들의 삶이 중간점에 도달한 사람들의, 영구히 보존될 것으로 선택된 순간의 자연스러운 생활 리듬 패턴을 잡아낸다. 그리하여 가족적인 관계의 어떠한 근본적인 패턴과 세대 간의 상호작용들은 사람의 일상생활 중 자연스러운 사진으로서 시각적으로 나타나는 것이다. 만약 삼각구도, 단절, 연합, 그리고 서로에 대한 가족 구성원들 사이의 감정을 부호화하는 다른 상황들(혹은 그들의 솔직한 감정을 숨기는 습관적인 방법들)과 같은 무의식적인 역동이 가족들의 일상적인 생활 속에 계속 진행된다면 그들의 스냅사진은 자연적으로 나타내는 신체적인 표현을 자동적으로 내포할 것이다. 그 사진들에는 아마도 '가족의 무의식' 이라는 개념하에 무의식적으로 모인 비슷한 사진들도 있을 것이다. 그러나 나는 이러한 사진들을 찾는 것에 대해 보다 확실히 하고 싶다. 그것은 치료자들이 단순히 가족의 개인적인 사진들을 보고 책에서 읽은 듯이 의식적으로 그것들을 해석해야 한다는 뜻이 아니다.

가족 앨범과 페이지들을 훑어보고 난 뒤에 치료자는 그 가족들을 나타내고 있는 패턴에 근거하여 질문들의 체계를 형성할 수 있다. 치료자는 사진이 품고 있는 비밀을 모르는 가족 아닌 사람, 즉 외부인으로서 계속해서 발생하는 가족의 체계, 관계,

동맹, 비언어적 메시지, 그리고 내담자나 가족들과 함께 탐색해야 하는 감정적 표현들(혹은 그 결여)에 대하여 관찰하도록 훈련될 수 있다.

Kaslow와 Friedman(1977, pp. 19-24)은 전형적인 가족의 사진 촬영과 앨범 만들기 과정을 살펴볼 수 있는 하나의 모임을 가졌는데, 이는 치료사로 하여금 사진치료기법의 개입에 대해 계획하고 이행하는 데 도움을 줄 수 있는 것이었다. 그들은 가족들이 생활해 나가면서 종종 중요한 행사나 '획기적인 사건(milestone)', 결혼, 출산, 생일파티, 방학, 졸업, 결혼기념일, 크리스마스 혹은 추수감사절 만찬 등을 기록하기 위해 사진을 찍는다는 것을 발견했다. 반대로 아이들의 시험 불합격, 일시적인 불화, 병원 입원 등과 같이 가족들이 고통받거나 위기의 상황에서는 사진을 찍지 않는다는 것을 알았다. 병원에 입원할 경우라도 아이가 금세 호전될 상황(예: 눈이 멍든 경우)이나 아이가 성장하는 과정에서 일어날 수 있는 사건(유치가 빠진 경우)이라면 사진을 찍어도 무방한 것으로 간주되었다. (개인적인 예로, 나는 십대에 코를 교정하는 수술을 받았는데, 나의 부모님은 거울에 비친 내 모습을 몇 장 찍어 전후 얼굴을 모두 볼 수 있도록 했다. 이렇게 전후 사진을 찍어 둠으로써 이전의 내 기형 코의 모습과 이후의 좋아진 코의 모습을 대비할 수 있으므로 이러한 사진을 찍는 것은 허용되었던 것이다.)

CHAPTER

Kaslow와 Friedman은 아이들이 신체적 변화가 빠르게 나타나는 유년 시절에 보다 많은 사진을 찍게 되고, 첫아이가 다른 형제들에 비해 더 많은 사진을 갖고 있음을 알아내었다. 만약 첫아이에게 비정상적인 면이 있거나(예: 장애아 혹은 사생아) 부모가 원한 성별의 아이가 아니거나 하면 그때는 두 번째 혹은 보다 정상적으로 태어난 아이에게 카메라가 더 집중된다. 어느 날 다섯 살 된 조숙한 꼬마 숙녀가 나에게 "내 남동생이 태어나기 전까지 이 앨범에는 대부분 내 사진뿐이었어요. 그런데 지금은 온통 동생 사진뿐이죠. 아마 내가 못되게 굴어서인가 봐요."라고 알려 주었다.

잠시 위탁된 아이 등과 같이 임시로 가족이 된 아이는 앨범 속에 포함될 수도 있고 그렇지 않을 수도 있다. 허가되지 않은 '단계를 거치고 있는' 아이, 그러니까 1960년대에 머리를 길게 기른 소년들 같은 경우 아마 앨범에서 잠시 사라져 있을 수 있다. Kaslow와 Friedman에 따르면, 사진을 찍는 가족들은 종종 그것을 가족활동이나 사회적인 행사 등으로 여기며, 가족이 중요하게 여기는 사진은 바로 크게 확대하여 집

안의 눈에 띄는 곳에 놓아두게 된다.

비록 Kaslow와 Friedman의 발견이 그들이 연구한 가족들에게서만 반영된 것이지만, 연구결과는 나의 내담자들의 삶에도 거의 들어맞는 것 같다. 비록 다양성이 문화, 계층 혹은 다른 차이에 의해 나타나겠지만 그것은 그렇게 중요하지는 않다. 대부분의 문화는 가족 스냅사진과 앨범 보관에 가치를 둔다.

이미지들에 대한 다른 지각들을 나누면서, 내가 내담자와 갖는 상호 교환은 누군가에 대해 선택적으로 부여된 지식이 우리의 지각을 어떻게 바꿀 수 있는지에 대한 모델이 될 수 있을 것이다. 한 번은 내담자에게 사진 속의 아버지가 유쾌한 부류의 사람처럼 보인다고 언급한 적이 있었다. 그러자 내담자는 흥분을 감추지 못하며 그 말이 가족이 아닌 다른 사람들에게 항상 듣는 말인데, 아무도 아버지가 그의 아내와 아이들에게 얼마나 폭력적이었는지 믿을 수 없을 것이라고 했다. 그리고 그는 앨범을 둘러보고는 그의 집에 있을 때 아버지가 '준비되지 않은' 표정 상태에서 찍힌 자연스러운 몇 장의 사진을 찾아내었다. 그것은 몇 장 안 되었지만, 그는 나에게 사진을 증거로 하여 그 가족들이 비밀로 해 왔던 그 차이점을 보여 주기 시작했다. 그는 이 몇 장 안 되는 비밀의 사진들이 그의 유년 시절 경험에 대한 유일한 증거라고 했다. 그 밖의 모든 것들은 외부의 시선에 의해 만들어진 것이었으며, 그가 만약 이 사진들을 갖고 있지 못했다면 아마도 몇 년이 지난 후 기억이 희미해져 가면서 그 자신도 의문을 품기 시작했을 거라고 했다.

그의 아버지는 이미 돌아가셨고 대면할 수도 없지만, 내담자는 이러한 사진들에 대한 그의 분노, 그의 마음속 깊숙이 오랫동안 곪아 온 그의 아버지에 대한 분노를 표현할 수 있었다. 그는 인간적으로 아버지에게 결코 말하지 못했던 것들을 아버지의 사진에 대고 말했다. 적어도 그것들은 큰 소리로 표출되었고, 그의 가슴에 묻어두지 않았다. 자신이 말하는 것을 들으면서 훨씬 더 그들의 진실이 입증되었다. 나는 아무런 편견 없이 그의 이야기를 들으면서 그러한 것들에 대해 말할 수 있는 그의 권리, 스스로 더욱 강해진 권리, 다시 힘을 얻게 된 그의 유년 시절에 대해 지지를 보냈다.

솔직히 말해, 내가 다른 사진들을 살펴보는 동안 그의 아버지 사진들은 다른 '공식적' 사진들과 크게 달라 보이지 않았다. 만약 내담자가 모든 사진들을 하나의 앨범이나 파일에 가져와서 나에게 두 부류로 분리해 보도록 했다면 나는 아마도 곤경에 빠졌을 것이다. 어찌 되었든 그 아버지는 분명 확실한 범주에 속해 있었으며, 그 아들이 볼 수 있는 미묘한 실마리를 은밀히 가지고 있었다. 한 달 뒤, 우리는 치료가 여러 면에서 향상된 상태에서 그와 그의 아버지, 그리고 그와 그의 아들이 함께 있는 유사한 사진들을 훑어보았다. 우리는 그가 은연중에 아버지의 일정 부분을 전수되고 있음에 대해 이야기를 나누었다.

이것이 명확해진 것은 어느 날 그가 십대 아들에게 더 오래된 앨범을 보여 주었고, 아들이 내 내담자와 내담자의 아버지가 같은 나이에 얼마나 비슷해 보이는지를 지적했을 때였다. 처음 내담자는 신체적으로 그가 자신의 아버지와 유사해 보인다는 것에 매우 방어적으로 나왔으며, 두 아버지가 얼마나 다른지에 대해 십대 아들과 말다툼을 하기 시작했다. 그의 십대 아들은 처음으로 그의 아버지의 유년기가 얼마나 불행했는지를 들으면서 "아마도 그래서 아버지가 우리에게 버럭 화를 내는지도 몰라요. 왜냐하면 화를 낼 수 있기까지 너무 오래 기다렸고 할아버지의 성질이 어떠했는지 아버지가 기억하고 있으니까요." (열네 살밖에 안 된 아들의 비범한 통찰력이란!) 나는 이 기회에 나의 폴라로이드 카메라를 집어 들고 두 사람에게 포즈를 취해 줄 것을 부탁했다. 첫 번째 사진에서 그들은 더 나이 든 세대의 아들과 아버지 관계처럼 보였고, 그다음은 매우 달라 보였다. 나에게 그들은 지금 이 세대에서는 이전의 오래된 관계와 같은 패턴이 되풀이되지 않고 있음을 보여 주었다. 나는 그들에게 두 장의 사진을 집으로 가져가서 다른 가족들과 함께 더 많은 이야기를 나누어 볼 것을 권했다.

가족 앨범의 페이지들을 살펴보면서 나는 내게 다가올 수 있는 혹은 내 내담자에게는 다르게 해석될 만한 패턴과 어떠한 주의점이라도 찾으려 한다. 이 경우 다음과 같은 질문들은 매우 도움이 된다. 이 사진들을 보면서 당신 가족에 대해 알아야 할 중요한 점은 무엇인가요? 이 사진들을 설명하면서 당신이 기억해야 할 것은 무엇인가요? 당신이 더 자세히 설명해 주지 않는다면 내가 모르고 지나갈 만한 것은 무엇인가요?

어느 누군가가 반드시 포함되기 위한 규칙들이 있나요? 그 내용의 다양성이 이 페

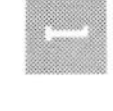

이지들에서(그리고 가족들 안에서) 차이에 대한 포용력을 암시하고 있나요? 가족의 이야기에 일관성과 규칙성이 나타나나요, 아니면 거기에 방해 요소나 생략이 있나요? 감정적 친근함이 표현되었나요? 누군가에 대한 안정된 주제, 메시지 혹은 감정 표현 등이 있나요? 가족 이력, 여행지 또는 많은 관심을 가졌던 행사들 중에서 최고조를 이루었던 것은 무엇인가요?

그의 대가족의 많은 단체 사진을 보던 중 내담자가 그 구성원들 대부분이 거의 교류가 없다고 말했다. "이것이 바로 현재의 우리예요. 뿔뿔이 흩어진 사람들이 각자 제 갈 길을 가고 서로 연락조차 안 해요." 패턴은 이처럼 그들 자신에게 민감해진 사람들에게 의미를 부여해 준다.

앨범 탐색에 체계이론 적용하기
(Applying Systems Theory to Album Explorations)

삼각 구도, 권한 부여, 경계, 피드백 고리, 단절, 이중 구속, '지목된 환자', 덜 개인화된 역할 등의 모든 주요 가족체계 치료 개념은 앨범의 각 장들 속에서 비밀스럽게 묻힌 가운데 발견되지 않았다. 이러한 비밀들은 각 가족들의 '평범한 일상'의 단면들을 보여 주는 사진 안에 박힌 채 수십 년에 걸쳐 존재해 왔지만, 이전에는 이와 같은 방법(사진을 기본으로 한 탐색 지도나 혹은 비밀을 개방하는 데 도움이 되는 단서 모음)으로 해체해 본 적이 없었다. 체계이론가들은 내담자에게 그들 원가족의 구성원들이 가지고 있는 해결되지 않은 문제들을 해결하는 한 방법으로 그들 스스로 물리적인(지리적인) 혹은 감정적인 거리를 갖는 것이라고 제안한다. 이러한 문제들이 해결될 수 없는 것으로 지각되고 동시에 긴장이 고조되면, 내담자는 의식적 혹은 무의식적으로 그 문제가 자생적으로 해결될 수 없다거나 또는 특정하게 융합된 사람은 내담자 존재로부터 제거되어야 한다고 결정을 내릴 수도 있다. 사람들이 내담자의 삶으로부터 단절되면 그들은 문자 그대로 내담자의 사진 모음에서도 사라지게 된다. 결과적으로 사라짐, 간극 그리고 다른 부조화들이 내담자의 앨범 속에 나타나게 되면 왜 그런지 질문해 보는 것이 도움이 될 것이다.

프레임을 어떤 것(혹은 적어도 사진의 경계들) 주변에 놓는 것은 그 내용들에 대한 질서를 요구하는 것이다. '삼각 구도' 에서 동맹 및 결속된 쌍들은 자발적으로 사진을 찍는 사람들 옆에 항상 서 있고, 또한 자세를 취한 사진에서 똑같은 사람들이 나타날 때 어떤 차이도 주목할 수 없는 사람들로 탐색이나 논의를 통해서는 밝혀지지 않을 수도 있다. 유사하게, 사진에서 빠져 있거나 종종 가장자리에서 다른 사람들과 포옹도 접촉도 없는 사람(혹은 앨범에서 거의 볼 수 없는 사람)은 그 가족에서 '지목된 환자' 혹은 단절된 사람일 수 있다.

감정적인 단절에서의 거리감을 줄이는, 내담자를 위한 다른 방법은 상대방과 함께 앉아 가족 앨범을 보는 것이다. 사진앨범은 비교적 안정적인 방법이다. 이는 두 사람의 주의력을 앨범으로 향하게 하여 삼각 구도를 형성하고, 두 사람이 보통 때보다 더욱 가까워지도록 한다. 이러한 의사소통은 평소보다 경계심을 덜 갖게 하는데, 그것은 사진에 대한 대표적인 기억들 혹은 의견들이 서로의 위치에 대한 아무런 위협 없이 교류될 수 있기 때문이다.

CHAPTER

사진앨범 속에 꼭 등장해야만 하는 혹은 그렇게 하려고 애쓰는 사람들은 아마도 자신의 가족들 사이에서 받아들여질 만한 감정적 수용을 찾는 사람들일 것이다. 그리고 그들은 그들이 마주하는 모순된 기대에 혼란을 겪을 수도 있다. 한 내담자는 알코올중독자 부모 밑에서의 성장에서 비롯된 그의 순응적인 역동을 설명했다. "부모님의 사랑에는 항상 조건이 있었어요. 우리는 언제나 만족스럽지 못한 아이들이었죠. 난 형제자매들과 항상 똑같아야 했고, 차이를 보이거나 관심을 더 받으려고 튀면 안 됐어요. 우리 가족 안에서 당신은 특별하거나 관심을 끌면 안 돼요. 왜냐하면 그건 위험한 짓이거든요. 사실 가족 사진들 중에는 우리 중 혼자씩만 찍은 사진이 거의 없어요. 우린 절대 서로의 시선 밖으로 벗어나면 안 되었거든요." 사진앨범 속에 나타난 잘 정돈된 가족 이야기는 앨범(그리고 가족) 안에서 수많은 비언어적으로 암호화된 규칙들과 수용에 대한 기대를 내포한다. 그것들이 나타나고 있는 장들을 주의 깊게 살펴보면 포함하기 위해 혹은 없애기 위해 선택한 이미지들을 간직하고 있는 가이드라인으로서 가족이 '해야 할 것' 과 '그래야만 하는 것' 이 드러날 수 있다.

애완동물, 그리고 종종 자동차, 정원, 취미, 스포츠 활동, 그 밖에 개인이 관심을 갖는 다른 주제들은 가끔 가족의 구성요소로 간주되기도 한다. 삼각 구도는 세 사람 사이에서와 마찬가지로 두 사람과 한 애완동물 사이에서 일어날 수도 있다. 개 혹은 고양이에게 관심을 집중하는 것은 애완동물의 주인인 두 사람 사이에 긴장감을 유발시키고, 동물을 돌보면서 서로를 능가하려고 노력하게 한다. 그렇게 하여 애완동물을 자신의 편에 동조시키려는 것이다. 애완동물은 혼자 사는(혹은 그렇다고 느끼는) 사람들의 정서적인 틀 안에 언제나 큰 자리를 차지하고 있고 어린아이처럼 인식되고 대접받는다. 따라서 애완동물들의 사진이 자주 앨범, 책상 위나 지갑 속, 홈 비디오 혹은 공식적인 인물 사진에까지 등장하는 것은 놀랄 만한 일이 아니다.

앨범은 어린아이들에게 그들의 부모가 유년기나 연애 기간에는 어떠했는지를 보여 주며, 이는 아이들이 보다 풍부한 감정적 범주와 때로는 유머 감각을 가지고 인간으로서 보다 자연스러운 지각을 강화할 수 있게 한다. 부모가 어른으로 성장하는 데 미친 영향들과 그에 대한 세밀한 부분들을 알아가게 되면서, 내담자는 자신이 이전에 다른 사람과 자신 간의 직접적인 관계만을 생각하고 미처 알지 못하였던 이러한 다양한 모습을 가진 삶의 면모들을 보게 된다. 이것은 한 내담자가 "내 마음의 뒤쪽 한편에 있는 선반 위에 상표가 붙은 상자 속에 단단하게 잠겨 있는 것"이라고 말했던 것처럼 이전에 관계를 유지했던 사람들과의 접촉을 재건하는 연결고리가 될 수 있다. 또 다른 내담자는 "당신이 내게 사진 속의 내 아버지가 되어서 사진에 나타난 것처럼 잠시 동안 그의 정체성과 표현들을 따라 해 보고, 당시 삶을 살고 있던 그가 되어서 어떤 사람에게 말을 걸어 보라고 했을 때, 나는 갑자기 그가 인생을 살면서 투쟁해 오던 어려움들을 느끼게 되었어요. 그리고 그냥 내 아버지가 되는 대신에 모두를 대신하여 그를 더 잘 이해할 수 있게 되었죠. 내가 아버지에 대해 알게 되었을 때 그는 이미 늙은 뒤였지요."

앨범 살펴보기는 또한 부모가 내담자의 나이쯤이었던 때로 돌아가 보게 해 준다. 그리하여 그 인생 단계에서의 지배적인 문제들에 대해 양쪽의 관점에서 고찰해 보게 된다. 그 둘은 종종 매우 유사한 것으로 나타난다. 이는 다음 사례에서와 같은 새로운 관점을 가져올 수 있다.

고등학교를 마치기 2년 전, 모든 것에 너무나 지루해하던 15세의 나의 내담자는 자퇴를 하고 싶어졌다. 그는 부모가 허락하지 않을 것임을 알고 있었다("부모님은 그냥 내가 멍청하다고 생각할 거예요."). 그러나 그는 마음속에 현저한 대안을 가지고 있는 듯 보였다. 그는 이미 부모 몰래 신청서를 제출하였고, 지역의 조선술 견습생 프로그램에 합격하고 지역 야간학교에 연락하여 일과 학습을 병행하여 학위를 마치는 것에 대해서도 합의한 상태였다. (그의 표현에 따르면) 자신의 '비전형적인 통과' 방법에 대해 그는 매우 뿌듯해하고 있었고, 부모에게 알리고 허락을 받으려고 하였다. 그러나 그의 아버지가 그 생각에 대해 격노하여 비이성적으로 화를 내자 그는 망연자실하고 말았다. 내담자는 최근 아버지와 함께 학교문제에 대해 이야기를 나누었으므로 아버지의 승낙을 예상하고 있었지만, 부모는 모두 확실히 이 소년의 계획과 행동의 대안을 찾기를 희망했다.

우리의 다음 가족상담에서 아들은 다시 그 생각을 꺼내었다. 그는 개인적으로 그를 거부하고 그의 능력에 대한 불신을 보여 준 부모의 반응에 무척 화가 나 있었다. 다행히도 가족은 사진앨범을 가져왔고(일찍이 내가 요구한 대로), 나는 그의 아버지는 15세 때에 어떠했을지 알아보기로 결정했다. 나는 이 특별한 중대 국면 뒤의 무엇인가를 발견해 내기를 바랐다.

아버지가 그의 십대 시절은 어떠했는지 아들에게 보여 주기 시작하였을 때(오래된 농장 사진, 열악한 환경, 학교까지의 먼 길, 교실이 하나밖에 없던 학교 등), 그는 그러한 날들의 감정을 아들과 나누기 시작했다. 학교에 가는 것이 그에게 얼마나 중요했는지를 이야기하면서 그는 잠시 멈추고 한참을 침묵에 잠겼다가 아들에게 이야기를 했다. "너에게 화가 났던 것 같구나. 왜냐하면 나에게 학교는 그 끔찍한 장소에서 벗어날 수 있는 유일한 방법이었거든. 그리고 내 아버지가 돌아가셨을 때 내 나이 열다섯이었는데, 그들은 나를 학교에서 쫓아냈단다. 나는 그곳에서 탈출할 수 있었던 유일한 기회가 영원히 사라져 버렸다고 생각했지. 그리고 내가 아버지가 된다면 내 자식들은 그 누구도 학교를 떠날 필요가 없게 할 거라고, 그래서 아이들이 내가 당한 고통을 다시 당하지 않게 할 거라고 맹세했단다. 난 아이들이 학교에 있는 것이 얼마나 중요한지 이해하고 있으니까. 내 생각엔 네가 학교를 그만두고 싶다고 말했을 때 이 모든 것들을 떠올렸던 것 같구나. 내 머릿속은 화가 나서 견딜 수 없었는데, 이제야 그 이유를 알겠구나. 내가 생각했던 것처럼 학교가 너에게 중요한 것이 아니라는 게 가슴 아프단다. 자, 다시 한 번 너의 계획을 말해 보고 그게 말이 되는지 좀 보자꾸나. 이번엔 네 이야기를 들어보마. 어쩌면 우리가 함께 뭔가 할 수 있지 않겠니." 눈물을 흘리며 서로 포옹을 한 뒤 그들은 이야기를 시작했다.

좀 더 차별화된 쪽으로 내담자를 이끌기 위해서, 치료사들은 내담자의 독특한 부분을 인정하도록 돕기 위해 그/그녀가 자기 정화와 가족분리 기법을 결합하도록 하고 그리고 가족의 정체성 혹은 규칙과 여전히 내담자에게 없어서는 안 되는 가족의 근간과 전후 맥락에 얽매이지 않기를 원한다. 앨범은 각기 다른 행동들, 기준들 그리고 구성원들이 그들 자신을 표현하는 데 자유를 느끼는 정도(예: 전형적인 자세를 취한 사진과 자연스럽게 찍힌 사진의 대조에서) 등에 관한 가족의 포용력을 드러낸다.

내담자 개인과 가족의 정체성(그리고 연관된 감정) 사이에서 유사점과 차이점을 발견하기 위해 내담자는 자기 혼자 찍은 사진과 가족 구성원들과 함께 찍은 사진 사이에서 자신이 인지하고 있는 차이점에 대해 논의할 수 있다. 그들은 각각 다른 개개인들이 수집한 사진에서 비교하는 것처럼 가족 자화상을 하나의 정체성으로 나타내는 방법들에 대해 이야기할 수 있다. 차별화의 목적은 가족 구성원들이 어떻게 다른가를 알아내는 것뿐만 아니라 개별화의 융합이나 결여를 의미하는 동질성이 아닌 그들의 어떤 공통점을 규명(그리고 인정)하는 것이다.

이러한 종류의 차별화/융합 원동력은 그들의 자녀가 그들의 연장이거나 혹은 기대를 채우는 사람이기보다는 전체로서의 한 사람이기를 바라는 부모에게 영향을 미친다. 이는 지갑 속에 있는 4세와 8세의 딸과 아들의 사진을 보여 주었던 한 여성을 통해 완벽하게 설명된다. 나는 그녀의 아이들에 대해 이야기를 나누었는데, 그녀는 아직도 딸과 아들을 어린 소년과 소녀로 여기고 있었다. 20분쯤 지났을 때, 나는 그녀의 아이들이 지금은 10세와 14세라는 것을 알아낼 수 있었다. 그녀는 (아무런 주저도 없이) 그녀의 아이들이 어리게 부르는 것을 더 좋아함을 설명했다. "아들은 점점 제 아빠처럼 못되게 굴어요."라고 말하면서, 그녀는 어릴 적의 아들이 더 좋았음을 말했다. 그녀는 아들에 대해 "커서 어떤 사람이 되려고 하는지 너무 걱정스러워요." 라고 말했다. 고정된 기대치에 대해 듣고 나서 나 역시 그의 장래의 개별화에 대하여 염려하게 되었다.

가끔 사람들은 이미지 속에서 항상 그곳에 있었던, 그러나 전혀 느끼고 있지 못했던 무언가를 찾아낸다. 그리고 그 연결성과 패턴들은 감추어져 있던 것임이 드러난다. 다음 사례는 이러한 과정의 좋은 예다.

일레인이라는 내담자가 개인 가족 앨범에서 그녀의 유년 시절과 그때의 사건들이 담겨 있는 사진을 가져왔다(〈사진 7-1〉 참조). "이 특별한 사진은 내게 여러 가지 이유에서 많은 의미를 가지고 있어요." 그녀는 설명했다. "나는 이 친근함에 가치를 두어요. 우리 여자 셋(5세의 나, 8세의 언니 그리고 엄마)이 서로 가까이 있죠. 이 사진은 우리 부모님이 헤어지기 일 년 전에 찍은 거예요. 그리고 이건 내가 가족을 가졌다는 유일한 증거이고요. 사진 속 어머니의 눈 속에서 사진을 찍어 주는 사람에 대한 애정을 느낄 수 있어요. 바로 우리 아버지죠. 다른 사진에서도 드물게 보이지만. 그리고 우리 셋—혹은 넷이라고 할 수도 있고—은 서로 아주 가까운 가족처럼 보이잖아요. 대개는 틀린 이야기이지만 난 이 사진 한 장이 갖는 이상주의를 소중히 여겨요."

© 1967 "Elaine's Dad"

사진 7-1

우리는 대개 이러한 면모들에 주의하면서 이미지들—사람들, 환경, 감정 그리고 그것이 불러오는 추억—을 탐색했다. 그러나 일레인은 갑자기 멈추더니 화가 난 듯 이미지 왼쪽 가장자리의 멀리 바위 위에 접어 놓은 신문을 응시했다. 나는 이러한 세부적인 것들에 대해 아직 깨닫지 못하고 있었으며, 그것을 보고 난 후에도 새로운 사실에 대해서는 알 길이 없었다. 그러나 일레인은 이를 재빨리 수정했다. "이 사진에 대한 나의 핑크빛 기억이 지금 막 바뀌었어요. 엄마 곁에 놓인 신문 때문이죠. 이 신문의 상징적인 중요성을 생각할 때마다 그것이 나를 정말 못살게 굴어요. 우리 엄마는 우리와 함께 거기 있지 않을 뻔했어요. 보통 그녀는 우리랑 무엇을 함께하기보다는 읽는 것을 더 좋아했지요. 우리 엄마는 안 그랬지만, 내 바람은 엄마가 지적인 삶 이전에 부모로서의 삶을 우선시하는 것이었어요. 그리고 또 분명치 않은 내 바람은 엄마가 아빠를 정말 사랑하는 것이었어요. 그러니까 내 분노는 행복했던 일, 친근한 가족의 외출에 대한 생각을 바꿔 놓은 이 신문을 향한 것이죠." 나는 일레인에게 만약 그 기분 나쁜 신문이 사진에서 사라지면 어떨 것 같은지 물었다. 그녀는 "그것이 상황에 대한 정직한 관점을 나타내 주니 그 사진을 없애는 것은 옳지 않아요."라고 대답했다. 몇 달 뒤, 일레인은 어머니의 생일 선물로 오래된 사진들을 모아 콜라주를 만들었다. 그녀는 얼마 동안 신문 부분을 오려낼 것인지 말 것인지 숙고하였고, 오려내는 것으로 그 작업을 마쳤다. "얼마쯤은 콜라주를 만드는 공간 때문에 오려내긴 했지만, 사실 대부분은 그것이 사실이든 아니든 사진을 보는 내 관점을 더 존중하기로 해서 그렇게 했어요."

이상적으로는, 나는 일레인과 지금은 멀리 떨어져 살고 있는 그녀의 어머니가 함께 그녀의 인식에 대해 나눌 수 있는 시간을 가지고 당시에 어떠했는지 이야기를 나누었으면 했다. 나는 그것이 일레인에게 그 사진이 그녀의 어머니, 언니에게 어떠한 기억과 감정을 자극했는지를 알려 주고, 그리하여 그 시간들에 대한 그들의 이야기가 그녀에게 다른 인식을 주는 데 도움이 될 것이라고 생각했다. 어머니에게서 이 사진을 이 책에 실을 수 있는 허락을 구하면서, 일레인은 어머니와 함께 그 뒤의 비화를 나누게 되었다(단지 윤리적인 필요에서뿐만 아니라, 나는 그것이 치료적으로도 좋은 대화 창구를 마련할 것이라고 생각했다.).

그녀의 어머니는 일레인의 기억에는 몇 가지 잘못된 점들이 있다고 답변했다. 예를 들어, 그 신문은 그녀가 아닌 일레인 아버지의 것이었다. 그녀는 그곳에서는 신문을 읽지 않았을 것이라고 설명했다. 바람이 심하게 불고 있었고 손에 그녀가 싫어하는 잉크가 잔뜩 묻었을 것이라는 것이다. 그녀는 그 장소에 특별한 의미가 있다고 덧붙였는데, 아마 딸들은 알지 못했을 거라고도 했다. 그곳은 일레인의 어머니와 아버지가 연애를 하던 장소였다. 나중에 일레인은 아버지에게 사진을 보여 주며 어머니의 이야기를 덧붙였다. 그녀는 나중에 아버지의 대답에 대해 알려 주었다. "그건 사실이 아니야! 우린 거기서 데이트한 적이 없어. 이 사진은 포토맥의 대폭포에서 찍은 거란다. 우린 주로 노스캐롤라이나의 대학에서 데이트를 하곤 했지."

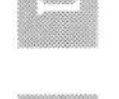

포즈를 취하고 찍은 사진들도 그 삶 속에 무슨 일이 일어나고 있는지 그 정수를 잡아낸다. 이미지 자체는 많은 것을 나타내지 않지만, 다른 사람들과 함께 포즈를 취한 사진들은 다르다. 비언어적인 정보들은 갑자기 중심점이 될 수도 있다. 예를 들어, 나의 부모가 찍은 두 장의 사진을 보면 50년의 간극이 있지만 여전히 그들이 유쾌하게 함께 있음을 보여 준다(〈사진 7-2〉 〈사진 7-3〉 참조).

어머니와 함께 이 사진을 보았을 때, 그녀는 잠시 관찰을 하고는 "참 흥미롭지 않니?! 처음엔 내가 그에게 기대고는 했는데 지금은 그가 나한테 기대고 있네." '흥미로워!' 는 참으로 안전한 단어다. 그녀가 나의 상담을 받는 내담자였다면 나는 그녀의 감정을 한층 더 발전시킬 것을 권했을 것이다. 그러나 내가 어머니의 표현을 되새겨 보고 있을 때, 그녀는 내가 그녀의 주석을 너무 많이 읽는다고 했다. 그럼에도 불구하고, 그 사건은 나로 하여금 우리 가족의 앨범을 연구해 보도록 고취시켰다. 내담자와 함께 사진치료를 하는 다른 치료사들처럼 나 역시 내 가족 앨범에 대해서는 아마도 내가 해야 했던 만큼보다는 별다른 주의를 기울이지 않았다. 이제는 나의 가족 앨범에 어떠한 비밀들이 있는지 알아봐야 할 때였다. 이러한 탐색의 결과는 뒤의 마지막 실증 사례에 보고되어 있다.

상담은 내담자들로 하여금 위기 상황을 극복할 수 있도록 해주는 기술보다도, 긴장이 고조되거나 문제들에 너무 집중하게 되었다고 여겨질 때, 앨범 작업이 가족 현실의 한 부분이기도 한 행복한 시간이나 질적으로 좋았던 가족 삶의 긍정적인 면을

사진 7-2

사진 7-3

바라보는 하나의 수단으로 이용될 수 있다. 사진 속의 추억들이 보여 주는 좋았던 많은 시간이 다시 연결되면서, 사람들은 자신을 상담으로 이끌었던 '끔찍한' 것들에도 불구하고 다른 구성 요소들과 다시 하나가 될 수 있고, 따라서 전체적인 삶의 균형에 대한 다소의 시각을 얻게 되는 것이다.

예를 들어, 힘든 관계를 가지고 있는 부부와 함께 상담을 하면서 나는 그들에게 결혼 사진을 보여 달라고 했다. 사진들은 처음 그들이 서로에게 이끌렸던 점을 다시 상기시켜 주었다. 서로의 매력에 대해 이야기를 나누면서 그들은 서로 비난만 하는 함정에 얼마나 빠지기 쉬운지를 깨닫게 되었다.

유사하게, 나는 십대 아이와 갈등을 겪고 있는 부모를 만나 어렸을 적 생일 파티, 휴가 여행, 그리고 그와 비슷한 시기에 찍었던 사진들을 볼 것을 부탁했다. 이러한 사진들은 과거에 그들이 나누었던 행복한 시간에 대해 이야기할 수 있게 도와주었다. 나는 그들에게 논쟁이 허락되지 않는 장소에서 그와 비슷하게 즐거운 시간들을 계획하도록 권하였고, 몇몇의 특정한 사진들을 찍는 과제를 주어 이러한 경험들("이번 외출에서 찍은 사진을 다음번 약속시간에 가져오세요.")을 할 수 있는 계기를 마련하였다. 맥락을 떠나서, 이러한 기법들은 이상적이지 않을 수도 있다. 독자는 하나의 기법이 그저 직접적으로 전달되는 것이 아니라 치료장면을 통해서 보다 큰 의사소통으로 전환된다는 것을 인지해야 한다. 그러나 이러한 제안들은 종종 사람이 자신의 삶의 부정적인 면에 너무나 불균형적으로 치중하고 있었으므로 잠시 멈추고 그 의미를 재정의할 수 있도록 해 주는 수단으로서 놀라울 정도의 효과가 있다.

가족치료에서 하나의 목표가 개인으로 하여금 그들을 형성해 온 힘과 패턴에 대한 지식을 보다 확장시킬 뿐만 아니라 각 가족 구성원과의 관계의 질과 그 깊이도 발전시켜서 위협이나 어려움을 야기하는 차별화 없이 하나로 만드는 것이라면, 이전 세대로부터 그 가족에게 전승되는 패턴을 고려하는 것 역시 매우 중요하다. 과거 세대와 현재 세대의 사진을 비교하는 것은 여러 해 동안 전해져 온 세대 간에 전수된 메세지나 기대들은 계속해서 일어나고 있는 어떤 의식적인 인식이 개입되지 않은 채 오랫동안 진행되어 온 무의식적인 반영과 반복을 드러낼 수 있다.

구조적인 관점에서 치료자는 다세대에 걸쳐 전수되어 온 가족들의 가치나 행동 양식을 보여 주는 사진 속에서 시각적인 '사실들'을 찾을 수도 있을 것이다. 내담자가 그중 일부에 참여하는 것은 매우 도움이 되며 윤리적이기도 하다. 그들의 발견과 그에 대한 감정은 치료적인 영향력을 제공할 수 있을 것이다. 이를 시작하는 방법은 내담자들에게 그들이 나중에라도 토의하고 싶은 내용들을 적어 두도록 하는 것이다. 내담자가 행동 양식, 주제, 감정적인 메시지, 불일치, 이전에 알아차리지 못한 자료의 갑작스러운 발견, 혹은 때때로 사람들에 관해서 알아차리는 것은 매우 흥미롭고 유용할 수 있다.

한 여성이 가족 사진을 살펴보면서 말했다. "나는 항상 우리 가족들 앞에 있었던 것 같아요. 그리고 지금에서야 그에 대해 생각해 보고 있어요. 맞아요, 난 가족들 중에서도 매우 독립적인 편이었어요. 그리고 내가 그들에게 어떤 영향을 미치는지에 대해선 별로 신경 쓰지 않았죠. 나는 지금 치료를 받고 있고, 내 남편과 찍은 사진을 보고 있어요. 그리고 역시 똑같은 패턴이네요. 내가 앞에 서 있어요. 우리는 우리 관계의 부족한 친밀감과 그에 대한 나의 감정과 관계를 분리하도록 작업 중이에요. 이제야 그가 최근에 한 말을 알겠어요. 남편은 우리가 어딘가에 함께 갈 때면 내가 항상 그의 앞에서 걸어가는 것 같다고 했죠. 그를 앞질러 큰 걸음으로 걷는다고요. 그가 등 뒤에 있는지 없는지 신경도 쓰지 않은 채 말예요. 오, 이런."

나는 그녀에게 남편 그리고 다른 가족들과 함께 찍은 사진들을 더 살펴보고 손이 어디에 있는지, 시선은 어디에 두고 있는지, 누구의 포즈가 똑같고 누가 누구를 따라 하는지, 그녀의 부모가 서로를 자주 만지거나 눈맞춤을 하는지, 만약 그렇지 않다면 그러한 것들을 언제 그만두었는지 등에 대해 적어 보라고 했다. 한 사진에서 그녀가 멈추더니 그녀의 아버지가 어머니 뒤에 서 있음을 가리켰다("물론 그렇겠지."). 그리고 아버지의 손은 어머니의 어깨에 올려 있었다. 이 사진을 처음 보면서 그녀는 그것을 '여자가 앞쪽에서' 포즈를 취하는 똑같은 예시로 삼았다. 그러나 그녀가 '남자가 여자의 등을 잡고 있는' 포즈라고 스스로 묘사한 것을 들었을 때 갑자기 의미를 깨닫고는 '우쉬' 라는 소리를 내었다. 그녀는 그녀의 어머니의 정서적인 성장을 항상 제한했던 그녀의 아버지에 대한 묻어 두었던 느낌을 드러내었다. "이제야 항상 앞쪽에서 손을 움켜잡고 있는 나의 이런 모습이 다른 어떤 것과 연결되는지 궁금하군요."

가족 구성원들이 특정한 방식으로 무언가를 말하거나 혹은 존재하고, 행동할 때 제한을 두는 것을 발견한 사람들은 앨범을 시각 지도로 이용하여 그들이 경험했음직한(종종 다른 사람들에 의해 부정되는) 이중 메시지와 이중 속박을 추적하는 데 쓸 수 있다.

일찍이 가장 좋아하는 투사적 이미지로 아이들 사진을 선택한 한 친구는 "아직 아이들 삶의 힘이 설렘으로 차 있고 거리로 나갈 정도로 약삭빠르지 않은 때의 그 순수함과 아름다움에 빠져들 수 있기 때문"이라고 하면서 그의 가족 앨범에서 가져온 유치원 졸업 파티 사진을 보여 주었다(〈사진 7-4〉 참조). "자, 이게 저예요. 제가 기억하는 한 이 사진은 앨범 속에 정말 오랫동안 있었어요. 그렇지만 누구도 내가 보는 걸 보진 못했어요. 나는 내 뒤에 있는 아이로부터 숨으려고 애쓰고 있는데, 내겐 놀랄 일도

ⓒ 1959 T.G. 사진 7-4

아니었어요. 이 사진은 그 자체만으로 날 설레게 해요. 나는 동성애자이고, 난 내가 다르다는 것을 항상 알고 있었다고 믿어요. 아주 어렸을 적 학교에 다니기 전부터 말이에요. 나는 이 사진에서 단 한 번도 거칠게 놀고 싶어 하지 않았던 한 소년을 봐요. 항상 수줍어하고 여성스러운 포즈를 취하곤 했지요. 이 사진 속의 내 포즈는 거의 내 뒤에 있는 아이에게 반한 것 같잖아요. 난 더러운 손이나 옷은 견딜 수 없었어요. 언제라도 진흙이 조금이라도 내게 튀면 엄마에게 달려가서 닦아 달라고 했지요. 그 작은 소년은 항상 그곳에 있었고 그는 여전히 나를 따라 하는 것 같아. 난 이 아이를 정말 좋아해요. 가족들은 항상 이 사진 속의 아이가 계집애 같다고 하지만 말이에요."

스트레스하에 있는 가족의 의사소통 체계는 애매한 신호들과 역설적인 의미들로 가득 차 있다. 유년 시절의 수많은 사진으로 탐색을 거친 한 사람의 경험이 이러한 이

중 속박과 복합적인 메시지가 사진 속에서 어떻게 발견될 수 있는지에 대해 설명해 주고 있다. 가족 앨범의 대부분의 사진들 속에서 그는 혼자였다. 그의 누나가 태어나자마자 죽은 지 5년 만에 그가 태어났다. 그는 부모의 '유일한' 아이였으며, 부모에게는 아이들이 상징할 수 있는 모든 것을 대표하는 아주 소중한 보물로서 성장하였다.

"나는 부모님의 아들이자 딸이었어요. 그건 내가 계속해서 갖게 되는 의미와 기대를 복잡하게 했죠." 그는 나에게 말했다. "선생님은 이 사진을 보면 알 수 있을 거예요. 문자 그대로 관심의 대상이 되어 매년 같은 포즈를 취하고 있는 저를 말이에요." 덧붙여 그는 그 모든 사진들에 관하여 말했다. 그의 어머니는 그가 18세가 되기까지 매년 그의 생일이면 의례적인 사진을 찍게 했다. 이 정기적인 자료는 그의 개인적인 역사와 그가 유치원 교복에서 카우보이 그리고 다양한 스타일의 더 알맞은 복장으로 변해 가는 것을 보여 주었다. 이러한 이미지들은 개인적인 회고 기록뿐만 아니라 일반적으로 매년의 사회문화적인 기록의 의미를 갖는다. 하나의 이미지가 그에게 특별히 중요한 의미로 다가왔다. 그는 그의 어머니와 함께 찍은 사진에서 둘 다 모두 웃고 있었지만 어머니가 그의 손을 아래로 꼭 잡고 있는 모습에서 그가 매우 불편하게 느끼고 있다고 언급하고 있다(〈사진 7-5〉 참조).

그는 사진이 그가 어떻게 다뤄졌는지에 대한 상징이며, 그것은 그의 어머니가 자주 치밀하게 그의 신체적 · 정서적인 독립을 막아 왔음을 설명해 주는 것이라고 했다.

"우리 부모님은 나를 무척 사랑하고 내게 필요한 모든 것을 주신 것 같아 보이죠. 그런데 내가 왜 화가 났냐고요? 이 사진을 좀 보세요! 어머니의 사랑은 너무나 제한적이고 궁극적으로는 금이 간 사랑이었어요. 나는 이 사진을 보면서 어머니가 나를 무릎에 앉히려고 내 팔을 꺾었던 것을 기억해요. 나도 어머니도 웃고 있지만 그녀는 나를 통제하고 있었고, 우리는 다른 사람들에게 좋은 인상을 주기 위해 그래야만 했어요. 그녀는 감정적으로 격해지고 나와 그 공간까지도 조작하려고 했어요. 어머니에 대한 나의 분노는 아버지가 어머니의 조종을 제대로 막지 못했기 때문인 것으로 받아들여졌죠."

그는 나중에 어머니의 양육 태도에 대한 예시를 제공해 주었다. 그의 결혼 사진을 보면 양가 부모가 신혼부부 옆에 서 있는데, 그의 부모가 그에게 가까이 다가가려고

CHAPTER

사진 7-5

독점적으로 서 있는 것을 볼 수 있다. 그의 부모는 이 사진 속 아내의 부모와 대비되었는데, 딸의 새로운 삶과 독립적인 관계를 약속하는 듯한 포즈를 취한 그들은 훨씬 더 편안해 보였다. 사진치료기법에서 가족 사진을 돌아보는 것은 많은 의미에서 도움이 된다. 오랫동안 존재해 왔고 매우 단단히 묻힌 감정의 흔적들이 시각화되어 있다. 특별히 깊은 뿌리를 갖게 되는 것이다. 이러한 충동들은 보다 시각화되고 지각 있는 탐색에 적절하다. 개인적으로도 내담자가 마음속에 붙들고 있는 그 무엇인가를 풀어 놓는 데 도움이 된다.

앨범 보관자의 중요성(The Significance of the Album-Keeper)

가족 앨범을 관리하는 사람이 누구든지 간에 가족 이력과 그 진실에 대해 많은 통제를 하며, 그리고 어떤 논쟁의 규칙을 결정하는 사람으로서 그 결과에 커다란 영향을 미칠 것이다. 앨범관리자는 앨범을 보는 모든 사람들에게 그/그녀의 설명을 사실로 만드는 힘을 가지고 있으며, 그리고 기록자로서 그/그녀를 그들이 인정해 주는 덕택에 가족 권력의 조화를 보통 잘 반영해 주고 있다. 사진사의 시선으로 어떤 앨범에서 보이는 사진들을 선택해 내는 반면, 앨범 관리자의 시선으로 나중에 앨범을 보는 사람의 시선에 의해 해석되는 사진적인 '진실'을 만들어 낸다. 나의 내담자들, 특히 영향력을 상실한 상황에 있는 혹은 집단으로부터 하찮은 존재로 취급되거나 혹은 배척을 당하는 내담자가 자기 자신의 개인적 이력들을 자기 자신만의 방식으로 재창조하고 되찾을 수 있는 방법을 찾는 것이 내 사진치료의 가장 중요한 요점이 되었다. 나는 남자, 여자, 이성애자, 동성애자, 부모 중 한 사람에 의해 비가치적이고 비인간적으로 취급되어 작업이 필요한 많은 내담자들을 만나 왔다.

비록 전통적인 치료 모델에서 종종 가장 초점을 맞추는 것이 내담자와 어머니와의 관계라고 할지라도, 나는 좋은 심리치료는 양쪽 부모와 내담자의 관계에 대한 복잡한 특성을 탐색하도록 시도를 해야만 한다고 생각한다. 가족 앨범 작업은 그러한 질문을 시작함으로써 효과적인 방법이 될 수 있다.

우리의 가족 앨범은 우리들 대부분이 되도록이면 기대되는 '착한 아이들'이 되기 위해 학습했던 장소다. 그리고 만약 우리가 어떤 방식으로 그런 행동을 하거나 드러내 보였다면 우리는 가족 역사의 사진기록에 포함되곤 한다. 우리는 가족 역사에서 영구히 고정된 이미지들을 봄으로써 우리 자신의 이미지가 부모들에게 받아들여지고, 혹은 적어도 남들에게 보여 준다는 것을 알 수 있다. 이런 이상화된 이미지들은 우리가 즐거운 기억들을 회상하기 위해 앉았을 때 보통 향수로 되돌아가게 하는 것이다. 우리 대부분은 타인들(보통 부모)이 우리에 대해 만든 이미지들에 맞추어 살려고 노력하면서, 그리고 때때로 사랑받고 인정받기 위한 조건으로 미묘하게 표현되는 그들의 비언어적인 기대에 맞추도록 노력하면서 성장했다.

이 장의 뒤쪽 부분에서 사용하려고 나의 어머니와 함께 가족 사진들을 다시 보면서 나는 매우 흥미로운 것을 발견했다. 몇몇 사진 또는 어떤 날들에 대한 어머니의 기억이나 정황들이 실제 사실이나 내가 알고 있는 것과 크게 다르다는 것이었다. 인지적 수준에서 나는 내가 알고 있는 이러한 실제 상황에 대한 나 자신만의 설명은 다른 사람들과 마찬가지로 단지 나 자신이 세운 사실에 대한 선택적인 구조임을 이해했다. 그렇지만 보다 직관적/정서적 단계에서 나의 어머니와 나는 서로가 부정확하게 혹은 틀리게 그리고 편견을 가지고 기억하고 있으며, 서로의 기억이 맞는 것이라고 매우 확신하고 있었다.

누구에게 가족 앨범이나 사진들을 보는 것이 허락되거나 그렇지 않은지를 알아내는 것도 매우 중요한 일이다. 사생활에 대한 내담자의 기준은 앨범을 보관하는 사람에 따라 다를 수 있다(어머니가 손님들에게 자녀의 벗고 있는 아기적 사진을 보여 주기를 부끄러워하는 것처럼).

가끔 사진의 잠재적인 치료적 가치는 누가 그 사진을 찍어 줬는가 혹은 사진 속의 이미지보다는 대상이 어떻게 느끼는가에 더 매겨질 수 있다. 가족의 어떤 구성원들은 사진에 바로 그 영향력을 드러내게 하는, 어느 특별한 사람에 의해 사진이 찍혔다는 것에 더 강한 감정을 가질 수 있다. 다음의 사례는 이에 대하여 설명하고 있다.

십대 소년이 나에게 최근 그의 부모가 현관의 흔들의자에 앉아 서로 어깨를 두르고 웃으며 찍은 사진이 들어 있는 앨범을 가져왔다. 소년은 그의 부모가 끊임없이 말다툼을 했고 서로에게 절대 애정을 보인 적이 없었으며 실제로 약 2년간은 별거생활을 했다고 했다. 나는 놀라지 않을 수 없었다. 계속해서 그는 아버지가 그 전 주말에 어머니의 집으로 자신을 데려갔는데, 그가 뇌물로 어머니와 아버지가 좋아하는 캔디를 하나씩 선물하고는 그들 둘이 함께 있는 '평범' 해 보이는 사진을 찍게 해 달라고 부탁했다고 설명했다. 그는 일부러 집 밖에서 사진을 찍었고, 그들을 바라보는 이웃들은 '저 사람들이 아직 희망이 있구나.' 라고 생각할 수 있었을 거라고 했다. 그는 덧붙여 설명했다. "부모님에게는 심리치료 선생님이 부탁한 거라고 했어요. 그래서 부모님을 설득할 수 있었죠. 그렇지만 그건 변명일 뿐이었죠. 거짓말이라는 건 알지만 전 제 앨범에 넣을 부모님의 남부럽지 않은 평범한 사진 한 장을 원했을 뿐이에요."

가족 사진으로 사진치료 작업을 할 때 이와 같이 깊이 숨겨진 이면들을 끄집어내는 여러 가지 방법들이 있다. 치료적 질문들이 이러한 영역들에 접촉하기 위해 계획될 수 있는데, 그것은 추가적인 심리적인 문제를 암시하는 대답을 촉진시키기 위함이다. 나는 최근에 찍은 사진들이 앨범에 추가하기 위해 선택되는 과정을 밝혀내고자 한다. 어떠한 요소들이 그 사진을 앨범에 추가할지 여부를 결정하는 데 영향을 미칠까? 만약 사진에 대한 이견이 있다면 누가 최종 결정을 내리는가? 어쨌거나 누구의 앨범인가? 만약 앨범에 넣지 않기로 했다면 왜 그런가?

달리 말하자면, 어떠한 공표되지 않은 규칙들이 앨범 기록에 포함되는 자격들을 결정하는 것일까? (그리하여 그러한 규칙들에 의해 가족으로 받아들여지는 것일까?) 내담자의 앨범에는 그들이 사실과 다르거나 왜곡되게 알고 있는 사진들이 있는가? 어떤 사람이 사진에 등장하는 경우 없애 버리거나 혹은 교환할 수 있는 선택권이 주어진 사람이 있는가? 만약 내담자의 앨범이 그것을 처음 만든 사람이 아닌 다른 사람에 의해 보관되어 왔거나 혹은 내담자 자신의 방식대로 만들어졌다면 어떠한 차이가 있을까? 그들의 앨범은 한 사람 이상의 가족 사진사의 기여도에 따라 다른 패턴을 보이고 있는가? 만약 그렇다면 그 차이의 동기는 무엇일까? 이 가족의 일반적인 패턴은 무엇인가? 이러한 패턴들은 보통 사람들을 위해 앞쪽 구획에 나열된 패턴들과 차이가 있는가? 이러한 특정 앨범을 보관하고 있는 사람이 일반적인 패턴을 따르지 않는 특별한 경우는 무엇인가? 무엇이 앨범의 기준으로부터 이러한 예상치 못한 차이를 유발하는가? 가족 자체에서의 외적인 환경 때문인가, 아니면 앨범 보관자의 개인적인 삶에서의 변화가 보다 반영된 것인가? 내담자는 그들의 삶을 보여 주는 특정 앨범에서 일상의 규범들이 일으키는 간극이나 일탈에 대해 어떻게 느끼는가? 추천된 연습 부분에서 볼 수 있는 이들 질문과 다른 질문들은 예상치 못한 방식으로 빛을 발휘할 수도 있다.

특별한 적용: 학대 생존자 및 삶 돌아보기
(Particular Applications: Abuse Survivors and Life Review)

CHAPTER

사진치료기법은 특히 두 가지 특별한 영역에서 매우 유용하다. 그것은 내담자의 과거 감정적 · 신체적 · 성적 학대에서의 덜 의식적인 측면을 털어놓고 탐색하는 것을 돕는 것, 그리고 죽음에 임박한 사람들, 이겨내기 힘든 어려움을 맞이하여 갑자기 다른 사람에게 의지하고 있는 사람들 등, 위기를 맞이한 사람들을 위해 삶을 돌아보는 관점을 제공해 주는 것이다.

사진의 진실성에 대한 공통된 속성은 특히 학대 생존자의 사진치료에서 유용한 구성 요소임이 증명되었다. 예를 들어, 이렇게 학대로 희생당한 많은 사람들은 오래된 가족 사진들을 통해서 자신을 학대했던 사람들이 사진을 찍어 주었던 사람임을 발견하게 된다. (보통은 처음 학대가 있기 몇 년 전에) 희생자들의 신체를 성적으로 보이게 하거나 혹은 가해자와 성적으로 관계가 있는 듯 묘사된 사진들이다. 이러한 징표들이 외부인들에게 반드시 보이는 것은 아니다. 그러나 바보 같거나 장난스러운 포즈와 이후 그들의 인식에서 감춰져 있는 깊은 고통과 슬픔의 차이를 알고 있는 내담자에게는 인지될 수 있다.

앨범을 살펴보는 것은 많은 내담자들에게 과거 그들이 결코 돌아볼 수 없었던 위기를 직면하게 하는 데 힘을 보태어 준다. 과거 앨범 기록에서 내담자는 불가피하게 거짓이나 부정을 뒷받침하는 사진들, 보면 깊은 감정을 끌어오는 사진들, 그들의 의지에 반하여 찍힌 사진들 혹은 그들이 알고 있는 사실과는 반대로 찍힌 사진들을 보게 된다.

앨범에서 공적인 감상을 위해 구축된 내담자 가족의 삶에 대한 그러한 선택적인 제공은 그들이 실제로 생각하는 집에서의 삶에 대한 내적인 인식과는 때때로 일치하지 않을 것이다. 많은 치료자들은 내담자들에게 발견한 사진들을 다시 찍거나 그들만의 기억 속에 있는 보다 진실한 버전으로 그들의 개인적인 이야기를 다시 만들 수 있도록 이끌어 왔다. 오래된 사진들은 어린 시절의 '잃어버린' 세부 사항들을 드러내 줄 수 있으며, 어린아이의 현실과 능력에 대한 진정한 한계를 인식할 수 있게 도와준다. 어린 나이에 인간적으로 더 이상 어쩔 수 없었다는 것을 용서하고 그들 안의 상처받은 어린아이를 치료하면서, 나는 어린 시절 내담자의 진짜 사진만큼 유용한 것이 없다는 것을 알았다.

선택적인 '망각' 이 항상 완전히 나쁜 것만은 아니다. '무의식 속으로 기억 지우기' 는 내담자의 스트레스 시기에 살아남을 수 있는 유일한 방법이 될 수도 있다. 그들이 전체 이야기를 재구성할 만큼 강해지기 전까지, 망각은 그들에게 압도적인 진실에 반하는 보호막을 쳐 주게 되는 것이다. 정말로 선택적으로 만들어진 이야기만의 가족 앨범은 내담자에게 전체 이야기를 전해 주지 않을 수 있다. 대부분의 내담자들은 자기 스스로가 세운 조건 속에서 자기 자신에 대한 특권화된 인식을 근거로 하여 과거를 개선함으로써 이득을 얻을 수 있다. 내담자는 그때로 돌아가서 자기 삶의 역사적인 사실들을 바꿀 수는 없다. 그러나 과거로 돌아가서 이러한 사실을 명확히 하거나 자기 자신에 대한 기억들을 재정의하고, 이를 통하여 현재 그것이 주는 의미와 자신의 감정적인 잠재력을 바꿀 수 있다.

학대 생존자를 다루는 대부분의 치료사는 성인이 아동일 때의 그 시간으로 돌아가서 증언하고, 저항의 목소리를 내고, 오랫동안 묻혀 왔고 오랫동안 부정해 왔던 감정들을 표현하는 것의 중요성을 강조한다. 또 성인이 된 자신에게 남아 있는 아동의 결핍을 어떻게 위로하고 달래 줄지 배우는 것의 중요성도 일깨워 준다. 사진치료학적으로 이는 가족 사진 그리고/혹은 자화상 작업, 종종 투사적으로 결합된 다른 이미지들(앞 장에서 관련 부분 참조, 특히 '피 흘리는' 문에 대한 일화) 등을 이용해 어린 시절의 학대에 초점을 둔 치료에 의해 자주 이행되어 왔다. 내담자는 종종 자기 안에서 숨어 버린, 즉 어린 시절 존재에 목소리와 감정을 주기 이전에 그들 안에 숨겨 버린 어린 시절 존재를 찾는 데 도움을 필요로 한다. 나는 한 내담자가 그것이 사실상 현실로 이루어질지는 알 수 없어도 그러한 대화를 연습해 봄으로써 (누구에게) 어떤 말을 할 필요가 있는지 깨닫도록 도와준 적이 있다. 왜냐하면 그들의 정서적인 건강을 얻기 위해 직면이 필요한 시간이라 할지라도, 직면이 강력한 힘이 있기 때문에 과거와의 허약한 휴전이 산산조각 날 수 있기 때문이다.

그러나 콜라주, 사진 다시 찍기 혹은 사진 따라 하기, 예술적인 자료로 강화하기, 새로운 앨범 만들기, 자신 묘사하기 등을 통해서 보다 새롭고 현실적인 해석을 만들기 위해 오래된 가족 사진을 이용하는 것은 보다 완전한 개인 삶의 이야기를 다시 엮어 가도록 도움을 줄 수 있다.

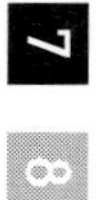

앨범과 자전적 사진의 연구는 내담자의 삶을 개략적으로 살펴보는 데 치료학적으로 도움이 될 수 있다는 것이 증명되었다. 앨범은 한 시대, 한 장소에서 다른 장소로, 한 가족 혹은 한 친구 모임에서 다른 모임으로, 아이에서 다시 아이를 갖게 되기까지의 내담자의 발달상에 대해 기록해 나간다. 앨범을 살펴보는 것은 혼자서든, 그 연결고리에 대한 내담자의 설명을 듣는 누군가와 함께든 간에 그들이 그곳에 존재한다고 믿는 완전한 전체를 재구성할 수 있는 것이다. 개인의 이미지를 통하여 연결고리를 재구성하는 것은 내담자 삶의 분명한 흐름과 방향을 과거로 거슬러 올라가 환기시켜 준다. 이는 많은 사람들이 영화의 흐릿한 테두리에서 그 움직임을 이해하는 것처럼 내담자가 무엇을 했고 어디에 있었는지에 대해 타당성을 갖도록 도와주는 것이다. 이러한 통합성이 발생하는 데에 다른 설명은 필요하지 않다. 사람은 자기 자신의 시각적인 발자취를 좇을 것이고, 미래로 계속 이어질 자신들의 뿌리, 사랑, 우정, 의도 그리고 영속성을 발견할 것이다.

해야 할 것 WHAT TO DO

치료사들은 자기가 지지하는 이론적인 모델에 상관없이 최대한 많은 가족 사진들을 살펴보아야 한다. 이는 내담자의 삶을 구성하는 사람들이나 사건에 대한 '더 나은 사진' 을 얻기 위해서뿐만 아니라 사진들이 가지는 신호에 대해 내담자와 함께 조금 더 탐색하기 위함이다. 이를 넘어서서 이러한 정보를 유용하게 쓸 수 있는 여러 가지 방법들이 있다. 어떤 치료사들은 내담자가 회기에서의 작업을 위해 앨범과 사진들을 가져오는 것을 좋아한다. 또 어떤 치료사들은 사무실을 벗어나 그러한 앨범과 사진들을 내담자 혼자 혹은 그 가족들과 함께 이야기하고 논의해 보는 것을 우선시하기도 한다. 나는 이 두 가지 모두를 선호한다. 이 두 방법은 모두 각기 다른 목표에 이르는 데 도움이 될 수 있다.

치료사는 자신이 작업해 나가고자 하는 치료의 목적에 맞게 사진 찾기 과제를 최상으로 사용할 수 있다. 나는 내담자에게 그들이 생각하기에 특정 주제—예를 들어, 그들의 진실한 어린 시절, 그들 부모의 진짜 관계, 그들의 부모가 통제하는 규칙 등—에 대해 가장 잘 설명할 수 있는 12장 정도의 사진들을 다음 주에 가지고 오도록 요청한다. 나는 내담자들에게 가장 소중하거나 아니면 가장 소중한 것은 아니지만 그래도 소중한 사진들, 가족에 대해 진실이 아니라고 알고 있거나 혹은 진실을 말하지 않는 사진들, 혹은 이야기할 줄거리에 대해 그들 자신의 관점에서 그들 자신의 방식으로 개조하고 싶다고 생각하는 사진을 가져 오도록 요청할 수도 있다. 또 내담자만 있거나 내담자를 제외한 형제자매들만 있거나 혹은 몇몇은 빠진 그런 사진들을 부탁해 볼 수도 있다.

우선 나는 내담자의 리듬과 규칙성에 대한 느낌을 얻기 위해 앨범의 각 장들을 가볍고 빠르게 훑어본다. 나는 사진 속에 누가 등장하고 보통 그들이 무엇을 하는지, 어디에서 어떠한 사건과 순간들이 기록되어 있는지 살펴보고자 한다. 가끔 나는 내담자가 지켜보는 가운데 이미지에 대한 어떠한 설명도 없이 순화되지 않은 첫 느낌 그대로를 흡수하려고 한다. 이러한 최초의 훑어보기는 매우 중요할 수 있는데, 내담자의 앨범 속 사진들을 처음만큼 신선하게 바라볼 기회가 없기 때문이다. 그러므로 나는 항상 나의 첫인상들에 대해 적어 두려고 한다.

그러고 나서 나는 내담자의 일반적인 시각적 여행에 대한 통찰을 얻고자 이야기를 시작한다. 혹은 사진들을 살펴보며 내담자에게 내가 무엇을 찾고자 하는지와 관련하여 대화를 나눈다. 나는 어느 쪽이든 나의 특정 내담자와 어려움을 겪었던 날에는 치료 상태에 대해 가장 분별 있는 쪽을 선택한다. 어느 방법이든 상관없다. 아무것도 틀린 것은 없다.

나의 지각은 내담자의 것과는 다를 수 있다. 일단 논의되면, 그 차이는 내담자가 이전의 필터를 통한 기억이나 가치 때문에 혹은 이전의 사진에 대한 견해(viewing of photos)에 의해 막혀 왔던 의미 있는 발견들을 풀어 놓을 수 있다.

반영 기법: 무엇을 그리고 어떻게 찾아야 하는가
(Reflective Techniques: What to Look for, and How)

우선 나는 내담자의 앨범 사진들을 처음에 간략하게 보고, 그 사진들의 독특한 이미지의 유형과 특성에 근거를 두고 조용히 훑어본다. 그러고 나서 종종 내담자가 가족 내에서 차지하는 위치를 묻는 것으로 시작한다. 그/그녀의 출생 순서, 형제자매 수, 조부모 생존 여부 등에 관한 질문들은 가족 구조에 대한 생각을 알려 준다. 내담자가 자신의 가족의 근원에 대해 무엇을 믿고 또 어떠한 태도를 취하는지 발견해 내는 것은 치료를 실행하는 나의 방식에서 매우 중요하다. 이것은 내담자의 어린 시절이 어떠했는가에 대한 그/그녀 자신의 설명이다. 앨범이 이를 뒷받침하고 있든 아니든, 결국 우리는 '현실' 과 마주하게 될 것이다.

나는 현재의 위기가 있기 이전 시간으로 돌아가 볼 것이다. 그것은 나 자신을 위해 내담자의 인생에 대한 더 큰 이해를 얻기 위함뿐 아니라 더 오래된, 보다 '거리감 있는' 사진들이 내담자와 작업에 긴장감을 덜어 주기 때문이다.

앨범을 살펴보면서 내담자는 다음 사항들을 곰곰이 생각해 보도록 요구될 수 있다.

내담자가 태어나기 전 가족들은 어떤 모습으로 비춰졌는가? (사진 속에서) 내담자의 부모는 그들의 부모와 어떤 식으로 상호작용을 하였는가? 내담자가 태어나기 전하고 달라진 점은 무엇인가?

형제자매들이 태어나기 전후의 사진을 보면서 질문하는 것 역시 도움이 될 수 있다. 두 경우 모두에서 부모가 내담자를 대하는 태도에 차이점이 있는가? 누가 내담자를 가장 자주 안아 주고 있는가? 내담자는 누구와 함께 소통하고 놀고 눈을 맞추는가

(사진사 대신에) 등, 그리고 이러한 차이점들은 무엇을 뜻하는가? 부모는 다른 형제자매들과는 어떠한 모습을 보이는가? 사진들 속에 나타나는 얼굴표정은 무엇을 뜻하는 것인가? 부모는 행복 혹은 불행해 보이는가, 새로운 아이의 탄생에 만족 혹은 당황하고 있는가?

내담자가 점점 성장하면서 가족들은 어떤 사건과 순간들을 사진 찍고 기록하여 두었는가? 무엇이 가장 중요하게 간주되는가? 어린 시절에 내담자보다 사진을 더 많은 찍은 형제자매는 누구인가? 그 이유는 무엇일까? (남자 아이들이 여자 아이들보다 더 많은가? 첫아이가 다른 아이들보다 많은 사진을 갖고 있는가?) 이러한 패턴이 계속적으로 반복되는 것 같은가? 그리고 그 동기들은 무엇인가? 한 사람 혹은 한 아이가 계속적으로 사진의 중앙에 있는가, 아니면 사진 속의 '스타' 자리에는 다양성과 유동성이 있는가? 평균적으로 왼쪽으로 치우쳐 있거나 가장자리로 밀려나 있는 사람들이 있는가? 이것이 다른 패턴들 혹은 특정한 상황들, 조건들과 연결되어 있는가, 아니면 되는 대로의 흔한 일인가? 만약 내담자에게 현재 아이들이 있다면 이러한 패턴들이 아이들을 찍은 사진 속에서 나타나는가? 만약 그렇다면 그 패턴들은 내담자 자신의 어린 시절의 경우와 어떻게 비교할 수 있는가?

이러한 것들이 어떻게 상호작용하는가에 대한 예는 나와 함께 그녀가 11세에 가족과 함께 찍은 사진(〈사진 7-6〉 참조)을 탐색한 중년 나이쯤의 내담자의 경험에서 볼 수 있다. 그녀는 아이들이 많은 집의 막내로 태어났다. 형제자매들, 남자 조카와 여자 조카(그녀보다 나이가 더 많은)와 함께 찍은 사진 속의 그녀는 가족의 가장자리에 서 있다.

그녀는 사진 속 자신의 얼굴과 몸을 살펴보고는 그녀 자신에게 말하듯 나를 위해 정의를 내려 주었다. "정말 간신히 보일 정도예요. 다 함께 찍은 사진에서 가장자리로 밀리지 않기 위해 안간힘을 쓰고 있죠." 그녀는 그녀 삶에서 계속해서 이어지는 이러한 감정에 대해 묘사하고는 갑자기 이처럼 말하였다. 현재 그녀가 매우 비중 있게 대중의 눈에 띄는 직업을 선택했다는 것을 깨닫는 순간 그녀를 위한 진실의 종이 울린 것처럼 보였다.

앨범의 각 장들이 보여 주는 일차원적 설명의 특정한 이미지들을 탐구하기 위해

© 1944 Emily H. 사진 7-6

나는 내담자에게 앨범에 대한 다음과 같은 평범한 질문들을 한다. "이것들을 보면서 당신이 앨범을 좀 더 낫게 혹은 보다 솔직하게 만들기 위해 없애야 할 사진들이 있다고 생각하나요?" "만약 할 수 있다면 지금 어떻게 바꾸고 싶나요?" "만약 어떤 사람이 이러한 변화를 발견하게 된다면 그게 문제가 될까요? 만약 그렇다면 누가 그리고 왜죠?" "만약 이 앨범 속에 당신이 그 안에서 볼 수 있기를 갈망하는 보다 사실적인 사진들이 포함되어 있다면 그다음에는 무슨 일이 일어나게 될까요?" "지금 보고 있는 사진들 중에 이전에는 보지 못했던 사진들도 있나요?"

덜 일반적이긴 하지만 주제, 스크립트의 종류, 시각적 반복들, 한 세대에서 다음 세대로의 관계 패턴의 전달 등을 알아보기 위해 질문들을 좀 다듬을 수 있다. 예를 들면 다음과 같다.

누가 누구를 만지고 있는지, 누가 누구를 마주 보고 있는지, 그리고/혹은 누가 이러한 것들을 외면하려고 할 것인지를 주목하고 있는가? 어떤 사람들이 항상 같이 있는 것처럼 보이는가? 어떤 사람들이 억지로 떠밀리지 않는 이상은 절대 서로의 근처에 가까이 가지 않으려는 것처럼 보이는가?

앨범 속에 있어야만 하는 그 무엇이 혹은 누가 빠져 있는가? 진실보다는 단지 '쇼' 를 위해 존재하는, 그렇기에 없애 버려야 하는 사진들은 어떤 사진들인가?

당신의 그리고/혹은 다른 가족 구성원들의 사진은 누가 사진을 찍었느냐에 따라 눈에 띄게 달라지는가? 가족 구성원들 중에 사진 찍기를 불편해하는 사람이 있는가? 그 사람에 대한 가족들의 반응은 어떠한가? 그들의 감정이 존중받고 있는가, 아니면 어찌됐든 사진을 찍도록 강요받고 있는가? 확실히 어떤 사람이 사진을 찍는다면 순순히 허락하지 않는 가족 구성원도 있는가? 이는 무엇을 의미하는 것일까?

매년 정기적으로 찍는 행사 사진 속에는 어떠한 리듬이 나타나는가? 확실한 종교적인 행사, 기념일들, 파티, 휴일 등 지속적 · 정기적으로 찍히는 사진들이 있는가? 이러한 것들이 가족이 하나의 융합된 단위로서 나타나고 있는 순간이며, 그런 까닭에 개인들 간의 불화가 예상되는 순간들일 수 있지 않을까? 만약 그렇다면 가족 구성원들 중 사진 속에 드문드문 등장하는, 그러나 가족에 대한 반감이나 집단 따돌림으로 단 한 번도 가족 속에 들어 있지 않은 특정 인물이 있는가?

정기적으로 가족 앨범을 관리 · 보관하면서 새로운 사진을 넣거나 찍은 적이 없는 시간 간격이 있는가? 당시에 가족 삶에 대한 의사소통은 무엇이 될 수 있는가? 이러한 시간 간격은 불화, 비극, 힘든 시기 혹은 다른 외부적 요인에 의한 것인가?

앨범에서 사라진 사람들은 가끔 다시 나타나거나 그렇지 않기도 하는가? 가족의 이직, 질병, 이혼 등의 외부적인 이유에 의해 이러한 결과가 초래되는가, 아니면 이러한 시간 간격이 그들이 나타나는 것의 회피, 인정받지 못하는 생활방식, 해결되지 못한 차이, 말다툼의 결과 등 가족의 감정적인 징후에 따른 내적인 이유에 기인하는가?

누가 사진을 찍지 않는지 혹은 부분적으로만 등장하는지, 감정적으로 혹은 가족

정책에 따라서 이것이 무엇을 뜻하는지 탐색하는 것은 매우 흥미롭다. 만약 그 사람이 나중에 다시 사진 속에 등장하게 된다면 그들 혹은 가족에 대한 이 변화의 징후는 무엇이 될 수 있는가?

사람들이 보통 앨범에서 '실종' 되는 것은 그들의 사진이 더 이상 포함되지 않을 뿐더러 다른 방식으로는 그들이 배제되어 버리기(혹은 더 이상 존재하지 않기) 때문이다. 한 남자는 내게 그의 장모가 사진들을 '집어던져 버리는' 것이 아니라 불쾌한 사람만 잘라내는데, 말 그대로 사진앨범에서 그/그녀만 매우 조심스럽게 제거해 버린다고 말했다. 나는 앨범의 왼쪽 면의 여백을 가리켰다. 그 사람의 존재는 '부정적인' 공간의 그림자처럼 명백하였다. 그는 계속해서 말했다. "그녀는 명단도 가지고 있어요. 정신적인 점수판 같은 거죠. 장모님의 호의에 따라 어떤 친척들이 들어오고 나가게 되는지 정해져 있다니까요. 그리고 그건 대부분 일정해요. 우리가 이 모든 것을 알게 함으로써, 장모님은 그들이 벌을 받고 있다고 생각하세요. 사실 그건 장모님 자신을 감옥에 가두고 친지들을 유형화시킨다고 의식적으로 주장하는 거죠."

다른 내담자는 그녀가 이혼했을 때 그녀의 어머니가 결혼 앨범과 다른 가족 사진들에서 조심스럽게 내담자의 전남편 얼굴과 몸 부분을 오려냈다고 말했다. 그러나 사진들은 여전히 존재했다. "그렇게 빈 공간을 그대로 둔 채 나는 어떤 새로운 남자로 그곳을 채울 수 있을까 하는 공포를 느꼈죠."라고 그녀가 말했다. 그리고 다른 내담자 역시 그녀의 시어머니가 돌아가시고 나서 그녀와 그녀 남편의 오래된 결혼 사진들이 있는 앨범을 발견하게 되었다고 말했다. 그의 어머니는 그들이 함께 있는 모든 사진에서 그녀 얼굴마다 상처를 내놓았다고 한다. 과체중에다 외모에 불만이 가득한 한 성인 내담자는 자신의 십대 시절 앨범을 살펴보고는 그녀의 사진에서 수영복을 입고 있는 것마다 얼굴, 팔, 다리 등은 내버려 둔 채 몸통을 전부 오려내어 버렸다고 했다. 내담자의 앨범에서 이러한 점들을 발견하는 것은 어쩔 수 없지만 치료에 효과적인 대화를 저버릴 수는 없다. 사진을 파기하는 것은 정신적인 살인 유형이다. 한 내담자는 그녀의 전남편이 노기등등하고 사실상 그녀의 개인적인 역사를 모두 지워 버린 것을 알아채고는 신경질적이 되었다고 했다. "나는 나의 과거를 두 상자에 모두 정리했어요. 그 속에는 나의 모든 사진들과 편지들이 있었죠. 그런데 내가 변호사 사무실에서 이혼에 대해 상담받는 동안 남편이 그것들을 쓰레기 수거하는 사람에게 줘 버렸죠. 난 절대 그를 용서할 수 없어요."

사진이 특별한 중요성을 지닌 것으로 입증되었을 때, 나는 그것이 이미 논의된 정보 너머의 어떠한 비밀들을 지니고 있는 것은 아닌지 질문한다. 예를 들면, "내가 이 사진에 대해 그 밖에 무엇을 알아야 되나요?" "당신 가족들 중에서 또 누가 이런 특별한 정보에 대해 알고 있나요?" "사실이 밝혀지면 어떻게 될까요?" "누구한테 이 사실을 알리고 싶나요? 그리고 그들에게 직접 말할 수 있겠어요?" 등이다.

일단 내담자의 삶에 대한 기본적인 이해를 얻게 된 후, 나는 그러한 이해를 그들이 표면적으로 나타내는 이면의 거짓들을 탐색하는 데 이용한다. 질문들로 탐색하는 것은 보다 통합적이고 덜 인식적이며, 한층 더 감정적인 연결을 만들어 낸다. 예를 들면, "이 사진에서 어떤 식으로 당신은 이 사람(혹은 사람들)과 유사한가요?" "그들 중에서 누구를 제일 좋아하고 또 누구를 덜 좋아하나요?" "이 사람의 어떤 면이 가장 매력적이고, 또 다른 사람은 어떤 점이 가장 불쾌한가요?" "그들의 의견이 당신에게 문제가 되나요?" "아무런 연락 없이 방문해도 그들이 반가운가요?" "이 사진 속에 나타난 관계들을 어떻게 설명할 건가요?" "이 사진을 왜 찍었다고 생각해요?" "이 사진을 보면 어떤 기억이나 감정이 떠오르나요?" "지난 시간의 당신 가족 혹은 당신 사진에서 어떠한 변화들이 가장 명백해 보이나요?" 등이다.

앨범을 살펴보고 재탐색하면서 나는 앨범의 페이지에서 무엇이 발견되는지, 개인적인 이미지가 내담자의 삶과 어떻게 절묘하게 연결되는지, 누구의 각색이 진실한 것으로 판명되는지, 또한 선택적으로 혹은 우연히 드러나지 않는 것은 무엇인지, 그래서 이것이 내담자에게 어떤 의미인지를 알아보는 데 관심을 가진다. 나는 이러한 것들을 배우기 위해 질문들을 나의 도구로 이용한다. 이러한 포괄적인 질문 목록들이 적용되기에는 끝이 없지만, 나는 이러한 제안들이 앨범에 기초하여 시작하는 사진치료 탐색 질문들의 일반적인 원형을 제공할 수 있기를 바란다.

활동 기법: 당신이 발견한 것으로 무엇을 할 것인가
(Active Techniques: What to Do with What You Find)

나는 종종 내담자들과 함께 가족 사진들을 탐색하는 것이 이전에 내가 내담자들과 함께 처음으로 사진들을 살펴봤던 것의 발전으로 직결되는 것을 발견하곤 한다. 여기에는 특별히 선택된 사진들을 이용하는 또 다른 창조적인 기법을 제안하고자 한다. 모든 경우에서 사진 자체가 파기되거나 혹은 가지고 다니기에 너무 소중한 것이라면 사진의 복사본이나 혹은 그 밑그림으로 대체할 수 있다.

내가 발견한 매우 유용한 활동 중 하나는 신문 인쇄지만큼 큰 종이에 가계도(genogram)를 그리게 하고 거기에 사진을 붙이는 것이다. 또는 내담자에게 신문 인쇄지나 선반에 까는 종이에 자신의 개인적인 삶이나 가족의 삶에서 중요한 사건들을 시간순, 연대순으로 나타내도록 한 후 되도록 어느 시기나 앨범의 사진들과 맞추어 보는 것이다. 가끔 나는 내담자에게, 특히 어린아이들에게 자기 집을 그리도록 부탁하고 사진을 이용하여 누가 그 집에 있고 무엇을 하고 있는지 보여 달라고 한다. 그림으로 된 집의 방들 혹은 창문들에 사진을 놓는 것도 포함된다. 나는 자주 내담자에게 미술 도구로 장식을 더하여 보도록 격려하는데, 이는 드러날 수도 있는 미술치료 요소들을 사용하기 위함이다. 또한 앞 장에서 논의했던 사진 대면적 및 사진 상호작용적 대화기법도 자주 사용한다.

이러한 활동들의 결과들은 보다 신속하고 직접적이다. 예를 들어, 한 내담자는 내게 끊임없이 자신이 얼마나 못생긴 아이였는지에 대해 말하고는 했다. 그녀는 성인으로서의 문제 때문에 이에 대해서는 극복한 듯 보였다. 특히 '태어나면서부터 아름다운' 아이로 묘사된 그녀의 18세 된 딸 때문이었다. 나는 그녀에게 그녀 인생의 연대기를 만들어 보라고 했다. 내담자의 사진들이 있는 옛날 앨범을 펼쳐 놓고 그녀가 태어나면서부터 십대 마지막 시절까지 매년 표시를 하고, 그 옆에는 그녀와 정확히 같은 나이 때의 그녀 딸의 사진을 놔두도록 했다. 이 치료에서 몇 가지 일들이 일어났는데, 그중에 각 나이마다 내담자가 그녀의 딸과 얼마나 닮아 있는가를 발견한 내담자의 커다란 놀라움도 포함된다. 내담자는 그녀가 붙인 딱지를 보게 되었다. 그녀

CHAPTER
1
2
3
4
5
6
7
8

의 '아름다운' 딸과 그녀의 '못생긴 아이' 인 자신. 사진 증거를 두고 논쟁을 벌이는 것은 어렵다고 하면서, 내담자는 왜 그녀가 이렇게 비틀어진 자신의 이미지를 계속해서 유지하려고 애썼는지에 대해 생각해 보고, 자신과 그 어머니와의 관계를 조금 더 알아보기 시작했다. 그녀가 이것을 끝내기 위해 한 발짝 앞으로 나아가도록 한 과제는 앞서와 같이 같은 나이대에 그녀 어머니 사진을 덧붙이는 것이었다.

창조적인 예술 작품 혹은 작문 표현을 사진들과 결합하는 것은 가족 역동, 체계 문제 그리고 상호 연결된 감정들을 일깨우는 데 매우 효과가 좋다. 내가 특히 좋아하는 활동 중 하나는 초기 단계의 것으로 놀랍도록 간단한 것이다. 커다란 종이 한가운데 수직선을 그린다. 그리고 내담자에게 선의 양쪽(한쪽은 긍정적인 감정, 다른 한쪽은 부정적인 감정, 그리고 가운데는 두 감정 모두 혹은 여러 감정의 혼합 등으로 분류)에 가족 구성원의 사진을 놓아두도록 한다. 이것은 내담자가 말로써 모든 것을 설명하는 대신에 그들의 가족에 대해 어떻게 느끼는지를 비언어적으로 탐구할 수 있는 빠른 방법이다(보통 치료자들은 내담자가 만든 구조에 대해 논의하는 것(언어적)으로 상담을 끝마치기는 하지만). 선 양쪽은 어떤 범주에도 적합하도록 딱지를 붙일 수 있다. 내담자가 신뢰할 수 있는 사람인가 아닌가, 가깝게 혹은 멀게 느껴지는 사람인가, 유사점 혹은 차이점이 느껴지는 사람인가 등등. 치료적 초점은 딱지에 따라 정해질 것이다.

한번은 내담자에게 (내담자의 생각에) 가족 구성원들이 가장 잘 나온 사진과 그들의 최악의 사진을 한쪽씩 붙이도록 했다. 그다음 시간에 나는 내담자에게 한쪽은 가족의 진짜 모습을, 다른 한쪽은 내담자가 원하는 이상적인 가족의 모습을 그려 보도록 했다. 그리고 마지막 단계에서는 내담자에게 이러한 발전을 가로막고 있는 장벽과 같은 경계선을 마음속에 그려 보고 그것을 없애고 긍정적인 방향으로 나아가는 데 장애가 되는 것에 대해 논의해 보도록 했다. 이러한 치료를 했던 한 내담자는 그녀 아버지 사진을 가져와서 가운데 선 위에 올려놓았다. 비록 한 시간 동안 그녀의 이런 자발적 행동에 대한 '부수적인 결과' 에 대해 이야기를 나누긴 했지만, 더 이상 어떤 설명도 필요하지 않았다.

가족 사진을 찍는 것, 찾는 것(앨범에서 혹은 다른 장소에서), 혹은 사진 콜라주 과제, 내담자 앨범의 재구성 등은 그들의 경계와 울타리의 필요(혹은 그것의 부족)를 알아내는 데 매우 유용하다. 이러한 경계와 울타리는 가능한 덫 혹은 가족의 차별 대우, 혹은 가족 구성원들에 관한 은밀한 징후가 될 수 있다. 만약 가족이 그 구성원 개인마다 치료가 필요한 것처럼 보인다면, 그들을 자유롭게 하고 개인적으로 그들 자신과 구별 짓도록 돕기 위해서 각 가족 구성원들이 개인치료를 받을 수 있도록 가족의 과제가 체계화되어야 한다. 반대로 치료의 목적이 가족을 더욱 하나로 하고 소통할 수 있게 도와주는 것이라면 그 과제는 전체 가족의 많은 사진을 가지고 집합적으로 앨범을 만드는 것이 될 수 있다.

나는 한 내담자에게 그녀 인생의 단계별로 사진을 가져오라고 부탁했다. 그리고 그 사진들을 그녀 인생 이야기를 구성하는 데 이용하도록 했다. 일단 그것이 만들어지고 나서, 나는 그것을 나에게 해 주는 이야기의 기초로 삼으라고 부탁했다. 그녀의 부모가 결혼하기 전에 찍은 한 사진에서 그녀의 어머니는 활발하고 장난스러워 보였다. 그녀는 "이게 바로 어머니예요. 내가 잊고 있었던 어머니 삶의 일부죠. 갑자기 그녀는 한 사람으로, 여성으로 보이죠. 그렇지만 내가 태어난 이후 나를 안고 있는 이 사진에서의 차이를 보세요. 갑자기 모성애가 가득하고 책임감이 있어 보이잖아요."

이 내담자의 어머니는 내담자의 첫 번째 생일이 얼마 지나지 않아 돌아가셨고, 그녀는 사진을 통해서만 어머니에 대해서 알 수 있었다. 어릴 적과 사춘기 시절의 사진 탐색을 통해서 그녀의 어머니가 그녀에게 '충만한' 사람이 되자, 내담자는 그녀를 한 인간으로서 보기 시작했고 어머니의 인생이 어떠했을까 생각해 보았다. 또한 그녀는 어머니의 갑작스러운 죽음이 아버지에게는 어떠했을지 상상해 보았다. "나는 나하고 관계가 있기 이전의 엄마에 대해서만 생각해 봤어요. 그리고 난 그녀가 날 버려 뒀다고 느꼈죠. 그렇지만 갑자기 거기엔 그 이상의 어떤 것이 있는 것 같네요. 정말 엄마랑 이야기해 볼 수 있다면 좋겠어요."

나는 내담자에게 그녀가 빠져든 사진에 더 집중하고 마음속에 간직하며 어머니에게 편지를 써 보라고 했다. 나중에 그녀는 내게 돌아와서 거의 일지 수준의 연속적인 편지를 써 나갔다고 말해 주었다. 그 안에는 그림, 시 그리고 사진들도 포함되어 있었다. "엄마에게 내가 변했고, 낳아 주신 것을 감사해하고 있다고 알려드리는 거예요. 언젠가 아버지에게 보여 드릴 수도 있겠죠. 그렇지만 지금은 편지를 쓴 것만으로 충분해요."

부모와 자식 간의 관계를 의인화하고 탐색하기 위해 가족 사진을 이용하는 또 다른 방법 중 하나는 현재 내담자와 같은 나이대의 부모 사진을 찾아보고, 그 이미지를 내담자와 혹은 내담자의 사진과 함께 나란히 사진을 찍어서 그 이미지에 대해 서로 비교해 볼 수 있게 하는 것이다. '그때는'과 '그 나이에는' 어떠했는지에 대한 이야기를 나누는 것은 부모가 자기 삶의 이전 단계의 감정과 믿음으로 연결될 수 있도록 해 준다. 이는 아동 혹은 성인 내담자에게도 부모 역시 그들과 달랐던 것이 아니라는 것을 깨닫게 해 준다. 이와 비슷한 작업은 어머니와 딸, 아버지와 아들이 함께 현재의 유사점들과 차이점들을 찾아보기 위해 시도할 수 있다. 이러한 탐색은 차별화와 개별화의 문제를 반영 · 탐구한다.

사람들의 사진은 시간을 넘어서 무엇이 변하고 변하지 않았는지를 명백하게 보여 준다. 사진은 매년, 몇 십 년에 걸쳐서 찍히고, 사람들이 나이를 먹는 가운데에 어떤 점들이 변함없고 어떤 점들은 한데 얽히고설켰는지를 보여 준다. 적용의 범위는 넓고, 알코올중독과 같은 건강상의 문제를 부정하는 내담자와 함께하는 특별한 상황에서의 치료뿐만 아니라 전통적인 인생 회고 작업도 포함한다. 이러한 활동들은 건강을 개선 · 강화하거나 체중 조절을 하는 등의 긍정적인 목표를 향하여 나아가는 데 도움이 될 수 있다.

치료 실습에 앨범 사진 이용하기
(Using Album Photos in Therapeutic Exercises)

여기에서는 단지 약간의 이미지 이상의 것을 포함하는 몇 가지 실습에 대해 설명하고자 한다. 그것의 관점은 조금 다른데, 내담자가 특별한 이미지들이나 부여받은 과제에 집중하는 대신에 좀 더 장기적인 범위 안에서 자신의 인생에 대한 이해를 위한 관점을 다루어 보는 것이다.

이러한 보다 일반적인 과제의 예는 한 부부에게 다음 치료시간에 공동 앨범에서 그들 각자에게 가장 중요하고 또 그들 생각에 서로의 배우자에게 가장 중요하다고 생각되는 사진들을 가져오도록 부탁한 것이다. 이렇게 모인 사진들은 가끔 중복될 수 있다. 그리고 두 내담자가 따로 몇 시간에 걸친 대화를 하도록 이끌어 낼 수도 있다. 치료사가 함께한다면 더 길게 갈 수도 있다. 배우자들은 그들이 선택한 사진들과 상대방이 선택한 사진들을 비교해 볼 수 있다. 각자 "왜 그 사진이야?" 그리고 서로 얼굴을 맞대고 도전에 직접적으로 맞서는 것을 피할 수 있는 다른 이미지를 근거로 한 질문을 할 수 있다. 논쟁이 될 수 없는 사진 선택을 두고 그들은 각자의 이유를 설명한다. 각자 자신의 의견을 피력한다. 서로 다른 사진을 선택했다고 해서 그 누구의 선택이 잘못된 것은 아니다. 그런 개방형 대화는 비위협적인 상태에서 서로를 지지해 준다. 그들은 방어하고 싶은 감정을 배제한 채 서로의 가치 개념과 신념을 들여다볼 수 있게 되는 것이다. 그리하여 나는 이러한 치료를 부부와 함께 시작하였고, 서로 다른 상태에 갇혀 있는 두세 명의 가족 구성원들과 함께 치료를 하는 데도 이 방법을 도입했다.

CHAPTER

가끔은 가족을 위해서 그들의 가족 사진들을 넓은 탁자나 바닥에 펼쳐 두고 한꺼번에 살펴보는 것도 도움이 될 수 있다. 이미 언급했듯이, 만약 앨범 사진들을 모두 흩뜨리는 것이 불가능하다면, 앨범의 각 장들을 복사하여 이미지마다 잘라서 해 보는 것도 효과적일 수 있다. 사진을 복사하면 보다 세부적인 관찰을 위한 확대도 가능하다.

모든 사진을 한꺼번에 보고 난 뒤에는 그 자체로 일반적이고 감정적인 반응이 생길 수 있다. 일반적으로 우울하거나 강도 있는, 또는 말로는 표현할 수 없는 감정들이 확산될 것이다. 전체 사진은 순차적으로 각 장들을 놓았을 때 구성 요소들에 대해 말하는 이야기와는 다른 의미를 띨 수도 있다.

가끔은 모든 사진들을 함께 보는 것으로 시간을 보낸다. 내담자는 특정한 이미지, 특정한 종류의 이미지, 주제를 가지고 있는 이미지 등을 골라내는데, 이는 왜 이 사진들이 의미를 갖는지, 유독 이 사진만이 다른 것들보다 그들의 관심을 더 끄는지 알아내는 데 도움이 될 것이다. 가끔은 기억 속에서 무의식적으로 빠져나간 일들을 찾을 수도 있다. 한 내담자는 절대로 가까이에서 찍고 싶지 않았던 삼촌과 함께 찍은 사진을 갑자기 발견하고는 어린 시절에 그에게 학대당했던 것을 깨닫게 되었다. 그녀는 이전에도 그 사진을 본 적이 있는데, 그때는 탁자 위에 여러 사진들이 펼쳐져 있었고 그것들을 보면서 불편함을 느꼈던 정도였다.

중요한 발견들은 종종 내담자들이 그들의 사진을 선택하고 그들이 묘사하는 사람들을 선택하는 데 어려움을 겪게 될 때 이루어진다. 제6장에 제시한 우주정거장 실습이 그중 하나다. 우주정거장 과제는 가족 사진들을 보다 제한적으로 집중하는 데 도입해 볼 수 있다. 과제를 수행하면서 오직 가족 구성원들만이 최종 여섯 장의 사진을 골라내고 우선순위를 매겨야 하므로 보다 긴장하게 된다. 서너 장의 사진을 먼저 제외해 두고, 그래서 가족 구성원들이 고른 사진들을 '거부하거나' 버리게 되는데, 이는 내담자가 이전에 가족이 아닌 사람들과 이러한 과제를 했을 때와는 달리 부모나 사랑했던 사람을 마음 아프게 하는 경험을 초래하게 된다. 가족 이미지를 사용할 때 그들을 납득시킬 수 있는 한 방법은 죽음, 죽어 가는 것, 다른 사람을 남겨 둔 채 떠나가는 것 그리고 남겨지는 것에 대해 확실한 은유인 우주정거장 연습이다. 따라서 목숨을 위협하는 AIDS, 암 같은 병을 앓고 있는 내담자들, 혹은 뒤에 남겨질 사람들은 고려하지 않은 채 자살 충동에 시달리는 내담자와 함께 연습을 해 보는 것도 매우 도움이 될 수 있다.

이러한 방식으로(가족 사진만을 이용하는) 우주정거장 연습을 하면서 한 내담자는 가족들이 단체로 함께 찍은 사진이 없음을 알게 되었다. 또 다른 내담자는 아버지가 항상 사진을 찍어 주셨기 때문에 그의 앨범에 아버지와 찍은 사진이 한 장도 없음을 발견했다. 이제 아버지는 돌아가셨고, 모든 가족들이 그를 떠난 것이 그에게는 어두움을 드리웠다. 공간 위치 연습을 하면서 가족 사진만을 이용하는 것은 역시 거의 같은 과정을 거친다. 왜 각 사진이 원 집단에 포함되어 있는지, 어떤 사진은 선택하고 어떤 사진은 버려두는 것이 어떤 기분인지(그리고 내담자가 어떤 사진은 선택하지 않아 지금 후회하고 있는지), 각 사진마다의 사연은 무엇인지(왜 아직까지도 포함되어 있는 것인지), 사진들을 보며 내담자는 무엇을 느끼는지(전반적인 기분과 감정) 등등. 유일한 차이라면 가족의 사진들이 선택 혹은 거부되었다는 것이고, 그 과정에서 감정이 강렬하게 드러날 수 있다는 것이다. 한 내담자는 "오 세상에! 정말 끔찍하군요. 아이들 사진 중에 버려야 할 사진들을 골라내야 하다니."라고 표현했다.

앞서 언급했듯이, 가족 앨범 작업은 직접적인 치료를 위해 효과적일 뿐 아니라 내담자가 각자 개인을 지지하는 연결망, 위기에서 도움을 받을 수 있는 자원들을 얻게 되는 부차적인 단계에 이르게 한다. 관계된 모든 이들과의 약간의 '연계 치료'를 하면서 치료자는 내담자의 초기의 의존 대상이 되는 대신에 종종 임시적 치료사 상태로 되돌아갈 수 있다.

고리(Rings) 연습은 그런 관계들을 잠시 그들의 인식 혹은 수용의 부족으로 엄청난 스트레스를 받고 있는 내담자에게 보다 시각적이고 사실적으로 만들어 주는 하나의 방법이다. 나는 고리 연습이 내담자에게 그/그녀와 가장 감정적으로 연결된 사람들과의 그들만의 특별한 핵심 지지 연결망에 대해 보다 잘 알려 주리라고 믿는다. 죄의식 혹은 의무감과 같은 감정이 우주정거장 연습에서보다는 사진을 선택하는 데에서 덜 작용한다.

고리 연습(이 장의 마지막의 연습 부분에서 자세하게 다룰 것임)은 단순하다. 내담자가 커다란 탁자나 넓은 바닥에 앉아서 자신이 여러 고리들의 중심에 있는 듯 가정해 보는 것이다. 내담자에게 가장 가까운 고리는 내담자의 깊고 깊은 비밀들을 자진해서 털어놓거나 보여 주어도 마음 편하고 믿을 수 있는 가장 가까운 사람들을 위한 것이다. 반면에 가장 멀리 떨어져 있는 고리는 완벽한 타인들을 위한 것이다.

보통 나는 내담자에게 4~6개 정도의 고리를 가지고 실험해 보도록 요청한다. 이보다 더 많은 고리가 생기게 되면 매우 복잡해진다. 나는 내담자가 필요하다고 느끼면 고리와 고리 사이에 사람들을 놓는 것도 허용한다. 일단 내담자들이 연습의 구조에 대해 이해하게 되면, 나는 내담자에게 어디 속하는지 알고 있는 모든 사람의 사진의 위치를 배정하도록 한다. (만약 사진에 한 사람 이상이 있다면 한 사람만 남겨 두고 다른 사람들의 얼굴은 마스킹 테이프로 얼굴을 가릴 수도 있다. 아니면 마스킹 테이프로 화살표시를 해서 그 사람만 돋보이게 할 수도 있다.) 내담자의 선택과 지정 조건은 중요하다. 예를 들어, 어떤 사람을 얼마나 가깝게 위치해 두느냐는 구속과 의무에 대한 두려움의 감정을 포함할 수 있다. 얼마나 어렵게 혹은 쉽게 결정을 내리느냐는 인지적 · 감정적 추론 사이의 논쟁을 불러올 수 있다. 이 연습은 조용히 끝낼 수 있고, 그다음 단

계로 진행하거나 혹은 결정을 해야 하는 모든 단계 내내 치료적 대화를 수반할 수 있다. 고리 연습을 이용하여 치료사는 내담자의 종결되지 못한 일, 상호 의존적인 관계나 기대, 삼각 구도 혹은 다른 권력 동맹, 그리고 그들의 정서적 건강에 해를 끼치는 기저의 많은 것에 대해 조금 더 의식을 갖도록 도와준다.

고리 연습은 앞에서 언급한 사진 위치 배열이나 더 나아가 미술 재료 이용하기, 사진 찾기, 콜라주 만들기, 그리고 앞 장들에서 다룬 치료기법 등을 통해서 이뤄질 수도 있다. 또한 치료사들은 내담자에게 하위집단을 만들거나, 커다란 종이에 고리를 그려 넣고 고리의 매듭을 만들거나, 선 혹은 상징들을 더 그려 넣게 해서 상호 연결성을 보다 분명하게 할 수 있다. 이러한 종류의 상호 연결의 하위 구조는 처음의 중심적 자원들과 같이 시각적으로 확실하게 나타난다. 내담자는 내담자 자신 대신에 중심에 다른 사람들 중 하나의 사진을 놓아두고, 같은 개인들에 대한 그 사람의 관점과 관계를 탐색하기 위해 다른 방식으로 고리 연습을 다시 해 볼 수 있다. 이는 그 사람들이 모두 내부적인 관계를 맺고 있음을 시각적으로 설명할 수 있다.

한 내담자는 그녀가 형제자매들을 특별한 고리로 묶어 두기 전까지는 그들이 자신에게 얼마나 소중한지 깨닫지 못했다고 말했다. 그녀는 이러한 배치를 보면서 이전에 자기가 자신의 매제에 대해 인정하지 않고 있었음을 알게 되었다. 그의 사진은 마지막 고리 저 너머 자신의 부인(내담자의 여동생)과는 매우 멀리 떨어진 위치에 있었던 것이다. 이전에 어떤 내담자는 나에게 자신이 주로 친구, 연인, 좋아하는 개 등 사랑하는 관계에 대해 설명하는, 그와 다른 사람들과의 상호작용을 보여 주는 사진들을 좋아한다고 말한 적이 있었다. 그는 혼자 있는 그림을 거의 그리지 않았는데, 그가 혼자 있는 사진은 그를 외롭게 하고 불쾌한 사람으로 느끼게 하기 때문이라고 했다. 사실 최근까지 그는 혼자 있는 것을 결코 좋아하지 않았다. 공간 위치 연습을 하기 전까지 마지막으로 고른 대부분의 사진들은 그의 직계가족의 것이었는데, 그들과 찍은 사진에서 그는 그렇게 중요하지 않았다.

다음 시간에 고리 연습을 할 때, 그는 우주정거장 연습에서 사용했던 대부분의 사진들을 다시 사용했다. 그리고 가까운 고리 안에는 그에 속한 몇몇 사람을 넣는 것으로 연습을 마쳤다. 거기에 친척들은 전혀 없었으며, 그가 함께 찍은 몇몇 사진들에는 한 사람이 있었다. 그는 이에 대해 다음과 같이 설명했다. 아버지는 그의 최고의 친구였지만 가장 가까운 사람들 무리에는 넣지 않았는데, 그의 아버지가 어느 경우에라도 그의 진짜 삶을 알기에는 너무나 순수하고 정직한 분이어서 자신이 항상 아버지로부터 비밀들을 지켜야만 했기 때문이다. 그는 AIDS 보균자였고 빠른 시일 내 그가 진심어린 보살핌과 신뢰를 위해 기댈 수 있는 손길이 필요했다. 그가 그를 도울 수 있도록 허락한 사람들과 그의 친가족 사이에는 이러한 갈등이 있는 것이다.

이것은 우리에게 활동적 연습에 관한 나의 최종적인 관점을 제공해 준다. 즉, 그들 중 어느 한 사람이 다른 사람 중 어느 누군가와 함께한다는 것은 내담자에게 그들의 가치를 전형적으로 높인다. 같은 이미지들이 다른 정보를 제공하고, 같은 이미지를 어떻게 사용하느냐에 따라 자신과 가족관계에 대한 통찰력은 커진다. 예를 들어, 한 내담자는 공간 위치 연습을 하면서 이미 세상을 떠난 그의 연인과 최근 들어 그의 인생에 찾아왔으나 확실히 그의 인생에 욕망과 활력을 다시 심어 준 새로운 친구 가운데 선택하는 것에서 번민에 빠졌다. 내담자는 나에게 가져올 사진을 찾아보면서 놀라움을 금치 못하였다고 했다. 이미 고인이 된 그의 옛 연인과 함께 혹은 연인만 있는 사진이 한 장도 없었던 것이다. 내담자의 조카들과 장난을 치고 있는 옛 연인의 사진 몇 장뿐이었다. 대부분의 그의 가족들은 언제나 그의 연인을 환영해 주었지만 그의 형만큼은 그러지 않았는데, 그의 어떤 앨범에도 그의 형 사진이 없음을 알고도 내담자는 놀라지 않았다.

내담자가 다음 과제로 고리 연습을 할 때 그의 가까운 고리 두 개에는 그의 결합가족만이 있었고, 원가족은 그로부터 조금 떨어진 처음 두 개를 지난 동심원(Ring)들에서 보였다(테이블의 먼 쪽에 밀어 놓은 하나를 포함하여). 그의 새로운 사랑은 첫 번째 가까운 고리 안에 들지 못했다. 그러나 그에게서 꽤 가까운 곳에 있었다. 그는 말했다. “아직 얼마 안 됐으니까요. 다시 누군가를 믿게 되기까지는 오랜 시간을 함께 지내 봐야 될 것 같아요.” 이 예는 두 개의 다른 연습의 결과들이 어떻게 조합되어 새로운 정보를 만들어 내는지 보여 준다.

실증 사례 ILLUSTRATIVE EXAMPLES

이 책의 다른 장들과 달리 이 장에서는 앞 장에서 장황하게 소개했던 내용보다 더 구체적인 사례들을 제공하고 있다. 그보다도 이 장에서 다루고 있는 개념과 기법에 대한 또 다른 이해를 돕기 위해 일화적인 개인 앨범으로부터의 사례를 포함시켰는데, 정확하게 말해 개인의 연대기 동안 수집한 사진들, 원리를 설명하는 가족체계이론과 사진 문서화가 어떻게 실제 삶과 명백하게 결합되는지, 나 자신의 사례로 예를 들기 때문이다.

이 장에서는 나의 개인 앨범을 삽화로 사용하여 설명하였는데, 이는 내가 사진 속의 다양한 사람들을 알고 있고 그리고 필요한 허락을 받았기 때문이다.

나는 내담자의 앨범 사진들을 사용하는 것이 편치만은 않다. 왜냐하면 관련이 없는 사람이 이 책에 그들이 포함되어 있는 것을 알 수도 있기 때문이다. 또한 나는 독자에게 체계적인 관점에 익숙한 누군가로부터 개인적으로 직접 경험에 의한 설명이 가치가 있을 것이라 생각한다.

가족체계이론을 공부하고 그것을 개인 내담자에게 적용하면서, 나는 몇 년 전에 나의 개인적인 가족 앨범에서는 무엇을 찾을 수 있는지 알아보기로 했다. 나는 대학을 졸업한 뒤 멀리 이사를 왔고, 그 이후로 잠깐의 방문, 기념일, 결혼식, 장례식, 그 밖의 비슷한 행사를 제외하고는 가족 사진에서 생략되기 시작했다. 그러나 나는 나의 유년과 십대 시절에 대해 더 많이 알고 싶었고, 많은 비슷한 앨범의 페이지들 사이에서 일정한 패턴과 통찰력을 주는 다른 시각적 정보들을 얻을 수 있기를 바랐다.

나는 그 이전에는 설명할 수 없었던 흥미로운 시각적 메시지들을 발견했다. 그 사진들을 이전에도 본 적이 있었지만, 그때는 지금의 새로운 관점을 가지고 알아볼 수 있는 특정한 세부 사항들의 추가적인 의미를 알아채지 못했던 것이다. 사실 내 앨범에서 볼 수 있는 유년기가 내가 항상 기억하는 그대로이거나 그와 유사한 것은 아니었다. 나의 개인적 경험을 확인해 줄 사진들을 발견하는 동안, 나는 내 왜곡된 기억들을 바로잡을 수 있는 사진들도 발견했다. 나는 부모님, 특히 어머니와 함께 내가 찾은 사진들을 보았는데, 그녀가 오래된 사진을 그토록 오래 바라보고 있는 것을 이해 못하는 아버지와 달리 내향적이기도 했고 이와 같은 토론을 즐거워했기 때문이다.

내 부모님의 말들은 사진의 심리적인 중요성으로서 그들의 진정성과 접촉하는 것으로 드러났고, 내 자신이 사진치료에는 관심이 없었음을 깨닫게 되었다. 나는 앨범 사진들이 갖고 있는 다층적 의미에 대해서 똑같이 순진하게 남아 있었던 것 같았다. 나는 내게 남아 있던 어떤 감정들의 출처에 대해서 발견하게 되었고, 나의 부모님이 상처받기 쉽고 감성적이며 내 어머니와 아버지로서의 역할을 떠나 인간 그 자체라는 것 등에 대해서 알게 되었다. 또한 나는 이미 오래전에 다뤄졌어야 할 결론짓지 못한 일들, 해결되지 못한 문제들, 감정적 '상처', 소통되지 못한 욕구들과 만나게 되었다.

CHAPTER

나는 부모님에게 사진치료기법의 영향력에 대한 효과적인 설명을 위해 도움이 될 거라고 생각해서 몇몇 가족 이야기를 가지고 '대중 앞에 서기' 원한다고 설명했다. 내가 이 점을 확실하게 설명하자 부모님은 동의했다. 어머니 표현에 따르면, "네가 말하는 것이 꼭 사실일 필요는 없단다. 왜냐하면 너는 아이였고 네가 있는 그대로의 사실을 보지 못했으니까 말이야." 아마도 그랬을지 모른다. 그러나 아마도 어린아이의 눈으로 그것이 항상 정확한 것은 아니지만 다르게는 바라봤을 수 있다. 따라서 이 책의 독자는 이러한 개인적인 예시들이 나의 어린 시절의 자각에서 나왔고 어떠한 객관적인 관념에서 반드시 '진실'은 아니라는 것을 염두에 두기 바란다. 나는 어떠한 문제도 암시하지 않을 것이며, 당시에 내가 지각했던 어떤 문제들을 의식적인 목적으로 이용하지도 않을 것이다.

그러나 내가 인지하고 기억하는 것은 나의 진실이고 그리고 진실이었으며, 치료를 위한 목적 때문에 나의 실재에 대해 왜곡되게 보는 사람들이나 혹은 다른 견해를 가진 사람들에 의해 나의 진실이 무시되거나 틀렸다고 할 수는 없다. 예를 들어, 한때는 올바른 신체적 단련이나 타당한 개인적 비평으로 간주되어 온 것이 현재는 모멸이나 심지어 아동 학대 등으로 간주될 수도 있기 때문이다. 그러므로 무엇이, 왜 일어났는지에 대한 내 부모님식의 설명은 제외하고, 나는 내 가족 사진들이 나에게 드러낸 이야기, 더 중요하게는 실제로 나의 어린 시절의 태도에 대해서 입증된 나만의 이야기를 펼치고자 한다. 이런 이야기를 하는 것은 내 인생에서 무슨 일이 있었든지 부모님을 '원망' 하거나 현재 나의 행동, 내가 가진 신념들 혹은 가치들에 대한 책임을 전가하려는 것이 아니며, 단지 우리의 공통된 상호작용 패턴들(자연스럽게 찍힌 이 모든 사진들에서 보이는)이 모두 부분적으로 이것을 만들어 내는 데 책임이 있음을 기록하고자 함이다. 우리 가족 모두는 현재의 나에 대해 다함께 책임을 진다. 말하자면, 우리는 떨어질 수 없고 함께 발달함에 따라 서로를 형성해 준 가족이기 때문이다.

나의 어린 시절은 비교적 평온했다. 십대 시절 끔찍하고 심각하게 불안에 떨긴 했지만 특별히 불행하지도 않고 평범했다. 아버지에 의한 무감각한 육체적 · 정신적인 훈련(아버지 관점에서는 당시에 적절했다고 보는)을 떼어놓고 보면 내담자들에게서 들어 온 대부분의 유년 시절보다는 긍정적인 편이다. 그러나 우리의 가족 앨범으로 보자면 이상적이지 않았다.

패턴 찾아보기(Looking for Patterns)

자발적으로 찍힌 사진은 이미 존재하는 것들만을 포착한다. 따라서 나의 가족 앨범의 모든 사진을 연구하는 것은 나와 내 가족, 친지 그리고 친구들과의 일상적인 관계만을 보여 줄 것이다. 이러한 것들을 찾아내기 위해 나는 여러 차례 모든 사진 속에 담긴 차별화된 패턴들이 드러날 때까지 보고 또 보았다.

독자는 내 말을 단순히 받아들여야 할 것이다. 내가 제시한 예시들과 이곳에 제시되는 사진들은 나의 가족 앨범에 반복적으로 나타나는 것들을 진짜 대표하는 것들이기 때문이다. 이와 같은 타당성과 신뢰성의 문제들은 신중한 사진치료 연구에서 다루어져야 한다. 만약 패턴들을 주장한다면, 거기에는 그것을 뒷받침할 만한 증거로 전형적인 어떤 표본이 있어야만 한다. 만약 어떤 특별한 것을 설명하는 데 하나의 사진만이 사용되었다면 개별적으로 그 자체만을 입증할 수 있지만, 만약 주장을 뒷받침할 만한 부가적인 사진들이 더 없다면 그것의 일반화나 추론은 매우 신중하게 이루어져야 한다.

나는 나의 가족 사진들에서 두드러진 패턴들을 발견했다. 예를 들면, 나의 유아기를 담은 수십 장의 앨범에서 거의 반은 나 혼자만 있는 사진들이고 대략 40% 정도는 나와 어머니가 함께 있는 사진이다. 거의 모든 사진에서 어머니는 나를 안거나 만지고 있고, 사진을 찍어 주고 있는 아버지보다는 나와 바로 눈을 맞추기 위해 애쓰고 있다. 나의 마음속에 떠오르는 단어는 '양육' 이다(〈사진 7-7〉).

아버지와 함께 있는 사진들 거의 모두에서 그는 어색하게 나를 안고 카메라 속 어머니의 시선을 찾아 헤매고 있다. 그가 불편해하는 것이 분명해 보인다(〈사진 7-8〉). 그들의 '사진 속 바라보기' 는 철저히 다른 것이다. 그리고 이런 대조는 지금도 계속되고 있다. 나의 아버지에게는 아이를 안고 있는 것보다 사진을 찍힌다는 것이 더 불편한 것임을 보여 주는 것일 수도 있지만, 이것이 40년이나 지난 뒤에 사실로 규정될 수는 없다. 그의 아이로 살면서 어쨌든 나는 사실상 육아에 미숙했던 부모로서의 아버지를 경험했고, 육아에 맞는 아버지가 되는 것에 대한 추측을 해 볼 수 있었다.

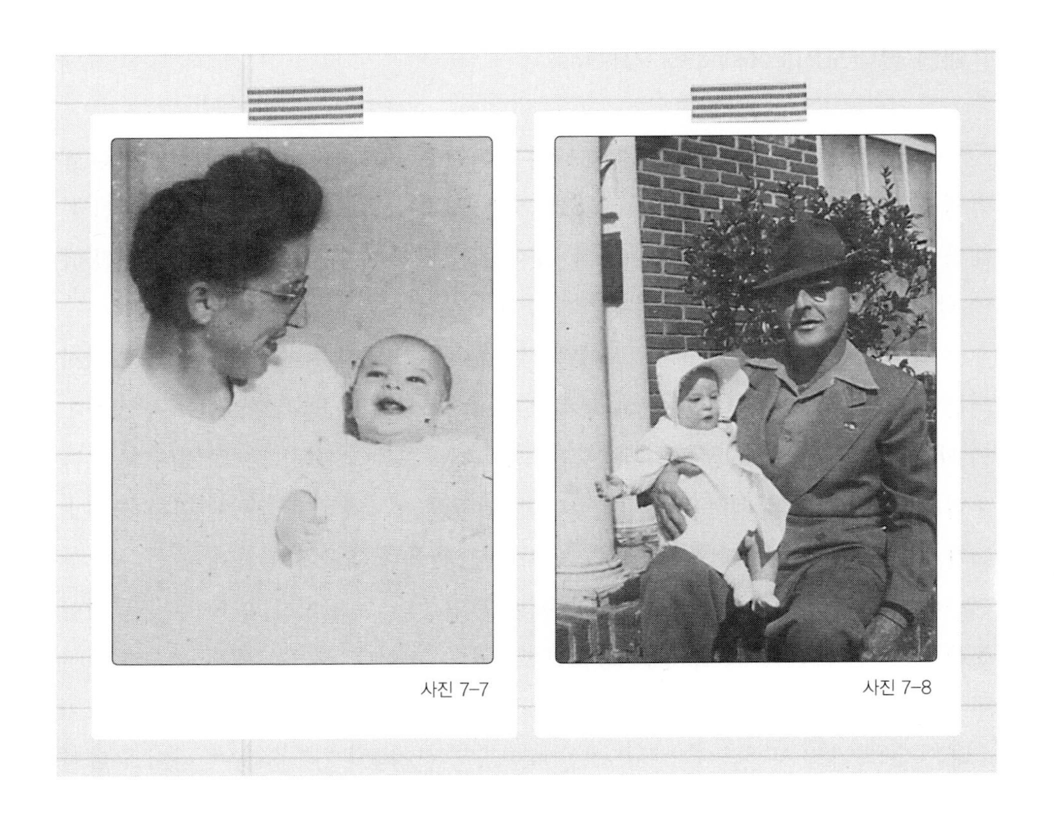

사진 7-7

사진 7-8

정말로 부모님 각각과 나의 관계는 매우 다른 것이었다. 그 결과로 나와 어머니가 그랬던 것과는 달리 어떤 앨범에서도 나와 아버지가 자발적으로 함께 찍은 사진은 찾아볼 수 없다. 처음부터 카메라를 들고 와서 자연스럽게 순간을 포착할 수 있는 상황들은 전혀 벌어지지 않았던 것이다. 거의 모든 어머니와 나의 사진들은 감정적으로 서로에게 연결되어 있고 대개 서로 접촉하고 있었다. 반면, 나와 아버지가 자연스럽게 서로 소통하거나 내가 자발적으로 그를 만지고 있는 사진은 찾아볼 수 없었다. 서로에게 박정한 정도는 아니었지만, 우리는 단지 사진을 찍기 위해서 포즈를 취한 것처럼 보였다.

그 자체로서, 우리의 평범한 일상적인 행동을 기록하는 것을 제외하고는 아무런 의미도 없다. 그것은 단지 아버지와 함께 내가 '좋은 시간' 을 그다지 많이 갖지 못했다고 기록하고 있으며, 그것은 일부러 그랬던 것은 아니고 어쩔 수밖에 없었다. 그러나 부분적으로는 아버지는 하루 중 오랜 시간을 일을 해야 해서 함께 보낼 시간이 많지 않고, 또 아버지는 정말로 육아에 대해 준비되어 있지 않았다. 게다가 아버지들은 대개 아이들 뒤치다꺼리를 하는 것은 기대되지 않았다. 숙제를 하고, 의사에게 가고, 브라우니와 학교 모임에 참가하는 것 등으로 나의 첫 10년을 보내는 동안, 아버지는 그런 사진들에서는 거의 보이지 않았다. 이는 말 그대로 나의 어머니가 아버지를 잡아 끌어 우리 둘의 사진을 함께 찍기 위해 포즈를 잡게 하지 않는 한 앨범의 사진에 자주 아버지가 보이지 않는 것으로 나타났다.

다른 사람들에 의해 찍힌 우리의 사진들은 사진사가 '이상적인 가족의 포즈' 를 주문했을 경우 서로 다른 배치를 보여 준다. 그러나 우리가 형식적으로 사진을 찍더라도 자세는 마음대로 취할 수 있게 되면 또 다른 흥미로운 패턴이 나타나는 것이 보여진다. 나는 여기서 '보인다' 고 했는데, 우리 셋이 함께 찍은 사진은 거의 없기 때문이다. 이 패턴은 〈사진 7-9〉와 〈사진 7-10〉에서 찾아볼 수 있고, 전체 사진 모음에서 찾은 일곱 장 중 다른 세 장의 사진에서도 반복되고 있다.

반복적으로 나는 앉아 계신 부모님 뒤에 서 있는 것을 볼 수 있는데, 이는 대개 부모 앞에 아이들을 세우는 전통적인 사진 찍기 포즈와는 정반대인 것이다. 아마도 이는 나의 부모님 중 한 분이 이러한 배치를 정했기 때문일지도 모른다. 어떤 경우든 이 이미지들은 나에게 강한 느낌들을 가져다주고 몇몇 메시지를 전달해 준다.

사진 7-9

사진 7-10

하나는 우리 모두가 웃고 있긴 하지만 나는 내 시선을 그들에게 고정시킬 수 있게 부모님 모두 내 앞에 서 있길 바라면서 경계를 세우고 있는(그리고 아마도 부모님이 나에게 어떠한 영향을 주든지 그것을 통제하고 싶어 하는) 나 자신을 감지할 수 있다. 또한 그 포즈는 의존성에 대한 역설적인 소통을 하고 있는 것으로 보인다. 심지어 어린 나이임에도 내가 부모님을 돌보아야 할 사람처럼 보인다. 이 생각에 대한 나의 유일한 반응은 부모님이 나의 미래의 성취에 대해 엄청난 기대를 갖고 계셨다는 것과 나의 행복과 성공을 위해 두 분의 삶을 바치셨다는 것이다. 따라서 두 분의 많은 동의와 승낙은 조건이 붙었고, 따라서 나 또한 어느 정도 힘들게 지내고 있었다. 어쨌거나 나는 그들의 하나뿐인 자식이었다.

이러한 지각에 대해 나의 이야기를 들은 어머니의 반응은 내가 과잉 행동을 한다는 것이었고, 부모님이 앞자리에 앉았던 것은 단순히 그들이 나이가 많아 편안하게 앉을 필요가 있었기 때문이라고 했다. 그러나 나의 해석은 여전히 '나를 위한' 내 인생의 이러한 날들이 진실이라는 것이다. 비록 내가 그것이 우리 가족의 변천사에 대한 수없이 많은 가능한 해석들 중 하나이고, 부모님은 나의 해석에 강하게 동의하지 않는다는 것을 인식하더라도 말이다.

내 어린 시절에 찍은 많은 사진들에서 여러 가지 다양한 패턴들이 나타났는데, 그 중 하나는 정말로 충격적이었다. 대략 2세부터 학교에 입학하기 전까지 나는 정기적으로 우리 가족의 차 앞에서 찍은 사진들을 발견했다(〈사진 7-11〉 〈사진 7-12〉 참조). 나는 누군가 이에 대해 차가 거의 나의 형제자매와 같다고 여기거나, 내가 후세들에게 보여 주기 위한 다른 중요한 소유물과 지휘의 상징들 사이에 진열되어 있었던 것으로 보거나, 차와 관련된 나의 어떤 성장 기록들이 있었던 것으로 해석할지 확신할 수 없다. 이 패턴에 대한 나의 부모님의 반응은 "그건 새 차잖니. 그리고 우린 네 사

사진 7-11 사진 7-12

진을 찍어 주는 걸 좋아했단다. 그래서 그냥 함께 찍어 둔 거야." 였다. 대부분의 주말에 대한 나의 기억들은 내가 뒷마당에서 노는 동안 아버지가 밖에서 세차를 하시고 어머니는 집안일을 하고 계신 것이었다. 아버지는 스포츠나 독서 같은 취미가 없었으며, 어머니는 취미를 가질 시간이 거의 없었다. 그러니 아마도 이 사진들 역시 상징적으로 나와 아버지의 관계를 나타내고 있는지 모른다.

세대 전승(Generational Transmission)

나의 조부모님 네 분은 그들 부모의 사진을 갖고 있지 않았다. 그들은 그들의 전통적인 뿌리와 공동체를 뒤로 하고 미국으로 건너온 이민자들이었다. 단지 단체 자화상 사진에서 그들의 직계 가족이나 혹은 그들이 기록된 한 움큼 정도의 나의 부모님 사진이 있을 뿐이다. 이는 내 사진 유물 가운데 빈약한 수를 차지하며 사진 이상의 세부 사항들을 말해 줄 수 있는 사진 속의 그들 대부분은 이미 수십 년 전에 돌아가셨다. 그럼에도 불구하고 세대의 평행선은 숨겨지고 무의식적인 패턴이 전승을 통해 영속된다.

이러한 종류의 세대 연결의 '비밀' 가운데 내가 알게 된 최고의 예 중 하나는 창고의 옷장에서 발견한 나의 어머니의 어머니가 30대 후반쯤에 찍은 사진이다. 나는 말 그대로 우리의 놀라운 유사점을 직면하게 되었다. 나는 그녀의 사진을 내 얼굴 옆에 갖다 대고 남편에게 우리 둘이 '함께' 있는 사진을 찍어 달라고 부탁했다(〈사진 7-13〉 참조).

찍은 사진을 보고 나는 그녀와 연결된 나 자신을 느끼면서 일어나는 갑작스러운 힘에 놀라고 말았다. (가족이 있는 마을을 벗어나 본 적이 없던) 그녀는 스스로 자신의 아이들을 러시아 밖으로 데리고 나왔는데, 이 강하고 쾌활한 여성이 갑자기 내 안의 일부에서 깨어난 것이다. 그리고 나는 그녀와 내가 대단한 괴짜 근성을 극복하기 위해 선택한 방식의 유사점을 발견했다. 나중에 나는 (내가 AIDS 보균자들과 함께 작업을 시작한 지 4년 뒤에) 그녀가 임종을 맞이한 사람들을 돌보기 위해 몇 년의 시간을 보냈다는 것을 알게 되었다. 이러한 연결은 우연일 수 있으나, 나 자신에게는 타당화하고 재결단하게 하는 것이다.

사진 7-13

삼각 구도 역동(Triangulation Dynamics)

체계이론에서 나는 첫아이의 탄생이 그 부모와의 관계에 어떤 영향을 미치는지, 그리고 어머니와 아버지 사이에서 세 사람 모두의 인생에 영향을 미칠 수 있는 심리적 상호작용의 삼각 구도를 만들어 내고 부모 사이에서 어떻게 최초의 태도를 취하는지를 연구하기 위해 공부했다. 희한하게도, 이 특별한 삼각 구도는 세 가지 방향 모두에서 동등하다. 종종 재조정은 권력 역동, 역할 변화, 주의 깊은 집중, 그리고 세 사람 중 한 명을 새로운 '아웃사이더' 로 재위치화하는 것에 압력을 가한다.

나는 외동이다. 그러나 내가 태어나기 몇 년 전 나의 어머니는 나의 오빠가 되었을 아이를 낳은 적이 있었다. 그는 태어난 지 얼마 되지 않아 사망했다. 비록 나의 어머니는 내가 알고 있었다는 것을 이제 막 알았다고 말했지만, 나는 십대가 되기 전까지 이 이야기를 들은 적이 없다. 나의 아버지는 아들에 대한 그의 필요나 소망에 대해 절대 말을 꺼낸 적이 없다. 그러나 그는 '장난스럽게' 내가 사춘기가 될 때까지 나를 '주니어' 라고 불렀고, 그 안에 잠재적으로 깊숙이 담겨진 의미에 대해서는 까맣게 모른 채 나는 순진하게 그 별명에 대답하고는 했다.

내가 태어나기 전 나의 아버지는 어머니를 12년 이상 차지하고 있었고, 계속 뭔가 요구하는 아기의 출현에 그다지 기뻐하지 않았다. 분명 아이가 생기는 것은 기쁜 일이지만 나의 아버지는 기쁘기보다는 나(심상치 않게 울어대는 아기)로 인해 당황하였던 것이다. 그의 이런 불편함은 나로부터 거리를 두게 했고, 요즘 세상에는 흔하지 않은 무뚝뚝한 스타일의 아버지로 발전하게 했다.

내가 태어난 이래로 그의 아내는 더 이상 그 자신만의 것이 아니었다. 그녀는 나의 필요에(그리고 그녀의 필요 역시) 완전히 주의를 기울이기 시작했다. 성인이 되기 전까지 나는 아버지의 거친 성격과 감정에 대한 이해 부족은 아마도 불행하고 때때로 학대받았던 어린 시절에서 기인했고, 그 때문에 감정적으로 너무 다정하게 대하면 아이들을 망쳐 놓는다는 신념을 갖게 되었다는 방어적인 설명들을 들었다.

CHAPTER

아이로서 내가 알았던 것은 아버지의 변덕스럽고 급한 성질에 두려움을 느낀다는 것이었고, 나는 아버지와 너무 가까워지지 않아야 하거나 어떤 약점도 보이면 안 된다는 식의 '생존자의' 욕구를 갖게 되었다. 어린 시절에 나는 많은 시간 동안 아버지가 나를 어머니의 관심을 받는 데에서 경쟁자로 바라보고 있음을 수없이 느꼈다(아마도 정확할 것이다.). 그는 몇 가지 방법으로 어머니의 관심을 얻기 위해 나와 경쟁하였는데, 어머니가 내 주변에서 나를 지켜보고 보호하려고 할 때 나를 다르게 대하는 것도 포함된다. 따라서 이 삼각 구도는 우리를 종종 적으로 만들었고(특히 내가 아버지의 고집을 그대로 물려받았기에!), 성인으로서의 아버지는 일부러 나를 방해하거나 내게 창피를 주는 데 아버지로서의 그 대단한 권력을 사용하거나, 실제로 무슨 일이 일어나고 있는지도 모르는 나를 무력하게 만들었다.

그러나 나의 어머니는 육체적 · 정신적 안전과 안락에 있어서는 바위와 같았다. 우리는 많은 시간을 함께 보냈고 서로를 끈끈하게 묶어 주는 유대감을 형성하였으며, 그녀는 나와 모든 비밀들을 공유했다. 매우 엄할 수 있었음에도 어머니의 훈계는 빈정거림이나 복수가 아닌 사랑으로 조합된 것이었다. 그녀는 내 유년 시절을 통틀어

(지금도) 최고의 친구였으며, 우리는 기쁜 순간들, 조용하고 평안한 고요 속에서 많은 시간을 함께했다. 우리 관계는 언어적인 열린 대화와 비언어적인 소통 그리고 서로를 격려하는 스킨십을 통해 발전해 왔다. 나는 어머니를 두려워하거나 혹은 너무 편안해서 안주하려고 하지도 않았다. 대신 상처를 입었을 때 그녀에게 도움을 요청한다. 나와 아버지 간의 상호작용과는 정반대다.

이 삼각 구도의 예들은 나의 앨범 속 많은 사진들에서 발견될 수 있다. 특히나 놀라운 실례 중 하나로 나와 나의 어머니가 부엌에서 찍은 사진을 들 수 있다. 아버지는 우리 뒤에서 자신도 인식되려고 노력하면서 어머니와 내가 서로 밀착해 안고 있는 그 사이로 간신히 얼굴을 내밀고 있다(〈사진 7-14〉 참조).

이 작은 시간의 단면에서 '누가 봐도 알 수 있는' 여전히 명백한 내 유년기의 주요

사진 7-14

한 정서적 구조가 나타나 있다. 심지어 지금도 이것이 우리 가족의 패턴이다. 나의 아버지는 아직도 나와 어머니가 서로 깊이 관여하고 나누는 가운데(이 사진의 경우에는 어머니의 농담에 킬킬대며) 한쪽으로 치우친 자신을 종종 발견하게 된다. 내 남편의 카메라는 '우리가 항상 그랬던 것처럼' 의 순간을 포착해 내었다. 그리고 우리의 삼각 구도는 여전히 생생하게 작동 중이다.

만약 내가 치료사로부터 우리 가족 앨범의 모든 사진들 가운데 과거 회상에서 우리가 함께한 삶이 어떤 것인지를 가장 잘 말해 주는 사진 한 장을 고르라고 요청받았다면, 나는 이 사진을 선택해야 할지 거의 고민하지 않을 것이다. 그것은 나의 유년기에서부터 현재에 이르기까지 나와 내 부모님의 관계에 대해 수천 개의 속담보다도 훨씬 많은 말들을 해준다.

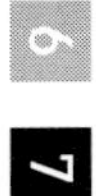

성 역할과 기대(Gender Roles and Expectations)

아주 어려서부터 나는 말괄량이였고, 나의 부모님은 나에게 대학 공부와 직장을 가지라고 고무시켰다. 덧붙이자면, 물론 결혼하고 아이를 낳는 것까지도. 나의 유년기는 내가 학교에 다니기 시작한 이후로는 다소 비전형적이었는데, 어머니는 집 밖에서 아버지의 사무실 관리인으로 일하거나 경제에 보탬이 되려고 밖에서 집으로 일을 더 가져오기도 했다. 어머니가 하루 종일 일하기 시작한 이래 나의 미래 성취에 대한 기대는, 내가 내 여자친구의 어머니는 그녀에 대한 기대치를 그리 높게 잡고 있지 않았다는 것을 깨달았음에도 불구하고, 특별히 유별난 것처럼 보이지는 않았다. 나중에 내가 성의 구조와 성역할의 조건에 대해 공부하기 시작했을 때, 여자 아이와 남자 아이의 유형 모두로 자라났음이 분명해졌다. 이것은 내가 보다 독립적이고 자신감에 찬 아이가 되도록 하는 데 기여했다. 그러나 이는 여전히 축복인 동시에 나중의 나 자신에 대한 기대에 대한 저주이기도 하다.

나의 기억들 중 몇 가지는 양날을 세우고 있다. 아버지에게 조심스럽게 내 노란 주름 장식이 있던 드레스의 허리띠를 묶어 달라고 부탁했던 것과 같은 날 오후 아버지가 일하던 건설 현장에서 옮기는 대들보 위를 어떻게 걷는지 보여 달라고 부탁했던 것과 같은 것이다. 나는 마침내 매니큐어를 바를 수 있도록 허락을 받고 기쁨을 느꼈던 것을 기억하고, 역시 나무 위에서 점프하여 날 때리려고 하고 새로 자란 내 손톱을 부러뜨리려고 한 이웃의 골목대장 녀석 위로 뛰어내린 것도 기억한다. 아버지는 나를 지역의 카레이스 경기장에 데려갔고, 우리는 특히 어머니가 경멸하는 난폭한 더비 경주를 즐겨 했다. 아버지와 나는 정기적으로 금요일 밤의 레슬링 경기를 크게 좋아하며 시청했고, 어머니는 나의 잔혹한 응원을 끔찍이 싫어했다. 나는 항상 내가 '자연스럽게' 보다는 자신감 넘치고 독단적이며 혼자 만족해하는 개성을 가지고 성장했다고 생각했다. 그러나 현재 단서들을 찾기 위해 앨범들을 살펴보면서 내 부모님의 무의식적인 요구와 자세들이 내게 할 수 있게 허락되거나 격려된 일들에 미묘한 영향력을 미쳤음을 알게 되었다. 나는 다른 소녀들보다 더 많은 자유를 허락받았지만 나 자신은 그것이 평범하지 않다는 것을 몰랐다. 나는 더 높은 곳을 향해 있었는데, 그것은 그 누구도 내게 성공하지 못할 수도 있다고 말하지 않았기 때문이었다. 나는 이 양극단의 성역할 정체성을 설명하는 수많은 사진들을 발견해 냈다. 나에게 가장 분명한 두 가지 사진은 〈사진 7-15〉와 〈사진 7-16〉으로 같은 해에 찍은 대략 40년 전의 사진이다.

그날에 대해 나는 첫 번째 사진을 찍은 순간을 기억할 수 있다. 나는 분명하게 들었다. "자, 착하고 어린 아가씨 사진을 한번 찍어 보자." 그리고 서 있는 자세에서 어떻게 한쪽 다리를 뒤로 살짝 빼고 무릎을 약간 구부리는지 보여 주었다. 어색하게 무릎을 땅에 대고(거친 자갈 바닥으로 무릎이 아팠다. 때문에 내가 그 순간을 기억하는지도 모르겠다.) 셔터 단추가 터지기 전까지 굳어진 웃음을 짓고 있었다. 어쨌든 다음번에는 내가 원하는 대로 사진을 찍을 수 있다고 했다. 그래서 나는 카우보이(그러니까 확실히 카우걸은 아니라는 것) 옷을 입고 무아지경에 빠졌던 것을 기억한다. 그리고 발을 디디고 서는 자세를 취했고 그 순간이 내가 선호하는 나의 정체성이었다. 지금까지도 나는 나 자신이 카우보이처럼(그때 그 나이에는 자라서 그렇게 되리라 생각했지만) 단단하고 강하게 서 있는 이 사진을 소중하게 간직하고 있다.

그 순간은 나의 잠재의식 속에 그 자체로 간직하기에 충분히 중요한 것이었다. 그것이 후에 내가 성장하면서 갖게 된 단호한 성격에 어떻게 영향을 미쳤는가는 말로써

CHAPTER

1 2 3 4 5 6 7 8

사진 7-15

사진 7-16

서술할 수가 없다. 그러나 나는 그것이 실과 날로 엮여져 있음을 확신한다. 이 두 가지 이미지는 나에게 거의 우상에 가깝게 되었다. 현재의 나는 이 작은 두 소녀가 자라서 하나로 합쳐진 개체다. 그러나 나의 남성과 여성의 측면 모두에 대해서 분명히 알고 있다. 이것은 내 정신건강의 구성 성분이며, 또 내가 어떤 성을 가진 사람과도 편하게 지낼 수 있는 것에 대한 단서이기도 하다. 나는 내 유년기의 정체성에 미친 내 부모님의 무의식적 영향력이 내가 어떤 사람이 되고 나 자신의 어떤 점을 좋아하는지에 대한 패턴에 드리워졌다고 생각한다. 이 중 어떤 것도 몇 년 전 내가 사진치료 앨범 살펴보기를 시작하기 전까지는 의식되지 않았지만 말이다.

감정적 친밀감 혹은 거리감(Emotional Intimacy or Distancing)

체계 관점에서 앨범을 검토하는 것은 누가 가깝고 마주하고 있고 만지고 있는지, 적어도 누군가와 감정적으로 연결되어 보이는지 등에 대해 주의 깊게 살펴볼 것을 제안한다. 이러한 것들이 그와 같은 자세들로부터 직접적인 일대일 상관관계의 의미를 가진다고 제안하는 것이 아니라 이러한 것들은 시각적으로 포착된 관계들과 연관된 감정을 탐색하기 위하여 사용될 수 있다. 나의 가족 앨범은 어머니와 나 사이의 가깝고 거의 유별나기까지 한 유대감을 실제화하고 있는 수많은 사진들을 담고 있다(〈사진 7-17〉 참조). 그러나 나와 아버지가 함께한 몇 안 되는 사진들은 약간의 직접적인 상호작용 혹은 감정적 연결을 보여 준다. 이러한 관계들은 나의 유년기를 거쳐 지속되었다.

내가 십대였을 때, 아버지와 나의 관계는 긴박하게 고조되고 감정적으로 파괴적이 되었다. 특히 우리는 나를 단련시키려는 아버지의 신체적인 훈육에 대해 매우 다른 견해를 가지고 있었다. 비록 지금은 그러한 시기에도 아버지가 날 사랑하였음을 더 이상 의심하지 않지만, 당시에는 그것을 믿을 수 없었다. 어린 시절에 내가 본 분노, 질투, 거부를 표현하는 아버지의 방식은 불쾌하였고, 또한 나의 정신적 · 육체적인 건강에도 위험한 것이었다. 결과적으로 십대였던 나는 되도록이면 아버지를 피하려고 애썼다.

나는 이러한 나의 감정들을 잘 감추어 왔다고 생각했지만 하나의 사진이 매우 뻔

사진 7-17

CHAPTER
1
2
3
4
5
6
7
8

뻔하게 아버지에 대한 신뢰감 혹은 친밀감에 대한 나의 저항을 보여 주었다. 〈사진 7-18〉은 원래 나 혼자 찍으려고 했던 것이었는데 아버지가 갑자기 뛰어들어와 '나의' 사진을 방해하였다.

나는 이 사진을 보고 다시 한 번 제압당한 듯한, 개인적인 모독의 감정을 경험한다. 나에게는 접촉을 피하려는 나의 무의식적인 시도가 분명해 보였다. 아버지가 머리를 내 가슴 쪽으로 들이대자, 나의 상체는 뒤로 주춤 물러나 있고 나의 손가락은 마치 총처럼 보인다.

나의 부모님은 사진을 살펴보면서 이 사진은 그냥 넘겨 버렸다. 그들에게는 평범한 사진 그 이상의 아무런 징후도 보이지 않았던 것이다. 그러나 나는 이렇게 분명한 개인적 경계의 무의식적인 설명과 사진이 (나에게) 만들어 내는 침해를 거의 본 적이 없었다. 이 사진은 내게 아프고 두려운 감정을 준다. 비록 총의 은유는 내가 이제 더 강한 사람이 되었으므로 나 자신을 보호할 수 있게 되었다고 스스로를 안심시켜 주지만 말이다. 우발적인 방해가 불러온 이 모든 결과는 사진의 무의식 속에 담겨져 있

사진 7-18

다. 아버지는 나와 내 남편(사진사) 간의 사진관계에 끼어들려고 뛰어 들어오지는 않았다. 남편은 아버지가 오랫동안 원했던 남자이며 아들이다. 나는 손에 아무것도 들고 있지 않았지만 손가락으로 '총'을 들고 있는 듯이 했다. 아마도 나는 이 사진이 불러일으키는 어떤 감정들과는 아직 타협을 이루지 못한 것 같다.

개별적인 역할(Personalizing Roles)

나의 부모님은 단지 나의 부모님이라는 것을 알면서, 나는 가족체계이론에 대한 나의 연구가 개인적으로 부모님이 어떤 사람들인지 탐색하도록 나를 다시 이끌어 줄 때까지는 정말로 나 자신으로부터 분리된 그들의 삶이 어떤 것인지 별로 생각해 보지 않았다. 부모님의 유년기와 사춘기는 즐거웠는지 알아내고, 나는 전혀 알지 못했던 부모님 각자의 오래된 사진들이 설명하는 세부 사항들에 대해 발견했다. 예를 들어, 나는 부모님 모두 아코디언을 연주했고, 나의 어머니에게는 어렸을 때 기르던 염소가 있었다는 것 등을 전혀 알지 못했다. 부모님이 들뜬 연인들이었다는 것을 보고 충격에 빠졌다. 어머니는 최신 유행의 자전거에 올라타 있었다. 아버지는 셔츠를 입지 않은 젊은이였다. 나는 갑자기 어머니가 사실 부모님에게 선보일 마땅한 남자를 찾고 있었다기보다는 아버지에게 육체적으로 더 매력을 느꼈을지 모른다는 것을 깨달았다. 사진을 보면서 과거에 대해 이야기해 달라고 조르자, 부모님은 내가 전에 전혀 알지 못했던 많은 이야기들로 나를 즐겁게 해 주었다.

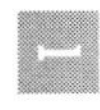

사례 연습 SAMPLE EXERCISES

내담자의 모든 앨범과 자전적 사진을 살펴봄으로써 나타나는 전반적이며 일반적인 발견들과 감정들에 대해서는 앞에서 잘 논의되었고, 내담자의 앨범을 그들과 함께 살펴보면서 할 수 있는 질문들의 목록 역시 제시되었다. 나는 이미 여러 장소에서, 그리고 보통 여러 세대를 건너, 몇 년에 걸쳐 찍은 이미지에 나타난 모든 주제들, 경향성과 일관성에 대해 주의를 기울이라고 강조했다. 나는 가족 간의 상호작용, 역할, 그리고 관계들에 대한 패턴과, 또한 이들 사진들이 나타내고 있는 연대기적 혹은 전후 관계의 정보들도 살펴볼 것을 제안했다.

따라서 이 책의 이러한 주요점에 따라 독자는 앨범을 탐색하는 데 사용하기 위한 질문의 종류들에 대해 충분히 인지하고 있을 것이라고 생각한다. 따라서 나는 여기서 두 가지 사례 연습을 제공하고자 한다. 하나는 가족 앨범을 살펴볼 때 반영하고 사용해 볼 수 있는 것이고, 다른 하나는 보다 활동적인 것으로 앞서 설명한 고리 연습을 해 보는 것이다.

반영 연습: 가족 사진 상호작용(Reflective Exercise: Family Photo Interaction)

이 두 가지 연습은 내담자가 자신의 역할에서 유일무이한 개인으로서 개별 가족 구성원과 마주하도록 설계되었다. 말하자면, 개인의 삶에서 수없이 알려지지 않은 패턴들과 그/그녀의 감정들, 경험들의 범위에 대해 알아보고 공통적으로 잘 알려져 있는 그/그녀의 역할 너머에 있는 무언가를 탐색하는 것이다. 이 연습을 위해서는 몇 가지 방법이 사용될 수 있다. 예를 들어, 내담자는 특별한 한 사람을 선택하고 현재까지 그 사람의 인생을 담아온 모든 사진을 살펴볼 수 있다. 그 사람이 외부적으로는 어떻게 변화하였는지 살펴보고, 그렇게 되도록 촉진했거나 혹은 실제로 신체적인 변화에 어떠한 내적인 변화가 동반되지는 않았는지 이해해 보려고 노력하면서 말이다. 내담자에게 이러한 관찰들을 탐색하고 시각적인 징후들을 그러한 내적 실체로 향하게 노력하도록 요청할 수 있다. 가능하다면 내담자는 그들의 발견을 비위협적인 대화가 가능한 상황에서 그 사람과 함께 논의해 볼 수 있다.

이러한 반영 연습을 이론적으로는 과제처럼 마칠 수 있지만, 나는 나의 내담자가 이러한 연습들을 나와 함께하는 것을 훨씬 더 선호한다. 그러면 그 역할들마다 보이는 어떤 비언어적인 행동을 관찰할 수 있고, 또한 만약 우리가 그 이야기를 나중에 꺼내려고 하다 보면 놓칠 수도 있는 자연 발생적인 토론도 가능하기 때문이다. (이러한 연습들은 앨범에서 사진을 꺼내지 않고도 할 수 있기에 시작 과제로도 좋다.)

내담자에게 자기가 원하는 만큼으로 과거로 돌아가 가족의 옛날 사진들을 살펴보라고 권한다. 그리고 치료사와 함께 다음의 질문들에 대한 대답을 생각해 보거나 논의해 보라고 말한다. 내담자는 질문에 대해 조용히 대답하거나 종이에 쓸 수도 있고 자신의 생각을 말할 수도 있다. (다음의 순서를 각 가족 구성원에게 반복한다.)

특별한 가족 구성원의 사진을 본다. 사진 이미지를 천천히 그리고 조용히 탐색한다. 사진에 나타난 세부 사항과 그 전체를 살펴본다. 이미지에 대한 감정을 느끼면서 다음 질문에 대한 당신의 대답들을 적는다(혹은 소리 내어 말한다.).

사진치료기법 PhotoTherapy Techniques

1. 사진을 보고 마음속에 떠오르는 처음 세 가지는 무엇인가?
2. 다른 어떤 사람들 혹은 장소들이 떠오르는가?
3. 사진을 보면서 떠오르는 세 가지 감정 혹은 생각, 기억들에 대해 묘사해 보라. 다음의 문장을 완성하도록 노력해 보라.
   "내가 이 사진을 보았을 때, 나는 ______을 생각했어요."
   "나는 ______을 느껴요."
   "나는 ______을 기억해요."
   "나는 ______와 같은 말이 하고 싶어요."
4. 사진 속의 사람에게 하고 싶은 말은 무엇인가? 그러한 대화가 아직까지 없었던 이유에 대해 생각해 보고 그 사람에게 언제나 하고 싶었지만 어떤 이유에서인지 그럴 수 없었던 혹은 하지 않은 말이 무엇인지 표현해 보라.

5. 그 사람에게 언제나 부탁하거나 혹은 알고 싶었지만 그럴 수 없었던 것이 무엇인가?
6. 이 사람이 당신에게 해 주었으면 혹은 부탁했으면 하는 것은 무엇인가? 왜 그러한 대화가 아직까지 없었던 것일까? 그러한 대화가 이루어지려면 어떻게 해야 할까? (무엇이 바뀌어야 할까?)
7. 이 사진을 찍은 사람은 누구이고 왜 찍은 걸까? 결과적으로 그들은 자신이 원하는 것을 얻게 되었는가? 당신도 이렇게 사진을 찍어 두었을까? 지금 그 사진을 찍고 싶은가? 당신이 사진을 찍는다면 어떤 점이 다를까?
8. 이 사진에서 당신이 보고 싶거나 하고 싶거나 말하고 싶은 것은? 사진이 당신에게 원하는 것은?
9. 가족 중 누가 이 사람이 좋아하거나 또는 좋아했던 사람인가? 그 이유는?
10. 이 사진의 제목을 붙인다면?
11. 이 사진에게 선물을 준다면 어떤 선물을 주겠는가?
12. 이 사람과 함께 사진을 찍고 싶다면 그 이유는, 혹은 그렇지 않은 이유는 무엇인가?
13. 만약 이 사진에서 빠져 있는 것이 있다면 그것은 무엇인가? 당신은 보다 완벽

한 사진을 위해 무엇을 추가하겠는가?

14. 이 사진은 그 사람에 대해 진실한 묘사를 하고 있는가, 아니면 어떤 식으로든 거짓이 담겨 있는가?
15. 이 사람에게 당신의 사진(당신이 좋아하는)을 갖도록 허락할 것인가, 그렇다면 혹은 그렇지 않다면 그 이유는? 만약 그렇지 않다면 그 사람은 당신 사진을 가질 수 있기 위해 무엇을 바꾸어야 하는가?

더 많은 것을 알기 위해서 다음 중 특정 혹은 모든 질문들을 고려해 본다. 가족 구성원 중에 당신이 사진을 가져오지 않은 사람이 있는가? 그렇다면 그 이유는? 당신을 어떤 확실한 감정에 빠져들게 하는 특별한 사진이 있다면 다음의 질문을 완성하여 직접적으로 표현해 보라. "나는 이 사진(사람)을 보면 화가 나요. 왜냐하면 때문이죠." 그리고 그러한 분노를 해결하기 위해서 해야 할 것은 무엇인지 이야기한다. 그다음 다시 한 번 연습한다. 이번에는 "나는 당신이 _____와 같은 말을 할 때면 화가 나요." 대신에 "난 아파요."라고 말한다. 그 차이는 어떤 느낌을 주는가?

만약 미술 재료들의 사용이 가능하다면 이 사람에 대한 당신의 생각, 느낌들이 더 잘 표현될 수 있을 사진 초상화를 그려 보도록 한다(그 사람 사진 정도의 크기로). 그 사진보다 정직한 그림을 그리도록 노력한다.

사진을 마음속에 잘 담아 두고, 마음속으로 사진 이미지의 틀을 확장해 본다. 당신이 그 틀을 늘릴 수 있다고 가정하고 사진이 찍힐 때의 주변 장면들을 볼 수 있다고 생각하는 것이다. 그런 다음 사진을 종이 위에 내려놓고 확장된 나머지 그림들을 그려 넣어 본다.

찰흙이나 점토가 있다면 그것을 어느 정도 떼어내어 무언가를 만들면서 사진에 대해 탐색하는 동안 떠오르는 감정들에 대해 심사숙고해 본다.* 몇 분 동안 계속한 다

---

*이 연습은 Jean-Luc LaCroix(몬트리올 대학교 사회사업 교수)가 1987년 5월에 브리티시컬럼비아 대학교에서 열린 가족 정신건강 학회에서 도입 · 설명한 것이다.

음 재료를 내려놓는다. 당신이 만든 그 무엇에 대한 분석을 계속한다. 찰흙이나 점토를 조금 더 집어서 즉시 다음 사진으로 넘어간다. 모든 사진들을 다 보고 난 뒤에는 점토에 집중한다. 비언어적으로 나타난 것은 무엇인가? 이것이 가족에 대한 당신의 이해에 어떤 도움을 주는가?

활동 연습: 고리(Active Exercise: The Rings)

내담자가 단순히 어떤 가족 사진들을 보고 반응할 수 있는 앞의 연습과는 대조적으로, 다른 연습들은 내담자에게 가족 사진의 새로운 창조 혹은 재배열을 포함하여 보다 적극적일 것을 요구한다. 이러한 연습의 몇 가지는 상당히 단순해 보인다. 내담자에게 원본이 마음에 들지 않는 사진을 선택해서 다시 사진을 찍도록 하는 것, 그들이 원래 사진사인 것처럼 다시 찍는 것, 사진에 빠진 것을 찍는 것 등과 같은 것이다.

이 장에서 이미 제안하였듯이, 추가적으로 찍은 사진으로 내담자들은 마치 신문이나 책에 삽화로 사용되는 사진처럼, 큰 종이나 혹은 신문지 위에, 추가적인 예술작업이나 혹은 글을 쓰는 방법으로 좀 더 정교하게 사진들을 확장시키기 위해 기존 사진들(혹은 그들의 복사본)과 작업을 할 수 있다. 내담자에게 그들에게 특별히 중요한 몇 가지 사진을 고른 뒤 그 사진을 확대 혹은 축소 복사하거나 그들이 원하는 부분을 잘라내라고 요청한다. 이것은 더욱 '진실한' 개인, 가족 혹은 단체 인물 사진으로 재배열된 혹은 콜라주된 사진이 될 수 있다.

혹은 내담자에게 전체적인 비율과 배열로 그들 가족의 실제적 대인관계를 시각적으로 전달할 수 있도록 신문지 위에 가족 구성원 각각의 사진을 배열하도록 요청할 수 있다. 만약 내담자가 암실이나 혹은 사진 확대복사기를 사용할 수 있다면, 심지어 그들은 가족을 그들의 권력이나 혹은 영향력, 그들이 싫어하거나 좋아하는 정도, 그들의 좋은 점과 나쁜 점, 혹은 내담자의 생각 속에 존재하는 다른 측면들에 비례하는 크기로 감정을 폭발시키려고 시도할 수도 있다. 그리고 시각적으로 이러한 개념들을 콜라주나 조각 형태로 표현할 수 있다.

다른 활동 연습들은 다음에서 설명하는 고리 연습과 같이 내담자가 지시를 따라서 해야 하는 보다 복잡한 과제를 포함하고 있다.

당신의 가족, 친구들, 지인들, 애완동물들 등의 모든 사진들을 당신이 한 번에 모두 볼 수 있도록 원하는 대로 당신 앞에 펼쳐 놓는다. 각 개인을 대표하는 최고의 사진을 하나씩 고르고 다른 사진들은 치운다. 이제 당신은 각각의 사진을 마주하고 앉아 있다. 당신 주변에 여러 원이 있고 당신이 그 원의 중심에 있다고 상상해 보라.

이러한 고리들이 당신의 사진들이 쉴 수 있는 장소라고 가정해 본다. 각 고리 수준은 보통 다음과 같이 정의된다. 각각의 사진들을 이들 정의에 가장 적합한 위치에 놓고, 그리고 다음에 기술된 정의 사이에 있다면 사람들을 고리들 사이에 자유롭게 배치한다. 만약 누군가가 같은 고리 범주에 속하는 다른 사람들과 잘 어울린다면, 그들과의 관계를 표현하도록, 그들을 서로 가까운 공간적인 관계의 무리로 만들어 준다. 다음에서 설명하는 고리 수준의 정의는 당신이 사용하기 위한 것이다. 따라서 당신의 개념상 다른 의미가 더 맞아 보인다면 재정의하는 데 주저하지 않아도 된다.

당신에게서 가장 가까운 고리는 매우 가까운 관계를 말하는 것이다. 당신의 인생에서 단지 소수만이 그 고리에 들어갈 수 있다. 그들은 당신에 관한 모든 것을 알 수 있을 만큼 매우 각별해야 한다. 당신은 그들에게 어떤 비밀도 없고, 그들은 상처받거나 위험을 감수해야 하는 어떤 두려움도 주지 않는 사람들이다.

두 번째 고리에는 당신과 아주 가까운 사람들이지만 아직은 당신이 비밀을 공유할 수 없는, 그 경계를 넘을 수 없는 사람들이 있다. 당신과 가깝기는 하나, 당신은 그들이 당신을 그만큼 다 알게 되는 것을 원하지 않는 만큼 당신이 상처받지 않기 위해 어떤 보호막을 필요로 한다.

세 번째 고리에는 당신이 알고 좋아하는 사람들이 있다. 확실히 서로 연결되어 있다고 느끼지만 당신이 진정으로 '가까운' 이라고 말하지는 않는 사람들이다. 가족이나 친구들을 통해 충분히 가깝고 당신 역시 그들과 어울리는 것을 좋아하지만 첫 번째나 두 번째 고리에 들어오기에는 맞지 않는다. 만약 당신의 인생에서 감정적인 위기가 있었더라도 당신이 그러한 마음의 부담을 함께 나누지 않았을 법한 사람들이다.

네 번째 고리에는 가볍게 알고 지내거나 혹은 당신이 가깝게 느끼지 않는 가족 구성원들이 들어간다. 보통 그들은 당신이 고리 안에 포함시키기는 해야 하지만 가까워지고 싶지 않은 사람들이다.

다섯 번째 고리와 그보다 멀리 있는 고리들에는 위의 고리들에 없는 사람들이 있다. 아마도 당신은 자신만의 한계 측정으로 그들의 고리 수준을 정의할 수 있을 것이다. 그러나 모든 당신의 사진들을 고리 안에 넣어야 함은 확실히 해야 한다.

이 연습은 탁자나 바닥에서 할 수 있다. 재료가 준비된다면 커다란 신문지 같은 종이 위에서도 가능하다. 종이 위쪽부터 사진들을 넓게 펼쳐 두고 그들의 위치를 표시한다(가장 자리를 그려 두거나 내용을 스케치해 둔다.). 그리고 내담자는 각 개인과 자신의 관계를 추가적으로 그림 그리기, 쓰기, 콜라주 등을 통해서 상세하게 나타낸다. 내담자는 각 개인의 사진과 나머지 다른 사람들의 사진과의 연결선을 그리는 것이 유용하다고 느낄 수도 있다.

CHAPTER

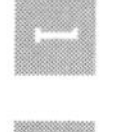

작업 결과에 대해 이야기를 들으면서 치료사는 내담자에게 각각의 결정, 감정 등을 말하게 하는 대신에 전체를 침묵 속에서 진행한 뒤 최종 결과물에 대해 논의해 볼 수도 있다. 두 가지 방법 모두 장점과 한계가 있는데, 치료사는 내담자를 위해 더 나은 방법을 선택하기 위해서 두 방법 모두에 능숙하여야 한다.

각각의 사람들을 배치하면서 당신 마음속(감정들)을 거쳐 간 것들에 대해 돌아보며 탐색을 위한 다음의 질문들을 고려하여 본다.

- 당신은 당신 혹은 각각 다른 사람들과의 관계를 전체적으로 보고 거기에 사람들을 하나씩 추가하면서 사람들의 위치를 옮겼는가?
- 어떤 사람들의 위치를 놓고 고심하기도 하였는가? 그렇다면 어떤 사람이고, 그 이유는 무엇인가?
- 이 사진들 간에 대화가 오가고 있다고 가정해 보자. 이 논의와 관련하여 어떤 주제의 대화와 어떤 감정들, 생각들 혹은 기억들이 오가겠는가?
- 당신은 어떤 사람들이 감정적으로 가장 친한 범주에 속하는 것을 발견하고 놀랐는가? 그들은 주로 친인척들인가, 친구들인가, 아니면 두 범주가 섞였는가?

• 만약 당신이 사진들을 돌려줘야 하고 고리 안에 들어갈 각 개인의 상징적인 사진 하나만을 사용할 수 있다면 각 개인을 위해 어떠한 상징 혹은 이미지를 선택하겠는가?

당신의 직계 가족 구성원들이나 가까운 친구들이 당신이 가진 사진들과 거의 같은 것을 가지고 이 연습을 했다고 가정해 보자. 당신이 가장 좋아하는(그리고 제일 싫어하는) 가족의 사진을 고르고 그 사람의 관점에서 다시 연습해 보자.

• 이 경험을 통해서 당신이 배운 것은 무엇인가?
• 당신이 정한 그 사람의 고리 위치와 그 사람이 정했을 법한 당신의 위치를 서로 비교해 본다. 어떠한 생각과 감정들이 생겨나는가?

만약 당신이 제6장의 공간 위치 연습도 했다면 그중에서 당신이 고른 최고의 사진 6장과 지금 그린 가장 가까운 고리 안의 사람들은 어떻게 비교되는가? 두 가지 연습 모두에서 같은 사진들을 사용했다면 어떠한 차이가 있고 어떠한 대조적인 감정들이 일어났는가?

PhotoTherapy

CHAPTER

08

치유 촉진과 개인적 성장을 위해 사진치료 이용하기

Techniques

Using PhotoTherapy to Promote Healing and Personal Growth

시간을 멈출 수 있는 기계, 흘러가는 순간을 영원하게 하는 방법, 그 일이 있었던 그대로 영원히 변하지 않게 하는 방법, 이런 것들에 대한 답은 간단하다. 기계적인 물체(카메라)가 광경을 향하게 한다. 카메라는 렌즈 앞의 이미지를 포착해 낼 것이다. 카메라는 렌즈 앞의 광경을 그림이나 데생에서 볼 수 있는 왜곡됨이 없이 정확하게 객관적으로 복사할 것이다. 이전 세기의 객관주의 경향과 과학적인 논거의 시대가 이런 환상적인 결과를 만들어 낸 것이다. 기계는 세계를 있는 그대로 기록하고, 인간의 간섭으로 얼룩지지 않은 아름다움과 진실을 그대로 기록하며, 인간의 지각이나 개입이라는 흠집이 없는 이미지 자체를 기록할 수 있게 되었다.

이 책에서 나는 이러한 추정이 얼마나 결점이 많은지를 설명하였다. 사진이라는 것이 얼마나 개인적이고 사적인지를 보여 주는 것을 목표로 하였다. 사진 속에서 시간은 말 그대로 멈춰 있다. 그리고 어떤 식으로든 외형의 공간을 사실로 존재시키기 위해 멈춰 있다. 각각의 사진들은 자연스럽게 흘러가는 모든 순간에서 한순간만을 취한 것이며 그것들의 일부에 지나지 않는 것이다. 관찰자와 관찰되는 사람들은 같은 삶의 선상에 서 있는 일부분으로서 모두 그 자체로는 관찰될 수 없다. 하지만 우리는 셔터를 누름으로써 그 삶을 멈춰 보려고 한다. 이것이 사진치료의 전부다. 어떤 사람이 사진을 바라보거나 혹은 셔터를 눌러 자연스럽게 사진을 찍으면서 사진과 소통을 할 때, 그/그녀는 전체적으로 '사진을 바꾼 것이다.'

일반적인 사진은 인간의 가장 깊은 곳의 감정 상태와 무의식적인 메시지에 형태와 구조를 부여한다. 사진은 인식과 지각 사이의 다리가 되어 주며, 의식적인 자각하에 존재하는 내면의 자신과 우리에게 이미 알려진 자신 사이의 다리가 되어 주며, 우리가 알고 있는 자신과 다른 사람에게 보인 자신 사이에서 다리가 되어 준다. 또한 사진은 다층의 서로 연결된 매트릭스를 형성하고 현재의 순간을 넘어서 앞으로 나아가는 것을 준비함으로써 과거를 현재와 만나게 한다. 사진은 물질적인 세계와 정신적인 세계를 결합한다. 우리가 알고 있는 현실은 사실상 회고해 봤을 때 오직 관계나 패턴만이 뚜렷해진 현실을 제시하는 것이다.

개인 사진들을 돌아보면 우리가 사진을 찍을 때 의식하지 못했던 자신에 대해 더 알게 된다. 오히려 깊이 새겨 둔 순간이나 잠재되어 있는 것들이 더 분명하게 눈에 띈다. 이것이 바로 내가 사진을 마음속의 '발자국' 이며 삶의 '거울' 이라고 표현하는 이유다. 사진은 우리가 어디에 있었는지, 아직은 우리가 의식하지는 못했지만 어디로 갈 것인지까지도 알려 주는 표식 같은 것이다.

일반적인 사진들은 이전에는 말이나 의식적인 탐색을 통해서는 접근할 수 없었던 무의식적인 생각이나 느낌을 보여 줄 훌륭한 도구가 될 수 있다. 이 책에서 소개한 사진치료기법은 우리가 잊어버렸거나 묻어 놨던, 그리고 알기 쉽고 지각할 수 있는 부분으로부터 자신을 보호하려고 했던 정보들을 끄집어내는 데 유용하게 사용된다. 특히 우리가 단어나 말로는 표현할 수 없는 정보의 영역으로 거슬러 올라가는 데 이용될 수 있다. 사진치료기법은 감각적인 느낌으로 기록했던 인생의 세부적인 부분들과 우리를 다시 연결시켜 주며, 또한 시각적인 자극으로 일깨워 주기 전까지는 알지도 못했던 기억 속의 정보들과 우리를 재연결시켜 준다. 개인 사진은 사진 자체로도 그렇지만 동시에 의미를 갖기 위해 무의식적으로 구성되었기 때문에 지적이며 감정적인 재산이다.

개인 사진은 "눈에서 멀어지면 마음에서도 멀어진다."와 같은 이제껏 쓰여 온 속담에 새로운 의미를 주기도 한다. 또한 대부분의 사람들이 자신을 표현하기 위해 시각 언어를 탁월하게 사용한다는 주장을 더욱 뒷받침해 준다. 우리가 내면의 생각이나 감정, 기억들과 소통하려고 할 때 사용하는 언어들은 표현적이며 은유적일 때 최선임이 확실해진다. 우리가 내면에서 보는 것, 알고 있는 것은 절대로 직접적으로 관찰될 수 없다. 우리의 언어는 의식적 구조 전략과 그 안의 고유한 가치들을 반영한다. 언어 그 자체가 구조이며 시각적 언어 구성요소 역시 언어다.

이 책에서 나는 평범한 사진들이 어떤 말보다도 더 소통의 힘을 가지고 있는지 설명하려고 했다. 또한 사진들이 현실, 감정적인 사실, 그리고 흘러가는 시간의 어느 확실한 한순간을 어떻게 표현(또는 재표현)했는지 설명하려고 노력했다. 필름에 기록된 매 순간은 나중에 봤을 때 마치 현재에서처럼, '바로 지금인 것' 처럼 보인다. 그리고 우리는 그 순간의 감정, 기억 그리고 그 안에 각인된 메시지들을 마치 그 일이 지금 다시 일어나고 있는 것처럼 경험하게 된다.

임상학자들을 위한 이론적인 설명과 사진치료기법을 설명하면서, 나는 사진이 '지금(현재)' 에 미치는 영향을 이해하기 위해서 평범한 사진들이 '그때' 의 감정, 정보 그리고 기억들과 어떻게 소통하는지 설명하려고 노력했다. 주의 깊게 만들어진 질문들은 내담자의 무의식을 의식적 자각으로 끌어오는 것을 도와주는 중요한 도구가 된다.

사진은 당신을 부드럽게 일깨워 주고, 안전하게 당신의 과거와 직면하게 해 주며, 당신을 위해서 당신에게 말을 해 준다. 그것들은 당신이 인생에서 원하는 것이 무엇인지 또는 어디로 가야 할지 등을 알아내는 데 도움을 줄 수 있다. 사진치료 연구를 통해서 우리는 삶의 사실들에 대해서 배우고, 우리의 의견 · 판단 · 해석 · 기대 등의 내적인 가치처럼 보통은 무의식 속에 존재하는 요소들에 대해 알게 된다. 우리는 우리의 감정들과 그것들이 왜 그렇게 존재하는지에 대한 통찰력을 얻게 되며, 사적이고 심지어 우리에게 조차 비밀인 자신만의 독특한 개인적인 특징들과 우리가 인생을 어떻게 꾸며 왔는지에 대한 통찰력도 얻게 된다. 가족, 성별, 사회, 문화 등의 요소들이 우리가 인식한다고 생각하는 것들에게 미친 다양한 영향력에 대해 이해하기 시작한다. 사진에 근거한 질문기법들을 사용해서 우리는 다른 사람과의 관계와 자기 인식의 가장 중심에 있는 신비롭고 드러나지 않은 '조용한' 장소들에 대해 배울 수 있다. 사진치료는 '정확하게' 해야 하는 규칙과 같이 폐쇄적이고 굳어 있는 모델로 설명될 수 없다. 대신 내담자 개개인의 목표와 필요에 맞춰 구성되는 맞춤식의 유동성 있는 도구로서 제공되어 왔다. 나는 누군가의 손(마음)에 있는 사진이 치료학적으로 얼마나 많이 사용될 수 있는지 뿐만 아니라, 추가적인 과정을 용이하게 하기 위한 시작으로서 이 인공물을 이용하여 얼마나 더 많은 작업을 할 수 있는지에 대해 제시해 왔다. 단지 사진 자체뿐만 아니라 표현하고 탐색하고 경험할 수 있는 자유를 제공하는 계획하기, 포즈 잡기, 순간 포착, 다시 보기, 보관하기, 나눠 주기, 결합하기, 모아두기, 상상하기 등의 행동을 포함하는 것이다.

사진치료기법을 배우는 사람이라면 반드시 내담자가 사진과 상호작용하는 과정(대면, 기억, 상상 그리고 변화)에서 무엇이 촉진되었는지에 대한 중요성을 인식해야 한다. 자신을 내면에서 보는 것과 외면에서 보는 것은 집중력 강화를 도와줄 수 있는 개인 사진들을 이용할 때 더욱 효과가 있다. 자신의 사진과 자신이 찍은 사진들은 통찰력과 견해를 제공하며, 안에서 밖으로의(우리가 찍은) 사진과 밖에서 안으로의(우리의) 사진은 우리 자신을 표현하는 것이다. 자화상은 이 두 가지를 동시에 표현하고 있으며 앨범 사진들 역시 시간이 지난 후에 그 둘을 모두 보여 준다. 하지만 최종적으로는 결국 그 둘은 우리의 사진을 더 잘 살펴보기 위한 유용한 도구로 사용된다는 점에서 같다.

투사법은 사람이 사진을 보는 방법이 그/그녀가 세상과 타인을 정의하는 방법을 반영하고 있음을 알려 준다. 또한 생각, 감정, 기억, 그 밖의 많은 것들이 때로는 시각적 단서만이 풀 수 있는 암호 안에 갇혀 있음을 말해 준다. 자화상은 아마도 개개인의 학습과 성숙하고 의식하는 자신의 차별화를 위한 가장 효과적인 사진들일 것이다. 또한 자화상은 자신의 이미지를 탐구하고 직면하는 것으로, 이것은 내담자가 할 수 있는 가장 중요하고 가치 있는 사진치료 연구방법일 수 있다. 내담자의 사진들은 내부의 자아상과 비교하기 위한 다양한 외부의 상호관계를 제공한다. 그리고 내담자가 찍은 사진 또는 보관하고 있는 사진들은 자신들이 찍은 사진이 자신과 어떤 관계가 있는지를 알려 주는 표식으로 현상학적인 방법의 자아 구성을 뜻한다. 가족 앨범 사진들과 다른 일대기적 사진들은 시간을 잡아 두기 위해 구성된 선택적 현실을 보여 준다. 그 선택적 현실 안에서 사람들은 그들의 다양한 인간관계 그리고 그때의 감정과 함께 영원히 함께 멈춰 있을 것이다. 사진치료가 단지 사진이 보여 주는 것뿐 아니라 그 사진들의 비밀을 탐색하기 위한 노력을 필요로 한다는 것은 분명해졌다.

나는 무의식적이고 묻어 두었으며 과잉보호되었거나 '잊혀진' 내담자 내면의 감정과 정보에 접근하거나 그것을 방출하고 때로는 변형시키기 위해 사진을 촉매로 사용하는 질문을 고안하는 방법을 알도록 하는 사진치료과정을 설명해 왔다. 의식적이든 무의식적이든 '사로잡혀' 있는 이런 요소들은 반드시 자유롭게 해 줘야 하며, 치료 자체를 배우는 과정이며 치유하는 과정의 하나로서 작용되어야 한다. 배움에서의 자극제로 사진을 사용해서 질문하는 방법이 가장 중요하다. 이런 질문들은 내담자 자신에 관해 알아 가도록 하는 데 에서 내담자의 참여를 이끌기 위해 무엇을, 언제, 어떻게 질문할 것인가의 지식을 가지고 내면의 탐색을 이끌 것이다.

사진치료기법에 능숙해지기 위해서는 호기심 가득한 열린 마음과 촉매제의 역할을 할 당신의 가능성을 확장시키려는 의지가 필요하다. 비언어적이며 시각적인 요소들을 포함시키는 검증기법의 레퍼토리의 범위를 확대하는 것이 필요하며, 당신과 당신의 내담자가 아직은 보지 못했지만 인생을 함께 탐험하고 있음을 받아들이기 위해서도 레퍼토리의 범위를 넓혀야 한다. 사진치료에서 기법은 내담자의 의식적 자각이나 회상 능력 또는 재경험하는 능력 아래에 위치한 보호된 깊은 곳을 자극하는 질문을 하는 당신의 능력에서 뚜렷하게 나타난다. 당신은 선택적 인식, 상황별 현실, 동시성, 자기 중심, 민족 중심주의 같은 개념에 익숙해야 한다. 또한 내담자와의 소통에 영향을 미칠 수 있는 이론적 배경에도 정통해야 한다. 당신은 어떤 주어진 상황에서 하나 이상의 옳은 가능성이 있을 수 있음을 받아들일 수 있어야 하며, 당신 바로 앞에서 또는 당신의 내면에서 상호 모순이나 역설 혹은 부인이 공존할 수 있음을 받아들일 수 있어야 한다. 그리고 당신은 내담자의 치료를 돕는 데 현저하게 방해되는 것이 아니라면 이 모든 것들을 편안하게 받아들이고 수용할 수 있어야 한다.

사진이 어떻게 시간의 순간을 잡아내는가를 생각하지 않는 사람들은 계속 움직이는 시간의 흐름과 진행에서 한순간을 잡아내고 영원히 지속될 수 있는 짧은 순간을 멈출 수 있게 하는 마법에 대해 의문과 경외심을 갖는다. 그 힘은 사진과 사람의 관계가 그들에게 제공하는 무의식적인 이해이며 감정적 연결의 한 부분이기도 하다. 또한 사진은 자신의 내면과 삶에 집중하는 것을 도와줄 강력한 도구이기도 하다. 읽고 쓰는 능력은 근본적으로는 시각적이며, 그리고 시각적인 읽고 쓰는 능력은 기본적인 것이어서 사진이 의사소통의 언어를 탐구하는 데 논리적인 해결책이 된다. 다양한 문화와 사회경제적 배경을 가진 사람들이 사진을 찍고, 간직하고, 소중히 한다. 대부분은 자신의 사진, 인생에서 소중한 사람들의 사진 그리고 의미 있는 장소의 사진을 가지고 있다. 언젠가 누군가가 내게 자신은 사진을 글이 없는 시처럼 이해하며 시각적으로 멈춰 있는 음악이라고 부른다고 말한 적이 있다.

그 은유가 무엇이든, 사람들의 평범한 사진들은 매우 중요한 생명(그리고 비밀)을 가지고 있다. 사진은 사람들이 이런 탁월한 비언어적인 방식으로 탁월한 비언어적인 범위를 탐색할 수 있도록 허용한다. 그래서 사진은 본래는 감추어진 정보나 감정들 그리고 기억들의 문을 여는 데 효과적인 열쇠가 되는 것이다. 사진은 구두(口頭)와 시각의 연결을 가능하게 하고, 이 두 요소 모두 관계를 설명함으로써 우리의 인생 이야기와 그 중요성에 대한 증거가 될 수 있다. 사진치료기법을 이용해서 사람들은 인생의 '사진을 얻을' 수 있다. 이것은 널리 알려진 수많은 말들보다 훨씬 가치 있는 것이다. 어떤 것의 가치를 알 수 있는 가장 좋은 시험은 그것이 없는 삶을 상상해 보는 것이라고 한다. 그래서 나는 사진이 존재하지 않고, 아무도 그것을 발명하려는 생각조차 안 하는 세상을 상상을 해 보았다. 그런 도구를 만들어 낼 수 있다면 얼마나 멋질까, 사진이 줄 수 있는 것들은 얼마나 굉장할까. 하지만 나는 사진이 이미 존재하고 있다는 사실이 더 기쁘다.

이 글을 마치면서, 나는 치료자와 내담자들 모두가 사진과 앨범을 보면서 평소에 보아왔던 것들 너머에 존재하는 비밀스러운 삶과 사진이 독자에게 보내는 메시지를 탐색하면서 즐거운 시간을 보내길 바란다. 또한 이 책을 읽은 후 당신이 다시는 이전과 같은 방식으로 사진을 보지 않기를 바라며, 당신 자신을 더 깊이 들여다보는 데 사진을 사용하길 바란다. 또한 당신의 감정에 대한 전달과 이해를 높이기 위해 오랫동안 미뤄 왔던 대화에 사진을 촉매제로 사용하길 바란다. 사진 안에서 당신의 특별함과 당신의 근원을 찾을 단서를 찾아보라. 하지만 미리 주의를 주자면, 일단 시작하면 그 여행의 끝은 없을 것이다. 거기로 향하는 것이 '전부'다. 우리가 출발한 곳에서 처음으로 그 장소에 도착하는 것(T. S. Eliot에서 인용)은 분명 여행의 일부다. 하지만 치료적으로 더 중요한 것은 여행 그 자체다. 그 여행에서 일어나는 일들에 대해 주저없이 내게 편지로 알려 주기 바란다!

참/고/문/헌

Akeret, R. U. (1973). *Photoanalysis: How to interpret the hidden psychological meaning of personal photos.* New York: Simon & Schuster.

Amerikaner, M., Schauble, P., & Ziller, R. (1980). Images: The use of photographs in personal counseling. *Personnel and Guidance Journal, 59,* 68-73.

Anderson, C. M., & Malloy, E. (1976). Family photographs: In treatment and training. *Family Process, 15*(2), 259-264.

Atkins, R. (1989). Photographing AIDS. In J. Z. Grover (Ed.), *AIDS: The artists' response* (pp. 26-31). Ohio State University: Hoyt L. Sherman Gallery.

Bandler, R., & Grinder, J. (1975). *Structure of magic* (vols. 1 & 2). Palo Alto, CA: Science & Behavior Books.

Bandler, R., & Grinder, J. (1979). *Frogs into princes: Neuro-linguistic programming.* Moab, Utah: Real People Press.

For a longer list of Recommended Readings, please see this webpage: www.phototherapy-centre.com/recommended_readings.htm

Bayer, J. (1977). *Reading photographs: Understanding the aesthetics of photography.* New York: Pantheon.

Brenneman, J. (1990). *Photo Therapy with adolescent violent offenders: A photo-journal approach.* Unpublished manuscript, State of Colorado Division of Youth Services.

Brody, J. (1984, July 17). Photos speak volumes about relationships. *New York Times,* pp. 21-25.

Burckhardt, J. (1990). *Photodrama: A therapeutic intervention to assist subpersonality integration* (Vols. 1 & 2). Doctoral dissertation, Menlo Park: Institute of Transpersonal Psychology.

Burgin, V. (Ed.). (1982). *Thinking photography.* London: Macmillan Education.

Carpenter, P. K. (1986). *Using expressive communication through photography to facilitate self-awareness: A handbook for educators.* Master's thesis, California State Polytechnic University (Pomona).

Coblenz, A. L. (1964). Use of photographs in a family mental health clinic. *American Journal of Psychiatry, 121,* 601-602.

Cohen, J. (1983, January 10). Abstract photocatharsis. *Maclean's* (p. 44).

Combs, J. M., & Ziller, R. C. (1977). Photographic self-concept of counselees. *Journal of Counseling Psychology, 24*(5), 452-455.

Comfort, C. E. (1985). Published pictures as psychotherapeutic tools. *Arts in Psychotherapy, 12*(4), 245-256.

Cooper, J. (1984). *Photo therapy in the field of child care.* Unpublished manuscript, University of Victoria, British Columbia.

Cosden, C., & Reynolds, D. (1982). Photography as therapy. *Arts in Psychotherapy, 9*(1), 19-23.

Craig, L. (1991). *Photography as therapy with emotionally disturbed adolescents.* Unpublished manuscript.

Crimp, D. (with A. Rolston). (1990). *AIDS Demo/Graphics.* Seattle: Bay Press.

Doughty, R. (1988). *Inner landscapes: Reading photographs which describe our lives.* Unpublished manuscript, Capilano College, Vancouver.

Duval, S., & Wicklund, R. A. (1972). *A theory of objective self-awareness.* New York:

Academic Press.

Elias, M. (1982, December 22). Photo albums hide secrets. *USA Today,* pp. D1-D2.

Entin, A. D. (1979). Reflection of families. *Photography, 2*(2), 19-21.

Entin, A. D. (1980). Family albums and multigenerational portraits. *Camera Lucida, 1*(2), 39-51.

Entin, A. D. (1981). The use of photographs and family albums in family therapy. In A. Gurman (Ed.), *Questions and answers in the practice of family therapy* (pp. 421-425). New York: Brunner/Mazel.

Entin, A. D. (1983). The family as icon: Family photographs in psychotherapy. In D. Krauss & J. L. Fryear (Eds.), *Phototherapy in mental health* (pp. 117-134). Springfield, IL: Charles Thomas.

Erickson, M. H., Rossi, E., & Rossi, S. (1976). *Hypnotic realities.* New York: Wiley.

Evans, C. (1989). *Innovative projects program: Photography—Thought-fulness, fantasy, and future.* Unpublished manuscript, University of British Columbia.

Fenjues, P. (1981, November 20). Understanding the family may be a snap. *Chicago Sun Times,* pp. 16-17.

Fenster, G. (1989, November 18). *Art therapy with HIV positive patients: Mourning, restitution, and meaning.* Paper presented at the 20th Annual Conference of the American Art Therapy Association, San Francisco.

Festinger, L. (1957). *A theory of cognitive dissonance.* Stanford: Stanford University Press.

Fryrear, J. L. (1980). A selective nonevaluative review of research on photo therapy. *Phototherapy, 2*(3), 7-9.

Fryrear, J. L. (1982). Visual self-confrontation as therapy. *Phototherapy, 3*(1), 11-12.

Fryrear, J. L. (1983). Photographic self-confrontation as therapy. In D. A. Krauss & J. L. Fryear (Eds.), *Phototherapy in mental health* (pp. 71-94). Springfield, IL: Charles Thomas.

Gallagher, P. A. (1981). *Photography for handicapped children: Techniques and adaptations.* Unpublished manuscript, University of Kansas.

Glass, O. (1991). *Everyday life photography: A picture of existence.* Unpublished master' s thesis, Lesley College Graduate School.

Goffman, E. (1963). *Stigma: Notes on the management of spoiled identity.* Englewood Cliffs, N.J.: Prentice-Hall.

Gooblar, M. (1989). *PhotoTherapy literature review.* Unpublished manuscript, University of British Columbia.

Gosciewski, W. F. (1975). Photo counseling. *Personnel & Guidance Journal, 53*(8), 600-604.

Graham, J. R. (1967). The use of photographs in psychiatry. *Canadian Psychiatric Association Journal, 12,* 425.

Grover, J. Z. (1989a). Visible lesions: Images of the person with AIDS. *Afterimage, Summer,* 10-16.

Grover, J. Z. (Ed.). (1989b). *AIDS: The artists' response.* Ohio State University: Hoyt L. Sherman Gallery.

Hagarty, J. (1985, March 7). Pictures bring life into focus, counselor says. *Winnipeg Free Press,* p. 30.

Hall, E. T. (1973). *The silent language.* Garden City, NY: Doubleday.

Harbut, C. (1975). *Mars trip still photo assignment.* Unpublished paper, Northern Illinois University.

Hathaway, N. (1984). The camera's always candid. *American Way* (American Airlines), *April,* 160-163.

Hogan, P. T. [*see also Turner*]. (1981). Phototherapy in the educational setting. *Arts in Psychotherapy, 8*(3), 193-199.

Hopper, D. (1990). Young man with autism takes photographs that intrigue. *Autism Society of Canada, 9*(3), 13-15.

Howard, B. (1989). *Epitaphs for the living: Words and images in the time of AIDS.* Dallas: Southern Methodist University Press.

Howie, P. (1989, November 18). *Art therapy with HIV seropositive patients: Issues for the therapist.* Paper presented at the 20th Annual Conference of the American Art Therapy Association, San Francisco.

Jung, C. (1971). *The spirit in man, art, and literature.* Princeton: Princeton University

Press.

Kaslow, F. W., & Friedman, J. (1977). Utilization of family photos and movies in family therapy. *Journal of Marriage and Family Counseling, 3*(1), 19-25.

Krauss, D. A. (1979). *The uses of still photography in counseling and therapy: Development of a training model.* Doctoral dissertation, Kent State University.

Krauss, D. A. (1983). Reality, photography and psychotherapy. In D. A. Krauss & J. L. Fryrear (Eds.), *Phototherapy in mental health* (pp. 40-56). Springfield, IL: Charles Thomas.

Krauss, D., Capizzi, V. M., Englehart, T., Gatti, A., & Reed, P. (1983). Adjunctive use of still photographs in the partial hospitalization program of Cuyahoga Valley Community Mental Health Center, 1979-1983. *Phototherapy, 3*(4), 15-17.

Krauss, D. A., & Fryrear, J. L. (Eds.). (1983). *Phototherapy in mental health.* Springfield, IL: Charles Thomas.

Lambert, M. (1988). *Improving self-esteem through photo/videotherapy: A graduate project.* Unpublished manuscript, University of Houston at Clear Lake.

Landgarten, H. (1981). *Clinical art therapy: A comprehensive guide.* New York: Brunner/Mazel.

Landgarten, H. (1987). *Family art psychotherapy: A clinical guide and casebook.* New York: Brunner/Mazel.

Lankton, S. (1980). *Practical magic: A translation of basic neuro-linguistic programming into clinical psychotherapy.* Cupertino, CA: Meta Publications.

Lesy, M. (1976). Snapshots: Psychological documents, frozen dreams. *Afterimage, 4*(4), 12-13.

Lesy, M. (1980). *Time frames: The meaning of family pictures.* New York: Pantheon.

Levey, P. (1987). *Death of the Puella: Self-portrait photography.* New York: SoHo Gallery Exhibition Brochure.

Levey, P. (1988). *Self-portrait photography as a form of therapy with women.* Master's thesis, Antioch University.

Levey, P. (1989). Death of the Puella: Photography by Patti Levey. *Versus, 1*(2), 11-13.

Levey, P. (1991). The camera doesn't lie. In L. M. Wisechild (Ed.), *She who was lost is remembered: Healing from incest through creativity* (pp. 49-71). Seattle: Seal Press.

Levinson, R. (1979). Psychodynamically oriented phototherapy. *Phototherapy, 2*(2), 14-16.

Lipovenko, D. (1984, September 4). Photos shed light on emotions. *Globe and Mail: Science & Medicine,* p. 16.

Loellbach, M. (1978). *The uses of photographic materials in psychotherapy: A literature review.* Master's thesis, George Williams College.

Lusebrink, V. (1989). Art therapy and imagery in verbal therapy: A comparison of therapeutic characteristics. *American Journal of Art Therapy, 28*(1), 2-3.

McDougall-Treacy, G. (1979). The person-as-camera experience. *Phototherapy, 2*(2), 16-18.

Mann, L. (1983). *An album of albums: Phototherapy with schizophrenic adults.* Master's thesis, Lesley College Graduate School.

Marino, A., & Lambert, M. (1990). *Expressive Therapies Center: We make a difference for you and your family.* Houston: Expressive Therapies Center.

Martin, R. (1987). Phototherapy: The school photo (Happy days are here again). In P. Holland, J. Spence, & S. Watney (Eds.), *Photography/Politics: Two* (pp. 40-42). London: Commedia/Photography Workshop.

Martin, R. (1990). The "pretended family" album. *Feminist Art News, 3*(5), 22-24.

Martin, R. (1991). Unwind the ties that bind. In J. Spence & P. Holland (Eds.), *Family snaps: Meanings of domestic photography* (pp. 209-221). London: Virago Press.

Martin, R., & Spence, J. (1985). New portraits for old: The use of the camera in therapy. *Feminist Review, 19,* 66-92.

Martin, R., & Spence, J. (1986). Photo therapy: New portraits for old, 1984 onwards. In J. Spence, *Putting myself in the picture: A political, personal, and photographic autobiography* (pp. 172-193). London: Camden Press.

Martin, R., & Spence, J. (1987). New portraits for old: The use of the camera in therapy. (Updated from 1985 article.) In R. Betterton (Ed.), *Looking on: Images of femininity in the visual arts and media* (pp. 267-279). London: Pandora.

Martin, R., & Spence, J. (1988). Phototherapy: Psychic realism as a healing art? *Ten:8, 30,* 2-10.

Medina, S. (1981, August 17). "See and tell" color photography. *Time,* pp. 34-35.

Morgan, W. (1974). Snapshot anniversary. *Popular Photography, 10*(28), 127.

Morganstern, C. (1980). In the mind of the beholder: "See and tell photography." *Lens On Campus, 2*(1), 8-10.

Muhl, A. M. (1927). Notes on the use of photography in checking up unconscious conflicts. *Psychoanalytic Review, 14,* 329-331.

Nath, J. (1981). *Phototherapy in the education of the mentally handicapped child.* Unpublished master's thesis, University of British Columbia, Department of Special Education.

Newberry, B. (1990). *Exhibition brochure.* Grants Pass, OR: Wiseman Gallery Publication.

Nierman, J. (1989). Creative healing for sexual abuse survivors (The art of recovery: Patti Levey). *Recovery, 12,* 9.

Nucho, A. O. (1988). *The psychocybernetic model of art therapy.* Springfield, IL: Charles Thomas.

Palmer, V. E. (1990, October 7). Arts program a form of treatment. Mesa, AZ: *Tribune,* p. 6.

Peck, L. (1990). *Photoexplorations and the family album.* Master's dissertation, Birmingham Polytechnic, School of Art.

Poli, K. (1979). Photoprobes. *Popular Photography, 85*(3), 91-94.

Probus, L. (1988). *The psychosocial consequences of AIDS.* Master's dissertation, University of Louisville: Department of Expressive Therapies.

Probus, L. (1989, November 18). Using art therapy in counseling the psychosocial issues of the AIDS patient. *Paper presented at the 20th Annual Conference of the American Art Therapy Association,* San Francisco.

Proudfoot, D. (1984, February 26). Phototherapy: Images can open a door to the unconscious. *Toronto Sun,* p. B-3.

Ray, G. (1990). Living with AIDS: Collaborative portraits. *Gallerie: Women Artists' Monographs, 1*(4).

Reid, M. (1985). My use of photographs in therapy. *Phototherapy, 4*(3), 10-12.

Rhyne, J. (1984). *The Gestalt art experience: Creative process and expressive therapy.* Chicago: Magnolia Street.

Rhyne, J. (1990). Gestalt psychology/Gestalt therapy: Forms/Contexts. *American Journal of Art Therapy, 29*(1), 2-8.

Riley, S. (1985). Draw me a paradox: Family art psychotherapy utilizing a systemic approach to change. *Art Therapy, 2*(3), 116-125.

Riley, S. (1988). Adolescence and family art therapy: Treating the "adolescent family" with family art therapy. *Art Therapy, 5*(2), 43-51.

Riley, S. (1990). A strategic family systems approach to art therapy with individuals. *American Journal of Art Therapy, 28*(3), 71-78.

Robotham, R. (1982, October). Camera at work: Pictures that unlock the psyche. *Life,* pp. 15-22.

Roskill, M. (1989). *The interpretation of pictures.* Amherst: University of Massachusetts Press.

Roskill, M., & Carrier, D. (1983). *Truth and falsehood in visual images.* Amherst: University of Massachusetts Press.

Rosner-David, I., & Sageman, S. (1987). Psychological aspects of AIDS as seen in art therapy. *American Journal of Art Therapy, 26*(1), 3-10.

Sevitt, C. (1983, May 4). Baycrest's photographers still in the picture. *Toronto Star,* p. B-3.

Sheehan, A. (1988). Here's looking at you, kid: What family photos reveal. *Child, 3*(6), 106-115.

Sherkin, S. (1989). Photo therapy: Ink blots of the '80s. *Photo Life, January/February,* 31-36.

Smith, M. (1989). *The use of photographic images as a thrapeutic modality.* Unpublished manuscript, University of Louisville.

Smith, M. (1990). The use of photographic images as a therapeutic modality. *Student Art Therapy* (University of Louisville). *1 (Spring),* 4-5.

Sobol, B. (1982). Art therapy and strategic family therapy. *American Journal of Art Therapy, 21*(3), 43-52.

Sobol, B. (1985). Art therapy, behavior modification, and conduct disorder. *American Journal of Art Therapy, 24*(2), 35-43.

Spence, J. (1978). Facing up to myself. *Spare Rib, 68,* 6-9.

Spence, J. (1980). What dis you do in the war, mummy? Class and gender in the images of women. In T. Dennett, D. Evans, S. Gohl, & J. Spence (Eds.), *Photography/Politics: One* (pp. 2-10). London: Photography Workshop.

Spence, J. (1983). *War photos: The home front.* Unpublished thesis.

Spence, J. (1986). *Putting myself in the picture: A political, personal, and photographic autobiography.* London: Camden Press.

Spence, J. (1989). Disrupting the silence: The daughter's story. *Women Artist Slide Library Journal, 29* (June), 14-17.

Spence, J. (1991). Soap, family album work, and hope. In J. Spence & P. Holland (Eds.), *Family snaps: The meanings of domestic photography* (pp. 20-27). London: Virago Press.

Stewart, D. (1978). *Photo projects manual.* Sycamore, IL: Photo Therapy Press.

Stewart, D. (1979a). Photo therapy comes of age. *Kansas Quarterly, 2*(4), 19-46.

Stewart, D. (1979b). Phototh: theory and practice. *Art Psychotherapy, 6*(1), 41-46.

Stewart, D. (1980). The use of client photographs as self statements in Photo Therapy (Doctoral dissertation, Northern Illinois University). *Dissertation Abstracts International, 8020*-780.

Tomaszewski, I. (1981, October 13). Getting a picture of the mind. *Vancouver Sun,* p. B-1.

Trusso, J. (1979). Some uses of instant photography in holistic therapy. *Phototherapy, 2*(1), 14-15.

Turner-Hogan, P. [*see also Hogan*]. (1980). *The use of photography as a social work technique.* Unpublished manuscript, San Jose State University.

Tyding, K. (1973). Instamatic therapy. *Human Behavior, February,* 30.

Walker, J. (1980). See and tell. *Phototherapy, 2*(3), 14-15.

Walker, J. (1982). The photograph as a catalyst in psychotherapy. *Canadian Journal of Psychiatry, 27,* 450-454.

Walker, J. (1983). The photograph as a catalyst in psychotherapy. In D. A. Krauss & J. L. Fryrear (Eds.), *Phototherapy in mental health* (pp. 135-150). Springfield, IL: Charles Thomas.

Walker, J. (1986). The use of ambiguous artistic images for enhancing self-awareness in psychotherapy. *Arts in Psychotherapy, 13*(3), 241-248.

Walker, J. A., & Cohen, P. (1984, May). *The creative elderly*. Paper presented at the International PhotoTherapy Symposium, Toronto.

Wallace, A. (1979). *The theory and practice of Photo Therapy*. Unpublished master's thesis, Lesley College Graduate School.

Watney, S. (1987). *Policing desire: Pornography, AIDS, and the media*. Minneapolis: University of Minnesota Press.

Weal, E. (1979). Photo psychology. *Innovations, 6*(3), 13-15.

Weiser, J. (1975). PhotoTherapy: Photography as a verb. *The B.C. Photographer, 2,* 33-36.

Weiser, J. (1983a). Using photographs in therapy with people who are "different." In D. A. Krauss & J. L. Fryrear (Eds.), *Phototherapy in mental health* (pp. 174-199). Springfield, IL: Charles Thomas

Weiser, J. (1983b). Using PhotoTherapy to help: A study of Debbie. *Montage: Kodak's Educator's Newsletter, 83*(1), 4-5.

Weiser, J. (1984a). PhotoTherapy: Becoming visually literate about one-self. In A. D. Walker, R. A. Braden, & L. H. Dunker (Eds.), *Visual literacy: Enhancing human potential* (pp. 392-406). Blacksburg: Virginia Polytechnic State University Press.

Weiser, J. (1984b). PhotoTherapy: Becoming visually literate about one-self, or, "Phototherapy? What's phototherapy?" *Phototherapy, 4*(2), 2-7.

Weiser, J. (1984c). Brief field reports: Using PhotoTherapy to help-A study of Debbie. *Phototherapy, 4*(2), 8-9.

Weiser, J. (1985). Training and teaching photo and video therapy: Central themes, core knowledge, and important consideratiosn. *Phototherapy, 4*(4), 9-16.

Weiser, J. (1986a). Ethical considerations in PhotoTherapy training and practice. *Phototherapy, 5*(1), 12-17.

Weiser, J. (1986b). Ethical considerations in PhotoTherapy training and practice. *Video-Informationen, 9*(2), 5-10.

Weiser, J. (1988a). "See what I mean?" Photography as nonverbal communication in cross-cultural psychology. In F. Poyatos (Ed.), *Cross-cultural perspectives in non-verbal communication* (pp. 245-290). Toronto: Hogrefe.

Weiser, J. (1988b). PhotoTherapy: Using snapshots and photo-interactions in therapy with youth. In C. Schaefer (Ed.), *Innovative interventions in child and adolescent therapy* (pp. 339-376). New York: Wiley.

Weiser, J. (1989). *Getting a better picture-family systems therapy using family snapshots and albums.* Unpublished paper presented at the 20th Annual conference of the Art Therapy Association, San Francisco, Nov. 18.

Weiser, J. (1990). "More than meets the eye": Using ordinary snapshots as tools for therapy. In T. Laidlaw, C. Malmo, & Associates (Eds.), *Healing voices: Feminist approaches to therapy with women* (pp. 83-117). San Francisco: Jossey-Bass.

Wilcox, M. E. (1990). The secret lives of snapshots: Photo albums can unlock a wealth of information about you and your family. *Canadian Living, November,* 115-121.

Williams, D. (1987). *PhotoTherapy: Humanistic helping.* Unpublished master's thesis, West Georgia College.

Wolf, R. I. (1976). The Polaroid technique: Spontaneous dialogues from the unconscious. *International Journal of Art Psychotherapy, 3*(3), 197-201.

Wolf, R. I. (1977). The use of instant photography in the establishment of a therapeutic alliance. *Convention Program,* American Art Therapy Association, 20-22.

Wolf, R. I. (1978). The use of instant photography in creative expressive therapy: An integrative case study. *Art Psychotherapy, 5:1,* 81-91.

Wolf, R. I. (1982). Instant Phototherapy: Some theoretical and clinical considerations for its use in psychotherapy and in special education. *Phototherapy, 3*(1), 3-6.

Wolf, R. I. (1983). Instant Psychotherapy with children and adolescents. In D. A. Krauss & J. L. Fryrear (Eds.), *Phototherapy in mental health* (pp. 151-174). Springfield, IL: Charles Thomas.

Wolf, R. I. (1990). Visceral learning: The integration of aesthetic and creative process in education and psychotherapy. *Art Therapy, 7*(2), 60-69.

Yankovich, S. (1990). PhotoTherapy groups with persons with AIDS. *Personal communication.* Calgary.

Zabar, S. (1987). Photo-expressive activities in the health care environment. *Phototherapy, 6*(1), 2-6.

Zakem, B. (1977a). *Phototherapy: A developing psychotherapeutic approach.* Unpublished manuscript. Chicago: Ravenswood Community Mental Health Center.

Zakem, B. (1977b). Newsline: Photographs help patients focus on their problems. *Psychology Today, 11*(4), 22.

Zakem, B. (1983). Phototherapy intervention: Developing a comprehensive system. In D. A. Krauss & J. L. Fryrear (Eds.), *Phototherapy in mental health* (pp. 201-210). Springfield, IL: Charles Thomas.

Zakem, B. (1984). Bringing images to mind. *World book science year* (offprint), 100-113.

Zakem, B. (1990). *An exploratory study using a still photographic project as a humanistic broad focus psychosocial clinical assessment tool.* Doctoral dissertation, The Fielding Institute.

Ziller, R. C. (1989). Orientations: The cognitive link in person-situation interaction. *Journal of Social Behavior and Personality, 3*(1), 1-9.

Ziller, R. C. (1990). *Photographing the self: Methods for observing personal orientations.* Newbury Park, CA: Sage.

Ziller, R. C., & Lewis, D. (1981). Self, social, and environmental percepts through auto-photography. *Personality and Social Psychology Bulletin, 7,* 338-343.

Ziller, R. C., Rorer, B., Combs, J., & Lewis, D. (1983). The psychological niche: The auto-photographic study of self-environment interaction. In D. A. Krauss & J. L. Fryrear (Eds.), *Phototherapy in mental health* (pp. 95-115). Springfield, IL: Charles Thomas.

Ziller, R. C., Vera, H., & Camacho de Santoya, C. (1981). Frederico: Understanding a child through auto-photography. *Childhood Education, 57*(5), 271-275.

인명

내용

저자 소개

주디 와이저(Judy Weiser)는 심리학자, 예술치료사, 자문, 수련감독자, 대학 강사이자 저술가이며, '사진치료(PhotoTherapy)' 및 관련 기법을 개발한 초창기 선구자 중 한 명이다. 캐나다 밴쿠버의 '포토테라피 센터'(1982년)의 창립자이자 소장으로 있으며, 사진치료, 사진예술치료, 치료적 사진, 비디오치료, 치료적 비디오(치료적 영화 만들기)의 '세계적 권위자'로 알려져 있다.

사진치료 저널의 전(前) 편집자로서, 주디 와이저는 사진치료와 관련 기술에 대한 수십 편의 전공 논문과 책 일부를 저술했으며(일부는 일본어, 한국어, 러시아어, 이탈리아어, 독일어로 번역) 교육적 비디오/DVD도 개발하였다.

주디 와이저는 사진치료를 활용한 개인 치료가로 20년간 활동하다(사진치료와 관련이 없는 내담자 위주) 지난 15년 동안은 오로지 워크숍 자문, 강연, 교육 활동과 전 세계적으로 수련 과정을 지도하는 활동을 하고 있다.

최근 뉴멕시코 주 샌타페이에 위치한 사우스웨스턴 칼리지의 '상담과 예술치료' 및 '상담' 박사과정 프로그램에서 조교수로 임용되었다. 이 과정에서 그녀는 개론 수업, 집중 수련 세미나, 워크숍, 사진치료 기술에 대한 전문 자격 프로그램(모두 학위 과정에 포함)을 진행할 예정이며 학교 자문위원회의 일원으로도 활동하게 되었다.

주디 와이저는 지난 30년 동안 전 세계 50개 도시에서 300회의 워크숍, 집중 수련 과정, 강연을 하였고 (지난 몇 년간 이탈리아, 러시아, 라트비아, 핀란드, 스웨덴, 스페인, 네덜란드, 멕시코, 영국, 스코틀랜드, 미국, 캐나다의 지역 프로그램 강의 제의 포함), 정신건강 전문가들에게 사진치료, 사진예술치료, 비디오치료 등의 활용 방법을 가르치며 수강자들의 치료 역량 및 상담 능력을 함양시켜 왔다.

그녀는 또한 치료적 사진, 치료적 영화 만들기 기술을 활용하는 방법을 오랫동안 일반인에게 교육해 오면서 개인적 성장과 성찰을 돕고 삶의 질을 높이고, 사회적 소외감을 경감시키며 사회적 변화를 촉진하는 등 지역사회를 좀 더 건강하게 만드는 일에 참여하고 있고, 한편으로는 지역사회에 기반을 둔 양질의 연구활동을 돕고 있다.

주디 와이저는 '상담과 치료 분야의 사진치료 기술'에 관한 기초 정보 자료 및 네트워크 웹사이트를 만들어 운영하고 있다(그녀의 모든 저술을 무료로 다운로드 받을 수 있다.). 또한 '사진치료, 치료적 사진, 사진예술치료, 비디오치료'라는 관련 페이스북 그룹도 운영하고 있다(1,000명 이상의 회원).

위의 활동에 추가하여, 주디 와이저는 이탈리아 저널 *PsicoArt: Rivista on line di arte e psicologia* (정신예술: 예술과 심리학의 온라인 저널)와 캐나다 예술치료협회 저널 두 곳에서 편집위원으로 활동하고 있으며, 캐나다 인디펜던트 스콜라 아카데미와 미국 가족치료 아카데미 두 곳에서 선임회원으로 활동하고 있다.

주디 와이저는 또한 미국의 시각적 치료 센터, 멕시코의 심리학/사진 연구소, 러시아의 PSYFOto/PSYForte의 국제 자문위원으로(그리고 토론토 예술치료연구소와 밴쿠버 예술치료연구소의 강사로도 가끔) 활동하고 있다.

주디 와이저와 그녀의 활동은 많은 대중매체 출판에서 다뤄졌으며, 해외 몇몇 국가의 다양한 라디오나 텔레비전 인터뷰에서 그녀의 기법을 논의하고 보여 주었다. '심리학 분야의 건강 서비스 전문가 캐나다 판'에 등재된 그녀는 심리학과 예술치료의 전문 자격을 유지하고 있다. 또한 많은 전시회, 출판, 그리고 최근의 미국 다큐멘터리 영화에도 작품이 소개된 사진 예술가로도 활동 중이다.

주디 와이저는 치료, 상담, 또는 이와 관련된 웰빙과 치유의 개별적 이론 분야에서 특정 기관이나 치료 프로그램, 교육 기관, 재활 시설, 웰빙 프로그램, 전문 협회, 조직, 병원 및 개인적으로 구성된 개별적 수련에 이르기까지 사진치료, 사진예술치료, 치료적 사진, 비디오치료의 활용에 대한 교육과 수련을 제공하기 위해 지속적으로 의뢰를 받고 있으며, 이런 기법들을 대중과 매체와 함께 나누는 활동에 즐거움을 느끼고 있다.

주디 와이저의 연락처: JWeiser@phototherapy-centre.com or in Canada, at:
604-689-9709

역자 소개

심영섭

고려대학교 대학원 임상심리학 석 · 박사

〈씨네 21〉에 영화평론으로 등단

영화평론가

현 대구사이버대학교 상담심리학과 교수

　한국영상응용연구소 소장

〈저서〉

영화, 내 영혼의 순례, 심영섭의 시네마싸이콜로지

대한민국에서 여성 평론가로 산다는 것, 영화치료의 이론과 실제 외 다수

이명신

이화여자대학교 대학원 영문학과 석사(M.A.)

University of Tennessee 사회복지학 박사(Ph.D.)

전 한국가족사회복지학회 학회장

　한국사회복지학회 운영이사

　경상대학교 성희롱 · 성폭력상담소 상담교수

　경상대학교 출판부(GNU Press) 부장

현 경상대학교 사회복지학과 교수

　한국가족사회복지학회 이사

　한국영상영화치료학회 이사

김준형

서울불교대학원대학교 상담심리학과 자아초월상담학 박사

영상영화치료수련감독자, 불교상담심리전문가

예술치료사(호주 소피아 대학)

현 열린사이버대학교 예술상담학과 외래교수

　비커밍연구소-아트테라피센터 소장

〈역서〉

사진미술치료, 집중적 단기역동심리치료

자아초월심리학과 정신치료, 시네마테라피 등

사진치료기법

PhotoTherapy Techniques:

Exploring the Secrets of Personal Snapshots and Family Albums

2012년 8월 10일 1판 1쇄 발행
2022년 10월 25일 1판 5쇄 발행

지은이 • Judy Weiser
옮긴이 • 심영섭 · 이명신 · 김준형
펴낸이 • 김 진 환
펴낸곳 • (주) 학지사
04031 서울특별시 마포구 양화로 15길 20 마인드윌드빌딩 5층
대표전화 • 02) 330-5114 팩스 • 02) 324-2345
등록번호 • 제313-2006-000265호
홈페이지 • http://www.hakjisa.co.kr
페이스북 • https://www.facebook.com/hakjisabook

ISBN 978-89-6330-943-9 93180

정가 **20,000**원